천자문은 힘이 세다

천자문은 힘이 세다

2019년 5월 30일 초판 1쇄 펴냄

펴낸곳 도서출판 **삼인**

지은이 김근
펴낸이 신길순

등록 1996.9.16 제25100-2012-000046호
주소 03716 서울시 서대문구 성산로 312 북산빌딩 1층

전화 (02) 322-1845
팩스 (02) 322-1846
전자우편 saminbooks@naver.com

디자인 디자인 지폴리
인쇄 수이북스
제책 은정제책

©2019, 김근
ISBN 978-89-6436-160-3 03720

값 45,000원

우리 시대의 교양,
천자문 깊이 읽기

천자문은 힘이 세다

김근 지음

삼인

지인知仁과 창인昌仁에게

세상을 알고 싶을 때
이 책을 읽어보렴

머리말

이 책은 필자가 2003년에 낸 책『욕망하는 천자문』을 기반으로 삼되 내용의 많은 부분을 새롭게 다시 쓴 것이다. 그 책이 나온 지 어느덧 16년이 흘렀다. 그때만 해도 기라성 같은 중국 고전들이 아직 고전 독서계를 지배하고 있는 터여서『천자문』은 아동서 정도로 치부된 채 그다지 관심을 받지 못하는 처지였다. 이러던 참에『욕망하는 천자문』은『천자문』의 존재를 다시 보게 만드는 작은 계기가 되지 않았나 싶다.『천자문』이 단순한 아동 독서물이 아니라 그 이상의 가치와 영향력을 가진 명실상부한 고전이었음을 증명하려는 시도였기 때문이다. 무엇보다『천자문』은 세계와 인생을 읊은 장편 서사시이고, 그 콘텐츠는 중국 고전 작품들을 망라해 다시 쓴 것이어서 동아시아의 전통 사상이 그대로 압축돼 있다고 해도 지나친 말이 아니다. 뿐만 아니라 이 텍스트가 이제 막 글을 읽기 시작한 학동들에게 주입되다시피 읽혀왔으므로 우리 사회에서도 그 정신적 영향력은 거의 절대적이었다. 우리에게 오래도록 반복되는 행위들이 어디에서 기원하였는지를 알고 싶으면 『천자문』에서 그 답을 대부분 찾을 수 있을 정도이다.

20년도 채 안 되는 세월에 세상은 변해도 참 많이 변했다. 그중에서도 현저하게 바뀐 것을 꼽으라면 언어 환경을 들 수 있을 것이다. 이제 한자는 일상에서 찾아보기 어려워졌고 그 빈자리 이상으로 영어 단어들이 차고 들어가 있다. 언어 생활의 궁극적 목적이 소통이라면 무엇을 수단으로 하든 아무런 상관이 없다고 본다. 하지만 오늘날 언어의 기능은 실제로 소통이 아니라 구별 짓기에 있음을 부인할 수 없다. 소통이 목적이라면 우리말만 써도 얼마든지 가능하다. 오히려 외국어 단어로 바꿔 쓰면 무슨 말인지 몰라서 소통이 안 되는 역설이 일어난다. 그런데도 익숙하지 않은 외국어를 굳이 쓰는 것은 그만큼 특별해 보이기 위해서가 아닐까?

게다가 좋든 싫든 우리말의 단어와 형태소는 한자에 많이 기대고 있는 게 현실이다. 의미는 기본적으로 형태소에 의해 결정되는데 이를 인식하면서 말을 한다는 것은 곧 어원을 아는 것, 즉 역사성을 의식함을 나타낸다. 반면에 외국어 단어를 섞어 쓴다는 것은 단순히 이미지에 의지하여 우리말 단어를 대체함을 뜻한다. 따라서 거기에는 역사성은 희박하고 차이만 있을 뿐이다. 이 차이로 인해 의미가 만들어지고 세상이 형성되는 것이니, 이러한 언어 생활은 궁극적으로 사회적인 구별 짓기로 귀결될 수밖에 없다.

그러니 이제라도 한자를 써야 한다고 주장하려는 게 아니다. 구별 짓기를 목적으로 하는 언어 생활은 결국 아무것도 쥐지 못하는 허전함으로 끝난다는 말을 하고자 함이다. 사람의 빈곤한 영혼은 기실 무의식에서 비롯된다. 여기서 무의식이란 구체적으로 나를 형성시킨 언어들을 가리킨다. 이 언어들이 '나'에게 신화를 만들고 희망을 줌으로써 '나'를 살아가게 해주었는데, 이제 희망이 깨지고 '나'는 깊은 상처에 시달리고 있으니 이를 치유하려면 시원과 역사를 거슬러 올라가보는 수밖에 없다. 힘들 때 고향을 찾아가는 것처럼 말이다. 우리가 고전을 읽을 때 느껴지는 친근함은 바로 여기에 바탕을 둔다. 한자가 사라져가는 환경에서 어찌 보면 시대착오적일 것 같은『천자문』에 오히려 갈수록 관심이 높아지는 현상은 이 때문이 아닐까 한다.

사회의 이러한 문화적 흐름을 바라보며,『천자문』에 관해 집필을 해본 사람으로서 책임을 느끼지 않을 수 없었다. 그래서『욕망하는 천자문』을 낸 뒤 미진하다고 느꼈던 부분을 중심으로 다시 써봐야겠다고 마음을 먹었는데, 막상 손을 대보니까 원래 의도보다 고치고 더하고 싶은 것이 훨씬 많아졌다. 아마 인문학의 특성상 나이가 들면서 관점도 달라지고 시야도 좀 넓어진 탓이리라. 그 결과 새롭게 쓴 원고가『욕망하는 천자문』에서 넘겨받을 분량에 가까워지기에 이르렀다. 이에 애초의 구상대로 개정증보판으로 낼 것인지, 아니면 새 제목을 단 독립적인 책으로 출간할 것인지를 놓고 고민이 많아질 수밖에 없었다. 결국, 비록 이전 책의 줄기를 이어받고는 있지만 시야를 넓혀 새로운 내용을 대폭 보강하고 추가했기 때문에 새 제목을 달아도 부끄럽지 않겠다는 판단이 들었다. 편집인들과 논의 끝에 이 책이 내가 평생 학문적으로 고뇌해온 '권력'이라는 화두를 다룰 뿐 아니라, 우리가『천자문』이라는 고전의 영향력에서 여전히 자유롭지 않다는 의미를 담아서 책 이름을『천자문은 힘이 세다』로 지었다.

나는 이 책에서『천자문』이 특정한 코드를 통해 엮어놓은 의미들을 분석하고, 그 영향 아래 우리 사회의 사유와 문화, 또 행동의 관습을 지시하는 정신적 얼개를 드러내려 했다. 그것은 전작 『욕망하는 천자문』의 문제의식이기도 하였다. 그 책을 낸 뒤 독자들이 가장 궁금하게 여기고 문의한 부분은 한자의 자음字音을 통해 독해하는 방법이었다. 『천자문은 힘이 세다』는 그 논리적 근거에 관해 천자문에 등장하는 각 한자들에 대한 주해 부분에서 자세히 설명하는 데 신경을 썼다. 이 기초 지식 위에서 글자를 풀이하는 자해를 읽다 보면 반복되는 독해 방식에서 논리와 의미가 저절로 와 닿으리라 믿는다.

각 한자의 어원을 해설할 때에는 단옥재段玉裁의 『설문해자주說文解字注』, 장순휘張舜徽의 『설문해자약주說文解字約注』(中洲書畫社), 서중서徐中舒 주편의 『갑골문자전甲骨文字典』(四川辭書出版社), 육종달陸宗達의 『설문해자통론說文解字通論』(김근 옮김, 계명대출판부), 시라카와 시즈카(白川靜)의 『자통字通』(平凡社), 야마다 가쓰미(山田勝美)의 『한자의 어원漢子の語源』(角川書店)을 주로 참고했다.

아울러 한자어에 익숙하지 않은 세대를 위해 글이 길어지더라도 가능한 한 쉽게 풀어 쓰려고 했다. 학교에서 정년퇴임하기 몇 년 전부터 강의에서 한자어를 많이 쓰면 학생들이 좀 어려워하더라는 느낌을 받았기 때문이다. 지금까지는 추상적인 개념을 한자에 많이 의존해왔는데 앞으로는 이것을 어떻게 담아내야 할지가 학문적 과제로 남을 것이다. 한자는 물론 한자어까지 안 쓴다면 말이다.

한자에 담긴 추상적인 개념 중에 대표적인 것이 중용中庸이다. 『천자문』을 읽노라면 중용에 관한 이야기가 직간접적으로 연관되는 경우가 많다. 우리는 중용의 개념을 흔히 관념적으로 이해하려는 경향이 있고, 그러면 중용은 더욱 난해하게만 인식된다. '수락석출水落石

出'이라는 성어가 있다. 물이 빠지면 바닥의 돌이 드러난다는 뜻인데, 나이가 들어 겉에 드러난 화려한 모습을 벗기고 볼 줄 알게 되면 대상은 저절로 실사구시實事求是적으로 다가온다. 중용이 바로 그러하다. 중용이 결코 어려운 개념이 아님을 기회 닿는 대로 강조하는 일도 이 책을 쓰는 동안 중요하게 염두에 둔 사항 가운데 하나였다.

이 책이 모습을 갖추는 데 도움을 주신 분들을 이루 다 헤아릴 수는 없으나, 직접 수고를 해주신 분들은 밝힐 수 있다. 『욕망하는 천자문』에 실렸던 「천자문 해제」를 독자들의 이해를 돕기 위해 이 책에 옮겨오도록 허락해준 제해성 교수(계명대)에게 다시 한 번 감사를 드린다. 그리고 원고를 흔쾌히 출판해주신 홍승권 삼인 부사장님과 책을 만드느라 온갖 정성을 다해주신 김균하 선생께도 고마운 마음을 전한다.

이 책에 대한 평가는 물론 완전히 독자들의 몫이다. 독자들께서 직접 일람해보시고 잘못된 부분을 꾸짖어주시면 고맙겠다.

『천자문』에 관한 두 권의 책을 쓰는 사이에 나의 개인적인 환경도 많이 달라졌다. 아들이 장가를 가서 며느리를 맞았고 덕분에 손녀와 손자도 안아보게 되었다. 『예기禮記』에 '포손불포자抱孫不抱子', 즉 '손자는 안아줘도 아들은 안아주지 않는다'라는 구절이 나온다. 오이디푸스 컴플렉스를 의식해 아들은 짐짓 멀리했지만 이제 손주들은 부담 없이 안고 놀아보니까 인생의 참뜻이 여기 있구나 하는 생각이 든다.

무엇보다 크게 달라진 것이 있다면 평생 몸담았던 교단에서 내려와 조용히 노후를 보내고 있다는 사실이다. 빡빡하던 직장 생활을 그만두고 집에 틀어박혀 있으니 도연명陶淵明의 저 유명한 구절, "마음이 먼 오지에 가 있으면 땅도 저절로 산간벽지가 된다네"(心遠地自偏)

가 마음에 와 닿는다. 그래도 무언가를 자꾸 글로 써보려고 안달하는 걸 보니 "이 가운데에 참된 의미가 있구나 해서 / 설명해보려 했더니 이미 말을 잊었네"(此中有眞意, 欲辨已忘言)의 경지에는 아직 미치지 못한 것 같다.

2019년 5월
광릉수목원 옆 작은 산방에서
김근 씀

차례

2부 사람을 지탱하는 기둥들

3부 왜 수양修養을 해야 하는가

4부 권력이 숨기고 드러내는 것

5부 지식인의 신화와 현실

8부 소외를 견디는 지혜

10부 몸은 타서 없어져도

1부 문자로 다시 만드는 세상

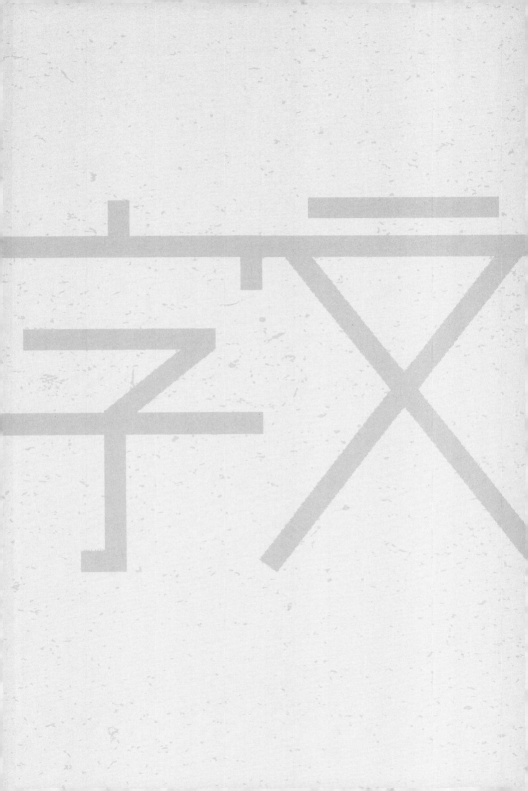

하늘은 저렇게 푸르기만 한데

하늘 천天

天地玄黃천지현황하고
하늘과 땅은 (각각) 검고 누르며

天 하늘 '천' '하나 일一'과 '큰 대大'의 두 부분으로 이루어졌다. '대大' 자는 사람이 두 팔과 두 다리를 크게 벌리고 서 있는 모양이고, '일一' 자는 여기서는 사람의 머리 부분을 표시한다. 옛날 사람들은 천지 공간을 종종 사람의 신체에 비유했는데, 하늘은 위에 있으므로 사람의 머리와 견주었다. 머리를 땅바닥에 처박고 넘어지는 것을 '전도顚倒'라고 하는 데서 알 수 있듯이, '머리'는 '전顚'으로도 쓴다. 그래서 '천天' 자와 '전顚' 자의 독음이 같은 운韻을 갖게 된 것이다.[1] 따라서 '천天' 자의 자형字形이 기본적으로 지시하는 의미는[2] '사람의 머리처럼 세상의 위에 있는 것'이 된다.

地 땅 '지' '흙 토土'와 '이를 야也'로 이루어졌다. '야也' 자를 소전小篆[3]에서는 '𠃲'로 썼는데 이는 여자의 생식기 모양을 형상화한 것이다. 앞의 '천天' 자에서 하늘을 사람의 머리와 견준 것처럼 신체의 가장 밑부분을 가리키는 '야也' 자는 땅을 비유한다. 따라서 '지地' 자의 자형적 어원은 '가장 아랫부분에 있는 흙', 즉 땅이 된다.

玄 검을 '현' 이 글자를 소전에서는 '𤣥'으로 썼는데 이는 갓 자아

29

낸 '실(타래)'('작을 요쇼')을 말리기 위해서 허공에 걸어놓은 모양이다. 그러므로 '현玄' 자는 '고을·매달 현縣' 자의 원래 글자임을 알 수 있다.[4] 실이란 본래 흰색이지만 오래 걸어놓으면 색이 검게 변하므로 '현玄' 자에 '검다'·'어둡다' 등의 의미가 생겨났고, 실이 걸려 있는 장소가 허공이므로 여기에서 다시 '아득하다'·'그윽하다' 등의 의미가 파생되었다. 어둡고 텅 빈 것을 '현허玄虛'라 하고, 손에 잡히지 않는 추상적인 말로 설명하고 가르치는 관념적인 학문을 '현학玄學'이라고 부르는 것은 바로 이 때문이다. 뿐만 아니라 '현玄' 자의 독음이 '천天'과 첩운疊韻 관계에 있다는 사실도 두 글자가 '허공'이라는 속성을 가리킴을 알려준다.

黃 누를 '황' 이 글자를 소전에서는 '𡴀'로 적었는데 이는 불화살의 형상을 그린 것이다. 그래서 발음이 '빛 광光' 자와 첩운 관계에 있다. 화살의 가운데에 '전田' 자 모양이 있는데, 불화살은 무게 중심이 앞쪽에 있으므로 화살에 균형이 잡히도록 살 뒤쪽에 추를 묶은 모양을 나타낸 것이다.

이 구절은 『주역周易』 「곤괘坤卦」의 「문언文言」 구절인 "하늘은 검고 땅은 누르다"(天玄而地黃)를 다시 쓴 것이다.

『천자문』은 4언 고시古詩체로 쓴 일종의 서사시다. 서사시는 한 집단의 삶이 어디서 기원하였고 앞으로 어디로 나아가야 하는지를 제시해주는 거대 담론에 속한다. 그래서 서사시는 세계와 우주에 대한 진술 또는 규정에서부터 시작하는 것이 보통이다. 왜냐하면 세상이라는 환경은 주체인 나보다 먼저 존재해왔으므로 이것의 본질이 무엇인지를 먼저 알아야 '나'라는 주체를 그 바탕 위에서 정의할 수 있겠기 때문이다. 그래서『천자문』에서도 '하늘과 땅'을 맨 먼저 묘사한 것인데, 바로 이러한 진술의 구조가 동아시아에서 개체를 전체의 부분으로 보는 세계관을 갖게 한 계기가 되었다. 그러니까 세계라는 전체가 먼저 있고 난 후에 비로소 개인이 존재한다는 이른바 집단주의의 근원이 여기서 시작한다는 말이다.

서양의 경우는 우리와 반대로 전체를 개인으로부터 시작하는 경향을 보인다. 잘 알려져 있다시피, 서양 문명을 구성하는 두 가지 근간은 기독교 사상과 그리스 철학이다.『신약 성경』의 저 유명한 예수의 비유, 즉 아흔아홉 마리를 들에 두고 잃어버린 한 마리의 양을 찾아 나선다는 가르침(「누가복음」15:4)은 전체보다 개인이 중시되는 사고의 좋은 예증이다. 또한「사도행전」(17:21)에는 "모든 아덴[아테네] 사람과 거기서 나그네 된 외국인들이 가장 새로운 것을 말하고 듣는 것 이외에는 달리 시간을 쓰지 않음이더라"라는 구절이 있다. 이는 그리스인들이 시와 연극 등 언어 예술을 통해 감응을 느끼는 일에 민감했음을 가리킨다. 감응에 민감하다는 말은 곧 무엇보다 개인의 주체성을 중시했다는 뜻이기도 하다.

물론 고대 중국인들도 시와 극을 즐기면서 새로운 것에 대한 호기심을 갖고 있었다. 그러나 당시의 정권들은 백성들이 시와 노래 등을 그냥 마음대로 즐기도록 놓아두지 않고 교화敎化라는 이름으로 일종의 통제를 가하였다. 즉 문학 작품들이 사회적으로 작용하는 순기능에만 초점을 맞추어 연구하고 가르쳐왔다는 것이다. 문학 작품이 일으키는 감응이란 기실 새로운 주체의 탄생을 가리키는데, 이런 의미에서 문학은 매우 정치적이지 않을 수 없다. 따라서 주체와 개성을 중시하는 문화는 도시 국가인 그리스에는 적합할지 몰라도 광활한 땅과 많은 인구를 다스려야 하는 중국에서는 오히려 저해 요소가 된다. 중국의 고대 문학 작품들이 거의가 '문이재도文以載道', 즉 글이란 모름지기 도덕성을 갖춰야 한다는 사회적 책임성을 근간으로 집필된 점, 새로운 것에 대하여 경계심을 갖게 하는 '온고지신溫故知新' 및 중용中庸 사상은 이러한 배경에서 나온 것이다. 이런 환경에서 그리스의 희극이나 비극처럼 개인의 감성에 충실한 문학 활동은 사실상 불가능했음을 충분히 짐작할 수 있다. 동아시아와 서양에서 개인이 문학에 의해 달라졌음을 이해하는 단초를 『천자문』의 이 구절은 제공한다.

우리가 생명을 유지하고 살아가는 데 좀 더 직접적으로 중요한 것은 기실 하늘보다는 오히려 땅인데도 이 구절은 '천天'을 '지地' 앞에 놓음으로써 하늘을 더욱 중시하고 있다. 속성상 '천'은 추상적이고 '지'는 구체적인 사물에 각각 속한다고 볼 수 있는데, 추상적인 것을 구체적인 것 앞에(또는 위에) 두면 윤리 규범과 질서 같은 정신적 틀이 우월한 가치를 갖게 되는 효과가 발생한다. 이러한 상징적인 정돈은 더 나아가 신하보다는 임금을, 여자보다는 남자를, 후배보다는 선배를 중시하는 형이상학적 사고를 자연스럽게 정착시킨다.

'현玄'과 '황黃'은 하늘과 땅의 색깔을 서술하고 있지만, 여기서 우리가 헷갈리는 것은 아무리 하늘을 쳐다보고 땅을 둘러봐도 도무지 하늘은 검지 않고 땅은 누렇지 않다는 점이다. 박지원朴趾遠의 『연암집燕巖集』에는 동네 아이가 『천자문』 읽기를 게을리하여 야단을 치자 아이가 "하늘을 보니 푸르기만 한데 '천天' 자는 푸르지 않다고 하니 시시하기만 한걸요"라고 대답했다는 구절이 있는데, 우리 조상들도 줄곧 이에 대하여 회의를 품어왔으리라 짐작된다. 하지만 『천자문』의 어느 주해에도 이 점에 관한 명쾌한 설명이 없다는 사실은 여러 가지

추측을 낳게 한다. 중국의 원본에 이의를 제기하는 것은 곧 권력의 기반을 흔들어놓는 일이라고 생각했을까. 아무튼 중국이 그렇다면 그렇다는 것인지, 사슴을 가리켜 말이라고 했다는 '지록위마指鹿爲馬'의 고사를 생각나게 한다.

'현玄' 자의 자형은 앞의 자해字解에서 설명한 대로 실(타래)을 허공에 걸어놓은 모양이다. 실오라기는 가느다랗게 생겼으므로 허공에 걸어놓으면 가물가물하여 잘 보이지 않는다. 그래서 고대 중국인들은 하늘을 이처럼 가물가물하여 잘 알 수 없는 추상적인 사물로 보았던 것이다. 하늘의 형상을 흔히 '그윽하고 아득하다'(幽遠)고 표현한 까닭이 여기에 있다. 다시 말해 '현玄'은 하늘의 구체적인 색깔을 지칭한다기보다는 그 현허玄虛한 추상성을 실의 이미지로 비유한 것이다.

'황黃' 자는 자형이 지시하는 대로 '불빛'(光)의 색에 바탕을 두면서 동시에 황하黃河 유역, 즉 중원中原 땅의 황토 빛깔과도 상호 대체 관계에 있다. 그래서 중국의 형이상학적 세계관의 토대를 이루는 오행설五行說에서는 자신들이 살고 있는 땅의 색인 황토색을 중앙의 색으로 삼고 다른 색은 주변의 색으로 밀어내었다. 암갈색을 띠는 기름진 옥토 빛깔에 익숙한 우리가 황색을 땅의 색깔로 인식하기란 애초부터 무리이긴 하지만, 아무튼 납득하기 어려운 땅 빛깔이 중앙의 색이라니 이 때문에 황색에 대한 신비감은 더해졌으리라.

이와 같이 황색은 중원에 있는 천자의 색이므로 주변 국가의 임금들은 감히 황색 예복을 입을 수 없었다. 단지, 평민들이 결혼할 때에 한해 평생 한 번 사모관대紗帽冠帶를 입어볼 수 있었듯이, 임금들도 종묘 제사나 즉위식 같은 특별 행사에서만 천자의 황포黃袍를 입어볼 수 있도록 허락받았다고 한다. 시각 자료의 인식 능력은 모든 감각

자료 중에서도 으뜸이라고 하니 그럴 만하기도 하겠으나 고대에 각인된 황색 콤플렉스는 서양인의 노랑 머리칼을 통하여 더욱 깊어져 오늘날 젊은이들이 검은 머리칼을 온통 노랗게 물들이는 모습으로 나타나고 있는 듯하다. 색깔은 차이에 의해 결정되는 상대적 속성인데도 '하늘은 검고 땅은 누르다'는 절대적 이미지로 인식을 강요당했으니,『천자문』의 초장부터 우리 조상들은 문자와 현실 간의 모순 때문에 얼마나 갈등했을까?

왜 변화만이 길하다고 여길까

宇宙洪荒우주홍황이라
우주는 넓고 거칠다

집 주宙

宇 집 '우' '집 면宀'과 '클 우于'로 이루어졌다. '우于'자는 '덮다'라는 의미를 포함하고 있으므로 '우宇'자의 자형적 의미는 '사방을 위에서부터 덮어서 막다'가 된다. 사방을 위에서부터 덮어서 막았을 때 덮개의 끝자락이 바깥쪽으로 조금 나와 걸쳐지는 '처마'가 생기는데, 그래서 '우宇'자에 '처마'라는 파생 의미가 생겨나게 된 것이다.

宙 집 '주' '집 면宀'과 '말미암을 유由'로 이루어졌다. '유由'자는 술을 거르는 대나무 채簀(그물) 모양이므로 여기에는 '걸러내다', '뽑아내다' 등의 의미가 포함된다. 그러므로 이 글자는 '뽑을 추抽'자의 원래 글자임을 알 수 있다. 무언가를 뽑는 것은 일의 시작에 해당하므로 여기서 '말미암다'라는 의미를 새로이 갖게 되고, 원래 의미인 '뽑다'는 '추抽'자를 따로 만들어 이양하였다. 따라서 '주宙'자의 자형적 의미는 '채로 거르고 남은 것'이 된다. 거르고 남은 것은 건더기, 줄거리, 또는 틀이므로 여기에서 집의 틀인 '대들보'라는 의미가 생겨난 것이다.

洪 넓을 '홍' '물 수水'와 '함께 공共'으로 이루어졌다. '공共'자는 두 손을 함께 모아 받쳐든 모양이므로 '홍洪'자의 자형적 의미는 '두 손

으로 물을 받는데 물이 많아서 손 밖으로 넘치다'가 된다.

荒 거칠 '황' '풀 초艸'와 '물 넓을 황㤕'으로 이루어졌다. '황㤕' 자가 '물 수水' 위에 '없을 망亡'이 얹힌 모양으로 이루어진 데서 알 수 있 듯이, 이 글자는 '아무런 보조 기구도 없이 맨손으로 강을 건너다'라 는 의미를 갖고 있다. 맨손으로 강을 건너는 일은 아무것도 모르는 무 지함이라야 가능한 것이니 이는 곧 맨 처음의 상태를 뜻한다. 따라서 '황荒' 자의 자형적 의미는 '무성한 잡초로 덮인 최초의 상태'가 된다. 또한 '황'의 독음은 '삽살개 방尨' 자와 '감출 장臧' 자 등과 첩운 관계 에 있다. 이 글자들은 공통적으로 '삽살개의 털처럼 어지러이 헝클어 지고 덮여서 속이 전혀 보이지 않다'라는 뜻을 갖는다. 밭을 갈지 않 고 버려두면 잡초가 우거져 땅이 엉망이 된다. 그래서 '황荒' 자에 '거 칠다'·'묵정밭이 되다' 등의 의미가 생겨난 것이다.

원래 '우宇'와 '주宙'는 각각 지붕의 '처마'와 '들보'를 가리키는 말 이었는데, 『회남자淮南子』에서 한漢나라 고유高誘가 상하 사방의 공 간을 '우宇'라 하고 지나간 옛날부터 다가올 미래까지의 시간을 '주宙' 라고 주석한 다음부터 천지를 비유하는 말로 쓰이게 되었다. 이 구절 은 앞의 '천지현황'과 대장對仗[5]을 이루고 있으므로, 본래 의도한 의 미가 "'우宇'는 '홍洪'하고 '주宙'는 '황荒'하다"는 것이었음을 알 수 있 다. '우'가 '넓다'(洪)는 것은 천지의 공간이 차고 넘칠 만큼 한량없다 는 의미로 각인시키기에 충분한 말이다. 공간에 대한 이러한 인식은 중국인 자신들에게나 주변 국가들에게 영토로 인한 갈등을 사소하고 좀스런 것으로 여기게 함으로써 변방을 안정시키는 효과를 거두기도 하였다. 실제로 고대 중국은 무역로 확보나 변방 안정을 위한 외적 토벌은 수없이 벌여왔지만, 영토 확장 자체에는 그다지 집념을 보이지 않았다. 주변국과의 분쟁은 거의가 중국을 종주국으로 인정하느냐 않느냐는 명분 싸움이 주요 원인이었다.

오늘날 중국이 대국으로 굴기崛起하였다 하여 미국 등 서방 국가들이 이른바 G2로 불러주지만, 중국의 정치 지도자들은 여전히 '도광양회韜光養晦'를 들먹이며 실용주의 노선을 지키려 한다. 도광양회란 자신의 강점이나 재주는 칼집에 넣어 감추고 부족한 점을 조용히 보완하면서 때를 기다린다는 뜻이니, 남들이 추어주는 말에 휘둘리지 않고 내실을 기하려는 그들의 실용주의를 이 말에서 잘 간파할 수 있다. 그러나 실질을 중시하는 이러한 정치적 노선이 그들의 전통적인 사상에서 나온 것은 아니다. 오히려 그것은 명분을 획득하고 유지하느라 엄청나게 많은 실리를 잃어본 쓰라린 역사적 경험 때문에 반작용으로 생겨난 역설이다. 명분 때문에 얼마나 데었으면 마오쩌둥毛澤東, 저우언라이周恩來, 덩샤오핑鄧小平 같은 지도자들이 죽으면서 유언으로 도광양회하라고 신신당부했겠는가.

'황荒'은 앞서 설명한 바와 같이 사람의 손이 닿지 않아 잡초만 뒤덮인 땅을 가리킨다. 따라서 '주宙'가 '거칠다'(荒)는 것은 시간의 흐름이란 언제나 인위적으로 가공되지 않고 거친 상태로 남아 있음을 가리킨다. 그런데 한漢나라 허신許愼의 『설문해자說文解字』는 '황荒'자를 '물처럼 넓다'(水廣也)라고 해설하면서 『주역』 「태괘泰卦」의 '황당한 것을 껴안고, 맨손으로 황하를 건너는 방식을 쓰다'(包荒, 用馮河)라는 구절을 인용하였다. 이로써 고대 중국인들은 거칠다는 것을 맨손으로 황하를 건널 만큼 황당하고 다듬어지지 않은 만용같이 부정적인 것으로 인식하였음을 알 수 있다. 이는 다시 말해 시간의 흐름도 공간처럼 문화적으로 세련되게 가공되어야 함을 뜻한다. 그래서 중국인들은 시간의 흐름을 시각적으로 묘사하였는데, 그게 바로 변화다. 『역』의 기능은 이 변화를 예측하는 일인데, 아름답게 다듬어진 변화를 길吉이라 하고 그렇지 않은 것을 흉凶이라 불렀다. 길한 변화라는 것은 제자리로 돌아가는 변화를 가리킨다. 이를테면 앞의 태괘泰卦는 아래는 건乾, 위는 곤坤으로 구성돼 있다. 이는 땅이 위에 있고 하늘이 아래에 있는 형상이다. 땅이 위에 있다면 불안하므로 이러한 상태는 머지않아 땅이 제자리를 찾아 아래로 내려가는 변화를 겪게 되어 있다. 그래서 『역』은 이를 '길하다'고 해석한다.

이처럼 시간이 본래의 상태로 되돌아가는 것을 아름다움으로 인식한 것이 바로 순환론과 상고尙古주의의 본질이다. 어떤 이는 본래의 상태란 '거친'(荒) 상태이므로 이를 부정적으로 보았다는 앞의 전제와 모순되지 않느냐고 반문할 것이다. 그러나 여기서 본래의 모습이란 카오스가 아닌, 성인이 규정해놓은 형이상학적 세계를 가리킨다. 그래서 『역』에서도 흉한 괘가 나오면 괘를 구성하는 여섯 개의 효爻를 재구성해서 결국은 길하게 해석한다. 이러한 가공이 가능한 것은 세계가 이미 형이상학적으로 고정되어 있기 때문이다. 오늘날 개발과 발전의 비전으로 유권자를 유혹하면서 열심히 '삽질'을 해대는 정치인들에게 표를 몰아주는 우리 사회의 천박한 모습은 변화만이 길하고 아름답다는 시간 관념을 왜곡해 받아들인 결과이리라.

새로움은 반복에서 나온다

날 일日

日月盈昃일월영측하고
해와 달은 차고 기울며

日 날 '일' 그림에서 보는 바와 같이 해의 모양에서 발전된 글자이다. '일日' 자의 발음은 '충실할 실實' 자와 첩운 관계에 있다. 이는 달이 차고 이지러지는 데 비해 태양은 늘 빛으로 꽉 차 있다는 뜻을 나타낸다.

月 달 '월' 이지러진 초승달(또는 상현달) 모양에서 나온 글자이다. '월月' 자는 '모자랄 결缺' 자와 첩운 관계에 있는데, 이는 태양이 늘 꽉 차 있는 모양을 유지하는 데 비하여 달은 차고 이지러짐을 반복하기 때문에 불완전한 사물이라는 뜻을 담고 있다.

盈 찰 '영' '그릇 명皿'과 '덤 받을 고夃'로 이루어졌으므로 자형적 의미는 '그릇에 덤을 얹어서 넘치게 하다'가 된다. 여기서 '꽉 차다'라는 의미가 생겨났다.

昃 기울 '측' '해 일日'과 '기울 측仄'으로 이루어졌으므로 자형적 의미는 '해가 서쪽으로 기울다'가 된다.

이 구절은 『주역』 「풍괘豐卦」의 "해는 남중하면 기울고, 달은 차면

이지러진다"(日中則昃, 月盈則虧)를 다시 쓴 것으로, 해가 떠서 남중南中하였다가 서쪽으로 기울어지고 달이 한 달을 주기로 찼다가 이지러지는 천체의 반복 현상을 함축적으로 묘사하고 있다.

천체를 구성하는 여러 가지 요소와 현상 중에 해와 달이 차고 기우는 것을 그 속성으로 묘사한 것은 말할 나위 없이 자의적 선택의 결과지만, 이분법에 근거한 당시의 음양 패러다임에서 해와 달은 대립적 존재로 파악될 수밖에 없었을 것이다. 이렇게 이해된 해와 달은 다시 규범적 상징으로 작용하여 혼돈 상태의 세계를 형이상학적으로 만들었다. 즉 해와 달은 우주를 대표하는 불변의 사물이지만 시간의 제약을 거스를 수는 없는 법이어서 뜨고 짐과 차고 이지러짐을 반복하는데, 이것이 자연의 이치라는 것이다. 인간도 자연의 일부인 이상 이러한 자연적 이치에 순응함이 지극히 당연하다는 것이 바로 이 구절의 실천적 요구이다.

사람은 그 행동이 예측 가능해야 사회를 이루고 살 수 있다. 예측이 가능하려면 일정한 논리에 따라 행동이 수행돼야 하고, 수행이 쉽게 이루어지려면 논리가 쉽게 따를 만큼 자연스럽든가, 아니면 논리에 대한 복종이 습관적으로 이루어지든가 해야 한다. 이러한 기능적 측면에서 보자면 이 구절은 두 가지 목적에 모두 부합한다고 할 수 있다. 해와 달이 차고 기울어지는 현상만큼 절대적 논리도 없을 것이므로 여기에 쉽게 수긍할 것이고, 이러한 수긍을 읽고 쓸 때마다 반복한다면 복종하는 연습이 될 것이기 때문이다.

반복 순환하는 자연의 속성을 추상화하여 이치理致라는 차원에서 파악한 것은 과학 발전의 매우 중요한 계기가 된다. 자연은 원래 끊어짐이 없는 연속적인 현상이고, 과학은 이것을 속성에 의거하여 중립적인 개념으로 분절함으로써 시작한다. 여기서는 '영盈'과 '측昃'이 그 예이다. 그런데 이 두 개념이 '일'과 '월'이라는 주어들과 각각 관계 지어짐으로써 여기에 우열優劣의 이미지가 개입하는데, 이는 '실實'과 '결缺'로 연결되는 언어상의 규칙인 첩운 때문에 발생한 것이다. 다시 말해 과학적 개념이 이데올로기적 이미지로 전이된 것이다. 이를테면 임금과 아버지를 해에, 신하와 어머니를 달에 각각 우열적으로 비유하는 수사는 여기에 근거한다. 고대 중국의 과학이 서양과는 비교도 안 될 만큼 발달했지만 그것이 근대로 이어지지 않은 것은 이처럼 과학적 개념을 이데올로기로 연결하기 위해 이미지로 전이시키는 관습에도 원인이 있지 않았을까.

이 구절에서 우리가 다시 눈여겨볼 만한 점은 바로 '차고 기울다'라는 반복의 의미다. 반복은 틀에 박힌 일을 기계적으로 되풀이하는 행위를 가리키는 말로서 흔히 권태로움과 지겨움의 이미지를 거느리지만, 다른 한편으로 그것이 '안정'의 의미를 담고 있음을 우리는 간과한다. 만일에 매일 아침 동쪽에서 떠오르는 태양이 사람들의 지겨움을 해소해주려고 동서남북 아무 데서나 불시에 떠오른다고 상상해보자. 이것을 두더지 잡기 게임처럼 즐길 사람은 별로 없을 테고 모두가 불안한 마음을 안고 살 것이다. 골프와 테니스 같은 운동 선수들은 첫 공을 치기 전에 자기만의 독특한 행동을 버릇처럼 언제나 반복하는데, 이것을 '루틴routine'이라고 부른다. 이는 아마도 변함없는 타구가 나오게 하기 위한 행위일 터이며, 자신이 생성할 수 있는 최고의 결과를 지향하는 것이리라. 이러한 타구가 이루어질 때 선수들은 전에 느끼지 못했던 감응을 경험한다. 이 경험이 다름 아닌 자신만의 새로운 주체성이다. 그렇다면 새로움이란 반복이라는 보수적인 행위에 의해 생성된다는 역설이 생겨난다. 『천자문』에는 이 구절 외에도 반복을 의미하는 구절이 자주 보이는데, 이것은 궁극적으로 안정이라는 관념을 사회의 바탕에 심어두기 위한 과정이라고 봐야 한다. 오늘날 정계와 기업은 물론 학교에서도 마치 절대 선善처럼 저마다 혁신을 부르짖지만, 시간이 조금 지나고 보면 혁신도 실은 어제의 반복에 지나지 않음을 알게 된다. 이 허무주의적인 프로파간다를 뻔히 알면서도 누가 앞서 제창하면 또다시 따라 할 수밖에 없으니 우리의 삶이 얼마나 피곤한지를 쉽게 짐작할 수 있다.

고대 천문의 이데올로기

별자리 수宿

辰宿列張진수열장**이라**
별과 별자리들은 열 지어 펼쳐져 있다

辰 별 '진' 이 글자를 갑골문甲骨文[6]에서는 '〾'으로 적었는데 이는 조개껍질 모양을 그린 것이다. 그러므로 '진辰' 자는 '대합조개 신蜃' 자의 원래 글자임을 알 수 있다. 옛날에는 조개껍질을 호미로 삼아 밭을 일궜다. 두 손으로 조개껍질을 들고 흙을 파면 몸이 더러워지므로 여기서 '욕볼 욕辱' 자가 나왔다. 밭을 가는 일은 농사의 시작이므로 '진辰' 자에 '농사 시기'·'움직이다'(이 경우는 '진振'·'진震' 등으로도 쓴다) 등의 의미가 파생되었다. 특히 농사 시기의 도래를 가리키는 별자리는 '방성房星'이므로 '진辰' 자는 이를 가리키기도 한다.

宿 잘 '숙'·별자리 '수' '집 면宀'과 '일백 명 두목 백佰'으로 구성돼 있다. 그런데 그림에서 보는 바와 같이 '백佰' 자의 고문자 자형은 돗자리 모양일 뿐 아니라, '숙宿' 자의 발음 역시 '저녁 석夕'·'자리 석席' 등과 첩운 관계에 있다. 따라서 '숙宿' 자의 자형적 의미는 '사람이 집 안에서 자리를 깔고 누워 자다'가 된다.

列 벌릴 '렬' '칼 도刀'와 '앙상한 뼈 알歹'로 이루어졌으므로 자형적 의미는 '칼로 뼈의 살을 조각조각 발라내다'가 된다. 따라서 '렬列' 자

는 '찢어질 렬裂' 자의 원래 글자임을 알 수 있다.

張 베풀 '장' '활 궁弓'과 '길 장長'으로 이루어졌고, '불릴 창脹' 자와 첩운 관계에 있다. 따라서 자형적 의미는 '활의 시위를 끝까지 당겨서 가장 크게 불리다'가 된다.

'진辰' 자는 흔히 해와 달과 별 등 하늘을 운행하는 뭇별을 통틀어 일컫는 말로 많이 쓰이지만, 이 구절에서는 '별자리 수宿' 자와 더불어 고대 천문 용어의 개념으로 쓰였다. 옛날 사람들은 천체의 운행을 관측하기 위해 황도黃道(지상에서 본 태양의 일년 운행 궤도) 부근에 28개의 항성군恒星群을 선택하여 표지로 삼고는 이를 28수宿[7]라고 불렀다. 그리고 황도 부근의 일주 궤도를 다시 12등분하여 이를 '십이차次', 또는 '십이진辰'[8]이라고 불렀다. 그러므로 '진수辰宿'란 총체적인 뭇별과 뭇 별자리를 가리키는 것이 아니라 황도라는 자의적 공간에 별들을 열 지어놓고 여기에 형이상학적 의미를 부여한, 특별한 별과 별자리의 조직인 것이다.

고대의 천문은 별이라는 자연물을 관찰의 대상으로 보았다는 점에서 흔히 순수 과학으로 간주한다. 그러나 천문이란 간단히 말해 '하늘(天)의 무늬(文)'를 가리키는데, 무늬란 미적 감수성에 의거해 조직해낸 예술적 결과이므로 천문은 곧 카오스(혼돈) 상태의 하늘에 자의적인 형상을 짜 넣음으로써 그로부터 무한한 의미를 생성해내는 신화가 된다.

이렇게 하는 이유는 궁극적으로 통치를 위한 것이다. 작은 나라는 큰 나라가 뒤에서 후원을 해주면 어렵지 않게 백성을 통치할 수 있다. 물론 그에 대한 대가는 치러야겠지만 말이다. 반면에 크기의 정점에 있는 중국의 경우에는 그 뒤를 받쳐줄 더 큰 권력이 없으므로, 속된 말로 비빌 언덕이 없어서, 통치가 불안정할 수밖에 없다. 이 불안정성을 해소할 수 있는 유일한 방법이 권력의 정당성을 세우는 것인데 그 명분이 바로 백성을 위한다는 이른바 위민爲民 사상이다. 인간사의 모든 것이 그렇듯이, 이성적인 설득만으로는 정당성이 담보되지 않는다. 백성을 위해 어쩔 수 없는 권력의 행사라고 아무리 이성적으로 설득해봤자 당장은 수긍할지 몰라도 돌아서면 의혹이 일어나고 믿음이 가지 않는 게 현실이다. 따라서 이 정당성을 신뢰하게 만들려면 신화를 개입시켜 종교성을 부여해야 한다. 이렇게 형성된 정치적 신조를 우리는 정통성이라 부르며, 이는 권력의 최종적 근거가 된다.

중국의 경우 정통성을 매개하는 신화의 원천은 하늘(天)이었다. 고대 중국에서는 하늘과 땅을 대칭적으로 보았다. 즉 땅이라는 현세는 하늘이라는 내세의 체제를 그대로 복제한 것으로 이 둘은 상호 감응한다고 믿었다. 따라서 하늘의 명령이 먼저 있어야 땅의 권력이 세워질 수 있다고 본다. 이것이 이른바 천명天命 사상이다. 천명을 읽어내려면 그 독법이 있어야 하는데, 여기서 천문이 등장한 것이다. 왜냐하면 천명이 비록 신화에 속할지언정 이를 너무 신화적, 또는 자의적으로 읽으면 설득력이 없으니 신뢰를 높이기 위해 자연과학의 옷을 입혀야 하기 때문이었다. 이런 배경을 두고 천문은 과학적 필요에 의해 발생한 것이 아니라 통치적 수요에서 출발했다고 말한 것이다.

앞에서 권력은 그 정통성을 '위민'에서 찾았다고 말했지만, 모든 통치 이데올로기가 상징체계인 이상 특정 계층의 이익에 기초할 수밖에 없고 여기서 소외되는 잉여 계층이 생겨나게 마련이다. 이 모순은 처음에는 작아서 인지되지 않지만 시간이 지나 축적되면 마침내 혁명과 같

45

은 변혁으로 이어진다. 이러한 변혁은 통치자들이 가장 두려워하는 것이므로 사람들은 혁명의 조짐을 역시 천문으로 예언함으로써 통치자들을 견제하기도 하였다. 따라서 고대의 천문은 근본적으로 이데올로기였지만 반反이데올로기의 기능도 수행했음을 알 수 있다.

천문이 이데올로기임은 28수를 전국칠웅戰國七雄의 숫자에 맞추어 7분야分野로 분할한 대목에서도 극명하게 드러난다. '렬列' 자는 혼돈처럼 보이는 하늘에도 보이지 않는 질서가 내재되어 있음을 암시하고, '장張' 자는 그중에서도 28수라는 조직이 팽팽히 당겨진 상태로 균형 잡혀 있음을 말해준다. 이 말은 곧 황도의 28수 밖에서 의미를 부여받지 못한 뭇별들은 이 팽팽히 당겨진 세계와 그 질서 속으로 편입될 수 없음을 나타낸다. 이렇게 천문 용어로 올라선 '진수'는 과학적 속성을 겉에 걸침으로써 다른 뭇별들을 자연스럽게 배제해 잉여적인 존재가 되게 하였다. 하늘의 복제판이 땅이라고 보는 당시의 우주관에서 '진수열장'이라는 구절이 중국 중심의 세계관을 심어주었을 것은 말할 필요도 없다. 이런 현실에서 주변의 타자란 의미 있는 존재로 인식되지 않으므로 그들을 뭉뚱그려 이른바 '오랑캐'로 불러왔던 것이다.

'오랑캐'들에게 이 '존재 없음'은 결핍으로 나타났고, 이 결핍을 해결하기 위해 그들은 언제나 중원으로의 진출을 욕망했다. 중국 주변의 소수민족들이 중원 진출의 야망을 키우고 또 실제로 힘이 강성해지면 어김없이 중원을 지배하려 시도했던 역사는 바로 여기에 기인한 것이라고 볼 수 있다. 라캉(Jacques Lacan)의 명제대로, 중국이 주변의 소수민족들을 상징체계에서 배제했을 때 그들은 이렇게 실재로서 귀환했던 것이다.

말이 존재를 부른다

추울 한寒

寒來暑往한래서왕하고
추위가 오면 더위는 가고

寒 추울 '한' 이 글자의 고문자 자형을 보면 '집 면宀'·'사람 인人'·'풀 망茻'·'얼음 빙冫' 등 네 부분으로 이루어졌다. 옛날 가난한 사람들은 이부자리가 없어 풀을 위아래로 깔고 덮고 잤는데, '망茻' 자의 아래에 있는 '초艸'는 깔개이고 위에 있는 '초艸'는 덮개를 가리킨다. '한寒' 자와 첩운 관계에 있는 '굽을 완宛' 자를 『설문해자』에서는 '풀을 굽혀서 자신을 덮다'(屈艸自覆也)라고 설명하였으므로, '한'과 '완'은 모두 가난한 사람들의 주거 방식임을 알 수 있다. 그래서 '한寒' 자의 자형적 의미는 '사람이 추운 집 안에서 풀을 위아래로 깔고 덮고 자다'가 된다.

來 올 '래' 이 글자를 금문金文9)에서는 '𣏗'로 적었는데 이는 보리에 이삭이 팬 모양을 그린 것이므로 '래來' 자는 '보리 맥麥' 자의 본래 글자임을 알 수 있다. 주나라는 중국의 서쪽에 위치한 나라로 원래 서직黍稷, 즉 기장과 조가 주식이었다. 나중에 후직后稷이 중원에서 보리를 들여와 처음으로 파종함으로써 주나라 사람들도 보리를 먹을 수 있게 되었다. 그래서 주나라 사람들은 보리를 하늘이 내려주신 상서

로운 곡식이라 하여 '서맥瑞麥'이라고 불렀다. 이처럼 보리는 외부에서 들어온 곡식이므로 '래來' 자에 '오다'라는 의미가 생겨나게 된 것이다.

暑 더울 '서' '날 일日'과 '어조사 자者'로 이루어졌다. '자者' 자는 '여러 제諸'의 본래 글자이고, '제諸' 자는 다시 '쌓을 저儲'와 사실상 같은 글자이므로 '자者' 자에는 '쌓다'·'모으다' 등의 의미가 담겨 있다.[10] 따라서 '서暑' 자의 자형적 의미는 '햇볕이 쌓여서 덥다'가 된다. '덥다'는 뜻을 가진 한자로 '열熱' 자가 있는데 이는 사막의 더위처럼 건조한 상태로 더운 것을 가리키고, '서暑' 자는 습한 상태로 무더운 것을 의미한다.

往 갈 '왕' 이 글자를 소전에서는 '徃'으로 썼는데, 여기서 우측 방[11]인 '㞷'은 '풀 지之'와 '흙 토土'로 이루어졌으니 '잡초들이 함부로 이리저리 뻗어가다'라는 의미를 품고 있다. '왕往' 자가 '함부로 망妄'과 첩운 관계에 있다는 사실이 이를 입증한다. 따라서 '왕往' 자의 자형적 의미는 '풀이 마구 뻗어나가 도달하다'이다.

이 구절은 추위와 더위가 반복적으로 순환함을 묘사했다는 점에서 앞의 "해와 달은 차고 기운다"(日月盈昃)라는 구절에 담긴 뜻과 맥락이 같다.

자연의 반복 순환 현상은 언어가 지시하는 것처럼 더위/추위로 단절되어 있지 않고 연속적으로 이동하고 진행하는 것일 뿐이다. 태극太極 문양을 보면 음과 양이 각기 분리된 듯하지만 실제로는 서로 갈마들면서 소용돌이 모양을 형성하고 있는데, 이는 이러한 반복 순환 형태의 연속적 이동을 형상화한 것이다. 즉 사물의 변화는 음과 양의 양적(ratio) 변동에 따라 진행된다는 원리가 태극이라는 상징에 담겨 있다는 말이다. 데리다(Jacques Derrida)의 차연差延이라는 개념도 궁극적으로 이 원리에 근거한 것이라고 볼 수 있다.

언어의 의미란 기표의 대립적 분절로 인한 차이를 통해 일시적으로 생성되는 환상이다. 이 의미는 고립적으로 인식되고 또 고착되기 때문에 차연적인 속성을 지닌 실재를 표상하는 것은 불가능하다. 그러므로 더위와 추위가 양적 변동에 따라 중첩되면서 연속적으로 진행되는 기후의 변화를 언어로 묘사하려고 할 때는 어쩔 수 없이 어느 한 속성을 분절시켜 고립적으로 만들 수밖에 없는데, 이것이 바로 추위와 더위 사이의 교대 현상을 포착한 '한래서왕寒來暑往'이다.

그렇다고 '한래서왕'이 더위가 가자마자 곧바로 추위가 닥쳐 그날부터 갑자기 추워진다는 뜻은 물론 아니다. 디지털의 세계에서는 불연속으로 끊어지는 지점부터 속성이 갑자기 바뀌는 것으로 나타나지만 언어는 이와 다르다. 왜냐하면 언어 자체에 이 불연속성을 극복할 방도가 내재되어 있기 때문이다. 언어의 표현 기능이 바로 그것이고, 언어의 예술성은 여기에 근거하며 이것을 극대화한 것이 시다. 무언가가 교체되는 현상은 갑자기 발생하는 경우와 서서히 이루어지는 경우가 있는데, 계절의 변화는 물론 후자에 속한다. 그래서 시간이 개입된 표현을 쓰면 언어가 갖는 불연속의 한계를 극복할 수 있다. 즉 서서히 사라지고 서서히 나타나는 경험을 불러일으키는 대표적인 단어가 바로 '가다'와 '오다'이므로, '한래서왕'이라고 쓰면 추위와 더위가 서서히 교체되는 현상이 자연스럽게 설명된다. 이것이 언어가 갖는 시적 기능의 묘미이다.

이 구절이 의미하는 바처럼 추위와 더위의 교차가 한 번 이루어지면 일 년이 된다. 그래서 고대 중국에서는 일 년을 '한서역절寒暑易節', 즉 '추위와 더위가 (한 번) 마디가 바뀌다'라는 말로 표현하기도 하고, '춘추春秋'를 일 년의 완성으로 보기도 하였다. 노魯나라 역사를 토대로 공자가 편찬했다고 전해지는『춘추』의 서명을 '춘春'과 '추秋'로만 쓴 것은 바로 이 때문이다. 계절을 춘·하·추·동의 네 시기로 구분한 것은 춘·추로 한참 쓰고 난 다음의 일이다. 그러니까 옛날에는 봄과 가을만 있고 여름과 겨울은 없었던 것이 아니라, '하夏'와 '동冬'이라는 단어가 아직 분절되지 않아 여름과 겨울을 인식하지 못했던 것이다. 이로써 사물이란 언어에 의해 창출되는 것임을 알 수 있다.

앞에서 반복이 지루한 것이긴 하지만 안정에는 도움이 된다는 말을 했다. 우리의 삶을 규정하는 상징 질서와 체계는 반복의 방식을 통해 사회를 안정적으로 유지해준다. 즉 반복의 행위는 시간이 지남에 따라 삶의 방식을 매우 당연한 질서로 받아들이게 하는데, 이 체제에서 자신의 자리를 차지하여 이득을 보는 사람은 이를 천륜이라 믿고, 여기서 소외된 사람들은 운명이라 여기게 된다. 그러나 상징체계라는 것은 근본적으로 고정된 형식이라는 속성에 묶여 있기 때문에 수시로 조정해주지 않으면 이로부터 소외된 잉여적 구성원들이 나타나게 되고, 또한 이것이 많이 쌓이면 오히려 상징 질서와 체계를 흔들고 위협하게 되는 것이 역사의 이치다. 하지만 이 조정 행위인 개혁을 거부하는 것 또한 권력의 어쩔 수 없는 속성이므로 종국에는 혁명과 조우하여 무너지는 것이 권력의 운명이기도 하다.

자연과 인간의 기호記號

감출 장藏

秋收冬藏추수동장이라
가을에는 거두어들이고 겨울에는 갈무리한다

秋 가을 '추' '벼 화禾'와 '불 화火'로 이루어졌다. '화火'자의 발음이 고대에는 '탈 초焦'·'거둘 수收' 등과 첩운 관계에 있었으므로, '추秋'자의 자형적 의미는 '곡식이 익어서 거두어들이다'가 된다. 이로부터 '가을'이라는 의미가 파생된 것이다.

收 거둘 '수' '두드릴 복攴'과 '묶을 규丩'로 이루어졌으므로 자형적 의미는 '두드려서 묶다'가 된다. 이로부터 '거두어들이다'라는 의미가 파생되었다.

冬 겨울 '동' '얼음 빙冫'과 '뒤처져 올 치夂'로 이루어졌다. '치夂'자는 기실 갑골문의 '동冬'자로서 '∧'로 썼는데, 이는 실을 다 뽑고 나서 서로 엉키지 말라고 양끝에 매듭을 만든 모양이므로 '치夂'자는 고문의 '마칠 종終'과 같은 뜻이 된다. 따라서 '동冬'자의 자형적 의미는 '계절의 마지막으로 얼음이 어는 계절'이다. '동冬'자의 독음이 '얼 동凍'과 완전히 같다는 사실이 이를 방증한다.

藏 감출 '장' '감출 장藏'자는 '풀 초艸'와 '감출 장臧'으로 이루어졌다. '장臧'자는 창상을 입은 포로가 침대에 누워 있는 모양이므로 '장

藏’ 자의 자형적 의미는 ‘숲속에 은둔하여 쉬다’가 된다. 이로부터 ‘갈무리하다’·‘저장하다’ 등의 의미가 파생되었다.

이 구절은 사마천司馬遷의 『사기史記』 「태사공자서太史公自敍」 중의 “무릇 봄에는 소생하고, 여름에는 성장하고, 가을에는 거둬들이고, 겨울에는 갈무리하는 것, 이것이 천도의 큰길이다”(夫春·生夏長·秋收·冬長, 此天道之大經也)를 다시 쓴 것이다.

“봄에는 소생하고, 여름에는 성장하고, 가을에는 거둬들이고, 겨울에는 갈무리한다”는 말은 우주의 운행과 만물의 생성과 변화 과정을 명쾌하게 축약한 형이상학적 이치다. 이는 만물의 생성과 변화 과정을 계절의 속성으로 환원시켰다는 점에서 은유적 도식이라고 말할 수 있다. 은유에는 사람들로 하여금 그것이 지시하는 내용과 추상적으로 치환되는 행위를 하게 하는 힘이 있으므로, 그들의 삶은 자연히 이 은유의 구조대로 형성되었다. 그래서 고대 중국에서는 봄에는 만물의 소생을 돕기 위하여 어떠한 살생도 금지하였고, 여름에는 올바른 성장을 위하여 교육을 독려하는 일에 힘썼으며, 가을은 거둬들이는 계절이므로 그간 미루어놓았던 살생, 이를테면 도발에 대한 응징이나 사형 집행 등을 하였고, 겨울에는 만물이 땅속 깊이 갈무리되는 계절이므로 건축·토목 공사 등 땅을 파헤치는 일을 금지하였다.

봉건 사회에서는 이렇게 형이상학적으로 도식화된 삶을 영위하는 것이 자연의 섭리에 순응하는 삶이라고 여겨왔다. 그러나 자연은 이미 그 자체로 하나의 잉여나 결핍도 없이 꽉 차 있는 존재이기 때문에, 이처럼 도식화된 삶은 자연의 섭리에 순응하는 삶처럼 보이지만 사실은 그것을 텅 비어 있는 기호대로 사는 삶으로 대체한 데에 지나지 않는다. 이렇게 삶을 형식화한 까닭은 말할 나위 없이 체제를 위해서다. 예측 가능한 안정된 세계에서 살고 싶어 하는 것이 인간의 본성이라 우리는 체제를 고안해냈다. 그런데 체제는 우리 스스로가 만든 것이므로 믿고 의지하기가 어려웠다. 그래서 변치 않는 자연 현상을 도식화한 다음 여기에 체제를 일대일 대응 방식으로(또는 은유적으로) 결부시켜 완전한 세계로 만든 것인데, 이것이 바로 형이상학적 세계다. 이런 세계에서의 삶은 자연적이면서 기실 자연이 아니기 때문에 앞에서 '텅 비어 있다'고 말한 것이다.

고대 중국처럼 광대한 지역의 삶을 통제하고 안정시켜야 하는 사회에서 이렇게 형이상학적인 틀에 맞춰 도식적인 삶을 영위하는 것은 그 통제와 안정의 필요에 부응하는 현실 이데올로기로서 강력한 힘을 가졌다. 또 그것은 그래도 자연과 닮은(analog) 관계를 유지한다는 점에서 매우 인간적이고 합리적이었다고 말할 수 있다. 이러한 삶의 방식은 우리에게도 그대로 전해졌다. 일상생활에서 예를 들자면, 가정교육을 할 때 우리에게는 자녀들을 꾸짖을 일이 있어도 아침에는 가급적 피하고 저녁 시간이나 나중으로 미루었다가 질책하는 관습이 있다. 아침은 하루의 싹이 트이기 시작하는 시간이므로 분노의 행위로 싹을 뭉개서는 안 된다는 생각에서다. 이렇게 하면 부모는 그 사이에 노여움을 삭여 좀 더 이성적으로 대화할 수 있고 자녀 또한 깊이 반성할 기회를 가질 수 있으므로 교육적으로 바람직하다.

그런데 이러한 도식적인 삶의 방식이 지닌 효용은 어디까지나 일상적인 것에 국한한다. 왜냐하면 악한 자들은 이러한 삶과 행동의 방식을 악용하여 부정을 저지르고 또 들켰을 때에도 역시 이에 의지하여 관용을 바라기 때문이다. 따라서 부정을 저지르거나 이를 벌하는 경우는 이러한 방식에서 언제나 예외로 두었다. 고대 중국에서 봄에는 살생과 전쟁을 금한다고 했지만 그것은 중국이 주도적으로 군사를 일으키는 일을 말하고, 외부로부터의 도발에 대해서는 예외 없이 군사를 일으켰던 것은 이 때문이다.

자유와 풍요를 구가하는 현대 사회는 개인들이 다양한 삶을 보장받고 있으므로 어떠한 이데올로기적 속박으로부터도 자유로운 것처럼 보인다. 그러나 신자유주의라는 보이지 않는 이데올로기는 우리로 하여금 탐욕과 경쟁에서 한시도 긴장을 늦추지 못하게 할뿐더러 진시황 때보다 더 냉혹한 법의 공포에 떨게 만들고 있다. 진시황의 형법은 아무리 가혹해도 자비라도 바랄 수 있지만(가혹한 형법은 가끔 자비를 베풂으로써 더욱 견고해지는 법이다) 오늘날의 민사 소송에서는 자비란 있을 수 없다. 이것을 자연스러운 현실로 받아들이게 하는 것이 오늘날의 이데올로기임을 자각한다면 자유와 풍요를 구가하는 삶이란 허상에 지나지 않음을 실감할 수 있다. 이런 각도에서 본다면 아날로그적으로 도식화된 옛날의 이데올로기 속에서 영위하던 삶이 그렇게 미개하고 조롱받을 만한 것은 아니었지 않을까.

계절의 오고 감을 헤아리는 법

이룰 성成

閏餘成歲윤여성세**하고**
윤달이 한 해를 완성하고

閏 윤달 '윤 '임금 왕王'과 '문 문門'으로 이루어졌으므로, 자형적 의미는 '천자가 문 안에 거처하다'가 된다. 매월 초하루에 귀신에게 제사 지내는 것을 '고삭告朔의 예'라고 부르는데, 이때 천자는 그 달에 해당하는 종묘 안의 방에 머무르며 집무한다. 종묘 안에는 열두 개의 방이 있다. 즉 종묘의 동쪽 문을 청양靑陽, 남쪽 문을 명당明堂, 서쪽 문을 총장總章, 북쪽 문을 현당玄堂이라고 각각 부르는데, 각각의 문은 다시 중앙의 태묘太廟, 좌개左个, 우개右个 등 세 개씩의 실로 나뉘어지므로 종묘는 빙 돌아가면서 모두 12개의 실을 갖추고 있다. 그래서 천자는 매월 '고삭'을 할 때마다 그 달에 해당하는 실에 거하게 되는 것이다. 이를테면 정월인 맹춘孟春에는 청양의 북쪽 실인 좌개에, 2월인 중춘仲春에는 중앙 실인 태묘에, 3월인 계춘季春에는 남쪽 실인 우개에 각각 머문다. 그러면 4월인 맹하孟夏에는 명당의 동쪽 실인 좌개에, 5월인 중하仲夏에는 중앙의 태묘에, 6월인 계하季夏에는 서쪽 실인 우개에 머물고, 7월인 맹추孟秋에는 다시 총장의 남쪽 실인 좌개에, 8월인 중추仲秋에는 중앙의 태묘에, 9월인 계추季秋에는

북쪽 실인 우개에 머물며, 10월인 맹동孟冬에는 현당의 서쪽 실인 좌
개에, 11월인 중동仲冬에는 중앙의 태묘에, 12월인 계동季冬에는 동
쪽 실인 우개에 각각 머물게 된다. 그런데 이렇게 순환하다 보면 윤달
이 낄 경우 거할 곳이 없어지므로 하는 수 없이 천자가 문 안에 거하
게 된다. 따라서 '천자가 문 안에 거처하다'라는 자형적 의미가 '윤달'
이라는 의미로 쓰인 것이다.

餘 남을 '여' '먹을 식食'과 '나머지 여余'로 이루어졌다. 음식이란 많
아야 남기는 법이므로 자형적 의미는 '음식이 먹고 남을 정도로 넉넉
하다'가 된다.

成 이룰 '성' '도끼 무戊'와 '고무래 정丁'으로 이루어졌다. 여기서
'정丁' 자는 '두드릴 정打' 자와 같은 뜻으로 쓰였으므로 '성成' 자의
자형적 의미는 '도끼나 망치·끌 같은 도구를 계속 두드려 무엇인가를
만들어내다'이다. 이로부터 '이룩하다'·'성취하다' 등의 의미가 파생
된 것이다.

歲 해 '세' '걸을 보步'와 '멸할 술戌'로 이루어졌다. '술戌' 자는 창으
로 사람을 찔러 죽이는 모양이므로 '세歲' 자의 자형적 의미는 '적진을
넘어 달려가서 창으로 찔러 죽이다'가 된다. 이로부터 '한계를 넘어가
다'라는 의미가 생겨났다. 따라서 '세歲' 자는 '넘을 월越' 자의 원래 글
자가 되는데, '세歲' 자와 '월越' 자의 발음이 고대에는 같았다는 사실
이 이를 입증한다. 그러다가 나중에 천문학에서 목성木星이 28수宿를
두루 넘나들면서 궤도를 형성하므로 이를 '세歲' 또는 '세성歲星'이라
고 부르게 되었다.

　'윤여閏餘'는 '여분의 달', 즉 윤달을 의미한다. 윤달이란 달의 주기

오차 때문에 발생하는 계절과의 들쭉날쭉한 차이를 매끄럽게 중화시켜주기 위한 달을 말한다. 그러므로 이때의 '윤閏' 자는 '윤택할 윤潤' 자와 같은 뜻이 된다.

한 해를 의미하는 한자 중에서 가장 많이 쓰이는 것이 '년年'과 '세歲'다. '년'은 우리가 흔히 음력이라고 부르는 태음력의 일 년을 말한다. 태음력은 달의 운행을 근거로 만든 책력이어서 태양력과 비교할 때 열흘 이상 차이가 나기 때문에 이 오차를 보정해주지 않으면 책력과 계절이 어긋나 여름에 눈이 오고 겨울에 장마가 지는 현상이 생길 수 있다. 그래서 이 오차를 보정하는 방법이 3년에 한 번, 8년에 3번, 19년에 7번 윤달을 두는 것이다.

윤달을 두는 방법은 대략 다음과 같다. 옛날에는 일 년 농사의 과정을 도식화해서 일종의 지침으로 삼았는데, 이것이 24절기節氣다. 우리는 일상적으로 24절기라고 부르지만 실은 다음과 같이 12절기와 12중기中氣로 나뉘어 있다.

12절기: ①입춘立春, ③경칩驚蟄, ⑤청명淸明, ⑦입하立夏, ⑨망종芒種, ⑪소서小暑, ⑬입추立秋, ⑮백로白露, ⑰한로寒露, ⑲입동立冬, ㉑대설大雪, ㉓소한小寒

12중기: ②우수雨水, ④춘분春分, ⑥곡우穀雨, ⑧소만小滿, ⑩하지夏至, ⑫대서大暑, ⑭처서處暑, ⑯추분秋分, ⑱상강霜降, ⑳소설小雪, ㉒동지冬至, ㉔대한大寒

위에서 12중기가 각 달을 대표하므로 우수가 1월, 춘분이 2월, 곡우가 3월, 이런 식으로 나가서 동지가 11월, 대한이 12월이 된다. 그런데 농사는 계절과 정확히 맞아떨어지는 양력에 의존해야 하므로 각 절기와 중기의 기간이 15일 정도씩 된다. 따라서 30일이 채 안 되는 음력의 어떤 달에는 절기가 없을 수도 있고 중기가 없을 수도 있다. 중기가 각 달을 대표하는데 중기가 없다면 그 달을 윤달로 정하면서 그 앞 달의 이름을 붙인다. 즉 한 달을 같은 이름으로 한 번 더 반복한다는 말이다. 이를테면, 소만은 4월을 대표하니까 하지는 5월에 있어야 한다. 그런데 5월에 있어야 할 하지가 6월로 넘어가 있다면, 5월을 치윤하여 윤4월이라 부르고 그 다음 달(원래 6월)은 5월이 된다. 이것이 바로 '중기가 없으면 윤달을 둔다'는 이른바 무중치윤법無中置閏法이다.

앞서 말했듯이 음력만 사용하면 계절과 맞지 않아 무엇보다 농사에 매우 불편하였다. 그래서 고대 중국에서는 음양합력陰陽合曆이라 하여 음력과 함께 양력도 사용하였는데, 이는 태양의 운행 주기를 근거로 한 것이 아니라 세성歲星, 즉 목성의 주기를 12로 나누어 만든 것이다. 이것이 마침 태양의 주기와 일치하므로 양력으로 불러왔다. 우리가 흔히 '세차歲次'라고 부르는 것은 바로 양력에 근거한 달(month)을 가리킨다.

그러므로 음력의 '년年'에다 여분의 달인 윤달을 두면 양력의 '세歲'가 완성된다는 것이 이 구절의 의미이다.

존 레넌과 밥 딜런의 위대함

두루 주周

律呂調陽율려조양이라
육률六律과 육려六呂로 음양을 조절한다

律 법 '률' '사뿐히 걸을 척彳'과 '붓 률聿'로 이루어졌다. 사회가 안
정적으로 오랫동안 유지되려면 모든 사람들이 지켜야 하는 규율을
먼저 정해서 이를 글로 적어놔야 한다. 오랫동안 가려면 뛰어서는 안
되고 사뿐히 걸어야 하므로 '척' 자는 '영원히'를 뜻하고, '률聿' 자는
규율을 말이 아닌 기록으로 남겨 후대까지 증거로 삼는다는 뜻이다.
또한 붓은 털이 길이가 가지런하고 먹이 고루 묻어야 좋은 글씨가 나
오므로 '률'에는 '누구나 평등하게 골고루'라는 뜻도 담겨 있다. 따라
서 '률律' 자의 자형적 의미는 '모든 사람이 영원히 지켜야 할 규율'이
된다.

呂 등뼈 '려' 이 글자는 자형 자체가 척추의 마디마디가 겹쳐져 있는
모양이고, '무리 려旅' 자와 같은 음으로 읽힌다. 따라서 '려呂' 자는 작
은 뼈마디가 여러 개 겹쳐 형성된 '척추', '등골'을 뜻한다. 등골은 몸
의 줏대에 해당하므로 마음과 몸을 함께 지칭할 때 '심려心呂'라고도
부른다.

　'율려律呂'란 중국 고대의 악률을 교정하던 기구로, 길이가 서로 다

른 12개의 죽관이나 금속관으로 만들어졌는데 각 관이 내는 음을 모든 악기의 표준음으로 삼았다. 저음관에서부터 시작해 홀수의 여섯 개 관을 '율律', 짝수의 여섯 개 관을 '려呂'라고 각각 부른다.

『여씨춘추呂氏春秋』「고악古樂」편에 의하면 곤륜산崑崙山 해계嶰谿 골짜기에서 구멍이 크고 고른 싱싱한 대나무를 골라 두 마디 사이를 자른 뒤 그 길이를 아홉 치로 하여 불었을 때 나는 소리를 황종黃鐘의 궁음宮音으로 삼았다고 한다. 그리고 이것으로부터 2/3만큼의 길이를 취해 내는 소리를 임종林鐘, 다시 이로부터 4/3만큼의 길이를 더 취해서 내는 소리를 태주太簇라고 각각 부른다. 이처럼 기준에서부터 1/3만큼 떼어내고 소리를 취하는 경우와 반대로 1/3만큼 더 붙여서 소리를 내는 경우가 있는데, 전자를 하생下生, 후자를 상생上生이라고 각각 부른다. 따라서 상생으로 생겨난 음은 황종黃鐘·대려大呂·태주太簇·협종夾鐘·고선姑洗·중려仲呂·유빈蕤賓 등이고, 하생으로 생겨난 음은 임종林鐘·이칙夷則·남려南呂·무역無射·응종應鐘 등이다. 따라서 율려는 황종에서부터 칠상오하七上五下로 발전하는 양상을 보인다. 여기서 상생은 양률에 속하고 하생은 음률에 속한다.

調 고를 '조' '말씀 언言'과 '두루 주周'로 이루어졌다. '주周' 자는 전체 구성원을 두루 화합하게 한다는 의미를 내포하고 있으므로 '조調' 자의 자형적 의미는 '말로써 전체 구성원을 화합하게 하다'가 된다.

陽 볕 '양' '언덕 부阜'와 '볕 양昜'으로 이루어졌다. '양昜' 자는 태양이 떠오를 때 방사하는 햇살 모양이므로 '양陽' 자의 자형적 의미는 '산언덕에 비치는 햇볕'이 된다. 햇볕을 받는 산언덕은 남사면이므로 산의 남쪽을 가리키기도 한다. 강의 경우는 볕이 북쪽 강변에 비치므로 이때의 '양陽'은 강의 북쪽을 지시한다.

이 구절은 음률을 정하는 기준인 율려로써 음양을 조절하고, 다시 이로써 자연과 세상을 조화롭게 만든다는 의미를 담고 있다. 쉽게 말하자면 음악을 적당히 조율하면 세상을 바꾸고 다스릴 수 있다는 뜻인데, 자연과학에 익숙한 현대인들은 이 말이 다소 의아하게 느껴질 것이다.

오늘날 『시경詩經』이라는 이름으로 알려져 있는 『모시毛詩』에 보면 다음과 같은 구절이 있다.

> 잘 다스려지는 세상의 음악이 편안하고 즐거운 것은 그 시대의 정치가 조화롭기 때문이고, 어지러운 세상의 음악이 원망과 분노로 가득 찬 것은 그 시대의 정치가 어그러졌기 때문이며, 망해가는 나라의 음악이 슬픔과 그리움으로 충만한 것은 그 나라의 정치가 곤경에 빠져 있기 때문이다(治世之音安以樂, 其政和; 亂世之音怨以怒, 其政乖; 亡國之音哀以思, 其政困).

정치의 선불선善不善에 따라 사람들이 즐기는 음악이 달라지므로 어느 시대의 음악을 채취하여 들어보면 그 시대의 정치 상황을 알 수 있다는 위의 구절은 곧 음악을 세상을 들여다보는 창窓으로 간주하고 있다. 여기서 원문의 '음흡'을 포괄적으로 음악이라고 번역했지만 원래의 문맥에서는 노래를 가리킨다. 그러나 텍스트는 텍스트 자체의 선험성에 의해 결정된다는 구조주의적 관점에서 본다면, '치세治世'의 경험이 '편안하고 즐거운'(安以樂) 노래로 나타났다기보다는 오히려 '편안하고 즐거운 노래'가 '치세'를 만든다고 보는 편이 옳을 것이다. 다시 말해서 주체의 정체성과 능동성을 회의적으로 보는 구조주의에서는 『모시』의 관점과는 반대로 노래가 주체를 움직여서 나라를 흥하게도 망하게도 할 수 있다는 뜻이 된다.

오늘날 현대인들은 노래와 음악을 단지 오락(entertainment)을 위한 도구쯤으로 여기고 있지만 그 실제 작용을 알아보면 그것들이 인간 자신과 사회의 근본을 결정하는 위치에 있다는 사실에 놀라게 된다. 인간에게는 애초부터 결정된 정체성이라는 것이 없으므로 어떤 작품(텍스트)이 먼저 들어가 자리 잡느냐에 따라 주체와 사회의 정체성이 정해지게 되어 있다. 이때 가장 중요하고 영향력이 큰 작품이 언어로 구성된 것(텍스트)이다. 왜냐하면 주체는 자신이 의지하는 타자他者(이를테면 어머니와 아버지)의 말을 받아들이지 않을 수 없기 때문이다. 단지 주체가 수용하는 강도(intensity)가 매개하는 언어 텍스트(작품)의 감동력에 따라서 달라질 수 있을 뿐이다. 여기서 작품이라는 말은 광의의 개념으로서 언어로 짜인 모든 소통 단위를 가리킨다. 같은 말이라도 억양에 따라 감동이 다를 것이므로 이를 수용하는 강도도 달라질 것은 명백하다. 노래란 다름 아닌 감동을 극도로 생성시키도록 디자인된 언어 텍스트가 아닌가? 이런 의미에서 노래가 주체를 형성하고 정체성을 결정하는 데 가장 중요한 요소로 기능한다고 말한 것이다. '편안하고 즐거운' 노래가 '치세'를 만드는 것은 바로 이 때문이다. 1960~70년대 미국 사회가 베트남전쟁에 미쳐 아무도 못 말릴 때 이들을 제 정신으로 돌아오게 한 것은 존 레넌John Lennon과 밥 딜런Bob Dylan을 비롯한 반전 가수들의 노래였다. 그래서 그들의 음악이 오늘날까지 위대하다고 평가받는 것이다.

『천자문』의 4자구 형식은 "율려로써 음양을 조절한다"는 내용을 네 글자로 축약하게 만들고 게다가 마지막 글자에 압운을 하도록 강제하고 있다. 그래서 '음양陰陽'의 두 글자 중에 '음陰'은 억압되고 '양陽'이 이 구절을 대표하는 결과를 낳았는데, 이것은 '음'에 대한 '양'의 비교 우위적 관념을 우리의 사고 속에 고착시키는 데 크게 기여한 것으로 보인다. 이러한 수사법이 하찮은 것처럼 보이지만 이 구절을 자꾸 반복해서 읽고 외우다 보면 '양'의 속성으로 분류되는 사물들은 자연히 '음'의 속성으로 분류되는 사물에 대하여 권력을 가짐과 아울러 더 중시되는 효과를 누리게 된다.

따라서 이 구절의 본래 의미는 율려가 음양을 '두루 화합하게 한다'(調)는 것이지만, 수사 형식에서 '조양調陽'이라고만 씀으로써 양만 조절하면 음은 부수적으로 조절되는 것으로 인식하게 만들었다. 홍성원洪聖源이 『주해천자문』에서 "양을 들어주면 음은 그 가운데 있게 된다"(擧陽則陰在其中)고 풀이한 것은 이 점을 명백히 드러내준다. 그러나 '양'이란 고정된 기의記意를 갖는 것이 아니라 '양陽' 자의 자형처럼 햇빛이 어디를 비추느냐에 따라서 방향이 남쪽이 될 수도 있고 북쪽이 될 수도 있다는 사실도 함께 알아야 할 것이다.

솟구친 구름이 비를 데려오고

구름 운雲

雲騰致雨운등치우하고
구름이 솟구쳐 올라가서 비를 오게 하고

雲 구름 '운' '비 우雨'와 '운행할 운云'으로 이루어졌다. '운云' 자의 고문자 자형은 옆의 그림처럼 원래 구름이 빙빙 돌아 올라가는 모양으로 되어 있었으므로 처음에는 '구름'이라는 의미로 쓰였다. '운云' 자의 발음이 '빙빙 돌 운運'과 같다는 사실이 이를 입증한다. 그러다 이 글자가 '말하다'라는 의미로 빌려 쓰이게 되면서 '구름'이라는 의미는 오늘날의 '운雲' 자로 파생돼 나온 것이다.

騰 오를 '등' '말 마馬'와 '조짐 짐朕'으로 이루어졌다. 조짐이란 아주 미세하게 갈라진 틈인데 고대에는 갑골의 틈을 보고 점을 쳤다. 또한 '등騰' 자는 '말 빨리 달릴 동駧'과 첩운 관계에 있으므로 이 글자의 자형적 의미는 '잠깐 사이에 말이 빠르게 달려가다'가 된다. 빨리 달리는 말은 옛날에는 역참驛站 말로 써서 역과 역 사이를 왕래하며 메시지를 전달케 하였으므로, '빨리 전달하다'라는 의미로 쓰이기도 한다. 글을 옮겨 적는 것도 그 내용을 다른 종이에 전달하는 것과 같기에 '마馬' 자 대신에 '언言' 자를 써서 '등謄'으로 쓴다. 등사謄寫·등본謄本 등에서의 '등' 자는 바로 이 뜻이다.

致 부를 '치' '두드릴 복攴'과 '이를 지至'로 이루어졌으므로 자형적 의미는 '두드려서 빨리 오게 하다'가 된다.

구름이 올라가 비를 불러온다는 자연 현상을 기술한 이 구절을 과학적 진술로 볼 때 얼핏 논리적 왜곡처럼 느껴질 수 있다. 즉 비를 오게 하기 위해서는 구름이라는 최소한의 조건이 있어야 한다는 점에서 이 진술은 필요조건일 뿐, 모든 구름이 비가 되는 것은 아니므로 필요충분조건은 될 수 없기 때문이다. 그래서 어떤 이들은 『천자문』의 이러한 묘사가 인과 관계의 개념을 아이들에게 잘못 인식시킬 우려가 있다고 말하기도 한다. 그러나 이러한 우려는 기우인 것이, 『천자문』은 기본적으로 시적 텍스트이기 때문에 문학적 표현이 감성을 풍부하게 해주었으면 해주었지 결코 인식의 오류를 일으키지 않는다. 뿐만 아니라 이를 과학적 진술로 봐도 문제가 없다. 이 구절은 본래부터 실제에 부합하는 필요충분조건을 갖추었기 때문이다. 구름이 올라가는 상황을 '등騰'으로 기술한 것을 눈여겨볼 만하다. '등' 자는 그냥 올라가는 게 아니라 '빨리 솟구쳐 올라가다'라는 뜻이다. 무더운 여름날에 갑자기 솟구쳐 올라가는 구름을 소나기구름, 또는 적란운積亂雲이라고 부르는데, 이 경우에는 틀림없이 얼마 안 있어 소나기가 내린다. 그러므로 이 구절의 진술은 진실의 필요충분조건이 되는 것이다. 우리가 한문을 읽을 때 글자의 자형에서 오는 의미를 특별히 강구해야 하는 이유가 여기에 있다.

어린이들의 흙 놀이 중에 흙 속에 손을 넣고 그 위를 두드리면서 "두껍아, 두껍아, 헌집 줄게 새집 다오"라고 노래 부르는 놀이가 있다. 이것은 두드린다는 것이 곧 변화를 재촉하는 행위임을 말해준다. '치

致’자의 자형은 바로 이 사실을 형상적으로 보여주고 있다. 다시 말해, 구름이 비를 불러온다는 말을 ‘치致’자로 씀으로써 인과 관계의 논리성을 학습시키는 것이다.

　이렇게 자연 현상의 인과성을 논리적으로 진술하면 『천자문』이 전체적으로 믿고 따를 만한 합리적인 내용으로 이루어졌다고 인식시킬 수 있는 장점이 있다. 다시 말해 인간이 만든 규범(nomos)이란 본질적으로 자의적인 것이어서 불안정할 수 있지만 이와 같이 자연 현상의 법칙(cosmos)을 끌어들여 군데군데 배치해 기둥을 삼으면 규범의 안정성과 정통성을 확보할 수 있다. 시에서 압운은 바로 이 기능을 수행한다. 압운에 의해 묶여진 내용들은 하나의 논리성을 갖는 것처럼 나타나기 때문이다.

모순된 의미가 동거하는 한자

할 위 爲

露結爲霜노결위상**이라**
이슬이 맺혀서 서리가 된다

露 이슬 '로' '비 우雨'와 '길 로路'로 이루어졌다. 길이란 사람이 다니도록 만들어진 곳이기도 하지만 아울러 영역을 나누는 경계가 되기도 한다. 이슬은 찬 공기와 더운 공기 사이의 경계에서 발생하는 것이므로 이 글자의 자형적 의미는 '찬 공기와 더운 공기 사이의 경계에서 나타나는 비'가 되는데, 이것을 우리는 '이슬'이라고 부른다.

結 맺을 '결' '실 사糸'와 '길할 길吉'로 이루어졌다. '길吉'이란 땅에 함정을 파서 그 위를 나뭇가지를 엮어 덮어놓고는 사람들에게 조심하도록 표지를 해둔 모양이다.[12] 또한 '결結' 자의 발음은 '굳을 견堅' 자와 쌍성 관계에 있다. 따라서 '결結' 자의 자형적 의미는 '끈으로 단단히 얽어매다'가 된다.

爲 할 '위' 이 글자의 원래 자형은 '손 수手'와 '코끼리 상象'으로 이루어졌으므로 자형적 의미는 '코끼리를 끌고서 일을 부리다'가 된다. 동물을 이용해 일을 함을 나타내는 글자들, 이를테면 '칠 목牧'·'부릴 어馭' 등의 자형 속에 공통적으로 '손'을 의미하는 '수手'나 '우又'가 씌어 있다는 사실을 참조할 만하다. '코끼리를 부려 일을 하다'라

는 원래 의미에서 '~을 하다'가 파생되었고, 일을 하면 그 대상 사물이 변화하므로 '~가 되다'라는 의미가 생겨난 것이다.

霜 서리 '상' '비 우雨'와 '도울 상相'으로 이루어졌다. '상相' 자는 시각장애인이 나무 지팡이의 도움을 받아 길을 살펴가는 모양인데 여기에는 이미 '눈의 상실'이라는 의미가 잠재돼 있다. '상霜' 자의 독음이 '잃을 상喪'과 쌍성·첩운의 관계를 갖는 점은 이를 입증한다. 따라서 이 글자의 자형적 의미는 '비(수분)가 열을 잃어서 된 것', 즉 '서리'가 된다.

이 구절 역시 앞의 출구出句와 마찬가지로, '이슬'과 '서리'가 얼고 안 얼고의 차이만 있을 뿐 본질은 수분으로 같은 물질이라는 사실을 진술함으로써『천자문』이 합리적이고도 과학적인 공간임을 인식시킨다.

자해에서 설명한 바와 같이 '로露' 자의 의미는 '길 로路'에서 찾을 수 있다. 길이란 처음부터 존재해온 것이 아니라 사람들이 밟고 다니다 보면 드러나는 것이다. 그러면서 길은 영역의 경계를 나누는 표지가 되기도 한다. 이것이 대기 현상에 적용되면 온기와 냉기의 경계에서 이슬이 맺히고, 이슬이 맺히는 부분부터 '온기 영역'의 밖이 시작되는 셈이다. 그래서 밖에서 자는 일을 '노숙露宿'이라 하고 밖으로 백일하에 드러내는 일을 '폭로暴露'라고 말하는 것이다.

'상霜' 자의 개념도 '상相' 자에 기초하고 있다. '상相'이란 자해에서 설명했듯이 소경이 나무 지팡이의 도움을 받아 길을 살펴가는 모양이다. 그래서 '상相' 자에 '돕다'와 '살피다'라는 두 가지 의미가 생겨나게 되었다. 그러나 '상霜' 자의 독음이 '상喪' 자와 쌍성·첩운의 관계에 있으므로 이 글자가 '살상殺傷'과 '상실'의 의미를 담았음도 알 수 있다. 남편과 사별한 아낙을 '상부孀婦'라고 부르는 것은 여기에서 연유한다. 가을에 내리는 서리는 초목을 시들어 죽게 하지만, 아울러 해충도 죽이는 효과가 있어 식물이 새로운 생명을 보존하는 데 도움이 된다. '상霜' 자는 이 두 가지 상호 모순되는 의미를 함께 품고 있음을 알 수 있다.

　이처럼 한자는 부분적인 자형들이 모여 전체 자형을 구성하는데, 이때 각 자형들은 비록 주변부에 던져져 있어서 의미 생성에 직접적인 작용을 안 하는 것처럼 보일 수도 있지만 전체 자형이 어떤 문맥 안에 개입하느냐에 따라 자신의 의미를 끝내 드러내는 특성을 갖는다. 그렇기 때문에 '상相'과 '상喪'처럼 서로 모순되는 의미가 같은 글자 속에 내재할 수 있는 것이다. 이것이 가능한 까닭은 이러한 의미들이 자음字音, 즉 글자의 독음에 종속되어 있기 때문이다. 이를테면 '상霜' 자 속에 '상相'과 '상喪'이 공존하는 것은 '상'이라는 자음의 매개에 의존한다는 말이다.

외래어와 토착화

고울 려麗

金生麗水금생려수하고
금은 여수麗水에서 나고

金 쇠 '금' '흙 토土'와 '이제 금今'으로 이루어졌다. '토' 자 양쪽에 점 두 개를 찍은 것은 금이 흙 속에 묻혀 있는 모양을 나타낸 것이다. 『설문해자』에 의하면 금은 백금(은), 청금(납), 적금(구리), 흑금(철), 황금(gold) 등 오금五金을 가리키기도 하지만, 이 중에서 황금이 가장 귀하므로 모든 금속의 대표로 삼는다고 했다. 금속의 속성은 단단함이므로 '금' 자의 개념은 '금今' 자에서 찾을 수 있다. '금今'은 '굳게 얽을 긴緊'과 쌍성·첩운 관계를 갖는다는 사실이 드러내듯, '긴급하다', '시급하다'라는 의미를 담고 있다. 따라서 '금金' 자의 자형적 의미는 '흙 속에서 캐내는 단단한 물질'이 된다.

生 날 '생' 흙(土)에서 식물의 싹이 돋아나는 모양으로, '나올 출出' 자와 형태와 의미가 비슷하다. 따라서 자형적 의미는 '싹이 돋아 흙 밖으로 나오다'가 된다.

麗 고울 '려' '사슴 록鹿'과 '짝 려麗'로 이루어졌다. '려麗' 자는 '무리 려旅'와 같은 음으로 읽히므로 '려麗' 자의 자형적 의미는 '사슴처럼 쌍쌍이 무리를 지어 다니다'가 된다. 집단의 가치를 숭상하던 옛날에

는 무리 안에 있거나 짝에 충실한 것은 바람직한 행위이므로, 이로부터 '아름답다'라는 의미가 파생되었다.

水 물 '수' 이 글자는 물이 내를 이루어 흘러가는 모양을 그린 것이다.

앞의 문장까지 '하늘'(天)에 관한 일을 서술하였다면 이 구절부터는 '땅'(地)에 관한 일을 적는다.

'여수麗水'는 형남荊南과 더불어 중국 고전에서 사금砂金 생산지로 자주 거론되는 지명이다. 그래서 역사적으로 금은 이 지역의 주요 조공품으로 지정되었다고 한다. 여수는 오늘날 금사강金沙江이 운남성雲南省 여강납서족麗江納西族 자치현으로 흘러드는 북쪽 지역을 가리킨다. 넓은 대륙에서 금이라는 광물이 여수에서만 생산되지는 않을진대 유독 이곳의 금을 명물로 꼽는 것은 오행상생설五行相生說 중의 "금金은 물(水)을 낳는다"(金生水)는 구절 때문에 신화성을 획득한 결과로 보인다.

우리나라 전라남도에도 같은 이름을 가진 도시 여수麗水가 있다. 이처럼 두 나라 사이에는 땅은 다르지만 지명이 같은 경우가 종종 있다. 뿐만 아니라 지명은 정확히 일치하지 않아도 '경주慶州'·'광주光州'처럼 '주州' 자를 붙이는 경우, '한양漢陽'·'양양襄陽'·'하양河陽'처럼 '양陽' 자를 붙이는 경우 등 작명 방식이 동일한 것도 많다. 이것은 아마 한사군漢四郡 설치 후 도입된 중국 군현 제도의 영향 때문일 것으로 짐작된다. 진秦·한漢을 거쳐 완성된 군현 제도는 중앙 집권적인 정권을 유지하는 데 매우 효과적인 우수한 행정 제도였으므로 당시 한반도를 지배하던 정권들은 이를 도입해 시행하면서 각 행정 단위의 이름을 그대로 적용했다. 그리하여 중국의 지명과 같은 곳이 생겨나게 된 것이다. 오늘 우리 사회도 민주주의 제도의 기초 위에 지방 자치제를 실시하고 있지만 이른바 풀뿌리 민주주의가 생각보다 진전이 느린 것은 우리가 군현 제도의 강력한 중앙 집권 기능에 너무 익숙해진 나머지 그 영향력에서 완전히 벗어나지 못한 때문이 아닌가 하는 의심이 든다.

우리는 우리의 한글이 세계의 어떤 언어의 발음도 거의 다 표기할 수 있다는 자랑을 자주 한다. 문자란 언어를 표기하기 위한 것이므로 일반적으로 그 언어의 속성을 잘 드러낸다. 한글도 우리말의 특성을 그대로 갖고 있는데, 그중 하나가 다른 어떤 언어보다도 형태소로 동원될 수 있는 음절이 많다는 점이다. 교착어에 속하는 우리말은 단음절 단어가 주류인 중국어와는 달리 다음절 단어가 많고, 유럽 언어처럼 형태 변화가 없어서 조사와 보조어간이 발달했다. 따라서 우리말은 변별력을 가진 음절이 많이 필요한 속성을 갖게 되었고, 이러한 속성을 나타내야 하는 한글도 사람의 입으로 낼 수 있는 대부분의 음절을 표기할 수 있는 기능을 갖게 된 것이다.

그러나 다음절 단어가 많으면 일상에서 같은 단어를 반복할 때 자연히 줄여 말하려고 하는 언어의 경제성과 갈등을 일으킨다. 이때 단음절어 중심의 한자어가 중국의 문화적 산물과 함께 들어왔는데, 이 문화를 향유하는 사이에 자연스럽게 우리의 다음절 단어들은 한자로 대체될 수밖에 없었을 것이다. 그러나 좀 더 근본적인 이유는 외부에서 우수하다고 평가되는 문화가 들어올 때 함께 들어오는 외국어의 '낯섦'(alienation)에서 찾을 수 있다. 우리는 처음 접하는 사물을 파악할 때 사물 자체보다는 기호에서 직접적인 의미를 뇌리에 각인시킨다. 당시 중국에서 들어온 신문물을 접한 사람들은 그 새로운 대상을 지시하는 단어들이 주는 낯선 이미지를 바탕으로 삼아 그것을 개념화했을 것이다. 이 낯선 이미지란 당연히 매우 긍정적이며 호감도 높은 의미를 생성시켰을 터인즉, 그 대상은 본래 자신이 갖고 있던 의미보다 과잉되게 의미를 부여받았을 것이다. 의미의 두께는 곧 가치의 양이 된다. 따라서 새로운 문물(대상)은 부풀려진 가치를 유지하기 위하여, 자연히 그 이름이 우리말로 번역되기보다는 가능한 한 원음 그대로 우리말 속으로 들어갔을 것이다.

마찬가지로 군현 제도를 도입하면서 우리 지명에 한자음을 그대로 적용하면 관방官方의 권위가 중국의 경우처럼 증대될 것은 말할 나위 없다. 오늘날 아파트 동네 이름을 무슨 '빌ville'이니, 무슨 '타운'이니, 무슨 '캐슬'이니 하고 짓는 현상은 모두 이와 같은 언어적 배경의 산물이다. 옛날에 군현 제도를 도입했듯이 주소 체제를 미국식으로 바꿨으니까 머지않아 행정 단위에도 영어가 들어올지 모르겠다. 이미 지하철에 '센트럴파크역'이 생겼고 혁신도시 이름에는 '센텀시티'가 있지 않던가?

우리말의 장점이 오히려 외래어를 우리 것으로 토착화하는 일을 어렵게 하는 면도 있다는 사실을 되돌아볼 만하다.

예수는 왜 베들레헴에서 났을까

玉出崑岡옥출곤강**이라**
옥은 곤륜산崑崙山에서 나온다

나갈 출出

玉 구슬 '옥' 이 글자는 옥 세 개를 나란히 꿰어 묶은 모양이다.

出 나갈 '출' 이 글자는 초목의 싹이 터서 밖으로 나온 모양이다. 안에 갇혀 있던 것이 밖으로 나온다는 의미이므로 '날 생生'과 같은 뜻이다. 그래서 자매가 낳은 자식을 '출出'이라고 부른다. 정실부인이 낳은 자식을 '적출嫡出', 첩이 낳은 자식을 '서출庶出'이라고 불렀던 것은 여기서 파생된 전통이다.

崑 산 이름 '곤' '뫼 산山'과 '맏 곤崑'으로 이루어졌다. 따라서 자형적 의미는 '가장 높은 산'이 되는데, 여기서는 높고 험하기로 이름난 곤륜산崑崙山을 말한다.

岡 산등성이 '강' '뫼 산山'과 '그물 망网'으로 이루어졌다. 그물이란 물은 빠져 나가고 물고기만 걸리게 하려고 줄거리와 뼈대로만 만든 사물이다. 또한 '강岡'자는 '목 항亢' 자와 쌍성·첩운 관계에 있으므로 이 글자는 '가장 높은 곳'이라는 의미도 담는다. 따라서 자형적 의미는 '산에서 뼈대와 줄거리에 해당하는 가장 높은 부분', 즉 '산등성이'가 된다.

『설문해자』에 따르면 중국인들은 옛날부터 옥의 속성을 오덕五德, 곧 다섯 가지 덕에 비유했다. 첫째 속성은 윤택하고 따뜻함인데 이는 인자함(어질 인仁)이란 무엇인지 알려주는 방도이고, 둘째는 결이 밖에서 안이 들여다보이므로 의로움(의로울 의義)이 무엇인지 알게 해주고, 셋째로 옥의 소리는 부드럽고 낭랑해서 멀리까지 퍼지므로 지혜(지혜 지智)란 어떤 것인지를 알게 해주는 방도이며, 넷째는 꺾일지언정 휘지 않으므로 용기(결단할 용勇)이 어떤 것인지를 알게 해주는 방도이고, 다섯째는 날카롭고 모가 져도 상처를 주지 않으므로 헤아림(헤아릴 혈絜)의 상징이라고 보았다. 그러니까 인仁이 구체적으로 어떠한 것인지 알고 싶다면 옥의 위와 같은 속성을 직접 느껴보면 된다는 말이다.

인이란 기실 예를 실천할 때 오는 감응이므로 이를 개념적으로 설명하기가 어렵다. 그래서 옥의 감각적 속성을 통해 비유적으로 표현한 것인데, 그렇다면 여기서 옥은 인의 감응을 동결시켜 외형적으로 보여주는 방도가 되는 셈이다. 이렇게 감성적인 인을 형이상학적 개념으로 고정시키고 나면 옥은 더 이상 인을 설명하는 방도가 아니라 인을 소유했다는 증표, 아니면 적어도 이를 지향하는 의지를 드러내는 기호로 작용한다. 이렇게 의미 함축이 커지면서 옥은 가치가 올라가고 값비싼 사치품으로 발전하였던 것이다. 그나마 옛날에는 귀한 보석을 소유했을 때 나름대로 그럴싸한 명분으로 포장이라도 했는데, 요즘의 보석은 이런 여러 의미를 모조리 벗겨내고 오로지 남들과의 경쟁에서 내 능력을 과시하기 위한 도구로 쓰일 뿐이다. 보석상들만이 욕망을 교묘히 자극해 돈을 번다. 비싸기로 유명했던 보석들이 얼마 안 있어 헐값에 중고 보석 시장으로 쏟아져 나오는 사실은 무엇을 말하는가? 경쟁 판에서 한판 승부를 벌이고 힘이 다해 정리되는 잔해들이 아니겠는가?

곤강崑岡은 곧 곤륜산인데 촉강蜀岡이라고도 부른다. 오늘날 강소성江蘇省 강도현江都縣 서북쪽에 있다.『한비자韓非子』「화씨和氏」편에 화씨벽和氏璧이라는 구슬에 얽힌 고사가 나오는데, 이 화씨벽이 바로 곤강에서 캐낸 옥으로 만든 구슬이라고 전한다.

이 고사의 줄거리는 이러하다. 초나라 사람 변화卞和가 초나라 산중에서 옥 원석을 캐내어 이를 초나라 여왕厲王에게 바쳤다. 왕이 옥공들에게 감별시켰더니 모두 "이는 평범한 돌입니다"라고 대답했다. 그러자 왕은 임금을 속였다 하여 변화의 왼쪽 발목을 자르는 형벌을 가하였다. 여왕이 죽고 무왕이 즉위하자 변화는 다시 원석을 무왕에게 바쳤다. 무왕이 옥공에게 감정하게 했더니 역시 돌이라고 대답하였다. 무왕도 임금을 속였다 하여 그에게 이번에는 오른쪽 발목을 자르는 형벌을 주었다. 무왕이 죽고 문왕이 즉위하자 변화는 우연한 기회에 원석을 문왕에게 바칠 수 있게 되었다. 왕이 옥공에게 이를 다듬게 했더니 과연 보배로운 구슬이 되었다. 그래서 이 구슬을 일컬어 화씨벽이라고 명명하게 하였다.

이 고사는 원석의 상태, 다시 말해 바탕을 중시하는 윤리와 아울러 회재불우懷才不遇, 즉 재주는 있으나 때를 만나지 못한 인재들에게 기다리는 미덕을 가르친다. 왜냐하면 원석은 자신에 의해서가 아니라 타자의 개입에 따라 빛을 보기 때문이다. 따라서 이 고사는 '관계'를 중시하라는 메시지를 은연중에 들려준다.

"금은 여수에서 나고 옥은 곤강에서 나온다"는 구절은 좋은 금과 옥이 아무 데서나 산출되지 않고 특별히 선택된 땅에서 나듯이 훌륭한 인재 역시 좋은 가문에서 나온다는 것을 말하려 할 때 흔히 비유로 사용된다. 그러니까 눈앞에 주어진 상황은 인위적으로 만들어지지 않으며 씨앗이 따로 있어 그 씨앗에서부터 자라난다는 인식이 자연히 심어진다. 이러한 담론이 누구에게 유리하게 작용할지는 굳이 묻지 않고도 알 수 있으리라. 명문 가문을 따지고 학연 및 지연에 얽매이는 전통은 바로 여기에서 비롯되지 않았을까. 여기서 우리는 예수 그리스도가 큰 도시의 명문가에서 태어나지 않고 누구도 거들떠보지 않는 작은 시골 동네 베들레헴(우리말로는 '떡집')에서 가난한 목수의 아들로 태어났다는 사실이 무엇을 의미하는지 음미해볼 필요가 있다.

명검과 이 빠진 칼날

칼 검劍

劍號巨闕검호거궐하고
칼 중에서는 거궐巨闕을 입에 올려 부르고

劍 칼 '검' '칼 도刀'와 '모두 첨僉'으로 이루어졌다. '첨僉' 자는 '여러 사람의 입을 한데 모으다'라는 뜻을 가지므로 '검劍' 자의 자형적 의미는 '흩어진 상황이나 비상 사태를 추스르는 무기', 즉 '칼'이 된다.

號 부를 '호' '범 호虎'와 '부를 호号'로 이루어졌으므로 '범처럼 큰 소리로 울부짖다'가 된다. 울부짖는 소리는 범이 가장 크기에 '호虎' 자를 쓴 것이다.

巨 클 '거' 이 글자는 '장인 공工' 자를 손으로 쥔 모양이다. '공工'은 목수들이 목재를 자를 때 직선인지 아닌지를 가늠하는 곱자(曲尺)의 모양이다. 오늘날에는 'ㄱ' 자 모양이지만 옛날에는 'エ' 자 모양으로 제작되었다. '거巨' 자는 '공工'은 물론 '뿔 각角'·'곧을 경徑' 등의 글자와 쌍성 관계에 있으므로 여기에는 직선이나 직각을 가늠하는 표준이라는 의미가 담겼음을 알 수 있다. 어떤 대상을 재거나 가늠할 때는 표준이 되는 잣대를 들이대서 비교하게 된다. 이때 두 사물 사이에 잣대가 되는 사물이 큰 의미를 갖는 쪽이므로 이로부터 '크다'라는 의미가 파생되었다.

闕 궐문 '궐' '문 문門'과 '기운 거꾸로 솟을 궐欮'로 이루어졌다. '궐闕' 자의 원래 뜻은 돌 패방牌坊으로, 옛날에 충효와 정절을 지킨 사람을 기리기 위해 아치 모양으로 세운 문 모양의 표지석을 가리킨다. 이것이 나중에 '지붕에 망루대가 설치되어 있는 성문이나 궁궐의 대문'으로 파생된 것이다.

거궐巨闕은 월왕越王 구천句踐의 명을 받아 명장名匠 구야자歐冶子가 만들었다고 전하는 5대 명검 중의 하나다. 거궐은 쇠가 얼마나 단단하고 예리한지 이것으로 청동 그릇과 쇠그릇을 찌르거나 베면 잘린 면에 기장쌀만 한 구멍이 곳곳에 보였다고 한다. 즉 날이 너무 잘 들어서 쇠붙이 속의 기포 부분이 눌리지 않고 그대로 잘려 나갔기 때문에 단면에 구멍이 그대로 남아 있었던 것이다. 그래서 검의 이름을 '거궐'이라 부른 것인데, 이때 '궐闕' 자는 '대문 가운데의 빈 공간처럼 속에 구멍이 났다'는 뜻이다.

한편 거궐을 일반 명사로 쓰면 '칼날에 이빨이 나간 검'이 된다. 이때 '궐闕' 자는 '떨어져나가 자리가 비다'라는 의미로 쓰였다. 칼이란 쇠가 강할수록 날이 잘 떨어져나가게 마련이다. 우리가 중국의 텍스트를 통해 명검의 이야기를 접할 때는 신화적으로 부풀려진 측면만을 인식하게 된다. 그러나 한자의 자형은 명검의 날에도 이가 빠질 수밖에 없는 치명적인 한계가 존재한다는 진실을 말해준다. 이것을 깨닫는 것은 텍스트를 읽는 독자의 몫이리라.

어둠 속에 빛나는 구슬

빛 광光

珠稱夜光주칭야광**이라**
구슬 중에서는 야광주夜光珠를 일컫는다

珠 구슬 '주' '구슬 옥玉'과 '붉을 주朱'로 이루어졌다. '주朱'는 '붉은 색'이라는 뜻이고 고대 중국에서는 '붉을 단丹'과 아울러 흔히 '변치 않음'을 상징하는 데 쓰인다. '변치 않음'은 보석의 속성이자 생명이므로 '주珠'자의 자형적 의미는 '변치 않는 구슬', 즉 '진주'가 된다.

稱 일컬을 '칭' '벼 화禾'와 '둘을 함께 들어올릴 칭冉'으로 이루어졌다. '칭冉'자는 손으로 두 개의 물건을 균형 맞춰 들어올리는 모양이고, '화禾'자는 저울추를 의미하는데 옛날 좁쌀 12개의 무게를 1분分으로 삼고 12분을 1수銖로 규정하여 중량 단위로 삼은 균형추를 가리킨다. 따라서 '칭稱'의 자형적 의미는 '물건과 추를 함께 들어올려서 무게를 달다' 또는 그 기구인 '저울'이 된다. 간단히 무게를 가늠하고자 할 때 손으로 물건을 들어보는 일은 예나 지금이나 같다. 그래서 '손으로 들어올리다'라는 뜻에서 '높여 칭찬하다'·'일컬어 칭찬하다' 등의 의미가 파생된 것이다.

夜 밤 '야' '저녁 석夕'과 '또 역亦'으로 이루어졌다. '역亦'자는 원래 사람을 가리키는 '대大'자의 양옆에 두 점을 찍어서 '겨드랑이'를 가

리키는 글자였다. 이 '역' 자와 같은 음을 갖는 글자에 '맞힐 석射'(또는 '역'으로도 읽음) 자가 있는데, 이 글자에는 활을 쏘고 난 다음의 이완된 상태라는 의미가 담겼다. 그래서 중국 고전에서 '야夜' 자와 '사射'('야'로도 읽음) 자는 서로 바꿔 쓰는 경우가 종종 있다. 『설문해자』에서 '야夜' 자를 버려두고 아무것도 하지 않는다는 뜻의 '사舍' 자로 해석한 것은 바로 이 때문이다. 따라서 '야夜' 자의 자형적 의미는 '저녁이 되어 아무 일도 하지 않고 쉬다'가 된다.

光 빛 '광' '우뚝 선 사람 인儿' 자 위에 '불 화火'가 있는 모양이고, 발음이 '밝을 명明'과 첩운 관계이므로, 자형적 의미는 '사람이 횃불을 들고 서 있어서 밝다'가 된다.

'야광夜光'이란 곧 야광주夜光珠를 가리킨다. 이는 전설상의 구슬 이름으로, 춘추 때에 수隨나라 임금이 용의 아들을 구해준 대가로 받았는데 밤에도 대낮처럼 빛을 발하였다고 한다. 이 밖에도 야광주로 일컬어지는 구슬이 몇 가지 더 있다. 합포合浦의 못에서 나온다는 야광주[13]와 남해의 고래 눈알에서 얻어진다는 야광주[14]가 그것이다. 앞에서 언급한 화씨벽도 야광주라고 전한다. 따라서 이 구절에서 말하는 야광이 어느 것을 가리키는지는 확실치 않다. 단지 분명한 점은 고대 중국인들에게 귀한 구슬은 모두 야광이어야만 했다는 사실이다. 라듐과 같은 방사성 물질이 아닌 이상 어떤 보석이라도 컴컴한 밤에 스스로 발광을 할 수는 없다. 보석의 빛남은 어떠한 광원이든 그 빛을 받아 아름답게 반사하기 때문에 가능한 것이다. 고대 중국인들이 야광을 중시한 것은 보석의 가치를 강조하기 위해 반사 기능을 신화적으로 부풀린 결과다.

보석이 빛나려면 광원이 있어야 하듯이, 어떤 위대한 인물이나 위업에도 거기에 빛을 제공하는 사람이나 사건이 반드시 있어야 한다. 또 역으로, 어떤 인물이 다른 사람과 사건의 빛을 받아 위업을 이루려면 그 자신이 먼저 보석처럼 다듬어져 있어야 할 것이다. 그래야 역사적 사건이나 성취가 그의 보석 같은 인격을 통해 세상에 빛을 드러낼 수 있다.

야광주가 있을 수 없듯이 스스로 빛을 발하는 위대한 인물은 근본적으로 불가능하다. 그런데도 권력자와 권력을 좇는 자들은 자신들의 이익을 대변하고 보호해줄 인물을 선정해서 영웅으로 만들어 띄우기를 서슴지 않는다. 보수 언론에서 영웅 만들기에 앞장서온 이승만과 박정희, 두 전직 대통령이 그 대표적인 예가 될 것이다. 이들은 우리나라의 독립과 근대화라는 빛을 각각 발하게 한 위인들이라고 선전되는데, 우리는 그 빛이 정말로 그들에게서 나온 것인지, 아니면 다른 사람들이 이룩한 광원의 빛을 슬쩍 받아다가 억지로 반사시켜 사람들을 현혹시킨 것인지를 정확히 따져봐야 한다.

남의 빛을 받아 반사하다 보면 사람들은 반사체에만 관심을 가지므로 정작 중요한 광원의 존재가 은폐되는 부작용이 생겨난다. 변치 않고 빛나는 것을 갈구하는 인간의 욕망은 야광주의 신화를 생산했다. 이는 기실 변화가 없는 참된 세계에 대한 욕망이다. 그러나 이 신화는 오히려 진짜 광원이 어디에 있는지, 그 진실을 감추는 역설을 낳는다. 따라서 우리가 위인을 칭찬하고자 할 때는 '칭稱' 자의 자형이 말하는 것처럼 저울을 올려들듯 투명하고 균형 잡히게 해야 하는 것이다.

많은 열매가 저절로 길을 낸다

과일 과果

果珍李柰과진리내하고
과일 중에서는 자두와 사과를 진귀하게 여기고

果 과일 '과' 이 글자는 '나무 목木' 위에 실과(田)가 주렁주렁 열려 있는 모양이므로 자형적 의미는 '열매'가 된다.

珍 보배 '진' '구슬 옥玉'과 '빽빽할 진㐱'으로 이루어졌다. '진㐱' 자는 돈 꾸러미(갑골문에서는 '패貝' 자로 나타남)를 '보자기 같은 것으로 싼'(勹) 모양인데, 이는 '보배 보寶' 자의 발음이 '쌀 포包' 자와 같다는 사실로도 알 수 있다. '진珍' 자는 '가운데 중中' 자와 쌍성 관계에 있으므로 이 글자의 자형적 의미는 '보배 꾸러미를 꽁꽁 싸서 가운데 깊숙이 간직하다'가 된다. '

李 자두 '리' '나무 목木'과 '아들 자子'로 이루어졌다. '자子' 자는 열매가 많이 열린다는 의미를 갖고 있으므로 '리李' 자의 자형적 의미는 '열매가 많이 열리는 나무', 즉 '자두'가 된다. '자두'는 옛날에는 '오얏'이라는 말로 불리기도 했다. '리李' 자는 고서에서 '다스릴 리理', 또는 '벼슬아치 리吏' 등의 의미로도 많이 차용되었다.

柰 벗 '내' 이 글자는 흔히 '버찌'로 해석하지만 『본초강목本草綱目』에서는 "능금과 실상 같은 종류인데 능금보다는 약간 크다. 일명 빈파

83

頻婆라고도 부른다"고 기록하였고, 또 『학포여소學圃餘疏』에서는 "빈파는 빈과蘋果, 즉 '사과沙果'로서 옛날의 이른바 '내奈'와 같다. 맛이 달고 북방에서 많이 산출된다"고 설명하였다. 그러므로 여기서는 '사과'로 풀이하는 것이 옳다. '내奈'는 의문사로 통용되기도 하는데, 이때는 속자로 '내奈'라고 쓰기도 한다.

이 구절의 문장 구조는 '果(주어)+珍(술어)+李奈(목적어)'로 이루어졌다. 여기서 주의할 사실은 술어가 형용사로 충당돼 있다는 것인데, 이런 경우의 형용사는 문법적으로 형용사의 의동화意動化로 해석해야 한다. 의동이란 '~라고 여기다'라는 뜻이므로 여기서는 '진귀하게 여기다'가 된다.

자두와 사과는 열매가 매우 많이 열린다는 공통점을 갖기 때문에 사람들에게 선호되는 측면도 있다. 이 중에서도 특히 자두는 열매가 많이 열리는 나무로 유명하여 문하에 제자가 많은 것을 가리킬 때 흔히 도리桃李, 즉 '복숭아와 자두'라는 말로 상징하기도 한다. 이 말은 『한시외전韓詩外傳』(권7)의 다음 고사에서 그 전고를 찾을 수 있다.

위魏나라 문제文帝 때에 자질子質이 죄를 지어 북쪽으로 귀양을 가게 되었다. 그가 조趙 간자簡子에게 아뢰었다. "이후로 저는 결코 사람들에게 덕을 심지 않을 것입니다." 간자가 물었다. "무엇 때문에요?" "제가 당상관堂上官에 심은 사람들이 전체의 반에 달하고, 조정의 대부로 심은 사람이 반에 이르며, 국경 쪽에 심은 사람이 역시 반을 넘습니다. 그런데 이제 당상관들이 저를 법으로써 겁을 주었고, 국경에 있는 사람들은 군대로써 저를 으박질렀습니다. 이 때문에 사람들에게 덕을 심지 않으려는 것입니다." 간자가 말했다. "저런! 그대의 말은 좀 지나치시오. 무릇 봄에 복숭아와 자두를 심으면 여름에는 그 아래서 그늘을 즐길 수 있고 가을에는 그 열매를 먹을 수 있소. 반면에 봄에 남가새를 심으면, 여름에는 잎사귀를 딸 수도 없고 가을에는 거기서 가시만 얻게 되오. 이로써 보건대, 무엇을 심는가에 달려 있다는 말이오. 그대가 심은 사람들이란 제대로 된 사람이 아니란 말이오. 그러므로 군자는 먼저 잘 선택한 다음에 심어야 하오."

이와 관련된 속담으로 "복숭아와 자두는 말하지 않아도, 그 아래에 저절로 길이 생긴다"(桃李不言, 下自成行)는 말이 있다. 즉 복숭아와 자두는 열매가 많아 이를 따먹으려고 사람들이 몰려오므로 그 밑에는 자연히 길이 생긴다는 뜻이다. 학자의 학문도 마찬가지다. 그의 학문이 명성을 얻고 그의 논설이 정당성을 얻으려면 먼저 제자들이 그 밑에 많이 모여 길을 내야 하는데 그러려면 따먹을 것도 많고 나눠줄 것도 많아야 한다. 자연히 학자들은 프로젝트를 많이 따내려 하고, 이 때문에 그들은 정부와 기업의 입맛에 맞는 과제에 집중할 수밖에 없다. 그래서 권위 있는 노학자일수록 학문보다는 프로젝트를 탐하는 것이다. 유명 대학이 많은 외국의 대도시에 우리나라의 권위 있는 학자가 방문이라도 할라치면 그의 강연회에 현지에서 공부하는 유학생들이 얼마나 많이 모이는지가 그의 힘을 짐작케 하는 기준이 된다. 진리만을 탐구한다는 대학에서 머릿수가 궁극적인 길임을 스스로 입증하는 셈이니 진리라는 단어 자체가 대학에서 사라진 것은 어쩌면 당연한 일일지도 모른다.

압운이 만드는 신화

茱重芥薑채중개강**이라**

채소 중에서는 겨자와 생강을 중히 여긴다

나물 菜

'菜 나물 '채' '풀 초艹'와 '딸 채采'로 이루어졌다. '채采'자는 나무 위의 잎을 손으로 따는 모양이므로 '채采'의 자형적 의미는 '풀 중에서 채취하여 먹을 수 있는 것'이 된다. 고대에 채소의 개념은 오늘날과 사뭇 달랐다. 즉 육류와 균형을 이루어 먹어야 하는 음식의 개념이 아니라, 흉년이 들었을 때 기아를 해결하는 이른바 구황救荒 식물로 여겼던 것이다. 그래서 『구황본초救荒本草』에서는 구황 채소를 수백 종류나 열거하였고, 『이아爾雅』와 같은 훈고서에서도 "곡식이 제대로 수확되지 않은 것을 '기饑'라 하고, 채소가 제대로 수확되지 않은 것을 '근饉'이라 한다"고 풀이하였다.

重 무거울 '중' 이 글자는 나무에 꽃과 열매가 주렁주렁 열려 가지들이 힘겨워하는 모양을 그린 글자이므로 '무겁다'는 의미로 쓰인다. 여기서는 출구의 '진珍' 자와 마찬가지로 의동화하여 '무겁다고 여기다', 또는 '중히 여기다'로 해석해야 한다.

芥 겨자 '개' '풀 초艹'와 '끼일 개介'로 이루어졌다. 사이에 끼는 물건은 작은 것이므로 여기서는 채소인 순무(순무 무蕪) 중에서도 작은

종자인 '겨자'를 뜻한다. 홍성원의 『주해천자문』에서는 겨자에 "위장을 따뜻하게 해주고 기운을 원활히 통하게 해주는 효능이 있다"(芥能溫胃行氣)고 주를 달았다.

薑 생강 '강' '풀 초艸'와 '경계 강畺'으로 이루어졌다. 생강은 몸에 좋은 채소이기는 하지만 맛이 매워 아무리 많이 먹고 싶어도 스스로 한계를 정하게 된다는 뜻에서 '강畺' 자를 쓰게 된 것이다. 『주해천자문』에서는 "정신을 맑게 하고 몸속의 더러운 찌꺼기를 제거하는 데 효과가 있다"(薑能通神明, 去穢惡)고 설명하였다.

중국의 전통적인 세계관은 존재론적인 기초 위에 형성되었기 때문에 사물을 보는 관념이 과학적이고 비인격적인 것이 특징이다. "과일은 오얏과 사과를 진귀하게 여기고, 채소는 겨자와 생강을 중히 여긴다"는 이 구절은 약용藥用의 차원에서 채소의 가치를 평가함으로써 오히려 인간 본위의 자연관을 보여준다. 그러나 이것은 어디까지나 『천자문』이라는 독특한 형식 구성의 차원에서 조합된 일종의 문자 유희이기 때문에 인간의 이기적 관점에 근거하였다고 보기는 어렵다. 그렇다 해도 합리적 공간임을 표방하는 『천자문』 내부의 기호 메커니즘들은 이 구절에 신화가 개입할 충분한 환경을 제공한다. 이를테면 앞의 "금은 여수에서 나고"(金生麗水) 이후부터 반복되는 동일한 문장 구조, '강岡'·'광光'·'강畺'으로 이어지는 압운押韻 등이 생성하는 논리성은 이 구절의 내용이 합리적일 수밖에 없다고 수긍하게 만든다. 텍스트의 이러한 구조는 자두와 사과, 겨자와 생강 등에 실제 이상의 의미를 부여하면서 이들 식물의 효능을 신화적으로 확대한다.

이처럼 언어가 신화를 만들어내는 현상은 미디어가 발달한 오늘날 더욱 뚜렷하게 나타난다. 똑같은 물건인데도 상표와 이름을 우리말로 붙이느냐 영어나 프랑스어 같은 외국어로 붙이느냐에 따라 상품의 가치가 하늘과 땅 차이처럼 다르다는 사실은 이미 잘 알려져 있다. 여기서 우리가 주목할 만한 현상이 하나 있다. 우리나라 성씨 중 하나인 '최崔'를 젊은이들 사이에서 '초이'로 발음하는 경향이 두드러진다는 사실이다. 아마 세계적 명성을 날리는 운동선수 최아무개 씨를 미국 기자들과 방송 아나운서들이 '초이'라고 발음하면서 점차 보편화한 현상으로 보이는데, 이는 미국인이라는 타자의 발음을 통해 그간의 '최'라는 존재에 보이지 않던 새로운 신화적 존재가 느껴졌기 때문이리라.

물이 흘러야 소금도 나오듯이

물 하河

海鹹河淡해함하담하고
과일바다(물)는 짜고 하천(물)은 심심하며

海 바다 '해' '물 수水'와 '풀 우거질 매每'로 이루어졌다. '매每' 자는 '어미 모母' 자에서 싹이 올라오는 모양의 글자로서 옛날에는 '어머니'가 풍성한 생산의 상징으로 많이 쓰였으므로 이 글자에는 '풍성하게 많다'는 의미가 포함돼 있다. 따라서 '해海' 자의 자형적 의미는 '물이 풍성하게 많은 곳', 즉 '바다'가 된다. 우리는 엄청나게 많고 큰 사물을 보면 놀라게 되는데 '놀랄 해駭' 자의 발음과 '해海' 자의 발음이 같은 것은 이 때문이다. 따라서 '해海' 자의 기층적 의미는 '크고 많다'로 보아야 한다. 중국이 '사해일가四海一家'라 하여 주변의 뭇 민족들을 '해海'로 부른 것은 바로 여기에 바탕을 둔다.

鹹 짤 '함' '소금밭 로鹵'와 '다 함咸'으로 이루어졌다. 여기서 '함咸' 자는 '감感' 자와 같은 뜻으로 쓰였으므로 '함鹹' 자의 자형적 의미는 '소금 맛의 감각'이 된다. '함鹹' 자는 돌소금을 가리킬 때 많이 쓰고, 바닷소금을 가리킬 때는 주로 '염鹽' 자를 쓴다.

河 물 '하' '물 수水'와 '옳을 가可'로 이루어졌다. '가可' 자의 발음은 '굽을 구句'와 쌍성 관계에 있으므로 '하河' 자의 자형적 의미는 '구불

구불 굽이쳐 흐르는 하천'이 된다. 즉 '하河' 자는 '황하黃河'를 지칭하는 일종의 고유명사로, 서쪽의 발원지에서부터 좌우로 물길을 심하게 바꾸며 동쪽으로 흐르는 황하의 특징을 묘사한 문자이다. 이에 비하여 서구에 양쯔揚子강으로 잘 알려진 장강長江은 서에서 동으로 거의 직선 방향으로 흐르므로 우측 방에 장인 '공工' 자를 써서 '강江'으로 쓴다. '공工' 자는 장인들이 측정 도구로 사용하는 직선 자(尺)를 뜻하기 때문이다.[15]

淡 맑을 '담' '물 수水'와 '불꽃 염炎'으로 이루어졌다. '염炎' 자에는 '크다'는 뜻이 들어 있으므로 '담淡' 자의 의미는 맛 중에서 가장 큰 맛인 물의 맛, 즉 '아무 맛도 없음'이 된다. 물을 가리켜 '현주玄酒', 즉 '맛을 느낄 수 없을 정도로 큰 술'이라고 부르는 것은 이 때문이다.

강물은 짜지 않은 데 비해 바닷물이 짠 것은 전자는 흐르고 후자는 고여 있기 때문이다. 따라서 강물이 '플로flow', 즉 유동流動이라면 바닷물은 '스톡stock', 즉 축적의 개념으로 볼 수 있다. 육지의 물이 흘러서 바다에 모여 쌓이기 때문에 물맛이 짠 것이다. 우리의 인생도 여기에 비유할 수 있다. 즉 물이란 굽이쳐 흐르는 순간에 힘이 느껴지듯이 인생도 우여곡절을 겪으며 살아가는 순간들이 의미를 생성한다. 협곡을 흐르면 물살에 힘이 더해지고 완만한 평지를 흐르면 여유로움이 느껴지는 것처럼 말이다. 이렇듯 물이란 어떻게든 흘러가야 여울도 만들고 강가에 둔덕도 만든다.

사람도 물 흐르듯이 성장해야 한다. 그렇지 않고 어디엔가 흐름이 고착되면 퇴행이라는 장애가 생긴다. 프로이트가 지적했듯이 항문기에 고착된 어린아이가 나중에 구두쇠로 자라나고, 유아기 성욕에 고착되면 성인이 된 뒤 성적 정체성에 문제가 생기는 법이다. 따라서 강물이 흘러야 하듯 인생도 잘 흘러가야 쌓이는 것 없이 성장하고 건강해진다.

그런데 강물을 풍부히 만들겠다고 댐을 쌓거나 물길을 아름답게 만든다고 굽은 물줄기를 곧게 펴버리면 물이 부패하거나 역행 침식이 일어나는 등의 부작용이 발생한다. 마찬가지로 사람의 성장과 교육에 인위적으로 개입해 억지로 수재나 체제 순응적인 인간을 만들려 하면 성장이 어느 과정에서 고착될 수밖에 없으므로 사회 전체적으로 강박 신경증자들을 양산하게 된다. 강박 신경증자들은 늘 불안해하기 때문에 주위 사람들을 극도로 피곤하게 만든다. 특히 이른바 사회 지도층 인사들이란 극심한 경쟁체제에서 살아남은 사람들인 점에서 그들의 능력 이면에 강박 신경증을 의심하지 않을 수 없다.

'함鹹' 자 안의 '함咸' 자에 '모두 다'라는 뜻이 들어 있는 것처럼 물은 흐르면서 가져온 모든 것을 바다에 쏟아놓는다. 인생도 막바지에 이르면 그가 살아오며 남긴 흔적들을 모두 쏟아놓게 되는데 이렇게 해서 축적(stock)된 것을 우리는 역사라고 부른다. 물이 바다에 축적한 것이 소금이 되어 다시 생명을 살리듯이, 축적된 역사에서 우리는 새로운 삶을 찾아낸다.

사업을 경영할 때도 진정한 사업가들은 사업의 플로에서 의미를 찾는다. 이익이 나든 손해가 나든 능력에 도전하는 경영 행위 자체가 재미있는 것이다. 그에게 사업이란 비록 실패로 큰 손해를 보더라도 거기서 좌절하지 않고 '대박'의 재기를 엿보는 일종의 게임인 셈이다. 이런 사람들에게 스톡은 재투자의 자원이라는 차원에서만 의미가 있지 축적 그 자체로는 의미를 갖지 못한다.

반면에 퇴행적인 사업가는 스톡에 고착돼 있다. 이익을 남겨 축적하는 것만이 의미가 있으므로 이를 위해서라면 수단과 방법을 가리지 않는다. 권력과 유착을 하고 이른바 '갑질'을 자행하며 착취를 일삼는 행위들은 모두 여기에서 비롯된다. 축적이 의미를 갖는 순간은 물이나 사람이나 결국 마지막 단계에서다. 물은 소금을 생산함으로써, 사람은 역사를 만듦으로써.

한자를 일찍 배운 아이는 총명해질까

鱗潛羽翔인잠우상이라
비늘 있는 것은 물에 잠겨 다니고
깃 있는 것은 공중을 날아다닌다

鱗 비늘 '린' '고기 어魚'와 '귀신불 린粦'으로 이루어졌다. '粦' 자는 첩운 관계에 있는 '이을 련聯' 자가 상기시키듯이 계속 번쩍거리는 귀신불을 의미하는데, 여기서는 질서 있게 연결된 비늘을 뜻한다. 따라서 '린鱗' 자의 자형적 의미는 '비늘이 있는 물고기'가 된다.

潛 잠길 '잠' '물 수水'와 '일찍이 참朁'으로 이루어졌다. '잠潛' 자는 '잠길 침沈'·'숨길 장藏' 등과 쌍성·첩운 관계에 있으므로 자형적 의미는 '물속으로 잠겨들어가 보이지 않다'가 된다.

羽 깃 '우' '깃 우羽' 자는 새의 깃털을 그린 모양이다. 이 글자는 '집 우宇'·'펼 서舒' 등과 첩운 관계에 있으므로 자형적 의미는 '몸을 집처럼 따뜻하고 편안하게 해주는 깃털'이 된다.

翔 날 '상' '날 상翔' 자는 '깃 우羽'와 '양 양羊'으로 이루어졌다. '우羽' 자는 새를 상징하고, '양羊' 자에는 위쪽에 둥글게 구부러진 뿔의 모양이 있으므로 '상翔' 자의 자형적 의미는 '새가 양의 뿔 모양으로 둥글게 빙빙 돌며 날다'가 된다.

'린鱗'자는 물에 사는 뭇짐승들을 뭉뚱그려 가리키고 '우羽'자는 깃의 모양이므로 날짐승을 일괄적으로 지칭한다. "비늘 있는 것은 물에 잠겨 다니고 깃 있는 것은 공중을 날아다닌다"는 지극히 당연한 사실을 매우 단순하게 기술한 구절이라 특별히 주목할 만한 내용도 없고 더욱이 이데올로기적인 것과는 거리가 멀어 보이지만, 정형시 속에서 기능하는 문자라는 측면에서 볼 때는 사정이 그렇게 간단하지가 않다. 한자는 차이의 흔적을 통해 사물의 속성을 강박적으로 인식시킨다. 이를테면, 출구의 '해海'와 '하河'는 실제 바닷물과 강물을 가리킨다기보다는 같은 물이면서도 서로 대립하는 기호학적인 속성의 물을 의미한다. 즉 좌측 변의 '수水'는 둘 다 같은 '물'이라는 동일성을 가리키지만 우측 방의 '매每'와 '가可'가 각 사물의 속성을 단순하게 지시함으로써 '많이 모인 물'과 '굽이쳐 흐르는 물'로 대립시킨다는 말이다. 그러므로 세상의 모든 물은 자연히 이 대립적 속성에 따라 둘 중의 하나에 속해야 한다는 강박 관념이 생기는 것이다.

　단순한 구호일수록 말의 실행 능력이 강한 것은 이와 관계가 깊다. 여기서 단순하다는 말은 구호가 지시하는 대상의 의미와 속성을 최소화한다는 뜻이다. 이렇게 하면 대상을 둘러싼 복잡한 의미와 속성들이 모두 삭제되어 대상을 객관적으로 읽을 수 있는 좌표가 사라진다. 좌표가 사라진다는 말은 대상을 이성적으로 판단할 방도가 없어지고 주체의 감정이 개입해 대상의 의미를 변질시키게 됨을 가리킨다. 이것을 영상 연구자들은 '클로스업close-up 효과'라고 부른다. 이를테면, 학교 의무급식의 의제를 무상이냐 유상이냐라는 예산의 속성에만 국한시켜버리면 급식이 갖는 다른 공적 효과는 모두 사라진다. 그러고 나면 의무급식에 '공짜 점심'이라는 감정적 의미가 부풀려진 채로 실리면서 증오의 대상이 되고 만다.

"비늘 있는 것은 물에 잠겨 다니고 깃 있는 것은 공중을 날아다닌다"(鱗潛羽翔)의 경우도 마찬가지이다. '인잠鱗潛'에서 '물고기'(魚)와 '물'(水)이 실제적으로 관련될 수밖에 없는 인접성, 또 '우상羽翔'에서 두 글자 모두에 '우羽'자가 들어가 있다는 문자적 유사성은 모든 짐승들에 대한 이분법적 분류가 정당한 것 같은 착각을 일으키게 한다.

사물은 존재 그 자체로는 우리에게 아무런 의미가 없고 차이를 만들어내야만 지각됨과 아울러 의미를 갖는다. 악이 들끓을 때 작은 선이 돋보이고, 불충이 망극할 때 하찮은 충성이 감격스러운 법이다. 그러므로 사물을 명쾌하게 양분하여 차별화할수록 의도하는 의미는 커지는 것이다. 그러나 양극의 중간에는 언제나 간단하게 양분하기 어려운 복잡한 사정과 복합적인 요소들이 있게 마련이다. 이러한 사정과 요소들을 고려하면 할수록 선과 충성의 개념은 명쾌하지 못하고 모호해진다. 따라서 권력은 가능한 한 중간에 흩어져 있는 모호한 요소들을 다 지우거나 억압함으로써 양극으로 환원시키려 한다. 대상에 대한 의견이 양극으로 나누어지면 피아가 명쾌하게 드러나므로 돌파와 대응이 용이해진다. 따라서 권력 쪽에서 보자면 사람들에게 이 두 구절을 익히게 하여 관념화하는 것은 이데올로기적인 면에서 매우 효과적이라 할 수 있다.

한자는 기본적으로 변偏과 방旁의 구조로 이루어졌다. 방은 지시된 사물의 속성을 개괄하고 변은 이 개괄된 속성을 공유하는 사물의 종류를 나타낸다. 따라서 세상의 모든 사물들과 대상들은 이 두 가지 기준, 즉 속성과 종류에 따라 분류됨과 아울러 이 두 점(x, y)에 의지하여 세상에서 자신의 좌표를 가질 수 있다.[16] 기실 과학은 분류에서부터 시작한다고 해도 과언이 아닐 만큼 분류는 과학적 접근에 매우 중요한 방법이다. 한자를 배우면 사물을 이해할 때마다 이 분류 행위가 저절로 이루어지므로 이를 반복하다 보면 궁극적으로 과학적 사유에 익숙해질 수 있는 것이다. 따라서 한자를 일찍부터 교육시키면 총명해진다는 속설은 전혀 근거 없는 말은 아니다. 다만 한자는 한 사물이 지닌 수많은 속성 가운데 그 일부만을 이미지를 통해 이해시키기 때문에 그것을 자칫 그 사물의 고유한 특성으로 고착시킬 가능성이 높다. 그렇다면 사물의 다양한 측면을 볼 시각들을 제한할 수 있어서 한자체계가 형성한 세계관을 벗어나 다른 세계를 상상하는 일이 결코 쉽지 않다는 점도 아울러 알아야 한다. 한자의 바로 이 특성으로 인해 중국이 그 넓은 땅과 많은 인구를 하나의 체제 안에 품고 오랜 시간을 버텨온 것이긴 하지만 말이다.

토템은 단순한 신화가 아니다

龍師火帝용사화제요
용으로 관직명을 삼은 임금님과
불의 품덕品德을 표방한 임금님이 계셨고

임금 제帝

龍 용 '룡' 이 글자는 우측 부분이 변에 해당하는데 이는 용이 구불
구불 날아가는 모양이다. 좌측은 방旁에 해당하는데 윗부분은 '아이
동童' 자의 일부분이고 아래는 '고기 육肉' 자이다. '동童' 자와 '룡' 자
는 첩운 관계에 있으므로 '동'의 발음이 '룡' 자의 기본적인 의미가 된
다. '동童'은 남자 노예를 가리킨다. 노예들은 머리를 묶지 못하고 산
발한 채로 살아야 했다. 고대에는 15살 이하의 미성년자들도 머리를
묶거나 갓을 쓰지 못했기에 어린이를 가리켜 '동'이라 불렀던 것이다.
용은 자유자재로 변신하고 하늘을 마음껏 날아다닐 수 있었으므로
묶이지 않은 산발의 모양으로 그 속성을 정했다. 또한 '룡' 자의 발음
은 '비늘 린鱗'과 쌍성 관계를 이루기 때문에 여기에는 비늘 달린 짐
승이라는 뜻도 들어 있다. 따라서 '룡龍'의 자형적 의미는 '자유자재
로 변신하고 날아다니는 비늘 달린 짐승'이 된다.

師 스승 '사' 고문자에 의하면 '스승 사師' 자는 맹수인 사자獅子의
형상을 그린 상형자이므로 자형적 의미는 글자 그대로 '사자'이다. 사
자는 그 용맹과 위세로 백수를 압도하고 굴복시키므로 이로부터 '우

97

두머리'란 의미가 나왔고, 우두머리는 또 많은 사람들을 거느리기에 '많은 사람들'이라는 의미가 다시 파생되었다. 『주례周禮』에 "2,500명의 군대 조직을 '사師'라 한다"는 구절이 있는데, '사'는 가장 큰 군대 조직인 천자의 군대를 말한다. 오늘날의 군 조직에서 제대梯隊상의 가장 큰 전투 단위를 사단師團이라고 하는 것은 바로 여기에 근거한다. '사師'자가 이처럼 가차된 의미로만 쓰이면서 본래 의미인 '사자'는 나중에 '사자 사獅'자를 따로 만들어 쓰게 되었다.

여기서 '사師'자는 관료들의 우두머리, 즉 장관이란 뜻으로 쓰였다. 중국 전설상의 임금인 복희씨伏羲氏는 용을 토템으로 삼았기 때문에 용의 이름을 장관들의 관직명으로 사용했다고 한다. 이를테면 생산을 담당하는 장관을 창룡蒼龍씨, 형벌을 담당하는 장관을 백룡白龍씨 등으로 각각 불렀다는 말이다.

火 불 '화' 불꽃이 위로 타오르는 모양의 상형자이므로 자형적 의미는 '불이 타다', 또는 '불'이 된다. 오행설에서는 불을 남쪽을 상징하는 사물로 본다.

帝 임금 '제' 고대 부족연맹 시기에는 부족들이 정기적으로 모여 상호 연맹을 약속하고 이를 하늘에 대고 맹세하는 제사 의식을 치렀는데, 단결을 상징하는 의미로 장작을 한데 묶어 태워 그 연기를 하늘로 올려보냈다. '임금 제帝'자는 장작을 한데 묶어 태움으로써 하늘에 제사 지내는 모양을 그린 일종의 상형자이다. 따라서 자형적 의미는 '부족 간의 단결을 상징하는 제사 의식'이 된다. 이로부터 '제사를 주관하는 사람', 즉 제정일치 체제의 '수령'이나 '임금'이라는 의미가 파생되었다.

주나라와 춘추 시기까지 중국의 천자는 '왕王'으로 불렸다. 전국 시

98

기에 이르러 힘 있는 제후들이 다투어 왕을 칭한 뒤 진나라가 통일하자 왕보다 더 높은 칭호로 새로 만든 것이 바로 '제帝'이다. 사실 이 '제' 자는 은殷·주周 시기까지만 해도 사후 세계를 다스리는 임금을 가리키는 말이었다. 중국을 통일한 진나라의 영정嬴政이 처음 '왕'을 대체하는 단어로 썼으므로 시황제始皇帝라고 불렀다.

앞의 문장까지 천지天地에 관한 서술을 마치고 이 구절부터는 그 사이에 살아가는 '사람'(人)에 관한 일을 적는다. 그래서 중국의 조상이자 성인聖人인 삼황三皇·오제五帝에서부터 시작한다.

'용으로 관직명을 삼은 임금님'이란 『좌전左傳』「소공昭公 17년」의 "태호씨는 용으로써 일을 구분하는 근거로 삼았으므로 각 부문의 장관들을 세울 때 용의 이름으로 명명하였다"(大皞氏以龍紀, 故爲龍師而龍名)라는 구절에 근거한 말이다. 용을 일을 구분하는 근거로 삼았다는 말은 의미의 나뉨을 용의 종류(정확히는 용의 색깔)에 근거했다는 뜻과 다를 바 없다. 용의 종류가 의미를 나누는 근거가 됐다면 이것은 토템을 뜻한다. 우리는 흔히 토템을 오늘날 프로야구 구단들이 자신들의 속성을 상징하려 내세우는 마스코트 정도로 알고 있는데, 본디 그것은 부족들을 변별하고 아울러 의미를 생성해내는 기능의 기호체였다. 이렇게 보지 않고서는, 이를테면 참새 같은 작은 동물들을 토템으로 내세우는 일부 부족의 의도를 설명할 수 없다. 어떤 부족이든 힘세고 날랜 짐승을 내세우고 싶어 할 것이 아닌가. 토템이 근본적으로 자기 부족을 이웃 부족과 변별하는 수단으로 쓰였다는 뜻이다. 오늘날에 와서 마스코트와 같은 상징물로 변질되기는 했지만 세계와 사물을 인식하기 위한 기호로서의 기능이 토템의 본래 의의였다.

그래서 토템은 주위에 흔히 발견되는 동식물로 정하는 것이 보통이다. 그런데 용은 그렇지 않은 점이 특이하다. 용의 기원에 대해서는 여러 가지 설이 있는데 토템 합병설이 가장 유력하다. 즉 용의 형상을 보면 몸체는 뱀의 모양에 비늘이 있고, 머리는 사슴의 뿔 모양이며, 말의 머리에 개의 입 모양이 섞여 있고, 네 발은 독수리의 발과 발톱 모양을 하고 있다. 그러니까 뱀·물고기·사슴·말·개·독수리 등 여러 토템 중에서 각 부분들을 취해다 만든 상상적인 동물이라는 것이다. 이런 형상의 동물이 나타나게 된 이유는 씨족들이 모여 부락연맹을 만들 때 각 씨족의 토템을 가져와 한데 합친 결과이리라는 것이 토템 합병설의 추측이다.

상징은 언제나 종국에는 상상에게 자리를 내어주게 돼 있다. 토템 합병으로 만들어진 용은 상징적인 것이었지만, 부락연맹이 부족, 또는 부족국가로 이행한 뒤 애초의 상징적 의미는 사라지고 순전히 상상적인 기능만을 수행하게 되었다. 세상에 없는 기이한 동물의 형상이므로 여기에는 신령한 의미가 부여될 수밖에 없다. 더구나 연맹이라는 권력의 상징이었으니 후대의 권력자들이 이를 더욱 확대하여 권력을 신성하게 만드는 데 이보다 더 좋은 재료는 없었으리라. 그래서 지금까지 용은 백호白虎·주작朱雀·현무玄武와 더불어 네 가지 신수神獸로 숭상되어온 것이다.

'화제火帝'는 신농神農씨를 가리키는데, 달리 염제炎帝라고도 부른다. 이 임금은 불의 품덕品德을 표방하였기 때문에 관직명에 '화火'자를 썼다고 전한다. 품덕이란 어떤 사물이 갖는 고유의 속성과 기능을 말한다. 이를테면 불은 뜨거운 것이 속성이므로 다른 사물을 태우거나 덥히는 기능을 한다. 따라서 정권이 화덕火德을 표방하면 불의 속성과 기능에 해당하는 정책을 시행해야 한다. 이것은 전국 시기 추연 鄒衍의 오행설五行說에 근거한 정치적 담론으로, 새로운 권력이 등장할 때 정통성을 확보하기 위해 만들어낸 일종의 이데올로기이다. 즉 사계절이 때가 되면 저절로 바뀌듯이 정권도 자신의 기능과 수명을 다하면 다른 정권으로 넘어간다는 역사 순환론에 기초한 정치적 담론이라는 말이다.

오행이란 토(흙)·목(나무)·화(불)·금(쇠)·수(물) 등 다섯 가지 물질을 뜻하는데, 이것이 순환하는 방식에는 두 가지가 있다. 즉 토는 수를 막고, 수는 화를 끄고, 화는 금을 녹이고, 금은 목을 베고, 목은 토를 뚫는다는 이른바 상극相克의 관계가 있을 수 있고, 반대로 토는 금을 낳고, 금은 수를 낳고, 수는 목을 낳고, 목은 화를 낳고, 화는 다시 토를 낳는다는 이른바 상생相生의 관계가 있을 수 있다. 전자를 오행 상극설, 후자를 오행상생설이라고 각각 부른다. 전자는 혁명적인 사상으로서 한나라 초기까지는 이 담론으로써 정권의 역사적 발전을 설명하였고, 한대 후기부터는 혁명을 우려한 나머지 정권의 자연스러운 승계를 의미하는 후자의 맥락에서 설명하는 경향으로 바뀌었다. 여기서 화제인 신농씨가 불의 품덕을 표방했다면 그 앞의 정권은 목덕을 내세웠을 것이다. 『천자문』이 등장한 남조는 한대를 거치면서 이미 오행상생설이 보편적으로 통용되던 시기였기 때문이다.

인문 정치의 어려움

클 황皇

鳥官人皇조관인황이라
새 이름으로 관직명을 삼은 임금님과
인문으로 다스린 임금님이 계셨다

鳥 새 '조' 이 글자는 새가 위를 향하여 날아가는 모양의 상형자이므로 자형적 의미는 '새'다. 『설문해자』에서는 "긴 꼬리를 가진 조류를 개괄적으로 부르는 이름이다"(長尾禽總名也)라고 정의하였는데, 단옥재段玉裁는 여기에 "작은 꼬리를 가진 새는 추隹라 부른다"고 주를 달았다. '조鳥'와 첩운 관계에 있는 글자로 '섬 도島' 자가 있고, 이 글자는 '뫼 산山'과 '새 조鳥'로 구성돼 있다. 새는 공중을 날아다니다가 중간에 나뭇가지에 앉아 잠시 쉬는 속성을 가졌는데, 바다에 떠 있는 섬도 중간에 앉아 쉬는 곳이라는 공통적인 속성이 있으므로 '조鳥' 자를 방으로 갖게 된 것이다.

官 벼슬 '관' '집 면宀'과 '작은 언덕 대自'로 이루어졌다. 여기서 '대自'는 기실 '무리 사師' 자를 뜻하고, '관官' 자의 발음은 '줄기 간幹'과 쌍성·첩운 관계에 있으므로 여기에는 '무리의 중심이 되어 일을 하다'라는 의미가 함축돼 있다. 따라서 '관官' 자의 자형적 의미는 '집 안(관청)에서 뭇사람들을 위하여 일을 하는 중심적인 사람'이 된다.

人 사람 '인' 고문자에서는 '사람 인人' 자를 '인圖'으로 적었다. 이것

은 두 가지 모양으로 해석할 수 있다. 첫째는 사람이 허리를 구부리고 두 팔로 노동하는 모습으로, 어려움을 참고 일을 한다는 의미에서 '참을 인忍' 자로 해석할 수 있다. 둘째는 허리와 무릎을 구부려 예를 표하는 모습으로, 다른 사람들을 배려하고 가까이 한다는 의미에서 '어질 인仁' 자로 해석할 수 있다. 『설문해자』에서는 『효경孝經』「성치장聖治章」의 "천지간의 생물 중에서 사람이 가장 귀하다"(天地之性人爲貴)라는 구절을 인용하여 '인人' 자를 정의하였다.

皇 클 '황' 『설문해자』에서는 '클 황皇' 자를 '코 비自'와 '임금 왕王'으로 구성된 글자로 보았는데, 고문자 자형에 의하면 '비自' 자는 오색 깃털로 장식한 악무용 모자의 모양이고, '왕'은 이 모자를 걸어놓는 걸개의 모양이다. 무당들이 쓰는 악무용 모자는 신령하게 보이기 위해 커다랗게 만들기 때문에 이로부터 '부풀려서 크게 만들다'라는 의미가 생겨났다. 지붕만 있고 사방 벽이 없는 대臺나 관觀의 텅 빈 실내도 이와 비슷하게 생겼으므로 역시 '황'이라 부른다. '황皇' 자의 발음은 '빌 당唐'·'넓을 광廣' 등과 첩운 관계에 있으므로 '텅 비고 크다'라는 의미를 공유한다. 여기서는 '위대한 임금님'으로 쓰였다.

'조관鳥官'이란 새의 이름으로 관직명을 삼았다는 뜻이고 전설상의 임금인 소호씨少昊氏의 행적을 가리킨다. 소호씨는 즉위할 때 봉황새가 나타났다 하여 새 이름으로 관직명을 지었다. 이를테면 호조戶曹의 우두머리를 축구祝鳩, 병조兵曹의 우두머리를 저구雎鳩 등으로 불렀다. '조鳥'는 『설문해자』에서 정의했듯 모든 새를 가리키는 개괄적인 이름이지 구체적인 종種의 이름이 아니다. 따라서 앞의 축구나 저구 같은 새는 토템이 될 수 있지만 '조'는 불가능하다.

새는 하늘을 자유로이 날아다니므로 초월적인 저승의 세계와 자유로움을 갈망하는 고대인들에게 욕망의 상징이 되어 신령한 동물로 받들어 모심을 받기도 하였다. 여기서 새의 이름으로 관직명을 삼은 것은 토템의 흔적이라기보다는 신화적 의미를 부여하여 관직의 권위를 세우려 한 행위로 추측된다.

'인황人皇'이란 사람을 중시한 큰 임금이라는 뜻이며 중국인들의 조상인 황제黃帝를 가리킨다. 황제는 신화와 종교에 의존하던 원시적인 삶을 벗어나 인문人文, 즉 인간의 지적 능력에 기초한 합리성과 적극성으로 나라를 다스린 임금으로 추앙돼왔다. 그러나 후대 역사 시기인 은나라 때도 점을 쳐서 정치를 했다는 사실을 당시의 유물인 갑골 복사卜辭는 여실히 증언하고 있다. 이에 주나라가 은나라 정권을 치기 위한 명분으로 종교의 혹세무민惑世誣民을 들고 나왔는데, 이때 표방한 것이 인문 사상이었다. 그러니까 신화 시기에 황제가 인문을 주창했다는 것은 후대에 유가에 의해 편집된 신화임을 알 수 있다.

중국의 신화는 그리스 신화처럼 하나의 체계를 가진 단원 신화가 아니라 넓은 지역에서 따로따로 생성된 신화들이 여러 사람에 의해 기록된 탓에 일관성이 없는 것이 특징이다. 그러므로 여기 쓰인 것처럼 복희·신농·소호 등으로 정해진 임금들의 순서는 처음부터 없었다. 그런데 『천자문』의 저자가 이렇게 순서를 정했다면 어떤 의도를 갖고 편집했을 터인즉, 황제를 마지막 단계에 둔 사실로 보아 원시 문화에서 인문 시대로 발전해가는 방향을 염두에 두었던 것으로 짐작된다.

원시 문화와 인문은 무엇이 다른가? 왜 역사가 인문으로 발전하는 모델을 신화를 통해 주입하려 했을까? 은나라는 노예제 사회였으므로 당시의 백성이란 곧 노예를 의미했다. 갑골 복사 기록에 의하면 노예들의 도주나 반란이 매우 빈번하였던 것으로 보인다. 반란의 실패가 죽음을 의미하는데도 거듭 들고일어났다는 것은 그만큼 사태가 절박했음을 뜻한다. 이 절박성에 비례하여 노예주들은 갈수록 억압적일 수밖에 없었고 반란의 빈도 역시 증가했을 테니 사회는 불안해지고 정권도 위태로워졌다. 그래서 당시의 제후였던 문왕은 노예들과 이성적으로 적절히 타협하자고 왕을 설득하였다. 그는 백성들에게 성군으로 존경을 받았지만 왕에게는 미움을 받았다. 결국 아들인 무왕이 은나라 정권을 무너뜨리고 주나라를 세운 뒤 주공은 은나라의 종교 정치를 지양하고 인간의 이성적 노력에 근거한 정치를 시행했다. 이것이 인문 정치이자 중국 상문尚文 사상의 원류다. 공자는 이것을 교육체계로 발양광대發揚廣大하여 유학을 만들었고, 오늘날까지 중국 정치의 주류 사상으로 전승되어온 것이다.

인문을 중시한 유학이라고 해서 종교성을 완전히 배제했던 것은 아니다. 송대에 와서 유학은 불교의 영향을 받아 관념성이 증대되어 성리학으로 발전하는데, 이것은 감성을 억압한 데 대한 우회적 전위로 나타난 종교적인 변형이라고 봄이 옳다. 이때부터 유학은 유교가 되었다. 그러나 상문 사상이 주류인 중국 계층에서 유교는 깊이 뿌리 내리지 못하고 얼마 안 있어 쇠락했다. 반면에 우리나라에 들어온 성리학은 중국보다 더 발전하여 퇴계退溪 이황李滉 같은 대학자를 배출하기도 하였다. 우리의 감성적 문화와 잘 어울렸기 때문이다.

주나라가 주창했던 상문 정신이란 이른바 우환憂患 의식을 고취하자는 것이었다. 우환이란 글자 그대로 '인간 스스로가 걱정하다'라는 뜻으로, 신에 의존하지 않고 인간의 이성적인 고뇌를 통해 문제를 해결하려는 노력을 가리킨다. 사람은 어떤 복잡하고 어려운 문제에 봉착하면 그것을 머리를 써서 하나하나 풀려 하기보다는 어떤 절대적인 능력자에게 기대거나 호소해 단번에 풀려는 경향이 강하다. 알렉산더 대왕이 복잡하게 얽힌 고르디우스의 매듭(Gordian knot)을 가위로 단번에 잘라버린 것처럼 말이다. "생각을 한다는 것은 참으로 고된 노동이다. 생각하는 사람이 그토록 적은 이유가 거기 있다"는 아인슈타인의 말은 우환 의식이 얼마나 힘든 일인지를 말해준다. 우리의 일반적 정서에도 이러한 우환 의식이 상당히 결여돼 있는 게 사실이다. 흔히 말하듯 민주주의는 풀뿌리에서부터 시작한다. 그러려면 기초지방자치단체 선거부터 꼼꼼하게 잘해야 하는데, 실제 우리의 선거 행태는 여기에는 별로 관심이 없고 오로지 대통령 하나 잘 뽑아 단번에 모든 문제를 해결하려는 경향을 강하게 보인다. 민주주의의 실현이라는 어려운 문제를 풀려면 작은 것부터 풀어감이 논리적이지만 이렇게 하려면 생각과 논의를 많이 해야 하니까 힘이 들기 마련이다. 인문 정신이란, 그렇다 할지라도 이렇게 하자는 주장이다.

『천자문』의 이 구절을 원시적 사유에서 인문으로의 발전이라는 의미로 해석했더라면 우환 의식이 우리 문화에 자리 잡을 수 있지 않았을까? 물론 옛날에는 이렇게 해석하고자 해도 우리의 인식 기반(미셸 푸코Michel Foucault의 용어를 빌리면 '에피스테메episteme')이 달라 불가능했을 것이다. 이것이 관념을 생산해낸 자와 수입한 자의 입장 차이다. 우리는 그들의 환경에서 귀납해낸 관념을 일방적으로 들여왔기 때문에 그것이 구체적으로 무엇을 뜻하는지 이해하지 못했다는 말이다. 이 때문에 고전이란 시대 정신에 맞추어 끊임없이 새롭게 해석해줘야 하는 것이다.

문자인가, 음성인가?

만들 제制

始制文字시제문자하고
비로소 문자를 만들었고

始 처음 '시' '계집 녀女'와 '처음 이台'로 이루어졌으므로 자형적 의미는 '최초의 딸', 즉 '맏딸'이 된다.

制 만들 '제' '칼 도刀'와 '아닐 미未'로 이루어졌다. '미未' 자는 '아닐 비非'와 발음이 같아 여기서는 부정사로 쓰이고 있지만, 원래는 나무의 지엽枝葉을 가리키는 글자였다. 즉 나무의 지엽이 무성하면 다 자라서 목재로 취할 수 있으므로 '제制' 자의 자형적 의미는 '다 자란 나무를 칼로 베고 다듬어 기물을 만들다'가 되는 것이다. 이로부터 '만들다'라는 의미가 생겨났다.

文 글월 '문' 이 글자는 도자기를 아름답게 꾸미려고 표면에 그려 넣은 격자나 빗살무늬 모양의 상형자이다. '문'은 '나눌 분分'과 첩운 관계에 있으므로, '(사물을) 변별하다'라는 의미를 지닌다. 문자는 언어를 표기하는 수단이므로 여기에는 자연히 언어의 변별 기능이 들어가기 때문이다. 반면에 나눈다는 것에는 '가루 분粉' 자가 가리키듯이 '아름답게 분을 바르다', '분식하다'라는 의미도 함께 들어가 있다. 그래서 '문' 자의 자형적 의미는 '사물을 변별하고 아름답게 꾸미다'가 된다.

107

字 글자 '자' 이 글자는 본래 글자인 '새끼 쳐 번식할 자孶' 자를 간화簡化한 것이다. 한자는 크게 하나의 구성 요소로 이루어진 단체자單體字와 두 개 이상의 구성 요소로 이루어진 합체자合體字로 나뉜다. 한자의 조자造字 법칙인 육서六書의 관점에서 보자면, 전자는 주로 상형象形이나 지사指事에 의해 단순하게 만들어졌으므로 '문文'이라 부른다. 후자는 회의會意나 형성形聲에 의해 만들어졌는데, 이는 앞의 '문'을 자료로 삼아 새끼 쳐 나왔으므로 '자孶', 즉 '자字'라고 부르는 것이다.

"비로소 문자를 만들었다"(始制文字)는 말은 황제黃帝 때 사관인 창힐蒼頡이 처음으로 문자를 만들었다는 고대 신화의 내용을 가리킨다. 문자의 발명은 인문화 사업 중에서 가장 칭송받는 위대한 업적이다. 언어는 변별 기능을 통하여 혼돈 상태(chaos)를 분절시켜 단위 사물들을 만들고 이를 다시 재구성해서 세계를 창조한다. 혼돈을 분절해 사물을 만드는 일을 분자화分子化라고 할 수 있는데, 사물을 분자로 놓아야 이를 자료로 여러 가지 사물들을 만들어내는 일이 가능해진다. 이를테면, 밀알을 그대로 두면 통째로 먹을 수밖에 없지만, 가루로 만들어놓으면 갖가지 음식을 만들어낼 수 있는 이치와 같다. 마찬가지 효과로, 팔에서 손목을 분절하면 여기에 팔찌나 시계를 차야겠다는 생각을 할 수 있게 된다. 문자는 언어의 표기 수단이므로 여기에도 이런 기능이 있다고 보는 것이다.

그런데 문자는 시각적 기호이기 때문에 언어가 갖지 못한 기능이 따로 있으니, 기억을 오랫동안 보존하는 쓸모 외에도 표기하는 대상이나 진술하는 내용 자체를 스스로 꾸미거나 왜곡한다는 것이다. 흔한 예로 우리가 시험 답안이나 자기소개서 같은 서류를 읽을 때 작성자의 글씨에 따라 이해의 정도가 달라진다는 사실을 들 수 있다. 이것은 한자에서 특히 두드러진다. 고대 한문 원전을 읽을 때 우리가 명문과 명필을 곧잘 혼동하게 되는 것은 이 때문이다.

고대 그리스의 플라톤 철학은 문자를 극력 배척하였고 이것이 이른바 '로고스-음성 중심주의'라는 형태로 유럽 철학의 근간을 이루어왔다. 문자란 기억을 보전해주는 이점을 지녔지만 현장의 생생한 소리와 영혼이 결핍되어 있으므로 근본적으로 진실을 말하지 못한다고 보았다. 그래서 플라톤은 문자를 파르마콘pharmakon이라고 불렀다. 파르마콘이란 약이면서 동시에 독이 되기도 하는, 정체성 없는 약물이기 때문이다. 이런 성격을 가진 문자는 현존을 망가뜨리고 이성을 호도하기만 할 뿐이므로 배척의 대상이 될 수밖에 없었다.

이와는 대조적으로 중국은 문자를 정치의 시작으로 보았다. 세상의 사물들은 한자의 체계와 질서대로 존재하고 사유하였으며, 한자의 어원이 규정하는 속성을 부여받았다.『설문해자』가 관방에서 등장한 까닭이 여기에 있다. 이처럼 고대 중국의 세계는 문자에 의해 축조·유지되었으므로, 정권이 바뀌면 세상과 질서를 바꾸기 위해 문자에 대한 새로운 해석이 필요하였다. 이것이 바로 중국에서 전통적으로 훈고학訓詁學이 발달한 이유이다.

'코디'된 옷을 입고 다시 태어나기

입을 복服

乃服衣裳내복의상이라
처음으로 저고리와 치마를 입게 하였다

乃 이에 '내' 이 글자는 허사虛辭로서 부사적 용법이나 접속사적 용법 등으로 다양하게 쓰이고 있지만, 여기서는 앞 구절과의 대장對仗으로 간주하고 '시始'와 같은 뜻으로 보는 것이 옳다.

服 입을 '복' 이 글자는 배(船)의 양 측면을 보호하고 또 뼈대를 든든하게 유지하기 위하여 좌우 현에 덧대는 나무를 의미한다.[17] 수레에서는 바큇살 위에 덧대는 덧방나무를 '보輔'라고 한다. '복服'과 '보輔'가 쌍성 관계에 있으므로 둘은 같은 기능을 수행하는 사물임을 알 수 있다. 사람의 경우 이런 기능을 옷이 담당하기 때문에 '옷', 또는 '옷을 입다'라는 의미가 파생된 것이다.

衣 옷 '의' 고문자 자형이 '仐'이므로 '저고리'를 가리키는 상형자임을 알 수 있다.

裳 치마 '상' '옷 의衣'와 '오랠 상尙'으로 이루어졌다. '상尙' 자는 북쪽으로 낸 굴뚝에서 연기가 위로 길게 올라가는 모양이므로 '상裳' 자의 자형적 의미는 '밑으로 길게 내려 입는 옷', 즉 '치마'가 된다. 고대인들은 옷을 입을 때 남녀를 불문하고 먼저 치마를 입고 그 위에 긴

저고리를 걸치고는 허리를 띠로 동여매었다. 그래서 일반적으로 옷을 지칭할 때 '의상'이라고 붙여서 말하는 것이다.

문자를 창제한 일과 함께 성인이 백성들에게 옷을 입힌 것은 칭송 받을 만한 문화적 치적이었다는 것이 이 구절에 담긴 뜻이다. 『주해 천자문』의 주에서 백성들에게 갓과 옷을 지어 입힌 이유는 외관을 엄숙하게 보이게 하고 신분의 등급을 구별하기 위함이라고 설명한 사실에서도 알 수 있듯, 몸의 보호라는 옷의 주요 기능은 이미 뒷전으로, 즉 후경後景으로 사라지고, 옷을 통하여 '감춤'의 의미를 만들어냄으로써 보이는 세계를 기호체로 표상하는 문화적 기능만을 전경前景에 내세우고 있는 것이다. 이와 같이 '감춤'을 통해 의미를 만들어내는 것은 곧 개인의 실존을 희생시켜 주어진 질서에 환원케 하는 일종의 억압 기제機制이다. 그래서 자신의 실존을 과감히 버리고 주어진 질서인 예禮로 환원하는 행위, 이른바 '극기복례克己復禮'가 문화의 꽃인 '인仁'이 되는 것이다.

그러나 옷이란 기호가 되고 나면 기호의 내부 규칙에 충실해져 더 이상 현실을 반영하지 않고 오히려 부재하는 현실을 표상하게 된다. "옷이 날개"라는 속담은 바로 이 사실을 가리킨다. 자해에서 밝혔듯이 '복服' 자는 본체를 든든하게 보강하기 위해 덧대는 덧방나무를 뜻하므로 옷을 잘 활용하면 자신에게 부족하거나 없는 부분을 채워 완벽한 모습으로 내보일 수 있다. 예컨대 내가 교양이 없어 보이는 게 걱정이라면 옷을 적절히 '코디네이션'해 입으면 얼마든지 교양 있게 보일 수 있다. 오늘날 옷 맞춰 입기가 '코디'라는 이름의 기술(art)이 된 것은 이 때문이다.

중국이 자신의 변방을 성가시게 하는 소수민족을 무력으로 다스
리다 힘에 부치니까 나중에는 이른바 '교화敎化'하는 방법을 채택하
였는데, 이때 그들에게 준 것이 주로 문구, 서적, 도자기, 수레, 그리고
비단 같은 문화적인 물건들이었다. 이러한 물건들을 장시간 사용하
게 되면 이전의 거친 실존은 사라지고 중국의 전아하고 문화적인 존
재로 다시 태어나게 된다. 비단옷에 길들여진 몸이 다시 말 잔등 위로
올라가 전쟁터로 향하고 싶겠는가? 이것이 중국이 주변국을 길들여
온 문화적 전략의 핵심이었다.

남에게 나라를 넘겨주는 일

나라 국國

推位讓國퇴위양국하고
천자의 자리를 밀어 양여하고 나라를 넘겨준 분은

推 밀 '퇴' 이 글자는 '손 수手'와 '새 추隹'로 이루어졌다. 새는 날개
로 공기를 밀어내 날아가고, '추' 자의 발음은 '물러날 퇴退' 자와 첩운
관계에 있으므로, '퇴推' 자의 자형적 의미는 '손으로 밀어 배제시키
다'가 된다. 그러나 위로 밀어올려 드러나게 한다는 뜻으로 쓰일 때는
'추推'로 읽는다.

位 자리 '위' '자리 위位' 자는 '사람 인人'과 '설 립立'으로 이루어졌
으므로 자형적 의미는 '사람들이 서열대로 서는 자리'가 된다. 여기서
는 '천자의 자리'라는 의미로 쓰였다.

讓 겸손할 '양' '말씀 언言'과 '치울 양襄'으로 이루어졌다. '양襄' 자
의 본래 의미는 '겉흙을 걷어낸 그 밑의 부드럽고 축축한 흙'이므로
'양讓'의 자형적 의미는 '거친 행동을 말로 꾸짖어 겸손하게 만들다'
가 된다.

國 나라 '국' '에워쌀 위囗'와 '일부 있을 혹或'으로 이루어졌다. '혹
或' 자의 발음은 '지경 역域'과 첩운 관계에 있으므로 '국國' 자의 자형
적 의미는 '경계로 둘러싸인 일정 지역(또는 일부 지역)'이 된다.

"천자의 자리를 밀어 다른 사람에게 양여하고 나라를 넘겨주었다"는 것은 왕위를 자기 자식에게 세습시키지 않고 성인을 찾아 그에게 물려주었다는 뜻이다. 이것을 유가에서는 선양禪讓이라 하여 가장 이상적인 권력 이양의 방식으로 내세웠다. 그러나 이 선양의 역사적 실체는 씨족사회에서 부락연맹의 추장酋長을 선출하는 행위였다. 즉 연맹 내 부락의 수령들이 돌아가며 추장을 맡게 되는데, 추장 자리에 오르기 전에 각 부락을 두루 다니면서 의견을 물은 다음 즉위 여부를 결정하는 것이 관례였다. 이것을 신화로 만든 것이 바로 선양이다.

중국에서 처음이자 마지막으로 선양을 한 임금이 바로 우리가 자주 입에 올리는 요堯·순舜 임금이다. 이들이 신화적 인물이라는 사실은 이들의 이름을 분석해보면 금세 알 수 있다. '요' 자는 '우뚝할 올兀'과 '땅 높을 요垚' 자로 이루어졌는데, '요' 자는 큰 산을 뜻하고 '올' 자는 한쪽 무릎을 꿇은 자세로 일어나는 모양이므로 '요堯' 자는 높은 산도 등에 지고 우뚝 일어날 수 있는 힘센 장사를 의미한다. '순舜'은 땅 위를 기며 사방으로 마구 자라는 덩굴풀의 일종이다. 그 성장 속도가 매우 빠른 것이 특징이라고 한다. 구성 요소인 '어긋날 천舛' 자가 '순' 자의 발음을 나타내는데 여기에는 '빠르다'는 뜻이 들어 있고, 이는 또한 '따를 순順'·'준걸 준俊' 등과 첩운 관계이므로, '순舜'은 요임금의 능력과 의지에 순종하여 신속히 실천할 수 있는 호걸을 의미한다. 그러니까 '요'와 '순'은 훌륭한 지도자에 대한 백성들의 열망이 담긴 신화적 인물이 되는 것이다.

이러한 선양도 요·순 이후 우임금까지만 이어졌고 그 후 후익后益이 추대를 받기는 했으나 우임금의 아들인 계啓가 그를 몰아내고 스스로를 하후夏后씨라 부르면서 임금 자리를 계승함에 따라 세습이 시작되었다. 이때 유호有扈씨가 하후씨에 대하여 반란을 일으켰는데, 하후씨가 이를 진압한 사건을 기록한 내용이 바로 『서경書經』의 「감서甘誓」편이다.

"천자의 자리를 밀어 다른 사람에게 양여하고 나라를 넘겨주었다"(推位讓國)는 말은 앞서 말한 바와 같이 추장의 순환 취임 제도를 신화화한 것으로 기실 비현실적인 일에 가깝다. 신화에서는 요·순이 자리를 떠밀어 양여했다 하여 '퇴위推位'라고 표현하였지만, 현실에서는 권력의 자리로 밀고 나아가는 '추위推位'일 수밖에 없을 것이다. 나라를 사적으로 차지하지 않고 덕 있는 사람에게 양여하는 일이 옳다고 도덕적으로 가르쳐봤자, 결국 마음 약한 사람만 죄책감 들게 만들어 글자 그대로 양보하게 만들고 권력을 지향하는 자들은 이 틈을 놓칠세라 널름 자리를 차지해버리는 게 현실이다. 그러므로 순진하게 나라를 양여할 것이 아니라 정권을 독점하려는 세력을 '양讓' 자의 자형적 의미대로 '꾸짖어야' 한다는 것이 '양국讓國'에 대한 현실적 해석일 터이다.

권력의 전승과 억울한 아들들

있을 유有

有虞陶唐유우도당**이라**

유우씨有虞氏와 도당씨陶唐氏이다

有 있을 '유' 『설문해자』에서는 '있을 유有' 자를 '달 월月'과 '오른손 우又'로 이루어진 글자로 보았는데, 후대 고문자 연구에 의하면 '유有' 자는 '고기 육肉' 자의 이체자異體字로 밝혀졌다. 따라서 자형적 의미는 '오른손으로 고기를 들고 있다'가 된다. 원시 수렵채취 시기에는 고기가 늘 있는 게 아니라 사냥을 해야 생겼으므로, 사냥에서 돌아온 사람이 고기를 든 모양은 없던 것이 생겼다는 뜻이 된다. 또한 고기의 이러한 출현은 반복되므로 '유有' 자에 '다시'라는 의미가 파생되었고 이것이 다시 '또 우又' 자로 발전한 것이다.

虞 헤아릴 '우' '범 호虍'와 '떠들썩할 오吳'로 이루어진 글자이므로 자형적 의미는 '큰 소리를 내는 범 종류의 짐승'을 뜻한다. 경전에서는 추우騶虞라는 이름으로 등장하기도 하는데, 이는 인仁·의義·예禮·지智·신信 중에서 의를 상징하는 신령한 동물로 알려져 있다. 의리를 지키는 것은 앞서 말한 우환憂患 의식에 속하므로 이로부터 '걱정하다'·'헤아리다'라는 의미가 파생된 것이다.

陶 질그릇 '도' '언덕 부阜=阝'와 '질그릇 도匋'로 이루어졌다. '도匋'

자는 '장군 부缶'와 '쌀 포包'로 이루어졌는데, '포包' 안의 구성 요소인 '포勹'는 질그릇을 굽는 가마를 뜻하고 '도匋'와 '가마 요窯'는 첩운 관계에 있으므로, 이 글자는 '질그릇을 빚은 뒤에 가마 속에 넣어 높이 쌓아놓은 모양'이 된다. 따라서 '도陶' 자의 자형적 의미는 '질그릇 굽는 가마처럼 높은 언덕'이다. 가마는 불의 열기가 위로 잘 타고 올라가도록 언덕의 낮은 곳에서부터 높은 곳으로 올려 짓는 것이 보통이다. 『설문해자』에서는 '도陶' 자에 대하여 '높은 곳에다 다시 더 높이 쌓아 만든 언덕'(再成丘也)이라고 설명을 달고는 제수濟水의 남쪽에 있는 구릉지의 땅이름으로서 요임금이 살던 곳이라고 부연하였다. 나중에 요임금은 당唐 땅으로 옮겨가 살았으므로 그를 도당陶唐씨라고 불렀다고 한다.

唐 빌 '당' 이 글자는 '입 구口'와 '창 들 경庚'으로 이루어졌다. '경' 자의 고문자를 보면 두 손으로 창을 든 모양이다. 창을 땅에다 탕탕 치면 금속성의 쩔렁쩔렁하는 소리가 크게 들려 듣는 사람들에게 위협을 주므로, '당' 자의 자형적 의미는 '창으로 큰 소리를 내어 겁을 주듯이 뻥튀겨서 하는 말', 즉 '빈말' 또는 '비어 있는'이 된다.

'유우有虞'는 순임금이 수령으로 다스리던 고대 중국의 부락 이름이기 때문에 순임금을 지칭할 때 흔히 쓰인다. '도당陶唐' 역시 요임금이 다스리던 부락 이름이라 요임금을 가리킬 때 쓴다. 중국은 자신들의 역사를 하나라에서 시작하므로 그 이전인 요·순 시기는 신화 시기에 해당한다. 그래서 이들의 선양을 부락연맹 체제의 신화적 버전이라고 말하는 것이다.

유가에서는 요의 아들 단주丹朱가 똑똑치 못했기 때문에 요임금이

순에게 선양하였고, 순의 아들 상균商均이 어리석었기 때문에 순임금이 우禹에게 선양하였다고 말한다. 여기서 우리는 다음과 같은 의문을 가지지 않을 수 없다. 왜 성인들의 자식은 하나같이 불초하였을까. 성인들이 나라를 다스리는 일에 전념한 나머지 자식 교육을 시킬 여유가 없어서였을까. 그들은 분명 부락연맹의 수장 선출 제도가 신화로 전이하는 과정에서 서사 구조상 어쩔 수 없이 악역을 맡은 억울한 희생자들이었을 것이다. 즉 요임금과 순임금을 신화의 주인공으로 만들고 아울러 그들의 덕을 부풀리기 위한 대립 캐릭터의 역할을 요의 아들과 순의 아들이 떠맡았다는 말이다. 권력은 세습이 아닌 현자에게 위임해야 한다는 이 신화의 이데올로기가 궁극적으로 지식인들에게 유리한 이상, 어느 누구도 단주와 상균의 실재를 고증해주지 않으려 할 것이다. 중국 역사상 선양 신화를 역사로 간주하는 일에 아무도 회의를 제기하지 않은 사실이 이를 뒷받침한다.

앞서 말했듯이 선양은 신화에 지나지 않는다. 신화란 사람들의 욕망을 담은 기호체이므로 역설적으로 현실성이 없다. 권력은 속성상 남과 나눌 수도 없고 함부로 남에게 넘겨줄 수도 없기 때문이다. 아무런 대책도 없이 그냥 넘겨주면 그 순간 목숨도 넘겨줄 각오를 해야 하는 것이 권력이다. 만일 어떤 권력자가 정말로 선양을 한다면 이는 신화가 실현되는 것이므로 사람들은 그가 재임 기간에 어떻게 정치를 했든지를 불문하고(물론 이런 권력자가 정치를 잘하지 않았을 리도 없겠지만) 칭송하게 마련이다. 그러나 이렇게 훌륭한 사람을 전임자로 둔 후임 권력자는 정치를 하기가 여간 힘들지 않을 것이다. 사람들이 걸핏하면 전임자와 비교해 평가할 것 아닌가? "구관이 명관"이란 말도 있듯이, 이러한 비교에서 후임자는 언제나 불리하다. 따라서 후임 권력자는 어떻게든 전임자를 정리하고 싶은 유혹을 느끼게 마련이다. 최근의 역사에서 우리도 이러한 희생자를 직접 본 경험이 있지 않은가?

학문의 전승에서도 똑같은 현상이 일어난다. 스승의 도와 지식을 아무런 보험 장치 없이 제자에게 넘겨줄 때 그는 나중에 반드시 자신의 제자에게 배신을 당한다. 권위의 제1인자는 오로지 한 사람이어야 하기 때문이다. 따라서 스승은 제자에게 도를 전수하기에 앞서 그를 배신하지 못하도록 길들여야 한다. 지도 교수니 논문 심사니 학위 수여니 하는 대학의 각종 제도적 장치들은 바로 제자들을 거세시키는 과정이나 다름없다. 이 각고의 과정을 무사히 마친 제자에게 스승은 비로소 자신의 도와 지식을 안심하고 전승시킬 수 있다.

혹자는 제자가 길들여진 척하고 지식을 전수받은 뒤 배신하면 되지 않느냐고 반문할지도 모른다. 그러나 이는 근본적으로 불가능한 것이, 학위 과정을 거친 일이 이미 거세를 의미할 뿐 아니라 학문의 시스템 자체가 배신자는 발을 붙일 수 없도록 고안되었기 때문이다. 따라서 이렇게 전승된 도와 지식은 스승의 것을 뛰어넘지 못하는 한계를 처음부터 지닌 셈이 된다. 학문이란 진리의 탐구가 본질인데 어떻게 이런 일이 일어날 수 있느냐고 반문할 것이다. 학문도 사람들이 모여 하는 것이므로 권력의 구조를 벗어날 수 없다. 그러므로 학문이 발전하려면 역설적으로 스승이 제자에게 먹혀야 한다. 이 때문에 진정한 스승을 만나기가 힘든 것이다. 천재라고 해서 저절로 눈에 띄는 것이 아니다. 알아줄 뿐 아니라 그를 위해 스스로 희생할 줄 아는 사람을 만나야 가능한 일이다.

권력의 현실이 이러함에도 선양이 실현되는 날을 기다릴 수 있을까? '우虞' 자의 파생의意 중에 '재미있게 즐기다'라는 의미가 있고,

'당唐'자의 파생의 중에는 '황당한 거짓말'이라는 의미가 있다. 성인을 지칭하는 유우有虞와 도당陶唐이란 이름 속에 위와 같은 파생의가 숨어 있다는 사실에는 선양이란 어디까지나 재미있게 즐기려고 만들어낸 거짓말이니까 이를 실현하는 일에 너무 집착하지 말라는 경계의 뜻이 이미 담겼는지도 모르겠다.

백성을 불쌍히 여김의 뜻

백성 민民

弔民伐罪조민벌죄는
백성들을 불쌍히 여기고 죄지은 자들을 친 분들은

弔 조문할 '조' 이 글자는 사람이 활(弓)을 들고 있는 모양의 상형자이다. 장례 문화가 없던 아주 오랜 옛날에는 사람이 죽으면 들에 내다 놓아 새가 쪼아 먹게 하였는데 효자는 이를 차마 볼 수 없어 활을 들고 새를 쏘았고, 그러면 조문 온 사람들도 함께 활을 쏘아 새를 쫓았다고 한다. 이러한 풍습에서 '조弔' 자에 '조문하다'·'불쌍히 여기다' 등의 의미가 생겨나게 된 것이다.

民 백성 '민' 이 글자의 고문자 자형은 포박당한 포로나 노예의 모양이었다. 고대 노예제 사회의 피지배층인 '민民'은 기실 노예들이었기 때문이다. 그러므로 고대 문헌에 나오는 '민' 자는 중세의 '백성'·'평민' 같은 의미보다는 '노예'나 '농노農奴'의 의미로 해석하는 것이 옳다.

伐 칠 '벌' '사람 인人'과 '창 과戈'로 이루어졌다. '벌伐' 자는 발음이 '뽑을 발拔'과 첩운 관계에 있으므로 자형적 의미는 '사람이 창으로 이질적인 것을 쳐서 뿌리째 제거하다'가 된다. 고대 문헌에서 '벌伐' 자는 범죄자 집단의 죄상을 낱낱이 밝히고 그 죄의 대가를 치러주기 위해 공격한다는 명분을 먼저 세운 뒤 벌이는 토벌 행위를 가리킨다.

罪 허물 '죄' '그물 망网'과 '아닐 비非'로 이루어졌다. '비非' 자는 날개가 서로 등진 모양이고 여기에는 '어기다'라는 의미가 담겼으므로 '죄罪' 자의 자형적 의미는 '법을 어긴 자를 법으로 그물질하여 잡다'가 된다. '죄罪' 자의 원래 글자는 죄인이 도망가지 못하도록 죄인의 '코'(自)에 '바늘'(辛)로 문신을 넣는다는 자형적 의미를 지닌 '죄辠' 자였으나, 진시황이 이 글자의 자형이 '황皇' 자와 비슷하다 하여 이를 '죄罪' 자로 바꿔 쓰게 하였다고 전한다. 이 구절의 '죄罪' 자는 '죄인', 즉 백성을 닦달하는 폭군을 가리킨다.

"백성들을 불쌍히 여기고 죄지은 자들을 친 분들"(弔民伐罪)이란 학정에 시달리는 백성들을 불쌍히 여긴 나머지 이들을 닦달하는 폭군을 쳐서 제거한 사람들이라는 뜻이다. 그러므로 폭군 토벌은 어디까지나 백성을 불쌍히 여기는 순수한 마음에서 비롯된 것이지, 권력 찬탈이 목적은 아니라는 것이다. 과연 그럴까?

'조민벌죄'는 기실 엘리트 의식에 근거한다. 지식인 엘리트들은 그들 나름의 윤리 의식과 정의감이 발동하여 불의한 군주를 치는 행위를 감행했을 것이다. 또는 그저 학정에 시달리는 백성이 불쌍하다는 명분을 내걸어 권력에 도전하고 이를 찬탈했을 수도 있다. 어느 경우든 백성 스스로가 아니라 엘리트들이 주체가 되어 권력을 끌어내린 것은 분명하다. 물론 당시의 백성을 구성하는 노예들이 억압에 못 이겨 탈주하거나 거듭 반란을 일으킨 것이 잠재적인 힘으로 쌓여 있었겠지만, 그 잠재적 역량을 혁명적인 힘으로 결집하는 역할은 엘리트가 떠맡았다는 뜻이다.

신자유주의가 지배적인 오늘날, 1970~80년대의 민주화 투쟁으로 성취한 민주주의가 상당 부분 퇴색한 듯한 분위기를 여러 곳에서 느낄 수 있는 것이 사실이다. 민주 정부가 들어서면 삶의 질이 나아질 것으로 기대했으나 오히려 예전에 겪지 못했던 심각한 빈부 격차를 경험한 민중이 민주화를 냉소적으로 바라보면서 오로지 자신들의 경제적인 문제를 해결해줄 것 같은 정치 지도자를 적극 지지하는 모습도 우리는 보았다. 민주화에 대한 욕구가 시들해진 이후 자본가 세력을 기반으로 하는 정치 권력이 민주주의를 퇴행시킴에 따라 민중의 삶은 더욱 힘들어졌다. 청년 실업은 심각한 지경에 이르렀고 비정규직의 증가, 치솟는 부채와 임대료 같은 문제들은 기층 민중뿐 아니라 중산층의 삶도 매우 어렵게 만드는 중이다. 그렇다면 이에 대한 사회적 불만과 잠재적 저항력은 이미 상당한 폭발성을 축적하고 있는 상태라고 보아야 한다. 여기에 누군가가 어떤 사건을 도화선 삼아 불만 붙이면 엄청난 혁명적 폭발을 일으킬 수도 있을 것이다.

그러나 그런 일은 일어나지 않았고, 앞으로도 일어날 가능성이 별로 높아 보이지 않는다. 실제로 기폭제가 될 만한 사건들이 없었던 것도 아니지만 모두 유야무야돼버린 것이 사실이다. 왜 그랬을까? 인류 역사에서 민중 스스로 억압에 맞서 봉기하여 목적을 이룬 경우는 드물다. 역사적인 혁명에는 언제나 그 앞에 의식의 깨임이 있었고, 이 의식의 깨임은 스스로는 엘리트나 지식인이되 거기서 얻어지는 기득권을 버리고 대중과 함께하려는 이들이 촉발하곤 했다. 이런 종류의 사람들이 이 구절에서 말하는 '조민弔民', 즉 억압받는 백성을 불쌍히 여기는 사람들이다.

오늘의 우리 사회를 보면 이런 사람들의 결여로 인하여 기층에 불안이 내재되어 있어도 안정을 이어갈 수 있다고 생각할 여지가 적지 않다. 그렇다면 오늘날 우리 사회에는 '조민'할 수 있는 엘리트들이 없다는 것인가? 천리마가 언제나 존재하듯 엘리트도 언제나 존재한다. 다만 그들 대다수가 돈과 권력과 명예를 찾아 기득권층 밑으로 들어갔기 때문에 보이지 않는 것이다. 이러한 판에 얄팍한 정치꾼들만 남아 민중의 어려움에 공감하는 척하면서 실은 제 잇속을 도모하는데 골몰하고 있을 뿐이다.

우리 사회의 불안한 안정은 불쌍한 대상을 보고 불쌍해할 줄 모르는 감성적 능력의 결여에서도 이유를 찾아야 할지 모른다. 지금 우리에게 눈물은 영화나 영상, 또는 공연이나 소설 등 인위적 텍스트 앞에서나 흘리는 것, 또는 나의 어떤 의도를 보여주려고 동원하는 수단일 뿐이지 불쌍한 실체를 앞에 두고 공감해 흘리는 게 아니라는 말이다. 성과 위주의 교육이 그렇게 만들기도 했지만, 사람들 스스로가 너무 총명한 나머지 아무것도 믿지 않기 때문에 타인의 진실이나 진심에 근본적으로 공감하지 못하는 탓이기도 하다. 이처럼 자기 희생을 각오하고 사람들에게 의문을 제기할 이들의 부재, 그리고 스스로의 무디어짐 탓에 민중은 우왕좌왕할 수밖에 없다. 이럴 때 기득권 세력이 작은 이익으로 다독거려주면 그들에게 휘둘릴 수밖에 없지 않겠는가?

따라서 백성에게는 먼저 스스로의 모습과 잠재력을 아는 일이 중요하다. 이른바 의식화이다. 이를 위해서는 타자(그가 선생이든 벗이든 적이든)의 개입이 필요하고, 그 타자와의 만남을 통해 백성 스스로 진실과 마주하는 역량을 길러야 한다. 이렇게 해야 비로소 백마 탄 영웅이 홀연히 나타나 도탄에 빠진 백성을 구제해줄 것이라는 신화적 관념에서 벗어나 주인 의식을 갖고 자신들이 바라는 사회를 만들어갈 수 있을 것이다. 이것이 이 구절이 말하는 '조민弔民'에서 새길 법한 의미다.

공자가 본 쿠데타

필 발發

周發殷湯주발은탕이라
주나라 무왕武王 발發과 은나라 탕왕湯王이시다

周 두루 '주' '쓸 용用'과 '입 구口'로 이루어진 글자이다. 여기서 '용用' 자 부분을 금문에서는 '田'으로 적었는데 이는 논에 벼가 촘촘히 심어져 있는 모양이다. 따라서 '주周' 자를 구성하는 '용用' 자는 '빽빽할 조稠' 자의 본래 글자임을 알 수 있다. '주周' 자는 독음이 '배 주舟' 자와 같은데, 이는 배의 밑바닥이 틈 없이 촘촘해야 물이 새지 않아 물에 뜰 수 있다는 의미를 공유한 것이다. 그러므로 '주周' 자의 자형적 의미는 '입을 굳게 다물고 말을 하지 않다'가 된다. 이로부터 '어느 한 군데도 빠짐없이'·'두루' 등의 의미가 파생되었다. 여기서는 고대 중국의 나라 이름을 가리킨다.

發 필 '발' '활 궁弓'과 '뿌리 뽑을 발癹'로 이루어졌다. '발癹' 자는 잡초의 뿌리 같은 것을 발로 차 뽑아버린다는 뜻이므로 '발發'의 자형적 의미는 '활에서 화살을 뿌리째 날려보내듯이 쏘다'가 된다. 여기서는 주나라 무왕武王의 이름을 지칭한다.

殷 성할 '은' '몽둥이 수殳'와 '돌아갈 의㐆'로 이루어졌다. 여기서는 북채 같은 것으로 악기를 두드려 소리를 풍성하고 은은하게 내는 일을

125

가리킨다. 이로부터 '성하다'·'많다'·'가운데' 등의 의미가 파생되었다. 이 구절에서는 중국 고대 조대朝代 중의 하나인 은나라를 지칭한다.

湯 끓을 '탕' '물 수水'와 '빛 양昜'으로 이루어졌다. '양昜' 자는 태양이 떠오를 때 방사하는 햇살 모양인데 '따뜻할 양陽' 자와 같은 뜻으로 쓰인다. 따라서 '탕湯' 자의 자형적 의미는 '뜨거운 물'이 된다. 여기서는 하나라를 멸하고 은나라를 세운 탕임금을 지칭한다.

'발發'은 주나라 무왕의 이름이고, '탕湯'은 은나라를 개국한 임금의 이름이다. 하夏나라의 마지막 임금인 걸桀이 포악한 정치를 일삼자 탕왕이 이를 토벌하고 정권을 세운 것이 은나라이고, 은의 마지막 임금인 주紂가 백성을 닦달하자 무왕이 이를 토벌하고 정권을 세운 것이 주나라이다.

이 두 임금의 거사는 정치적 관점에서 보자면 오늘날의 쿠데타임에 틀림없지만, 유가는 "백성들을 불쌍히 여기고 죄지은 자들을 무찔렀다"(弔民伐罪)는 명분으로 이를 미화하였다. 무왕과 탕왕이 백성을 불쌍히 여겨 거사를 했다지만 당시 백성의 위상이란 중세 이후의 개념과는 달리 노예, 또는 기껏해야 농노의 지위인데 과연 무엇이 아쉬워 그들의 해방에 목숨을 걸었을까? 더구나 해방을 시켰으면 훌륭한 임금으로 대를 이어주고 물러나야지 자신의 정권을 세운 것은 어떻게 설명할 것인가?

제후의 반란을 자극한 왕의 실정은 대략 두 가지로 추측할 수 있다. 하나는 정책의 실패이고, 다른 하나는 왕의 개인적인 일탈이었을 것이다. 두 가지 중 어느 것이라도 발생하면 민생이 어려워지고 이에 따라 체제는 흔들리게 마련이다. 그러면 이에 대처하는 과정에서 신하들과 제후들 간에 강경과 온건의 대립이 생길 테고, 백성들, 즉 노예들은 주인의 집을 탈출하여 자연스럽게 탕임금이나 문왕 같은 온건파 세력 쪽으로 몰릴 수밖에 없다. 고대에는 인구가 곧 힘이었으니 당연히 이들 제후국들의 국세가 강해짐으로써 이들은 왕의 권력을 꿈꾸게 된다.

그러나 힘으로 권력을 차지한다 해서 하루아침에 그 권력이 정당성을 갖게 되고 아울러 모든 사람이 복종하는 게 아니다. 앞 정권의 체제에서 이득을 누리던 사람들은 말할 것도 없고 억압을 받아온 사람들조차 새로운 권력에 쉽사리 호응하려 하지 않는 게 보통이다. 이들의 호응을 얻어내기 위해 필요한 것이 바로 명분名分이다. 문자의 형체로써 개념을 정의하자면, '명名'이란 컴컴한 밤길에 사람을 만나면 자신의 이름을 먼저 말해 상대방을 안심시키는 행위를 뜻하고, '분分'은 전체에서 나에게 주어진 몫을 말한다. 그러니까 나의 정체와 주장, 그리고 할 수 있는 일을 명확히 밝혔을 때 이를 들은 사람들이 각기 자신도 동참해 나름의 몫을 하겠다고 나서는 일종의 소통 행위가 명분의 본질인 셈이다. 자신의 몫을 하겠다고 나서려면 거기서 뭔가 얻는 게 있어야 한다. 정권 말기인 당시 상황은 대개 노예 신분인 피지배자들과 노예주인 지배층 간의 갈등이 최고조에 달했을 시기이므로 두 계급이 모두 불안에 시달리고 있었을 것이다. 이때 탕임금이나 문왕 같은 대중적 지지와 신뢰를 받는 지도자가 노예들에게는 복지를, 노예주들에게는 안정을 각각 보장해주는 타협안을 명명백백히 밝힌다면 양측은 모두 이러한 정책에 동참하여 자신이 할 수 있는 몫을 맡으려 할 것이다. 이것이 탕임금과 무왕이 행한 '벌죄伐罪'의 실상이다.

그런데 후대 유가에서 성왕 중심의 역사를 써내려가다가 이 사건에서 모순을 만난다. 즉 백성을 불쌍히 여겨 폭군을 친 것은 좋은데 신하가 임금을 친 하극상下剋上은 설명하기 힘들어진 것이다. 탕임금과 무왕이 반란을 일으킬 당시에도 유가적인 윤리관이 있어 이들이 비난을 받았는지는 정확히 알 수 없지만, 후대 유가의 실제적인 원류를 공자로 이해할 때 하극상의 모순은 후대에 제기된 문제로 보는 것이 옳을 듯하다. 『논어』「팔일八佾」편에 다음과 같은 공자의 말이 있다.

선생님은 순임금의 음악을 일컬어 밖으로 드러난 모양도 아름답고 안에 담겨 있는 의미도 훌륭하다고 하셨다. 무왕의 음악에 대해서는 밖으로 드러난 모양은 아름다우나 안에 담겨있는 의미가 훌륭하다고 보기에는 미흡하다고 하셨다(子謂韶, 盡美矣, 又盡善也. 謂武, 盡美矣, 未盡善也).

바꿔 말하면, 순임금의 선양禪讓은 밖으로 드러난 모습도 훌륭하지만 내면의 진정성이 더 훌륭하다는 것이고, 무왕의 '벌죄'는 밖으로 보이는 모양은 그런대로 훌륭하지만 그 진정성은 칭찬하기에 부족하다는 것이다. 그러니까 공자의 이 말은 그전부터 내려오던 하극상의 비윤리성을 지적한 것이 아니라, 순임금과의 대비를 통해서 하극상의 불가不可라는 윤리관을 처음으로 제기한 것이다. 물론 공자 이전에도 이러한 도덕 관념이 있었는지는 몰라도 어떤 사상의 형성에서 중요한 것은 형식화이다. 즉 순임금과 무왕의 행위를 미美와 선善으로 대비시킨 비유의 형식은 후대에 하극상 금지에 대한 상징이 되기에 충분하였다. 이러한 사상은 공자가 적극 실천을 주창하던 예禮의 정신과도 부합한다.

이상적인 정치의 두 원형

아침 조朝

坐朝問道좌조문도하면
조정에 앉아서 도道를 물으면

坐 앉을 '좌' 이 글자는 땅(土)에 두 사람(人)이 자리를 깔고 앉아 머리를 마주하고 있는 모양이다. 이로부터 '앉다'라는 의미가 생겨났다.

朝 아침 '조' 이 글자의 좌측 변은 태양이 바다 위로 빛을 발하며 떠오르는 모양이고, 우측 방의 '달 월月' 자는 원래 바닷물이 들어와 출렁이는 모양이다. 따라서 '조朝' 자의 자형적 의미는 '조수가 밀려들어와 출렁이는 바다 위로 태양이 떠오르다'가 된다. 그러므로 '조朝' 자는 '밀물 조潮' 자의 원래 글자였음을 알 수 있다. 이로부터 '아침'·'높아지다' 등의 의미가 파생되었다. 임금이 신하들과 더불어 정사를 의논하는 곳도 높은 곳이므로 여기서 '조정朝廷'이란 뜻이 생겨나기도 하였다.

問 물을 '문' 이 글자는 자형 그대로 대문(또는 성문) 앞에서 주인에게 묻는 모양이다. "남의 나라 성문에 들어갈 때는 금지법을 묻고, 남의 집 대문에 들어갈 때는 피휘避諱해야 할 글자를 묻는다"는 중국 고대의 속담이 이를 잘 설명해준다.

道 길 '도' '달릴 착辶=辵'과 '머리 수首'로 이루어졌는데, '수首' 자의

129

자형적 의미를 알려면 먼저 '이끌 도導' 자를 이해해야 한다. '도導'의 고문자 자형은 '도蔚'인데, 이는 말이나 소를 끌고갈 때 사람이 앞에 서서 소나 말의 머리를 쥐고 걷는 모양이다. 또한 '도道' 자는 발음이 '밟을 도蹈'와 같으므로 자형적 의미는 '소나 말의 머리를 쥐고 앞에 서 밟고 걸어가는 길'이 된다. '도道' 자는 '통할 통通'과 쌍성 관계에 있으므로 '거침없이 통하는 길'을 가리키기도 한다.

 "조정에 앉아서 도를 묻다"(坐朝問道)는 말은 임금과 신하들이 조정에 앉아 정치에 근본적인 것을 논의한다는 뜻으로, 이는 정치의 요체가 무엇인지를 상징적으로 말해준다. 즉 지도자가 할 일은 가장 근본적인 원칙을 제시하고 이를 상징적으로 지키는 것이며, 이 원칙은 지도자 혼자 정하지 않고 신하들과 의논하여 정한다. 이 원칙에 의거하여 밑의 관리들이 실행에 옮기면 올바른 정치가 이룩된다는 것이 이 구절이 의미하는 바다. 그러면 당상堂上에 앉아 원칙만을 물을 뿐 굳이 당하堂下로 내려가지 않아도 저절로 천하가 다스려진다는 황로黃老 사상의 이상적인 군주가 가능해진다.

 반면에 유가에서 말하는 성인의 정치는 이와는 달리 열정적이고 부지런한 모습을 띤다. 그 대표적인 지도자가 황하 치수治水로 이름난 우임금이다. 그는 얼굴이 검어질 정도로 온 나라를 직접 돌아다녔는데, 얼마나 열정적이었는지 돌아다니다 우연히 자기 집 문 앞을 지나게 되더라도 들르지 않았다는 이른바 과문불입過門不入의 고사는 유명하다.

 우리는 이러한 유가 정치 사상의 영향을 받아 정치 지도자들이 국민들의 생활 깊숙이 개입해주기를 열망한다. 사회적인 의제나 사건이 풀리지 않을 때 대통령을 바라보거나, 지역구민의 경조사에 국회의원들이 꼭 찾아와주기를 바란다. 그러니까 선거 때만 되면 후보자들은 전국 또는 지역구 방방곡곡을 돌며 얼굴을 내보이고 악수를 나누며 이미지 관리에 총력을 기울인다. 그러는 사이 후보자들이 내놓은 공약과 그 합리성, 그리고 그들의 정치적 이력과 정직성을 살펴보는 일은 뒷전으로 사라진다.

앞서 말한 '과문불입'의 전설이 얼마만큼 신빙성이 있는지는 모르겠으나, 고대와는 비교도 할 수 없을 만큼 복잡해진 오늘날 이것이 실현 가능하고 바람직한 일인지에 대해서는 회의가 든다. 이를테면 '경제 살리기'는 중요한 사회적 의제이지만 경제란 대통령 한 사람이 죽이고 살릴 수 있는 게 아니다. 정치·경제가 서로 연동돼 있기는 하나 경제는 근본적으로 자신의 주기를 갖고 발전한다. 호경기에 있으면 누가 맡아도 경제는 살아나고, 불경기에 처하면 우임금이 전국 아니라 세계를 뛰어 다녀도 뾰족한 방법이 없다. 여기서 지도자가 해야 할 일은 호경기 또는 불경기에 국민들이 어떻게 처신하고 미래를 대비할지에 대하여 철학적인 원칙을 갖고 비전을 제시하는 것이다. 가장 경계할 것은 호경기를 자신의 업적으로 포장하고 불경기를 남의 탓으로 돌리는 거짓 지도자다.

사회가 복잡한 시스템에 의해 돌아가는 한편 개인이 중시되는 오늘, 지도자의 가장 중요한 덕목은 정직성과 의제를 만들어내는 능력이다. 정책의 실행은 관리들과 전문가들에게 맡기고 지도자 자신은 의제를 끊임없이 주위에 물어야 한다. '문問'은 묻는 행위이지만 듣는 행위, 즉 '문聞'과 동시에 이루어진다. 따라서 '도를 묻는'(問道) 지도자는 원칙을 물었으면 그저 듣기만 할 뿐, 결코 스스로 의견을 말하지 않아야 한다. 지도자가 자신의 의견을 먼저 말하면 주위 사람들은 그에 영합하려 할 것이 뻔하기 때문이다.

'과문불입'의 전설에서 또 하나 주의해야 할 점은 지도자가 쉬지 않고 열심히 일만 하는 것을 좋게만 여기지 말아야 한다는 것이다. 지도자가 쉬지 않고 열심히 일만 하면 교만해지기 쉽다. 왜냐하면 열심히 일한 사람은 언제나 그에 대한 보상을 바라기 때문이다. 이런 지도자들은 상대방을 게으르다고 질책할 뿐 아니라, 자신은 열심히 했기 때문에 웬만한 잘못은 덮어지거나 용서받을 수 있다고 생각한다. 그래서 지도자에게 중용中庸의 덕이 중요한 것이다.

개구리밥과 법치

평평할 평平

垂拱平章수공평장이라
옷자락을 늘어뜨리고 팔짱을 낀 채로도
밝히 다스려진다

垂 드리울 '수' '흙 토土'와 '늘어질 수㐬'로 이루어졌다. '수㐬' 자는 나무의 꽃과 가지들이 아래로 축 늘어진 모양이므로 '수垂' 자의 자형적 의미는 '아래로 늘어진 끝자락의 땅', 즉 '땅 끝의 변방'을 의미한다. 그러므로 '수垂' 자는 '변방 수陲'의 본래 글자임을 알 수 있다. 여기서는 '늘어뜨린 옷자락의 끝'을 의미한다.

拱 두 손 맞잡을 '공' '손 수手'와 '함께 공共'으로 이루어졌다. '공共' 자는 두 손을 한데 모아 쥔 모양이므로, '공拱' 자의 자형적 의미는 '양손을 한데 모아서 팔짱을 끼다'가 된다. 그러므로 '수공垂拱'이란 '팔짱을 끼고 옷자락을 늘어뜨린 채 움직이지 않고도 정치를 잘하는 일', 즉 이른바 무위 정치無爲政治를 가리킨다.

平 평평할 '평' 이 글자의 고문자는 물 위에 떠다니는 개구리밥 같은 물풀 모양을 그린 것이므로 '개구리밥 평萍'의 본래 글자임을 알 수 있다.

章 밝을 '장' 금문金文에서는 '𢆉'으로 적었는데 이는 '침'(辛)으로 문신을 새겨넣는 모양을 그린 것이다. 이와 비슷한 글자로 '아이 동童'

자가 있는데 이것이 원래는 노예를 가리키는 글자였다는[18] 사실이 이를 입증한다. 따라서 '장章'의 자형적 의미는 '노예(童)의 이마에 침(辛)으로 문신을 새겨넣음으로써 누가 봐도 노예 신분임을 명백히 알게 하다'가 된다. 이로부터 '명백히 드러내다'라는 의미가 파생된 것이니, 이로써 '장章' 자는 '빛낼 창彰' 자의 본래 글자임을 알 수 있다.

이 구절은 『서경書經』 「무성武成」편의 "옷을 늘어뜨리고 팔짱을 끼고 있어도 천하가 다스려졌다"(垂拱而天下治)와 「요전堯典」편의 "백성이 밝게 다스려지다"(平章百姓)를 다시 쓴 것이다.

개구리밥은 뿌리를 일정한 곳에 내리지 않고 물 위에 떠 있으면서 물을 따라 낮은 곳으로 흐르는 속성을 가졌다. 그러므로 '평장平章'이란 개구리밥이 떠다니듯이 특정한 계층에 뿌리를 두지 않고 낮은 곳으로만 흐르면서 누가 보더라도 투명하게 알 수 있는 정치를 하는 것을 의미한다.

이 구절은 『서경』의 구절에 근거했기 때문에 유가의 담론을 말하지만 방법론에서의 철학은 황로黃老 사상, 즉 도가의 무위 정치에 기대고 있다. 무위 정치란 글자 그대로 아무것도 하지 않고 정치를 한다는 뜻이 아니라 법치法治를 가리킨다. 앞의 '좌조문도坐朝問道'가 의미하는 바대로 왕은 법의 정신과 원칙을 지키고 관리들은 법에 규정된 자신의 직무와 소임만을 다하며 백성들은 주어진 법에 의거해 생활을 유지하면 왕이 바쁘게 뛰어다닐 필요 없이 팔짱만 끼고 있어도 나라가 저절로 돌아간다는 것이 무위 정치의 요체이다. 무위 정치의 근본에는 이와 같이 법치주의가 전제되어야 하는데도 유가는 인의仁義 정치를 강조하기 위해 진秦나라를 백안시함으로써 법치를 부정적인 것으로 왜곡해왔다. 그리하여 법과 법치에 관한 일을 가능한 한 입에 올리지 않고 후경後景으로 은폐시키는 바람에 무위 정치는 공허한 이상으로 낙인찍히고 말았다.

요임금이 민정을 시찰하러 미복을 하고 저자에 나갔더니, 한 남자가 요임금을 칭송하고 있었다고 한다. 그러자 다른 노인이 "해가 뜨면 나가 일하고, 해가 지면 들어가 쉰다네. 밭을 일궈서 밥 먹고, 우물을 파서 마시며 살 뿐이니, 임금의 힘이 내게 미칠 게 어찌 있을까?"(日出而作, 日入而息, 耕田而食, 鑿井而飮, 帝力何有於我哉)라고 노래하였다. 이 노래를 들은 요임금이 매우 흡족해서 돌아갔다는 이야기다. 이것이 태평성대를 상징하는 이른바 「격양가擊壤歌」의 유래이다. 서구 선진국에서 대다수 국민들이 자신들의 정치 수장들, 심지어 대통령이 누구인지도 모르고 살아간다는 이야기가 사실이라면 『격양가』의 현대적 재현이라고 볼 수 있을 것이니, 이는 법치에 근거했기 때문에 가능했으리라.

우리나라의 저자 거리에서 아무나 붙들고 물어보아도 정치에 관한 한 정치학자에 뒤지지 않는 훌륭한 견해를 쉽게 들을 수 있다. 그런데도 정작 현실에서 정치가 부재한 것은 '수공평장垂拱平章'의 실현 가능성이 법치주의에 있음을 뒤로 숨긴 채 그 구절을 형이상학적으로만 받아들인 탓이 아닐까?

칼자루는 누가 쥐었는데

머리 수首

愛育黎首애육려수하고

백성들을 아껴 기르고

愛 아낄 '애' '천천히 걸을 쇠夂'와 '베풀 애㤅'로 이루어졌다. '애㤅' 자의 발음은 '먹일 궤饋'와 첩운 관계에 있으므로 여기에는 '먹임으로써 은혜를 베풀다'라는 뜻이 담겨 있다. 따라서 '애愛' 자의 자형적 의미는 '은혜가 아쉬워 떠나지 못하고 머뭇거리며 천천히 걷다'가 된다. 이로부터 '아까워하다'·'아끼다'·'사랑하다' 등의 의미가 생겨났다.

育 기를 '육' '아이 낳을 돌云'과 '고기 육肉'으로 이루어졌다. '돌云' 자는 '어린아이'(子)를 거꾸로 그린 것으로 아이가 태어나는 모양이다. '육育' 자는 '젖 유乳'와 쌍성 관계에 있으므로 자형적 의미는 '갓난아이를 낳아 젖을 먹여 기르다'가 된다.

黎 검을 '려' '기장 서黍'와 '이로울 리利'로 이루어졌다. '리利'는 '낫으로 수확한 벼'를 가리키며, '신발 리履'와 독음이 같다. 이것은 옛날에 신발을 만들 때 기장쌀로 만든 풀을 접착제로 사용하였기 때문이다. 따라서 '려黎' 자의 자형적 의미는 '기장 풀로 만든 신발 접착제'가 된다. 그런데 기장쌀이 검은색을 띨 뿐 아니라 '려黎' 자의 발음이 '검을 려驪'와 같았으므로, '검다'는 의미로도 쓰이게 되었다.

首 머리 '수' 산발한 머리와 얼굴의 모양을 그린 상형자이다.

'여수黎首'를 글자 그대로 풀이하면 '검은 머리'가 되는데, '검은 머리'란 밖에서 생산 활동에 종사하기 때문에 피부가 꺼멓게 그을린 노예나 농노를 상징한다. 앞의 '조민벌죄'에서 '민民' 자에 대해 설명한 바와 같이 고대 백성의 지위는 중세 이후와 달라 지배층인 귀족들을 제외한 대부분이 노예나 농노의 신분이었기 때문에 이렇게 불렀던 것이다. 이 글자가 고대부터 오늘날까지 계속 '백성'이란 뜻으로 쓰이기는 하지만, 백성의 위상은 이러한 자형적 의미와는 달리 '국가의 주권자'라는 법적 지위로 훨씬 향상돼 있는 것이 사실이다. 이러한 위상 향상은 거저 얻어진 것이 아니라 역사적으로 수많은 피의 저항을 통해 스스로 권리를 찾은 결과다. 지배층의 권력이 스스로 알아서 백성의 권리를 찾아주었을 리 만무하기 때문이다. 그런데 권력자인 지배층은 '백성들을 아껴 길러준다'(愛育黎首)고 말한다. 권력 관계를 흔히 계약서의 형식에 근거하여 갑·을 관계로 상징한다. 비유하자면 갑은 칼자루를 쥔 쪽이고 을은 칼날을 쥔 쪽이라고 볼 수 있는데, 갑이 을을 아끼고 길러준다는 말이 현실적으로 설득력 있을까?

갑·을의 권력 관계를 분석해보면 기실 상호 의존적이면서 주체적인 관계이지 누가 누구를 일방적으로 지배하거나 양육해주는 관계가 아니다. 임금과 백성 간의 관계를 실존적인 측면에서 살피면 '애愛' 자의 자형적 의미대로 오히려 백성이 임금을 먹여 기른다고 보는 것이 사실에 가깝다. 갑이 살아가는 힘도 을에 대한 착취에서 나오지 않는가? 그런데도 일방적인 권력 관계가 발생하는 것은 법이 갑에게 유리하게 만들어진 데에 근본적인 탓이 있지만 이데올로기나 시스템 같은 관습적 환경에서도 원인을 찾을 수 있다. 이를테면 위 구절은 '백성'을 목적어로 놓아 대상화하고 임금의 행위를 '애육愛育'으로 기술하면서 자연스럽게 전제 군주가 주체가 되는 세계관과 이데올로기를 만들어냈다. 백성을 무지렁이를 연상케 하는 '검게 그을린 머리'(黎首)라는 말로 상징하는 것도 백성 안에 있는 개별성을 이러한 이데올로기 속으로 환원시키는 힘을 발휘한다.

이 '애육려수愛育黎首'라는 구절이 진술된 시기는 중세 이전인 고대여서 백성이 아직 농노 신분을 완전히 벗어나지 못한 때였는데도 '아끼고 길러주다'라는 말을 하게 된 것은 군주 자신의 힘이 궁극적으로 백성으로부터 온다는 사실을 이미 깨달았음을 드러내준다. 겉으로는 '아끼고 길러주다'라고 했지만 그 심층적 의미는 백성이 곧 나(군주)의 힘의 원천이라는 것이다. 그런데 어떤 정권이 외세에 의존하거나 힘의 원천이 나라 밖에 있다면 그 나라 백성들은 정권에게 푸대접을 받을 수밖에 없을 것이다. 이를테면, 오늘의 우리나라는 경제적으로 수출에 크게 의존하고 있어서 내수 시장이 작게 형성된 것이 사실이다. 소비자가 왕(권력)이라고 했던가? 내수 소비가 적으면 기업들이 국내 소비자를 중시하기는커녕 '봉'으로 여길 테니, 국부의 큰 부분이 외국에서 들어오는 이상 국민은 정권과 기업에게 제대로 된 대접을 받지 못하게 되는 것이다. 이것이 시스템에서 오는 권력 관계이다. 오늘날의 백성은 정치적으로는 주권자가 됐을지 몰라도 경제적으로는 돈에 노예가 되어 있는 탓에 고대의 위상으로 되돌아간 느낌이다.

오랑캐, 선린인가 정복인가

臣伏戎羌신복융강**이라**
오랑캐들을 신하로 복종시킨다

신하 신臣

臣 신하 '신' 이 글자의 고문자는 묶여 있는 포로의 모양을 그린 상형자이다. 옛날에는 포로를 잡으면 노예로 삼았기 때문에 고대 문헌에서 '신臣' 자는 '노예(특히 남자 노예)'라는 뜻으로 종종 쓰였고, 이것이 나중에는 '신하'라는 의미로 정착되었다.

伏 엎드릴 '복' '사람 인人'과 '개 견犬'으로 이루어졌으므로 자형적 의미는 '개가 사람 옆에 바짝 붙어서 엎드려 있다'가 된다. 하지夏至에서부터 세 번째 경일庚日 뒤에 이른바 삼복三伏이 오는데, 이때 '복伏' 자는 농작물의 병충해 방지를 위해 지내는 여름 제사.이름이다. 이 제사에서는 개를 제물로 삼은 뒤 개의 가슴을 쪼개고 지체를 찢어 마을 곳곳에 걸어두었다. '복伏' 자의 발음이 '쪼갤 부剖' 자와 쌍성 관계에 있다는 사실이 이 제사의 형식을 잘 말해준다.

戎 오랑캐 '융' '사람 인人'과 '창 과戈'로 이루어진 글자인데, 사람이 창을 들고 변방을 지킨다는 뜻이다. 변방을 지킨다는 형상에서 서쪽 변방의 소수민족을 부르는 명칭이 파생되었다.

羌 오랑캐 '강' '어진 사람 인儿'과 '양 양羊'으로 이루어졌으므로 자

형적 의미는 '양을 치는 순박한 사람'이 된다. 이 글자 역시 서쪽 변방의 소수민족을 일컫던 고유명사로 알려져 있다. 한漢 무제武帝 이후 이른바 오랑캐라는 소수민족들이 모두 사방의 역외로 쫓겨났지만 춘추 시기만 하더라도 이들은 중국 강역 안에서 한족 속에 끼어 함께 살았다. 강족羌族 역시 주나라와 이웃해 있었으므로 강태공姜太公 여상呂尙 때에 무왕武王을 도와 은나라 정권을 무너뜨릴 수 있었던 것이다. 무왕이 천자가 된 다음 여상을 제후에 봉하자 '강羌'을 '강姜'으로 고치고 이를 성씨로 삼았다고 한다.

'융강戎羌'은 서쪽에 사는 소수민족을 가리키는 말이지만 실은 사방의 모든 소수민족을 대표하는 단어이다. 중국은 전통적으로 이들을 문화의 혜택을 입지 않은 야만 족속으로 취급해왔다. 중국이 이들을 부르는 이름만 봐도 그 편견이 금방 드러난다. 즉 동쪽의 맥貉은 담비라는 뜻이고, 북쪽의 적狄에는 좌측 변에 '큰개 견犭＝犬'자가 있는데 이는 깊은 산 속에서 사냥으로 살아가는 사람들이라는 의미를 부여한 것이다. 서쪽의 강羌은 양을 치며 사는 시골뜨기를, 남쪽의 만蠻은 '살무사 충虫'이 지시하듯 뱀이 많은 곳에서 머리를 풀어헤치고(縷) 사는 사람들을 각각 뜻한다.

동이東夷의 경우는 얼마쯤 예외적이었다.『설문해자』의 해설에 따르면 '이夷'자의 구성 요소는 '큰 대大'자인데, 이 글자는 사람이 팔과 다리를 벌리고 선 모양이다. 즉 '인人'은 '어질 인仁'과 같은 뜻으로, 동이의 풍속이 어질기 때문에 붙여진 이름이라는 것이다. 이런 이유로 『설문해자』는 "나라에 도가 행해지지 않으면 여러 부족들이 사는 이夷 땅으로 가고 싶은데, 이때 뗏목을 타고 바다에 떠가리라"(道不行, 欲

之九夷, 乘桴浮於海)라는 공자의 말을 인용한다. 그렇기는 하나『논어』「팔일」편에서 공자는 "이夷·적狄 땅의 오랑캐에게 임금이 있다 해도 중국에 임금이 없는 것만도 못하다"(夷狄之有君, 不如諸夏之亡也)고 했으니, 그 근본적인 편견은 어쩔 수 없었던 모양이다.

중국은 소수민족들에게는 문화가 없다는 편견을 지녔다. 기질적으로는 순박하되 감성적이고 즉흥적이라고 보았다. 따라서 문화적인 방식으로 이들과 대화하고 타협하는 일이 여간 어렵지 않았던 모양이다. 외교란 보통 프로토콜이라고 부르는 형식과 관습에 의해 이루어지는데 소수민족들의 질박한 문화는 종종 이에 대한 불신을 낳았고 불신은 다시 무력 충돌을 야기했다. 이런 배경 때문에 중국 역대 황제들에게는 이들과 선린 관계를 유지하여 변방을 안정시키는 것이 주요 사업 중 하나이자 골칫거리였다. 소수민족들과 대등한 외교 관계를 맺을 경우 말썽은 적어지겠지만 국력이나 문화적 차이가 너무나 크게 나는 탓에 중국으로서는 자존심이 상하므로 언제나 주종 또는 종속 관계를 유지하려고 하였다. 당연히 후자를 잘한 황제가 백성들로부터 칭송을 받았을 테고, "이웃 오랑캐들을 신하로서 복종시킨다"(臣伏戎羌)는 구절이 이상적인 통치의 모델이 된 것이다.

그렇다면 이러한 종속 관계는 궁극적으로 평화적 선린 관계를 유지시켜줄 수 있는가? 종속 관계의 궁극적 모습은 그들이 '복伏' 자에 어떤 함의를 부여하는지를 살펴보면 금세 알 수 있다. 자형이 가리키는 대로 개가 주인 옆에 바짝 붙어 엎드려 있으면 평화를 보장받을 것처럼 보이지만, '복伏' 자와 쌍성 관계인 '쪼갤 부剖' 자의 도래가 암시하듯이, 순종만을 미덕으로 알았다가는 어느새 복날의 제물이 될지 모르는 것이 중국 국제 관계사의 교훈이다. 굳이 중국을 들먹이지 않더라도 잘 따르던 개를 때가 되면 잡아먹거나 내다버리는 것이 인간의 현실 아니겠는가?

모든 민족이 한집안이라는 생각

하나 일壹

遐邇壹體하이일체**하니**
먼 곳과 가까운 곳이 한 몸이 되니

遐 멀 '하' '달릴 착辵=辶'과 '빌릴 가叚'로 이루어졌다. '가叚' 자의 고문자 자형은 '叚'인데 이는 바위 산 아래에서 채석 도구인 갈퀴를 들고 돌을 캐는 모양이다. 따라서 '하遐' 자의 자형적 의미는 '돌을 캐러 바위 산 아래로 가다'임을 짐작할 수 있다.[19)]

邇 가까울 '이' '달릴 착辵'과 '가까울 이爾'로 이루어졌다. '이爾' 자는 '가까울 니尼'·'진흙 니泥' 등과 첩운 관계에 있으므로, 여기에는 '진흙처럼 끈적끈적하게 가까운'이라는 뜻이 담겼다. 따라서 '이邇'의 자형적 의미는 '다니는 거리가 가깝다'가 된다.

'이邇' 자와 '하遐' 자는 '착辶' 자를 공통적으로 가지면서 '이爾'와 '가叚'의 변별성으로 가깝고 멀다는 상대적 의미를 만들어낸다. 즉 '이爾'는 자형에서 보는 바대로 격자 창살을 가진 방문이고, '가叚'는 바위 산 아래에서 돌을 캐는 모양이다.[20)] 그래서 방문은 가까운 곳이 되고 돌을 캐오는 곳은 먼 곳으로 구별되는 것이다.

壹 하나 '일' 이 글자는 원래 '병 호壺'와 '좋을 길吉'로 이루어졌는데 나중에 술병(豆) 위에 뚜껑(士)을 덮은 모양으로 변하였다. '길吉' 자

143

는 짐승을 잡기 위하여 함정을 판 뒤 위장해놓고 사람들이 빠지지 않도록 표시를 해둔 모양이므로 여기에는 '갇혀 있다'는 의미가 들어 있다. 따라서 '일壹' 자의 자형적 의미는 '술독에 원료를 넣고 덮어놓은 채로 술을 익히다'가 된다.

體 몸 '체' '뼈 골骨'과 '제사 그릇 례豊'로 이루어졌다. '례豊' 자는 '떨어질 리離'와 쌍성·첩운 관계에 있으므로 '체體' 자의 자형적 의미는 '떨어져 분리되는 뼈들'이 된다. 『설문해자』는 '체體' 자에 대한 자해에서 '모두 열두 개로 이어진 부분'(總十二屬也)이라고 정의하였는데, 이 열두 개로 나누어진 뼈마디 부분이 바로 '체體'인 것이다. 팔은 상박(臂)·하박(厷)·손(手)으로 나누어지고, 다리는 허벅지(股)·정강이(脛)·발(足)로 나누어진다. 이 여섯 부분이 좌우로 있으므로 모두 열두 부분이 되는 것이다. 흔히 사지四肢를 사체四體라고도 말하는 것은 '체體' 자에 '분리될 수 있는 뼈마디'라는 의미가 담겼기 때문이다.

이 구절은 홍성원이 설명한 바와 같이 중국의 천자는 신하들에서 백성에 이르기까지, 그리고 중국에서부터 먼 오랑캐 땅에 이르기까지 멀고 가까움을 따지지 않고 한 몸으로 여긴다는 내용을 담고 있다. 여기에 주종, 또는 종속 관계가 전제돼야 함은 말할 것도 없다.

'일壹' 자를 영수증이나 계약서 등에서 '일一' 자 대신 사용하는 것은 숫자 변조를 방지하려고 동일한 독음의 글자를 쓰는 것일 뿐 다른 의미는 없다. 그러나 한문에서는 한자 속에 숨겨진 흔적들을 잘 관찰해야 은밀한 함의를 찾아내고 또 현실을 설명할 수 있다. '일체壹體'란 하나의 술독 속에서 쌀·누룩·물·향료 등 각종 재료들이 제 속성을 발휘하며 전체적으로 조화된 맛으로 익어가는 술처럼, 구성원들의 개성이 잘 어우러져 형성되는 조화로운 하나/전체를 의미한다. 그러니까 하나의 술독 안에 갇혀 있기는 하지만 '체體' 자의 자형적 의미처럼 서로 분리될 수 있는 그런 일체인 것이다. 이러한 일체는 획일적으로 한 몸이 되어 분리되지 않는 '일체一體'와는 다른 것이다. 전체주의 국가나 사회에서는 구성원들에게 '일체一體'를 요구하지만 역사상의 제국들은 '일체壹體'의 담론으로써 주위 나라들을 병합하고 종속시켰다. 강대국이 식민지 또는 부용국들에게 개성을 보장한다는 것은 그들의 관습과 언어를 허용함을 뜻한다. 주변국들을 아우르려면 보편성을 담보할 관념이 있어야 하는데, 중국의 경우 예禮라는 형식으로 군신 관계에 자발적인 모습으로 참여하게 하였고, 합리적인 판단의 근거가 되는 규범으로는 도道나 경經과 같은 관념적 이치를 공유하게 하였다. 이러한 보편성의 공간을 중국은 천하天下라고 불렀고, 이를 지탱하는 이데올로기적 구호가 천하의 모든 민족이 한집안이라는 이른바 '사해일가四海一家'였다.

　라캉에 따르면 인간은 처음에 태어나 눈에 들어오는 몸의 각 부분으로 자신을 인식한다고 한다. 이것을 '조각난 몸'(fragmented body)이라고 하는데, 이 파편화된 신체는 거울 단계에서 거울에 비친 자신의 영상을 통해 최초로 통일된 자신으로 바뀌어 인식된다. 이것이 자아(Ego)이다. 그러나 자아는 상상계의 산물이므로 무의식적인 차원에서의 조각난 몸이 완전히 사라진 것은 아니다. 자아가 무너질 때 이 조각난 몸의 이미지는 언제든지 다시 드러나게 되어 있다. 이와 마찬가지로 '사해일가'의 기초 위에 세워진 천하라는 공간은 상상계의 산물이므로, 중국에게 종주국으로서 여유가 있을 때는 '일체壹體'라는 통일 담론이 유지될 수 있지만 보편성이 무너지는 위기에 처하면 사해일가는 각 민족이나 지역으로 조각나게 마련이다. 이것은 동서고금의 패권주의 국가들이 갖는 공통적인 속성이므로 이들의 담론에 적극 동조하거나 주창하는 사람이나 세력이 있다면 그들의 앞잡이가 아닌지 의심해봐야 할 것이다.

한번 노예는 영원한 노예

거느릴 솔率

率賓歸王솔빈귀왕이라
가까운 사람들을 이끌고 와서 천자에게 귀순한다

率 거느릴 '솔' 이 글자는 새 잡는 그물을 그린 모양이므로 자형적 의미는 '새를 잡아 모으다'가 된다. 여기서 '사람을 권면하여 모으고 데리고 가다'라는 의미가 파생되었다.

賓 손님 '빈' '조개 패貝'와 '뭉뚱그릴 면宀'으로 이루어졌다. '패貝' 자는 '귀중하다'라는 뜻을 내포하고 '빈賓' 자는 발음이 '가까이할 비比' 자와 쌍성 관계에 있으므로 자형적 의미는 '상대방을 자신과 구별 없이 가까이 하고 귀히 여기다'가 된다. '빈賓' 자와 '어질 현賢' 자가 첩운 관계에 있다는 사실이 이를 입증한다. 따라서 '솔빈率賓'은 '주위 사람들을 모아 데리고 와서 복종하다'라는 뜻이 된다.

歸 돌아갈 '귀' '그칠 지止'·'비 추帚'·'작은 언덕 퇴自' 등 세 구성 요소로 이루어졌다. 여기서 '지止' 자는 발의 모양이므로 '걸어가다'라는 뜻이고, '추帚' 자는 '지어미 부婦' 자의 생략형이며, '퇴自' 자는 '좇아갈 추追' 자의 생략형이다. 따라서 '귀歸' 자의 자형적 의미는 '지어미가 지아비를 따라 시집으로 걸어가다'가 된다. 이로부터 '귀歸' 자에 '마땅히 가야 할 자리로 돌아가다'라는 의미가 생겨났다.

王 임금 '왕' 이 글자를 금문金文에서는 '㞷'로 썼다. 이는 도끼의 모양이다. 도끼는 무력을 뜻하고 무력은 다시 권력을 상징한다. 그러므로 '왕王' 자의 자형적 의미는 '권력을 가진 사람', 곧 '왕'이 된다.

이 구절은 천자의 덕과 교화가 먼 곳과 가까운 곳의 차별이 없이 골고루 미쳐 천하가 한 몸이 되니 세상의 모든 족속들이 너나없이 권속들을 이끌고 와서 그에게 복종한다는 뜻을 담고 있다.

중국 같은 강대국 주변에 사는 약소국 백성들은 언제나 두 가지 기로에서 갈등한다. 즉 강대국의 압박에 힘들더라도 굴하지 않고 주체적으로 사느냐, 아니면 보호라는 미명 아래 노예로 사느냐의 선택이 바로 그것이다. 그래서 역사적으로 보면 강대국의 침략 앞에 끝까지 싸워 자주성을 지키자는 주전파와 턱도 없는 싸움으로 공연히 희생을 치르지 말고 항복하자는 강화파로 나뉘어 내부 갈등을 먼저 겪는 것이 일반적이다. 강대국은 대개 자신들도 피 흘리지 않고 그들을 복종시키기 위해 먼저 회유책을 내놓는다. 그것이 앞 구절 '하이일체邇邇壹體'의 본질로서 요즘 말로 바꾸자면 이른바 '통 큰 정치'이다. 작은 정체성을 포기하고 광범위한 범주로 아우를 수 있는 큰 정체성 아래 하나가 되자는 말이다.

그렇다면 천하가 통일돼 모든 족속들이 하나가 되었을 때 그 구성원들은 거기에 만족하고 더 이상의 침략이나 다툼을 하지 않을까? 라캉은 아이는 거울에 비친 자신의 모습에서 처음으로 통일된 자아를 갖는다고 했다. 아이뿐 아니라 사람에게는 자신의 정체성과 관련하여 스스로를 비춰볼 수 있는 거울이 필요하다. 우리가 평소에 이웃과 선린 관계를 갖거나 다투는 것은 궁극적으로 자신의 모습을 비춰주는 거울의 기능을 그 이웃이 하기 때문이다. 내 얼굴을 예쁘게 비춰주면 좋은 거울이고 밉게 비춰주면 나쁜 거울인 것처럼 말이다. 그런데 통일 천하에서는 더 이상 주변이라는 외부가 없으므로 당연히 거울도 없다. 따라서 나의 정체성을 확인하려면 결국 스스로를 분열시켜 다른 하나를 거울로 삼는 수밖에 없다. 가장 근본적인 차이는 자체의 분열에서 나온다는 말의 근본적인 의미가 이것이다. 이 때문에 가장 이상적인 통일 천하에서도 차별은 사라질 수 없는 것이다. 이것을 라캉은 주체가 하나의 기표(S1)를 통해 의미를 가지려면 운명적으로 다른 기표(S2)를 지향해야 한다고 말한다. 여기서 다른 기표란 곧 타자를 가리키는데, 이때의 타자는 주인을 비춰주는 노예의 위치에 서게 된다.

중국의 관용어에 '땅 띠엔떵파오當電燈泡'라는 말이 있다. 직역하면 '전구의 기능을 맡다'가 된다. 전구가 빛을 내 다른 사물을 밝게 보여주는 기능을 하는 것처럼, 다른 사람이 빛나도록 보조 역할을 하는 사람을 가리킬 때 쓰는 말이다. 이를테면 '소개팅' 자리에 나갈 때 나를 돋보이게 하기 위해 일부러 자신보다 못 생긴 사람을 데리고 나가는 경우를 들 수 있겠다.

이처럼 자신의 좋은 이미지를 유지하기 위하여 사람들은 언제나 거울용 이웃을 가까이에 두려고 한다. 물론 자신의 올바른 정체성을 지키려고 고언을 서슴지 않는 이웃을 가까이 하는 훌륭한 사람도 간혹 있긴 하지만, 대부분은 자신이 언제나 옳다는 것을 비춰주는 거울을 좋아하게 마련이다. 아첨꾼이 끊이지 않고 존재하는 근본적인 이유이다.

위에 말했듯이 중국의 압박 앞에 약소국은 끝까지 싸우자는 주전파와 중국에 귀순하자는 강화파 사이에 갈등을 겪는다. 사실 이 갈등의 해결은 어쩌면 생각보다 간단할 수 있다. 싸울 사람은 남아서 싸우고 항복할 사람은 건너가 투항하면 그만이다. 그런데 혼자 가서 투항하면 이 행위의 명분을 확인할 길이 없어 비겁자로 비난받을 수도 있다. 내 행위가 지혜로운 것임을 스스로 확신하려면 이를 비춰줄 이웃들이 필요하므로 주전파와 설전을 벌이는 것이다. '솔빈率賓', 즉 '가까운 사람들을 이끌고'라는 말은 귀순의 정당성을 입증할 거울의 필요성을 그대로 드러내주고 있다.

사설 학원을 경영하는 사람들이 겪는 고충 중의 하나가 학부형 관리라고 한다. 예컨대 한 학생의 부모가 뭔가에 삐쳐 자기 아이를 다른 학원으로 옮길 때는 절대로 혼자 나가지 않고 주위의 여러 부모들을 부추겨 한꺼번에 빠져나간다는 것이다. 여기에는 물론 보복 심리도 작동했겠지만 무엇보다 중요한 이유는 자기 결정이 옳음을 입증하기 위해서일 것이다. 학원이 마음에 안 들면 혼자 나가면 되는데 그럴 경우 내 결정이 혹시 잘못된 것이 아닐지, 다른 학원에 가서 실패나 하지 않을지 등의 걱정으로 불안에 시달리게 된다. 이것을 해결하는 수단이 바로 이웃을 동참하게 함으로써 자신의 옳음을 비추는 거울로 삼는 것이다.

다른 한편, 설득을 당해 '솔빈'에 끌려 들어간 이웃들의 행동을 우리는 흔히 부화뇌동附和雷同이라고 부른다. 이들은 '솔빈'하려는 자의 타자, 즉 그를 빛나게 비춰주는 전구(電燈泡)의 기능에 묶여 있다는 점에서 노예의 위치를 벗어날 수 없다. 그가 가자 해서 줄렁줄렁 끌려온 이들은 그에게 자신의 운명을 맡기고 그의 명령에 따를 수밖에 없다는 말이다. 아울러 노예가 주인에게 의미를 가지려면 그를 위해 생산을 해줘야 한다. 그러면 주인의 위치에 있는 그는 바쳐진 생산의 일부를 착복하고 나머지를 그 위의 진짜 주인에게 상납할 것이니, 이것이 바로 매국노 또는 주구走狗의 본질이다.

통일 천하는 '일체壹體'를 명분으로 삼지만 현실적으로는 '일체一體'가 될 수밖에 없다. 왜냐하면 주변이 없어진 전체는 앞서 말했듯 스스로를 보기 위한 거울이 있어야 하는데, 이를 위해 누군가를 타자로 만들려면 어떤 표준적인 정체성을 가진 일체가 전제되어야 하기 때문이다. 그래서 '일체'는 어쩔 수 없이 '방문 안에 앉아 있는 자'(邇)를 기준으로 하여 '돌을 캐오는 먼 곳'(遐)을 타자로 분리시키게 되는 것이다.

'천자에게 귀순하다'(歸王)의 '귀歸' 자는 응당 있어야 할 제자리로 돌아간다는 뜻으로, 사람이 죽으면 돌아가게 되는 '귀신 귀鬼' 자와 의미를 공유한다. 그러니까 한번 천자에게 귀순하면 그 아래에서 타자로서의 삶을 귀신이 될 때까지 영원히 사는 운명에 처하게 된다. "한번 동냥에 맛 들이면 평생 끊을 수 없다"(Once a beggar, always a beggar)는 속담은 곧 '한번 노예 노릇에 맛 들이면 평생 노예를 벗어날 수 없다'는 말과 다름없다.

목이 비틀려도 수탉처럼 울어야 한다

있을 재在

鳴鳳在樹명봉재수하고
우는 봉황새는 나무에 있고

鳴 울 '명' '새 조鳥'와 '입 구口'로 이루어졌지만, 갑골문의 자형을 보면 '조鳥' 자가 수탉의 모양으로 되어 있다. 그러므로 '명鳴' 자의 자형적 의미는 '수탉이 우는 소리'가 된다. '명鳴' 자는 독음이 '명명할 명命'과 같으므로 여기에는 '조수는 자신의 울음소리로 이름이 명명된다'는 의미가 들어 있다.

鳳 새 '봉' 여기서 새는 수컷 봉황새를 가리킨다. 암컷은 '황凰'으로 쓴다.

在 있을 '재' '흙 토土'와 '싹틀 재才'로 이루어졌다. '재才' 자는 씨앗이나 모종에서 싹이 나오는 모양으로 이것이 '재在' 자의 원래 글자이다. 따라서 '재在'의 자형적 의미는 '흙에 풀이나 나무를 심어 싹이 나면 다시 옮길 수 없다'가 된다. 이로부터 '존재하다'라는 의미가 파생되었다. 그러니까 '재在' 자는 '심을 재栽' 자의 원래 글자임을 알 수 있다.

樹 나무 '수' '나무 목木'과 '세울 수尌'로 이루어졌다. '수尌' 자는 손으로 악기를 세우는 모양이고, 독음도 '세로 수豎'와 같으므로 '수樹' 자의 자형적 의미는 '손으로 나무를 세워서 심다'가 된다. 이로부터

'나무'·'심다' 등의 의미가 생겨났다.

　전설상의 상서로운 새인 봉황새는 오동나무가 아니면 깃들이지 않고 대나무 열매가 아니면 먹지 않는다고 한다. 그래서 흔히 현자賢者가 등장할 조짐으로 나타나는 새라고 전해왔다. 이에 비하여 성군聖君이 나타날 때는 기린麒麟이 먼저 출현함으로써 상서로운 조짐을 먼저 보여준다고 전한다. 이것을 부서符瑞 사상이라고 하는데, 이 구절에서 봉황새가 나무에 앉아 운다는 것은 덕 있는 천자가 재위하고 있으므로 초야에 묻혀 있던 훌륭한 인재들이 발탁되어 천자와 백성을 위해 일을 하리라는 희망을 이야기하는 것이다.

　하나의 혁명 세력이 구체제를 무너뜨리고 정권을 세웠을 때 가장 어려운 일은 구체제에 길들여진 백성들을 어떻게 새로운 체제에 적응시키느냐는 과제이다. 보통 구체제의 핍박을 제거하고 구원해준 새로운 세력을 백성들은 쌍수를 들어 환영해줄 것처럼 생각하지만 이는 그렇게 간단한 문제가 아니다. 비록 구체제에서 힘들게 살아왔다 하더라도 피지배자들은 오랜 기간 거기에 길들여진 사람들이라는 사실을 잊으면 안 된다. 구체제가 그들을 부당하게 지배했더라도 지배가 오래 되면 이를 정당하게 여긴다는 말이다. 멀리 갈 것도 없이 해방된 지 70년이 지났는데도 일본의 지배를 고맙게 생각하는 친일파가 아직도 주류로 설치고 있는 우리나라의 현실을 보면 금방 이해가 된다. 자유가 사회적 가치로 공유돼 있지 않는 한, 사람들은 어떠한 부당한 지배 아래서도 나름대로 생존하는 법을 터득해놨기 때문에 새로운 체제 아래서 이를 포기하고 다시 시작하고 싶지 않은 것이다. 군대에 다녀온 사람이라면 이른바 '빡센' 지휘관이 떠나고 착한 지휘관이 부임하더라도 사병들은 새 지휘관 스트레스를 겪어야 했던 일을 기억할 것이다. "구관이 명관"이란 말을 되뇌던 그 기억 말이다.

백성들이 이런 스트레스를 받지 않고 새 체제를 따르게 하려면 이를 운명적인 것으로 받아들이게 해야 한다. 이것을 천명天命이라고 하는데, 정치적인 면에서 보면 지배의 합법성과 정통성을 말한다. 역대 정권들의 존립이 외세에 크게 영향을 받아온 나라의 백성들은 이 정통성에 대한 개념이 절박하지 않은 것이 사실이다. 왜냐하면 정권이 정통성이 없어도 종주국이나 힘 있는 외세가 인정해주면 그만이기 때문이다. 그런데 중국의 경우는 정권을 인정해줄 더 큰 외세가 존재하지 않으므로 정통성을 하늘, 즉 천명에 기댈 수밖에 없다. 그러나 하늘은 말이 없으므로 그 의지를 어떤 특이한 자연적 징후로 나타낸다고 믿는 것이 바로 부서 사상이다. 따라서 정권의 정통성은 궁극적으로 백성들의 믿음 위에 서 있다고 해도 지나친 말이 아니다. 이러한 정치적 환경에서는 황제나 관료들의 비도덕적 행위가 반복되면 정통성에 대한 믿음이 흔들리고 이는 정권의 위기로 이어지게 돼 있다. 그래서 『서경』은 위정자들이 하늘에게 버림을 당하지 않도록 늘 마음을 다잡고 있어야 한다는 우환憂患 의식을 강조했던 것이다.

이제 창업한 정권이 천하를 새로운 질서 아래 안정시키려면 새로운 천자의 의지, 곧 혁명 공약을 실천하는 일부터 시작해야 한다. 이를 위해서는 천자의 의지를 받들어 실천할 수 있는 유능한 인재를 발굴해 적재적소에 앉혀야 한다. 그렇다면 인재는 어떻게 선발해야 하는가? 가장 가까운 인재 풀pool은 다름 아니라 함께 정권을 쟁취한 혁명 세력일 것이다. 구체제의 인재들은 기득권에 기반을 둔 자들이므로 당연히 훌륭한 집안 배경과 아울러 좋은 교육을 받고 화려한 경

154

력을 소유하였을 것이다. 반면에 혁명 세력은 근본적으로 소외된 자들로 구성되었기에 요샛말로 '스펙'에서 그들에게 한참 못 미칠 수밖에 없다. 그렇다고 동네 건달 같은 이들을 고위 관직에 앉히면 당연히 신뢰가 가지 않는다. 혁명의 우두머리에게 부서라는 상서로운 조짐으로 정통성을 부여하였듯이 이들에게도 출신을 감출 어떤 아우라가 필요하였으니, 그것이 바로 봉황새라는 부서였던 것이다. 한국의 재벌 3세들이 외국 명문대에서 학력을 쌓는 일, 또 TV 드라마가 그들의 애정 이야기와 일상을 눈요기 삼아 반복적으로 묘사하는 것은 그들에게 결여된 할아버지 때의 아우라를 새로이 만들어준다는 점에서 봉황새와 같은 기능을 하는 셈이다.

　이 구절에서 봉황을 '명봉鳴鳳', 즉 '우는 봉황새'라고 표현했는데, 이는 우는 것이 인재의 조건이기 때문이다. 집이나 마을에서 뭔가 평상적이지 않은 일이 발생했을 때 개, 거위, 까치 등이 가장 먼저 울듯이 한 사회에서도 위기나 불안의 도래가 감지됐다면 소리쳐 알려야 한다. 소리쳐 알리는 일이 뭐 그리 대단한 일일까 싶겠지만, 사실 용기와 자기 희생이 없이는 불가능한 일이다. 『논어』 「팔일」편에 "천하에 도리가 없어진 지 오래되다 보니, 하늘이 바야흐로 선생님을 종의 추로 삼으시려 합니다"(天下之無道也久矣, 天將以夫子爲木鐸)라는 구절이 있다. 원문의 '목탁木鐸'을 흔히 스님들의 예기禮器인 목탁으로 번역하는데, 실제로는 천자가 정령政令을 반포할 때 주의를 환기시키려고 두드리는 종(방울) 안의 목제 추를 가리킨다. 즉 공자의 목소리가 종을 두드리듯 크게 울려 세상 사람들을 깨어나게 만든다는 뜻이다. 따라서 나라의 인재가 되려면 새벽을 알리는 수탉처럼 우렁차게 울어야 한다. 사람들 중에는 밝음이 다가오는 것을 두려워하는 자들이 있어 수탉의 목을 비틀지도 모르지만 인재들은 이러한 위험과 희생에도 울어야만 하는 것이다.

그리고 "우는 봉황새는 나무樹에 있다"고 했다. 즉 그들이 있어야 할 자리는 바로 나무라는 말이다. 자해에서 '수樹' 자는 '세로 수豎'와 동음이라고 했듯이, 나무란 똑바로 서 있는 사물이다. 즉 인재의 울음소리가 신뢰를 갖기 위해 그 자신은 언제나 똑바로 선 나무 위에 있어야 한다는 말이다. 그래야 울음소리가 널리 퍼질 뿐 아니라, 모든 사람들이 그를 똑똑히 보고 그의 소리를 투명하게 들을 수 있겠기 때문이다.

왜 흰 망아지인가

흰 백白

白駒食場백구식장이라
흰 망아지들은 마당에서 싹을 먹는다

白 흰 '백' '들 입ㅅ'과 '두 이二'로 이루어졌다. '입ㅅ' 자는 햇빛이 위에서 아래로 골고루 비추는 형상이고, '이二' 자는 하늘과 땅의 공간을 그린 모양이다. 따라서 '백白' 자의 자형적 의미는 '빛의 색깔', 즉 '흰색'이 된다. 흰색은 또한 모든 빛깔의 근원이기도 하므로 '으뜸'을 뜻하기도 한다. '맏 백伯' 자의 자형 속에 '백白' 자가 들어 있다는 사실이 이를 뒷받침한다.

駒 망아지 '구' '말 마馬'와 '굽을 구句'로 이루어졌다. '구句' 자는 독음이 '굽을 곡曲'과 쌍성 관계에 있으므로 여기에는 '좌우로 구불구불 이어져 나가다'라는 의미가 들어 있다. 그래서 '구句' 자는 흔히 좌에서 우, 또는 우에서 좌로 방향을 바꾸는 갈고리 모양의 전환점을 가리킨다. 들뢰즈(G. Deleuze)의 개념으로 말하자면 연속선상에서 불연속이 발생하는 특이점이 되는 셈인데, 하나의 악곡에서 한 절이 끝나고 다음 절이 다시 시작되는 부분이라든가, 하나의 문장에서 한 구절이 끝나고 다른 구절이 시작되는 부분을 우리가 '구句'라고 부르는 이유이기도 하다. 망아지 역시 성마成馬로 자라나는 과정에서 어른으로

전환되는 시점이 있다. 바로 두 살이 되는 때이다. 그래서 '구句' 자와
'말 마馬'를 합성해서 '구駒'로 쓴 것이다. 두 살배기 망아지는 덩치로
는 사실상 다 자라서 건장하지만 아직 훈련을 받지 않은 상태이기 때
문에 마차를 끌게 하거나 전투에 투입시키지 않았다고 한다.

食 먹을 '식' '좋은 알곡 핍皀'과 '모을 집스'으로 이루어졌으므로 자
형적 의미는 '알곡을 모아 창고에 쟁여 넣다'가 된다. 이처럼 '식食' 자
는 원래 집에다 저장한 곡식을 뜻했는데 밥을 먹는 행위가 몸에 곡식
을 넣는다는 점에서 은유적으로 같으므로 '밥을 먹다'라는 의미가 파
생된 것이다. 집에 저장된 식량과 대비해 여행할 때 갖고 다니는 식량
은 '량糧'이라 부른다.

場 마당 '장' '흙 토土'와 '빛 양昜'으로 이루어졌다. '양昜' 자는 태양
이 떠오를 때 방사하는 햇살 모양이고 발음이 '길 장長'·'창자 장腸'
등과 첩운 관계에 있으므로 '장場' 자의 자형적 의미는 '길게 뻗어 있
는, 경작하지 않는 땅'이 된다.

이 구절은 『시경』 「백구白駒」편의 "새하얀 흰 망아지가 우리 밭의
싹을 다 먹었다 하고"(皎皎白駒, 食我場苗)를 다시 쓴 것이다. 흰 망아
지를 타고 다니는 선비가 벼슬에 나아가지 않으려 하므로 임금이 그
의 망아지가 우리(임금) 밭의 곡식을 뜯어먹었다는 핑계를 대고 선비
를 억지로라도 끌어올 수 있지 않을까 하는 바람을 읊은 내용이다.

그러나 여기서 다시 쓰인 "흰 망아지들은 마당에서 싹을 먹는다"(白
駒食場)는 구절은 정통성을 갖춘 천자가 정권을 잡았으므로 각지의
숨은 현자들이 스스로 찾아왔고, 그래서 천자가 그들과 정사를 논하
는 동안 그들이 타고 온 흰 망아지들이 넓은 뜰에서 한가로이 풀을

뜯고 있음을 묘사한 것이다. '백구白駒'는 자해에서 밝혔듯이 성마라 하더라도 아직 멍에를 메지 않은 상태이기 때문에 전투용으로 쓰지 않는다. 그래서 백구는 강압적인 폭력을 멀리하는 문아文雅한 현자를 가리키는 환유적인 표현으로 사용돼왔다. '백白' 자에는 '희다'는 의미 외에 '무구無垢함'과 '으뜸'('백伯' 자와 같음)이라는 파생 의미들이 덧붙여져 있고, '구駒' 자는 순진무구의 망아지 상태에서 전투마로 넘어가는 전환점을 가리킨다. 즉 전투마의 단계를 봉封하고 있는 상태로, 이는 문관이 무력을 장악해야 함을 상징적으로 지시한다. 세계의 모든 역사는, 정치란 근본적으로 문민 정치여야 함을 교훈적으로 말해준다. 정치에서 무력과 전쟁은 최후의 교섭 수단이므로 함부로 휘둘러서는 안 된다. 이 마지막 수단을 언제 쓰는 것이 현명할지 정확히 알수는 없겠지만 억지하면 할수록 좋은 것만은 틀림없다. 그래서 문관이 장악하고 있어야 하는 것이다. 우리는 국방장관 자리가 마치 군인들의 고유한 몫인 것처럼 알고 있는데, 기실 문민을 넘어 오히려 여성이 맡는다면 더욱 바람직할 것이다.

따라서 백구가 마당에서 풀을 뜯는 동안 천자가 현자와 더불어 어떤 이야기를 나누고 있을지는 저절로 짐작이 간다. 아울러 현자의 상징인 '백白' 자는 그가 천자를 만날 때 백성의 삶을 있는 그대로 아뢴다는 의미도 포함한다. 자신의 출세를 위해 백성을 호도하고 천자의 귀에 달콤하도록 아뢰는 것을 곡학아세曲學阿世라고 하는데, 이를 경계해달라는 백성의 바람이 '백' 자의 신화에 들어가 있는 것이다. '있는 그대로 솔직한 것'(白)이 정책의 '으뜸'(伯)이 돼야 한다는 말이다.

백구들이 궁궐 앞마당에서 풀을 뜯는다는 것은 나라의 숨은 인재들이 스스로 찾아와 훌륭한 대책들을 내놓고 논의한다는 뜻이므로,

이러한 사실만으로도 백성들은 안도하고 생업에 전념할 수 있다. 왜냐하면 정치란 근본적으로 믿음에 근거하기 때문이다. 평소에 존경하던 현자들이 임금과 정사를 논의하고 있는데 이보다 더 확실하게 신뢰할 만한 것이 어디 있겠는가? 『논어』「안연顏淵」편에 보면 자공子貢이 공자에게 정치에 관해 묻는 구절이 나온다. 여기서 공자는 저 유명한 "백성에게 신뢰가 없으면 정치는 바로 설 수 없다"(民無信不立)는 말을 한다.

　시대를 막론하고 당대의 현자들은 관직에 있지 않고, 시대가 요구할 때마다 흰 망아지를 타고 나타나야 한다. 아무리 현자라 하더라도 막상 관직에 앉으면 능력 발휘가 제한될 수밖에 없는 게 세상 이치다. 포(E. A. Poe)의 단편 소설 「도둑맞은 편지」는 제아무리 지능이 뛰어난 사람도 절실히 원하던 대상(여기서는 편지)이 수중에 들어오면 방어적으로 되면서 다른 사람의 시선 안에 갇히는 우를 범한다는 평범한 진리를 말해준다. 현자도 예외일 수 없으므로 관직에 오르면 그 또한 평범한 인재로 전락할 가능성이 높다. "아무리 훌륭한 전술과 작전 계획을 세워놓았더라도 첫 총성이 울리는 순간 아무 쓸모가 없어진다"는 몰트케(H. Moltke)의 격언처럼 말이다. 우리를 구원해주리라고 굳게 믿었던 현자가 현실적인 모습으로 전락할 때 백성들에게 돌아올 것은 절망뿐일 터이니 이들을 위해서라도 현자는 꿈으로나마 기댈 수 있는 대타자大他者[21]로 남아주어야 한다.

　정치는 영웅적인 정치가가 나타나서 무언가를 개혁하고 만들어주는 게 아니라 백성 또는 시민 스스로가 일구는 것이다. 이렇게 하려면 그들이 믿고 의지할 굳건한 대타자에 대한 희망이 있어야 한다. 이 대타자는 늘 그들의 위나 옆에 있을 필요가 없다. 영화 〈슈퍼맨〉

이나 〈배트맨〉에서처럼 위기의 때에만 나타났다가 한마디하고 사라지면 된다. 그 한마디가 명언이어야 할 필요도 없고, 그가 반드시 전지전능할 필요도 없다. 그저 흰 망아지를 탄 현자의 모습만 지키고 있으면 된다. 여기서 현자는 신화가 되는 것이고 이 신화는 사람들에게 강력한 희망을 심어준다.

"새하얀 흰 망아지가 우리 밭의 싹을 다 먹었다 하고" 현자를 억지로 데려온다는 『시경』의 고사를 우리 시대 사람들은 정치적인 '쇼'로 치부할지도 모르겠다. 이 고사 정도는 아닐지언정 상대가 세 번 정도 찾아올 때까지는 사양하는 이른바 '삼고초려三顧草廬'를 얼마 전만 해도 종종 접할 수 있었는데, 요즘은 자기에게 먹이를 먼저 달라고 짹짹거리며 보채는 제비새끼들처럼 권력자에게 아양을 떠는 이들이 대부분이니 누가 그들의 정치 행위에 신뢰를 줄 수 있겠는가? 비록 쇼라하더라도 위와 같은 모양새를 좀 갖춰 사람을 쓴다면 그나마 없는 믿음이라도 생겨나지 않을까 싶다.

봉건 관념이 오래 지속되는 이유

변화할 화化

化被草木화피초목하고
교화敎化가 풀과 나무도 입히고

化 변화할 '화' '사람 인亻=人' 자와 거꾸로 놓여진 '인人' 자, 즉 '비匕' 자가 합쳐진 모양이다. 따라서 자형적 의미는 '사람이 본래 모습과 다른 사람이 되다'이다. 고대 문헌에서는 흔히 '교화敎化'라는 의미로 쓰이는데, 이는 임금의 가르침이 백성들을 완전히 바꿔 온유돈후溫柔敦厚한 사람이 되게 한다는 뜻이다.

被 입을 '피' '옷 의衣'와 '가죽 피皮'로 이루어졌으므로 자형적 의미는 '사람을 전체적으로 덮어주는 옷', 즉 잠잘 때 입는 '긴 잠옷'을 가리키며, 덮는 '이불'을 뜻하기도 한다.

草 풀 '초' '풀 초艸'와 '상수리나무 조皁'로 이루어졌다. 상수리는 검은색 염료로 쓰였으므로 '초草' 자의 자형적 의미는 '흑색 염료로 쓰이는 상수리나무'가 된다. 나중에 이 글자는 '풀 초艸' 자를 대체하면서 모든 종류의 풀을 가리키는 단어로 전환되었다.

木 나무 '목' 나무의 가운데 줄기를 중심으로 옆으로 뻗은 가지, 그리고 밑으로 퍼진 뿌리를 그린 상형자이다. '목' 자는 발음이 '덮을 복覆'과는 첩운 관계, '덮을 모冒'와는 쌍성 관계를 이루므로 여기에 '꽃과

잎과 열매로 덮여 있는 나무'라는 의미가 담겼음을 알 수 있다.

　"교화가 풀과 나무도 입히다"(化被草木)라는 말은 천자의 교화가 백성은 말할 것도 없고 초목까지도 잠옷처럼 따뜻하고 편안하게 덮어 준다는 뜻이다. '화化'는 자해에서 밝혔듯이 사람의 인성이 바뀌는 것을 뜻한다. 감동적인 정치를 통해 바뀌면 감화感化가 되고, 교육을 통해서 바뀌면 교화가 되는 것이다. 감화든 교화든 그 변화의 결과는 봉건 체제에 적합한 인성이었을 것이다. 봉건 체제는 토지를 매개로 한 주종 관계에 의해 유지된다. 중국에서는 이 관계가 삼중으로 겹치도록 이념적 안전 장치를 해놓았다. "임금은 신하를 위한 벼리가 되고, 아비는 아들을 위한 벼리가 되며, 지아비는 지어미를 위한 벼리가 된다"(君爲臣綱, 父爲子綱, 夫爲婦綱)는 삼강三綱이 바로 그것이다. 벼리란 그물의 코를 꿰어 잡아당길 수 있는 줄을 가리키므로, 'A가 B의 벼리가 된다'는 말은 곧 A가 B의 줏대, 또는 주인이 되고 B는 그에 종속되는 관계를 갖는다는 말과 같다. 사회에 속한 인간이라면 결코 떠날 수 없는 군신·부자·부부라는 세 가지 인간 관계에서 종속이 기본적으로 이루어지도록 구조화한 것이다. 뿐만 아니라 임금과 신하는 권력을 공유하는 관계이고, 아버지와 아들은 상속 관계이며, 지아비와 지어미는 이해 관계이므로, 생존을 위해서는 어느 하나 게을리해도 되는 것이 없다.

　흔히 중국의 봉건 체제를 서양의 봉건 제도와 비교하여 윤리적 관념일 뿐 계약 관계로 형성되지 않았다고 보는 경향이 강한데, 이는 중국의 봉건제에 주종 관계를 위반할 때 어떻게 처벌할까에 대한 규정이 결여돼 있기 때문에 그런 것이다. 그러나 중국의 봉건제는 앞서 보았듯 삼중으로 안전 장치를 해놓았기 때문에 굳이 처벌 규정이 필요 없었던 것으로 보인다. 되풀이하거니와, 사회에 속한 하나의 개인은 적어도 세 개의 관계에 동시에 얽혀 있다. 세 개의 관계에서 모두 주인의 자리에 있거나 모두 노예의 자리에 있을 수도 있지만, 대개는 주인의 자리와 노예의 자리가 겹쳐져 있게 마련이다. 직장에서는 B의 위치라 하더라도 집에서는 아들과 아내에 대해 A의 위치가 되는 것처럼 말이다. 이런 사회에서는 설사 세 가지 관계에서 모두 B의 위치에 있더라도 어차피 시간이 지나면 자연히 A의 위치로 바뀌게 돼 있다. 이러한 체제에서는 어느 한 사람이나 계층이 일방적으로 이익을 보거나 착취를 당하는 것이 아니라 사회 구성원 모두가 그 두 상황을 동시에 겪거나 시간차를 두고 겪기 때문에, 누구도 여기에 불만을 드러낼 수 없을뿐더러 나아가 아무도 이 체제가 무너지기를 바라지 않는다. 이것이 중국 주나라 때 만들어진 봉건 관념이 삼천 년이 지난 오늘날 우리나라에서도 없어지지 않는 주요한 이유이다.

이러한 관념은 나름대로 공정성을 확보하고 있기 때문에 윤리적 상징체계라는 대타자로 자리 잡게 되면 사람들은 이를 굳게 지키는 것만으로도 숭고한 가치가 있다고 여기고 행복감을 느낀다. 이를테면, 봉건 관념의 대표적 덕목인 충절을 지키기 위해 목숨도 지푸라기처럼 던지는 행위는 가치가 곧 행복이라는 등식의 전제가 없으면 이해할 수 없다. 이 등식이 지배적인 사회에서는 부귀한 것이 욕망의 대상이 되지 않는다. 공자가 『논어』 「술이述而」편에서 말한바, "거친 음식을 먹고 맹물을 마시며, 팔을 구부려 이를 베개 삼아 눕더라도 즐거움이 그렇게 하는 가운데에 있다. 옳지 않은 방법으로 재물을 늘리고 신분이 높아지는 것은 나에게 뜬구름과 같다"(飯疏食飮水, 曲肱而枕之,

樂亦在其中矣. 不義而富且貴, 於我如浮雲)는 구절은 이와 같은 배경을 알아야 이해할 수 있다. 백성들에게 이런 마음가짐을 갖도록 만드는 것이 바로 교화의 본질이다.

대중을 권력이 원하는 이데올로기로 교화시키려면 사유를 결정하는 가장 근본적인 상징체계를 잘 설계해야 하는데, 관건은 이를 수용하는 개인들이 그것이 썩 공정하거나 공평하다는 사실을 합의하는 데 있다. 오늘의 눈으로 볼 때 봉건 관념은 일방에게만 유리하고 매우 비합리적인 것 같지만 폐쇄적인 사회에서 대부분의 사람들이 용인할 만한 공평성이 그 안에 숨겨져 있었다. 이것이 봉건 관념이 오래 지속되어온 가장 근본적인 이유이다. 반면 냉정한 돈의 논리를 숭상하는 오늘날의 신자유주의는 대단히 합리적인 것처럼 보여도 그것을 공평하다고 인정할 수 있는 사람들은 극히 제한되어 있다. 공평성과 공정성이 결여된 질서체계와 사상은 결코 오래가지 못한다.

"교화가 풀과 나무도 입히고"라는 말은 옛날 폐쇄적인 사회의 훌륭한 지도자는 이 봉건 질서가 선순환이 되게 해서 그 영향이 저 말단의 백성에까지 이르게 한다는 뜻이다. 여기서 말단의 한계를 백성이라 하지 않고 '풀과 나무'라고 한 것은 백성의 바깥쪽을 보여줘야 말단 백성을 확실하게 영향의 범주 안에 들어오게 할 수 있기 때문이다. 이것은 마치 스마트폰으로 문서를 검색할 때 마지막 페이지에서 반동 이미지로 바깥 부분을 살짝 보여줌으로써 거기가 문서의 끝임을 알려주는 것과 같은 효과라 하겠다.

사람을 관리하는 기술

미칠 급及

賴及萬方뢰급만방이라
믿고 의지함이 온 구석구석에까지 미친다

賴 의지할 '뢰' '묶을 속束'과 '질 부負'로 이루어졌다. '부負' 자는 돈을 꾸고 갚지 않는다는 뜻이므로 '뢰賴' 자의 자형적 의미는 '빚을 떼이지 않도록 확실한 저당을 잡아놓다'가 된다. 이로부터 '신뢰하다'라는 의미가 파생되었다.

及 미칠 '급' '오른손 우又'와 '사람 인人'으로 이루어졌으므로, 자형적 의미는 '사람을 뒤에서 따라가 손으로 잡다'가 된다. 이로부터 '~에 미치다'라는 의미가 파생되었다.

萬 일만 '만' 이 글자의 고문자 자형은 전갈全蝎 모양으로 그려져 있다. 전갈의 다리가 여러 개이므로 '많다'라는 뜻으로 차용되었다. 우리는 흔히 많은 것을 숭배하는 경향이 있지만, 많은 것이 꼭 좋은 것만은 아니라는 계고戒告를 '만萬' 자의 자형 속에 숨겨져 있는 독침이 암시한다.

方 모 '방' 이 글자는 쟁기나 보습의 삽날 끝을 그린 모양이다. 끝은 곧 구석을 뜻하므로 여기서는 나라의 끝에 위치한 변방 지방을 가리킨다.

166

이 구절은 천자의 정치와 교화가 너무나 믿음직스럽기 때문에 온 나라와 변방의 구석에 사는 백성들까지 이에 의지해서 살아간다고 칭송하고 있다. 앞의 '백구식장白駒食場' 구절에서 언급했듯이 "백성에게 신뢰가 없으면 정치는 바로 설 수 없기"(民無信不立) 때문에 새로운 천자와 정권은 백성에게 신뢰를 얻는 일에 전략적·전술적으로 대처한다. 뒤의 '신사가복信使可覆' 구절에서 다시 설명하겠지만, '믿을 신信' 자는 말의 진실성을 뜻하는데, 이러한 신실함이 반복적으로 쌓여 형성되는 결과가 바로 '뢰賴'인 것이다. 이것을 자형대로 정의하자면 "확실한 저당을 잡아놓음으로써 빚을 떼일 염려가 없는 안전한 상태"라고 말할 수 있다. 경제에서도 신용이 확보되면 거래가 활발해지고 투자가 늘어나서 다양한 사업을 구상할 수 있는 것처럼 정치도 신뢰를 획득해야 나라의 힘을 쉽게 결집할 수도 있고 개인의 삶을 돌볼 수 있는 것이다.

이러한 정치적 목표 아래 중국의 고대 정치가들은 신뢰를 얻기 위한 각종 기술들을 구사했다. 사목지신徙木之信이라는 고사가 대표적이다. 즉 진秦나라 상앙商鞅이 개혁법을 시행하려 할 때 백성들이 이를 믿지 않을까 염려되었다. 그래서 꾀를 내어 남문 앞에 나무를 세워놓고 "이 나무를 그냥 북문으로 옮기기만 해도 50금金을 주겠다"고 포고하였다. 사람들이 이를 보고 설마 하며 망설일 때 한 남자가 "어차피 잃을 것도 없지 않은가?" 하며 옮겨놓자 약속대로 그에게 50금을 주었다는 것이다. 이렇게 해서 상앙은 개혁의 동력을 얻을 수 있었고, 나아가 이런 기술은 중국 역대 정치의 기본적인 전략으로 자리 잡았던 것이다.

그런데 여기서 우리는 '믿고 의지함'(賴) 다음에 오는 '따라가 잡음'(及)이라는 글자에 주의할 필요가 있다. 즉 '따라가 잡다'라는 행위는 '잡히다'라는 행위와 동시에 이루어지기 때문에 '믿고 의지할 수 있음'이 각인된 다음에는 필연적으로 '사로잡힘'이 동반된다는 말이다. 사목지신의 고사에서 볼 때 상앙의 꾀는 전략적 차원에서 이루어진 상징적 행위였는데 백성들이 이를 믿고 따른다면 결국 그들 둘 사이에는 지배와 종속의 관계가 발생한다. 달리 말하면 상앙이 만든 법의 지배에 종속됨을 뜻한다. 그러므로 사목지신의 신뢰는 형이상학적인 차원이 아닌 권력의 차원에서 이해해야 한다.

넓은 대륙을 개척하고 관리하려면 인력의 결집이 무엇보다 중요했기 때문에 중국에서는 일찍부터 권력과 사람 관리에 관한 기술이 발달하였다. 이러한 배경이 '믿고 의지함'(賴)과 '사로잡힘'(及)의 사이라는 권력 관계의 모델을 낳았던 것이다. 중국 역사서에는 이런 형태의 고사가 자주 보인다. 『사기史記』 『오기열전吳起列傳』에 나오는 연졸吮卒, 즉 '사병의 등창을 빨아주다'라는 이야기도 그중 하나다.

오기는 전쟁터에서 말단 병졸들과 함께 먹고 자며 생사고락을 나누는 장수로 유명하였다. 한번은 한 병졸이 등창이 번져 목숨이 위태해지자 직접 고름을 입으로 빨아내 살려냈다. 이 소식을 들은 병졸의 노모가 통곡을 하니까 주위 사람들이 그 연유를 물었다. "옛날에 내 남편도 오 장군이 등창을 빨아 살려냈더니 나중에 끝까지 후퇴하지 않고 싸우다가 죽었다오. 오 장군이 아들마저 등창을 빨아주었으니 이제 아이가 싸움에서 죽는 건 시간문제라서 우는 거라오." 이 사건은 자칫 부하를 자신처럼 아낀 매우 숭고한 행위처럼 보일지 모르지만 타자를 내 체제의 운명에 끌어넣기 위한 상징적 행위, 다른 말로 거짓 행위에 지나지 않는다. 사마천도 이러한 행위의 본질을 알았던지

오기가 이름을 날리고 공적을 인정받기 위해서라면 마누라도 죽이는 기회주의적이고도 잔인한 인간이라는 기록을 빼놓지 않았다.

그러므로 누가 나에게 은전이나 혜택을 베풀 때 그에 대한 대가가 무엇인가를 먼저 살피지 않으면 안 된다. 세상에 '공짜 점심'은 없기 때문이다. "공짜보다 비싼 것은 없다"라는 일본 속담이나, "선물은 폭력이다"라는 부르디외(P. Bourdieu)의 극언은 모두 이러한 상징이라는 권력의 덫을 경계한 말들이다.

2부

사람을 지탱하는 기둥들

당위라 해도 유물적으로 설득해야 한다

몸 신身

蓋此身髮개차신발에는
무릇 이 몸과 머리털에는

蓋 덮을 '개' '풀 초艸'와 '모일 합盍'으로 이루어졌다. '초艸'자는 갈대나 띠와 같은 풀을 의미하고, '합盍'자는 그릇에 뚜껑이 덮여 있는 모양이므로 '개蓋'자의 자형적 의미는 '무엇을 덮는 거적'이 된다. 따라서 이 글자가 문장의 맨 앞에서 발어사發語詞로 쓰이면 '전체적으로 덮어서 말하다'라는 뜻이 된다. 전체적으로 덮어 말한다는 것은 내용을 개괄해 말한다는 뜻과 다름없으므로 '개蓋'자로 시작하는 말의 주체는 사실상 예외가 없는 진리 차원의 담론을 염두에 두고 있다고 보면 된다. 그래서 '무릇'이라고 번역하는 것이다.

此 이 '차' '발 지止'와 '숟가락 비匕'로 이루어졌다. 여기서 '지止'자는 '머물다'라는 의미를 나타내고, '비匕'자는 '나란히 할 비比'와 같은 뜻으로 쓰였는데 이는 '가깝다'라는 의미와도 인접하므로 '차此'자의 자형적 의미는 '가까운 곳에 머물다'가 된다. 또한 이 글자는 '저곳 피彼'자와 대립적인 짝을 이루기도 한다. 이때는 공간적·시간적으로 가까운 데에 있다는 의미의 '이것' 또는 '지금'이란 뜻으로 쓰인다. 물론 '피彼'자는 그 반대이다.

身 몸 '신' 이 글자의 전서체篆書體는 그림에서 보는 것처럼 배가 볼록 나온 모양의 '사람 인人' 자와 '이끌 예丿'로 이루어졌다. 여기서 '예丿' 자는 구부러진 것을 편다는 뜻이고, '신身' 자는 '펼 신伸'과 같은 음으로 읽히므로, 자형적 의미는 '구부렸다가 다시 꼿꼿이 펼 수 있는 몸' 이라는 뜻이 된다. 반대로, 폈다가 다시 활처럼 구부린 모양의 몸은 '몸 궁躬' 자로 쓴다. 그러므로 '신身'과 '궁躬'은 사실상 같은 글자이다.

髮 터럭 '발' '머리털 늘어질 표髟'와 '뽑을 발犮'로 이루어졌다. 여기 서 '발犮' 자는 '뿌리'(根)라는 의미로 쓰였는데, 나무의 뿌리에 해당하 는 것이 사람의 머리이기 때문이다. 따라서 이 글자의 자형적 의미는 '머리 위에 있는 머리털'이 된다.

'신발身髮'은 '신체발부身體髮膚', 즉 '몸뚱이와 머리털과 살갗'을 줄 여 쓴 단어로 실제로는 몸 전체를 가리키는 말이다. '무릇 이 몸과 머 리털에는'이라는 구절은 복잡한 존재인 우리의 몸을 개괄하고자 하는 의도가 있다. 아마 고대 중국인들도 자신들의 존재에 대해 무척 고민 스러웠을 것이다. 더구나 아이들에게 우리가 누구인가를 가르치려면 더욱 그러했으리라. 그래서 존재에 대한 개괄의 필요성이 있었을 것 인즉, 이것이 어쩌면 중국적 인식론의 출발이었을지도 모를 일이다.

우선 '이것 차此' 자에 주목할 필요가 있다. 자해에서 설명한 대로 이 글자는 '피彼'와 대립적으로 써서 현재의 존재, 즉 초월적이지 않 은 물질적 존재를 가리킨다. 그리고 이어 '몸과 머리털'이라는 몸의 물질적 부분을 지칭하여 존재를 환유적으로 묘사했다. 이는 기술記述 의 출발이 현실적이자 유물唯物적임을 암시하는데, 이러한 접근이 중 국적 사유의 장점임을 알아야 한다.

174

형이상학적일 것 같은 『주역周易』의 글쓰기도 이와 같다. 잘 알려져 있다시피 『주역』의 첫 문장은 「건괘乾卦」의 '원형리정元亨利貞'으로 시작한다. 문일다聞一多의 고증에 의하면 '건乾' 자는 사실상 '알斡'과 같은 글자로서, 북두성北斗星을 가리킨다. 북두성은 하늘의 중추를 구성하는 별로서 천체의 끊임없는 운행을 상징한다. 그러므로 북두성처럼 자기 자리를 지키며 운행을 멈추지 않으면 그 결과가 '원형리정'이 된다는 말이다. 여기서 '원元'은 '크다'(大), '형亨'은 '거침이 없다'(通), '리利'는 '이익', '정貞'은 '바르다'(正)는 뜻을 각각 가졌다. 쉽게 말해 규범을 잘 지키면 만사가 형통하고 이익이 발생하며 잡다한 말썽이 생기지 않는다는 것이다.

우리는 흔히 정해진 규범을 지키라고 가르칠 때 그 당위성에 근거해서 말한다. 그러나 이 당위성을 아무리 강조해도 규범이란 궁극적으로 자의적인 게 아닌가 하는 의문을 압도하지는 못한다. 그러므로 규범을 가르칠 때에는 그로 인한 물질적인 이익을 먼저 강조하지 않으면 안 된다. '원형리정'이 바로 이런 개념으로, 중국인의 사유가 얼마나 철저하게 물질에 근거함으로써 합리성을 추구하였는지를 짐작할 수 있다.

불교와 유교 사상으로 엮은 인간

코 자自

四大五常사대오상이라
네 가지 큰 것과 다섯 가지 변치 않는 것이 있다

四 넉 '사' 이 글자를 금문金文에서는 '⊘'로 적었다. 이는 입을 열고 숨을 쉬는 모양이므로 '숨 쉴 희呬' 자의 원래 글자임을 알 수 있다. 또한 이 글자는 '코 자自'[1] 자의 원래 글자이기도 하다. 나중에 민간에서 장부나 계약서를 쓸 때 숫자를 변조하지 못하도록 '일一' 자를 '일壹'로, '이二' 자를 '이貳'로, '삼三' 자를 '삼參' 등으로 각각 적는 대사체大寫體를 개발하면서 처음에 쓰던 '사亖' 자를 '사四' 자로 대체한 것이다.

大 큰 '대' 이 글자는 사람이 팔과 발을 움츠리지 않고 사방으로 활짝 편 모양이므로 자형적 의미는 '크다'가 된다.

五 다섯 '오' 갑골문에서는 '✕'로 적었다. 이는 임시로 실을 감을 때 엄지손가락과 새끼손가락을 펴서 실을 교차하는 모양으로 감는 관습을 그대로 그린 것이다(또한 실을 감아두는 실패 모양이기도 하다). 손가락은 다섯 개이므로 당시까지 '하나 일一' 자 다섯 개를 포개서 표기하던 '오' 자를 대체하여 쓰게 되었다.

常 떳떳할 '상' '베 건巾'과 '높일 상尙'으로 이루어졌다. '상尙' 자는

북향 창문(向)의 굴뚝에서 연기(小)가 길게 피어오르는 모양이므로 '상常'의 자형적 의미는 '기다란 베'(長布)가 된다. 이로부터 '길이 변치 않음'이라는 의미가 파생되었다.

이 구절은 나의 존재를 개괄해 인식하는데, 물질과 정신 두 측면에서 정의하고 있다. 전자가 '사대四大'이고, 후자가 '오상五常'에 해당한다.

'사대四大', 즉 '네 가지 큰 것'이란 사람의 몸을 형성하는 네 가지 물질적 요소인 흙(土)·물(水)·불(火)·바람(風)을 가리킨다. 『원각경圓覺經』에 "이 몸은 네 가지 큰 것이 조화롭게 합쳐진 것이다. 터럭·손톱·이빨과 피부·살·힘줄·뼈와 골·뇌·때 등 만져지는 물질들은 모두 땅으로 돌아가고, 타액·고름·피와 체액·거품·땀과 가래·눈물·정액과 대변·소변 등은 모두 물로 돌아가며, 따뜻한 온기는 불로 돌아가고, 활동은 바람으로 돌아간다"(此身四大和合. 髮毛爪齒, 皮肉筋骨, 髓腦垢色, 皆歸於地; 唾涕膿血, 津液涎沫, 痰淚精氣, 大小便利, 皆歸於水; 暖氣歸火; 動轉歸風)라는 구절이 있는데 '사대'는 바로 이를 가리킨다.

'오상五常'이란 사람에게서 흔들려서는 안 되는 다섯 가지 정신적 기둥, 즉 인仁·의義·예禮·지智·신信을 가리킨다. 이렇게 보면 『천자문』의 존재론은 두 가지 사상에 기초함을 알 수 있다. 물질적 지식은 불교 사상에 힘입고 있고, 정신적인 질서의 틀은 유가 사상에 기대고 있다는 사실이다.

어떤 정권이든 권력을 오래도록 유지하려면 자기 백성(시민)에 대한 철학적인 개념을 먼저 세워야 한다. 그래야 전체적인 생산성을 높일 수 있고 백성의 지지도 얻을 수 있다. 고대 노예제 사회에서 백성이란 노예였으므로 권리는 무시되었고 오로지 생산에만 종사하게 했다. 처음에는 이 방법이 생산성이 높은 것처럼 보였지만 점차 노동의 강도가 높아지면서 노예들의 탈출과 반란이 빈번해졌고, 나중에는 이웃의 적대 세력들이 이를 이용해 사회적 분열과 불안을 야기하여 정권을 무너뜨리기까지 하였다. 그래서 이후의 정권들은 어쩔 수 없이 백성의 위상을 점차 높여갈 수밖에 없었다. 이것이 이른바 민중의 역사다.

그러므로 새로운 정권은 출범할 때 백성에게 자신들의 존재를 의식할 수 있는 어떤 상징을 부여해줘야 한다. 그래야 이 상징에 의해 존재의 힘을 느끼고 자발적으로 생산에 힘껏 종사할 수 있을 뿐만 아니라 외부의 어떠한 선동에도 흔들리지 않겠기 때문이다. 이 상징은 외부, 즉 권력의 지식에 의해 부여되어야 하는데, 그것이 여기서는 '사대'와 '오상'이다.

인간을 굳이 물질과 정신의 두 측면으로 개괄한 이유는 본질의 차원에서 설명하려는 의도로 보인다. 정신적으로만 정의하면 형이상학적인 것이 되어 주체에게 자의식이 생길 때 그 정의가 쉽게 무너진다. 몸뚱이라는 물질에 입혀진 정신적 가치가 곧 인간이라고 정의될 때 동물과 명확히 구분될 수 있고, 이러한 합리성이 납득되면 다른 선동에 유혹되지 않을 가능성이 커진다. 그리고 이 정신적 가치를 개인 위에 두는 것보다 개인과 개인을 잇는 사회에 두었을 때 개인의 일탈이 방지되고 사회적 안정성이 보장됨은 말할 것도 없다.

'오상', 즉 인·의·예·지·신이라는 변치 않는 다섯 가지 인간의 가치는 근본적으로 개인에게서 나오는 게 아니라 이웃으로부터 나와 나에게 부여되는 것이다. 그러므로 '나'라는 주체는 오상의 상징적 그물 아래서 억압될 수밖에 없다. 봉건적 관념이 개인보다는 가족이나

조직을 우선하는 이유이다. 잘 알려져 있다시피, 조선 건국 때 정도전
鄭道傳은 인·의·예·지·신이라는 성리학 이념을 흥인문興仁門·돈의
문敦義門·숭례문崇禮門·소지문昭智門·보신각普信閣 등 다섯 개의 건
축물로 상징했다. 이 상징적 그물 안에 그가 가두려 했던 것은 다름
아닌 왕과 그의 권력이었으니, 이는 앞서 말한 오상의 그물 안에서 주
체가 억압된 것과 같은 효과를 불러온다. 이러한 관념 속에서는 아흔
아홉 마리 양을 놓아두고 잃어버린 한 마리 양을 찾아 나섰다는 예수
의 이야기가 잘 이해가 되지 않는다는 우리 주위의 고민이 어쩌면 당
연한 것일지도 모른다.

진정한 효도는 정부가 하라

기를 양養

恭惟鞠養공유국양하니
공손한 마음을 가지니 굽어살펴 길러주심이 생각나는데

恭 공손할 '공' '마음 심心'과 '받들 공共'으로 이루어졌다. '공共' 자는 두 손을 모아 위로 받드는 모양이므로, '공恭' 자의 자형적 의미는 '마음으로 받들어 모시다'가 된다.

惟 생각할 '유' 이 글자는 원래 발어사發語詞로 문장의 첫머리에서 '생각건대'라는 의미를 나타내는 글자였다. 따라서 '이제부터 피력하고자 하는 생각은 나의 주관적인 것에 불과하다'는 겸손의 의미를 담고 있다. 흔히 '유維'·'유唯' 등과 바꿔 쓰기도 한다.

鞠 기를 '국' '가죽 혁革'과 '주머니 포勹'와 '쌀 미米'로 이루어졌으므로 자형적 의미는 '가죽 주머니에 쌀겨를 넣어 둥글게 만든 공'이 된다. 이것이 바로 오늘날 각종 구기 스포츠에 쓰이는 공의 애초 모습이었다. '국鞠' 자는 '공 구球'와 쌍성 관계에 있으므로 같은 의미를 공유함을 알 수 있다. 그래서 옛날에는 공차기 놀이를 축국蹴鞠이라고 불렀다. 공은 둥글게 굽어진 모양을 하고 있으므로 '굽다' 또는 '굽히다'라는 의미가 파생되어 '몸 굽힐 궁躬' 자와 같은 뜻으로 쓰이기도 한다. 그러므로 '국양鞠養'은 '굽어살펴 기르다'라는 의미가 된다.

養 기를 '양'　'먹을 식食'과 '양 양羊'으로 이루어졌으므로 자형적 의미는 '양을 먹여 기르다'가 된다. 이로부터 '공양供養하다'라는 의미가 파생되었다.

이 구절의 '유惟' 자는 흔히 '생각하다'라는 사유 행위로 번역하는데 단옥재段玉裁는 '부범지사浮泛之思', 즉 '이것저것 문득 떠오르는 생각'이라는 뜻으로 더 좁게 정의하였다. 다시 말해 논리에 입각해서 적극적으로 하는 생각이 아니라는 말이다. 따라서 '공유恭惟'란 공손한 태도를 지니고 있을 때 언뜻 생각이 떠오르는 것을 뜻한다. 흔히 형식이 의미를 생성해낸다고 한다. 몸을 나태하게 늘어뜨리고 있는 자세에서 건전한 생각이 떠오를 수 없는 법이다. 마찬가지로 공손한 자세를 유지하고 있으면 자연스럽게 효와 같은 생각이 나게 마련이므로, 이 구절에서 '국양鞠養'이 그 대상이 된 것이다.

'국양'이란 위의 자해에서 설명했듯이 부모가 어린 자식을 허리를 굽혀 보살핀다는 뜻으로, 여기서 '양養'이란 양을 먹이듯이 기른다는 뜻을 품고 있다. 즉 자식 기르는 것을 양을 먹이는 일에 비유하는데, 잘 알려져 있다시피 양을 기르는 방법은 유목이다. 양은 초지에 데려다주기만 하면 풀을 스스로 찾아먹는다. 이것이 자식 양육의 기본 개념이다. 그러니까 허리 굽혀 보살핀다는 '국鞠' 자는 좋은 풀밭을 찾아 데려가는 일에 해당할 것이고, 풀을 먹는 것은 양 스스로이듯이, 제대로 공부하고 자라는 것은 아이 자신이라는 것이다. 이것이 아마 맹자의 어머니가 아들을 위해 세 번 이사했다는 이른바 '맹모삼천孟母三遷'의 원형이었을지도 모르겠다.

'양養'과 대비되는 글자로 '칠 목牧' 자가 있다. 이 글자는 '소 우牛'

181

와 '두드릴 복攵=攴'으로 이루어진 자형에서 알 수 있듯이 매를 동반해 소를 키우는 방식을 가리킨다. 매를 동반한다는 것은 주인의 의지대로 움직일 수 있도록 길을 들인다는 뜻이다. 양과 달리 소는 일을 해야 하므로 이렇게 하지 않을 수 없었을 테지만, 길을 들인다는 방식이 사람의 훈육에는 적절치 않았으므로 '양養' 자를 비유적으로 썼던 것이다. 양을 기르듯이 자식을 양육하면 기실 스스로 자란 것이나 마찬가지이므로 부모가 자식에게 집착할 일이 없다. 그런데 소를 치듯이 자식을 길들이려고 공을 지나치게 들이면 자식이 보배를 넘어 우상이 되는 경우가 발생한다.

어린아이가 거울에 비친 자신의 모습을 자아로 (오)인식하듯이, 인간은 타자를 통해 자신을 확인하고 또 자신에게 의미를 부여한다. 이를테면, 나에게 우호적인 사람에게 잘해주는 것은 그(타자)의 우호적인 행위가 거울에 비친 나의 모습이기 때문에 사실상 나에게 잘해주는 것과 마찬가지이다. 헤겔(G. W. F. Hegel)도 인간은 주체로 스스로를 체험하지 못하고 자기의 힘이 발현된 외부의 사물, 다시 말해 자신이 만든 생산물을 통해 자신을 확인한다고 했다. 그러니까 자식은 거울에 비친 나의 모습이자 나를 체험할 수 있는 생산물인 셈이다. 자식에게 온갖 공을 다 들이는 것은 바로 이 때문이다. 공을 들이는 것이 지나쳐 자신의 힘이 자식에게로 전이됐을 때에는 포이어바흐(L. Feuerbach)의 말처럼 자식은 우상이 되고 자신은 자식의 노예가 되는 것이다.

저자 바닥의 속담 중에 "자식은 다섯 살 되기 전에 평생 할 효도를 다 한다"는 말이 있다. 아마 이 기간이 자식이 가장 귀엽고 보람찬 시기임을 뜻하는 말이리라. 그 이후부터는 교육이라는 현실에 부닥쳐야 하기 때문에 부모나 자식이나 모두 성장의 과정을 즐기기에 너무나 각박하고 힘든 게 사실이다. 이렇게 해서 교육을 마치면 취직도 하고 결혼도 해 또 다른 세대를 이어가는 재미와 보람이 있어야 하는데, 요즘 같은 시기에는 이게 결코 쉬운 일이 아니다. 안정된 직장 자체가 쉽지 않으니 결혼도 어렵고 효도는 더욱 어려워졌다.

자식을 기르는 일이 나중에 효도, 즉 '국양'에 대한 보답을 받기 위한 것은 아니지만, 자식의 모습을 하고 있는 차세대의 젊은 내가 늙은 나를 거꾸로 보살피는 모양은 내가 죽음의 공포를 이기고 위로를 받는 중요한 수단일 수 있을 것이다. 『논어』「위정爲政」편에 "개와 말에게도 먹여주는 사람이 있는데, 공경함이 없으면 무엇으로써 구별하겠는가?"(至於犬馬, 皆能有養, 不敬, 何以別乎)라는 공자의 말이 있거니와 '공경함'은 바로 이를 뜻하는 말일 것이다. 근자에 정부가 효를 무척 강조하는 경향이 있다. 얼핏 당연한 일이고 훌륭한 정책 같지만, 노인에 대한 복지를 각 가정에 떠넘기려는 꼼수로 보인다. 제대로 된 정부라면 노인들에게 몇 푼 줘서 '국양'하는 척하기보다는 그 자식들에게 좋은 일자리를 제공함으로써 거기서 노인들이 희망찬 자신의 미래 모습을 보며 편안한 여생을 살 수 있게 해야 한다. 이것이 오늘날의 '효'와 '공경함'일 것이다.

상처는 아픔이자 새살의 돋음

굳셀 감敢

豈敢毁傷기감훼상이리오
어찌 감히 헐고 다치게 할 수 있겠는가

豈 어찌 '기' 전서篆書에서는 '喜'로 썼는데, 이는 풍성히 담긴 식기에서 손으로 음식물을 취하는 모양이다. 따라서 자형적 의미는 '즐겁다'이지만, 여기서는 '어떻게'라는 뜻의 의문사로 차용되었다.

敢 굳셀 '감' 이 글자는 『설문해자』에 보이지 않는데, '엄嚴' 자나 '음嚴' 자의 구성 부분을 통해 자형을 유추해보면 '𣉩'으로 되어 있음을 알 수 있다. 이 글자는 두발頭髮을 두 손으로 감싸 쥔 모양이므로 자형적 의미는 '감던 머리를 그대로 두 손으로 쥐고 나오다'인 것으로 추측된다. 옛날에는 귀한 손님이 예고 없이 찾아오면 머리를 감다가도 즉시 중지하고 머리칼을 두 손으로 거머쥔 채 마중 나오는 것이 예의였다.

毁 헐 '훼' '흙 토土'와 '쌀 찧을 훼毇'로 이루어졌다. '훼毇' 자는 나락을 절구에 넣고 찧으면 벗겨낸 껍질의 양만큼 양적 결손이 생긴다는 뜻이므로 '훼毁' 자의 자형적 의미는 '그릇에 이가 빠져서 온전하지 못하다'가 된다.

傷 다칠 '상' 『설문해자』는 이 글자를 '다칠 창創'으로 정의했는데,

이 두 글자는 첩운 관계에 있으므로 그 의미는 '날카로운 것에 베어 살이 벌어졌다'가 된다.

이 구절은 『효경孝經』「개종명의開宗明義」편의 "몸과 머리칼과 피부에 이르기까지 이것은 부모에게서 받은 것이므로 이를 감히 헐거나 다치지 않게 하는 것이 효의 시작이다"(身體髮膚, 受之父母, 不敢毁傷, 孝之始也)를 다시 쓴 것이다. 우리의 몸이란 머리칼이나 피부에 이르기까지 부모가 굽어살펴 길러주신 것이기 때문에 감히 일부분이 떨어져나가게 하거나 다치게 해서는 안 된다는 것이 이 구절의 의미이다. 우리의 전통 사상에서 불효 중의 으뜸은 자식이 부모보다 먼저 죽거나 질병을 앓아 부모의 가슴을 태우는 행위이다. 즉 자식이 몸을 훼상하면 부모가 더 아파하므로 부모를 고통스럽게 하지 않는 것이 효도의 첫걸음이라는 것이다. 그래서 아주 오래 전부터 "강은 반드시 배를 타고 건너야지 헤엄쳐 건너지 말며, 큰길로만 다니고 샛길로는 다니지 말라"는 금언이 전해져 내려왔다.

고대 봉건 사회를 유지하는 가장 중요한 사상은 '수분안명守分安命', 즉 자신의 본분을 지키며 천명을 편안히 여기고 따르는 것이다. 다시 말해 자기가 어떤 집안에서 어떠한 지위를 갖고 태어나든 그것을 하늘이 정한 운명으로 여기고 벗어나려 하지 말라는 말이다. 오늘날의 안목으로 보자면 매우 폐쇄적이고 보수적인 사상에 틀림이 없으나, 농업을 주요 산업으로 하는 넓은 지역의 많은 인구를 안정적으로 다스리자면 사실 이것만큼 효과적인 방법도 없다. 이렇게 하려면 젊은 사람들이 '튀지' 말아야 하는데 또 그러려면 그들이 진취적인 생각의 유혹을 받지 말아야 한다. 이를 위해 젊은 사람들이 가장 마음 약해지는 부분, 즉 부모의 아픔을 끌어들인 것이 바로 "부모에게 받은 몸을 헐고 다치게 하지 말라"는 금지이다. 이렇게 하면 자식을 효과적으로 부모의 영향권 내에 잡아둘 수 있으므로 국가적으로 보면 체제를 안정시키는 데 크게 기여하게 되는 것이다. 1980년대 학생운동이 한창일 때 대학에서는 바쁜 부모를 불러다가 시위하는 자기 자식들을 설득해 데려가게 하곤 했다. 이때 학생들이 매우 난감해하던 모습이 종종 눈에 띄었는데 이것이 바로 봉건 체제가 강조한 효의 효과였던 것이다.

효란 궁극적으로 가족 체제를 유지하는 원천적인 동력이긴 하지만, 이 동력은 주체의 도덕적 능력에서보다는 타자라는 공동체의 시선에서 온다. 즉 윤리적 당위에 따른 자발적 참여만이 효행의 동기가 아니고 이웃에 대한 눈치 보기가 상당 부분 작용한다는 말이다. 그래서 봉건적 윤리는 폐쇄적인 공간과 사회에서만 가능한 것이다. 개인주의를 중시하는 현대인들은 자기와 이해 관계가 없는 타자에 대해 중립적이거나 무관심하다. 그러므로 현대를 사는 사람들은 윤리적인 주체가 될 필요가 없고 법적인 주체로만 살아도 크게 불편하지 않다. 근자에 우리나라 굴지의 재벌가에서 아비와 아들이 서로 고소하는 사건이 벌어졌다. 옛날 왕조 시대 같았으면 정권이나 체제 자체가 붕괴될지도 모른다는 두려움에 나라 전체가 이 재벌가를 응징하는 일이 벌어졌을 수도 있었겠지만, 지금은 정권이나 시민들 모두가 강 건너 불 보듯 무덤덤하다. 효라는 윤리가 더 이상 사회적 힘으로 작용하지 않는다는 방증이다.

현대에서는 효가 더 이상 체제를 유지하는 원천적 힘이 아니므로 '훼상', 즉 몸이 헐고 다치는 일을 굳이 두려워할 필요가 없어진 게 사실이다. 그래서 사람들은 거리낌없이 몸에 문신을 하기도 하고, 부모에게 받은 얼굴을 과감히 버리고 성형수술을 받으며, 목숨을 담보로 하는 위험한 엑스스포츠X-sports도 마음껏 즐긴다. 이제 오로지 신경 쓸 것은 법망을 피하는 일뿐이다. '나'를 결정하는 것은 법 외에 아무것도 없기 때문이다.

윤리와 같은 사회적 감시가 느슨해지면 개인은 자유스러워질 것 같지만 실제로는 오히려 움츠러드는 역설이 일어난다. 왜냐하면 윤리가 비워진 자리를 현실적인 구속력이 더욱 강한 법이 차고 들어오기 때문이다. 그래서 몸조심이 더 강화되는데, 오늘날 직장에 팽배해 있는 명철보신明哲保身 문화, 즉 쓸데없이 불확실한 일을 벌이지 말고 법이 정해준 범위 안에서만 적당히 현상 유지하는 것이 현명한 행위라는 믿음은 '기감훼상豈敢毁傷'의 본래 의의에서 크게 왜곡되었음을 알 수 있다.

물론 몸이 헐거나 다치지 않도록 최대한 조심은 해야겠지만, 아무리 조심한다고 해도 우연한 사고를 막는 데에는 한계가 있을 수밖에 없다. 단지 '훼상'이 꼭 그렇게 걱정스럽거나 두려운 것만은 아니라는 사실을 알아둘 필요는 있다. 이를테면, '훼毁' 자가 비록 전체 중의 일부가 떨어져나가 완전하지 못하다는 의미를 나타내지만 그 속에 이미 벼의 껍질을 벗겨 알맹이만 남았다는 자형적 의미가 담겨 있듯이, 그리고 '상傷' 자에도 살이 베어 아프긴 하지만 벤 자리에서 새살이 드러나 새로운 시기를 시작한다는 '창創' 자의 의미가 숨겨져 있듯이, 하나의 상처는 아픔과 함께 새로운 시작을 그어주는 계기가 되기도 한다는 점을 간과해서는 안 된다는 말이다.

열녀문과 충렬문의 '지조'는 왜 서로 다른가

자개 패貝

女慕貞烈여모정렬하고

여자는 지조가 곧고 굳음을 흠모하고

女 계집 '녀' 이 글자를 소전小篆에서는 ''로 썼는데 이는 다소곳이 앉아 있는 여인의 모양이다. '녀女' 자는 '노예 노奴' 자와 쌍성 관계에 있으므로 원초적 의미는 '노비'가 된다. 이를 통해 고대 중국에서 여성은 처음부터 매우 비천한 신분이었음을 알 수 있다. 뿐만 아니라 자형을 다소곳한 모양으로 그린 것은 여성의 행동을 순종적이도록 억압하는 효과를 발휘하기도 하였다.

慕 사모할 '모' '마음 심心'과 '해질 모莫'로 이루어졌으므로 자형적 의미는 '지는 해를 보면서 덧없이 지나간 낮을 아쉬워하는 마음'이 된다.

貞 곧을 '정' '점 복卜'과 '자개 패貝'로 이루어졌다. '패貝' 자는 '세발솥 정鼎' 자가 생략된 형태인데, 청동으로 만든 무거운 세발솥은 국가의 권위나 나라의 중차대한 일을 상징하므로 '정貞'의 자형적 의미는 '나라의 중요한 일을 점을 쳐서 물어보다'가 된다. 점을 쳐서 물어본다는 것은 불확실한 것을 확고부동한 것으로 결정한다는 의미와 같으므로 '정貞' 자는 '결정할 정定'과 같은 뜻으로도 쓰인다. 그래서 '정貞' 자에 '확고부동한 여인의 지조'란 의미가 생겨나게 된 것이다.

烈 매울 '렬' '불 화火'와 '벌릴 렬烮'로 이루어졌다. 이것은 마른 장작을 패서 가지런히 얹어놓고 밑에서 불을 지피는 모양이므로 자형적 의미는 '가지런히 올린 장작이 불에 타 화끈하게 작렬하다'가 된다.

앞의 문장이 효에 관한 것이라면, 이 문장(출구·대구 포함)은 남녀유별과 그 윤리에 대하여 말하고 있다.

'정렬貞烈'이란 문자 자체가 가리키는 바와 같이 '지조의 확고부동함이 마른 장작이 타듯 화끈하다'라는 뜻이다. 아궁이 속에서 마른 장작이 타는 모습을 보라. 뜨거운 불길 속에서 마른 열기는 연신 뿜어나오고, 관솔은 작렬하고, 열기를 이기지 못한 송진은 장작 끝에서 지글지글 끓는다. 어떤 조직이나 이념을 위해 자신의 몸을 던지는 의거義擧를 흔히 산화散華라는 말로 표현하는데, 이 '정렬'이란 한자어만큼 산화의 모습을 생생하게 잘 비유한 말도 없을 것이다.

인간에게 가장 견디기 힘든 고통이 정조貞操를 지키는 일일 것이다. 정조라는 말이 주로 여성의 순결과 절개를 가리키는 말로 쓰이지만, 원래는 '정조지사貞操之士', 즉 '확고부동한 태도를 가진 남자'라는 의미에서 알 수 있듯이 남자의 지조와 충절을 가리키는 단어였다. 그런데 이 가장 힘든 일을 여자더러 하라는 주문이다. 라캉에 의하면 남녀 간에는 근본적인 성차性差가 존재한다. 아주 거칠게 정리하자면, 남성 주체는 거세에 복종하므로 보편성의 논리에 충실하다. 따라서 남자는 보편성을 부여하는 아버지를 예외적 존재로 인정하면서 그가 요구하는 보편적 질서와 도덕성을 충실히 지키려 한다. 반면에 여성 주체는 반드시 거세에 복종하는 것은 아니기 때문에 보편성을 부여하는 예외자를 인정하지 않는다. 따라서 '전체'라는 동일성의 사유에 취약하다. 이런 관점에서 보면, 지조와 충절을 기꺼이 지키는 것은 남성에게는 충분히 가능한 일이지만 여성에게는 전혀 자연스럽지도 않을뿐더러 매우 고통스러운 일이 된다.

그런데 봉건 체제가 지속되려면 지배층의 숫자를 일정하게 유지하여 전체적으로 피라미드 구조를 형성해야 한다. 그 구체적인 방법이 적서嫡庶를 구분하는 일이다. 주지하다시피 적자와 서자는 정실正室에 의해 나누어진다. 따라서 남편이 아무리 첩을 많이 들여와 아들을 낳아도 귀족의 숫자는 늘지 않지만, 만일 아내가 밖에서 아이를 낳아오면 문제가 달라진다. 여자에게 힘든 정조를 요구하는 근본적인 이유가 여기에 있다.

그래서 출구出句와 대구對句로 짝을 맞춘 대장對仗 수사법을 통해 여성의 정조를 특별히 강조하지만, 이러한 수사법은 이 구절을 형이상학적으로 만들어 정조는 '정절'이라는 좀 더 보편적인 의미로 변한다. 즉 정조는 남편에게만 지조를 지키면 되지만 정절은 모든 일에 대하여 확고부동한 태도를 지녀야 한다는 말이다. 게다가 고대 한문의 문법에서 보자면, 문장을 만들 때에는 남존여비男尊女卑의 관념에 의하여 남자, 또는 남자에 해당하는 단어가 앞에 놓이는 것이 일반적인데도 '녀女'를 출구에 놓았다. '정렬貞烈'과 같은 정신적인 가치를 앞에 놓는 것은 맞지만 그 중요한 덕목이 왜 여성의 몫이어야 할까? 당시의 대타자인 봉건 윤리체계가 단단한 보편성을 얻기 위해서는 많은 사람들이 충절과 지조를 목숨 걸고 지켜야 하는데, 이 고통스러운 일을 우월한 위치에 있던 남자들이 자발적으로 하려 했을까? 그러나 누군가는 이 일을 해야 하므로 약자인 여성에게 떠맡긴 게 아닌가 하는 추측이다. '여모정렬女慕貞烈'의 대구로 '남효재량男效才良'이 이어지는데, 이 구절의 '량良' 자는 앞에 나온 대구들에서 압운押韻해온 '방方'·'상常'·'상傷' 등의 글자와 같은 운韻으로 맞춰야 한다는 논리에 따라 여성을 앞의 출구로 보내 '정렬'의 의무를 맡게 하고 남성은 뒤의 대구로 피할 수 있는 훌륭한 핑계가 된다.

라캉의 "무의식은 언어처럼 구조화되어 있다"는 경구를 상기한다면 이 구절에서 위와 같은 무의식적 욕망의 흔적을 추측해보는 것도 가능하리라 본다. 남자는 충절과 지조를 지키는 일에서만큼은 비교적 여유 있는 후방에 배치되어 있으므로 권력을 따라 철새처럼 이리저리 옮겨 다녀도 면책이 되는 것이다. 지조를 지키는 일에 남녀의 구분이 있을 수가 없다. 왜냐하면 그것은 본질적으로 약속에 속하는 것이기 때문이다. 그런데 우리의 전통에서는 여성의 정조를 기리기 위해서는 열녀문烈女門을, 남성의 충절을 위해서는 충렬문忠烈門을 각각 달리 세워왔다. 여기서 눈여겨볼 점은 전자의 경우 남편이 일찍 죽었어도 여자가 끝까지 시집에 남아 시부모를 모시면 기념의 대상이 되지만, 후자의 경우에는 충절만 지켜서는 안 되고 뭔가 혁혁한 공을 세워야 한다는 사실이다. 오히려 충절 자체보다는 공적이 더 중요하다. 아무리 죽음으로 충절을 지켜도 그에 걸맞은 공적이 없으면 잊히게 마련이고, 반면에 공적이 크면 충절은 저절로 따라와 충렬문으로 우뚝 세워진다.

여자는 모름지기 지조가 곧고 굳음을 '흠모'해야 한다면서 '모慕' 자를 썼다. 그런데 이 글자는 '지는 해를 바라보며 지나가버린 하루를 아쉬워하다'라는 것이 원래 의미이다. 즉 지조를 제대로 실천하지 못함에 대하여 '아쉽다'는 정도로만 반성해도 되는 것이라면 이는 분명히 남자에게 해당하는 말이리라. 그렇다면 여성도 똑같이 정조에 대해 '아쉽다'는 정도에 머물러도 괜찮지 않겠는가? "여자는 '곧은 지조를 지키는 게 낫지 않았을까?' 하고 아쉬워하는 마음을 가져야 한다"라고 말이다.

여성들이 책임진 나라

사내 남男

男效才良남효재량이라

남자는 재사才士와 현인賢人을 본받는다

男 사내 '남' '밭 전田'과 '힘 력力'으로 이루어졌으므로 자형적 의미는 '밭에서 힘써 일하는 사람'이 된다. 옛날 중국의 훈고학자들은 '남男' 자가 '맡을 임任' 자와 첩운 관계에 있다는 점에 착안하여 '남' 자를 '천지의 도를 떠맡아 만물을 먹여 기르는 자'라고 해석하였다. 남자의 다른 말인 '장부丈夫'도 같은 음을 가진 '장부長扶'로 풀어서 '만물을 길러주고 부양하는 자'로 해석하기도 하였다.

效 본받을 '효' '두드릴 복攴'과 '오고갈 교交'로 이루어졌으므로 자형적 의미는 '어린이가 좋은 것을 본받도록 회초리를 들고 가르치다'가 된다. '가르치다'와 '본받다'가 각기 다른 두 개의 동사이긴 하지만 실제로는 동시에 일어나는 하나의 행위에서 비롯된 것이다. 단지 선생의 입장에서는 '가르치는 행위'(敎)로, 학생의 입장에서는 '본받는 행위'(效)로 각각 기술될 뿐이다. 그래서 '교敎' 자와 '효效' 자에 모두 회초리를 의미하는 '두드릴 복攴=攵' 자가 들어 있는 것이다.

才 재주 '재' 이 글자는 초목의 싹이 처음 나오는 모양이므로 자형적 의미는 '싹'이었는데, 이로부터 '처음'·'비로소' 등의 의미가 파생되었

다. 오늘날에는 이 글자를 '재주'라는 의미로 많이 쓰는데, 이는 '재목 재材' 자가 이 글자에서 파생되었기 때문이다. 재목이란 물건을 만들기 위한 '최초의 재료'이므로 '소질素質'의 뜻으로 쓰인 것이다.

良 어질 '량'   소전에서는 '훈'로 썼다. 이는 되나 말과 같은 용적을 재는 도량형 기구이다. 아랫부분의 '없을 망亡' 자는 되를 비워서 아무것도 없음을 나타낸다. '량良'의 독음이 '잴 량量'과 같으므로 이 글자가 도량형 기구를 가리킴을 알 수 있다. 오늘날 이 글자가 '착한'·'훌륭한' 등의 의미로 쓰이는 것은 독음이 '잔치 음식 향饗'과 첩운 관계에 있기 때문에 의미가 가차된 결과이다.

여기서 '재량才良'이란 '재주가 훌륭한 선비와 현명한 인재'를 가리킨다. 남자란 작게는 가족에서부터 크게는 천하 백성과 만물까지 먹여살려야 할 책임이 있는 자이므로 이를 수행하기 위해서는 훌륭한 재주와 현명한 지혜를 갖춰야 한다. 따라서 재주와 지혜를 갖춘 자를 찾아가 그에게 가르침을 받아야 한다는 것이 이 구절이 말하고자 하는 내용이다.

고대의 주요 산업은 농업이었고 전쟁도 재래식 전투에 의존하였으므로 사회의 주도권이 남자에게 있을 수밖에 없었다. 생업과 안보의 책임을 남자가 지기 때문에 이를 수행할 능력을 갖추기 위해 남자가 우선적으로 교육을 받을 권리와 의무가 있었을 테고, 또한 이것이 효율적이었을 것이다. 여기서 우리는 두 가지 의문을 제기할 수 있다.

첫째, 우리의 역사를 돌이켜볼 때 남자가 교육의 권리를 향유한 만큼 그에 수반되는 의무를 다했는가라는 물음이다. 역대로 우리 여인네들이 남성 우위의 사회가 할당해준 "여자는 지조가 곧고 굳음을 흠모해야 한다"(女慕貞烈)라는 정신적 가치를 지키는 본분에 충실해왔다는 것을 우리는 익히 알고 있다. 각 지방의 동네마다 가면 어렵지 않게 찾아볼 수 있는 열녀문들이 이를 입증한다. 그렇다면 남자들은 재주와 지혜를 교육받아 부양을 책임지겠다고 스스로 할당한 본분에 여인들만큼 충실하였는가 하고 스스로 물어볼 필요가 있다.

재사현인才士賢人에게 훌륭한 교육을 받고 능력을 키워 여성을 포함한 민족의 생존을 책임졌어야 할 남자들이 그 의무와 책임을 다하지 못했다는 증거는 외세와 외적의 침략을 막지 못하고 수탈당하도록 방치한 부끄러운 역사적 사실들에서 쉽게 찾을 수 있다. 침략을 당할 때마다 고난과 고통을 고스란히 몸으로 떠안은 사람들은 다름 아닌 우리의 여인네들이었다. 이들은 죽지 못해 이역만리 중국으로, 몽골로, 또 저 멀리 남태평양의 전쟁터까지 강제로 끌려가서 남자들이 직무유기한 책임을 자신들의 몸으로 다 때운 후 죽거나 혹은 겨우 목숨만 부지해 돌아왔다. 이때 훌륭한 교육을 받은 남자들은 이들 여인들을 무엇이라 지탄하였는가. 정녕 이들 여인들의 비극이 그들 자신의 팔자 탓이고, 또 남에게 쉬쉬하고 있어야 할 부끄러운 일일까? 우리 민족이 수난의 위기에 처했을 때 이를 구한 것은 재사현인에게 많이 배운 남자들이 아니라 오히려 배우지 못한 민중들이었고, 책임을 끝까지 진 것은 우리 여성들이었음을 잊어서는 안 된다. 이것이 '남효재량男效才良'의 숨겨진 뒷모습이다.

둘째, 산업이 다양화된 오늘날의 사회에서도 배움이 여전히 남성의 몫으로 간주되는 이유는 무엇인지를 물어야 한다. 혹자는 우리나라는 교육을 받을 기회가 남녀에게 동등하게 보장돼 있다고 주장할 것이다. 우리나라의 교육은 사립 학교에 대한 의존도가 높아 이 학교들의 재단을 유지시키는 방향으로 제도가 제정돼왔으므로 교육 수요자의 확보라는 차원에서 남녀의 평등한 교육 기회는 보장될 수밖에 없다. 여기서 지적하려는 문제는 직업 현장에서 이루어지는 지식의 전수와 공유에 대한 것이다. 우리나라의 주요 직업 현장에 여성이 얼마나 진출해 있으며, 진출했다 하더라도 얼마나 많은 여성이 고급 지식과 정보에 접근 가능한 위치에 허락되어 있는가라는 질문이다.

이 두 가지 물음에서 우리는 '여모정렬女慕貞烈, 남효재량男效才良'이라는 남녀가 각기 지켜야 할 본분의 구분이 궁극적으로 남자들이 지식을 독점하기 위해 만든 차별적 이데올로기였다는 결론을 얻을 수 있다. 푸코의 지적처럼 지식은 곧 권력이기 때문이다. 사회가 안정되려면 일정 비율의 사람들이 하부에서 상부를 지탱해줘야 한다. 그러나 어느 누가 스스로 하부에 속하려 하겠는가? 누군가를 희생시켜 하부에 귀속시키려면 권력이 행사되어야 하고, 그 권력은 바로 지식에서 나온다. 이렇게 보면 우리의 전통 사회는 여성의 희생 위에서 질서가 유지되고 안정을 누려왔던 것이다. 사람들이 기피하는 거칠고 힘든 하부의 일은 여성에게 할당되고, 상부의 쉽고 명분 있는 일은 남성의 본분으로 할당돼왔다는 말이다. 하부의 여성이 상부의 영광에 한 귀퉁이라도 차지하기 위해서는 '정렬貞烈'이라는 험난한 숙제를 완성해야 했다. "여자는 지조가 곧고 굳음을 흠모하고, 남자는 재사와 현인을 본받는다"라는 대장對仗의 꽉 짜인 수사법은 이러한 차별을 구조화하는 신화적 형식임을 잊어서는 안 된다.

개혁에는 완성이 없다

고칠 개改

知過必改지과필개하고
허물을 알았다면 반드시 고치고

知 알 '지' '화살 시矢'와 '입 구口'로 이루어졌으므로 자형적 의미는 '인식이나 사리를 판단하는 행위는 하도 빨라 쏜살같이 입에서 튀어 나간다'가 된다.

過 지날 '과' '쉬엄쉬엄 갈 착辵=辶'과 '입 삐뚤어질 와咼'로 이루어졌다. 입이 삐뚤어졌다는 것은 곧 위아래의 턱이 서로 맞지 않고 어긋 났다는 뜻이므로 '과過' 자의 자형적 의미는 '길을 가는데 너무 많이 가서 목적지를 지나쳤다'가 된다.

必 반드시 '필' 이 글자를 소전에서는 '⟨⟩'로 썼는데, 이는 '여덟 팔 八'과 '주살 익弋'으로 이루어졌다. 여기서 '익弋' 자는 '말뚝 익杙' 자의 생략형이다. 따라서 '필必' 자의 자형적 의미는 '가운데에 말뚝을 박아 양극의 경계를 결정짓다'가 된다. 경계가 확실하게 결정된 곳에서는 이건가 저건가 하는 유예猶豫가 없으므로 '틀림없이'라는 의미가 파 생된 것이다.

改 고칠 '개' '뱀 사巳'와 '두드릴 '복攴=攵'으로 이루어졌다. 여기서 '사巳' 자는 흉측한 귀신의 모양을 그린 것이고, '복攵' 자는 북과 꽹과

197

리, 징 등을 두드린다는 뜻이다. 고대 중국에서는 새해를 맞이하기 전 날인 섣달 그믐날에 묵은해의 잡귀를 몰아내기 위해 나례儺禮라는 의 식을 행하였는데, 이때 집안 구석구석에 숨어 있는 잡귀를 몰아내는 방법이 꽹과리와 징을 두드려 시끄럽게 해서 쫓는 것이었다. 따라서 이 글자의 자형적 의미는 '뱀처럼 흉측한 잡귀를 꽹과리와 징을 두드 려 내쫓고 새해를 맞이하다'가 된다. 이로부터 '고치다'라는 의미가 파생되었다.

이 구절은 『논어』 「학이學而」편의 "잘못을 저질렀다면 그것을 고 치기를 꺼려하지 말라"(過則勿憚改)를 다시 쓴 것이다. '지과필개知過 必改'란 자신에게 과오나 허물이 있는 것을 알았다면 반드시 이를 고 쳐야 한다는 말인데, 이 말은 『천자문』의 영향인지는 몰라도 매우 초 보적인 지식의 형태로 우리 뇌리에 박혀 있다. 그렇다면 무엇을 허물 이라고 하는가? 애초에 허물을 문자로 개념화할 때의 흔적을 더듬어 보면 이를 짐작할 수 있을 것이다. 앞에서 설명했듯이, '과過' 자는 목 적지를 초과해 너무 많이 지나쳐간 것을 뜻한다. 즉 중국이나 우리나 라의 전통적 인식은 잘못이나 허물은 부족함에서 생기기보다 오히려 지나친 데서 연유한다고 여긴다. 물론 중용의 관념에서는 "지나침은 미치지 못함과 같다"(過猶不及)는 말처럼 둘 다 허물과 잘못을 낳는다. 그러나 우리의 실제 역사를 돌이켜보면, 나라와 민족을 곤경에 빠뜨 린 사람들은 거의가 공부를 너무 많이 하고 지나치게 똑똑한 이들이 었고, 배우지 못하고 우직한 사람들은 오히려 곤경에 빠진 나라를 구 하는 데 앞장서왔다는 사실을 발견할 수 있다. 그런데도 오늘날의 교 육이 지나친 것을 완화하고 바로잡기는커녕 아직도 모자라기 때문에 더 채워야 한다는 강박 관념에 사로잡혀 있다는 것은 아이러니가 아닐 수 없다.

우리는 일반적으로 허물을 고치는 일이란 '개改' 자의 자형이 말하듯이 구악舊惡을 일소하고 그 자리에 새것을 받아들이는 것으로 인식하고 있다. 그래서 새해 전날 저녁에 사악한 귀신과의 동거를 부정하고 이를 몰아내기 위해 꽹과리를 두드리고 몽둥이를 휘두르는 제의祭儀를 실행한다. 제의는 부정한 것을 깨끗이 씻어내고 복된 것을 받아들인다는 명분으로 반드시 희생이나 폭력을 동반한다. 왜냐하면 순결이란 원래부터 없던 것인데, 이를 회복하는 것처럼 보이게 하려면 누군가를 희생시켜 더럽힌 데 대한 책임을 물으면 되기 때문이다. 앞서 설명한 나례에서는 추상적인 잡귀에게 책임을 씌워 몰아냈는데, 이러한 관념적 구조에서는 잡귀의 자리에 어느 누구라도 잡아넣으면 어떤 갈등이나 문제를 쉽사리 해결할 수 있기 때문에 권력의 자리에 있는 자들은 이 방법에 유혹을 강하게 받기 마련이다. 여기서 희생자의 무고함이나 억울함은 사람들에게 그다지 관심거리가 되지 않는다. 왜냐하면 그가 나례 구조에서 희생의 질료로 들어감으로써 나머지 전체가 복을 받을 수 있다는 점이 중요하기 때문이다. 질료의 자리에 '나'만 들어가지 않으면 된다. 우리 주위를 세심히 둘러보면 적지않은 사람들이 크고 작은 여론 재판으로 시달리고 또 희생되는 사례를 쉽게 만날 수 있다. 더 슬픈 일은 나중에 그의 억울함이 밝혀지고 무죄로 돌아와도 아무도 관심을 갖지 않는다는 사실이다. 거기에 관심을 가지면 희생자를 통해 문제를 쉽게 해결할 수 있는 구조가 무너질지도 모르기 때문이다.

이러한 관념적 구조는 '필必' 자의 자형적 의미처럼 말뚝을 박아 경계를 고정시키듯이 선과 악의 범주를 확정 지은 데서 비롯된다. 선과 악이란 우리에게 주둔하면서 우리를 다스리는 무슨 점령군 같은 것이 아니다. 이 둘은 기호의 변별 기능에 의해 선이 악이 될 수도 있고 악이 선이 될 수도 있는 관계적인 것이지, 말뚝을 박아 경계와 범주를 확정 지음으로써 이쪽저쪽으로 자리를 옮겨다니며 고칠 수 있는 것이 아니다. 말뚝을 박는다는 말은 절대화한다는 말과 같다. 이는 또 다른 악의 생성을 의미한다. 그러므로 잘못을 고친다는 것은 구악을 일소하고 새것 일색으로 채우는 것이 아니라, 관계에서의 지나침을 끊임없이 사고함으로써 이루어지는 것이라고 말할 수 있다. 개혁에 완성이 있을 수 없는 이유이다.

깨달음은 도둑처럼

없을 막莫

得能莫忘득능막망하라
할 수 있게 되었으면 이를 잊지 말라

得 얻을 '득' '조금 걸을 척彳'·'자개 패貝'·'손 수手' 등 세 부분으로 이루어졌다. 여기서 '척彳'자는 번화한 네거리를 뜻하는 '다닐 행行' 과 같고, '패貝'자는 보배로운 물건을 가리킨다. 따라서 '득得'자의 자 형적 의미는 '길에서 값진 물건을 손으로 줍다'가 된다.

能 능할 '능' 이 글자는 힘센 맹수인 곰의 모양을 그린 것이다. 곰은 일반적으로 골격이 크고 힘이 세다는 관념이 형성돼 있으므로 '능能' 자에 능력 있고 지혜가 많은 사람이라는 의미가 추가로 가차될 수 있 었다. '능能'자와 '사내 남男'자의 발음이 쌍성 관계라는 사실이 이를 입증한다. 그리고 곰은 인내심이 많은 동물이므로 '견딜 내能'로 쓰기 도 한다. '능能'과 '견딜 내耐'는 쌍성 관계에 있다.

莫 없을 '막' '풀 망艸'자 가운데에 '해 일日'자가 들어가 있는 모양이 므로 갈대 사이로 뉘엿뉘엿 지는 해가 보이는 형상을 나타낸다. 따라 서 이 글자는 '해질 모暮'의 본래 글자임을 알 수 있다. '막莫'자는 '빠 질 몰沒'과 쌍성 관계에 있으므로 여기에는 '가라앉아서 아무것도 남지 않다'라는 의미가 담겼다. 그래서 '없을 무無'자처럼 부정사否定詞의

기능으로 쓰이게 된 것이다.

忘 잊을 '망' '마음 심心'과 '없을 망亡'으로 이루어졌다. 여기서 '망亡' 자는 '죽은 사람'을 뜻하므로 '망忘' 자의 자형적 의미는 '죽은 사람처 럼 마음에 아무런 표시도 남아 있지 않다', 즉 '잊다'가 된다.

이 구절은 『논어』 「자장子張」편의 "날마다 자신이 모르는 바를 알 고, 달마다 자신이 할 수 있게 된 바를 잊지 않는다면, 가히 배우기를 좋아한다고 말할 수 있다"(日知其所亡, 月無忘所能, 可謂好學也已矣)는 구절을 다시 쓴 것이다.

배움에는 응당 배움의 대상이 있어야 하고 습득의 방식이 있어야 한다. 오늘날 배움의 대상은 주로 관념적 지식이고 습득 방식은 책을 통해서임은 우리가 잘 알고 있다. 옛날에는 배움의 대상이란 예禮라 는 실천적 지식이었고, 이를 습득하는 방식은 반복 연습을 통하여 몸 에 배도록 익히는 것이었다. 물론 육경六經과 같은 책으로 배우는 경 우도 있었지만 이 역시 궁극적으로 배움의 대상은 예였다. 이를테면, 『춘추』를 읽고 배운다면 지난 역사에서 어떤 행동은 예에 맞고 어떤 행동은 예에서 벗어났다는 식으로 가르쳤다. 이것이 이른바 포폄褒貶 이라는 비판 방식으로서 예교禮敎의 주요 요소가 된다.

그렇다면 예란 무엇인가? 옛날에는 관혼상제冠婚喪祭 의식은 말할 것도 없고 일상의 행동거지와 언행을 규범으로 만들었다. 이러한 규 범의 총화를 예라고 불렀다. 즉 당시의 사람들은 아침에 일어나 밤에 잠들 때까지 예에 따라 행동해야 하는데, 이것이 날마다 지켜야 할 예 이다. 그러다 달이 바뀌면 그 달에 지켜야 할 예가 있고, 마찬가지로 계절이 바뀌면 계절마다 지켜야 할 예가 있으며, 해가 바뀌면 지켜야 할 예가 있다. 관혼상제의 예는 인생 전체를 범위로 하여 지켜야 할 예의 규범이라고 보면 된다. 따라서 옛날 사람들의 일생은 예로 시작해서 예로 끝났다고 해도 과언이 아닌 것이다.

잘 알려져 있다시피, 『논어』는 저 유명한 "배우고 때에 맞춰 거듭해서 익히면, (힘들지만) 그래도 즐겁지 아니한가?"(學而時習之, 不亦說乎)라는 구절로 시작한다. 여기서 목적어인 '지之' 자가 지시하는 것은 앞서 설명한 바와 같이 예다. 예는 평생의 시간을 구성하는 매일, 매달, 매년, 그리고 관혼상제의 갖가지 규범의 실천이므로 그때에 맞춰 반복해서 익혀야 한다. 이러한 규범적 행위들이 자연스럽게 나오게 하려면 반복 연습함으로써 몸에 완전히 배게 해야 한다. 이렇게 매일 연습하는 것이 바로 앞의 "날마다 자신이 모르는 바를 알다"(日知其所亡)라는 구절이 가리키는 바이다. 우리는 흔히 모르는 바를 아는 것은 머리로 이해하는 것이라고 생각하기 쉽지만, 할 줄 아는 행위라 하더라도 반복하다 보면 그 행위의 새로운 의미를 깨닫는 경험을 종종 한다. 즉 이해를 머리로만 하는 게 아니라 몸으로도 하게 된다는 말이다. 이것이 '시습時習'의 진정한 의미이다.

행위의 의미를 새롭게 깨닫고 다시 반복해서 한 달쯤 지나면 다시는 잊지 않을 정도로 자연스럽게 행동하는 경지에 이른다. 이것이 그 다음의 "달마다 자신이 할 수 있게 된 바를 잊지 않는다"(月無忘所能)는 단계이다. 아무리 즐거운 일이라도 반복하면 지겨워지는 법인데, 즐거운 일도 아닌 것을 반복적으로 연습하려면 매우 고통스러우리라 상상되지만 기실 고통의 시간이 지나면 어느 순간에 쾌락으로 변하는 것을 경험할 수 있다. 이것이 바로 "(힘들지만) 그래도 즐겁지 아니한가?"(學而時習之, 不亦說乎)가 가리키는 뜻이다. 그리고 이런 경지에 이

르렀을 때 "가히 배우기를 좋아한다고 말할 수 있다"(可謂好學也已矣)
는 것이다.

　그러므로 '할 수 있게 됨'(得能)에 이르는 배움의 길은 인내심을 갖
고 가야 한다. 이것이 '능能' 자가 가리키는 이중적 의미이다. 자해에
서 '득得' 자를 '길에서 값진 물건을 줍다'라고 풀이했는데, 이는 인내
하며 배움의 길을 꾸준히 가다 보면 깨달음이라는 보배를 주울 수 있
다는 뜻이다. 보배란 길에서 흔히 주울 수 있는 물건이 아니다. 그러
나 길을 많이 걸어다니다 보면 우연히 줍는 행운을 만날 수도 있다.
깨달음도 이와 같다. 『신약성서』 「데살로니가」(5:2)에서도 "주의 날이
밤에 도둑같이 이른다"고 하지 않았던가? 그러니까 그때까지 인내로
써 꾸준히 배움의 길을 가야 한다는 말이다.

　무엇을 배운다는 것은 어떤 형식을 익히는 것이다. 처음에는 형식
이 갖는 의미를 알고 연습에 매진해서 잊지 않을 지경에까지 이른다.
그러다가 이 경지가 좀 지나면 형식의 수행만 남고 그 애초의 의미는
잊게 마련이다. 위 구절의 '막망莫忘'이란 바로 형식의 수행뿐 아니
라 그 의미마저도 잊지 말라는 뜻이다. 그럼에도 세월이 지남에 따라
의미는 결국 잊힌다. 의미를 잃어버린 형식의 수행은 대부분 고루함
이나 진부함으로 여겨져 개혁이나 폐기의 대상이 된다.

　그러나 잘 만들어진 형식의 경우는 애초의 의미가 사라지고 나면
오히려 새롭게 해석됨으로써 삶에 영향을 미치고 역사를 바꾸기도
한다. 이를테면, 미국의 남북전쟁(1861~1865)은 처음부터 노예 해방
이라는 보편자를 위해서 일어난 것이 아니다. 노예제 유지가 더 이상
필요 없는 북부의 폐지 주장이 노예 노동에 의존하던 남부의 거센 반
발을 야기했고 이것이 정치적 갈등으로 발전하여 급기야 전쟁으로 비

화한 것이다. 그러나 북부의 승리 후에 남북전쟁의 우연성은 사라지고 "모든 사람은 평등하게 태어났고, 양도할 수 없는 권리를 부여받았다"는 보편자로서의 상징성만 남아 민주주의 발전에 크게 기여하였다.

이처럼 '막망'이란 글자 그대로 의미는 해가 갈대 사이로 져버리듯 사라지고 형식만 남기 때문에 애초의 의미를 잊지 말라고 경계하지만, 잊혀가는 의미를 붙잡아 매어놓을 방도는 없으므로 그것을 재조명함으로써 새로운 의미를 찾아내라는 주문으로 받아들여도 무방할 것이다.

'아웃소싱'의 허점

짧을 단短

罔談彼短망담피단**하고**
저들의 단점에 대하여 말하지 말고

罔 없을 '망' '그물 망網' 자의 본래 글자로 '그물 망网' 자에 '없을 망亡'을 더하여 만든 글자이다. '망罔' 자는 발음이 '무'로도 읽히면서 '없을 무無'와 서로 통하기 때문에 문장 안에서 부정사로 종종 쓰인다.

談 말씀 '담' '말씀 언言'과 '불꽃 염炎'으로 이루어졌다. '염炎' 자에는 '크다'라는 의미가 담겨 있고,[2] 또한 '깊을 담覃'과 같은 음으로 읽히므로 '담談' 자의 자형적 의미는 '깊고도 길게 이야기하다'가 된다. 그래서 '담談' 자를 '담譚'으로도 쓴다. 따라서 '담談' 자는 '무엇에 대해서 다각도로 이야기를 주고받다'로 해석하는 것이 적절하다.

彼 저 '피' '조금 걸을 척彳'과 '가죽 피皮'로 이루어졌다. 여기서 '척彳' 자는 '갈 행行'과 같은 뜻이고, '피皮' 자는 '이불 피被' 자를 통해 알 수 있듯이 '그 위에 더하다'라는 의미를 담고 있다. 따라서 '피彼'의 자형적 의미는 '여기를 거점으로 하여 앞으로 더 나아가다'가 된다. 이로부터 이 글자에 '저쪽으로' 또는 '저 사람' 등의 의미가 파생된 것이다.

短 '짧을 '단' '화살 시矢'와 '콩 두豆'로 이루어졌다. '두豆' 자는 곡물의 양을 잴 적에 됫박에 먼저 콩을 수북이 담은 다음 평미레로 됫박의

윗부분을 깎듯이 밀어내는 형상에서 의미를 가져왔다. 따라서 '단短' 자의 자형적 의미는 '화살을 만들 적에 가장 짧은 것을 기준으로 나머지 들쭉날쭉한 살대를 가지런히 베어버리다'가 된다.

'망담피단罔談彼短'이란 다른 사람들의 단점에 관해 이러쿵저러쿵 퍼질러 이야기하지 말라는 뜻이다. 홍성원은 그의 『주해천자문』에서 "군자는 스스로를 수양하기에도 시급하기 때문에 남의 장단점을 일일이 집어낼 틈이 없다"(君子急於自修, 故不暇點檢人之長短也)고 주를 달았다. 이 구절에는, 환언하면, 남의 단점을 흉볼 여가가 있으면 그 시간에 네 일이나 잘하라는 심층 구조상의 의미가 도사려 있다. 이 말은 곧 말하는 사람의 발언 자격을 원천적으로 박탈함으로써 비판의 가능성을 원천 봉쇄해버리는 효과를 발휘한다. 따라서 이는 은밀하게 권력을 행사하는 매우 이데올로기적인 말이 된다. 남을 비판하면 군자가 되지도 못할뿐더러 제 일도 변변히 못하는 어리석은 자로 낙인찍힐 것인즉, 누가 감히 이 찜찜함을 무릅쓰고 남의 흉을 볼 것인가? 따라서 "저들의 단점에 대하여 말하지 말라"(罔談彼短)는 말은 매우 정교한 언론 통제이자 자기 방어의 방법이다. 『맹자』「이루하離婁下」편에서 맹자가 "다른 사람의 착하지 못한 점을 말하였다가 후환이 생기면 어쩌겠는가?"(言人之不善, 其如後患何)라고 한 말이 이를 입증한다. 이는 곧 나도 비판하지 않을 테니 너도 하지 말라는, 방어를 위한 일종의 타협적 언표로 받아들여질 수도 있다.

이런 토양에서 토론 문화가 자리 잡을 수 없는 것은 자명한 이치이다. 뿐만 아니라 어떤 사회든 남의 단점을 이야기하지 않으면 그 단점이 자칫 그 사회의 자연스러운 윤리적 표준이 될 위험도 있다. 곧 윤리 기준이 하향 평준화된다는 말이다. 이것은 화살을 만들 적에 가장 짧은 것을 기준으로 나머지 들쭉날쭉한 살대들을 가지런히 베어버린다는 '단短'자의 자형이 형상적으로 잘 말해주고 있다.

이것은 우리의 전통적인 언행일치言行一致의 윤리관에서 비롯된다. 사람의 말과 행동이 일치하면 그보다 좋을 수 없겠지만 이 두 가지는 근본적으로 일치할 수 없는 한계를 갖고 있다. 말은 관념에, 행동은 경험에 각각 속하는 것으로 전자는 세계를, 후자는 사회를 각각 형성하기 때문이다. 사회로 세계를 채울 수는 없지 않은가? 이는 마치 기하학에서 손으로 그리는 삼각형이 머릿속의 삼각형을 채울 수 없는 것과 마찬가지이다. 손으로 그리는 삼각형이 머릿속의 삼각형을 따라가지 못한다 하여 관념에서 떠오르는 삼각형을 제한하며 살 수는 없지 않은가? 오히려 관념상의 삼각형을 상상해야 손으로 그리는 삼각형이 정확하고 또 다양해진다. 마찬가지로 내 행위가 못 미치더라도 단점을 말해야 윤리적 기준도 그에 따라 높아질 수 있는 것이다.

남의 단점을 말하지 말고 그럴 시간에 자신의 일이나 잘 하라는 말이 얼핏 설득력 있게 들리지만 사실은 그렇지 않다. 앞의 "허물을 알았다면 반드시 고친다"(知過必改)에서 이미 설명했듯이, 허물이나 악이란 어떤 확정된 범주 안에 속해 있는 것이 아니다. 남의 일 참견하지 않고 내가 할 일에만 열중한다고 해서 그것으로 선이 저절로 완성되지는 않는다. 오늘날의 세상은 원래 하나의 구조로 꽉 찬 데다 통신까지 발달해 있어서 모든 사건들이 거의 동시적으로 상호 영향을 주고 또 그러면서 움직인다. 그래서 우리 이웃의 조그만 악행에 관심을 갖지 않을 때 잠깐 사이에 나도 그 악행의 공범자나 피해자로 변할 수 있다. 옛날 폐쇄적인 사회에서는 '내 일'과 '네 일'이 우물물과 강물의 관계와 같아서 "너나 잘하세요"라고 말할 수 있었지만, 이제는 나만 잘했다가는 어느 사이에 내 일이 크게 방해받을지 모른다.

'망담피단'의 허점을 경영학에서 활용한 것이 이른바 '아웃소싱 outsourcing'이다. 시스템 내에서 직접 생산을 하면 어떤 정책이나 결정에 내부의 각 부서들이 직접 영향을 받기 때문에 어쩔 수 없이 이견들이 나와 진행을 더디게 한다. 그런데 생산 과정을 여러 개로 쪼개 외부에다 맡기면 그들은 시스템 밖에 있는 존재들이므로 주문자 내부의 일에 간섭할 수가 없다. 글자 그대로 '망담피단', 즉 저들의 단점에 대해 말할 수 없고 단지 자신들에게 맡겨진 일에만 충실해야 하는 것이다. 아웃소싱은 기능적인 면에서 매우 효율적인 게 사실이지만 단점들이 숨겨지는 일이 지속되다 보면 당신은 언젠가 이유도 모른 채 납품 대금을 못 받는 날을 맞이할지도 모른다.

헤겔에 의하면 진실은 오류를 통해서만 접근할 수 있다. 단점들을 말하는 사이에 우리는 진실을 경험하게 된다. 공자도 "세 사람이 동행하면, 그 가운데에는 반드시 나의 스승이 있다"(三人行必有我師焉)고 하지 않았던가?

재주를 조금은 믿자

길 장長

靡恃己長미시기장하라
자신의 장점에 의지하지 말라

靡 쓰러질 '미' '아닐 비非'와 '삼 마麻'로 이루어졌다. 여기서 '비非' 자는 좌우의 날개를 그린 모양으로 '좌우로 갈라지다'라는 의미도 함께 갖고 있다. 따라서 '미靡' 자의 자형적 의미는 '물건이 삼 껍질처럼 잘게 갈라지다'가 된다. 물건이 잘게 갈라지면 미세해서 잘 보이지 않으므로 보통 '작을 미微'와 같은 글자로 통하여 쓴다. 그래서 동음인 '아닐 미未' 자처럼 부정사의 기능을 수행하기도 한다.

恃 믿을 '시' '마음 심心'과 '관아 시寺'로 이루어졌다. '시寺'('사'로도 읽는다)는 관아 중에서도 법정을 의미하는데, 법이란 사람들이 최후로 의지하는 바이다. 따라서 '시恃'의 자형적 의미는 '법정의 올바른 결정을 믿고 의지하다'가 된다.

己 몸 '기' 이 글자는 실의 끝 부분, 즉 실마리를 형상화한 모양이다. '기己' 자는 첩운 관계에 있는 '처음 시始'를 통해서 알 수 있듯이, 모든 인식의 출발점을 가리킨다. 인식의 출발점은 자신이므로 이로부터 '자기 몸'이란 의미가 파생된 것이다.

長 길 '장' 머리칼이 긴 사람의 모양을 그린 것이다. 머리칼이 긴 사

람은 오래 산 사람이고 연장자이기 때문에 이로부터 '길다'·'오래되다'·'우두머리' 등의 의미가 파생되었다.

   '미시기장靡恃己長'이란 자신의 장점을 믿고 의지하면 더 이상의 발전이 있을 수 없고, 나중에는 그 장점을 오히려 잃는 수도 있으므로, 수양을 위해서는 이를 늘 경계하라는 말이다. 앞에서도 설명했듯이 장점이니 단점이니 하는 것은 어떤 범주 안에 고정된 개념이 아니며, 처한 상황에 따라 장점이 단점이 되고 반대로 단점이 장점이 될 수도 있는 것이다. 『서경書經』 「열명說命」편의 "스스로 잘하는 것이 있다고 여기면 그 잘하는 것을 잃는다"(有其善, 喪厥善)라는 구절은 바로 이를 일컫는 말이다. '장長' 자는 '길다'·'오래되다' 등의 뜻을 품고 있는데, 이러한 의미들은 곧 유한성에 근거한 것이므로 '장' 자는 '없을 망亡'과 첩운 관계를 가질 수밖에 없다. 그러므로 곧 없어질 장점을 마치 법인 것처럼 알고 의지하지 말라는 경계는 설득력을 가진다.
   그러나 이 구절이 교훈적인 언표로서 학동들에게 주입될 때에는 그 본래의 의미가 왜곡될 수 있다. 자신의 장점을 믿지 말라는 말은 장점의 속성에 초점을 맞춘 말이지만, 이 언표는 엉뚱하게도 개성을 스스로 억압하도록 강제하는 메타meta 기능을 수행하게 된다. 다시 말해 자신의 실존을 포기하고 어떤 대타자大他者의 질서에 의지하고 순종하는 의식을 형성시키는 데 기여한다는 것이다. 대타자란 개인이 태어나기 이전에 형성된 사회적 질서이자 사유의 질서이다. 따라서 자신의 장점에 기대서는 안 된다는 언표는 곧 자신보다는 이러한 큰 타자에게 신뢰를 주어야 한다는 심층적 의미를 생성시키고, 이는 다시 개인보다는 집단을 우선하는 집단주의 의식을 형성한다. 집단주적 가치관에서는 개성을 스스로 통제하여 집단의 질서와 이익에 복종하는 것이 미덕이기 때문에, 개인의 가치를 내세우는 것은 비윤리적인 행위로 간주되기도 한다. 그래서 개인의 의견이나 주장을 발표하는 데에는 소극적이지만, 집단적으로 의견을 내거나 항의하는 데에는 적극적이다 못해 폭력적이기까지 한 현상이 벌어지는 것이다. 이런 질서 속에서는 토론이 별로 의미가 없다. 대타자의 의지가 가장 우선하므로 토론이란 단지 대타자의 의지를 여론으로 재확인하는 과정에 불과할 뿐이기 때문이다.

노동 집약적인 산업으로 먹고살았던 시절에는 집단주의적 가치가 효과를 발휘하였지만, 개인의 재능을 극대화할 때 높은 부가가치를 생산하는 오늘날에는 자신의 장점에 대한 자신감을 심어주고 키워줄 필요가 있다. 고대 중국에서도 덮어놓고 집단주의적 사유를 강요한 것은 아니었다. 자신감에 충만한 개성과 재주는 옛날에도 지금처럼 흠모의 대상이 되기도 하였다. 이를테면, 남북조 시기 양梁나라의 태자 소자현蕭子顯은 글을 잘 쓰고 재주가 뛰어나서 그를 필적할 사람이 없었다고 한다. 그는 자신의 재기에 대한 자부심이 대단한 나머지 다른 사람들을 무시했기 때문에 그들의 원한을 샀지만, 반면에 황제는 그를 매우 총애했다고 전한다. 이러한 그가 일찍 죽는 바람에 황제가 무척 실망하고 슬퍼했다고 한다. 그래서 장례를 치를 때 황제가 직접 손으로 시호諡號를 써서 하사했는데, "그는 평소 '시재오물恃才傲物', 즉 자기의 재주에 자신을 갖고 다른 사람들 앞에서 당당하였으니 시호를 '교만할 교驕'로 하라"고 명했다 한다.

이렇게 자신의 재주를 자신하고 오만하게 행동하는 것이 꼭 부정적이지만은 않다. 왜냐하면 이러한 행위가 하나의 대타자가 되어 주위 사람들에게 의지하고 신뢰할 일종의 버팀목이 될 수도 있기 때문이다. 주지하는 대로 집안이나 기업, 또는 국가의 수장은 상징적 인물이다. 이 조직들이 위기를 당했을 때 전혀 흔들리지 않고 의연한 모습을 유지하는 것만으로도 이들은 자신들의 임무를 다하고 있다고 말해도 지나치지 않다. 인간은 상징적 동물이라서 상징이 흐트러지는 순간 생존은 불가능하기 때문이다. 위 자해에서 '미靡' 자는 '미微'와 같다고 했다. 즉 '미靡'는 '작거나 적다'(scarce)는 뜻이지, 완전히 없다는 완전 부정이 아니다. 따라서 "자신의 장점에 많이는 말고 조금은 믿고 의지해야 한다"는 의미로 재해석하는 것이 현대적 감각에 맞을 듯싶다. 재주란 믿음이 있을 때 의미도 있고 쓸모도 있는 법이다.

어느 고지식한 사내의 죽음

옳을 가可

信使可覆신사가복**이요**

약속은 말대로 (실천에) 옮길 수 있게 하고

信 믿을 '신' '사람 인人'과 '말씀 언言'으로 이루어졌다. 말이란 마음 속에 있는 의사를 밖으로 펴서 드러내는 것이므로 '언'의 독음은 '펼 신申'과 첩운 관계를 갖는다. 따라서 '신信'의 자형적 의미는 '사람의 말은 마음을 드러내는 것이므로 신실해야 한다'가 된다. 고대 문헌에 서 '신信'과 '신申'을 서로 바꿔 쓸 수 있었던 것은 이 때문이다. 여기 서 '약속'이라는 뜻이 파생되었다.

使 부릴 '사' 이 글자는 '사람 인人'과 '벼슬아치 리吏'로 이루어졌다. 여기서 '리吏'자는 '일 사事'와 어원상 같은 글자이므로 '사使'자의 자 형적 의미는 '명령을 받아 일을 하는 사람'이 된다. 이로부터 '일을 부 리다'·'시키다' 등의 의미가 파생되었다.

可 옳을 '가' '입 구口'와 '생각할 고丂=考'로 이루어진 글자이므로 자 형적 의미는 '생각에 생각을 더한 끝에 천천히 나온 말'이 된다. 이로 부터 '가능하다'·'허락하다' 등의 의미가 파생되었다.『설문해자』에 서는 '가可'를 '뼈에 붙은 살 긍肎'자로 풀이하였다. 뼈에 붙은 살이란 곧 힘줄을 가리키는데, 힘줄은 단단해서 떨어지지 않으므로 '허가할

214

허許' 자와 같은 뜻이 되기 때문이다. 그래서 '가可'와 '긍肯'의 독음이 쌍성 관계에 있는 것이다.

覆 덮을 '복' '덮을 아襾'와 '다시 복復'으로 이루어졌다. 여기서 '복復' 자는 '되풀이하다'라는 의미로 쓰였고, '복覆' 자와 '뒤집을 반反' 자는 독음이 쌍성 관계에 있다. 따라서 '복覆' 자의 자형적 의미는 '뒤집어 덮어서 찍어낸 것처럼 서로 모양이 같다'가 된다. 도장을 찍었을 때 찍은 면과 찍힌 면이 똑같다는 사실을 상기하면 된다.

이 구절은 『논어』 「학이」편의 "약속이 의로움에 가까우면 그 말은 실천에 옮길 수 있다"(信近於義, 言可復也)라는 말을 다시 쓴 것이다. '복覆' 자의 자형이 상징하듯이 종이 위에 도장을 찍는 것처럼 약속 한 말을 그대로 실천에 옮겨야 한다는 뜻이다. 도장이 제대로 찍혀 나오기 위해서는 가장 먼저 글자의 좌우를 반대로 바꾸어서 파야 한다. 좌우를 바꾼다는 말은 약속을 이행해야 하는 사람이 상대방의 입장에 맞도록 실천해야 함을 뜻한다. 자신의 시각에서 파낸 도장을 갖고 찍으면 찍힌 상이 반대로 나와서 못 쓰게 된다는 것은 상식이지 않은가? 그런데도 세상의 많은 약속들이 좌우가 바뀐 상태로, 즉 상대방의 입장이 아닌 자신의 입장에 따라 실천에 옮겨지고도 약속을 지켰다는 말로 포장되는 경우를 우리는 주위에서 쉽게 본다.

『논어』의 구절은 공자의 제자인 유약有若이 한 말인데, 원래의 의미를 그대로 옮기자면 다음과 같다. 즉 다른 사람과 정한 약속은 반드시 지켜야 하는데, 그러려면 약속하기에 앞서 그 약속이 의로움에 가까운지를 먼저 살펴봐야 한다는 것이다. 약속의 내용 자체가 옳은 것이어야 무슨 일이 있더라도 지킬 수 있기 때문이다. 의로움의 여부를 무시하고 이해 관계에 따라서만 약속을 하면, 이해 관계란 속성상 수시로 변하는 것이므로, 나중에 지키기 어려운 경우가 종종 생기기 마련이다.

그런데 이렇게 훌륭한 말씀도 화자의 입을 떠나 전달되면 그 본래의 뜻이 왜곡되어 전혀 다른 의미를 만들어내는 경우가 종종 있다. 즉 "약속이 의로움에 가까우면 그 말은 실천에 옮길 수 있다"는 말이 약속의 내용이 의롭지 않다면 지키지 않아도 된다는 변이적 의미의 범주를 파생시킨다는 것이다. 사람들은 흔히 이러한 변이적 의미의 범주를 핑계로 약속을 파기한 책임을 회피한다. 부모가 자식에게 하찮은 약속이라도 해놓고 지키지 못했을 경우, 약속한 내용의 비합리성 또는 비도덕성 등을 핑계로 약속 자체의 원인 무효를 자식들에게 설득하는 것을 우리는 쉽사리 경험한다. 이른바 상황논리이다. 이런 상황논리는 오늘날 정치인들에게서 다반사로 볼 수 있다. 이를테면 '그런 약속을 한 적은 있다. 그러나 당시 상황에서는 어쩔 수 없는 선택이었다. 약속의 내용이 매우 의롭지 못하고 비합리적이었다는 사실을 나중에 깨달았다. 깨닫고도 그대로 실천한다는 것은 윤리적으로 옳지 못하다.' 이것이 정치가들이 약속을 파기하고도 떳떳하게 구실과 핑계를 대는 패턴이다. 이미 정한 약속은 실천만 남았을 뿐, 그것이 의로우냐 아니냐는 실천의 조건이 될 수 없다. 의로움의 여부는 약속하기 전에 따졌어야 할 문제다.

약속이란 언어로 하는 것이므로 상징계에 속한다. 상징의 생명은 변치 않음이다. 금이나 다이아몬드로 결혼 반지를 나누는 것은 이 물질이 시간이 아무리 흘러도 전혀 변치 않기 때문이다. 실재란 무엇도 정해진 것 없이 던져져 있는 상태이기 때문에 우리는 이것을 어떻게

216

해볼 수도 없을 뿐 아니라 여기에 근거할 수도 없다. 그래서 비교적 고정적인 기호 형식의 약속을 이용해 실재를 감각 가능하게 하거나 잡아둔 게 언어이다. 따라서 말이 약속대로 의미를 만들어내지 않고 말하는 사람마다 다르게 쓰인다면 그 말을 믿고 무슨 일인들 할 수 있겠는가? 그러니까 약속은 고지식하리만큼 언어의 형식대로 지켜야 하는 것이다.

『장자』「도척盜跖」편에 '미생포주尾生抱柱'라는 고사가 있다. 춘추 말기에 미생尾生이라는 사람이 있었는데 그는 고지식하다는 말을 들을 만큼 정직했다고 한다. 어느 날 그는 어떤 여자와 다리 밑에서 만나기로 약속하였다. 약속 시간에 여자보다 먼저 가서 기다리고 있는데 갑자기 강물이 불어나는 것이었다. 그런데도 그는 다리 밑에서 만나자는 약속을 지키기 위해 다리 기둥을 안고 버티다가 끝내 죽고 말았다는 이야기이다. 『장자』에서는 이 고사를 소중한 목숨을 함부로 버린 어리석음을 탓하는 예로 들고 있지만, 상황의 변화를 파악하지 못하고 오로지 형식에만 얽매인 융통성 없는 행위를 폄훼하는 실용주의적인 관점도 함께 담고 있다. 그렇다 해도 상황논리가 마치 당연한 것인 양 받아들여지는 오늘날 미생의 어리석음이 오히려 미담처럼 들리는 것은 웬일일까?

그런데 여기서 눈여겨볼 만한 점이 있다. 미생에 대한 공자의 평가다. 『논어』「공야장公冶長」편의 "누가 미생고를 정직하다고 했느냐? 어떤 사람이 그에게 식초를 꾸러 오자 그것을 이웃에게 꾸어다가 주었다"(孰謂微生高直? 或乞醯焉, 乞諸其鄰而與之)는 구절이 그것이다.[3] 공자의 의도를 두고, 후대 주석가들은 미생이 고지식할 만큼 정직한 사람이라면 자신에게 초가 없으면 없다고 하면 될 텐데 군이 이웃에까지 가서 꾸어다준 것은 남의 물건으로 자신이 칭찬을 들으려 한 것이므로 그는 정직하지 않은 사람이라고 해석한다. 즉 자신의 명예를 위해 융통성을 부린 것은 정직하지 못하므로, 공자도 약속이란 무엇보다 형식이라는 조건에 먼저 충실해야 함을 강조하였다고 봐도 무방할 것이다. 그래서 약속을 하기 전에 그 내용이 나중에 어떠한 대가를 치르더라도 지킬 만한 가치가 있는지를 먼저 살펴야 하는 것이다.

잘 만들어진 그릇

그릇 기器

器欲難量기욕난량이라
그릇은 양量을 헤아리기 힘들게 되고자 한다

器 그릇 '기' '개 견犬'과 네 개의 '입 구口'로 구성돼 있다. '구口' 자가 네 개라는 것은 숨을 가쁘게 쉼을 뜻한다. 따라서 이 글자는 개가 입을 벌리고 가쁘게 숨을 헐떡이는 모양이다. 그래서 독음이 '기운 기氣'와 같다. 입이 강조되어 있는 자형이기 때문에 이로부터 입이 달린 기물들을 가리키는 글자로 차용되면서 '그릇'이라는 의미가 생겨났다.

欲 하고자 할 '욕' '하품 흠欠'과 '골 곡谷'으로 이루어졌다. '흠欠' 자는 하품을 하기 위해 입을 벌린 모양이지만 '곡谷' 자 역시 골짜기의 입구처럼 입을 크게 벌리고 있는 모양이다. 또한 '욕欲'의 독음이 '이을 속續'과 쌍성 관계에 있다. 따라서 자형적 의미는 '입을 크게 벌리고 계속 달라고 요구하다'가 된다. 자형적 의미는 원래 '식욕'을 의미하지만 나중에는 무엇을 하려고 한다는 의지의 뜻으로 파생되었다.

難 어려울 '난' 이 글자는 좌측 방의 '새 추隹'를 통해 짐작할 수 있듯이 원래는 새의 이름을 나타내는 명사였으나, 독음이 '이에 내乃'와 쌍성 관계여서 '어렵다'라는 뜻으로 차용되었다. '내乃' 자는 기운이 구불구불 어렵게 나가는 모양으로, 말을 어렵게 끄집어내거나 하기

어려운 말을 어렵사리 이어갈 때 허사로 자주 쓰인다.[4]

量 헤아릴 '량' '날 일日'과 '무거울 중重'으로 이루어졌다. 여기서 '일日' 자는 됫박이나 말처럼 무게를 달기 위해 물건을 담는 그릇의 모양이고, '량量' 자가 '헤아릴 료料'와 쌍성 관계에 있으므로, '량量' 자의 자형적 의미는 '그릇에다 물건을 담아 무게를 달다'가 된다.

우리는 흔히 사람의 인품과 기량을 그릇에 비유한다. 특히 '사회 지도층'에 속하는 사람들은 그릇이 커야 한다는 말을 자주 듣게 된다. 이것은 구체적으로 어떠한 모습을 뜻할까? 『논어』「팔일」편에 "관중의 그릇이 작구나"(管仲之器小哉)라는 공자의 말이 있다. 이 말을 들은 어떤 사람이 물었다. "관중은 검소했습니까?" 이에 대해 공자는 그렇지 않았다고 설명했다. 그러자 다시 물었다. "관중은 예를 아는 사람이었습니까?" 이에 대한 대답 역시 부정적이었다. 여기서 이 구절을 왜 거론하느냐 하면 '그릇이 작다'는 말의 일반적인 개념이나 이미지가 무엇인가를 설명하기 위해서다. 즉 그릇이 작다고 하면 두 가지 평가를 의미하는데, 하나는 '검소하다', 다시 말해 '쩨쩨하다'는 뜻이고, 다른 하나는 점잖게 표현해 '예를 안다', 실은 '원칙과 규범대로만 하는 융통성 없는 사람'의 이미지다. 그런데 공자는 그릇을 이런 개념으로 말하지 않았다.

『논어』「자로子路」편에 "(군자는) 사람을 부릴 때에는 그를 그릇으로 쓴다"(及其使人也, 器之)는 구절이 있다. 그릇이란 목적을 이루기 위한 도구다. 이것은 무조건 크다고 좋은 게 아니라 용도에 맞도록 잘 만들어졌느냐가 가장 중요하다. 따라서 '군자불기君子不器', 즉 "군자는 (용도가 정해진) 그릇이 아니다"라는 공자의 말은 지도자는 어떠한 목적에도 써먹을 수 있도록 준비돼야 함을 뜻한다. 이처럼 사람의 그릇은 반드시 커야 할 필요는 없지만 방금 말한 것처럼 용도에 맞도록 '잘 만들어져야' 한다.

「공야장」편에 자공이 공자에게 자신을 평가해달라고 하자 "너는 그릇이다"(女, 器)라고 대답해주는 구절이 있다. 자공이 다시 "무슨 그릇입니까?"라고 물으니까 "호련이다"(瑚璉也)라고 부연해준다. 호瑚와 연璉은 모두 종묘에서 서직黍稷, 즉 기장과 조를 담아두는 귀중한 제사 그릇들이다. 재질은 대나무이지만 겉은 옥으로 아름답게 장식하였다고 한다. 이 말은 곧 자공이 비록 평민 출신이긴 해도 배움을 통해 수양을 잘 쌓았기 때문에 종묘에도 오를 수 있을 만한 군자가 되었다는 칭찬이다.

앞에서 공자는 관중을 일컬어 그릇이 작다고 말했지만 「헌문憲問」편을 보면 그를 매우 높이 평가했음을 알 수 있다. 그 대표적인 구절이 "환공이 제후들을 규합할 때 군대의 무력으로 하지 않은 것은 관중의 힘이었다. 이것이 그의 인이다, 이것이 그의 인이다"(桓公九合諸侯, 不以兵車, 管仲之力也. 如其仁, 如其仁)이다. 그는 당시의 패제후霸諸侯인 제 환공의 힘으로 얼마든지 천하를 좌지우지할 수 있었지만, 그렇게 하지 않고 제후만도 못한 힘없는 천자를 받들어 모시고 그의 명에 의해 제후들을 모아 회맹을 시행했기 때문에 이 점을 공자는 높이 칭찬했던 것이다.

그런데도 공자가 관중의 그릇이 작다고 부정적으로 평한 것은 사생활의 사치함이 대부의 신분을 넘어 천자의 위상을 범했기 때문이다. 천자를 내세워 천하의 기강을 바로잡은 일은 잘했지만 예를 어긴 것은 잘못됐다는 말이다. 물론 당시에는 사치가 귀족들 사이에 일반적이어서 별것 아닐 수도 있지만, 기왕 천자를 상징으로 내세웠다면 그 신분의 예까지 지켰다면 더 좋았을 것이라는 아쉬움이었으리라. 따라서 그릇이 작다는 말은, 용도에 맞는 그릇임에는 틀림이 없는데 단지 '정교하게 잘 만들어지지 못한' 그릇이라는 뜻이었다고 해석할 수 있다.

'난량難量'이란 '크기를 재기 어렵다'는 뜻이므로 '크다'는 말과 같다. 그릇은 커야 쓸모가 많으므로 만드는 사람도 크게 만들려고 하고 사는 사람도 큰 것을 사려는 경향이 있다는 것이 이 구절의 내용이다. 옛날에는 자원이 부족한 시대였으므로 한번 그릇을 마련할 때 가능한 한 큰 것으로 선택해야 두고두고 여러 용도로 쓸 수 있었다. 더구나 쇠붙이 종류로 만든 기물은 매우 귀했으므로, 청동 그릇 같은 것은 우람한 것으로 장만해놓으면 그것이 곧 부와 권력의 상징이 되기도 했다. 큰 것이 좋다는 미학적 관점은 여기에서 비롯했다. 또 무슨 물건이든지 사려고 하면 무의식적으로 큰 쪽으로 손이 향하는 것이 사람의 마음이다. 그러나 큰 것을 선택해서 쓰다 보면 크기만큼 효율성도 크지는 않음을 알게 된다. 인재도 마찬가지다. 사람의 도량이나 지식이 크고 많다고 해서 좋은 것은 아니다. 상식과 지혜가 부족하면 도량이 커봤자 무골호인에 지나지 않고 학식이 깊어봤자 고루한 학자에 불과할 뿐이다. 그러므로 오늘날의 '기욕난량'이란 그릇은 큰 것이 되기를 바라지 말고 정교하게 잘 만들어지기를 욕망하는 것이 더 중요하다는 교훈으로 해석해야 할 것이다.

맹모와 부동산값

물들일 염染

墨悲絲染묵비사염하고

묵자墨子는 실이 물드는 것을 보고 탄식하였고

墨 먹 **'묵'** '흙 토土'와 '검을 흑黑'으로 이루어졌으므로 자형적 의미는 '검은색을 내는 흙', 즉 '먹'이 된다. '묵墨'과 '흑黑'은 사실상 동일한 글자로 전자는 '먹'이라는 명사, 후자는 '검다'는 뜻의 형용사라는 문법적 범주만 다를 뿐이다. 그래서 전자는 '토土' 자를 부가하여 변별한 것이다. 여기서는 전국 시대의 사상가인 묵자墨子(B.C. 468?~B.C. 376?)를 가리킨다.

悲 슬플 **'비'** '마음 심心'과 '아닐 비非'로 이루어졌다. '비非' 자는 새의 좌우 날개가 대칭으로 서로 등진 모양이고, '비悲'는 '슬플 애哀'와 첩운 관계에 있다. 따라서 '비悲' 자의 자형적 의미는 '감정이 갈라지고 어긋나서 아프다'가 된다. 이 구절에서는 '탄식하다' 정도로 이해하면 된다.

絲 실 **'사'** 물레에서 뽑아낸 실타래를 나란히 걸어놓은 모양의 상형자이다.

染 물들일 **'염'** '물 수水'와 '휘어질 타朵'로 이루어졌으므로 자형적 의미는 '나뭇가지를 물에 넣어 부드럽게 만들다'가 된다. 물기를 머금

은 나무는 부드러워져서 휘게 할 수 있는데 이는 나무에 스며든 물의 영향 때문이다. 염색도 물감이 천에 스며들어가 그 색이 영향력을 발휘하는 것이다. 이와 같은 원리에서 '염染' 자에 '염색하다'라는 의미가 가차된 것이다.

이 구절은 『묵자』「소염所染」편의 "묵자가 흰 명주실을 물들이는 것을 보고 탄식하며 말하기를 '푸른색에 물들이면 푸른빛이 나고, 노란색에 물들이면 노란빛이 나니, 집어넣는 물감이 바뀌면 실의 빛깔 역시 바뀌는구나'라고 하였다"(墨子見染素絲者而歎曰: 染於蒼則蒼, 染於黃則黃, 所以入者變, 其色亦變)는 구절을 다시 쓴 것이다. 즉 흰 명주실이 물감의 색깔에 따라 전혀 다른 실이 되고, 또 한번 물든 실은 결코 흰색으로 되돌릴 수 없듯이, 사람의 선하고 깨끗한 본성도 어떠한 환경에서 누구에게 물드느냐에 따라 완전히 달라질뿐더러 한번 잘못 물들면 다시 원래의 선한 본성으로 되돌아갈 수 없음을 안타까워하는 말이다.

옛날부터 교육에서 환경 결정론은 매우 중요하게 다루어졌고, 아이들에게 나쁜 영향을 미칠 유해 환경을 가급적 억제하고 좋은 환경을 제공하기 위해 교육자와 부모들은 피나는 노력을 기울여왔다. 맹자의 어머니가 맹자에게 좋은 것을 보고 배우도록 하려고 세 번씩이나 이사를 했다는 맹모삼천孟母三遷은 대표적인 예이다. 맹모삼천에 대한 신앙은 오늘날 우리에게까지 이어져 특정 지역을 이른바 명문 학군으로 만들고 그곳의 부동산값을 천정부지로 앙등하게 하였다.

그러나 명문 학군 현상은 맹모삼천이 왜곡된 결과이다. 아들이 좋은 것을 보고 배우게 하려고 맹모가 세 번씩이나 이사를 했듯이, 오늘날에도 자녀를 '그곳'에 보내 공부 잘하는 수재들과 접촉하며 보고 배우게 하겠다는 것이 부모의 의도일 터다. 그러나 막상 이런 학생들이 많이 모이다 보니, 보고 배우기보다는 오히려 그들 사이에 경쟁만 치열해지게 되었다. 『순자荀子』「권학勸學」편에 '봉생마중蓬生麻中'이라는 말이 있다. 즉 삼밭에서는 키가 작은 쑥도 삼의 높이로 자라난다는 뜻이다. 쑥이 햇빛을 보기 위해 삼 사이에서 치열하게 자라기는 하지만 본래의 능력을 넘어 과도하게 경쟁했기 때문에 줄기가 약해지는 병폐가 생긴다. 치열한 경쟁의 부작용 뒤에는 언제나 이를 완화하려는 신사협정이 나오기 마련인데, 명문 학군 내에서도 일부 계층이 맺는 카르텔이 바로 그것이다. 이들은 사교육과 입시 정보 등을 배타적으로 공유함으로써 이른바 학연을 형성하여 졸업 후에까지도 각종 혜택을 주고받는 권력을 도모한다. 맹모가 설마 이런 카르텔을 염두에 두고 세 번이나 이사를 갔을 것 같지는 않다.

또 한 가지 주의 깊게 봐야 할 부분은, 실이 한번 물들고 난 다음에는 원래의 흰 상태로 환원될 수 없듯이 사람도 한번 무엇에든 영향을 받으면 본래의 선한 본성을 회복할 수 없다고 한탄했다는 말이다. 인간의 의식이란 스스로 만들어낸 것이 아니라 타자가 밖에서 들어와 형성시킨 것이다. 이를테면 언어나 문화는 주체 이전부터 존재해온 것으로 이것이 주체 안에 들어와야 이를 통해 세계를 인식할 수 있게 된다. 따라서 주체에게 흰 실처럼 착한 본성 같은 것은 있을 수 없다. 그런데도 의식 이전의 때 묻지 않은 상태를 상정해 이를 회복하는 것이 구원인 양 주장하는 경우가 종종 있는데, 이것은 신화적 담론으로서 그 목적은 기원起源을 추구하여 권력을 장악하려는 데 있다. 우리 주위에서 흔히 볼 수 있는, 누가 원조元祖니 정통이니 하는 다툼도 여기에 근거한 것이다.

　인식이 타자에게 의존할 수밖에 없다면, 권력에 의해 형성된 의식은 근본적으로 허위의식에 지나지 않는다. 그러므로 우리가 관심을 가져야 할 것은 기원이 아니라 올바른 인식을 방해하는 갖가지 허위의식들일 것이다. 그래야 세계를 바로 볼 수 있겠기 때문이다. 따라서 묵자의 한탄을 비판하자면, 물감에 물들어 흰 실로 돌아갈 수 없음을 한탄할 것이 아니라, 어차피 무슨 물감이든 물을 들여야 하는 운명이라면 처음부터 어떤 물감으로 물들일까를 고심해야 했을 것이다. 왜냐하면 루카치(G. Lukács)의 말대로 의식이 주체를 실천하게 하기 때문이다. 우리나라에서 우파 정당이 계속 집권하는 근본적인 이유는 스스로를 중산층이라고 의식하거나 중산층을 지향하고 있다고 의식하는 사람들이 많기 때문일 것이다. 언론을 장악한 권력이 각종 미디어를 통해 국민을 허위의식으로 물들이는 것은 그리 어려운 일이 아니다. 따라서 묵자가 한탄하는 대상의 초점을 흰 실이 아니라 물감으로 돌려야 우리의 실존을 바로 파악할 수 있을 것이다.

퇴근하는 관리를 보며

양 양羊

詩讚羔羊시찬고양이라
『시경』은 「고양羔羊」편을 찬양하였다

詩 시 '시' '말씀 언言'과 '모실 시寺'로 이루어졌다. 여기서 '시寺'자는 '의지 지志'와 같은 음이고 의미를 서로 통하여 쓸 수 있으므로 '시詩' 자의 자형적 의미는 '의지를 표현할 수 있는 말', 즉 '시'가 된다. 여기 서 '시詩' 자는 보통명사가 아니라 중국 고대의 시가집이자 유가 경전 중의 하나인 『시경詩經』을 가리킨다.

讚 기릴 '찬' '말씀 언言'과 '도울 찬贊'으로 이루어졌다. '찬贊' 자는 폐백(貝)을 들고 앞으로 나아간다는 뜻이므로, '찬讚' 자의 자형적 의 미는 '말로써 존경과 경배를 표시하다'가 된다.

羔 염소 '고' '불 화火'와 '양 양羊'으로 이루어졌다. 고문자의 이체자 異體字 중에는 '화火' 대신에 '흙 토土'를 쓴 글자도 있다. 즉 옛날에는 짐승의 새끼 고기를 별미로 여겼기 때문에 통째로 진흙을 발라 불에 굽는 요리법으로 고기 맛을 즐겼다. 따라서 '고羔' 자의 자형적 의미는 '통째로 구워 먹는 새끼 양'이 된다.

羊 양 '양' 이 글자를 갑골문에서는 '♈'으로 썼는데, 양의 구부러진 뿔과 머리를 그린 모양이다. '양羊' 자는 '상세할 상詳'·'노닐 양徉' 등

의 글자에 우측 방旁으로 쓰였다. 여기에는 공통적으로 '양의 뿔처럼 구부러지다'라는 의미가 담겨 있다. 왜냐하면 '구부러지다'라는 말은 '굽을 곡曲' 자를 통해 알 수 있듯이 '상세하다'는 의미를 함축하고, '노닐다'는 말은 '이리저리 구불구불 다니다'라는 이미지를 포함하기 때문이다.

'고양羔羊'이란 '새끼 양'을 뜻하지만, 여기서는 『시경』 중의 「고양羔羊」이라는 편명을 가리킨다. 이 시는 "새끼 양의 가죽을 / 흰 실 다섯 타래로 꿰맸네. 집에 가 밥 먹으러 퇴청하는데 / 어슬렁어슬렁 걸어가네"(羔羊之皮. 素絲五紽. 退食自公. 委蛇委蛇)라는 구절을 약간씩 변조하여 세 번 반복하는 형식으로 구성돼 있다. 이것을 한대 훈고학자들은 소남召南 땅에 문왕의 교화가 미쳐서 태평성대를 맞이한 모습이라고 해석하였다. '새끼 양의 가죽'이란 관리들이 입는 관복을 가리킨다. 이것을 다섯 타래의 실로 아름답게 꿰맸다는 것은 관리들이 훌륭한 임금의 덕치 아래 예를 갖추어 임금을 잘 보좌하고 백성을 잘 살피고 있음을 상징한다는 것이다. 온종일 열심히 일하고 팔자걸음으로 여유롭게 관청에서 퇴근하는 모습에서 그들의 근면성을 볼 수 있다고 해석한다. 그래서 『시경』 중에서도 이 「고양」편을 훌륭한 시로 꼽는다는 것이 이 구절이 뜻하는 바이다.

그런데 위의 그럴싸한 해석을 잠시 떠나 언어의 일차적인 의미에 국한하여 「고양」편을 다시 읽어보면, 약간 다른 해석이 가능함을 느낄 수 있다. 즉 이 시를 힘들게 노동하는 백성의 시각에서 바라보면 매우 풍자적인 색채가 강한 작품으로 변한다는 것이다. 우선 새끼 양의 가죽은 매우 비싸다. 일반적으로 양의 가죽은 고기를 먹기 위해 잡

으면 자동적으로 나오는 부산물이므로 저렴하지만, 새끼 양의 가죽
은 오로지 부드러운 모피만을 얻기 위해 잡아야 하므로 비쌀 수밖에
없다. 당시의 관복을 양가죽으로 만든 데는 관리들로 하여금 홀로 튀
지 말고 양처럼 무리 속에 있으라는 경고의 의미가 있었다. 그러나 동
시에 관리들이 백성들 앞에서 권위도 있어야 하니까 기왕이면 고급
스러운 새끼 양 가죽으로 관복을 해입고 오색 실로 아름답게 수도 놓
았을 것이다. 관리들의 이러한 사치한 옷차림이 일 년 가야 변변한 옷
한 벌 제대로 챙겨입기 힘든 백성의 눈에 마냥 부러워 보이지만은 않
았을 테니 풍자의 첫 번째 대상이 되었으리라.

두 번째 대상은 그들이 어슬렁어슬렁 퇴근하는 모습이다. 아무리
일을 해도 일이 끝나지 않을 뿐 아니라 항상 배가 고프기만 한 백성
들은 저녁 퇴근 시간이 되어 유유자적하게 저녁 식사가 기다리는 집
으로 돌아가는 관리들을 보고 한없이 부럽다가 마침내는 불공평이라
는 생각에 다다랐을 것이다. 설사 불공평을 인식했다 하더라도 이를
표출하는 것은 당시로서는 매우 위험한 행위였을 터인즉, 풍자적인
노래는 이를 해소하기 위한 매우 유용한 수단이었을 것이다. 풍자는
대개 역설적으로 표현되는데, 대상에 대한 직설적 비판이 불러올 재
앙을 피하기 위해서이다. 게다가 사실상 같은 가사를 살짝 바꿔 반복
변주하는 형식도 대상을 비트는 즐거움을 더해준다.

역설적인 비판을 모태로 태어난 이러한 풍자시를 권력에 봉사하
는 훈고학자들은 태평성대에 펼쳐지는 일상의 모습으로 재해석한다.
위에 설명한 일상에 대한 재해석 외에도 다음과 같이 거의 견강부회
에 가까운 해석들도 많이 등장한다. 이를테면, 정현鄭玄은 "집에 가 밥
먹으러 퇴청하다"(退食自公)라는 구절을 관리가 공무를 수행하면서

도 집에 가서 밥을 먹는 것은 정직하고 검약하는 태도라고 풀이하였다. 또 공영달孔穎達에 따르면, 관복을 양가죽으로 하는 것은 양이 무리는 짓되 파당을 만들지 않는 덕이 있기 때문인데, 그중에서도 새끼 양의 가죽을 중시하는 것은 새끼 양은 제물로 희생시켜도 결코 울지 않기 때문이라는 것이다(새끼 양은 실제로 칼로 먹을 따도 울지 않는다고 한다). 즉 제물로 희생됨은 의로움을 위해 죽는 일이고, 이때 울지 않는 것은 의로움에 순종함을 상징하기에 「고양」편을 칭송한다는 말이다.

이쯤 되면 본래의 풍자 기능은 완전히 무력화된다. 작품이란 시간이 지나면 본래의 의도는 잊히고 텍스트 자체만 남아 궁극적으로 해석하는 자의 것이 되기 때문에 이것이 가능하다. 바로 이 원리로 인해 학자가 권력에 매수될 수 있는 것이다. 동아시아에서 학자들이 각별한 존경을 받아온 배경에는 권력과의 상생이라는 특별한 관계가 작용해오고 있었다.

공자가 일찍이 설파했듯이, 시에는 본래 '사무사思無邪', 즉 어떠한 편견이나 이데올로기가 없다. 따라서 시를 읽을 때는 먼저 시어가 갖는 가장 일차적인 의미, 다시 말해 외시外示 의미에 충실해서 읽는 것이 중요하다. 한 단어의 함축 의미란 여러 의미들이 켜켜이 중첩된 결과이므로 거기엔 언제나 신화적으로 부풀려질 가능성이 있기 마련이다. 그리고 그 뒤에는 그렇게 부풀려 얻고자 하는 목적이 분명히 있을 터인즉, 그것을 우리는 이데올로기라고 부른다. 따라서 시를 '사무사'의 본질로 들어가 읽으려면 함축 의미를 일단 제거하는 일이 가장 급하다. 그래야 '무사無邪'의 텍스트가 현재의 실존인 나에게 의미를 다시 부여해줄 수 있는 것이다.

큰길과 샛길

다닐 행行

景行維賢경행유현하고
큰 길을 걸어가는 사람은 현명한 사람이고

景 클 '경' '날 일日'과 '서울 경京'으로 이루어졌다. '경京'은 높은 언덕 위에 세워진 집의 모양이고 높은 곳은 전망이 훤해 이런 곳에는 고관대작이나 부자들이 큰 집을 짓고 살므로 이로부터 '큰 도시', 즉 '서울'이라는 의미가 생겨났다. 따라서 '경景'의 자형적 의미는 '밝은 태양 빛'이 된다. 이와 같은 의미의 글자로 '빛 광光' 자가 있는데, 이것은 햇빛의 밝은 부분을, '경景'은 햇빛의 어두운 부분을 각각 가리킨다. 여기서는 '훤할 정도로 크다'는 뜻으로 쓰였다.

行 다닐 '행' 네거리의 모양을 그린 글자이다. 네거리는 사람들이 많이 다니는 복잡한 곳이므로 이로부터 '다니다'·'걷다' 등의 의미가 생겨났다.

維 얽을 '유' 이 글자는 앞의 '공유국양恭維鞠養' 구절에서 설명한 '유惟' 자와 같다. 여기서는 '이에 내乃' 자와 같은 뜻으로 쓰였으므로 '~이다' 정도로 번역하면 된다.

賢 어질 '현' '조개 패貝'와 '어질 견臤'으로 이루어졌다. '견臤' 자는 노예(신하 신臣)를 오른손(우又)으로 꼭 잡은 모양인데, 노예를 장악하

고 있다는 것은 노예를 잘 부려 이득을 낸다는 뜻이므로 이로부터 '현명하다'·'어질다'라는 의미가 생겨났다. '견臤' 자는 나중에 '현賢'으로 대체되었는데, '현賢'은 원래 노예를 잘 부려서 재물(조개 패貝)을 많이 모았다는 뜻이었다.

'경행景行'은 글자 그대로 '사람들이 많이 다니는 큰길'이라는 뜻이다. 사람들이 많이 다니는 길이란 상식, 즉 중용中庸에 비유할 수 있으므로 '많은 사람들이 존경하는 인품과 행위', '대도大道' 등의 의미로 쓰인다. 그러므로 '경행유현'이란 큰길을 걸어가는 사람, 또는 대도를 행하는 사람이라야 현자가 된다는 뜻이다.

중국인들이 옛날부터 중시해온 가치의 척도는 중용이었다. '중中'은 글자 그대로 '가운데'라는 뜻이고, '용庸'은 '보통 사람들'이라는 뜻이다. 전체 백성들 중에서 가운데의 보통 사람들이 옳다고 보는 인식과 감정이 이에 해당하므로 '경행', 즉 사람들이 많이 다니는 큰 네거리 길로 비유한 것이다. 큰길이란 이 마을 저 마을을 모두 포섭해 연결해야 하므로 우회하는 경우가 잦고 교통량도 많아 더디고 불편해 보이지만, 오히려 많은 사람들이 오가기 때문에 안전할 뿐 아니라 길을 크게 잘 닦아놓은 덕에 막힘없이 다닐 수 있어 궁극적으로는 이로운 게 사실이다. 반면에 샛길은 질러가기 때문에 빨리 갈 수 있어서 좋을 것 같지만 외진 곳에서 강도를 만날 위험도 있고, 도중에 장애물을 만나 이를 피해 다니다 보면 생각만큼 그렇게 시간이 절약되지도 않고 이롭지도 않다.

큰길을 선택하는 것이 궁극적으로 유리하다는 경험적 사실에 근거해 대도의 의미를 은유적으로 설명하면 매우 강력한 설득력을 갖는다. 대도가 큰길의 경험을 철학적으로 추상화한 개념인지, 아니면 순전히 사변적인 개념인지는 더 따져봐야겠지만, 대도가 무엇을 함의하든 그것은 사람들을 지류로 빠지고 않고 주류主流에 합류하도록 압박하는 효과를 발휘한다.

여기서 대도가 '경행景行'이란 말이 암시하듯 '밝은'(景) 길이기까지 하다면, 사람들은 당연히 주류를 따라가야 하고 또한 그것이 이롭다. 『논어』「이인里仁」편에도 "지혜로운 자는 인을 이롭게 여긴다"(知者利仁)는 구절이 있는데 이는 인이 궁극적으로 이롭다는 것을 아는 게 지혜의 본질이라는 뜻이다. '어질 현賢' 자의 자형은 이 점을 더욱 구체적으로 나타내는데, 어진(仁) 행위가 곧 재물(貝)과 직결된다고 표현하고 있기 때문이다.

인이 이로운 것은 보편성이 있기 때문이고 그래서 중용이다. 그런데 여기서 주의해야 할 점은 보편성은 중용에 속하지만 중용이라고 반드시 보편성이 있는 것은 아니라는 사실이다. 다시 말해 대중의 인식이 곧 보편자가 될 수는 없다는 말이다. 오늘날처럼 공리주의가 팽배한 사회에서 최대 다수의 최대 행복이 이익이라면 사회 구성원 중의 누군가는 이러한 이익으로부터 소외돼 있을 것이 틀림없기에 이는 근본적으로 인이 될 수 없다. 진정한 민주주의는 기본적으로 다수의 의사에 근거해야 하지만 잃어버린 한 마리의 양도 포기해서는 안 된다. 거대한 제방이 무너지는 것은 역설적이게도 보잘 것 없는 작은 균열에서 시작하지 않던가?

몇 년 전 세월호가 침몰했을 때, 어떤 사람들은 이를 수학여행 중에 발생한 교통사고로 간주하고 속히 종결하자고 주장했다. 이 방법은 직접 관련이 없는 다수에게 당장은 이익이 될지는 몰라도 좀 더 길게 보면 우리 사회에 결코 유리하지 않은 것이었다. 구성원 일부의 부당한 희생이 보편의 이름으로 정당화되는 사회, 따라서 보편성이 결여된 사회는 구성원들이 기댈 기둥이 없는 것이나 마찬가지여서 그들 모두가 자신의 삶이 언제 무너질지 모른다는 불안 속에 나날을 살아야 하기 때문이다. '경행유현景行維賢'의 형식은 '경행景行'이라는 주어와 '현賢'이라는 목적어를 '얽을 유維'자가 문자 그대로 중간에서 엮어놓고 있다. 어느 한 사람도 소외되지 않는 큰길이 궁극에는 이익이 됨을 이 구절은 매우 인상 깊게 보여준다.

'갑질'은 언젠가 임자를 만난다

이길 극克

克念作聖극념작성이라
능히 생각할 수 있으면 성인이 된다

克 이길 '극' 사람이 어깨 위에 크고 무거운 짐을 얹어 메고 가는 모양을 그린 것이다. 아랫부분의 '어진 사람 인儿' 자는 어진 사람이 다른 사람 앞에서 무릎을 꿇은 모양인데, 이것은 짐이 너무 무거워 다리가 휘어진 상태로 버티는 모습을 나타낸다. 이로부터 '힘써 이기다'·'할 수 있다' 등의 의미가 파생되었다.

念 생각할 '념' '마음 심心'과 '이제 금今'으로 이루어졌다. '금今' 자는 집 안에 물건을 놓고 지키는 모양이고, '념念' 자는 '차지할 점占'과 첩운 관계에 있으므로, '념念' 자의 자형적 의미는 '마음속에 생각을 품고 견고히 지키다'가 된다.

作 지을 '작' '사람 인人'과 '잠깐 사乍'로 이루어졌다. '사乍'의 자형적 의미는 해의 그림자가 움직이다가 장애를 만나 보이지 않게 되었다는 뜻이므로, 해가 져서 보이지 않게 된 어제를 '작昨'으로 쓰는 것이다. 시간이 지나면 무엇이든지 변하기 마련이므로 발효시킨 조미료를 '초酢'라 하고, 말을 억지로 변화시켜 꾸미는 것을 '거짓 사詐'라고 쓴다. 따라서 '작作' 자의 자형적 의미는 '시간을 내서 무엇인가를 꾸

235

미거나 만들다'가 된다.

聖 성인 '성' '귀 이耳'와 '드러낼 정呈'으로 이루어졌다. '정呈' 자는 '법 정程'의 원래 글자로 '표준' 또는 '모범'의 의미를 담고 있고, '성聖' 자는 '소리 성聲'과 발음이 같다. 따라서 '성聖'의 자형적 의미는 '표준 이 될 만한 소리를 듣고 변별할 줄 아는 사람'이 된다. 공자가 "아침에 도를 들으면 저녁에 죽어도 괜찮다"(朝聞道, 夕死可矣)고 말하였듯이, 도란 '들음으로써 깨닫는 것'이므로 '성聖' 자 안에 '이耳' 자가 들어 있 는 것이다.

이 구절은 『서경』 「다방多方」편의 "성인도 생각이 없으면 아둔한 자가 되고, 아둔한 자라도 생각할 줄 알면 성인이 된다"(惟聖罔念作狂, 惟狂克念作聖)는 구절을 다시 쓴 것이다. 옛 상商나라를 회복하고자 하 는 무리들이 주나라에 모반을 꾀하는 일이 자주 발생하자, 주공周公 이 주나라가 상나라를 멸망시키고 정권을 계승할 수밖에 없는 필연 성을 설명한 부분이다. 하늘은 상나라의 실정에 대하여 반성할 수 있 는 기회를 주었으나, 상나라는 전혀 반성할 생각이 없었으므로 하는 수 없이 천명을 주나라에 주었다는 논설이다. 따라서 성인과 아둔한 자의 구분은 생각이 있느냐 없느냐에 따라 결정된다는 것이 이 구절 의 뜻이다.

우리는 남을 훈계하거나 꾸짖을 때 "생각하고 행동하라"든가 "너는 왜 그리도 생각이 없느냐" 같은 말을 흔히 한다. 그러나 따지고 보면 훈계를 받는 사람도 생각을 전혀 하지 않은 것은 아니다. 데카르트는 결코 의심할 수 없는 최종적 근거를 찾다가 마침내 코기토Cogito, 즉 "나는 생각한다"라는 명제에 도달했는데, 이것이 서양 근대 철학의 초석이자 과학의 출발점이 되었다. 이에 대하여 라캉은 생각하는 '나'란 거울에 비친 자신의 이미지를 자신의 정체성으로 여기는 자아에 불과하므로, 세상을 그 위에 떠받칠 만큼 흔들림 없는 토대가 될 수 없다고 비판하였다. 자아는 상상계의 산물로서 의심할 수 없는 불변의 출발점이 될 수 없는데도 철학(과학)이 그 위에 서 있다고 믿는다면 환상에 지니지 않는다는 것이다. 따라서 아무리 '생각을 많이 할 수 있다 해도'(克念) 그 생각이 성인을 만들기는커녕 근본적으로 환상을 벗어나지 못한다는 말이 되기 때문에, '생각이 없다'는 비난은 성립될 수 없는 모순을 안고 있다.

그럼에도 아둔한 자는 왜 생각이 없는 자라고 비난을 받는가? 일상에서 내가 총명하다고 칭찬하는 사람은 내 말을 잘 듣거나 내 의도를 잘 파악하는 자이고, 그렇지 못한 자는 아둔하다는 질책을 받는다. '나의 환상과 너의 환상이 일치하느냐'의 여부가 '성聖'과 '광狂'을 가르는 기준이 된다는 말이다. 나의 환상에의 적응 여부가 총명함과 어리석음을 결정한다면 이는 권력 관계에 다름 아니다. 권력자, 즉 '갑'에게 총명하다고 인정받기 위해서는 '들리지 않는 소리까지도 들을 수 있는' 능력을 갖춰야 하기 때문이다. 시쳇말로 '갑甲질'은 여기서부터 시작되었던 것이다.

그런데 우리는 위 구절 중 '작성作聖'이라는 말에 주의해야 한다. 보통 이것을 '성인이 되다'라는 뜻으로 번역하지만, '작作' 자 속에는 '(성인인 것처럼) 인위적으로 꾸며내다'라는 의미가 숨어 있기도 하다. 머리가 잘 돌아가는 자들은 '갑'의 입맛에 맞도록 말을 잘 듣는 척함으로써 그의 총애를 살 것이다. 이 순간부터 '갑'은 그들의 손에 운명을 맡기게 된다. 우리는 정계나 재계에서 권력을 가진 자들이 함부로

'갑질'을 부리다 사회적으로 망신을 당하는 경우를 종종 보는데, 이것은 그 아랫사람들이 평소 그들의 입맛에 맞춰 말을 잘 들음으로써 자신은 항상 옳다는 환상을 키워주었기 때문에 일어난 일이다. 중국에는 "밤길을 오래 가면 끝내는 귀신을 만난다"(夜路走多, 總見鬼)는 속담이 있다. 세상에는 여러 종류의 사람들이 있기 때문에 환상에 사로잡힌 사람이 허세를 부리면 언젠가는 임자를 만나 환상이 무참히 깨지는 경험을 하게 되는 것이다. 이것이 '작성'의 위험성이자 대가이다.

성인이란 '성聖' 자의 자형이 말하듯이 '무엇이 옳은지를 들을 줄 아는 사람'이다. 「마태복음」(13:9)에도 "귀 있는 자는 들으라"고 했다. 남의 말을 듣고 깨달으려면 자신이 가진 집착을 먼저 버려야 한다. '념忩' 자가 '점령할 점占'과 첩운 관계에 있는 것처럼, 생각이란 이미 그것을 점령한 어떤 환상에 의해 지배당하고 있기 때문이다. 그렇다면 「마태복음」의 히브리어 원문이 '귀 있는 자'의 '귀'에 왜 정관사를 붙였는지를 알게 된다. 그 귀는 아무 귀나 가리키는 게 아니고 집착을 버린 '뚫린 귀'를 뜻하기 때문이다. 따라서 '생각할 수 있음'의 '극념克忩'이 성인을 만드는 것이 아니라, 오히려 자형의 의미대로 '환상에 대한 집착을 이겨낼 수 있음'의 '극념克忩'이 성인을 만든다고 해석해야 할 것이다.

슬퍼하기 위해 울다

이름 명名

德建名立덕건명립**하고**
덕이 세워지면 이름은 (저절로) 서게 되고

德 덕 '덕' '조금 걸을 척彳'과 '덕 덕悳'으로 이루어졌다. '덕德' 자의 발음은 '얻을 득得'·'오를 등登'·'오를 척陟' 등과 쌍성·첩운의 관계에 있으므로 자형적 의미는 '높은 곳으로 천천히 걸어 올라가다'가 된다. 이로부터 '덕'은 지속적인 수양에서 얻어지는 고상한 인품과 실천 능력이라는 의미로 쓰이게 되었다.

建 세울 '건' '붓 율聿'과 '길게 걸을 인廴'으로 이루어졌다. '율聿' 자는 '붓 필筆'·'법 률律' 등과 같은 의미로 통하는 글자이다. 새로운 왕조가 시작되면 그 정권을 지탱할 헌법을 새로 써서 세워야 하는데 '율聿'은 바로 이를 상징한다. 이러한 대원칙과 법률은 오래 지속되어야 하므로 '인廴' 자를 쓴 것이다. 따라서 '건建'의 자형적 의미는 '법률로 대원칙을 세우고 이를 오래 지속되게 하다'가 된다.

名 이름 '명' '입 구口'와 '저녁 석夕'으로 이루어졌으며, 발음이 '울명鳴'·'어두울 명冥'과 같다. 옛날에는 밤길을 가다가 사람을 만나면 상대방을 안심시키기 위해서 먼저 "아랫마을 누구올시다"라고 자신의 이름을 크게 말하는 게 예의였다. 따라서 '명名' 자의 자형적 의미

는 '컴컴한(冥) 밤(夕)에 사람을 만나면 자신의 이름을 입(口)으로 크게 외치다(鳴)'가 된다.

立 설 '립' 이 글자의 전서篆書는 '㪇'으로 썼는데, 이는 사람이 땅 위에서 정면으로 버티고 서 있는 모양이다.

이 구절은 덕과 명성이 어떤 관계에 있는지를 밝힘으로써 덕의 속성을 에둘러 말한다. '덕건명립德建名立'에서 '德建'과 '名立'은 조건 관계로서 '덕이 세워지는' 조건이 성립되면 '이름이 (저절로) 일어나는' 결과가 나온다는 의미를 나타낸다. 주의할 점은 두 요소가 모두 '주어+술어' 구조로 이루어져 있지만 '건建' 자는 타동사이고 '립立' 자는 자동사라는 사실이다. 타동사를 사용했다는 것은 덕이 인위적으로 힘써 이룩해야 할 대상임을, 그리고 명(이름)에 자동사를 썼다는 것은 조건만 충족되면 이름은 저절로 생겨나는 것임을 각각 말하는 것이다.

그렇다면 덕이란 무엇인가? 자해에서 밝혔듯이 덕은 지속적인 수양을 통해 얻어지는 인품이다. 여기서 수양을 구체적으로 개념화하자면 예禮를 지속적으로 실천할 수 있는 능력의 배양을 말하는데, 이 능력의 밀도가 높을수록 덕이 높아지는 것이다. 왜 예의 실천 능력을 덕으로 보느냐 하면 예란 자신을 세계에 결합시키는 방식이기 때문이다.[5] 따라서 '나'의 덕은 어떤 형태로든 결합을 통해 세계에 영향을 미치게 마련이므로 여기서 명성이 생겨날 수밖에 없다는 말이다.

그런데도 "덕이 세워지면 명성은 저절로 일어난다"는 뻔한 이치를 굳이 가르치는 것은 역설적으로 덕의 수양에는 관심 없이 명성에만 집착하는 탐욕을 경계하기 위해서라고 이해해야 한다. 우리는 존재 자체를 절대 알 수 없고 반드시 존재자라는 감각적 요소를 매개로 간접적으로 인식하게 된다. 우리가 돌의 존재를 딱딱한 질감이라는 존재자를 통해 부분적으로나마 인식하는 것과 같은 이치다. 그런데 덕이란 감각적인 자료가 매우 희박한 형이상학적 존재이기 때문에 언어의 도움 없이는 알아내기가 무척 어렵다. 그래서 다소 모호한 단어인 덕이라는 말로 표현한 것인데, 이것이 어떤 특정한 사람에게 얼마나 많이 있는지는 여전히 알 수 없다. 그래서 그 사람의 이름(명성) 자체의 크기에 기대게 된다. 사람의 명성이 크면 덕도 그만큼 커지는 것이다. 오늘날에도 무슨 사회적인 캠페인을 벌일 때 존경받는 현직 교사가 나와 호소하는 것보다 잘생긴 유명 연예인을 내세워 권유하면 훨씬 효과가 크지 않은가?

옛날부터 사람들은 덕을 쌓기에 힘쓰기보다는 이름 자체를 알리는 일에 더 많은 관심을 가져왔다. 그래서 겉만 번지르르하고 속은 텅 빈 이른바 외화내빈外華內貧의 병폐가 생겨났고, 이를 경계하기 위해 '덕건명립德建名立'이라는 구절을 만들어낸 것이다. 내용이 알차면 이름은 저절로 드러나는 일상의 경험에 기대어 실질 우위의 사상을 고취시켜 보자는 것이 그 취지라 하겠다. 실질에서 출발해 명을 세우는 이러한 사유 방식을 우리는 실사구시實事求是라고 부르는데, 명을 전제하지 않고 실질을 추구하는 일이 생각처럼 쉽지 않은 것도 현실이다. 『논어』「팔일」편에는 임방林放이 예의 본질을 묻자 공자가 다음과 같이 대답해주는 구절이 나온다.

예란 사치하기보다는 차라리 검소한 편이 낫고, 상을 치를 때에는 (절차가) 매끈하기보다는 차라리 슬픈 것이 낫다(禮與其奢也寧儉, 喪與其易也寧戚).

이 구절은 예의 본질이 형식적으로 사치하거나 매끈한 데 있기보다는 실질적으로 검소하고 슬픈 데 있다는 사실을 말하지만, 그렇다고 겉으로 드러나는 형식적인 면의 기능을 부정하지도 않는다. 우리는 슬퍼하는 방법 없이 그냥 슬퍼하는 것이 현실적으로 불가능하다. 슬퍼하기 위해서는 그 형식이 있어야 한다. 이 형식이 바로 명이다. 이를테면 슬퍼하기 위해 곡哭을 한다면 곡은 곧 명이 된다. 따라서 명을 어떻게 만드느냐에 따라 슬픔은 여러 가지로 표현되기 마련이다. 여기가 명이 실질을 이끌어냄과 아울러 본질을 은폐하기도 하는 지점이다. 그래서 공자는 명이 실질을 이끌어내는 최소한의 기능에 국한해야 하므로 형식의 '검소'를 주장하였고, 본질이 명에 은폐되지 않도록 '슬픔'(戚)을 강조했던 것이다.

사람들이 대상을 향해 움직일 때는 반드시 뭔가를 바라고 하게 마련이다. 많은 경우 그것은 이름이 알려지는 것이다. 이름은 실질에 근거한 것이라는 점에서 앞의 명과 같은 것이다. 이것을 헤겔은 타자의 인정이라고 정의했는데, 사람들이 이름을 알리는 데 집착하는 것은 바로 이 인정받고 싶은 욕망 때문이다. 그러나 덕이 있는 사람은 이 이름에 목을 매지 않는다. 그렇다면 그는 욕망 없이 실천할 수 있다는 말인가? 그렇지 않다. 그에게는 인정해줄 타자가 반드시 있다는 믿음이 있고 이 믿음 위에서 그의 실천이 가능하다. 『논어』「이인」편의 "덕은 외롭지 않으니, 반드시 이웃이 있기 때문이다"(德不孤, 必有鄰)라는 구절은 이를 가리킨다. 여기서 이웃은 그의 관념에 형성되어 있는 대타자를 가리킨다.

철없는 '금수저'의 항변

형상 형形

形端表正형단표정이라
몸매가 단정하면 겉옷이 바르게 된다

形 형상 '**형**' '터럭 삼彡'과 '평평할 견幵'으로 이루어졌다. '견幵' 자는 원래 모양이 '幵'인데 이는 붓글씨 연습을 할 때 글씨가 예쁘게 써지도록 균형을 잡아주는 네모난 습자習字 틀을 뜻하고, '삼彡' 자는 붓으로 아름답게 수식하는 것을 가리킨다. 따라서 '형形' 자의 자형적 의미는 '습자 틀을 놓고 붓으로 글자를 예쁘게 모사模寫하다'가 된다. 거푸집이나 틀의 기능을 하는 사물들을 모두 '형形', 또는 '형型'으로 쓰는 것은 이 때문이다.

端 단아할 '**단**' 이 글자는 '설 립立'과 '끝 단耑'으로 이루어졌으므로 자형적 의미는 '초목이 처음 돋아나 곧추 자라듯이 사람이 똑바르게 서 있다'가 된다.

表 겉 '**표**' '겉 표表' 자는 '옷 의衣'와 '털 모毛'로 이루어졌다. '표表' 자는 발음이 '쌀 포包'와 쌍성·첩운 관계에 있으므로 자형적 의미는 '큰 겉옷으로 몸 전체를 감싸다'가 된다. 옛날에는 갖옷이나 모피 옷을 맨 위에 걸쳤으므로 '모毛'가 이 글자의 구성 요소로 들어간 것이다.

正 바를 '**정**' '하나 일一'과 '멈출 지止'로 이루어졌다. 여기서 '일一'

자는 장애물을 가리키고 '지止' 자는 발을 뜻하므로 자형적 의미는 '길을 걷다가 장애물을 만나 멈춰서다'가 된다. 여기서 파생된 글자에 '정할 정定' 자가 있는데, 이는 '집 안(宀)에 머물다'라는 뜻이다. 집 안에 머물러 있으면 안정安定되기 때문에 이로부터 '바르다'라는 의미가 파생된 것이다.

　'형단표정'은 틀과 그 틀로 뽑아낸 생산물의 관계를 서술하기 때문에 우리 일상에서 여러 예를 들어 설명할 수 있다. 이를테면, 주조鑄造의 경우는 거푸집이 깔끔해야 주물이 매끈하게 빠진다고 풀이할 수 있고, 옷을 입을 경우는 몸매가 단아해야 옷맵시가 난다고 해석할 수 있다. 이 은유를 바른 정치의 실현에도 적용할 수 있다는 가르침이 『서경』「군아君牙」편의 "그대의 몸이 바르다면, 감히 바르게 하지 않을 사람이 없을 것이오"(爾身克正, 罔敢不正)라는 구절과 『논어』「안연」의 "네가 정도正道로써 앞서 나가면 누가 감히 바르게 하지 않겠느냐?"(子帥以正, 孰敢不正)라는 구절이다. 속담에도 "윗물이 맑아야 아랫물도 맑다", "때깔 좋은 과일이 맛도 좋다"는 말이 있지 않던가?
　앞 구절에 대한 해설에서 슬퍼하려 해도 반드시 명名, 즉 형식이 필요하다고 했다. 실질이란 실질 그 자체로 존재할 수 없고 반드시 감각 또는 지각할 수 있는 존재자, 즉 기표가 있어야 한다는 말이다. 여기서 기표를 이해하기 위해 아주 거칠게 요약해보자. 주지하다시피 기호(sign)는 기표(signifier)와 기의(signified)로 이루어졌다. 기표는 상징하는 물질이므로 우리가 그것을 감각하거나 지각할 수 있다. 거기서 우리는 주관적인 의미를 떠올리게 되는데 이것이 바로 기의이다. 따라서 기표를 잘 만들어야 거기서 좋은 기의가 생성되는 것이다.

언어를 예술적으로 잘 지어내는 시인이 중요한 이유가 바로 이것이다. 이러한 까닭에 「요한복음」이 "태초에 말씀이 계시니라"(1:1)라는 구절로 시작한 것이고, 중국에서는 예禮가 사람들의 행위에 본보기를 제공하는 하나의 지침이 되어왔던 것이다.

이름(名)이 우리의 삶에 얼마나 큰 영향을 미치는지 지명을 예로 들어 이야기해보자. 우리의 지명은 대체로 한자음으로 대체되어 있다. '달내'를 월계동月溪洞으로 부르는 것이 한 예다. 한자를 배운 세대는 '월계'라는 기표를 들으면 '달내'라는 의미를 즉시 떠올리지만, 한자음 형태소에 익숙지 않은 사람들은 이게 무슨 뜻인지 정확하게 모른다. 이들은 일상에서 흔히 쓰는 '월계수'나 아니면 매달 내는 집계인 '월계月計' 같은 단어를 떠올릴 것이다. 따라서 자기가 사는 동네의 정체성도 모호해질 수밖에 없다. 기표가 명쾌하게 지각되지 않으니 동네 주민들이 동네의 정체성을 제각기 인식하게 되는 셈이므로, '달내'가 아닌 '월계'는 사람들에게 아무런 의미를 공유시키지 못하는 단순한 기표에 불과하다. 우리가 아프리카 남부의 어느 나라를 무슨 의미인지도 모르고 '짐바브웨'라 부르고, 그 수도를 '하라레'라고 부르는 것과 마찬가지라는 이야기다. 기왕에 정체성 없이 떠다니는 기표라면 군이 '월계'라고 부를 필요도 없을 것이다. 같은 값이면 다홍치마라고, 요즘 대세가 영어니까 '문 크리크Moon Creek'로 기표를 바꾸면 더 '있어 보이지' 않겠는가? 작금에 외국어, 특히 영어가 우리말의 단어를 끊임없이 대체하는 현상은 이처럼 애초에 우리말 단어를 한자로 바꾼 사건에서 비롯된 것으로 봐야 한다. 즉 이름이 단아하지 않으니 정체성에 혼란이 생겼던 것이다.

『논어』「자로」편에 자로가 "위나라 임금님이 선생님이 오셔서 정치를 해주시기를 기다리고 있다면, 선생님은 장차 무엇을 가장 먼저 하시겠습니까?"라고 묻자 "반드시 이름을 바로잡을 것이다"(必也正名乎)라고 대답하는 구절이 있다. 앞서 보았듯 처음부터 이름이 바르지 못하면 정체성이 형성되지 못한다. 이것이 언어에서는 논리성의 결핍으로 나타난다. 개념을 정확히 모르고 말을 하다 보면 말의 앞뒤가 맞지 않는 경우를 흔히 볼 수 있지 않은가? 그래서 공자는 이를 부연해 "군자가 명분을 만들 때에는 반드시 말이 되게 해야 하고, 말을 할 때는 반드시 실천이 가능하게 해야 한다. 군자는 자신의 말에 대해서 구차함이 없으면 되는 것이다"(君子名之必可言也, 言之必可行也. 君子於其言, 無所苟而已矣)라고 설명해주었다. 그러니까 감각을 일으키는 이름(기표)을 애초에 잘못 선택하면 개념이 모호해지고 논리가 맞지 않아, 듣는 사람은 뭘 어쩌라는 것인지 인식하기 힘들어진다. 이렇게 말도 안 되는 말에 따라 움직일 사람은 없다. 그래서 이런 말을 내뱉은 사람은 자신의 모순을 억지로 꿰어맞추기 위해 왜곡을 시도하게 되는데, 이 것이 구차한 행위인 것이다. 여기서 우리는 군자로서 구차한 행위를 하지 않으려면 처음부터 이름을 바르게 써야 한다는 정명正名 사상이 '형단표정'의 원천이 됨을 알 수 있다.

미디어가 발달한 오늘날 '형단표정'이 상업적으로 발달한 결과 등장한 존재가 외모 반듯한 이른바 '스타 연예인'이다. 이들은 나라의 녹을 먹는 공무원이 결코 아닌데도 자타가 '공인'이라고 부를 정도다. 이는 그들의 이미지가 이미 미디어 소통에서 불가결한 기표가 되었기 때문이다. 기업들은 스타의 얼굴을 명(이름)으로 이용해 자기네 상품의 우수성을 선전하려 하고, 영화와 드라마 등 오락물은 작품의 완성도를 포장하려 한다. 심지어 국회의원 같은 정치가도 얼굴로 승부하려는 것이 작금의 세태다.

그렇다면 앞서의 속담처럼 정말로 때깔 좋은 과일이 맛도 좋은가? 과일뿐 아니라 스타가 나온 상품(작품)이든 잘생긴 국회의원의 의정 활동이든 실제와 반드시 들어맞지 않는다는 것은 모두가 잘 알고 있다. 그런데 왜 이 시행착오가 고쳐지지 않고 반복되는가? 역사적으로 우리가 언제나 미래 비전에 대한 경험 없이 현재도 아닌 당장에만 살아왔기 때문이리라. 그럴 수밖에 없었던 것이, 우리 백성 또는 시민들이 언제 한 번이라도 지배층이나 위정자들이 미래에 대한 약속을 제대로 지키는 것을 본 적 있던가? 민주주의 체제에 사는 오늘날에도 위정자들의 공약은 그저 선거 때만 그럴싸하게 떠드는 의례적인 수사쯤으로 치부된다. 어차피 모든 게 거짓말일 테니 당장의 모습에서 그나마 진실성이 좀 보인다 싶은 사람을 아무런 근거도 없이 선택하는 경향이 짙다. 역사 의식의 결여라고 볼 수밖에 없다.

주체에게 역사 의식이 없으면 당장의 그림에만 집착할 수밖에 없다. 당장의 그림에 집착하는 사회에서 그 이면의 실제 삶은 소외되기 마련이다. 유일한 구원은 성형 수술을 통해 스타들을 따라가고, 명품 브랜드를 구입해 부자 흉내를 내보는 것이다. 미모로 태어나고 부자를 부모로 두는 것은 순전히 우연에 속한 일인데도 굳이 이들의 겉모습을 모방하려는 행동은 그들과 같은 요행을 바라는 욕망에서 비롯되었으리라. 아닌 게 아니라, 언젠가 어느 재벌 2세인가 3세인가 한 사람한테서, 왜 우리나라 사람들은 다 같이 타고난 것인데 연예인들의 얼굴은 부러워하면서 재벌의 자녀로 태어난 사람은 '금수저'니 뭐니 하며 미워하느냐는 볼멘소리가 터져나왔다. 이 철없는 소리를 변명해줄 생각은 추호도 없지만, 빈부 격차를 해소하지 못하는 우리 사회의 정치력을 먼저 탓할 일을 이들에게 책임을 전가할 필요가 없는 것도 사실이다. 요행僥倖이란 글자 그대로 제 몫이 아닌 것을 찾는다는 말인데, 이 우연성에 삶의 희망을 걸었지만 시간이 지나도 실현될 조짐이 보이지 않는다면 체념과 포기 외에는 남는 게 없을 것이다. 체념과 포기밖에 없는 사람들에게 미래와 진보를 이야기해봤자 씨알도 안 먹힐뿐더러 되레 그런 말을 하는 사람들을 미워하게 된다. 『좌전左傳』 「선공15년」에 나오는, "백성들에게 요행을 바라는 자가 많다면, 이것은 나라의 불행이다"(民之多幸, 國之不幸)라는 속담은 바로 이를 가리켜 한 말이리라.

우리에게도 '형단표정'과 같은 뜻의 속담이 있는데, "윗물이 맑아야 아랫물이 맑다"가 바로 그것이다. 물리적으로는 맞는 말이긴 하지만 문제는 우리의 사회적 환경에서 윗물이 맑아질 수 있느냐는 것이다. 모르긴 해도 오히려 황하의 물이 맑아지는 날이 더 일찍 오지 않겠는가 하는 생각이 든다. 만일 우리 사회의 윗물이 황하보다 먼저 맑아지게 하려면 '형形' 자를 글자 그대로 '형刑', 즉 법으로 해석해야 한다. 따라서 '형단표정形端表正'은 '법'(形)의 '엄정한'(端) 집행만이 '정의로운'(正) '사회'(表)를 담보할 수 있다는 의미로 재해석된다. 다시 말해서 '형形'은 '형刑'일 때 비로소 '형型'(틀)이 될 수 있는 것이다.

적선을 하면서 오히려 감사해야 하는 이유

전할 전傳

空谷傳聲공곡전성하고
빈 골짜기에서도 소리는 전달되고

空 빌 '공' '구멍 혈穴'과 '장인 공工'으로 이루어졌으므로 자형적 의미는 '고대인들이 혈거용穴居用으로 파놓은 땅굴'이 된다. 혈거용 땅굴 속은 천장이 둥글게 돔 모양으로 생겼기 때문에 이를 하늘의 모양에 비유하여 '하늘'이라는 뜻으로 쓰게 되었고, 또한 땅굴 속은 텅 비어 있으므로 이로부터 '아무것도 없이 비어 있다'는 뜻도 생기게 되었다.

谷 골 '곡' '입 구口' 위에 결 무늬를 그린 것으로서 이는 입을 크게 벌렸을 때 보이는 입천장을 뜻한다. 오늘날 주로 쓰이는 '산골짜기'라는 의미는 이러한 형상에서 파생된 것이다.

傳 전할 '전' '사람 인人'과 '오로지 전專'으로 이루어졌다. '전專' 자는 손으로 실패를 쥐고 있는 모양이므로, '전傳' 자의 자형적 의미는 '실패를 쥐고 있다가 다른 사람에게 주다'가 된다.

聲 소리 '성' '경쇠 경磬'과 '귀 이耳'로 이루어졌으므로, 자형적 의미는 '귀에 들려오는 경 치는 소리'가 된다. 그러나 나중에는 귀로 들을 수 있는 모든 소리를 뜻하는 글자로 확장되었다.

앞 구절에서 지적했듯이 군자, 즉 사회적으로 힘을 가진 인사들의 행위는 그 자체로 끝나는 게 아니라 백성 전체에게 영향을 끼치므로 이들은 아무리 작은 행위라도 신중히 생각하고 실행해야 한다. 아무도 보지 않는데 무슨 영향이 있으랴고 대수롭지 않게 생각할 수도 있겠지만, 존재란 무한한 것이어서 하찮은 일이라도 언제 어디서 불쑥 돌출해 나올지는 아무도 모른다. '공곡전성空谷傳聲', 즉 "빈 골짜기에서도 소리는 전달된다"는 구절은 덕행이든 악행이든 아무도 듣고 보지 않는 텅 빈 골짜기에서 남몰래 실행했다 하더라도 종국에는 저절로 알려지게 마련이므로 늘 신중을 기해야 한다는 경계심을 일깨우고 있다.

덕이란 앞서 말한 바와 같이 높은 수양에서 얻은 것이기에 행동으로 드러날 때에는 자연히 높은 위상을 갖게 된다. 그래서 주위의 다른 사람들이 덕 있는 자를 우러러 숭상하는 것인데, 이때 덕행을 행하는 자도 그 위상 때문에 어쩔 수 없이 아래로 내려다보는 시선을 가질 수밖에 없게 된다. 그러면 위쪽에 있는 사람은 아래쪽에 있는 사람을 다 조망할 수 있지만 위쪽에는 아래쪽에서 보이지 않는 사각 지대가 생긴다. 이 사각 지대가 바로 수양이 높은 군자를 잠시 숨도록 유혹하는 장소이다. 아무리 강력한 자아를 가진 군자라도 긴장에서 잠시 해방되고 싶은 충동은 언제나 느끼는 법이다. 만일 이 사각 지대에서 잠깐 긴장을 푸는 순간이 생긴다면, 군자는 이를 숨겨야 함과 아울러 다른 사람의 시선이 닿는 곳은 더 잘 꾸며야 한다는 긴장 상태에 들어간다. 그래서 자신의 덕행은 가능한 한 더 알리려 하고 그렇지 못한 행위는 과도하게 은폐하려고 시도하게 된다.

나뭇잎으로 과도하게 위장한 병사가 오히려 적의 눈에 잘 뜨이듯이 자연스럽지 못한 행위는 남의 시선을 더 끌면서 예기치 않은 의혹을 만들어낸다. 이렇게 해서 "빈 골짜기에서도 소리는 전달되는 것"처럼 진짜 덕행과 아닌 것이 저절로 알려지고 드러난다. 아무리 빈 골짜기라 하더라도 어디엔가는 시선이 있기 마련이다. 이것이 존재의 속성이다. 그래서 『대학大學』에서도 "군자는 홀로 있을 때를 삼가야 한다"(君子·必愼其獨也)고 하지 않았던가.

전통적으로 우리는 덕이나 덕행의 의미를 이웃과의 조화로운 관계, 즉 사회성에서 찾아왔다. 그러므로 덕은 근본적으로 다른 사람의 시선을 의식하는 자아 이상(ego ideal)에 기초하는데, 이를 슬쩍 망가뜨려 재미를 추구하는 초자아(super ego)가 다른 한편에서 늘 작동하고 있다. 그 둘 사이의 분열은 언제라도 일어날 가능성이 있는 것이다. 따라서 덕행이 덕행으로 남으려면 덕의 위상을 무화無化시켜야한다. 이를테면, 우리는 흔히 이웃을 도와주는 등 적선을 하고 나면 가슴이 뿌듯해지면서 보람된 일을 했다고 매우 만족하게 여긴다. 바로 이 지점에서 앞서 말한 초자아의 유혹이 작동함으로써 분열은 시작된다. 이 분열을 방지하려면 가슴 뿌듯하게만 여길 게 아니라 오히려 이런 기분을 느끼도록 적선의 기회를 제공해준 그 이웃에게 감사한 마음과 아울러 부채 의식을 가져야 한다. 그래야 위상이 이웃과 같아지면서 덕행이 분열되지 않은 상태로 기억되는 것이다. 이것이 또한 중용의 원리이기도 하다.

진실은 진부한 말 속에 있다

虛堂習聽허당습청**하니라**
빈 대청에서는 익숙하게 들린다

익힐 습習

虛 빌 '허' '언덕 구丘'와 '범의 문채 호虍'로 이루어졌다. '호虍' 자는 '위험하다'·'크다' 등의 의미를 담고 있으므로 '허虛' 자의 자형적 의미는 '큰 언덕'이 된다. 그러므로 '허虛' 자는 사실상 '구丘' 자와 같은 글자임을 알 수 있다. 너무 큰 것은 공허한 것처럼 보이므로 나중에는 '속이 비다'라는 의미로도 쓰이게 되었다.

堂 집 '당' '높을 상尙'과 '흙 토土'로 이루어졌다. 흙을 높이 쌓아서 토대를 만들고 그 위에 지은 큰 집을 뜻한다. 나중에는 집 중앙의 넓은 대청을 일컬어 '당堂'이라고 부르기도 하였다. 학문이 경지에 도달한 경우를 '승당입실升堂入室'이라고 하는데, 이때의 '승당'은 입문入門한 후 뜰을 지나 대청에 오르는 과정에 비유한 말이다.

習 익힐 '습' '깃 우羽'와 '흰 백白'으로 이루어졌다. '백白' 자의 자형은 '아무것도 없는 빈 공간에 들어온 흰빛'을 뜻하므로 '우羽' 자의 자형적 의미는 '아무것도 할 줄 모르는 새끼 새가 깃을 여러 차례 퍼덕이며 나는 연습을 하다'가 된다. 자꾸 반복해 연습하다 보면 익숙하게 되므로 '익숙하다'·'습관' 등의 의미가 파생되었다.

聽 들을 '청' '귀 이耳'·'덕 덕悳'·'짊어질 임壬' 등의 글자들로 이루어졌다. '임壬' 자는 사람이 땅 위에 가만히 서 있는 모양이고, '덕悳' 자는 '당할 직直'('치値'로도 읽는다)과 같은데 이는 다시 '직책 직職'과 통한다. 여기서 '직職' 자는 '표지해 두다'라는 의미로 풀이하기도 하는데 이때는 '지'로 읽는다. 따라서 '청聽' 자의 자형적 의미는 '사람이 가만히 서서 귀로 듣고 마음속에 표지해 두다'가 된다.

'허당습청'은 텅 빈 대청에서는 아무리 작게 말해도 소리가 평소의 크기로 익숙하게 들린다는 뜻이다. 텅 빈 대청에는 아무도 듣는 사람이 없는 것 같지만 거기서 속삭인 말은 일상적인 말처럼 모든 사람이 듣게 된다는 의미로, 출구의 '공곡전성空谷傳聲'과 기본적으로 같은 구조의 비유이다.

말의 질료는 소리다. 이것은 아무것도 없는 빈 공간을 유희하면서 다른 것을 공명시키고 반향을 불러일으키는 속성을 갖고 있다. 공간이 비면 빌수록 공명은 더욱 커지고 반향의 횟수도 많아진다. 말이란 의미를 생성해내는 기호체계이기는 하지만 근본적으로 소리의 이러한 속성에 기초하기 때문에 미학성이 동반되지 않으면 완전한 설득력을 갖지 못한다. 그래서 "아 해서 다르고, 어 해서 다르다"는 속담이 있고, 시장의 장사꾼들은 요란하게 손님을 불러모으면서 "말만 잘하면 공짜!"라고 외쳐대지 않던가?

말이 의미의 논리성과 더불어 아름다움을 갖추면 설득력이 제고되어 듣는 사람들이 자연스럽게 공명하고 반향한다. 이 '자연스럽다'는 말이 곧 익숙함(習)인데 소리가 이렇게 들리려면 말하는 사람의 마음이 '빈 대청마루'(虛堂)처럼 사사로운 욕심이 없어야 한다. 앞 구절에서 타자의 시선을 의식한 자아 이상의 뒤에는 언제나 이를 뒤흔들어서 망신을 주고자 하는 초자아가 작동한다고 말했다. 욕심을 부리면 꼭 예기치 않은 실수를 하게 된다. 야구에서 4번 타자가 만루 찬스에 한 방으로 전세를 뒤집으려고 욕심내면 반드시 삼진 아웃을 당하게 되는 것이 그 예다. 『도덕경道德經』(제29장)의 "잡으려는 자는 잃을 것이다"(執者失之)라는 구절은 바로 이 구조를 간파한 말이다. 말에 욕심이 들어가 있으면 스스로의 초자아가 이를 뒤흔들어서 더듬게 하거나 엉뚱한 단어를 선택하게 하여 논리성이 결여된 말, 또는 우스꽝스런 말로 만들어버린다. 이런 언어는 자연스럽게 들리지 않을뿐더러 당연히 반향도 없다. 반면에 자연스러운 말은 누구도 고깝게 듣거나 거스르지 못한다. 이 구절에서 홍성원이 "그 말이 나올 때 선하면 천리 밖에서도 이에 호응한다"(出其言善, 則千里之外應之)는 『역易』의 구절을 인용한 것은 이 때문이다.

그런데 여기서 우리가 주의해야 할 점은 자연스럽고 선한 말이 천리 밖에서는 호응을 할지라도 지척의 가까운 곳에서는 그렇지 못하다는 사실이다. 우리는 공기 없이는 잠시도 살 수 없으면서도 공기의 존재를 느끼고 살지 못한다. 진실한 말도 이처럼 당연하다 보니 자꾸 잊고 살게 된다. 그래서 주위에서 이런 말을 자주 하고 또 듣게 될 터인즉 이것이 바로 '습청習聽', 즉 자꾸 반복되다 보니 익숙해진 말이다. 익숙해진 말이란 다름 아닌 진부해진 잔소리를 뜻한다.

요즘은 유식함의 표지가 말투에 영어 단어를 섞어 쓰는 것이지만 얼마 전만 하더라도 한자말, 특히 사자성어四字成語를 많이 쓰는 것이었다. 그러다가 대세가 영어로 바뀌자 성어를 쓰는 일은 진부함과 고루함의 상징이 되었다. 그러나 그렇다고 해서 사자성어의 진실성이 사라진 것은 아니다. 영어 단어가 우리말을 대체하는 현상이 일상이 된 지금은 오히려 사자성어에 대한 관심이 사회적으로 부쩍 늘어나고 있다. 이러한 현상은 언어란 의미 자체보다는 기표, 즉 발음을 구성하는 형식이 중요함을 증명하고 있지만, 이 형식의 초점은 언제나 논리성과 미학성을 의미로 실현하는 데에 맞춰져 있음을 잊어서는 안 된다. 따라서 우리가 진리를 추구해야 한다면 '습청', 즉 아주 일상적인 진부한 말, 또는 잔소리에서 찾는 것이 쉽고도 빠를 것이다. 앞 구절의 말미에서 강조한 중용은 여기서도 이렇게 통한다.

고양이를 가만둔 죄

인할 인困

禍因惡積화인악적이요
재앙은 악행惡行이 쌓여서 비롯되는 것이고

禍 재앙 '화' '보일 시示'와 '입 삐뚤어질 와咼'로 이루어졌다. '와咼' 자는 '지나칠 과過' 자를 통해 알 수 있듯이, '너무 지나쳐서 어긋나다' 라는 의미를 담고 있고, '시示' 자는 하늘에서 내려오는 세 가지 빛이 라는 자형으로 돼 있어서 주로 종교적 의미를 나타내는 부수로 많이 쓰인다. 따라서 '화禍' 자의 자형적 의미는 '하늘이 내린 큰 재앙'이 된 다. 이와 같은 발음을 가진 '많을 과顆' 자가 고대 문헌에서 '큰일 났 다'(顆矣)라는 의미로 쓰이는 것이 이를 입증한다.

因 인할 '인' '큰 대大'와 '에운 담 위囗'로 이루어졌다. '대大' 자는 사 람이 팔다리를 벌린 모양이므로 '인困' 자의 자형은 담으로 둘러싸인 공간 속에 사람이 들어가 있는 모양이 된다. 따라서 자형적 의미는 '남의 집에 들어가 기숙하다'이다.

惡 악할 '악' '마음 심心'과 '버금 아亞'로 이루어졌다. '아亞' 자는 등 뼈가 굽고 가슴이 앞으로 튀어나온 곱사등이의 형상이므로 '악惡' 자 의 자형적 의미는 '마음이 흉측스럽다'가 된다.

積 쌓을 '적' '벼 화禾'와 '구할 책責'으로 이루어졌다. '책責' 자는 돈

을 모두 계산해서 청구한다는 뜻이므로, '적積' 자의 자형적 의미는 '곡식을 거두어 한데 모아놓다'가 된다.

'과過' 자와 '화禍' 자의 자형이 암시하듯이,[6] 과실이나 재앙은 '지나침'에서 비롯된다. 이 '지나침'이 곧 '악행의 쌓임'이다. 우리 속담처럼 "꼬리가 길면 잡힌다"는 말이다. 이것은 악행과 재앙의 관계를 인과론적으로 보고 있음을 반영한다. 그런데 일반적으로 인과론은 결과에 근거해서 역으로 원인을 찾아내는 방식에 의존하므로 그 필연성에 의문이 제기되는 경우가 종종 생긴다. 이를테면, 의약품 사고 소송에서 피해자의 사고가 꼭 그 약품에 의해 직접적으로 야기된 것인가를 입증하는 것은 보통 어려운 일이 아니다. 하나의 사건이 일어나기 위해서는 엄청나게 많은 요인들이 작용하는 것이 현실인데 그중 하나를 직접적 원인으로 특정하기가 쉽지 않기 때문이다. 이러한 모순이 있더라도 인과론은 우선 접근하기 쉬운 데다가 일단 설득력이 강하기 때문에 대개 이 논리에 의존해 사건을 이해하는 것이 보통이자 상식이다.

그러나 우리는 이미 증명된 선험적인 명제를 먼저 선정하고 이로부터 수학 문제를 풀듯이 연역적으로 논리를 펼쳐나가는 방식에 더 의존하고 또 익숙해져야 한다. 이를 잘 말해주는 글자가 바로 '인囚' 자이다. 이 글자의 자형은 사람이 울타리 안에 옴짝달싹 못하게 갇혀 있음을 나타내는데, 이는 다른 곳으로 빠져나갈 수 없는 외통수 운명을 뜻한다. 논리도 이처럼 다른 가능성이 처음부터 배제되도록 전개해야 필연성이 입증되고 나아가 끝까지 책임을 물을 수 있다. 그러니까 '악적惡積', 즉 악이 쌓이고 쌓여 울타리가 되었을 때 그 안에서 재앙이 생겨나는 것이 아니라, 하나의 악은 아예 처음부터 재앙과 밖과 안이라는 구조적 관계를 갖고 있다고 봐야 한다. 다시 말해 악의 이면인 재앙은 잠시 가려져 당장은 보이지 않을 뿐, 언제 어디서라도 나타날 수밖에 없도록 운명 지어졌다는 것이다. 악과 재앙의 관계를 이렇게 입증해야 부정부패로 호의호식하는 자들을 부러워하지 않게 된다. 저들을 욕하면서도 내심 부러워하고 심지어 흉내 내려 하는 것은 재앙이 당장 보이지 않으니까 요행히 면할 수도 있으리라 믿기 때문인데, 실은 아무리 흉악한 자라 해도 악을 저지르고 나면 정신적으로 혼란이 올 수밖에 없으니 그 자체가 이미 재앙인 것이다.

짐승은 두려운 대상을 만나면 재빨리 그곳을 벗어나지만 사람은 미래 개념이 있어서 당장의 위기를 피했다고 두려움이 완전히 해결되는 게 아님을 잘 안다. 이러한 불확실에 대한 공포를 극복하기 위하여 신이나 하늘과 같은 대타자에 의존해 살아가게 된다. 만일 그것이 없다면 사람은 정신적으로 공황에 빠지게 마련이다. 희대의 연쇄 살인범으로 세상을 경악케 했던 유영철도 검거 후 범행 자백 전에 어머니를 만나게 해달라고 했다지 않은가? 신을 부정했던 그도 어머니라는 타자에 기대고 싶었던 것이다.

『논어』「팔일」편에는 위나라 권신인 왕손가王孫賈가 공자를 시험하는 장면이 나온다. 이때 공자는 그의 회유를 단호히 거절하면서 "하늘에 죄를 지으면 기도할 데가 없다"(獲罪於天, 無所禱也)고 말한다. 악행을 저지르면 하늘이 알 텐데 이는 곧 내가 의지하는 타자가 사라짐을 의미한다. 그렇다면 나는 어디에 의지하고 살아야 하는가? 정신적으로 의지할 데가 없는 것처럼 큰 재앙이 어디 있겠는가?

신자유주의가 도입된 이래로 우리 사회는 빈부 격차와 청년 실업

등 사회적 불평등으로 인한 미증유의 갈등에 시달리고 있다. 이것을 재앙이라고 부른다면 거기에 상응하는 '악적'이 있었을 텐데, 그것은 과연 무엇일까? 여러 가지 원인들이 복합적으로 작용했겠지만, 앞서 말한 명제의 차원에서 그 근원을 역추적한다면 결국에는 정치에 대한 무관심에 도달할 것이다. 왜냐하면 모든 사회적 현상의 배후에 있는 것은 법과 제도이기 때문이다. 대의 정치 체제에서는 법과 제도를 정치인들이 만들고 그들은 우리가 선거로 뽑는다. 우리 시민들은 그들을 선출할 때 지대한 관심을 가져야 하고 선출하고 나서도 감시의 긴장을 늦추지 말아야 한다. 그런데 우리는 내 아파트 가격을 유지하기 위해서, 또는 먹고 살기 힘들다는 핑계로, 심각한 고민 없이 투표하는 악행을 저질렀던 것이다. 사회를 이 지경으로 만든 정치인들이 악이지 열심히 일하며 살아온 서민이 왜 이런 말을 들어야 하느냐고 반발할지 모르지만, 권력이란 끊임없이 감시하지 않으면 부정부패와 협력할 수밖에 없는 속성을 가지므로 저들 스스로 올바르게 행동하기를 바라는 것은 고양이가 생선을 잘 지켜주리라고 믿는 것처럼 불가능하다. 따라서 정치에 무관심한 것만큼 공동체에 저지르는 악행은 없을 것이다. 항간에 플라톤의 말이라 하여 "정치 참여를 거부한 형벌 중 하나는 자신보다 하등한 존재에 의해 지배당하는 것이다"라는 격언이 떠돌아다닌다. 이게 진짜 플라톤의 말인지 아니면 플라톤의 이름만 빌린 말인지는 몰라도 말 자체는 백번 맞는 말임에 틀림이 없다.

복福이란 술을 나눠 마시는 일

복 복福

福緣善慶복연선경이라
복은 선행의 끝에 받을 경사와 같은 가선으로
꿰매져 있다

福 복 '복' '보일 시示'와 '꽉찰 핍畐'(또는 '가득할 복畐')으로 이루어졌
다. '시示' 자는 앞서 말한 바와 같이 제사를 뜻하고, '핍畐' 자는 제사
에 참여한 사람들이 제사 뒤에 나누어 음복飮福하는 술병의 모양이므
로 '복福' 자의 자형적 의미는 '신의 복이 허락된 술'이 된다.

緣 인연할 '연' '실 사糸'와 '판단할 단彖'으로 이루어졌다. '단彖' 자
는 흥분한 멧돼지가 좌우 안 가리고 쏜살같이 앞으로 내달리는 모양
이므로 '연緣'의 자형적 의미는 '옷의 가장자리에 일직선으로 가선을
박아 꿰매다'가 된다.

善 착할 '선' 전서체篆書體로는 두 개의 '말씀 언言' 자 사이에 '양 양
羊' 자가 끼어 있는 모양인 '譱'으로 쓴다. '양羊'은 '착하다'라는 뜻으
로 많이 쓰이고 두 개의 '언言' 자는 논쟁을 뜻하므로, '선善' 자의 자
형적 의미는 '훌륭한 논변論辯'이 된다.

慶 경사 '경' '사슴 록鹿'·'천천히 걸을 쇠夊'·'마음 심心' 등 세 요소
로 이루어졌으므로, 자형적 의미는 '경사가 있는 곳에 가서 녹비鹿皮
를 폐백으로 바치고 진심으로 축하한다'가 된다.

이 구절은 『맹자』 「공손추상公孫丑上」편의 "복을 얻는다는 것은 곧 선행을 쌓은 뒤에 받는 경사와 한 실로 꿰매져 있다"(獲福者, 寔緣積善之餘慶)는 말을 다시 쓴 것이다. 『주역』 「문언전文言傳」에도 "선행을 쌓은 집안에는 나중에 반드시 넉넉한 경사가 생긴다"(積善之家, 必有餘慶)라는 구절이 있다.

앞의 구절에서 '악적'이 재앙과 하나의 구조를 이루고 있듯이, 여기서도 복이란 한참의 시간이 경과한 후 받는 것이긴 해도 근본적으로 '적선積善'과 같은 구조 안에 있음을 말한다. '연緣' 자의 의미는 '단彖' 자의 자형에 기초하고 있다. 즉 멧돼지의 저돌적인 달음박질은 시간성을 나타내는 동사이긴 하지만, 그 동작이 너무 빠르기 때문에 시간성을 넘어 공간성을 구성한다. '단彖' 자를 '판단하다'라는 뜻으로 쓰는 것도 이런 구조에서 나온 결과이다. 강물이나 해안 등을 따라가는 행위를 한자로 '연沿'이라 쓰는데, 같은 발음으로 읽히는 '연緣' 자도 같은 이미지를 연상시킨다. 무엇을 따라간다는 것은 시간적인 개념 같지만 그것은 이미 공간을 전제하기 때문이다. 따라서 '복福'과 '선경善慶'은 '연緣' 자에 의해 이미 하나의 체계로 긴밀히 엮인 구조를 형성한다. 데리다 식으로 표현하자면, '연緣' 자는 '공간의 시간 되기'이자 '시간의 공간 되기'인 셈이다.

재앙이 악행의 쌓임에서 비롯되고, 복이 선행 후 후대에 가서 보답받는다는 경험적 사실을 부정하는 이가 거의 없는데도 이것이 잘 실천되지 않는 까닭은 무엇일까? 이것은 아마 앞의 '인因' 자와 '연緣' 자가 문자적으로 호소하고 있는 필연성이 인과라는 시간성에 의해 가려졌기 때문이리라. "외상이면 소도 잡아먹는다"는 옛말처럼 시간성은 망각을 가져오기 때문에 현재의 쾌락을 나중으로 연기시키는 능력을 상실하게 한다. '인因' 자가 울타리 속에 갇힘을, '연椽' 자가 들보를 중심으로 서로 얽혀 있는 서까래를 각각 표상하는 것처럼 '화禍'와 '악적惡積', 그리고 '복福'과 '선경善慶'의 관계는 더 이상 연기할 수 없이 꽉 짜인 하나의 몸체라는 교훈을 위의 두 구절은 강조하고 있다.

복이란 자해에서 설명했듯이 음복飲福, 즉 제사 후에 함께 술을 나누어 마시는 일이다. 내 것을 나누면 남도 나눌 것이니까 지금 나눠준 것을 나중에 언젠가 돌려받게 되는 것이 복의 개념인 셈이다. 이런 구조가 작동하기 위해서는 전제가 필요한데 그것은 서로가 반드시 나눈다는 신뢰이다. 이 신뢰가 작은 공동체 안에서는 어느 정도 가능하지만 이를 넘어서면 매우 희박해지는 게 당연하므로, 작은 공동체의 울타리 너머까지 신뢰하기 위해서는 종교적 차원의 믿음이 필요하다. 불교에서 말하는 인과응보因果應報라든가, '지금!'을 외치는 기독교의 종말론 등은 바로 이를 강조하는 가르침이다. 이러한 종교적 윤리는 옳기 때문에 믿는 것이지 합리적이어서 실천하는 게 아니다.

이분법 탓에 사라진 사물을 되찾는 방법

보배 보寶

尺璧非寶척벽비보요
한 자 되는 구슬이 귀히 여길 보배가 아니라

尺 자 '척' 전서로는 '尺'으로 쓴다. 이는 손바닥을 펴서 엄지와 약지 사이를 한 뼘으로 하여 길이를 재는 모양이다. 다시 말해 옛날에는 한 뼘이 곧 한 '자'(尺)였다. 이 글자는 '움츠릴 축縮'과 발음이 같은데, 이는 '척尺'자 안에 길이를 재기 위해 손가락을 움츠렸다 폈다 하는 반복 행위가 담겨 있음을 가리킨다.

璧 구슬 '벽' 이 글자는 원환圓環, 즉 둥근 고리 모양으로 만든 옥구슬을 가리킨다.

非 아닐 '비' 전서로는 '非'로 쓰는데 이는 새가 날개를 좌우 대칭으로 편 모양이다. 날개가 좌우로 서로 등져 있는 모양에서 반대, 즉 부정否定의 의미가 파생되었다.

寶 보배 '보' '집 면宀'·'구슬 옥玉'·'자개 패貝'·'장군 부缶' 등 네 요소로 이루어졌다. '패貝'자는 재물을 뜻하고 '부缶'자는 '보寶'와 첩운 관계에 있어서 '저장하다'·'갈무리하다' 등의 의미를 담고 있으므로, '보寶'자의 자형적 의미는 '보석과 재물을 집 안에 갈무리하다'가 된다.

'척벽尺璧'이란 지름이 한 자나 되는 둥근 고리 모양의 구슬을 뜻한다. 이것은 '완벽귀조完璧歸趙'[7]라는 중국 역사 고사가 말해주듯이 역대 권력자들과 호사가들이 탐을 내온 아주 귀한 보석이다. 그런데도 이런 구슬이 '비非' 자에 의해 보배와 등을 진다는 것은 보배와 등가等價의 사물이 또 있음을 시사한다.

우리는 언어를 매개로 해서 사물을 인식한다. 그런데 언어는 근본적으로 이분법이라는 흑백 논리에 의해 대상을 변별하므로 중간 지대에 속하는 존재들이 인식에서 사라지는 한계를 갖고 있다. 이 한계를 극복하기 위한 방법이 대척점을 적극적인 지점과 소극적인 지점의 둘로 나누어 보는 것이다. 여기서 적극적인 지점이란 이분법의 결과로 인식된 사물의 반대편을 가리킨다. 이를테면, 보석은 평범한 돌과 변별된 결과이므로 돌의 반대측이자 적극적인 대척점이 된다. 그런데 보석은 기실 스스로의 적극적인 의미로 존재하는 게 아니라 보석이 아닌 모든 사물들의 부재로 인해서 소극적인 의미로 인식된다. 다시 말해 보석은 '돌이 아니기 때문에', '물이 아니기 때문에', '쓰레기가 아니기 때문에', '나무가 아니기 때문에' 등등의 이유로 보석이라는 것이다. 이렇게 소극적으로 보석의 반대편에 있는 것들은 반反의 범주가 아니라 비非의 범주에 속한다. 이러한 구조는 보석의 입장에서만 그런 게 아니고 돌의 편에서도 마찬가지다. 돌의 대척점은 보석이지만, 돌 역시 스스로 의미를 갖는 게 아니라 다른 사물들의 부재를 매개로 존재로 인식된다. 즉 돌의 입장에서도 '반'의 범주와 '비'의 범주가 생긴다는 말이다. 이와 같이 이분법의 양쪽에 두 개의 대척점이 생기는 현상을 '그레마스Greimas의 사변형'이라고 부른다.

앞서 설명했듯이 돌의 반대가 보석인데 보석이 부정된다면 소극적인 대척점, 다시 말해 '비'의 범주에서 이를 찾아야 한다는 말이다. '비'의 범주에 있는 것은 부재함으로써 의미를 드러내기 때문에 우리가 평소에 잘 인식하지 못하는 대상일 것이다. 과연 그것은 무엇일까?

태양이여, 없어져다오

寸陰是競촌음시경**이라**
한 치 그림자의 움직임이 다툴 만한 것이다

이 시是

寸 **마디 '촌'** '오른손 우又'와 '하나 일一'로 이루어진 글자로 손과 팔이 접합되는 관절 부분에서부터 맥박이 뛰는 부분까지의 거리를 가리킨다. 이 거리는 대략 집게손가락 너비와 같기 때문에 고대에는 길이를 재는 도량형의 단위로 쓰이게 되었고, 또한 짧은 길이를 추상적으로 표현하는 말로도 쓰였다.

陰 **그늘 '음'** '언덕 부阝=阜'와 '흐릴 음숙'으로 이루어졌다. '음숙' 자는 '흐릴 음黔' 자의 고문자로서 '구름이 해를 가리다'라는 의미를 담고 있을 뿐 아니라, 독음도 '숨을 은隱'과 같다. 따라서 '음陰' 자의 자형적 의미는 '빛이 산에 가려 그늘지다'가 된다. 중국은 강이 동서로 흐르기 때문에 산맥도 같은 방향으로 뻗어 있다. 그래서 산의 남쪽과 강의 북쪽에 볕이 들게 되는데, 옛날에는 이것을 가지고 남북의 방위를 삼았다. 즉 산을 중심으로 보면 '음陰' 자는 북쪽을 가리키고, 강을 중심으로 보면 남쪽을 각각 가리킨다. 이를테면 회음淮陰은 회수淮水의 남쪽이고 한양漢陽은 한강의 북쪽이며, 형양衡陽은 형산衡山의 남쪽이 된다.

266

是 이 '시' '날 일日'과 '그칠 지止'로 이루어졌다. '지止'자는 발의 모양이지만 어느 지점에 머물러 있다는 의미이기도 하므로 '시是'자의 자형적 의미는 '해가 여기에 있다'가 된다. 옛날에는 태양의 위치로 하루의 때를 측정하였기 때문에 '해가 여기에 있다'라는 말은 곧 현재의 시각을 의미한다. 그래서 고대 문헌에는 '시是'와 '시時'를 혼용한 것이 자주 보인다. 그러다가 나중에는 '여기'·'이것' 등의 파생 의미로만 쓰이게 되었다.

競 다툴 '경' 전서체로는 '𩰚'으로 썼는데 이는 두 개의 '사람 인人' 위에 두 개의 '말씀 언言'으로 구성된 것이다. 따라서 이 글자의 자형적 의미는 '두 사람이 서로 뻗댄 채로 말다툼을 하다'가 된다. 이로부터 '다투다'라는 의미가 파생된 것이다.

이 구절은 『사마법司馬法』의 "여덟 치나 한 자 되는 옥을 보배로 여기지 말고, 짧은 순간의 시간을 아껴라"(不寶咫尺玉, 而愛寸陰旬)를 다시 쓴 것이다. 여기서는 앞의 '공곡전성'부터 '복연선경'까지의 구절이 가리키는 바와 같이, 인사人事와 천도天道가 어그러지지 않았다면 오상五常을 실천하는 일에 힘써야 함을 강조하는 말로 쓰이고 있다.

옛날에는 해시계의 그림자 움직임을 갖고 시간을 측량하였으므로, 여기서 '촌음寸陰'이란 '한 치의 거리를 움직인 그림자'라는 뜻으로 매우 짧은 시간을 지칭한다. 즉 한 자나 되는 구슬이 탐낼 보배가 아니라, 일 분 일 초의 짧은 시간이야말로 다투어야 하는 진정한 보배라는 것이다.

한 자나 되는 구슬이 보배가 아니라는 출구의 부정이 제시한 극적인 대안은 역설적이게도 '그림자'(陰)였다. 시간을 그림자로, 그리고 다투어야 하는 보배로 대체한 것은 은유를 동원한 수사이다. 은유란 익히 아는 체험에 의해서 잘 알지 못하는 다른 체험을 부분적으로 이 해시키기 위한 수사법이자, 자기 달성적(self-fulfilling) 예언을 이루는 힘을 갖고 있다. 이런 점에서 볼 때, '촌음시경寸陰是競'은 시간의 무 한한 가치를 체험적으로 이해시키지 못했을 뿐만 아니라 자기 달성 의 예언을 이루는 힘도 그리 발휘하지 못한 것으로 보인다. 시간이 보 배라고 예언했다면 시간을 투자했을 때 돈이나 재물로 환산 받은 경 험이 보편적으로 발생해야 이 구절의 수사가 핍진하게 와 닿고 철저 한 시간 관념이 생길 것이다. 그러나 고대 봉건 체제 아래서 백성들 이 언제 이런 경험을 제대로 했겠는가? 압제와 착취에 너무 고통스러 운 나머지 오히려 "저 태양은 어느 때나 되어서야 없어지려는가? 제 발 나와 네가 모두 없어져버려라"(時日曷喪, 予及汝皆亡)[8]라고 저주하 면서 시간을 원수처럼 여기는 백성들에게 한 치의 그림자가 보배라 고 외쳐봤자 거기서 은유의 힘이 제대로 기능할 리가 없었을 것이다.

고금을 막론하고 지식인들에게 가장 절박한 가치로 느껴지는 것은 시간이다. 아무리 훌륭한 아이디어를 생각해냈다 하더라도 그것이 글 로 생산되어 나오려면 어쩔 수 없이 일정한 물리적인 시간을 소비해 야 하기 때문이다. 이러한 절박한 경험을 지식인답게 관념적으로 표 현한 말이 바로 '척벽비보尺璧非寶, 촌음시경寸陰是競'이다. 이러한 표 현은 지식인들에게는 핍진할지 몰라도 일각一刻의 시간이 흐르는 게 마치 삼년처럼 느껴지는 힘겨운 서민 백성에게는 딴 세상 이야기처 럼 들렸을 것이다. 우리가 1970년대에 소개된 포스트모더니즘을 아 무리 노력해도 이해하기 어려웠던 것은 당시 서구를 이해할 수 있는 경제적 실존이 우리에게 갖춰지지 않았기 때문이 아니던가?

자본주의 시스템이 사회 깊숙이 스며들어와 임금을 비롯한 모든 가치를 시간을 단위로 해서 환산하기에 이르자 '시간은 돈'이라는 관념이 들어서게 되었다. 원래 우리에게 시간이란 순환하는 형태로 경험되는 삶의 일부였다. 그런데 이제 시간은 돈으로 환산되는 우리 삶의 지배자다. 이렇게 시간이 돈으로 돌아오는 것을 보고 요즘 우리의 청소년들 또는 대학생들은 그들의 삶에서 처음인 색다른 경험에 나서게 된다. 이른바 '알바'라는 시간제 고용이 그것이다. 젊은 그들에게 알바는 어쨌든 당장 필요한 돈을 벌어 쓴다는 점에서 가치 있는 행위이지만, 업주들에게는 그들의 시간을 값싸게 이용하는 기회일 뿐이다.

　이제 시간은 돈의 강력한 추상화 기능 덕에 관념이 되었고 그 실존은 잊혔다. 실존이 잊힌 시간에는 당연히 미래 개념은 사라지고 '당장'만이 남을 뿐이다. 당장을 가치 있게 하는 것은 오로지 이익이다. 따라서 당장에 내게 이익이 되지 않는 행위는 말할 것도 없고 심지어 우리의 이익을 위한 연대도 무의미하다. 왜냐하면 아무리 이익이라 하더라도 내게 직접 오지 않는 사회적 이익은 내 것으로 감지되지 않기 때문이다. 여기에 공동체가 설 자리는 없다. 지금 내가 할 수 있는 최선은 당장의 시간을 가능한 한 비싸게 파는 것이고, 그러려면 시간을 존재와 더불어 덩어리째로 팔아야 한다. 이것이 노동자의 복지까지 책임지는 평생 직장이나 정규직 개념이다. 반대로 노동력을 싸게 사려는 고용주들은 시간을 존재에서 떼어내 잘게 쪼개어 사야 유리하므로 계약직이나 비정규직이 생겨날 수밖에 없다.

　시간을 잘게 쪼개는 행위는 매우 합리적이고 과학적인 것처럼 보이기 때문에 시간을 분초 단위로 쪼개어 근무시키는 회사는 효율적인 기업으로 떠받들어진다. 취업을 앞둔 대학생들도 여기에 영향을 받아 다이어리를 분 또는 시간 단위로 잘게 나누어 작성하면서 일상 계획을 짜는 것을 자랑으로 삼고 있는 실정이다. 그러나 시간을 이처럼 분초 단위로 쪼개 쓰는 행위는 궁극적으로 착취의 방법이므로 여기에 잘 적응하는 게 자랑할 만한 일인지는 잘 모르겠다.

프랭크 미할릭의 책『느낌이 있는 이야기』에는 선교사들이 재촉하는 바람에 너무 빨리 걸어온 아프리카 원주민 짐꾼들이 더 이상 가기를 거부하며, 혼이 자신들의 몸을 따라잡도록 기다려야 한다고 말했다는 일화가 실려 있다. 시간이 존재를 떠나 팔렸을 때 그 존재는 몸뚱이에 지나지 않는다. 영혼이 없는 몸뚱이는 쾌락만이 목적이 될 뿐이므로 이를 위해 다시 몸뚱이마저 파는 노예의 운명에 처하게 된다.

모두가 작은 임금들

임금 군君

資父事君자부사군**할지니**

아비 섬김을 밑천으로 하여 임금을 섬기니

資 밑천 ‘자’ ‘버금 차次’와 ‘자개 패貝’로 이루어졌다. ‘패貝’는 조개로서 화폐를 상징하고, ‘차次’는 옛날에는 ‘지닐 재齎’와 동일한 음으로 읽혔으므로 ‘자資’의 자형적 의미는 ‘밑천으로 지닌 돈’이 된다.

父 아비 ‘부’ 이 글자의 갑골문 자형은 ‘ ’인데 ‘오른손’(又)에 돌도끼를 쥐고 두드리는 모양이다. 옛날에는 부족이나 씨족의 우두머리들이 힘으로 위압하기 위하여 도끼를 들고 있었으므로 이것은 통치적 권위의 상징이 되어왔다. 그래서 도끼를 쥔 모양의 ‘부父’ 자에서 ‘아버지’라는 의미가 파생돼 나온 것이다. 남자나 어른을 존칭할 때 ‘보父’(이때는 ‘보’로 읽는다) 또는 ‘클 보甫’를 쓰는 것은 이 때문이다. 나중에 ‘부父’ 자가 ‘아버지’라는 의미로 더 많이 쓰이게 되자 ‘도끼’라는 뜻은 ‘도끼 부斧’ 자를 따로 만들어 오늘날에 이른 것이다.

事 일 ‘사’ 전서체로는 ‘ ’로 쓰는데, 이는 ‘오른손’(又)으로 죽간竹簡이나 서책書冊을 들고 있는 모양이다. 따라서 자형적 의미는 ‘장부를 들고 주인 대신 일하는 집사執事’가 된다. 고문자에서는 ‘아전 리吏’ 자와 ‘사관 사史’ 자가 ‘사事’ 자와 분화되지 않은 상태로 혼용되었으

므로 이 세 글자는 사실상 같은 글자가 파생된 것임을 알 수 있다.

君 임금 '군' '다스릴 윤尹'과 '입 구口'로 이루어졌으므로, 자형적 의미는 '입으로 호령하여 뭇사람들을 다스리는 사람'이 된다. 그래서 '군君'은 임금만을 전적으로 지칭하지 않고 호령하는 위치에 있는 사람들을 일반적으로 가리킨다. 이를테면 자식이 부모를, 며느리가 시부모를 '군'이라 부르고, 첩이 지아비를 '남군男君', 본처를 '여군女君'이라고 각각 부를 뿐만 아니라, 자식이 아비의 본처를 '군모君母', 지어미가 지아비를 '군자君子'라고 각각 부르는 것이 그 예이다.

이 구절은 『효경』의 "아비 섬김에 바탕을 두고 이로써 임금을 섬긴다"(資於事父, 以事君)라는 구절을 다시 쓴 것이다. '자부사군資父事君'이란 집에서 아비 섬기는 훈련을 먼저 받고 이것을 밑천으로 해서, 또는 그 방식대로 임금을 섬겨야 한다는 뜻이다. 바꿔 말하면 가정은 임금 섬기기를 훈련받는 일종의 연수원이었고, 아비 섬기는 효도는 곧 커리큘럼이었던 셈이다. '밑천'(資)을 투자하여 증식된 결과가 충이라면 효는 충보다 하위 층위에 있음과 아울러 기층을 이룸을 알 수 있다. 즉 '자부사군'은 군주 중심의 국가 통치 체제와 아버지 중심의 가정 통치 체제가 자기 유사성의 구조를 가졌음을 인식시키는 틀로 기능해왔다. 따라서 우리에게는 이 틀에 의거해 사회와 조직을 바라보는 관념이 형성되어 있다.

이러한 자기 유사성의 구조를 자연스럽게 받아들일 수 있었던 것은 여기서 얻어지는 이득이 비교적 만족스럽고 공정하다고 여겼기 때문일 것이다. 앞의 '화피초목化被草木' 구절에서 봉건 체제가 오랫동안 유지될 수 있었던 이유에 대해 설명했듯이, 아버지 섬김의 훈련이 잘 이루어지면 나중에 임금으로부터 관직이 보장되는 직접적인 보람이 있기도 하지만, 무엇보다 중요한 것은 이 자기 유사성 구조에 의해 아버지가 가정 내에서 임금과 동등한 지위를 누릴 수 있다는 점이다. 가정이 봉건 체제를 익히는 기초 단위의 훈련장일진대 교육 기관인 학교가 여기에서 빠질 수 없을 것이다. 따라서 임금과 아버지와 스승은 한 몸이라는 이른바 '군사부일체君師父一體'라는 말이 등장하게 된 것이다.

'군사부일체'라는 자기 유사성 구조에서 아버지에 대한 효가 원형적 토대를 이루게 된 데에는 그럴 만한 중요한 이유가 있다. 임금·스승·아버지의 삼자에게는 권위라는 공통점이 있는데, 이것은 각각의 아랫사람들인 신하·제자·아들에게 각기 나누어줄 것이 있을 뿐 아니라 이들이 복종하지 않을 때 소외시킬 수 있는 수단을 가짐으로써 생긴 것이다. 만일 아랫사람들이 나눠받는 것과 소외를 무시한다면 권위는 무너질 터이니 이것이 이 체제의 치명적인 약점이었다. 따라서 권위가 영원하려면 어떤 경우라도 무시를 당할 수 없는 윤리성을 획득해야 하는데 그것이 바로 아버지의 위치이다. 즉 신하는 임금을 떠나거나 무력으로 뒤집을 수도 있고 제자는 스승에게 안 배우면 그만이지만, 아들은 함부로 이렇게 할 수 없는 천륜에 묶여 있다. 따라서 아버지를 자기 유사성의 기층에 원형으로 둔다면 임금과 스승도 천륜의 범주 안에 들어갈 수 있는 것이다. 이렇게 해서 '군사부'는 절대적 권위를 누리게 되었고 충은 효와 대상만 다를 뿐 같은 속성의 윤리로 정의되었다. 배반의 가능성이라는 차원에서 보면 충은 효와 근본적으로 다른데도 말이다.

효를 바탕으로 한 자기 유사성의 구조는 체제 유지에 매우 효과적이었으므로 자연스럽게 우리 사회의 모든 조직에 그대로 적용돼왔으니, 여기서 생겨난 윤리적 덕목이 바로 효의 변형인 의리義理였다. 이러한 체제는 우리 사회에 작은 임금들을 구석구석에 만들어내고 지위를 누리게 해주었다. 이것이 분봉分封으로 체제를 유지하던 주나라 봉건 체제와 무엇이 다른가? 사회가 새로운 변혁을 요구할 때도 이 구조만 적절히 분열시키면 효과적으로 통제할 수 있다. 즉 권위의 자리에 있는 '봉건 영주들'인 기득권층과 원로 또는 '어르신'이라 불리는 노인들에게 그들의 위상 변화를 슬그머니 걱정해주면서 권위를 제한하려는 움직임을 보이면 사회 조직의 곳곳에 박혀 있는 그들이 자발적으로 연대해 '아랫것들'을 단속하게 되는데, 이것이 우리 사회에서 구체제가 유지되는 비결이다. 따라서 이 자기 유사성의 구조를 탈피하지 않는 한 봉건 관념은 사라지지 않고 민주주의의 발목을 잡을 것이다.

도끼의 힘과 공포

공경 경敬

曰嚴與敬왈엄여경이라
그것은 곧 엄숙함과 공경함이다

曰 가로 '왈' 전서체로는 '넙'로 쓰는데 이는 말할 때 입에서 기운이 빠져나가는 모양이므로 자형적 의미는 '말하다'가 된다.

嚴 엄할 '엄' '부르짖을 훤吅'과 '산 가파를 음厰'으로 이루어졌다. 여기서 '훤吅' 자는 높은 산의 절벽에 생성된 암혈巖穴을 나타내고, '음厰' 자는 이를 구성하는 '언덕 한厂'과 '굳셀 감敢'의 자형9)에서 알 수 있듯이 깎아지른 듯 솟아올라 위태롭게 느껴지는 높은 산을 의미한다. 따라서 '엄嚴' 자의 자형적 의미는 '높고 가파른 산에 만들어진 암혈'이 된다. 가파른 절벽에 서서 부들부들 떠는 모양을 '긍긍업업兢兢業業'이라고 하는데, 이때의 '업業' 자는 '엄嚴' 자가 입성入聲으로 변형된 글자이므로10) 의미가 서로 통함을 알 수 있다. 오늘날 이 글자를 '엄격하다'라는 의미로 쓰는 것은 '엄숙할 엄儼' 자를 가차한 것이다.

與 더불 '여' 금문에서는 '𦥑'로 쓰는데 이는 두 쌍의 손이 배(舟)를 주고받는 모양이다. 여기서 '주다'라는 의미가 생겨난 것인데, 주는 행위는 받는 행위와 동시에 이루어지는 것이므로 이로부터 '참여하다'·'함께'·'더불어' 등의 의미가 파생되었다. 여기서는 앞의 '엄嚴' 자

와 뒤의 '경敬' 자를 아우르는 접속사로 쓰였다.

敬 공경 '경' '두드릴 복攴'과 '구차할 구苟'로 이루어졌다. '복攴＝攵'
자는 손으로 매를 들고 두드리는 모양이고, '구苟' 자는 자신의 몸을
앞쪽으로 숙여 도사린 모양으로 '벌벌 떨면서 구차하게 용서를 빌다'
라는 의미를 담고 있다. 그러므로 '경敬' 자의 자형적 의미는 '권력 앞
에서 몸을 굽혀 예를 갖추다'가 된다.

앞 구절에서 아비 섬김을 밑천으로 해서 임금을 섬긴다고 했는데,
이는 두 섬김의 방식이 하나의 속성을 공유하는 이른바 자기 유사성
구조를 형성한다고 설명하였다. 그렇다면 이 구조를 가능케 하는 근
거는 무엇인가? 그것이 바로 엄숙함(嚴)과 공경하는 마음(敬)이라는
것이다. 즉 임금과 아버지는 엄숙한 자세를 유지해야 하고 신하와 아
들은 공경하는 마음을 가져야 섬김의 행위가 올바로 이루어진다는
말이다. 그래서 우리의 일상에서도 남에게 존중을 받으려면 언행을
삼가면서 이른바 '무게를 잡으라'는 조언을 많이 듣는다. 아울러 아랫
사람들에게는 윗사람을 진심으로 공경함으로써 섬기기를 다하라고
가르친다. 그런데 엄숙하게 무게를 잡는 일은 말 자체가 이미 내실 없
이 겉으로만 꾸미는 가식을 뜻한다. 공경함 역시 마음가짐을 어떻게
가져야 하는지 모호하므로 대개는 두려운 마음을 갖는 것으로 갈음
하는 게 보통이다. 이처럼 두 경우 모두 겉모습과 속마음은 분열된 상
태에 있을 수밖에 없다. 따라서 '엄嚴'과 '경敬'은 섬김의 결과적인 현
상이지 진정한 섬김의 근본적인 수단은 아닌 것이다.

그렇다면 이러한 엄숙함과 공경함을 일으키는 수단은 무엇인가?
그것은 앞서 말한 대로 권위이다. 권위는 어디서 오는가? 문자적으로

볼 때 그것은 폭력에 기초한다. 앞의 자해에서 설명하였듯이 '부父' 자의 원래 의미는 '도끼'(斧)였다. 도끼가 권위를 갖게 된 것은 폭력을 상징하는 도끼에 대한 공포가 복종을 강제하기 때문이다. 고문자의 자형을 보면 '임금 왕王' 자와 '도끼 월鉞' 자가 같은 글자의 변형임을 알 수 있는데, 이것은 임금의 권위가 궁극적으로 폭력에 근거함을 시사한다. 뿐만 아니라 '왕王'·'월鉞'의 발음이 '으를 위威'와 쌍성 관계에 있다는 사실도 이를 뒷받침한다. 어린아이가 최초로 법을 경험함으로써 상징계에 진입하는 것도 아버지의 존재로 인한 거세 공포에 복종하는 것이 계기가 아니던가?

임금과 아버지의 가부장적인 권위가 폭력의 공포 위에 세워졌다는 사실은 드러내놓을 수 없는 비밀에 속한다. 왜냐하면 이들의 힘보다 더 큰 폭력이 있다면 이들의 권위는 뒤집힐 수도 있다는 생각을 자연스럽게 하도록 만들기 때문이다. 우리에게 초자아의 기능이 작동하는 한 이러한 상상은 피할 수 없다. 이런 불순한 상상은 통치와 지배에 전혀 도움이 되지 않는다. 그래서 자애로운 가부장의 이미지에서 폭력을 제거하거나 숨겨야 하는데, 그것이 '부父' 자를 '아버지'를 뜻하는 글자로 독립시킴으로써 어원을 모호하게 만들고 정작 '도끼'라는 의미는 '도끼 부斧' 자를 따로 만들어 쓰게 하는 일이었다. 이렇게 글자를 분리시켜놓으면 연원이 모호해진 글자는 가부장의 권위란 힘이 아니라 신비로운 윤리성에 의해 부여된다고 인식하게 한다.

그러나 '부父'의 변형인 '부斧' 자의 자형은 여전히 아버지의 권위가 어디에 근거하는지를 그림으로 보여준다. 즉 '부父' 자 아래에 '도끼 근斤'을 깔고 있는 모양은 임금이 아버지를 밑천(資)으로 삼는 데 비해 아버지는 도끼를 밑천으로 함을 나타낸다. 따라서 임금과 아버지 섬기기의 방식으로 일컬어지는 엄숙함과 공경함이란 폭력의 공포에 의해 거세된 결과이지 자발적이고 능동적인 선택은 아닌 것이다. 높은 벼랑 끝에 선 사람처럼 전전긍긍戰戰兢兢하게 하는 엄숙함, 그리고 얻어맞을까 두려워 구차하게 부들부들 떠는 경외함, 이 두 가지가 종교적인 수사로 표현된 것이 '엄嚴'과 '경敬'이고, 이것이 행위체계로 조직된 것이 예禮이다. 예를 문화의 수준을 가늠하는 하나의 잣대라고 본다면 '문화적'이라는 말은 곧 '충분히 억압되고 거세되었음'을 뜻한다. 역설적으로 이러한 사회가 야만에서 멀리 떨어져 나온 문명 사회라고도 말할 수 있다.

왜 효도에는 순교를 허락하지 않는가

효도 효孝

孝當竭力효당갈력하고

효도는 마땅히 힘을 다해야 하고

孝 효도 '효' '늙을 로老'와 '아들 자子'로 이루어졌다. '효孝' 자는 '좋을 호好'와 같은 발음이므로 자형적 의미는 '자식이 늙은 부모를 좋아하고 잘 모시다'가 된다.

當 마땅 '당' '높을 상尙'과 '밭 전田'으로 이루어졌다. '상尙'은 북쪽 창문 위로 굴뚝이 올라간 모양이고 북풍과 정면으로 맞대고 있다는 의미가 담겼다. 따라서 '당當' 자의 자형적 의미는 '밭과 맞대어 바꿀 수 있는 가치'가 된다. '마땅하다'라는 말은 '동등하다'라는 말과 기실 같은 의미이다.

竭 다할 '갈' '설 립立'과 '어찌 갈曷'로 이루어졌다. '갈曷' 자는 '얼마나'와 같은 감탄의 의미뿐 아니라, '비석 갈碣' 자를 통해 알 수 있듯이 '홀로 우뚝 서다'라는 의미를 담고 있다. 따라서 '갈竭'의 자형적 의미는 '무거운 물건을 번쩍 들어 어깨 위에 짊어지고 우뚝 서다'가 된다. 무거운 물건을 짊어지고 우뚝 서려면 힘을 한껏 써야 하므로, '갈력竭力'은 '온 힘을 다 쓰다'라는 의미가 되는 것이다.

力 힘 '력' 금문에서는 '⟋'으로 썼는데 이는 팔뚝의 알통을 손으로

쥐고 힘을 자랑하는 모양이다.

　이 구절은 『논어』 「학이」편의 "부모를 섬길 때에는 능히 자신의 힘을 다할 수 있어야 한다"(事父母能竭其力)를 다시 쓴 것이다. 『논어』 「위정」편의 "개와 말에게도 먹여주는 사람이 있는데, 공경함이 없으면 무엇으로써 구별할 수 있겠는가?"(至於犬馬, 皆能有養, 不敬, 何以別乎)라는 구절은 부모를 공경함이 효도의 핵심임을 지적하는 말이긴 하지만, 그렇다고 해서 부모를 봉양하는 일이 덜 중요하다는 뜻은 결코 아니다. 따라서 효도를 수행하는 두 가지 중요 요소는 공경과 공양임을 알 수 있다.

　고대 봉건 전제주의 사회에서 백성은 체제 유지에 필요한 세금과 노역, 그리고 전시에는 병력을 공급하는 물리적 힘의 원천이었다. 인구의 다과多寡는 곧 그 나라의 힘을 상징하였으므로 나라를 강대하게 키우고자 하는 군왕들은 인구 유인책을 시행하였다. 이것이 바로 인정仁政의 시작이다. 그러나 물자와 생산에 한계가 있었던 옛날에는 무작정 인정만을 시행할 수 없었으니, 세금과 노동력의 적절한 관리는 부국강병과 직결돼 있었기 때문이다. 즉 백성에게 이로운 정책을 한다고 해서 저절로 나라가 부강해지는 것은 아니라는 말이다. 옛날 왕실에서는 왕재王才를 교육시킬 때 사냥을 가르쳤다. 이는 매나 개를 다루는 방법을 통해 통치의 원리를 익히기 위함이었다. 즉 매나 개는 적당히 굶겨야 사냥에 적극적인 것처럼 백성에게도 무조건 인정을 베풀기보다는 적절히 결핍을 만들어주어야 생산성이 높아진다는 게 이 교육의 요체이다. 그렇다면 국민 복지를 옛날보다 많이 제공하는 오늘날의 정부 체제 아래에서는 결핍도 상대적으로 적어 생산성이 낮을 것 같다. 그러나 오늘날에는 부자들과 연예인들의 과장된 신화가 만들어내는 대중들의 존재 결핍감이 소비를 자극함으로써 생산성을 제고한다. 이는 옛날 왕실이 백성의 생산성을 높이던 방법과 원리적으로 같은 것이다.

전제군주에게 백성은 왕권 유지와 부국강병의 수단이었으므로 이들이 노쇠해 더 이상 생산성이 없게 되었다 하더라도 그간에 기여한 공로의 일정량이나마 되돌려준다는 차원에서 군주가 여생을 책임져야 마땅할 것이다. 그러나 이를 비생산적인 것으로 여기는 군주들은 이 비용을 효라는 이름으로 가족에게 떠맡겼다. 이것이 실사구시적인 면에서 바라본 효의 본질이다. 물론 동서고금을 막론하고 부모를 공경하는 것은 윤리적인 과제이자 삶의 보람을 깨닫게 하는 가치의 문제이기도 하다. 그러나 비용이 들어가는 공양은 가족에게만 떠맡길 수 없는 사회적 과제로 봐야 한다. 다시 말해 공양의 측면에서는 정부가 효자 노릇을 하는 것이 옳다.

아무튼 이렇게 해서 아버지의 노후는 아들의 과제가 되었다. 앞서 설명했듯이 아버지의 권위는 폭력적인 힘에 근거하고 있는데 늙어 아무 힘 없는 아버지에 대해 어린 시절에 가졌던 공경과 경외를 유지한다는 게 쉽지가 않다. "부모 병 수발 3년에 효자 없다"는 우리 속담이 시사하듯이 공양과 공경은 현실적으로 너무나 힘든 일임에 틀림이 없다. "힘을 다하라"(竭力)고 충고한 자하子夏의 말은 바로 이 현실적 고난에 근거한 것이다.

그런데 여기서 중요한 것은, 질 수 있는 짐을 지고 일어나듯 힘만 다해야 할 뿐이지 능력 밖의 짐을 지겠다고 무리하다 힘씀이 지나쳐 죽음에 이르러서는 안 된다는 가르침이다. 앞의 '기감훼상豈敢毁傷'에서 언급했듯이 자식이 부모보다 먼저 죽거나 다쳐 부모를 애태우는 일은 불효 중의 으뜸이기 때문이다. 따라서 자식이 죽음으로 부모를 모셨다고 효자로 칭송하는 유가의 전설이나, 죽음으로 부모를 섬기지 않았다 해서 불효라고 꾸짖은 고사故事는 만나기 어렵다. 효가 유교가 추구하는 최고 가치인데도 여기에 죽음을 개입시키지 않았다는 것은 일면 순교를 허락하지 않았다는 뜻으로 읽힌다. 순교가 허락되면 효는 종교가 됨과 아울러 아버지는 절대적 존재가 될 터인데, 이는 왕권에 크나큰 걸림돌일 것임은 불을 보듯 뻔하다. 그래서 순교는 충에 이르러서야 허락된다.

효냐, 충이냐

忠則盡命충즉진명**하라**
충성함에는 목숨을 다해야 한다

목숨 명命

忠 충성 '충' '마음 심心'과 '가운데 중中'으로 이루어졌다. '중中' 자는 원래 기관의 내부 문서를 엮은 책을 뜻하고, 발음이 '동굴 동洞'과 첩운 관계를 이루므로 내부가 비어 있는 상태를 의미한다. 따라서 '충忠'의 자형적 의미는 '자신의 마음을 비우고 남을 위하는 마음으로 채워진 상태'가 된다. 『가자賈子』 「도술道術」편의 "이익을 아까워하는 마음이 마음 가운데에서 나가버린 것을 일컬어 '충忠'이라 한다"(愛利出中謂之忠)라는 구절이 이를 잘 말해준다.

則 법칙 '칙'·곧 '즉' 금문에서는 '𣃤'으로 적었다. 이는 '칼 도刀'와 '세발솥 정鼎'으로 이루어진 글자이다. '정鼎' 자의 발음은 '상처 낼 창創'과 첩운 관계에 있다. 이는 세발솥이란 그 곁에 백성들이나 후손들이 반드시 지켜야 할 교훈이나 법칙 같은 것을 새겨두기 위한 물건임을 의미한다. 따라서 '칙則'의 자형적 의미는 '세발솥에 칼로 길이 지켜야 할 법칙을 새기다'가 된다. 여기서 '법칙'이라는 의미가 파생되었다. 법칙이란 필연적인 것이므로 조건 복문複文에서 조건과 결과 사이의 관계를 나타내는 접속사로 기능하기도 한다. 여기서는 바로

이러한 기능의 허사虛辭로 쓰였으므로 '즉'으로 읽어야 한다.

盡 다할 '진' '그릇 명皿'과 '타다 남은 불씨 인灻'(또는 '불탄 끝 신')으로 이루어졌다. 여기서 '인灻'의 고문자 자형은 붓(聿)이나 솔 같은 것으로 쓸어내는 모양이므로 '진盡'의 자형적 의미는 '그릇을 솔로 쓸어 속을 텅 비우다'가 된다. 이로부터 '다하다'라는 의미가 파생되었다.

命 목숨 '명' '입 구口'와 '명령 령令'으로 이루어졌다. '령令'은 관청에서 꿇어 엎드려 있는 사람에게 소리치는 모양이므로 '명命' 자의 자형적 의미는 '꿇어 엎드린 사람에게 입으로 소리쳐 명령을 내리다'가 된다. 명령이란 한 마디로써 운명을 바꿀 수도 있기에 이로부터 '목숨'이라는 의미가 파생되었다. 옛날에는 '령令'과 '명命'을 같은 글자로 통용하여 썼는데, 군이 이 두 글자의 의미를 구별하자면 전자는 '명령' 자체를, 후자는 입으로 소리를 쳐서 명령의 행위를 실행하는 것을 각각 가리킨다.

이 구절은 『논어』 「학이」편의 "임금을 섬길 때에는 능히 자신의 힘을 다할 수 있어야 한다"(事君能致其身)와 『춘추좌전』 「선공宣公 12년」의 "순림보荀林父는 임금님께 (간언하러) 나아갈 때에는 죽음으로써 충성할 것을 생각하고, 물러나 (사저로) 돌아오면 임금님의 과실을 어떻게 보필할 것인가를 생각하는, 사직을 지키는 신하이다"(林父之事君也, 進思盡忠, 退思補過, 社稷之衛也)를 다시 쓴 것이다. '충忠'은 위의 풀이처럼 속마음과 겉의 행위가 일치하는 상태를 말한다. 이런 상태에 이르려면 자아를 감시하는 초자아의 기능을 사실상 차단해야 가능하다. 우리가 주저하고 갈등하는 것은 또 하나의 '나'인 초자아가 처음의 마음을 포기하는 편이 좋을 것이라고 유혹하거나 종용하기 때문이다.

284

초자아를 차단하면 충이라는 타자의 욕망이 내 안에서 방해 없이 작동하므로 이를 위해 목숨도 내놓을 수 있게 된다. 그래서 '진충盡忠', 즉 충성을 다한다는 말에는 궁극적으로 '목숨을 바치는'(盡命) 일이 전제되어 있는 것이다. 이런 행위는 사회 구성원들의 윤리적 사고를 지지하는 틀을 형성하고 강화하는 데 매우 중요한 기여를 한다. 이를테면 죽음으로써 충절을 지킨 위인들이 많이 나오면 그 사회는 충절을 숭상하는 사회적 사상과 문화를 갖게 된다는 말이다.

앞서 설명한 바와 같이 효가 힘만 다할 뿐 목숨을 바쳐서는 안 되는 것인 반면에, 임금과 나라에 대한 충성의 맥락에서는 희생이 요구될 때 이를 사양하지 않는 것이 숭고한 행위로 간주된다. '충'은 목숨을 바쳐야 하기 때문에 부모의 마음을 아프게 한다는 점에서 효와 상충된다. 그래서 옛날부터 이 모순 사이에서 갈등하는 사람들도 있었고 또 자신의 불충不忠을 효로 합리화한 사람들도 있었으니, 관중管仲이 전투에서 지고 달아난 과오를 노모老母 때문이었다고 평계를 댄 것이 그 대표적인 예이다.

한대 경학은 충과 효의 상호 모순을 해소하기 위하여 어느 것을 우선할 것인가를 놓고 끊임없이 논쟁하였는데, 이것이 바로 『공양전公羊傳』 학파와 『좌전左傳』 학파 간의 의리義理 논쟁이었다. 『공양전』과 『좌전』은 『춘추』를 해석한 두 개의 대표적인 저작으로 고대 중국인들이 세계와 역사를 바라볼 때 근거하는 두 개의 상징계라고 보아도 무방하다. 전자는 이른바 '친친지도親親之道', 즉 무슨 거대한 이념 외치지 말고 네 부모를 잘 모시라는 도리를 설파하였기 때문에 설사 때때로 국가적 규범에 저촉된다 할지라도 부모를 비롯한 가족을 중심에 두는 윤리를 전적으로 옹호하였다. 그래서 공자가 말한, "아비는 자식

285

을 위하여 숨겨주고 자식은 아비를 위하여 숨겨주는 것"을 용인한다. 심지어『공양전』은 아버지를 죽인 초나라 임금에게 복수한 오자서伍子胥를 칭찬하면서 "아버지가 주살당할 만한 죄가 아니라면 아들이 그에 대한 복수를 하는 것은 가능하다"(父不受誅. 子復讎可也)[11]고 결론을 내린다.

반면에『좌전』은 처음부터 군왕(또는 국가) 우선주의를 표방하는 관점에서 쓴 책이기 때문에 군신 간의 의리를 무엇보다 중히 여겼다. 그 대표적인 예가「은공 4년」에 나오는, 위衛나라 주우州吁와 석후石厚가 자기들의 임금을 시해한 사건이다. 시해 후 이를 수습하는 과정에서 석후의 아버지인 석작石碏은 이웃의 진陳 환공에게 비밀리에 부탁해 이들을 제거하는 데 성공한다. 아버지가 아들을 죽인 비윤리적인 사건이었지만『좌전』의 저자는 석작을 '순신純臣', 즉 사심 없이 올곧은 신하라고 추켜세우면서 이 사건을 "대의는 피붙이도 멸한다"는 이른바 '대의멸친大義滅親'으로 정의하였다.『좌전』을 주석한 두예杜預도 이 구절에다 자식을 끼고 도는 것은 작은 의리에 지나지 않는다고 주를 달았다.

충이 먼저냐 효가 먼저냐는 논쟁은 한대에 와서 등장하긴 했지만 그 갈등은 매우 오래 전부터 있어왔다.『논어』「공야장」편에 다음과 같은 구절이 있다. "영무자는 나라에 도가 행해지면 지혜로웠고, 나라에 도가 행해지지 않으면 우둔하였다. 그의 지혜로움은 쫓아가 잡을 만하지만 그의 우둔함은 따라잡지 못하겠다"(衛武子, 邦有道則知, 邦無道則愚. 其知可及也, 其愚不可及也). 정의로운 시대에 관직에 나아가 나라를 잘 다스리는 일은 재주 있는 사람이라면 누구나 가능하지만, 불의가 지배하는 시대에 우직하게 행동하는 것은 아무나 하는 게 아니라는 뜻이다. 그런데 여기서 논쟁거리가 되는 것이 '우愚'에 대한 해석이다. 첫째는 '우직愚直'으로 해석하는데, 전날 밤 진晉나라가 쳐들어와 정부를 장악하는 바람에 관료들이 모두 달아났는데도 다음날 아침에 여느 때처럼 관복을 차려입고 입조하였으므로 이를 우직하게 충성스러운 행위라고 해석하는 것이다. 둘째로는, 진나라에게 나라를 빼앗겼다 해서 함부로 분노를 드러내거나 자신의 재주를 활용하여 사람들을 규합해 저항운동을 하거나 하면 잡혀 처형당할 수 있으므로 바보처럼 행동함으로써 처형을 피했다는 것인데, 이것을 면신免身이라고 불렀다. 이처럼 면신을 해서 목숨을 보전하는 것을 중국에서는 전통적으로 바람직한 행위로 간주하였다. 무엇보다 목숨을 부지하는 일이 효의 시작이기 때문이다. 이것이 무에 그리 힘든 일인가고 반문하겠지만 책임감과 의무감에 사로잡혀 있는 사람이 충동적인 행동을 스스로 통제한다는 게 그리 쉬운 일이 아니다. 따라서 전자의 관법은 충으로, 후자는 효의 발로로 각각 해석할 수 있는 것이다.

중국은 전통적으로 후자의 해석을 선호해왔다. 힘만 다하면 되는 '갈력竭力'이 목숨을 내놓아야 하는 '진명盡命'보다는 그래도 쉽게 수행할 수 있기 때문이리라. 그래서 중국인들은 사수死守, 즉 죽음으로써 지킨다는 말을 우리처럼 절대적인 숭고함으로 받아들이지는 않는 듯하다. 물론 중국 역사에 전국 시기의 굴원屈原이나 남송 시기의 악비岳飛 등과 같이 죽음으로 충절을 지킨 사람들이 없었던 것은 아니지만 이들을 바라보는 시선에서 융통성이 다소 개입되어 있다는 말이다. 충절을 유연하게 바라보는 것은 도가 사상에서 유래한 것인데, 이것도 기실은 드넓은 땅덩어리라는 환경에서 기인한 것으로 보인다. 땅이 넓으니까 외적이 쳐들어오면 굳이 목숨 걸고 싸울 필요 없이 다른 곳으로 이주하면 되기 때문이다. 주나라 문왕의 할아버지인 고공단보古公檀父가 백성들이 오랑캐들에게 희생당하는 것이 안타까워 이들을 이끌고 이리저리 옮겨다니다가 기산岐山까지 가서 정착하였다는 고사가 대표적이다. 아니면, 땅이 하도 넓어 관리하기 어려우니 누가 와서 지배해도 얼마 안 가 결국에는 실패하기 마련이라는 경험에 근거해 침략자들에게 굳이 저항할 필요성을 느끼지 않는 문화도 여기에 한 몫 했을 것이다.

우리는 충효를 한 단어로 붙여 쓰기 때문에 효를 충의 하위 범주쯤으로 여기고 있지만 기실 이 둘은 극복할 수 없는 모순으로 분열되어 있다. 이 모순이 극복되지 않는 한 우리의 기대와는 달리 효는 언제나 충보다 우선할 수밖에 없을 것이다.

살얼음 위를 걷는 사람

臨深履薄임심리박하고

깊은 물을 앞에 두고 있는 듯,
얇은 얼음을 밟는 듯이 하고

임할 림臨

臨 임할 '림' '누울 와臥'와 '뭇 품品'으로 이루어졌다. '와臥'는 엎드려서 아래를 내려다보는 모양이고 '품品'은 만물을 의미하므로, '림臨' 자의 자형적 의미는 '높은 곳에서 엎드린 채 아래의 만물을 내려다보다'가 된다.

深 깊을 '심' 이 글자는 원래 고유명사로, 오늘날의 광동성廣東省 연산현連山縣 노취산盧聚山에서 발원하여 서북쪽으로 흘러 상강湘江으로 흘러 들어가는 강물의 이름을 가리켰다. 그런데 이 글자의 우측 방이 '깊을 미罙'와 비슷하므로 물이 깊다는 뜻으로 쓸 때는 '심深' 자를 차용해 쓰다가 형용사로 정착된 것이다.

履 밟을 '리' 소전小篆에서는 '履'로 적었는데, 이는 '주검 시尸'·'조금 걸을 척彳'·'배 주舟'로 이루어진 글자이다. 여기서 '시尸'는 '가죽 피皮' 자가 변형된 것이므로 '리履' 자의 자형적 의미는 걸어다닐 때 배처럼 탈 수 있는 가죽으로 만든 물건, 즉 '신발'이 된다.

薄 엷을 '박' '풀 초艸'와 '넓을 부溥'로 이루어졌으므로 자형적 의미는 '물이 질펀한 것처럼 깊은 풀밭이 펼쳐져 있다'가 된다. 물이 넓게

퍼지면 얕거나 얇아지므로 이로부터 '얇다'라는 의미가 파생되었다.

이 구절은 『시경』 「소민小旻」편의 "부들부들 떨듯 조심해야지, 깊은 못을 앞에 두고 있는 것처럼, 살얼음 위를 걷는 것처럼"(戰戰兢兢, 如臨深淵, 如履薄冰)이라는 구절을 다시 쓴 것이다.

'임심臨深'은 깊은 물을 절벽 가장자리에 서서 내려다본다는 뜻이고, '리박履薄'은 얇은 살얼음 위를 조심스럽게 걷는다는 뜻이다. 즉 위험한 곳에서는 극도로 몸을 사리는 것처럼 신체발부身體髮膚를 다치지 않도록 조심함으로써 부모의 걱정을 덜어드리는 것이 곧 효행의 시작임을 암시한다. 그러므로 이 구절은 앞의 "굽어살피고 길러주심을 공손히 생각하니, 어찌 감히 헐고 다치게 할 수 있겠는가"(恭惟鞠養, 豈敢毁傷)를 실천하는 구체적인 도리인 셈이다.

자식을 키워본 사람이면 부모가 평소 그들의 안전을 위해 얼마나 노심초사하는지를 이해한다. 나는 일찍이 『한시의 비밀』 서문에서 이러한 부모의 마음을 동요 「섬집 아기」의 가사를 통해 설명한 바 있다. 이 노래의 2절 가사는 다음과 같다. "아기는 잠을 고이 자고 있지만 / 갈매기 울음소리 맘이 설레어 / 다 못 찬 굴바구니 머리에 이고 / 엄마는 모랫길을 달려옵니다." 아이는 혼자서 잘 자고 있는데도 엄마는 무심한 갈매기 울음소리에 문득 아기가 걱정이 되어 굴 따던 일을 멈추고 걸음을 더디게 잡는 모랫길을 달려 집으로 바삐 간다는 내용인데, 이 가사만큼 자식에 대한 부모의 애틋한 마음을 잘 나타낸 구절도 없을 것이다. 그래서 공자는 "(자식은) 부모에게 오로지 병만을 걱정하게 해야 하는 것"(父母唯其疾之憂)이 효라고 했다. 즉 병을 앓게 되는 것은 자식으로서도 어쩔 수 없는 만큼, 이것 외에는 최대로 조심해서 부모에게 걱정을 끼쳐드리지 않게 하라는 가르침일 것이다. 이러한 당부를 『시경』의 구절을 가져와 은유적으로 축약한 것이 '임심리박'이다. 앞에 인용한 『시경』 「소민」편의 원문은 임금에게 정치를 신중히 하라는 충고를 내용으로 하지만 여기서는 부모에게 걱정을 끼쳐드리지 말라는 내용으로 바뀌었다. 이렇게 고전의 구절을 가져다 다른 의미를 부여하는 수사법을 훈고학에서는 단장취의斷章取義라고 부른다.

앞서 말한 바대로 "깊은 물을 앞에 두고 있는 듯, 얇은 살얼음을 밟는 듯"이라는 말은 최대한 신중히 하라는 당부의 은유적 표현이다. 다시 말하지만 은유는 자기 달성적 예언을 이루는 힘이 있을 뿐만 아니라 보편적으로 받아들일 만한 진리를 품고 있다는 믿음을 불러일으킨다. 따라서 이 구절은 읽는 사람으로 하여금 표현 그대로 몸을 다치지 않도록 매사에 조심하는 방식으로 세계를 대하게 만들고, 아울러 이러한 행동을 당연하게 여기도록 만든다. 이 때문에 지혜로운 자는 자신에게 위험을 가져올 일을 하지 않는다는 이른바 명철보신明哲保身이 처세의 불변적 격언으로 회자되었던 것이다. 매사에 신중한 자세를 견지하는 것은 당연히 바람직하지만, 무엇인가를 신속히 결정하거나 주동적으로 나서야 할 때 조심스럽기만 한 것은 재난의 피해를 최소화할 이른바 '골든타임'을 놓친다는 치명적인 결점을 함께 갖고 있다. 흔히 현대는 창의력의 시대라고 하는데, 창의력은 모험과 도전에서 얻어진다. 모험冒險이란 한자의 뜻 그대로 위험을 무릅쓰는 일이므로 명철보신의 사전에서는 찾아보기 어려운 단어다.

유교의 가르침을 중추로 하는 우리의 전통 사회는 효 사상 때문에 모든 게 명철보신으로 점철되었을 것 같지만 사실은 그렇지 않았다. 명철보신만이 사회를 지배했다면 우리 선조들의 창의성이나, 죽음으로 충절과 나라를 지킨 수많은 사건들을 설명할 수 없기 때문이다. '임심리박'의 신중함 밑에는 언제나 예禮가 전제되어 있다는 사실을 우리는 간과한다. 『논어』「태백泰伯」편에 보면 "조심스럽기만 하고 예가 없으면 두려워하게 된다"(愼而無禮則葸)는 구절이 나온다. 사람은 상징에 의지해서 살아간다. 집이 기둥과 대들보에 의해 유지되듯이 사람에게는 상징이 이 기능을 한다. 집의 뼈대가 튼튼할수록 위로 높이 올릴 수 있듯이 상징이 단단하면 이에 의지하는 사람의 활동이 과감하고 왕성할 수 있다. 전통 사회에서 예라는 상징체계가 바로 이러한 뼈대의 역할을 해주었기에, '임심리박'이라고 해서 무조건 조심만 하지는 않았다는 말이다. 예가 곧 가치체계였으므로 그들은 이에 근거해서 무슨 일이든 용감하게 도전할 수 있었고, 그래서 과감할 수 있었고 또한 창의적일 수 있었다.

오늘날 명철보신이 처세의 표상처럼 된 것은 예와 같은 사회적 가치체계가 부재하거나 약해졌기 때문이다. 『논어』의 구절이 가리키듯 예가 없이 조심스럽기만 하면 결국 무사안일無事安逸과 복지부동伏地不動밖에 남지 않을 것이다. 늘 조심만 하라는 주문은 결국 아무것도 믿지 말라는 명령과 다름없다. 아무것도 신뢰하지 않는다고 해서 위험이 해소되지는 않는다. 신뢰하지 않고 조심하기에 앞서 용기를 북돋고 신뢰를 확보할 수 있는 대안을 마련함으로써 현실에 적극적으로 대처하는 것이 더 현명할 것이다.

효도라는 고행

일어날 흥興

夙興溫凊숙흥온정하라
아침 일찍 일어나 따뜻한지 시원한지 살펴라

夙 일찍 '숙' '저녁 석夕'과 '잡을 극丮'으로 이루어졌다. '극丮'은 손으로 도구 등의 물건을 쥐고 있는 모양이다. 따라서 '숙夙' 자의 자형적 의미는 '아직 밤인데도 연장을 들고 일을 하러 나가다'가 된다. 이로부터 '일찍'이라는 의미가 파생되었다.

興 일어날 '흥' '함께 들 여舁'와 '같을 동同'으로 이루어졌으므로 자형적 의미는 '여럿이 힘을 합쳐서 쉽게 일어나다'가 된다. 이에 비해 사람들이 제각기 행동하는 것은 '허물 구咎'로 쓴다. 이 글자가 '사람 인人'과 '각기 각各'으로 이루어져서 자형적 의미가 '사람이 각기 행동하다'가 되기 때문이다.

溫 따뜻할 '온' 원래 고유명사로 지금의 사천성四川省 온강현溫江縣 남쪽에 있는 민강岷江의 지류 이름이었으나, 나중에 '따뜻하다'라는 의미로 차용된 것이다.

凊 서늘할 '정' '얼음 빙冫'과 '푸를 청青'으로 이루어졌다. '빙冫'자를 소전에서는 '仌'으로 쓴다. 이는 물이 처음 얼었을 때의 얼음결 모양이므로 '정凊' 자의 자형적 의미는 '얼음처럼 차다'가 된다. 요즈음은

'맑을 청淸' 자와 혼용하고 있지만 원래는 서로 다른 글자이다.

이 구절은 『시경』「맹氓」편의 "아침 일찍 일어나 밤늦도록"(夙興夜寐)이라는 구절과 『예기禮記』「곡례曲禮」의 "겨울에는 따뜻하고 여름에는 시원하게 해드리다"(冬溫而夏凊)라는 구절을 따서 만든 것이다.

앞의 출구出句가 효도의 내면적인 자세를 강조한 것이라면 대구對句인 이 구절은 실천의 구체적인 방법을 제시한 것이다. 즉 아침 일찍 일어나 부모님의 잠자리가 겨울에는 차지나 않은지, 여름에는 덥지나 않은지 직접 보살핌으로써 조금이라도 편안하게 해드리는 일이 효행이라는 것이다. 효도는 이처럼 실천적일 뿐, 결코 심오한 관념 같은 것이 아니다. 그런데도 효에 도道를 붙여 일컫는 까닭은 무엇인가? 동아시아에서 '도' 자를 붙이는 말들은 대개 원리나 방법을 가리킨다. 이를테면 태권도는 발과 주먹을 효과적인 무력으로 쓰는 방법이고, 유도는 약한 힘으로 강한 힘을 이기는 원리이다. 자연은 그냥 놔둬도 저절로 반복하면서 운행을 한다. 여기에 실제로는 엄청난 힘이 작동하고 있으나 겉으로 봐서는 힘이 전혀 안 들어가는 것처럼 보인다. 이는 자연이 원리에 따라 움직이기 때문이라는 것인데, 이와 같은 자연적인 원리의 총화를 도라고 부른 것이다.

그런데 여기서 모순이 생긴다. 인간은 자연의 산물이므로 그가 생각하고 행동하는 것도 자연의 일부라고 일단 가정할 수 있을 것이다. 동물들이 자기 새끼를 목숨을 걸고 보호하는 것이 자연적이듯, 사람이 자기 자식에게 극진한 것은 당연한 원리이다. 그렇다면 새끼가 어미로부터 분리된 후 어미와 경쟁자가 되는 동물 생태계처럼 자식이 장성한 뒤에 부모를 돌보지 않는 것도 원리에 속하는가? 인간은 사회를 이루고 사는 동물이기 때문에 동아시아에서는 이 부분에서 자식이 늙은 부모를 공양해야 한다는 이른바 반포지효反哺之孝라는 원리를 만들어냈다. 그러나 이것은 생태계의 원리가 아니고 사회적 원리이자 합의이기 때문에 근본적으로 동물인 인간이 실행하기가 여간 어려운 일이 아니었다. 그래도 사회가 안정되기 위해서는 시행되어야 할 합의이기에 천륜이라는 말로 그 당위성을 강조함과 아울러 사회적으로 강제해왔던 것이다. 그 방법으로 효행을 표창하고 불효를 반사회적 행위로 지탄했는데, 이러다 보니 개인 주체들은 겉과 속이 따로따로 분열될 수밖에 없었다. 사회의 눈치를 보면서 부모를 모시느라 효도 행위와 속마음이 모순을 일으켜 스스로 도덕적인 갈등에 괴로워하는 것이다. 물론 그렇지 않은 진정한 효자도 있겠지만 이것이 대체적인 효도의 현실이다.

공자도 이러한 갈등의 고통을 알았던지 주체의 분열을 비난하거나 심판하지 않았다. 『논어』 「위정」편에 보면, 제자인 맹의자孟懿子가 효를 물었을 때 "(아버지의 뜻을) 어기지 말라"(無違也)고 대답하는 구절이 있다. 맹의자의 부친인 맹희자孟僖子는 원래 예를 좋아하는 사람이라 자기 자식에게 이를 가르치려고 공자에게 보냈던 것인데, 자식은 아버지의 의도만큼 배움에 열의를 갖지는 않았던 모양이다. 이러던 차에 그가 효에 관하여 묻자 아버지의 뜻을 어기지 말고 예를 배우는 데 힘쓰는 것이 효라고 가르친 것이다. 여기서 '어기지 말라'는 것은 그냥 네 아버지의 뜻대로 예를 배우고 실천하라는 뜻이지 '네 마음을 바로잡아 아버지의 마음에 맞추라'는 의미가 아니었다. 마음을 바로잡는 내면의 변화는 예를 실천하고 난 다음의 일이므로 공자는 처음부터 이러한 변화가 일어나도록 의도하지 않았던 것으로 보인다.

그 뒤에 이어서 나오는 "(부모가) 살아 계실 때에는 예로써 섬기고, 돌아가시면 예로써 장사를 치르며, (이후에는) 예로써 제사 지내야 한다"(生事之以禮, 死葬之以禮, 祭之以禮)는 부연 설명이 이를 증명한다.

「위정」편에는 이보다 더 확실한 증거가 있다. 자하 역시 효에 관하여 물으니까 공자가 "(자식이) 온화한 표정을 짓는 것이 어렵다"(色難)고 대답하였다. 이 구절의 해석에 이견이 있긴 하지만, 자녀가 부모 앞에서 내색을 하지 않음으로써 걱정을 끼쳐드리지 않기란 어려운 일임이 분명하다. 즉 도덕적인 내적 갈등의 현실을 직시한 공자는 안과 밖의 주체가 일치되지 않았다고 해서 여느 종교에서처럼 심판하지 않았다는 말이다. 그렇다고 공자가 주체 내면의 변화나 진실성 같은 것을 경시했다는 게 아니다. 예가 근본적으로 형식이기는 하지만 이를 지속적으로 실천하다 보면 내적 변화란 저절로 이루어지는 것이기 때문이다. 저절로 이루어지는 내적 변화의 경험을 우리는 향락이라고 부르는데, 종교적인 고행이라든가 고된 훈련을 받는 병사들이 힘든 과정 속에서도 희열을 느끼는 행위는 모두 이에 속한다. 힘든 고행이 쾌락으로 느껴졌다면 이는 자연적인 원리에의 귀속을 뜻하므로 이 지점에서 효를 실천하는 예의 행위들에 '도'를 붙여 불러도 무방할 것이다. 효도의 고행이 가져다주는 쾌락이라는 반대급부를 상정하지 않으면 옛날 효자·효부들의 전설적인 효행의 진실성을 이해할 수 없다.

그러므로 효행은 손수 실천해야 효도가 된다. 본문 구절처럼 아침 일찍 일어나 부모님의 잠자리가 차지나 않은지를 살펴보는 일 같은 것은 그리 어려워 보이지 않는다. 세간의 무슨 광고 카피처럼 좋은 보일러를 놓아드리면 되니까 말이다. 그러나 비근한 예로, 타지로 분가한 상태에서 고향에 계신 부모님께 전화 한 통 드리는 게 얼마나 어려운지는 거의 모든 사람들이 인정하는 바이다. 바쁘기도 하려니와 전화를 드려봤자 딱히 할 말도 없고 결국에는 돈 이야기로 귀결될 터인즉 전화기 누르기가 말처럼 쉽지 않다. 이것은 일례에 불과하고 이외에도 소소한 것 같으면서도 녹록치 않은 갈등이 끊이질 않는데 이러한 현실에서도 늙은 부모를 서운치 않게 모시려면 특별한 인내심이 요구된다. 이게 바로 효도의 고행이다.

그러나 이 고행을 끈기 있게 계속하면 힘든 가운데서도 앞서 말한 희열을 느끼는 향락 단계로 들어가게 되는데 이것이 이른바 인仁의 경지다. 그래서 공자도 효를 인의 본질이라고 정의하지 않았던가(『논어』「학이」편)? 바꿔 말해 인이 무엇인지를 체험하려면 효도를 행하면 알 수 있다는 것이다. 효도를 통해 단련된 사람은 관념적이지 않기 때문에 주위의 유혹에 쉽사리 일탈하거나 색다른 세계를 꿈꾸지 않는다. 이런 이유 때문에 고대 봉건 사회에서는 효도를 나라에 충성하고 임금을 잘 모시기 위한 하나의 교육 과정 차원에서 강조해왔던 것이다.

요즘 인터넷을 둘러보면 벌초 및 제사상 차리기 등을 맡아서 해주는 '효 대행 서비스' 사업이 많아졌다. 아버지란 원래 살아 있을 때보다는 죽은 후에야 그 기능을 더 강력하게 수행하는 법이다. 이 때문에 산 자는 죄책감에 시달리는데, 바쁜 가운데서도 이를 씻어야 위안이 되므로 대행의 수요가 생겨난다. '효 대행'은 궁극적으로 자식 된 자의 자신을 위한 일종의 씻김 의식이지 부모를 위함이 아닌 것이다.

3부 왜 수양修養을 해야 하는가

난을 보낸 사람의 속뜻

似蘭斯馨사란사형하고
난초의 향기와 비슷하고

닮을 사似

似 닮을 '사' '사람 인人'과 '써 이以'로 이루어졌다. '이以' 자를 전서
篆書에서는 '뱀 사巳' 자를 뒤집어놓은 모양으로 그렸다. 이는 어린아
이를 나타낸다. 따라서 '사似' 자의 자형적 의미는 '어린아이가 아버지
를 닮다'가 된다. 자식이 부모 앞에서 스스로를 낮춰 부를 때 '불초不
肖', 즉 아버지를 닮지 못한 불효자라고 한다. 이를 달리 '무사無似'라
쓰기도 한다.

蘭 난초 '란' '풀 초艸'와 '문 막을 란闌'으로 이루어졌다. 난초는 자
신을 내세우지 않고 숨어서 향기를 그윽하게 뿜는 특성이 있으므로
자형적 의미는 '자기 자신을 닫은 풀'이 된다.

斯 이 '사' '도끼 근斤'과 '키 기其'로 이루어졌다. 곡식을 까부르는 키
는 쪼갠 대나무로 만든 것이므로 '사斯' 자의 원래 의미는 '도끼로 잘
게 쪼개다'였다. 그러다가 나중에는 '이것 자玆'와 음이 같은 까닭에
'이것'이라는 뜻으로 차용되어 자주 쓰였고, '쪼개다'라는 본래 의미
를 담은 글자로는 '쪼갤 시撕' 자를 새로 만들어 쓰게 되었다.『설문해
자』에서는 '사斯'를 '쪼갤 석析' 자로 풀이하였다. 이 두 글자는 같은

의미를 공유하지만 굳이 구분하자면 전자는 잘게 쪼개는 것을, 후자는 굵게 쪼개는 것을 각각 뜻한다. '사斯'는 허사로도 많이 쓰이는데 여기서는 '갈 지之'와 같은 조사로 봐야 한다. 출구인 '사란사형似蘭斯馨'이 대구인 '여송지성如松之盛'과 정확히 짝을 이루는 대장 관계에 있기 때문이다.

馨 향기 '형' '경쇠 경磬'과 '향기 향香'으로 이루어졌다. 경쇠란 여러 개의 옥돌을 엮어 만든 타악기로 맑은 소리가 은은히 퍼지는 것이 특징이므로, 이 글자의 자형적 의미는 '맑은 경쇠 소리가 멀리까지 퍼지듯이 향기가 그윽하게 멀리 퍼지다'가 된다.

앞서 설명했듯이 효는 인의 근본이기 때문에 이를 즐거운 마음으로 행할 수 있다면 그는 인을 수행할 능력, 즉 덕을 갖춘 군자라 부를 수 있다. 이 구절부터는 군자란 어떤 모습이어야 하는가를 묘사한다.

꽃이나 외양이 빼어나게 아름다운 화초가 아닌데도 난蘭을 사람들이 특별히 좋아하는 것은 아마 그윽하게 멀리 퍼지는 향기 때문일 것이다. 어느 집에서 난이 꽃을 피우면 그 향기가 이웃집들에까지 살그머니 배어 들어가는데, 이 향이 도대체 누구네 집에서 스며들어온 건지 알 수 없지만 이로 인하여 마음이 차분히 가라앉는 정감을 느끼게 된다. 이러한 난의 특성은 겸손하게 자신을 드러내지 않는 가운데 주위 사람들에게 덕화德化를 끼치는 군자와 같다고 하여 옛날부터 군자를 난으로 은유하였다. 은유란 익숙한 것(B)을 통해 이해할 수 없는 사물(A)을 인식시킬 때 쓰는 수단이기에 군자(A)가 어떤 사람인지를 일상에서 흔히 보는 난(B)을 갖고 이해시킨 것이다. 그런데 여기서 어긋남이 발생한다. 즉 은유라 함은 군자와 난이 기본적으로 같음을 전제로 하는데(A=B), 실제로는 난의 속성은 군자의 일부만을 알게 해주기 때문이다. 이는 곧 난으로도 이해가 안 되는 부분이 군자에게 생겨난다는 말인데(A⊃B), 그렇다면 이 은유는 다시 환유를 만들어낸 셈이 된다. 환유는 대상(사물)의 부분을 통해 전체를 상상으로 채우는 방식이므로 난이 채우지 못한 나머지는 모두 난에서 유추되는 관념으로 군자를 완성하게 된다. 은유를 감성적인 사물로써 초감성적인 것을 표현하는 수단이라고 여긴 아리스토텔레스의 정의는 여기에 근거한 것이다.

전통적으로 우리는 군자를 개념이 아니라 초감성적인 관념으로 인식해왔다. 따라서 난은, 이번에는 반대로, 초감성적인 것을 인식시키기 위한 감성적인 기호로 작용하게 된다. 본래 기호가 상징하는 대상(또는 의미)보다는 기호 자체의 감성적 질료가 사람들에게 직접적으로 호소하는 법이다. 다시 말해 난이 군자를 상징한다면 사람들은 군자라는 의미보다는 난이라는 기호 자체에 집착하는 것이다.

그래서 군자로 보이고 싶은 사람들은 군자로서의 인성과 덕을 닦는 일보다는 상징물에 불과한 난을 잘 가꾸는 일에 더 정성을 쏟는다. 어차피 우리의 일상에서 덕이란 개념화되지도 않았을뿐더러 구체적인 군자에게 감화를 받아본 경험이 거의 없다 보니 이러한 기호 활동에서 생성되는 관념을 군자로 오인할 수밖에 없기 때문이다. 덕을 쌓는 일은 시간도 많이 걸리고 고통스러운 반면, 난을 가꾸는 일은 그보다 쉽고 또 재미도 있지 않은가? 남에게 지적으로 보이려면 굳이 힘들게 책을 읽기보다는 장서나 많이 모아 서가에 줄줄이 진열해놓는 것이 더 낫다. 하나의 화두를 위해 평생 고뇌하기보다는 누구 한 사람 읽어주지 않는 논문이라도 무작정 써서 실적을 쌓는 게 성공한 학자의 상이다. 어차피 우리에겐 고뇌하는 지식인이나 학자란 관념 속에만 존재하기에 이것이 가능하다는 말이다.

이렇게 보면 난은 곧 군자 증명이 되는 셈이다. 그래서 누가 취임을 하거나 승진을 하면 난을 축하 선물로 보낸다. 난을 받은 사람들은 이제 착각을 멈추고 다음과 같이 생각을 좀 바꿔보는 게 어떨까? 누가 나에게 보낸 난에는 부디 보이지 않게 덕을 베풀라는 간절한 당부가 담겨 있을 것이라고 말이다. 다른 사람들의 윗사람이 되었다면 아랫사람들을 쥐어짜서 제 공만 세우려 하지 말고 그들을 대신해 어렵고 힘든 일을 해야 한다. 그리고 그 공을 내세우지 않아야 한다. 이것이 난이 상징하는 군자의 진정한 모습 아닐까.

공公이 모자란 사회에는 파시즘이 온다

갈 지之

如松之盛여송지성이라
소나무가 늘 무성함과 같다

如 같을 '여' '계집 녀女'와 '입 구口'로 이루어진 글자인데, 여기서 '구口'는 '좇을 약若' 자의 생략형이다. 따라서 이 글자의 자형적 의미는 '여자처럼 순종하다'가 된다. 순종한다는 것은 상대의 의지와 동일하게 맞춘다는 의미와 같으므로 '마치 ~와 같다'는 뜻이 파생된 것이다.

松 소나무 '송' '나무 목木'과 '드러낼 공公'으로 이루어졌다. '공公'은 담이 없이 언제나 열려 있어서 누구든 접근이 허락된 장소를 의미하는데, 이는 소나무의 변함없이 푸른 속성과 통한다.

之 갈 '지' 이 글자는 상형으로서 초목이 땅에서 싹이 터 위로 우쩍 자라는 모양을 그린 것이다. 이 구절은 앞의 '사란사형似蘭斯馨'과 대장을 이루고 있으므로 여기서는 '사斯'와 같이 제한 기능을 수행하는 허사로 쓰였다.

盛 성할 '성' '그릇 명皿'과 '이룰 성成'으로 이루어졌으므로, 그 자형적 의미는 '그릇에 곡식 같은 것을 수북이 쌓아 담다'가 된다. 이로부터 '성盛' 자에 '풍성하다'라는 가차 의미가 생겨난 것이다.

이 구절도 앞의 구절과 비슷하게 소나무의 늘 푸른 속성을 매개로 군자의 충절과 절개를 묘사하고 있다. 『논어』「자한子罕」편의 "일 년 중 가장 추운 시절이 온 다음에라야 소나무와 잣나무가 더디 낙엽 짐을 알게 된다"(歲寒然後知松柏之後彫也)는 공자의 말로 인하여 소나무는 충절의 상징이 되어왔다. 실제로 소나무는 혹독한 겨울에도 잎이 무성할 뿐 아니라 험준한 산의 바위틈이나 해안가 등 메마르고 거친 환경에서 오히려 더 잘 자란다고 한다. 이러한 소나무의 속성이 고난을 인내하며 끝까지 절개를 지키는 지사의 모습과 아주 닮았기 때문에 옛날 선비들은 시와 그림을 통하여 소나무를 자주 칭송하였다. 그중에서도 추사秋史 김정희金正喜의 〈세한도歲寒圖〉는 특히 유명하다.

　　그러나 소나무를 칭송한 만큼 현실에서 충절을 지킨 사람들이 그렇게 많지는 않은 것 같다. 수절한다는 일이 그만큼 고통스럽고 어렵기 때문에 특별한 행위로 칭송받는 것이리라. 그렇다면 왜 희생을 하면서까지 수절을 해야 하는가?

　　이 세계는 근본적으로 혼돈이기 때문에 그대로는 사람이 살 수 없다. 그래서 규범을 만들어 여기에 의지해 살아야 한다. 규범이란 일종의 사회적 약속이므로 이것이 굳건히 지켜져야 미래를 예측하면서 살아갈 수 있는 것이다. 이 약속을 죽어도 지키는 것이 절개요, 지조이다. 절개와 지조를 죽음으로 지킨 사람이 많을 때 이것이 형이상학적 관념을 형성하고, 다시 이것이 일상의 윤리로 연역될 때 그 사회는 안정되고 미래가 보장된다.

　　그런데 윤리는 관념이므로 사회를 구성하는 사람들의 행동으로써만 그 존재를 알 수 있다. 행동은 누군가(이를 대타자라고 말할 수 있을 것이다) 알아주리라는 보상을 기대하고 이루어진다. 사회 구성원들이 이러한 대타자의 존재에 대한 믿음이 있다면 그들의 행동은 어떤 대가를 치르더라도 윤리적인 것이 될 수 있다. 이런 윤리적 행동을 우리는 충절이라고 부르는데, 충절의 행위에는 언제나 이를 회유하거나 꺾으려는 유혹과 핍박이 있게 마련이다. 그런데 이에 못지않게 힘든 일이 있으니 큰 충절과 작은 충절 사이의 딜레마다. 앞서 말한 대로 충절이란 약속을 지키는 것인데, 보편적인 규범에 충실한 것이 전자라면 사람과의 사적인 약속은 후자일 것이다. 두 충절이 서로 상충할 때 당연히 큰 것을 먼저 지킴이 옳다고 생각하겠지만 꼭 그렇지만은 않은 게 현실이다. 왜냐하면 보편적 윤리는 관념에만 존재하고 개인에 대한 충성은 현실에서 그대로 드러나 보이기 때문이다. 실제로 우리의 현실에서도 사회 정의를 위해 자기 희생을 감수하고 거대 권력 집단의 내부 비리를 폭로한 의인이 배신자로 낙인 찍혀 사회적으로 매장되는 경우를 종종 보고 있지 않은가?

이런 어려움 때문에 아무리 강직한 의인도 시간이 지남에 따라 어쩔 수 없이 처음의 의지를 약간이라도 바꿀 수밖에 없다. 이때부터 그는 변절자라 불리게 되는데, 주체란 환경에 따라 변하기 마련이라는 사실에 비춰볼 때 이런 평가는 매우 잔인하다고 아니할 수 없다. 그래서 언제나 인에 입각해 생각하는 공자는 소나무와 잣나무가 사시사철 푸르다고 말하지 않고 '더디 낙엽지다'(後彫)라고 시적으로 표현하였다. 우리는 소나무를 관념상 상록수로 알고 있지만 사실은 낙엽이 지는 것처럼, 인간인 이상 누구든지 세월이 흐르면 변하게 되어 있다. 따라서 이것을 무자비하게 심판하지 말며, 아울러 당사자도 이 때문에 죄의식에 사로잡히지 말라는 '인간적인, 너무나도 인간적인' 당부였으리라.

『천자문』은 위『논어』의 구절을 '소나무의 무성함'(松之盛)으로 고쳐 썼다. 여기서 '성盛'자는 '무성하다'는 의미 이전에 수북이 쌓여 담긴 그릇을 지시한다. 따라서 이 구절에는 소나무를 통해 풍성히 담아내고자 하는 염원이 깃들었다고 볼 수 있는데, 그것은 다름 아닌 변함없는 완전한 세계에 대한 염원일 것이다. 또 이 소나무에는, '송松'자의 우측 방인 '공公'이 가리키듯이, 울타리 없이 누구에게나 열려 있는 완전한 소통으로서의 지도자에 대한 갈망이 담겼을 것이다. '공公'을 외치고 싶은 백성들의 마음이 '송(松)'으로 상징되었다는 말이다.

　사람은 어떠한 체제와 제도에도 적응하며 살아갈 수 있지만 수시로 바뀌는 변덕에는 불안해한다. 현대인의 소통에서 가장 많이 소비되는 대표적 아이콘이 하트(♥)라고 한다. 이는 사랑이 결핍되어 있음의 방증이고 아울러 그만큼 현대적 삶의 환경이 불안하다는 뜻이기도 하다. 물질이 가치의 척도인 세상에서 무한 경쟁은 불가피할 텐데 여기서 무슨 변치 않는 형이상학적 세계를 꿈꿀 수 있단 말인가? 이렇게 불안의 고통이 만연한 사회에는 이를 구원해주겠다는 유혹의 담론이 자연스럽게 등장한다. 파시즘이 바로 그것이다. '내 자유를 모두 유보하고 너의 노예가 되어도 좋으니 제발 어디 안정된 체제 속에 빠져서 내가 미쳐 살게 해다오'가 그들의 무의식적 욕망이니, 이들을 광신도로 받아주는 독재자는 틀림없이 나오기 마련이다. 그래서 역사적으로 자유가 인간에게 가장 감당하기 힘든 과제로 해결되지 않은 채 내려온 것이다.

'부지런히'와 '열심히'는 답이 아니다

내 천川

川流不息천류불식하고
냇물은 흘러 쉬지 않고

川 내 '천' 이 글자는 상형으로서 양쪽 언덕 사이를 꿰뚫고 흐르는 냇물의 모양을 그린 것이다. 발음인 '천'은 '뚫을 천穿'과 같은데 이것은 냇물이 산과 산 사이를 뚫고 흐른다는 속성을 드러내고 있다.

流 흐를 '류' '물 수水'와 '거스를 돌𠫓'로 이루어졌다. '돌𠫓'은 '아들 자子'를 거꾸로 놓고 그 밑에 머리털을 그린 모양이므로 '류流' 자의 자형적 의미는 '태아가 양수羊水와 함께 산모로부터 흘러나오다', 즉 '유산流産하다'가 된다.

不 아닐 '불' 이 글자도 상형이고, 새가 하늘로 날아오르는 모양을 그린 것이다. 실제 언어에서는 부정어로 쓰이고 있는데, 이는 새가 하늘로 날아가버리듯이 아무것도 남지 않았다는 뜻으로 가차된 것이다. 오늘날 우리도 부정문으로 표현할 때 '다 날아갔다'고 쓰는 것을 떠올리면 이 가차 현상을 이해할 수 있다.

息 쉴 '식' 오늘날 통용되는 해서楷書[1]로 보면 '코 비鼻'와 '마음 심心'으로 이루어졌으나 금문에서는 '𢛳'으로 적었다. 이것은 콧구멍으로 기운이 드나드는 모양이다. 따라서 '식息'의 자형적 의미는 '숨을 쉬

다'가 된다.

'천류불식川流不息'이란 냇물은 밤낮 없이 흐르면서 쉬지 않는다는 뜻으로, 『논어』「자한」편에서 공자가 냇가에 서서 말하였다고 하는 "지나가는 것은 이와 같으니, 낮이든 밤이든 머물지 않는다"(逝者如斯夫, 不舍晝夜)라는 구절을 다시 쓴 것이다. 이 구절을 훈고학자들은 공자가 세월의 덧없음을 한탄한 것이라 풀이하기도 했고, 묵은 것은 지나가고 새것이 오는 변화는 세월이 가도 반복될 수밖에 없음을 말한 것이라고도 해석했지만, 우리에게 가장 영향을 많이 끼친 보편적인 해석은 밤낮으로 부지런히 힘쓰면서도 나태해질까 두려워하는 군자의 모습이라는 것이다. 그래서 어릴 적부터 공자의 이 비유를 익히 들어왔던 우리 조상들은 자연히 근면을 성공의 가장 중요한 요소로 여기게 되었다.

원래 공자의 이 말은 공부하는 자의 자세가 어떠해야 하는가를 비유했던 것으로 보인다. 물이 밤낮을 가리지 않고 꾸준히 흐르듯이 공부도 이와 같이 해야 한다거나, 세월은 나를 위해 기다려주지 않고 흘러만 가는 것이므로 한시라도 헛되이 보내지 말고 공부하라는 당부였으리라. 실제로 공부는 저절로 되는 것이 아니라 공력을 쌓아야 하고 공력은 절대적으로 시간을 필요로 한다. 그래서 공부工夫라는 단어에는 품과 시간이라는 뜻이 함께 들어 있다. 군자와 같은 바람직한 인격은 나이만 먹었다고 이루어지는 게 아니라 그 시간 동안에 힘써 수양을 해야 비로소 가능하다는 말이다. 존경받는 인격체를 완성하려면 남들보다 더 공력을 들여야 하고 그러려면 한정된 시간을 아껴 써야 하는 것이 배우는 자들의 자세인 것이다.

그런데 언표란 맥락을 벗어나면 언제나 다른 의미를 낳는다. 저 앞에서 말한 바 있는 단장취의斷章取義도 이러한 경우에 속한다. 군자가 되기 위해 끊임없이 노력하라는 당부가 성공하기 위해서는 피나는 노력이 필요하다는 말로 탈바꿈하는 것이다. 여기서 성공이란 군자가 되는 일이 아니라 벼슬을 가리키며 이는 곧 기득권에의 편입을 뜻한다. 기득권은 생리상 교묘하게 진입 장벽을 만들어 타자들을 배제하고, 누리는 자들의 수를 일정하게 유지하기 마련이다. 이것이 바로 제도인데 제도가 불공정하다고 의심을 받으면 개혁의 요구가 일어날 테니, 이 의혹을 잠재우려면 진입에 실패한 자들에게 아예 제도의 불공정성이 떠올려지지 않도록 해야 한다. 그래서 생각해낸 기발한 방법이 모든 책임을 자신의 탓, 즉 노력 부족으로 돌리게 하는 것이다. 이런 논리가 실패자에게 설득력 있는 것이, 제도나 구조와 외부적 요인에 대해서는 정보가 부족해 자신이 잘 모르는 반면, 노력 부족이라는 내면적 정보는 누구보다 자신이 잘 안다고 믿기 때문이다. 이러한 합리화를 보강해주는 언표가 바로 앞 공자의 말을 단장취의한 '천류불식川流不息'과 같은 말이다. 이때 근면이니 노력이니 하는 말들은 초월적이므로 이 단어 앞에서 주체는 언제나 부족함을 느낄 수밖에 없어 자연히 모든 탓이 자신에게 돌아가게 마련이다. 오늘날 취업이 안 되어 좌절한 청년들이 "노오오력이 부족하다"·"노오오오력하란 말이다!" 등의 비튼 말로 자조하는 것은 이제 그 허상을 깨닫기 시작했음을 의미한다.

군자가 되는 일이든 성공이든, 노력만 한다고 이루어지는 것은 아니다. 노력만을 선으로 여긴다면 분명히 그의 주위에는 이를 착취하려는 자들이 생겨난다. 따라서 무조건 앞만 보고 노력할 게 아니라 스스로를 돌아보는 일이 절대적으로 필요하다. 자신이 뭘 하고 있는지 또 어디로 가고 있는지 먼저 알아야 그 노력이 허사가 되지 않을 것이다. 이를테면 내가 대전에서 부산으로 가려는데 비록 완행이라도 부산행 열차를 탔다면 제대로 방향을 잡은 것이다. 그러나 아무리 빠른 KTX 열차를 탔다 한들 그게 서울행이라면 헛된 짓을 하고 있는 것이다. 따라서 자신의 위치를 되돌아보고 점검하는 메타 인식이 노력 이전에 갖춰져야 할 전제이다. 언제부턴가 우리 사회에서는 '열심히'가 추상적인 선善의 목적이자 표상이 되었다. 장래 포부나 계획을 물으면 거의 자동적으로 "열심히 하겠습니다"라고 대답하거나 일이 잘 안 풀리는 사람을 안타까워할 때 "참 열심히 사는 사람인데……" 하고 말하는 것이 그 예이다. 이렇게 추상적으로 말하기 전에 방향성을 제대로 잡은 것인지를 먼저 의심해보는 것이 순서이리라.

『논어』「이인」편에서 "군자는 식사를 끝내는 동안에라도 인자함을 어기는 일이 없어야 한다"(君子無終食之間違仁)고 했으니, 수양을 위해서는 냇물처럼 한시라도 쉬어서는 안 되지만 일하며 살아야 하는 범인들은 주기적으로 쉬어야 한다. 우리는 쉬지 않고 일만 하는 것을 무슨 자랑처럼 여기고 또 그런 사람들을 존경한다. 특히 공직자들의 근면성을 부추기는 말이 우임금의 과문불입過門不入 고사[2]인데, 옛날에는 일이 오늘날처럼 분화돼 있지 않아 일과 휴식의 경계가 불분명했기 때문에 나올 수 있는 신화였다. 오늘날은 쉬는 일을 게을리하면 오히려 생산성이 떨어지는 시대이다.

냇물은 목적 없이 흘러도 결국 바다로 들어가지만 사람은 냇물과 달라서 무작정 부지런히 '흐르다'(流) 보면 글자 그대로 목적한 바가 유산流産되고, 더 심하게는 '숨을 쉴 수 없게 될'(不息) 수도 있다는 사실을 명심해야 할 것이다.

선善은 우리들 '사이'에 있다

淵澄取映연징취영**이라**
못물이 맑으면 비춰봄을 얻을 수 있다

취할 취取

淵 못 '연' 이 글자의 우측 방인 '|氵|'은 양쪽 언덕 사이에서 물이 빙빙 도는 모양을 그린 것이다. 따라서 '연淵' 자의 자형적 의미는 '물의 흐름이 막혀 빙빙 도는 깊은 못'이 된다.

澄 맑을 '징' '물 수水'와 '오를 등登'으로 이루어졌다. '등登'은 '높은 곳으로 오르다'라는 의미를 갖고 있으므로, '징澄' 자의 자형적 의미는 '높은 곳에 있는 물', 즉 맑은 물이 된다.

取 취할 '취' '귀 이耳'와 '오른손 우又'로 이루어졌다. 이는 토끼 같은 짐승의 귀를 손으로 움켜쥐어 잡는 모양이다. 그러므로 자형적 의미는 '손으로 귀를 움켜쥐어 짐승을 잡다'가 된다. 이로부터 '취하다'라는 의미가 파생되었다.

映 비칠 '영' '날 일日'과 '가운데 앙央'으로 이루어졌다. '앙央' 자는 같은 첩운의 글자인 '밝을 명明' 자를 통해서도 알 수 있듯이, 한가운데에 투명하게 드러나 있음을 뜻한다. 따라서 '영映' 자의 자형적 의미는 '들어온 햇빛을 왜곡됨이 없이 투명하게 반사하다'가 된다.

못물은 흐르지 않고 고여 있으므로 물이 맑기만 하다면 거울처럼 사물을 왜곡 없이 그대로 비추어 보여준다는 것이 이 구절의 뜻이다. 군자의 인품은 맑고 투명하기 때문에 다른 사람들이 스스로를 비춰볼 수 있는 거울이 된다는 말일 것이다. 이 구절을 흔히 군자는 못물처럼 맑기 때문에 사물을 밝게 볼 수 있다고 해석하기도 하는데, 이는 '영映'자의 '빛을 반사하다'라는 자형적 의미를 고려하지 않았기 때문에 취할 바가 못 된다.

우리의 눈은 밖의 대상만을 보도록 되어 있어서 근본적으로 자신을 보지 못한다. 자신을 보려면 거울이라는 타자의 도움을 받아야 하는데, 이는 자신의 진정한 모습이 아니라 겉모습일 뿐이지만 자신(자아)으로 착각하고 사는 게 인간이다. 이웃들과의 관계에도 이 같은 거울의 기능이 있다. 즉 이웃이 '나'에게 대하는 태도가 곧 자아의 모습으로 인식된다는 말이다. 설사 이웃이 나를 착취하기 위하여 고의적으로 친절하게 대하더라도 나는 그것을 나라는 '자아'의 모습이 이웃의 친절을 받을 만하기 때문이라고 믿는다. 이런 이웃은 좋은 거울이 못 된다. 그래서 사람들은 진정한 자신을 보고 싶어서 맑은 거울을 찾는데 그것이 바로 군자라는 거울이다. 그는 못물처럼 맑기 때문에 그에게 나를 비춰보면 내가 얼마나 부끄러운 존재인지를 알게 해줄 뿐 아니라, 거울을 보고 내 얼굴을 화장하듯이 그를 본보기로 삼아 내 자신을 가꿀 수 있다는 것이다. 이것이 '취영取映'이 뜻하는 바이다.

그런데 어떤 경우에든 도구의 기능이 중요해지면 도구 자체에 대한 신화와 신앙이 생긴다. 군자의 경우도 예외는 아닌데, 사람에 대한 신앙은 권력과 직결된다는 점이 다르다. 권력을 갖게 된다는데 군자로 숭배되는 사람들이 더욱 군자답게 보이기 위하여 꾸밀 것임은 당연하지 않겠는가? 꾸밈이 지나치다 보면 군자는 존경의 단계를 넘어 숭배의 경지로 진입한다. 전자의 단계에서는 사람들이 군자를 거울 삼아 닮아보려고 노력하지만 후자에 이르면 서로 격차가 너무 커져서 보통 사람들은 닮기를 포기하고 그 일을 그에게 일임해버린다. 이를 바꿔 말하면 다음과 같이 요약할 수 있다. '나는 당신처럼 되기도 힘들뿐더러 살기 위해 현실적인 일을 해야 합니다. 그러니까 숭고함은 당신이 지키십시오. 단지 나는 당신을 숭배함으로써 나도 당신을 따라가고 있다는 사실을 이웃들에게 알리는 것만으로도 충분합니다.' 그러니까 군자다운 행위와 윤리관은 대중 사이에 뿌리내리지 못하는 것이다.

군자로 숭배받는 사람도 인간인지라 언젠가는 인간의 냄새를 풍길 때가 있다. 그러면 이웃과 대중들은 벌떼처럼 일어나 너도나도 성토한다. 숭배의 그늘 뒤에 숨었던 사람들의 처지에서 자신의 허물이 덩달아 들통났다는 분노도 작용했겠지만, 군자의 위선을 성토함으로써 나 자신은 여전히 선함을 증명할 수 있기 때문이다. 라캉은 자아가 거울로 인해 생긴 것이므로 진정한 주체(S)와는 분열되어 있을 수밖에 없다고 하였다. 군자도 분열되어 있기는 마찬가지이므로 겉과 속이 일치할 것이라고 기대해서는 안 된다. 인간의 이러한 보편적인 속성을 인정해야 인간을 함부로 신화적으로 만들어서 그와 내가 함께 망가지지 않는다.

『논어』「술이」편에 "세 사람이 가는 가운데에는 반드시 나의 스승이 있다. 그중에서 선한 것은 골라서 따르고 선하지 않은 것은 고치면 되기 때문이다"(三人行, 必有我師焉, 擇其善者而從之, 其不善者而改之)라는 구절이 있다. 선이란 상대적인 것으로, 어떤 능력 있는 사람이 독점적으로 보유하는 게 아니라 우리들 사이에(in between) 있다는 말이다. 이 말은 『중용』의 "선이란 사람에게서 멀리 떨어져 있게 하지 않는다. 사람이 도를 행한다면서 사람을 멀리 떨어지게 만든다"(道不遠人. 人之爲道而遠人)라는 구절과 같은 맥락으로 통한다. 반드시 맑은 연못의 물에만 비춰볼 게 아니라 우리 주위와 이웃을 둘러보면 내가 스승으로 삼을 만한 대상들이 널려 있음을 상기하자.

군자의 이미지

그칠 지止

容止若思용지약사하고
자태와 동작은 마치 생각하는 듯하고

容 얼굴 '용' '집 면宀'과 '골짜기 곡谷'으로 이루어졌다. '곡谷' 자가 깊고 넓게 터진 입구라는 뜻이므로 '용容' 자의 자형적 의미는 '집이 커서 넉넉히 들어가다'가 된다. 어떤 공간에 얼마나 들어갈지 알아보려면 먼저 겉모양이나 크기를 봐야 한다. 그래서 이로부터 '용容' 자에 '겉모습'·'용모'·'얼굴' 등의 의미가 파생된 것이다.

止 그칠 '지' 이 글자는 발과 발가락을 그린 모양이다. 발은 가장 밑에 있는 기초에 해당한다. 기초가 흔들리지 않고 든든해야 상체가 건장해지므로 이로부터 '그치다'·'멈추다' 등의 의미가 생겨났다. 또한 품행을 거지擧止, 즉 움직임과 멈춤이라는 동작 과정으로 비유하기도 하는데, 이때 '거지'를 '지止' 자 하나로 상징하기도 한다.

若 같을 '약' 이 글자를 갑골문에서는 '𡠗'으로 썼는데 이는 나이 든 사람이 겸손하게 무릎을 꿇고 복종하는 모양이다. 따라서 '약若' 자의 자형적 의미는 '순종하다'가 된다. 순종한다는 것은 곧 지배하는 사람의 의지를 닮는 것이므로 이로부터 '닮다' 또는 '비슷하다'라는 의미가 파생되었다.

思 생각 '사' '마음 심心'과 '정수리 신囟'(해서에서 '밭 전田'으로 쓴 것은 생략된 자형이다)으로 이루어졌다. 따라서 '사思'의 자형적 의미는 '뇌 속에서 일어나는 생각하는 기능'이 된다.

'용지容止'란 자해에서 설명했듯이 용모와 품행을 뜻하고, '약사若思' 는 『예기禮記』「곡례曲禮」편에 보이는 "장중하고 엄숙하게 생각하다" (儼若思)라는 구절을 빌려온 것이다. 그런데 '약若' 자의 용법이 원문 과 약간 다르다. 즉 『예기』에서는 앞의 '엄儼' 자를 부사어로 바꾸는 조사로 기능해서 '~하게'라는 의미를 갖고 있으나 여기서는 '마치 ~와 같다'라는 의미의 동사로 쓰였다.

이 구절은 다음에 나오는 대구과 더불어 군자의 자태와 언행이 어 떠해야 하는지를 묘사하고 있는데, 자태와 언행이란 쉽게 말해서 외 부에 보이는 이미지를 가리킨다. 군자는 겉으로 드러난 이미지보다는 본질적이고도 내면적인 면을 추구하는 사람이지만, 소인들은 겉만 보 고 사람을 판단하는 경향이 있으므로 이들의 삶에 군자의 영향이 미 치게 하려면 그는 밖으로 보이는 자신의 모습을 의식하고 조신할 필 요가 있다. 왜냐하면 『논어』「안연」편에서 공자가 "군자의 덕은 바람 이고 소인의 덕은 풀입니다. 풀은 위로 바람이 지나가면 반드시 눕습 니다"(君子之德風, 小人之德草. 草上之風, 必偃)라고 말했듯이 소인들을 따르게 하기 위해서는 군자는 바람과 같은 덕을 지녀야 하기 때문이 다. 바람은 본질을 드러내지 않고 단지 감각으로만 실체를 알게 하면 서 또 복종하게 한다. 본질에 우선해서 직접적인 감각에 호소하는 이 미지가 이와 같으므로 군자는 이를 잘 살피지 않을 수 없는 것이다.

그렇다면 군자의 이미지는 어떠해야 하는가? 자해에서 풀이했듯이 '용容' 자에는 '얼굴'이라는 의미가 있고, 그 모습은 '골짜기'(谷) 위에 '지붕'(宀)을 덮은 모양이어야 한다. 골짜기 입구에는 대개 삼각형 모양의 넓은 들이 있어서 사람들이 모여 마을을 이루고 산다. 여기에 지붕을 덮은 모양이라는 것은 그만큼 넉넉한 관용을 갖추었다는 이미지를 유지해야 한다는 말이다.

『논어』「팔일」편에는 '윗자리에 있으면서 관대하지 않은 사람'(居上不寬)은 지도자로서 볼 만한 게 없다는 공자의 말이 나온다. 지도자가 관대하지 못한 것은 근본적으로 아랫사람들이 속된 말로 '맞먹거나' '기어오를까' 두려워서다. 기어오르는 것을 그대로 놔두면 윗사람의 권위가 서지 않을뿐더러 터무니없는 요구들로 윗사람을 닦달하게 될 터이니, 이런 일들이 중구난방으로 벌어지면 나라와 사회가 혼란에 빠질 것이라는 논리다.

그렇다면 이렇게 반문해보자. 자연이 아름다운 것은 자연을 구성하는 만물이 어떤 계획에 따라 일사불란하게 배치되었기 때문인가, 아니면 무작위로 던져져 있기 때문인가? 왜 우리는 사회가 획일적인 형태로만 존재해야 한다고 생각하는가? 무질서한 저자 바닥이라고 해서 거기에 사람이 살지 못하는 것은 아니다. 이를 불편하게 여기는 일부 사람이 있는 것은 사실이지만 이러한 혼돈을 의식하지 않거나 오히려 즐기는 사람들도 있지 않은가? 윗사람이 관대하게 변하면 그간 억눌렸던 정서들이 한꺼번에 폭발하여 당분간 혼란스러울 수도 있다. 지금까지 획일적인 것을 선으로 여겨온 인식의 기반 위에서 이 혼란은 당연히 견디기 힘들다. 이러한 중구난방의 요구들을 억지로 잠재우려 하지 말고 자연스럽게 여길 수 있는 사회적 능력이 민주주의의 조건이고, 또한 이런 사람들이 많이 모여 사는 곳이 진보적인 사회다. 또 지도자나 윗사람이 이처럼 관대해지면 그 밑에 사람들이 많이 모여들기 마련이다. 이것이 『논어』 「양화陽貨」편의 "관대하면 많은 사람들의 마음을 얻을 수 있다"(寬則得衆)는 말의 합리적 근거일 것이다.

군자가 유의해야 할 또 하나의 이미지가 품행이다. 이는 '지止' 자와 관련하여 생각할 만하다. 자해에서 설명했듯이 '지' 자는 '거동'을 상징하지만 본의는 '정지하다'이다. 따라서 군자의 품행은 동태적이라기보다는 정태적이어야 한다. 즉 『논어』 「학이」편에서 "군자가 중후하지 않으면 위엄이 없다"(君子不重則不威)고 말한 것처럼 점잖아야 한다는 말이다. 앞에서 군자의 이미지는 관대해야 한다고 했지만 이럴 경우 사람들이 우려하듯이 위아래의 질서가 무너져 통제가 안 될 수 있다. 그래서 관대함을 유지해야 하는 군자로서는 이를 보완할 또 하나의 이미지가 필요한데 이것이 바로 위엄이다. 위엄이란 요즘 말로 하자면 카리스마에 해당하고, 이는 범할 수 없는 일종의 금지로 기능한다. 따라서 '용지容止', 즉 관용과 위엄은 반드시 병행해야 한다.

그렇다면 위엄은 어떻게 유지해야 하는가? 그 방법이 바로 '약사若思', 즉 생각하는 것처럼 보이라는 것이다. 이를 뒤집어 말하면 군자는 '(깊이) 생각하지 말라'는 뜻으로 해석할 수 있다. 생각은 항상 실리를 따지고 회의懷疑를 동반하기 때문에 여기에 깊이 빠지면 판단과 결정을 유보시키고 사람을 주저하게 만든다. 따라서 군자가 생각을 지나치게 깊이 한다면 우유부단하게 보일 것이고 그러면 위엄이 서질 않는다.

『논어』 「옹야雍也」편에 지도자가 백성을 대하는 태도를 "마음가짐은 신중히 하되 행동은 간단히 한다"(居敬而行簡)고 정의하는 대목이 나온다. '신중히 하다'는 '경敬' 자를 번역한 것인데 이 단어의 기본적인 뜻은 '두려워하다'이다. 지도자가 두려워해야 할 것은 공자가 지적했듯이 제사·전쟁·질병(齋·戰·疾) 등 세 가지뿐이라 해도 지나친 말이 아니다. 왜냐하면 이 세 가지는 운명과 생명에 직접 관련이 있으므로 생각을 깊이 하지 않을 수 없기 때문이다. 그 나머지 일들은 명분에 맞게 판단하고 행동에 옮기면 된다. 그래서 군자의 행위가 간단할 수 있는 것이다. 이렇게 보면 '약사若思'란 "마음가짐은 신중히 하되 행동은 간단히 한다"를 축약한 말이라고 할 수 있다.

쉽고 논리적인 말

言辭安定언사안정이라

말과 화법은 (각각) 쉽고 올바르다

말씀 언言

言 말씀 '언' 이 글자의 고문자 자형은 '입 구口'와 '매울 신辛'으로 이루어졌다. '신辛' 자는 '죄' 또는 '형벌'이라는 의미를 담고 있고 '마음 심心'과 쌍성·첩운 관계에 있으므로 '언言' 자의 자형적 의미는 '입으로 죄를 지어 벌을 받지 않도록 조심하다'가 된다. 이 글자의 어원으로 '말을 조심하라'는 언론 통제의 역사가 매우 오래되었음을 짐작할 수 있다.

辭 말씀 '사' '매울 신辛'과 '다스릴 란𤔔'으로 이루어졌다. '신辛' 자는 원래 죄수의 이마에 문신을 새겨넣는 바늘 모양이기 때문에 흔히 '죄' 또는 '죄인'이라는 뜻으로 많이 쓰인다. 그러므로 '사辭' 자의 자형적 의미는 '죄상을 소상히 밝히거나 또는 죄인에게 죄가 없음을 설득하기 위하여 조리 있게 잘 다스려진 말이나 문장'이 된다.

安 편안 '안' 이 글자를 갑골문에서는 '𤔔'로 썼는데 이는 여자가 생리 때가 되어 생리대를 착용하고 집 안에 들어앉아서 조용히 쉬는 모양이다. 그러므로 '안安' 자의 자형적 의미는 '집 안에서 조용히 쉬다'가 된다.

定 정할 '정' '집 면ᅟᅮ'과 '바를 정正'으로 이루어졌다. '정正'의 자형적 의미는 두 가지로 해석되는데, 하나는 '발을 멈추고 쉬다'이고, 다른 하나는 '가지런히 하다'이다. 전자로 해석하면 '정定' 자의 자형적 의미는 '동작을 멈추고 집 안에 들어가 쉬다'이고, 후자로 해석하면 '집을 똑바르게 짓다'가 된다.

이 구절은 『예기』「곡례」편에 보이는 "말의 씀씀이를 조용하고 올바르게 하다"(安定辭)라는 구절을 다시 쓴 것이다. 군자의 이미지를 결정하는 요소들 중에서 가장 중요한 것은 역시 '언사言辭'일 것이다. 그래서 『예기』에서도 『역易』의 말을 인용하여 "언어란 군자의 중추적인 부분이다"(言語者, 君子之樞機也)[3]라고 했다. 자형적 의미를 감안할 때 '언言'이란 말의 음성학적 차원을 가리키고, '사辭'는 말의 구성과 화법話法, 즉 통사론·화용론적 차원을 지칭하는 것으로 보인다. 그리고 '언사'가 '안정安定'해야 한다는 말은 곧 군자의 음성은 조용하고 중량감이 있어야 한다는 의미로 흔히 해석한다. 군자의 언어에는 아무래도 굵고 낮게 깔리는 목소리가 어울리는데 그런 목소리는 위엄이 있어 쉽게 신화적 의미를 생성해내기 때문이다. 신화적 의미가 실린 언설은 부지불식간에 권력을 수행하여 듣는 사람들을 저절로 복종하게 만든다. 신화의 힘은 논리에 기초한 것이 아니므로 이를 통해 수행되는 권력 또한 합리성과는 거리가 멀 수밖에 없다. 그래서 옛날부터 군자임을 가장하는 위군자僞君子들은 낮은 톤의 엄숙한 목소리를 내는 일에 은밀한 노력을 기울여왔다. 그들은 이런 발화법이 자신의 언설에 논리가 부족하더라도 설득력을 실어준다는 사실을 본능으로든 경험적으로든 알았던 것이다.

‘언言’ 자와 ‘사辭’ 자의 자형 안에 문신을 넣는 바늘이 도사리고 있다는 점은 말에는 재앙이 숨어 있기 때문에 가능한 한 말을 삼가는 것이 바람직하다는 교훈을 암시한다. 따라서 우리의 언어 문화는 비판과 토론은 금기시되고 친교 기능이 강화된 코드들로 짜여 있는 것이 특징이다. ‘언사안정言辭安定’의 ‘안安’ 자는 날씨나 건강에 관한 말과 같은 ‘무난한 말이나 안전한 말’을 의미하는지도 모르겠다. 이런 교훈적 암시는 사람들에게 자발적으로 자신의 언론을 통제하게 하는 효과를 발생시키기도 하는데, 이것은 오늘날 민주주의 사회에서는 바람직하지 못하다.

　그렇다면 ‘언사안정言辭安定’을 어떻게 재해석하는 것이 오늘날의 실정에 적합할까. 이 구절은 ‘언사言辭’와 ‘안정安定’의 호문互文[4] 관계로 보아 “‘언言’은 ‘안安’하고, ‘사辭’는 ‘정定’하다”는 의미로 보면 타당할 것이다. 즉 “‘언言’이 ‘안安’하다”는 것은 곧 말은 알아듣기 쉽게 해야 한다는 뜻으로, 그리고 “‘사辭’가 ‘정定’하다”는 것은 곧 말의 구성과 화법이 바르고 조리가 있어서 논리적으로 설득력을 가져야 한다는 의미로 각각 해석할 수 있을 것이다. 오늘날의 군자는 신화에 의존하지 않고 논리로 설득해야 하며, 따라서 그의 말은 반드시 쉬워야 하기 때문이다.

내 몫이 아닌 선택

아름다울 미美

篤初誠美독초성미하고
시작에 온 힘을 쏟는다면 진실로 아름답고

篤 도타울 '독' '말 마馬'와 '대 죽竹'으로 이루어졌다. '죽竹' 자의 자형은 대나무가 처음 나오는 싹의 모양이고 '줄어들 축縮'과 첩운 관계에 있다. 따라서 이 글자에는 퍼져 있는 것을 한데 모아 작게 압축한다는 의미가 들어 있다. 따라서 '독篤' 자의 자형적 의미는 '말이 머리를 땅에 대고 온 힘을 한데 모아 무거운 수레를 끌다'가 된다.

初 처음 '초' '옷 의衣'와 '칼 도刀'로 이루어졌다. 따라서 자형적 의미는 '옷을 만들기 위해 옷감을 재단하다'가 된다. 재단은 옷을 만들 때 맨 처음에 하는 일이므로 이로부터 '처음'이란 의미가 파생되었다.

誠 진실로 '성' '말씀 언言'과 '이룰 성成'으로 이루어졌다. '성成'이 거친 나무를 깎아 겉면을 매끈하게 만든다는 뜻이므로 '성誠' 자의 자형적 의미는 '말을 다듬어 진실하게 만들다'가 된다. 그러므로 '성誠' 자는 '거짓 위僞' 자의 반의어가 되는데, 선진先秦 고대에는 아직 '참 진眞' 자가 나타나지 않았으므로 경서에서는 모두 '성誠' 자를 썼다.

美 아름다울 '미' '양 양羊'과 '큰 대大'로 이루어졌고, 독음은 '살찔 비肥'와 첩운 관계에 있다. 따라서 '미美' 자의 자형적 의미는 '양이 토

실토실 살이 찌다'가 된다. 토실토실 살이 찐 양은 보기에 좋을 뿐 아니라 시장에서 거래도 잘 되므로, 이로부터 '아름답다'라는 의미가 파생되었다.

　무슨 일을 도모하든 항상 처음 시작할 때가 가장 어렵고 힘들다. 대신에 도모하는 사람의 입장에서 보자면 이때 가장 의욕적이고 도전적인 것도 사실이기 때문에 일이 힘들다기보다는 오히려 희망적으로 느껴진다. '초初'자의 자형이 말하듯이 처음이란 옷감에 첫 가위를 들이대는 때이다. 이때는 앞으로 만들어질 옷에 대한 기대로 희망에 차 있기도 하지만 가위질을 일단 시작하면 잘려진 옷감은 원단 상태로 되돌릴 수 없다는 염려 탓에 어느 때보다 신중해지기도 한다. 따라서 이 시기에는 나의 모든 관심과 정력을 일에 집중하게 되는데, 이것이 '독초篤初'이다. '독초'란 따지고 보면 상상의 힘이 한껏 작용하는 기간이라고 정의할 수 있다.

　그러다 시간이 지나면서 일을 도모한 사람은 원래 의도와 현실 사이의 괴리를 경험하고, 타자들의 억압이라는 난관에 부딪친다. 그래서 원래의 계획은 하나둘씩 현실에 맞춰 궤도 수정을 하게 되는데 이것이 반복되다 보면 처음에 특별했던 일이 결국 남들 하는 대로 따라 하는 평범한 일이 되어버린다. 평범한 일을 수행하면서 도전 의식을 갖거나 희망을 말하는 사람은 없을 것이다. 이것이 많은 사람들이 살아온 길을 따라 살아가는 상징계 속의 삶이다. 그러므로 정말로 큰일을 이루려면 아직 상상 속에서 욕망이 한껏 부풀어 있을 때 단숨에 해내든가, 아니면 난관을 만나도 처음의 의지를 끝까지 유지해야 한다. 이 문장에서 출구인 '독초성미篤初誠美'는 전자의 방법을, 대구인

'신종의령愼終宜令'은 후자를 각각 가리킨다. '독초'에서 나오는 처음의 도전 의식은 기존의 상징체계를 흔들거나 침범하기에 충분하므로 위업이 이루어질 수 있는 것이다. "쇠뿔도 단김에 빼라"는 속담은 여기에 근거한 말이다.

옷을 만들 때 첫 가위질이 중요하다면, 고용 불안의 시대인 요즘 사회에 첫발을 딛는 젊은이들이 첫 직장을 선택하는 일에 극히 신중을 기하는 경향을 이해할 만하다. 그러나 오늘의 신자유주의적 시장에서 고용이 보장된 직장이 어디 있겠는가? 오히려 이것저것 유리한 것을 오래 취사선택하다 보면 '독초', 즉 사회에 처음 첫발을 딛을 때의 도전 의식이나 의욕을 상실하고 너무 일찍 기존의 그릇된 체제에 적응해버릴 가능성이 있다.

공자가 "쉰 살에 천명이 무엇인지 알게 되었다"(五十而知天命)고 말했듯이 인생을 좀 살아보면 선택이란 하늘에 달린 것이지 나의 몫이 아님을 알게 된다. 삶의 운명을 흔한 말로 새옹지마塞翁之馬라고 하지 않던가? 잘한 선택이 불행의 씨앗일 수도 있고 패착인 줄 알았는데 승리의 계기가 되기도 하는 게 인생이라는 뜻이다. 그러니까 이미 내 몫이 아닌 선택·운명에 집착하지 말고 내게 주어진 일 자체에 '독초' 하는 것이 인생을 현명하게 사는 지혜이다.

떠나는 사람에게 잘하라

하여금 령令

愼終宜令신종의령**이라**
마무리를 삼가면 마땅히 훌륭하게 될 것이다

愼 삼갈 '신' '마음 심心'과 '참 진眞'으로 이루어졌다. '진眞'은 '엎어질 전顚' 자의 원래 자형인데, 엎어지면 머리가 발보다 밑에 있으므로 머리에 있는 모든 것이 쏟아지게 되어 있다. 그래서 정성을 다 쏟는다는 의미로 쓰게 된 것인데, 이 때문에 '진眞' 자를 '정성精誠'이라는 두 글자를 합쳐 만든 합음자合音字로 보기도 한다. 따라서 '신愼' 자의 자형적 의미는 '마음으로 정성을 다하다'가 된다.

終 마칠 '종' '실 사糸'와 '겨울 동冬'으로 이루어졌다. '동冬'은 실을 다 뽑고 나서 서로 엉키지 말라고 양 끝에 매듭을 만든 모양이므로[5] '종終' 자의 자형적 의미는 '실의 끝'이 된다.

宜 마땅 '의' 고문에서는 '⿵'로 썼는데, 이는 '집 면宀'·'하나 일一'·'많을 다多' 등 세 요소로 이루어진 글자이고, 창고 안에 식량이 많이 쌓여 있는 모양이다. 식량이 많이 비축되어 있으면 안심이 되므로 '의宜' 자에 '편안하다'라는 의미가 생겨난 것이다. 편안함이란 모든 사물이 마땅히 있어야 할 제자리로 돌아갔을 때 느껴지는 것이므로 이로부터 '마땅하다'라는 의미가 파생되었다.

328

令 하여금 '령' 이 글자는 큰 집 아래에서 사람을 꿇어 엎드리게 해놓고 명령을 하달하는 모양이다. 윗사람이 명령을 하달하고 아랫사람들이 복종하는 것은 질서정연한 모양이므로 옛날에는 이를 아름다운 모습으로 여겼다. 그래서 '아름다운'·'훌륭한' 등의 의미가 파생되었다. 상대방의 부인을 높여 '영부인令夫人'으로, 아들딸을 높여 '영식令息'·'영애令愛'로 각각 부르는 것은 바로 이 뜻으로 쓴 것이다.

『노자』 64장에 "마무리에서 조심하기를 처음처럼 하면 그르치는 일이 없다"(愼終如始, 則無敗事)라는 구절이 있는데, 끝마무리를 신중히 하라는 격언은 중국 고전의 곳곳에서 보인다. 자연시인으로 칭송받는 도연명도 「아들에게 명하노라」(命子)라는 시에서 "참으로 차분하셨다, 우리 할아버지는. 마무리 조심하기를 처음처럼 하셨으니"(肅矣我祖, 愼終如始)라고 읊었다.

출구에서 든 비유를 이어가보자. 일을 의욕적으로 시작했으나 수정을 거듭하다 이전에 남들이 해오던 방식과 별 차이가 없음을 발견한 사람 앞에는 자신의 계획이 한낱 헛된 상상이었음을 인정하고 기존 체제에 적응할 것인가, 아니면 그대로 밀고 나아갈 것인가 하는 선택이 가로놓인다. 여기서 전자를 택하여 체제로 귀환하는 사람의 경우 자신의 일에 깊은 애착이 있을 리 없으니 이제 남은 것은 이미 시작한 일을 적당히 마무리하는 일일 것이다. 하지만 기대감 없이 대충 마감하려다 보면 어느 한 순간에 일을 완전히 그르칠 수 있으므로 이 점을 주의하라는 것이 '신종의령愼終宜令'의 숨은 뜻이다.

그런데 끝을 신중히 해야 하는 이유는 따로 있다. 우리는 일을 훌륭히 성사시키기 위서 마무리를 잘해야 한다고 생각하지만, 주체가 살아 숨 쉬는 한 끝이나 마무리는 존재하지 않는다. 어떠한 끝도 또 다른 시작과 맞물려 있기 때문이다. 영어의 'commencement'에는 '시작'이라는 뜻과 '졸업'이라는 뜻이 함께 들어 있다. 즉 끝과 시작은 이질적인 것이 아니라 동질의 계기일 뿐이라는 말이다. 따라서 끝마무리도 처음처럼 할 수밖에 없는 것이다.

끝마무리를 신중히 해야 하는 것은 사람들이 사후事後의 평가를 중시하기 때문이다. 평가란 곧 의미 부여를 뜻한다. 우리의 언어 활동에서 의미는 기표의 연쇄로 생성된다. 하나의 기표는 뒤따르는 다른 기표에 의해 의미를 발생시키는데, 그와 마찬가지로 사람과 그의 일도 뒤에 어떤 결과가 오느냐에 따라 의미를 달리 부여받게 되므로 '신종愼終'의 중요성이 강조되는 것이다. 그러나 뒤따르는 기표의 연쇄는 사람이 살아 있는 한 끝이 없는 법이어서 최종적인 평가는 결국 관 뚜껑에 못을 박을 때 비로소 내려진다. 이런 관점에서 본다면 사람이 평생을 속된 말로 개차반으로 살았더라도 죽기 바로 전에 불후의 작품을 한 편 썼다면 그것으로 그의 인생은 참으로 훌륭하였다고 합리화할 수 있는 것이다. 사람이라면 생의 마감을 늘 생각하면서 살아야 하는 이유가 바로 여기에 있다.

『논어』「학이」편에 "돌아가신 이의 장례를 삼가서 치르고, 돌아가신 지 오랜 이를 잊지 않고 추모하면 백성들의 덕이 도탑게 될 것이다"(愼終追遠, 民德歸厚矣)라는 증자의 말이 있다. 여기서 '신종愼終'은 죽은 자를 장사 지내는 일이고, '추원追遠'은 죽은 지 오래된 이에 대한 제사를 가리킨다. 앞서 졸업(commencement)이 또 다른 시작이라고 설명했듯이, 장례와 제사는 죽음을 삶에 연속시키는 행위들이다. 이런 행위를 통해 죽은 후에도 삶이 이어진다면 죽은 사람에 대한 평가는 끝나지 않고 기회는 계속됨을 의미하게 된다. 이렇게 의미로 꽉 찬 세계에서는 사람들이 인생을 함부로 살지 않을 것인즉, '백성들의 덕이 도탑게 된다'는 말은 곧 이를 가리킨 것이다.

옛날에는 직장에서 이직할 때 조촐하게나마 이·취임식이라는 것을 해서 가는 사람 환송하고 오는 사람 환영하는 기회를 가졌다. 요즘은 사표를 내는 순간 전화와 이메일, 출입증 등을 바로 끊어버리거나 회수해버리는 것은 말할 것도 없고 자신이 일하던 사무실과 책상에조차 접근을 금지한다고 한다. 그러면 이 사람이 그간 애착을 갖고 일해온 직장에 대해 어떤 평가를 내릴 것이며, 더구나 이를 본 남은 사람들은 어떤 생각을 할 것인가? 그래서 가는 사람에게 잘해주라는 격언이 나온 것이다.

"시작에 온 힘을 쏟는다면 진실로 아름답고, 마무리를 삼가면 마땅히 훌륭하게 될 것이다"(篤初誠美, 愼終宜令)라는 문장을 효와 관련해서 해석하기도 하는데, 이것도 기실 같은 의미로 통한다. 아들의 경우, 어릴 때는 부모를 사모하는 마음이 크기 때문에 정말로 독실하고 아름답다고 말할 수 있다. 그러나 여색을 알게 되면 아리따운 여인을 사모하게 되고, 장가를 들면 마누라만 사모하게 되며, 관직에 나아가면 주군만을 사모하고 따르게 된다. 이처럼 끝까지 부모를 사모하는 일이란 어려운 일이므로 이를 소홀히 하지 않도록 조심하라는 뜻으로 읽는 것이다. 효는 부모의 자식 사랑과 달리 유전적 형질이 아니기 때문에 철저하게 학습에 의해 획득된다. 따라서 내 자신이 부모를 끝까지 잘 모실 때 이를 본 자식들이 그대로 따라 함으로써 효는 또 다른 시작으로 이어지게 된다. 이렇게 끊이지 않고 이어지도록 하는 일이 '아름답다'(令)는 것이 이 문장이 말하고자 하는 바다.

정의, 가장 근본적인 업

터 기基

榮業所基영업소기요
(이 같은 것들이) 공 쌓는 일을 번영케 하는 기초가 된다면

榮 영화 '영' '나무 목木'과 '등불 형熒'으로 이루어졌는데, '형熒' 자는 등불처럼 꽃이 많이 핀 모양을 가리킨다. 이 글자는 원래 오동나무를 지칭했다. 오동나무에는 푸른빛을 띠는 청동靑桐과 흰빛을 띠는 백동白桐이 있는데, 후자는 꽃은 많이 피우면서도 열매는 많이 열지 않는 대신 나무가 단단해 악기의 재료로 쓰인다. 따라서 '영榮' 자는 백동을 가리킴을 알 수 있다. 백동이 꽃을 많이 피우므로 이로부터 '영화롭다'라는 뜻이 파생되었다. 여기서는 뒤에 목적어를 동반하였으므로 '번영케 하다'·'영화롭게 하다'라는 사동의 의미로 쓰였다.

業 업 '업' '풀 무성할 착丵'과 '건 건巾'으로 이루어졌다. '건巾'은 널빤지(板)를 뜻하므로, 이 글자는 종이나 북을 매달아 놓는 가대架臺를 위에서 덮어 장식하는 톱니 모양의 큰 널빤지를 가리킨다. 나중에는 이러한 널빤지에 글자를 써서 공부하는 데 이용했으므로 '학업'이라는 의미가 파생되었고, 아울러 학업은 공적을 이루는 기초가 되므로 이로부터 '기업基業' 또는 '사업'이라는 의미도 생겨났다.

所 바 '소' '지게문 호戶'와 '도끼 근斤'으로 이루어졌다. '호戶'는 원래

지게문, 즉 한 짝으로만 여닫는 쪽문을 가리키지만 여기서는 도끼로 벌목할 때 나는 소리의 의성어로 쓰였으므로 '소所' 자의 자형적 의미는 '벌목하는 소리', 또는 '벌목하는 모양'이 된다. '소所'는 '곳 처處'와 첩운 관계에 있으므로 '곳'이라는 의미도 파생되었다.

基 터 '기' '흙 토土'와 '키 기其'로 이루어졌다. 여기서 '기其'는 물건을 걸거나 얹어두는 대臺의 의미로 쓰였으므로 '기基' 자의 자형적 의미는 '건축물을 지을 때 기초가 되는 토대'이다.

우리말을 구성하는 단어의 상당 부분이 한자를 어원으로 하고 있음은 누구나 아는 사실이다. 단어란 개별적으로 만들어지는 것이 아니라 어근이 되는 형태소의 조합을 통해 파생된다. 따라서 형태소의 의미를 알면 단어를 쉽게 이해할 수 있고 조어 능력도 증가하기 마련이다. 그렇다면 한자의 터득이 우리말의 이해와 사용에 큰 도움이 됨은 부정할 수 없을 것이다. 더구나 학술·법률·기술 등 전문 분야의 용어처럼 고급 개념일수록 한자에 근거한 형태소를 많이 쓰는 현실에서 한자에 대한 이해는 지식 습득에 매우 중요하다.

한자와 지식 수준 사이의 상관 관계는 한자 교육이 초·중등 교과 과정에서 사라진 이후 더 심화된 것으로 보인다. 이 말은 한자 교육이 이처럼 중요하니 부활시키자는 게 아니다. 앞서 말했듯이 우리말의 상당 부분을 한자어에 의존하고 있고, 사유는 그가 사용하는 언어의 한계를 넘어서지 않기 때문에 한 사람의 지식은 한자의 장악 정도에 크게 영향을 받을 수밖에 없음을 말하고 있는 것이다. 의미란 실체가 아니라 상징체계가 생성해낸 상상의 산물로서 하나의 어원을 중심으로 파생·확산된다. 사유도 이에 따라서 같은 구조로 전개되므로 궁극적으로 한자가 우리의 지식 수준을 결정하는 주요 요소가 되는 셈이다. 그러므로 형태소의 한자 어원을 염두에 두고 언어를 사용하면 논리의 정확성을 기하고 상상력을 확장시키는 데 매우 유리하다. 추상성이 강해 조어에 유리한 한자가 우리말의 형태소를 형성하고 있는 이상, 이는 어쩔 수 없는 현상이다.

이러한 실정에서 우리가 어원을 정확히 따져볼 형태소가 일부 있는데, 그 대표적인 예가 '업業'이다. 업은 자해에서 설명했듯이 종이나 북을 매달아놓는 가대를 위에서 덮어 장식하는 톱니 모양의 큰 널빤지를 가리킨다. 이 널빤지는 지붕처럼 가대를 장식하기도 했지만 종소리나 북소리가 위로 퍼지지 않고 아래로 깔리도록 반사시키는 공명판 기능도 함께 했다. 그러다가 나중에 오늘날의 칠판처럼 널빤지에 글자를 쓸 수 있는 문구가 나왔는데, 이것도 가대 위에 널빤지를 얹어놓은 모양이 비슷했기에 '업'이라 불렀다. 옛날에는 이것을 앞에 놓고 공부를 했으므로 '업' 자에 학업 또는 수업이라는 의미가 생겨났다. 또 출세를 하거나 공적을 쌓으려면 공부를 열심히 해서 기초를 탄탄히 닦아야 하므로 '터전'이라는 의미가 생겼고, 다 나아가 터전 중에서는 벌어먹는 일이 가장 중요하므로 '생업'·'사업' 등의 의미가 파생되었던 것이다.

훌륭하게 이룩해놓은 성과를 업적이라 부른다. 이것은 업의 원래 용도가 북소리 또는 종소리를 공명해주는 것이니까 성과의 주인공을 더욱 빛내주는 기능을 해주는 공적이라는 의미에 기인한 말이다. 요즘 각 기관이나 회사에서 실적을 평가하는 일을 '업적평가'라고 부르는 모양인데, 객관적으로 평가받아야 할 일을 아직 평가도 하기 전에 업적이라고 부르는 것은 앞뒤가 안 맞는 모순된 말이다. 세종대왕이 한글을 창제한 일쯤은 돼야 업적이라고 말할 수 있을 것이다.

이처럼 논리에 맞지 않는 말의 통용은 형태소에 대한 이해가 부족해 생기는 현상이다. 오늘날 프로 스포츠가 유행하는 덕분에 직업의 전문성이 매우 부각돼 있다. 여기서 직업職業이라는 단어의 본래 의미가 잘 드러난다. '직업'을 글자 그대로 풀자면 '내 자리(위치)를 매길 수 있는 생업'이라는 뜻이다. 즉 '직'은 '자리'(또는 위치)라는 뜻인데, 종사자가 자신의 일에 얼마나 공을 들이는가에 따라 전문성의 자리가 정해지는 것이기 때문이다. 이에 비하여 취미로 하는 활동은 '아마추어amateur'라는 외래어로 쓰곤 한다. 프로(직업)의 상대어라는 의미로는 이해되지만 개념은 명확하게 들어오지 않는다. 중국어에서는 이 단어를 '이에위業餘'라고 한다. 중국어의 형태소로 풀자면 생업의 나머지 시간에 하는 활동이라는 개념이 된다. 이처럼 형태소에 근거해서 언어를 활용하는 것은 개념을 비교적 명쾌하게 정의해준다. 우리말에서도 학술 용어에 한자어가 많이 쓰이는 것은 이 때문이다. 따라서 한자 형태소에 대한 이해는 곧 지식 수준을 결정하는 주요 요소가 되는 것이다.

이 구절에서 '영榮'은 형용사이고 '업業'은 명사이지만 '영업榮業'은 '동사+목적어' 구조로 봐야 한다. 즉 '영榮' 자를 '번영케 하다'라는 사동 의미로 해석해야 한다는 말이다. 따라서 '영업'은 '공적을 쌓는 일을 번영케 하다'라는 의미가 된다. 공적을 쌓을 때에 기초로 삼아야 하는 것이란 앞의 "아비 섬김을 밑천으로 하여 임금을 섬기는 것이니"(資父事君)라는 구절 이하의 일들을 가리킨다. 그러니까 공적을 이루려면 이러한 일들을 기초로 쌓지 않으면 안 된다는 것인데, 앞에 언급한 덕목들이란 사실 각고의 수양을 요구하는 것으로 평생을 두고 연마해야 할 일들이다. 이렇게 하는 것이 윤리적으로 응당 옳은 일이긴 하지만 그렇다고 해서 수양하는 일 자체만을 평생의 업으로 삼는다면 먹고사는 데 필요한 실사구시實事求是적인 '업'들은 뒤로 밀릴 수밖에 없을 것이다. 우리나라의 과거 역사에서 산업이 낙후하였던 이유 중의 하나이기도 하다.

  기초가 땅속에 깊이 묻혀 자리를 잡을 때 그 위에 있는 '업'들이 번영하는 법이다. 기초가 되는 이러한 일들을 오늘날에는 정의正義라는 개념으로 대체할 수 있을 것이다. 정의 자체가 우리에게 밥을 먹여주는 것은 아니지만 여기에 기초한 사회에서는 최소한 적은 밥이라도 떳떳하게 먹을 수 있는 공정한 기회를 갖게 될 것이다.

명성은 어떻게 만들어지는가

마칠 경竟

籍甚無竟적심무경이라

(명성이) 성대해짐에 끝이 없을 것이다

籍 호적 '적' '대나무 죽竹'과 '빌릴 적耤'으로 이루어졌다. 고대 봉건제 사회에서는 백성들은 군주에게 땅을 빌리는 대신에 그의 땅을 공짜로 경작해주었다. 군주의 입장에서 백성이란 거저 빌려오는 노동력인 셈이었으므로 이를 장부에 기록해두었다. 옛날에는 대나무를 얇게 발라 장부(호적)를 만들었는데 이것이 바로 '적耤'이다. 사람이 많으면 떠들썩하게 되므로 이로부터 '떠들썩하다'·'소란스럽다' 등의 의미가 파생되었다. 그래서 '떠들썩할 적藉' 자와 통하여 쓴다.

甚 심할 '심' '짝 필匹'과 '달 감甘'으로 이루어졌다. '필匹'은 남녀의 '짝'을, '감甘'은 '즐기다'라는 의미를 각각 갖고 있으므로 '심甚' 자의 자형적 의미는 '지나치게 즐거움에 탐닉하다'가 되는데, 나중에는 '지나치다'·'심하다' 등의 의미로만 쓰이게 되었다.

無 없을 '무' 갑골문에서는 '柔'로 썼는데 이는 '춤출 무舞' 자와 같은 글자이고 사람이 양쪽 소매에 기다란 장식깃을 달고 춤추는 모양이다. 요란한 장식이 주렁주렁 달린 긴 소매 옷을 입고 춤을 추면 그 안의 모든 것이 감춰지기 때문에 이 '무舞' 자를 빌려 '없다'는 의미로 썼

는데, 나중에 아랫부분의 '어그러질 천舛' 자 대신에 '없을 망亡' 자를 바꿔 넣어 오늘날의 '무無'로 만든 것이다.

竟 마칠 '경' '소리 음音'과 '열 십十'으로 이루어졌다. '십十'은 숫자 중에서 맨 끝이므로 '경竟' 자의 자형적 의미는 '악곡을 마치다'가 된다. 이로부터 '사물이 끝나는 곳'이라는 의미가 파생되었다.

'적심籍甚'은 '적심藉甚'('자심'으로도 읽는다)으로도 쓰는데, 원래 의미는 글자 그대로 사람들의 떠들썩하는 소리가 매우 심함을 뜻한다. 이로부터 명성 같은 것이 드높아져서 많은 사람들의 입에 회자된다는 의미로 쓰이게 되었다. 즉 '자부사군資父事君' 이하의 덕목들을 충실히 수행하면 명성을 드날리게 되어 사람들의 칭찬이 끊임없이 이어질 것이라는 일종의 비전을 말하고 있는 것이다. 교육에서 가장 효과적인 방법은 학습자가 스스로 공부에 열심을 갖도록 동기를 부여하는 일인데, 공부를 열심히 한 그에게 앞으로 어떤 비전이 있을지를 구체적으로 보여주는 것은 매우 중요한 일이 아닐 수 없다. 그러니까 "(이 같은 것들이) 공 쌓는 일을 번영케 하는 기초가 된다면, (명성이) 성대해짐에 끝이 없을 것이다"(榮業所基, 籍甚無竟)라는 구절의 의미를 끝까지 밀고 가보면 공 쌓는 일의 궁극적인 목적은 천하에 이름을 날리는 것이 되는 셈이다. 그렇다면 사람들은 왜 굳이 천하(타자)에 이름을 알리려고 이토록 애를 쓰는 것일까?

천하로 상징되는 타자에는 기실 두 가지가 있다. 하나는 내 주위를 둘러싸고 있으면서 흔히 2인칭 또는 3인칭으로 불리는 구체적인 이웃들이고, 다른 하나는 관념적 차원에서 비인칭적으로 불리는 타자들이다. 이를테면, "요즘 우리나라 소비 시장은 중국 요우커遊客가 먹여

살리고 있다"라는 말에서 '요우커'와 '소비 시장'은 특정되지 않은 비인칭적 타자들이다. 모든 요우커가 호기 있게 쇼핑하는 것도 아니고 우리의 소비 시장이 전적으로 요우커에 의존하는 것도 아니듯이, 이러한 타자들은 사실상 불완전함에도 완전한 타자로 기능하기 때문에 대타자라고 불린다. 대타자는 관념에서만 존재하기 때문에 우리는 그 모습을 볼 수 없다. 그 구체성은 언제나 전자를 구성하는 타자를 통해서 드러나며, 그 때문에 이를 소타자小他者라고 부른다.

주체를 영어로 'subject'라고 쓰는데 여기에는 '종속적인'이라는 의미가 들어 있다. 즉 주체란 타자에 종속 또는 의존해 살아가는 존재라는 뜻이다. 따라서 주체가 정상적이기 위해서는 그가 의존하는 타자는 보편적이고 상식적이어야 한다. 이런 의미에서 타자는 대타자일 수밖에 없다. 그런데 대타자는 구체적인 자기 모습을 드러낼 수 없으므로 주체는 직접적으로는 소타자에 의존하게 마련이다. 즉 이웃의 소타자들이 자신을 인정해주는 것이 곧 대타자에게 인정받는 셈이 된다는 말이다. 소타자들의 인정이 많으면 많을수록 대타자의 인정도 그만큼 커질 것이므로 주체는 가능한 한 많은 사람들에게 자신을 알리려고 갖은 애를 쓰게 된다. 이것이 바로 주체의 타자에의 의존성이다.

이처럼 대타자와의 소통은 소타자들과의 소통을 통해 이루어지므로, 여기에 앞서 말한 '자부사군' 이하의 덕목들을 충실히 수행하고자 하는 노력이 필요한 것이다. 그래서 그 노력의 결과 공을 많이 쌓게 되면(즉 업이 이루어지면) 소타자들이 왁자지껄 떠들면서 이를 칭찬해줄 것이니, 이는 곧 주체가 대타자로부터 인정받는 쾌락인 셈이다. 그래서 명성이 자자함에 '끝이 없다면'(無竟) 이 쾌락도 오래 지속될 것이다. 그런데 그 끝이 없는 공간은 기실 '무無'라는 글자가 가리키는 대로 무언가를 감추고 있는데, 그것은 주체의 명성이란 궁극적으로 타자의 힘을 빌려서 이룩된다는 사실이다.

UFC 같은 정치를 학자가 할 수 있을까

學優登仕학우등사하여
배우면서 여력이 있으면 벼슬에 오르고

배울 학學

學 배울 '학' 고문자 자형은 '절구 구臼'와 '본받을 효爻'로 이루어졌다. '구臼' 자의 자형은 양손의 모양이고 손놀림을 표시하는데, 여기서 손놀림이란 예절을 수행하는 법을 의미한다. 따라서 '학學' 자의 자형적 의미는 '(아이에게) 예절을 수행하는 법을 가르쳐 본받게 하다'가 된다.

優 넉넉할 '우' '사람 인人'과 '근심 우憂'로 이루어졌다. '우憂'의 자형은 너울너울 춤을 추는 사람의 모양이므로 '우優' 자에 두 가지 자형적 의미가 생겨났다. 하나는 '춤추는 광대'이고, 다른 하나는 '부드럽고 온화함'이다. 여기서는 후자에서 파생된 '넉넉하다'라는 의미로 쓰였다.

登 오를 '등' '두 발 벌어질 발癶'과 '콩 두豆'로 이루어졌다. '발癶' 자는 두 발을 벌려서 걷는 모양이고, '두豆' 자는 수레에 오를 때 계단 대용으로 놓는 디딤판 모양이므로 '등登'의 자형적 의미는 '디딤판을 딛고 수레에 오르다'가 된다.

仕 벼슬 '사' '사람 인人'과 '선비 사士'로 이루어졌다. '사士'는 '섬길

사事'와 같은 뜻이므로 '사仕' 자의 자형적 의미는 '노예가 맡은 일을 잘 섬기다'가 된다. 사회가 발전함에 따라 나중에 노예의 지위가 벼슬아치의 지위로 격상되면서 '사仕' 자에 '관직을 맡다'라는 의미가 생겨났다.

이 구절은 『논어』 「자장」편의 "벼슬을 살다가도 여력이 있으면 배울 것이고, 배우다가도 여력이 있으면 벼슬을 살 것이다"(仕而優則學, 學而優則仕)라는 자하子夏의 말을 다시 쓴 것이다.

학교에서 성적이 우수하면 관직을 비롯한 좋은 직장에 취직하는 것은 예나 지금이나 변함이 없다. 도대체 배운다는 게 대체 무엇이기에, 달리 말하면 지식이 무엇이기에 이것을 많이 습득한 사람이 좋은 직장에 나아가게 되는 것인가? 지식이란 아주 거칠게 말해서 경험을 체계화한 인식의 총화라고 정의할 수 있는데, 경험을 체계적으로 인식했다는 것은 미래에 발생할 유사한 사건에 대하여 처리할 능력이 있다는 말과 다르지 않다. 그래서 아는 것이 힘이고, 지식이 권력인 것이다. 힘 있는 자가 약한 자들을 다스리는 것이 이른바 '정글의 법칙'이니까 그들이 높은 자리에 나아가는 것이 당연하다는 게 '학우등사'에 깔려 있는 논리이다.

지식이란 근본적으로 삶에 관한 것이기 때문에 권력을 갖게 되는데, 고대 중국에서 지식의 핵심은 예禮에 있었다. 예는 고대인들의 삶을 규정하는 규범이었기 때문이다. 따라서 배움의 대상에도 예가 중심에 있었다. 예의 궁극적인 목적은 사람들에게 효와 우애를 심어주는 것이었다. 한나라 때에는 각 지방으로부터 효자孝者와 염자廉者를 천거받아 관리로 등용하는 찰거察擧라는 제도를 시행하였다. 효성과 청렴으로 이름난 자들이라면 예를 잘 실천한 사람이겠기 때문이다. 그러나 이 제도에는 불공정성의 소지가 많은지라 당나라에 와서는 과거 제도를 실시하게 되었는데, 이 제도의 본질은 글쓰기 능력으로 인재를 선발하는 것이었다. 글쓰기의 생명은 설득력에 있다. 이는 논리성과 미학성을 추구함으로써 성취되는 것이므로 이 능력에 의해 인재를 선발하는 방법은 완벽하지는 않지만 전통 사회를 공정하게 유지하는 데에 상당 정도 기여한 것이 사실이다.

사회가 각 분야에서 극도로 복잡해진 오늘날은 전문 지식으로 인재를 선발한다. 전문 지식은 대체로 두 가지 경로에서 습득된다. 하나는 직접 경험을 통해 지식을 얻을 수 있는 현장이고, 다른 하나는 지식을 체계적으로 축적하고 가르치는 교육 기관, 즉 대학이다. 전자의 지식은 몸의 감각으로 익혔기 때문에 현실성의 밀도가 높은 반면 보편성이 다소 결여되어 있어 지식의 축적과 전수에 불리하다. 후자에서 얻는 지식은 경험을 개념으로 분절하여 관념적으로 체계화한 것이므로 현실성은 다소 결여되었더라도 축적과 전수에는 매우 유리하다. 이처럼 전자와 후자는 각기 일장일단이 있지만, 지식의 검증이라는 면에서 보면 전자는 후자를 능가할 수 없는 한계가 있다. 검증이란 어떤 대타자에 의해 메타적으로 보증된다는 말인데 경험적 지식에는 이것이 불가능하기 때문이다. 반면에 대학에서 얻은 지식은 대학이라는 허울 자체가 대타자로 기능하고 있으므로 그것이 설사 불완전하다 하더라도 사람들에게 신뢰를 심어준다. 그래서 서로 대학에 들어가려고 경쟁하는 것이고, 심지어 이미 현장에서 오랜 기간 지식을 쌓아 숙련된 전문가조차 뒤늦게 야간 대학에라도 들어가려 하는 것이다.

그렇다면 대학에서 배운 우수한 지식은 오늘날의 사회와 조직에서 일어나는 각종 복잡한 문제들을 일거에 해결해줄 수 있는가? 결론부터 말하면 그럴 가능성은 거의 없다. 왜냐하면 현대에 일어나는 모든 문제는 첫째로 이권과 탐욕, 둘째로 비대함과 복잡함에서 야기되는 것이 보통인데, 이 둘은 어떤 지식으로도 근본적 해결이 불가능하기 때문이다. 그런데 왜 대학에서 생산한 지식에 의존하는가? 그것은 대학의 지식은 전문적이고 심오하니까 이런 문제들쯤이야 넉넉히 해결해줄 수 있을 것이라는 믿음 때문이다. 그러니까 일반인들에게 대학은 '안다고 가정된 주체'인 셈이다.

이러한 믿음을 가진 이들에게는 실망스러운 일이지만 대학의 지식은 그렇게 심오하지도 못하고 해결 능력도 없는 것이 현실이다. 그런데도 대학이니(그것도 명문대학이면 더 효과적이다) 박사니 교수니 하는 제도적인 권위들이 대타자가 되어 거기서 나오는 지식을 보증하므로 이러한 동어반복적인 지식에 의존한 해결책은 진리로 쉽게 믿어질 가능성이 크다. 직장에서 수십 년간 경험을 쌓아온 현장 전문가들이 가장 억울해 하는 점이, 같은 해결책을 내놓아도 자기들 것은 채택하지 않고 교수들에게 의뢰해 받은 것만 신뢰하는 윗선의 태도이다. 그래서 그들도 어떻게 해서든지 일하면서 학위를 따려고 무진 애를 쓰는 것이다. 이것이 바로 신자유주의 사회에서 대학을 운영하는 일종의 영업비밀이다.

대학 교수를 전문가라 하여 국회의원이나 고위 관료로 많이 초빙해가지만, 이는 이제 전문가를 모셨으니 모든 문제는 해결됐다는 정치적 프로파간다로서의 쓸모 외에는 전혀 의미가 없다고 봐도 무방하다. 정치란 보이지 않는 세력과 힘겨루기를 한다는 점만 다를 뿐 유에프시UFC로 대표되는 종합격투기와 매우 유사하다. 주지하다시피

344

이 격투기는 힘이 세고 기본기가 뛰어난 선수라고 해서 승리가 보장되는 게 아니다. 힘의 균형이 어디로 움직이는지 파악하여 그 균형을 무너뜨릴 수 있는 감각이 승리의 관건이다. 정치도 이와 마찬가지로 전문성이 중요한 게 아니고(사람들은 무엇이 옳은지는 이미 다 알고 있다) 세력 균형을 어떻게 유지해서 공적인 목적을 이룰 수 있는가를 결단하고 실행하는 능력이 무엇보다 요구된다. 이것은 말만 하면 받아 적는 학생들에게 평생 익숙해진 교수가 할 수 있는 일이 근본적으로 못된다. 만약 이 일을 잘 해냈다면 그는 애초에 교수가 아니라 정치가가 되었어야 할 사람이리라.

'학우등사'는 글자 그대로 배움이 우수하면 벼슬에 나아간다고 풀이할 수 있으므로, 이를 약간 왜곡하면 배움의 궁극적인 목표가 벼슬을 얻는 일이라는 인식을 깊게 심어줄 수 있는 것이 사실이다. 우리나라의 치열한 성적 경쟁은 여기에 근거하여 형성된 것이다. 그러나 '학우등사'의 모태가 되는 자하의 말을 되새겨보면 어디서 왜곡이 되었는지를 파악할 수 있다. 즉 '우優' 자는 자해에서 설명한 바와 같이 '넉넉하다'라는 뜻으로 풀어야 한다. 그러면 "벼슬을 살다가도 여력이 있으면 배울 것이고, 배우다가도 여력이 있으면 벼슬을 살 것이다"(仕而優則學, 學而優則仕)라는 말에서 그 중심이 벼슬이 아니라 배움에 있다는 사실을 알 수 있다. 인생의 의의는 끊임없이 배우는 데 있지 벼슬에 나아가고 승진하는 데 있지 않다는 말이다. 배움의 즐거움과 의의를 깨달은 사람은 벼슬에 나아가 배운 것을 실천해볼 수도 있고 또 언제라도 벼슬을 놓고 다시 배움에 정진할 수 있지만, 그렇지 못한 사람은 오로지 벼슬과 승진에만 관심이 있을 뿐이기 때문이다.

사랑방의 담론과 안방의 현실

정사 정政

攝職從政섭직종정이라
관직을 (잠시) 대리하여 정사를 맡는다

攝 잡을 '섭' '손 수手'와 '소곤거릴 섭聶'으로 이루어졌다. '섭聶' 자는 작은 소리로 귀엣말을 한다는 뜻이므로 '섭攝' 자의 자형적 의미는 '손으로 사뿐히 쥐다'가 된다. 『논어』 「향당鄉黨」편의 "치맛자락을 사뿐히 쥐고서 대청에 오르다"(攝齊昇堂)라는 구절에서 알 수 있듯이, 옛날에는 계단을 오를 때 앞치맛자락을 밟아 넘어지지 않도록 치맛자락을 잡아서 약간 들고 걷는 것이 예의였다. 임금 앞에서 명을 받을 때에도 이렇게 하고 무릎을 꿇었다.

職 벼슬 '직' 이 글자는 '귀 이耳'·'소리 음音'·'창 과戈'로 이루어졌다. '과戈' 자는 나뭇가지를 꺾어 표지로 세운 모양을 뜻한다. 따라서 '직職' 자의 자형적 의미는 '소리가 귀를 통해 들어와 마음에 표시되다'가 된다. 옛날에는 조회에 참여하는 관리들의 자리를 깃발을 꽂아 표시를 하였다. 그래서 깃발로 표시한 관리의 자리를 '직職'이라 불렀던 것이다.

從 따를 '종' 소전에서는 '종从'으로 썼는데 이는 앞서가는 사람을 뒤에서 다른 사람이 따라가는 모양이다. 따라서 '종從' 자의 자형적 의미

346

는 '다른 사람의 말을 듣고 따라가다'가 된다. 다른 사람의 말을 듣고 따라간다는 말은 곧 '참여하다'라는 뜻과 같고, 아울러 여기에서 '종사하다'라는 의미가 파생되었다.

政 정사 '정' '두드릴 복攵'과 '세금 받을 정征'으로 이루어졌으므로, 자형적 의미는 '강제로 세금을 거두어들이다'가 된다. 따라서 『공자가어孔子家語』에 나오는 저 유명한 "苛政猛於虎也"라는 구절은 "가혹하게 세금을 거두어들이는 일은 범보다 무섭다"로 해석해야 한다. 즉 '가정苛政'은 '가렴苛斂'과 같은 말이 된다.

『논어』「옹야」편을 보면 공자가 제자들의 능력을 다음과 같이 칭찬한 내용이 있는데, 이 구절은 바로 여기에 근거한 것으로 보인다.

> 계강자季康子가 물었다. "자로子路는 정사를 맡아보게 할 수 있습니까?" 선생님이 대답하셨다. "자로는 과감하니 정사를 맡아보는 일에 무슨 어려움이 있겠습니까?" 다시 물었다. "자공子貢은 정사를 맡아보게 할 수 있습니까?" "자공은 모르는 게 없으니 정사를 맡아보는 일에 무슨 어려움이 있겠습니까?" "염유冉有는 정사를 맡아보게 할 수 있습니까?" "염유는 재능이 많으니 정사를 맡아보는 일에 무슨 어려움이 있겠습니까?"(季康子問, "仲由可使從政也與?" 子曰: "由也果, 於從政乎何有?" 曰: "賜也可使從政也與?" 曰: "賜也達, 於從政乎何有?" 曰: "求也可使從政也與?" 曰 "求也藝, 於從政乎何有?")

즉 자로는 과단성이 있어서, 자공은 박식함 덕분에, 그리고 염유는 재능이 많기 때문에 각각 정사를 맡을 만하다는 평가이다. 이 말은 정치 지도자가 되려면 위의 세 가지 덕목 중 하나를 반드시 갖춰야 한다고 바꿔 말할 수도 있다. 실제로 우리나라 현대사에서 대통령을 지낸 사람들의 리더십을 보면 이 세 가지 중 하나의 특성을 드러낸다. 이를테면, 전두환 전 대통령은 군인 출신답게 과단성으로 정평이 나 있었고, 김대중 전 대통령은 참모들이 쩔쩔맬 정도로 식견이 넓었다고 전해지고 있으며, 이명박 전 대통령은 "내가 해봐서 아는데"라는 말을 입에 달고 살 정도로 재주가 다양함을 과시하였다.

공자는 이밖에도 염옹冉雍을 평하여 심지어 "염옹은 남쪽을 향하여 앉게 할 수 있다"(雍也可使南面)고 하였는데, 남쪽을 향해 앉힌다는 말은 임금, 즉 제후에 봉해도 손색이 없다는 뜻이다. 자신의 제자들에게 정치를 맡아 할 만한 능력이 충분히 있다고 칭찬한 것이 뭐 그리 대단한 일일까 여길지 모르지만, 당시 귀족들만이 정치를 할 수 있는 현실에서 평민 출신의 제자들에게 '정치에 참여할'(從政) 수 있음을, 그것도 제후의 자리에까지 나아갈 수 있음을 말한 것은 기실 매우 개혁적인 발상이었다.

'섭攝'이란 앞에서 설명했듯이 치맛자락을 사뿐히 쥐고 명령을 받는다는 말이므로 '섭직攝職'은 임금의 명령을 받들어 관직을 맡는다는 뜻이 된다. 그러나 관직이란 명령에 따라 어쩔 수 없이 임시로 맡는 것일 뿐이므로 이를 받을 때는 사뿐히 잡음으로써 언제라도 미련 없이 놓을 준비가 되어 있어야 한다는 경고를 '섭攝' 자가 넌지시 알리고 있다. 이것이 바로 떠날 때를 빨리 깨달아 스스로 물러남으로써 임금에게 신하를 퇴출시켜야 하는 고뇌를 안겨주지 않는 지혜인 것이다. 관직을 제수받으면 임금에게 기러기를 폐백으로 드리는데, 이는 때가 되면 누가 뭐라 하지 않아도 스스로 자기 고향으로 날아가는 속성을 상징하기 때문이다.

관직을 받고 나서 하는 일이 곧 '종정從政', 즉 정사를 대신 맡아보는 일이다. 동아시아에서 전통적으로 유지해온 정치에 대한 개념은 『논어』「안연」편의 이른바 "정치란 바로잡는 것이다"(政者, 正也)라는 훈고학적 정의에 바탕을 둔다. 그래서 우리는 정치를 당위적 규범을 지키는 행위와 동일시하는 경향이 짙으면서도, 역설적으로 실제 정치 행위를 규범적으로 보는 사람은 매우 드물다. 왜 그럴까?

고대의 '종정從政' 행위는 궁극적으로 임금을 대신해 세금을 걷는 일이 주요 업무였다. 이것을 이데올로기적으로 포장하여 본질을 숨긴 방법이 앞의 "政者, 正也"라는 훈고학적 정의였다. '정치 정政' 자를 '바를 정正'이라는 동음의 글자로 정의하면 수사학적으로 논리성이 증가되는 것처럼 보이는데, 이 방법으로 정치에 대한 관념을 그럴듯하게 인식시키는 데에는 어느 정도 성공을 거두었다. 그러나 세금 걷는 일을 기본적 속성으로 하는 정치 행위에서 야기되는 무의식적 불신은 완전히 불식시키지 못하였다. 왜냐하면 정치가 전통적으로 세금을 걷는 데만 골몰했지 그것을 어떻게 효율적으로 사용하고 분배하였는지에 대한 결과는 투명하게 밝혀본 적이 없기 때문이다. 이처럼 사랑방에서 대외적으로 표방한 정의와 안방에서 실제 행한 행위 사이에 크나큰 괴리가 존재해왔으므로 정치에 대하여 이율배반적인 인식을 갖게 된 것이리라.

우리 사회는 각 종교 기관에서 실시하는 헌금이나 나라에 큰 재난이 있을 때마다 시행하는 각종 성금 등은 기가 막히게 잘 걷어들이는 것으로 알려져 있다. 반면에 이들 기부금을 어디에 어떻게 사용했는지에 대한 투명한 보고는 잘 이루어지지도 않을뿐더러 혹시 누가 이를 확인해달라고 요구라도 할라치면 오히려 좀스럽고 치사한 짓으로 손가락질당한다. 이러한 문화는 정치의 표리부동에 역사적으로 길들여진 결과가 아닐까? 그런 의미에서 정치를 공정한 분배 행위로 정의한(아리스토텔레스) 서양의 관념과 비교해볼 만하다. 공자가 평민 출신인 제자들이 정치에 참여할 수 있다는 개혁적 발상을 한 것도 실은 기존의 세금 걷는 행위라는 관념을 고쳐 "정치란 바로잡는 것이다"라는 자신의 정의를 실현하고픈 욕망의 발현이었을 것이다.

어진 지도자는 어떻게 전설이 되는가

存以甘棠존이감당하라
이 팥배나무를 그대로 남겨두라

있을 존存

存 있을 '존' '아들 자子'와 '있을 재在'로 이루어졌다. '자子'는 스승이나 존장의 호칭에 붙이는 글자를 뜻하므로 여기에는 '높다'는 뜻이 담겨 있다. '재在' 자의 자형은 '흙으로 냇물을 막다'라는 의미를 갖고 있다. 따라서 '존存' 자의 자형적 의미는 '흙을 높이 쌓아 냇물을 막다'가 된다. 냇물을 높이 막으면 물이 오랫동안 갇혀 있게 되므로 여기서 '존재하다'라는 의미가 파생된 것이다.

以 써 '이' 이 글자를 갑골문에서는 '◌'로 썼다. 이는 사람이 쟁기를 쥐고 있는 모양이다. 따라서 자형적 의미는 '농부가 쟁기를 쥐고 밭을 갈다'가 된다. '쟁기를 쥐다'에서 '사용하다'라는 의미가 파생되었고, 이것이 다시 '~로써'라는 도구 및 수단을 표시하는 조사로 쓰이게 되었다. 그 밖에 이 글자는 '이것'이라는 지시 대명사로도 쓰이는데 이 구절에서는 바로 이 뜻이다.

甘 달 '감' 이 글자는 '입 구口' 안에 '하나 일一'이 들어가 있는 모양이다. 여기서 '일一' 자는 입안에 물고 있는 음식물을 가리킨다. 따라서 '감甘' 자의 자형적 의미는 '음식물이 맛있어서 삼키지 않고 오래

물고 있다'가 된다. 이로부터 '맛있다'라는 의미가 파생되었다.

棠 팥배나무 '당' 나무 목木과 '높을 상尙'으로 이루어졌다. 이 나무는 수나무와 암나무로 나누어지는데, 전자를 '당棠', 후자를 '두杜'라고 각각 부른다. '두杜'의 열매는 작지만 달기 때문에 '감당甘棠'이라고도 부른다. 팥배나무는 배나무와 비슷하지만 작다. 이른 봄에 흰 꽃이 피어 배보다 작은 열매가 열리며 서리가 내릴 때쯤 먹을 수 있다. 옛날부터 이 팥배나무에 배나무를 접붙여 과수로 키워왔다.

이 구절은 『시경』「감당甘棠」편의 "우거진 팥배나무를 자르지도 말고 베지도 말라, 소백召伯님이 머무신 곳이니"(蔽芾甘棠, 勿翦勿伐, 召伯所茇)를 다시 쓴 것이다. 그런데 '存以甘棠'에 대한 전통적인 해석은 원래 시구에 의거하지 않고 『모시毛詩』「서序」에 달린 "소백의 가르침이 남국에서 변화를 일으켰다"(召伯之教明於南國)라는 주에 따름으로써 "(소백님이) 팥배나무 아래에 머무셨다"라고 이해해왔다. 즉 '존存' 자를 '머물다'로, 그리고 '이以' 자를 '~의 아래에서'로 각각 풀이한 결과이다. 그러나 이러한 해석은 허사의 용법에도 맞지 않을뿐더러 원시의 문맥과도 어울리지 않는다.

소백이 구체적으로 누구냐에 대해서는 학자들에 따라 설이 분분하지만, 여기서는 중요한 주제가 아니므로 설명을 생략하기로 한다. 아무튼 시의 내용과 『모시』의 설명에 의하면 소백은 남국의 임금으로 재직하면서 사직 앞에 있는 팥배나무 아래서 자상하게 민원을 들어주고 또 공정한 조치와 판결을 해주었던 것으로 짐작된다. 그래서 그가 떠난 후에도 옛날의 은덕과 감동을 못 잊은 나머지 그가 앉았던 팥배나무를 절대 건드리지 말라고 노래하였던 것이다.

이 노래에서 감동을 일으키는 키워드는 반복되는 '팥배나무'라는 말이다. 소백이 백성들과 소통했던 곳이 호화로운 궁궐이었다면 이렇게 공감하는 힘이 크지 않았을 것이다. 팥배나무는 요즘 개념으로 보자면 재래종 야생 배나무다. 지천으로 널린 흔한 나무 그늘 아래서 백성들을 만나 민원을 들었다면 그들이 얼마나 쉽게 임금에게 접근할 수 있었는지를 짐작할 수 있다. 민원이란 민원인이 원하는 대로 꼭 들어줘야만 해결되는 것은 아니다. 답답한 마음에 누구에겐가 밤새 편지를 써놓고는 다음날 이를 부치기는커녕 찢어버린 경험이 누구에게나 있을 것이다. 편지를 쓰는 동안에 답답한 마음이 대충 해소됐기 때문이다. 편지는 부치지 않았지만 말하고자 한 내용은 이미 전달되었다는 이야기다. 누구에게? 관념 속의 대타자에게. 이처럼 개인의 억울함은 보이지 않는 대타자에게 이야기만 해도 해결되는 것인데, 하물며 임금에게 직접 말했다면 그것으로 민원은 해결된 것이나 마찬가지 아니겠는가? 그러므로 백성의 민원을 잘 해결해주기 이전에 진지하게 들어주는 자가 훌륭한 지도자인 것이다.

이처럼 좋은 지도자가 되는 일이 그렇게 어렵지 않은데도 왜 대부분의 권력자들은 백성들과 진지하게 소통하지 않으려 하는가? 간단히 말하면, 백성 또는 국민과 대화를 비롯한 소통을 너무 쉽게 하면 지도자의 권위가 서지 않기 때문이다. 권력이란 구별 짓기로부터 일어나는 것인데 지도자를 동네 아저씨나 아줌마 정도로 여기게 될 때 권력의 영슈이 서질 않는다고 권력자 스스로 두려워한다는 말이다. 권력자가 공평무사公平無私하다면 권위는 저절로 세워질 것이니 특별히 무엇을 두려워할 필요가 없을 것이다. 무언가 숨길 게 많을 때 구별을 짓기 위한 겉치장을 많이 하는 법이다.

그래서 겉치장을 하지 않는데도 소통이 잘 되어 국민이 따르는 지도자를 숨길 게 많은 사람들은 미워한다. 왜냐하면 그는 가식 위에 만들어진 권력의 민낯을 그대로 폭로하기 때문이다. 우리나라에서는 고 노무현 전 대통령이 그런 이였다. 그는 대통령 재직 때도 그랬지만 퇴임 후에도 소박하게 이웃과 소통하며 살려고 노력하였다. 이웃 아저씨 같은 대통령을 처음 겪은 국민들이 열광하며 봉하로 끊임없이 모여들자 구별 짓기 위해 권력을 세운 자들 눈에 이것이 곱게 보일 리 없었을 것이다. 노 전 대통령의 운명은 우리가 아직 경험해보지 못한 길을 선택한 데서 결정되었다고 봐도 무리가 없으리라.

그를 미워하는 권력자들은 여기서 그치지 않고 그를 국민들의 기억 속에서 완전히 지워버리려고 각방으로 무진 애를 썼다. 그의 치적을 폄훼하고, 그를 흠모하는 사람들을 '친노'니 '노빠'니 이름 지어 부름으로써 은근히 기피 인물로 인식시켰다. 그러나 아쉬워하는 마음을 아예 잊게 하려고 시도하면 할수록 그 대상은 오히려 '잃어버린 대상'이 되어 신화와 전설이라는 더 확대된 상징으로 귀환하는 법이다. 잡았다 놓친 물고기가 시간이 지날수록 더 크게 느껴지는 것과 같은 이치이다.

노 전 대통령 서거 때 조문한 사람들의 수가 5백만 명이 넘었다고 한다. 그리고 그들 중 대부분의 사람들이 참을 수 없는 울음과 눈물로 애도하였다. 그러나 그 울음과 눈물이 훌륭한 지도자를 잃었다는 슬픔에서만 비롯된 것은 아니다. 우리 속담에 "울고 싶은 참에 뺨 맞았다"는 말이 있다. 울고 싶은 속사연은 모두 다르지만 울게 된 계기는 대통령의 서거 사건이었던 것이다. 신화와 전설은 바로 이런 계기를 통해서 발생하고 확대되는 것이다. 정말로 권력자들이 국민들에게서 노 전 대통령에 대한 기억을 도말塗抹하고 싶었다면, 그를 폄훼하지 말 것은 물론 그를 기억하려는 행위들을 그대로 놔두었어야 했다.

『시경』「감당」편은 "우거진 팥배나무를 자르지도 말고 베지도 말라"는 말을 세 번씩이나 반복한다.『시경』을 편집한 이는 문자를 아는 당시의 지식인일 터이니, 그가 팥배나무를 그대로 두라고 강박적으로 외친 것은 어쩌면 권력자들에게 들려주는 진심어린 충고였을지도 모른다. 팥배나무를 베어버리는 순간 소백 임금은 더 위대한 신화가 되어 현재 권력의 걸림돌이 될 테니까.

돌 하나도 돌 위에 남지 않으리라

去而益詠거이익영**이라**
떠나갔어도 더욱 기려 읊는다네

갈 거去

去 갈 '거' '큰 대大'와 '그릇 거凵'로 이루어졌다. '대大'는 원래 그릇의 뚜껑 모양을 그린 것이었고, '거凵'는 밥을 퍼 담아놓는 그릇의 모양이다. 따라서 '거去' 자의 자형적 의미는 '뚜껑이 덮인 둥근 모양의 밥 담는 그릇'이 된다. 나중에 솥에서 밥을 퍼 그릇에 옮겨 담는다는 의미로부터 '떠나다'·'멀어지다' 등의 의미가 파생되었다.

而 말 이을 '이' 이 글자는 원래 양쪽 뺨에 난 수염 모양으로 '구레나룻 염髯' 자와 같은 뜻이었다. 그러다가 나중에 문법적 의미를 나타내는 허사로 쓰이면서 실사의 의미는 사라졌다. 여기서는 역접逆接 기능의 접속사로 쓰였다.

益 더할 '익' 이 글자는 '그릇'(皿) 위로 물이 넘치는 모양을 그린 것이다. 따라서 자형적 의미는 '그릇이 넘칠 만큼 많다'이다. 이 글자는 부사로 쓰이기도 하는데, 이때는 '더욱'이라는 뜻이 된다.

詠 읊을 '영' '말씀 언言'과 '길 영永'으로 이루어졌으므로, 자형적 의미는 '말을 길게 늘이다'가 된다. 『서경書經』「요전堯典」편에 "노래란 말을 길게 늘인 것이다"(歌永言)라는 정의가 보인다.

'거이익영'이란 소백은 떠나갔지만 그가 떠난 뒤에 오히려 그곳에 있었을 때보다 더욱 칭송했다는 뜻이다. 이 말은 곧 소백이 정치를 할 당시에도 칭송을 받았다는 의미가 되는데, 이는 그의 덕을 칭송하는 수사법일 수는 있으나 현실성은 없다고 봐야 한다. 왜냐하면 아무리 훌륭한 정치를 했더라도 당시의 사람들은 그것이 정말로 훌륭한 것인지를 알 수 없기 때문이다. 모든 가치의 판단은 항상 사후적으로 일어난다. 소백이 훌륭한 정치를 시행했다면 그의 후임자는 정치하기가 여간 부담스럽지 않았을 것이다. 무슨 정책이라도 하나 시행할라치면 사사건건 "앞의 임금님은 안 그랬는데"라는 말이 나올 게 뻔하다. 그러면 후임자는 전임자의 흔적을 지우고 싶어 하게 된다. 이 흔적 지우기 과정에서 마찰은 생기게 마련이고 그러면 후임자의 자존심이 다시 발동하는 갈등의 양상이 반복되면서 마침내 앞의 임금이 훌륭했다는 사실을 깨닫고 그를 그리워하는 게 세상 이치다. 일상에서 "있을 때 잘해라!"라는 우스갯말을 자주 던지며 살지만, 이래서 있을 때 잘하기란 매우 어렵다.

아무튼 이렇게 해서 떠나간 사람의 업적을 기리게 되는데, 기린다는 것은 오래 기억하기 위함과 아울러 그런 이가 다시 나타나기를 바라는 마음의 표현이다. 오래 기억하게 하는 방법에는 대략 두 가지가 있다. 하나는 기리는 말을 아름답게 지음으로써 감동을 일으켜 대대로 부르도록 만드는 것이고, 다른 하나는 기리는 내용이 영원히 지워지지 않도록 단단한 돌에 새기는 것이다.

말이란 내용이 좋아서 감동을 일으키는 게 아니다. 말 자체가 아름다운 감각을 생성해내야 한다. 그래서 기리는 말은 자연스럽게 노래로 발전하게 되어 있다. 앞의 '영詠' 자의 자해에서 인용한 "노래란 말을 길게 늘인 것이다"(歌永言)라는 구절이 뜻하는 바이다. 즉 말을 길게 늘인다는 것은 말에 감각성을 증대시켜 감동력을 높인다는 뜻이다. 그래서 사람들은 무슨 글이든지 쓸 때는 언제나 아름답게 쓰려고 노력하는 것이고, 자신이 없으면 전문가에게 부탁하기도 한다. 중국에서는 아주 오랜 옛날부터 글쓰기를 입언立言이라고 해서 입덕立德·입공立功과 더불어 삼불후三不朽, 즉 영원히 썩지 않는 세 가지 업적 중의 하나로 꼽아왔다. 당나라 때 문호였던 한유韓愈의『한창려집韓昌黎集』에는 수많은 묘비문墓碑文·애사哀辭·제문祭文·행장行狀·뇌문誄文이 보이는데, 이들은 대개가 당시의 고관대작이나 부호들이 명문장가인 한유에게 부탁해서 고인의 삶을 묘사하거나 기록한 것이다. 그들의 삶이 실제로 어떠했는지는 전혀 알 길이 없지만 어쨌거나 그들이 한유의 글쓰기를 통해 그의 문집에 실려 대대로 전해 내려오고 또 사람들에게 읽히는 것은 엄연한 사실이다. 이것이 글쓰기의 현실적인 힘인 것이다.

오래 기억하기 위한 또 하나의 방법은 단단한 돌에 새기기이다. 모세가 야훼에게 받았다는 십계명도 돌판에 새겨서 받았다고 한다. 말이란 시간적인 제한을 받기 때문에 시간이 지나면 잊히기 마련이다. 이에 비해 돌은 매우 단단한 물질이므로 여기에다 새겨놓으면 돌이 깨져 없어지지 않는 한 그 내용을 읽는 사람에게 영원히 상기시켜준다. 언어의 물리적인 한계를 해결하는 데 괜찮은 방법이긴 한데 여기에는 전제 조건이 있다. 기록은 아무리 오랜 시간이 지나도 언제나 원래 내용을 한결같이 말해줄 것이라는 믿음, 그리고 돌은 영원히 깨지거나 마모되지 않을 것이라는 믿음이다. 그런데 말은 수시로 변화하는 속성을 갖고 있어서 기록은 오랜 세월이 지나고 나면 원래의 내용을 제대로 말하지도 못할뿐더러 심지어 엉뚱한 이야기를 하기도 한다. 그리고 돌은 생각처럼 그렇게 오래 가지 않아서 풍화 작용으로 마모될 뿐 아니라 불의에 깨지기도 한다. 역설적이게도 모세 역시 스스로 십계명 돌판을 깨버리지 않았던가?

기억은 글쓰기의 힘에 의해 유지된다. 이 이치를 모르는 사람들이 기록의 질료가 훌륭하면 기억이 오래 유지되는 줄 알고 돌의 크기와 모양에만 관심을 갖고 투자한다. 그러나 그것이 허세에 불과하다는 사실은 「마태복음」(24:2)의 "돌 하나도 돌 위에 남지 않고 다 무너뜨려지리라"라는 예수의 말을 인용하는 것만으로도 충분할 것이다.

이 지점에서 우리가 되짚어봐야 할 점이 하나 있는데, 기억의 방법에서 진실의 자리는 어디인가 하는 의문이 바로 그것이다. 다시 말해 글쓰기의 힘은 어디서 오는가라는 물음이다. 감동에서 오는가, 아니면 진실에서 오는가?

이와 관련해서 내가 어렸을 적에 살던 마을의 비석 이야기를 해야겠다. 우리 마을은 옛날부터 부사府使가 다스리던 지역이어서 역대 원님들의 치적을 기록한 비석들이 구석구석에 박혀 있었다. 한번은 글줄깨나 읽은 것처럼 보이는 서너 명의 낯선 노인들이 찾아와 비석들을 하나하나 점검하더니 그중 몇 개를 골라 데리고 온 사람들에게 탁본 작업을 시키는 것이었다. 작업 내내 그들은 비석의 글을 군데군데 지적하면서 "야, 참으로 명문이다!"라든가, "글씨가 명필이다", "훌륭한 일을 많이 하셨네!" 등의 찬사를 늘어놓았다. 어린 나야 그때 그게 무슨 말인지 알 길이 없었지만, 내가 자라면서 기억하는 그들의 찬사는 동네 할아버지들이 해주신 말씀과 아귀가 맞지 않아 약간 혼란스러웠다.

동네 할아버지들이 느티나무 아래서 해주신 이야기에 의하면 마을의 공적비들은 원님들이 가고 나서 세워주는 게 아니라는 것이었다. 원님들이 부임할 때 동네 원로들이 미리 공적비를 새겨서 보여준 다음에 잘 보관했다가 퇴임할 때 세운 경우가 대부분이라는 것이다. 공적의 내용과 비의 재질에 따라 원님의 통치 행태가 어떠했을지는 굳이 묻지 않고도 알 수 있을 것이다.

그런데도 후세에 글과 글씨가 좋다고 해서 찬사를 듣는다면, 원님과 그의 비위를 맞춰준 원로들의 눈치를 보면서 평생 착취만 당하며 살았던 백성들의 진실은 도대체 어디에 있단 말인가? 원님과 원로들은 자신을 드러낼 미디어인 글과 비석을 독점했기 때문에 스스로를 미화할 수 있었지만 아무것도 없는 백성들은 자신들을 어떻게 했을까? 한숨과 울부짖음이야 있었겠지만 비석과 비교할 수 있었을까?

누가 해놓은 일을 업적이라고 부풀려 기리겠다는 것을 굳이 비판할 생각은 없지만 그 과정에서 진실이 묻히는 일을 경계하자는 말이다. 누구 한 사람을 대단한 위인으로 치켜세울 때 그 저변에서 사라져간 이름 없는 사람들을 기억해야 한다. 어떠한 위업도 한 사람의 힘으로는 불가능한 것이 아니던가? 그래서 누구를 기리는 글을 읽을 때에는 언제나 표층만이 아니라 보이지 않는 심층과 언저리까지도 읽어야 한다. 문자는 언제나 표층에만 집착하기를 요구한다. 글자 그대로만 받아들이려는 욕망은 이 때문에 생겨난다. 이 과정에서 진실은 가려지게 마련이고, 그 때문에 모세가 돌판을 던져 깨버리는 사건이 발생하는 것이다.

음악이 세상을 만든다

즐거울 락樂

樂殊貴賤악수귀천**하고**
음악은 신분의 높음과 낮음을 차이 짓고

樂 즐거울 '락' '흰 백白'·'가는 실 사糸'·'나무 목木' 등 세 요소로 이루어졌다. '백白'은 북의 모양을 나타낸 것이고, '사糸'는 명주실, 즉 비파의 현으로서 현악기를 상징하며, '목木'은 악기의 거치대를 가리킨다. 현악기와 타악기를 연주하면 즐거우므로 여기서 '즐겁다'라는 의미가 나왔고, 아울러 '음악'이라는 의미도 파생되었다.

殊 다를 '수' '앙상한 뼈 알歹'과 '붉을 주朱'로 이루어졌다. 살을 발라낸 뼈를 뜻하는 '알歹' 자는 '목을 베는 사형'을 의미하고, '주朱' 자는 나무줄기 속의 붉은색을 의미하므로, '수殊'의 자형적 의미는 '몸통과 머리를 분리시키는 참형斬刑'이 된다. '분리'라는 의미로부터 '구분 짓다'·'다르다' 등의 의미가 파생되었다.

貴 귀할 '귀' 이 글자를 소전에서는 '臾'로 썼는데 이는 두 손으로 돈을 높이 쌓는 모양이다. 옛날에는 조개껍질을 화폐로 사용하였으므로 아랫부분의 '조개 패貝'는 돈을 상징한다. 돈을 높이 쌓는다는 말은 곧 비싸다는 뜻이므로, '귀貴' 자의 자형적 의미는 '물건값이 비싸다'가 된다. 비싼 것은 흔하지 않으므로 적은 수의 지배자들이 이에 해당

한다. 그래서 '신분이 높다'라는 의미가 생겨났다.

賤 천할 '천' '조개 패貝'와 '밟을 천踐'으로 이루어졌다. '패貝' 자는 돈을 의미하고 '천踐' 자는 낮기 때문에 밟힌다는 뜻이므로, '천賤' 자의 자형적 의미는 '가치가 낮다', 또는 '가격이 싸다'가 된다. 여기에서 '신분이 낮다'라는 가차 의미가 파생되었다.

봉건제란 아주 거칠게 말하자면 토지를 매개로 해서 질서를 강화하고 유지하는 체제이다. 질서를 만들고 세우려면 먼저 원칙에 의거해 사람들을 구분 지어야 한다. 바위나 나무를 통째로 가져와서는 집을 지을 수 없지 않은가? 어린이들이 장난감 블록을 갖고 이것저것 만들듯이 세계도 사람들을 나눠놓아야 그것으로 하나의 체제를 구성할 수 있다. 그래서 토지 분봉과 신분제는 봉건 제도의 가장 중요한 두 요소가 된다.

동아시아 지역의 대표적인 봉건 질서 체계가 바로 예禮이다. 예는 질서의 기준을 세 가지로 세우고 있는데, 임금, 아버지, 지아비(남편)가 그것이다. 이들은 각각 신하, 아들, 지어미(아내)가 의지하는 기둥, 즉 타자로 기능한다. 모든 인간이 의지하는 타자는 이 세 가지 범주 안에 다 들어가기 때문이다. 이것이 바로 삼강三綱의 요체이다.

그러고는 모든 사람들을 다시 임금과 신하, 아버지와 아들, 지아비와 지어미, 윗사람과 아랫사람, 벗과 벗 등 다섯 가지 관계로 중복해서 구별하였다. 이러한 구별은 양자 간의 관계를 설정하기 위한 것이긴 하지만 동시에 자칫 단절을 야기할 위험도 있다. 이 단절을 메우는 방도가 바로 오륜五倫이다. 이를테면, 임금과 신하의 관계를 단절 없이 유지하려면 의리가 그 사이를 메워야 하고, 아버지와 아들 간의 단절을 메우려면 친밀함이 있어야 하며, 남편과 아내의 사이가 갈라지지 않으려면 역설적으로 분명한 구별이 있어야 한다. 그리고 각 사회에서 조직 구성을 위해 갈라놓은 구성원들의 단절을 막으려면 그들 사이를 위아래의 순서로 메워야 하고 친구 관계의 단절을 막으려면 그 사이를 믿음으로 메워야 하는 것이다. 그러므로 오륜이란 근본적으로 사람들을 구분 짓기 위한 조치였음을 쉽게 알아차릴 수 있다.

그런데 오륜이 반드시 필요하다고 사람들에게 가르치는 순간 이것은 관념이 되고 억지로 해야만 하는 윤리로 변질되어 실천하기가 어려워진다. 이 관념적인 윤리를 자연스러운 행위로 만들려면 감성을 동원해서 살을 붙여야 한다. 그것이 바로 음악이라는 수단이다. 이를테면, 군신유의君臣有義, 즉 임금과 신하 사이는 의리로 이어져 있어야 한다고 했는데, 이들이 관념적으로 알고 있는 의리란 뼈대에 해당하는 것이라서 그것이 실제 어떤 모습으로 감각되는지는 알 수 없다. 이때 이들에게 장엄한 음악을 들려주면 거기서 어떤 감동을 느끼게 되고, 그때의 감각이 곧 의리의 모습으로 받아들여지는 것이다. 이렇게 관념적 뼈대 위에 살을 입힘으로써 의리의 존재를 인지시키는 것이 음악의 기능이다.

그런데 『천자문』의 이 문장에서는 왜 음악이 귀천貴賤과 존비尊卑를 명확히 구분 짓는 것이라고 말하고 있는가? 앞에서 질서를 만들고 세우려면 먼저 원칙에 의거해 사람들을 구분 지어야 한다고 말했다. 이때의 원칙은 누구나 수긍할 수 있는 명분이 있어야 한다. 그런데 사람을 구별한다는 것은 사실 어떤 논리로도 수긍하기가 어렵다. 그래서 질서의 조화와 아름다움이라는 매우 감성적이고도 모호한 명분을 내세우게 된 것인데, 여기서 모호함을 제거하고 논리적 기초를 보강하려고 끌어온 것이 바로 음악이다. 왜냐하면 음악은 수학적 원칙, 즉 도량적인 표준에 의해 제작되고 연주되는 속성을 가졌기 때문이다.

도량이란 사물을 분절하는 일에서 시작한다. 그래야 계량을 할 수도 있고 표준에도 맞출 수 있기 때문이다. 이를테면, 중국 고전 음악은 곤륜산崑崙山의 해계嶰谿 골짜기에서 줄기가 고른 대나무의 두 마디 아홉 치를 취하여 황종黃鐘의 궁음宮音으로 삼고, 다시 그 길이의 3분의 1만큼씩을 잘라내거나 다시 더함으로써 12음률을 만들어나갔다. 이것이 이른바 칠상오하七上五下의 방식이다. 마디의 길이를 짧게 자르면 음이 높아지고 길게 자르면 낮아지는 원리를 수학적으로 계산해서 음정을 표준화한 것이다.

질서를 세우려면 부득이 귀천과 존비를 갈라야 하는데, 이 비논리성을 합리화하려고 음악의 도량적인 속성과 원리를 끌어온 것이 바로 '악수귀천樂殊貴賤'의 의도이다. '귀貴' 자와 '천賤' 자의 자형을 통해서도 알 수 있듯이 예나 지금이나 귀천은 '재물'(貝)의 소유에 의해서 구분되는 사회적 현상이다. 그렇지만 음의 높낮이가 조화를 이루어 아름다움을 생성해내듯이 귀천의 구분은 사회적인 조화를 이루기 위한 자연적인 현상이라고 인식시킴으로써 귀천의 모순을 완화하려 한 것이다. 귀천의 구별은 '수殊' 자의 자형적 의미가 '몸통과 머리를 분리시키는 참형'인 것처럼 기실 사회를 분열시키는 일이 된다. 이것은 말할 것도 없이 조화의 아름다움을 생명으로 하는 음악의 기능과는 거리가 멀다. '특수特殊부대'니 '특수임무'니 하는 말에서 알 수 있듯이 뭔가를 따로 떼어놓는 행위에는 언제나 비밀스런 것이 있다는 사실을 늘 기억하고 있어야 한다.

중국은 옛날부터 음악의 기능을 매우 중시하였다. 앞서 설명한 대로 음악은 도량으로 제작되고 그 결과로 감동을 일으킨다. 그래서 음악을 형이상학적으로 도道라고 표현하였다. 음악이 도라면 이는 세상을 만들어내는 하나의 길이 될 것이다. 이런 의미에서 『모시』와 관련하여 이미 언급한 대로 치세지음治世之音·난세지음亂世之音·망국지음亡國之音 등의 음악은 사회를 반영하는 결과적인 것이 아니라, 오히려 치세·난세·망국을 야기하는 원인으로 작용하는 셈이 된다.

대나무를 닮은 예악

높을 존尊

禮別尊卑예별존비라

예는 윗사람과 아랫사람을 분별한다

禮 예도 '례' '볼 시示'와 '예기 례豊'로 이루어졌다. '시示' 자는 '하늘'을 의미하고, '례豊' 자는 제사 그릇에 술을 담은 모양이다. 나중에 나온 글자인 '단술 례醴' 자가 이를 입증한다. 따라서 '례禮' 자의 자형적 의미는 '신에게 술을 올려 제사 지내다'가 된다.

別 다를 '별' '칼 도刀'와 '살 바른 뼈 과冎'로 이루어졌다. 그러므로 '별別' 자의 자형적 의미는 '뼈에서 살을 발라 떼어내다'가 된다. 이로부터 '구분하다'·'변별하다' 등의 파생 의미가 생겨났다.

尊 높을 '존' 이 글자의 원래 글자는 '술 추酋'와 '받들 공廾'으로 이루어졌다. 따라서 자형적 의미는 '술 그릇을 두 손으로 받들다'가 된다. 이로부터 '술 그릇'·'술독' 등의 의미가 생겨났고, 또한 술 그릇을 바쳐올리는 대상은 주로 윗사람이므로 '윗사람' 또는 '어른' 등의 의미도 파생되었다.

卑 낮을 '비' '밭 전田'과 '오른손 우又'로 이루어졌다. 따라서 이 글자의 자형적 의미는 '밭을 대신 경작하고 관리해주는 집사執事'가 된다. 집사는 주인 아래에서 일을 맡아보는 사람이므로 '아랫사람'이라는

뜻으로도 쓰인다.

이 구절은 군신君臣·부자父子·부부夫婦·장유長幼·붕우朋友 간의 윤리적 관계를 규정한 이른바 오륜五倫의 근본을 설명한 것이다. 윤리는 예로써 구현되는데, 이것은 존비尊卑, 즉 윗사람과 아랫사람, 또는 사람과 사람 사이를 구분하는 데서부터 시작한다.

예란 '예禮' 자의 자형이 가리키듯이 사람이 하늘을 대하는 방식으로 사람과 사람 사이의 관계를 재현하기 위한 것이다. 즉 사람이 하늘을 두려워하고 그 명령에 복종하는 형태로 인간들 사이의 관계를 설정하는 법도가 예인 것이다. 이렇게 하는 이유는 사람이란 태어난 상태대로 내버려두면 야만의 광기를 벗어나지 못하기 때문에 광기를 억압하고 길들이기 위해서다. 광기란 짐승의 세계처럼 오로지 힘만으로 지배하려 하거나 함부로 다른 사람을 침범하는 행위를 가리킨다. 이러한 광기를 다스리려면 먼저 책임 있는 개인으로 행동하고, 아울러 상징적인 힘에 복종할 줄 아는 인간으로 만들어야 한다. 따라서 예란 궁극적으로 야만을 문명으로 만드는 상징체계라고 정의할 수 있다.

상징적인 인간이 되려면 질서에 복종할 수 있어야 한다. 질서란 인위적으로 구분된 상징적인 힘을 인정하는 데서 시작한다. 이것은 자신을 낮추어 비卑의 위치에 놓고 다른 사람을 존尊으로 높일 줄 아는 겸양의 개념으로서 예의 기초가 된다. 이러한 존/비의 구분은 군신·부자·부부·장유·붕우 등 모든 인간 관계에서 보편적으로 적용된다. 붕우 간의 경우에는 존/비의 구분이 없을 것처럼 보이지만 아무리 친구라 하더라도 자신을 낮추고 상대를 존중해야 우정이 유지된다는 점에서 질서에 속한다고 말할 수 있다.

이러한 예의 구조를 사회적으로 제도화한 것이 신분제이다. 그래서 예는 관습과 법 사이에 있으면서 자발성과 강제성을 동시에 실행시키는 예제禮制라고 말하는 것이다. 이를테면, 예는 사회를 열 개의 신분으로 나누었는데, 왕王·공公·대부大夫·사士·조皁·여輿·예隸·요僚·복僕·대儓가 그것이다. 이 열 등급 중 조皁와 여輿가 수적으로 가장 많아 사회의 중심을 형성한다. 여론輿論을 '수레 여輿'자로 쓰는 것은 이들이 백성의 대부분을 차지하기 때문이다.

당시의 사회는 왕부터 조皁까지 피라미드형(△)으로 수적 비율을 형성하였고, 다시 여輿부터 아래로 대儓까지 역피라미드형(▽)을 형성함으로써 전체적으로는 다이아몬드형(◇)의 인구 분포를 유지하였다.

사士 이상에 속한 사람들이 이른바 지배 계급인데, 이들도 형식적 규제를 통해 엄격히 신분을 구분한다. 이를테면, 제사를 지내거나 향연을 베풀 때에 동원되는 악대 및 가무의 편성을 천자는 팔일八佾, 제후는 육일六佾, 대부는 사일四佾, 사는 이일二佾 등으로 각기 다르게 규정하였다. 이렇게 수적인 상징체계로 형식화하면 신분의 구분이 매우 자연스럽고도 당연하게 받아들여질 수 있다. 음악이 형식에 따라 감동이 달라지는 속성은 이런 면에서 매우 효율적으로 활용되어왔다. 예와 악樂을 예악이라는 말로 반드시 함께 일컫는 것은 이 때문이다.

엄격히 따지자면 "예는 윗사람과 아랫사람을 분별한다"는 '예별존비'는 맞는 말이지만, "음악은 신분의 높음과 낮음을 차이 짓는다"는 '악수귀천'은 음악의 본질을 모르고 한 말이다. 이것은 단지 신분제를 합리화하기 위해 기실 같은 의미의 '수殊'자와 '별別'자를 중심으로 대장對仗으로 만들어 설득력을 높인 것에 불과하다.

예악은 흔히 대나무에 비유된다. 대나무 줄기는 마디로 나뉘기는 하지만 마디로 완전히 분리된 것이 아니라 속이 한통속으로 일관되어 있다. 이 때문에 높이 자라더라도 바람에 부러지지 않고 줄기를 지탱할 수 있다. 여기서 마디로 나뉘는 것은 예의 존/비 구별에, 줄기의 한통속은 음악에 각각 비유할 수 있다. 예를 예절禮節이라고 해서 '마디 절節' 자를 붙여쓰는 것은 이 때문이다.

예라는 것은 성찰 없이 반복 수행될 때 경직된 예법을 낳고, 이로부터 존/비가 각기 분리되는 계층화가 일어나기 마련이다. 이러한 부작용을 미리 막기 위하여 사회를 한통속으로 만드는 음악이 필요한 것이다.

절대 화목하면 안 되는 사람들

화합할 화和

上和下睦상화하목하고
윗사람이 온화하면 아랫사람들이 화목해지고

上 위 '상' 이 글자의 고문자 자형을 보면 '한 일一' 자 위에 가로로 한 획을 그은 모양을 하고 있다. 따라서 자형적 의미는 '위로 올라가다'였다. 이로부터 나중에 '사물의 위'라는 의미가 파생되었다.

和 화합할 '화' '입 구口'와 '벼 화禾'로 이루어졌다. '화禾' 자는 '더할 가加'와 첩운 관계에 있고 '구口' 자는 사람의 목소리를 상징한다. 따라서 자형적 의미는 '하나의 음성(口)에 다른 음성을 더하여 화음을 내다'가 된다.

下 아래 '하' 이 글자의 고문자 자형은 앞의 '위 상上' 자와 정반대 모양으로 되어 있다. 따라서 '밑으로 내려가다'·'사물의 아래' 등의 의미를 지시한다.

睦 화목할 '목' '눈 목目'과 '평평한 땅 륙坴'으로 이루어졌다. 눈이 평평하다는 것은 눈이 노기나 삐딱한 기운 없이 온순한 모양을 가리킨다. 따라서 '목睦' 자의 자형적 의미는 '눈이 온순하다'가 되고, 이로부터 '화목하다'는 의미가 파생되었다.

'상화上和'라는 것은 윗사람의 성품이 온화해야 한다는 뜻으로, 이는 '하목下睦', 즉 아랫사람들이 화목하게 되는 전제 조건이다. 합창에서 화음和音을 낼 때는 각 사람의 목소리가 골고루 안배되어 나와야지 어느 한 사람의 목소리가 전체를 지배해서는 안 된다. 국물 맛을 내려고 양념을 넣을 때도 마찬가지로 어느 한 양념이 전체의 맛을 지배하도록 과도하게 넣으면 그 국은 먹을 수 없다. 양념마다 자기 맛을 고루 낼 수 있도록 안배하는 것이 바로 '화和'의 의미이다. 윗사람이라고 목소리가 다른 사람들보다 비중 있게 받아들여지기를 강제한다면 그 조직은 조화롭게 될 수 없다. 윗사람의 성품이 온화하다는 것은 조직 내의 작은 소리라도 다 들리도록 조정할 수 있는 능력이 있다는 말이다. 작은 소리들이 어떤 방식으로든 표현되어야만 아랫사람들의 눈이 노기나 삐딱함 없이 온순하고 순종적이 되는 법이다.

그런데 이 구절을 "윗사람들이 화해해야 아랫사람들이 화목해진다"고 해석하기도 한다. 즉 윗사람들이 불화하는 모습을 보이면 아랫사람들은 이를 따라서 편을 갈라 싸운다는 말이다. 이렇게 해석하면 귀/천과 존/비의 구별을 바탕으로 형성한 체제에서 소수인 전자가 다수인 후자를 지배하는 구조를 정당화할 수 있다. 책임을 떠맡는 척하면서 권리도 가져올 수 있기 때문이다.

오늘날에도 국회에서 여당과 야당이 중요한 의제를 놓고 첨예하게 다투기라도 하면 언론들은 하나같이 싸우지 말고 서로 양보함으로써 화해하는 모습을 국민에게 보이라고 아우성친다. 마치 국민을 위해 책임 있는 행동을 하라는 주문처럼 보이지만, 기실 이는 자신들의 지배를 정당화하고 권리를 강화하는 술수에 지나지 않는다. 중요한 의제라면 끝까지 토론해서 시비를 가리는 것이 옳다. 국민에게 단지 좋은 그림을 보여주려고 국회가 존재하는가? 국회는 원래 옳은 명분을 위해 다퉈야 하는 곳이므로 거기에 이를 때까지 절대로 화목하면 안 된다. 정치권이 불화한다고 국민이 화목하지 않을 이유도 없고 불안해하지도 않는다. 실제로 임진왜란 때 정치권은 부패해 백성을 버리고 달아났어도 백성들은 힘을 합쳐 의병을 일으켜 나라를 끝까지 지켰고, 일제 강점 시기에 백성들은 매국 정치권과는 달리 독립운동에 투신한 사실만 봐도 이러한 허황된 주문은 모순임을 알 수 있다. 그러므로 정치권이 의제를 놓고 불화하는 것을 두려워할 필요가 없다. 민주주의 사회에서 치열한 논쟁은 정당하고 자연스러운 것이다.

불평등이 시작되는 곳

지어미 부婦

夫唱婦隨부창부수라
지아비가 앞서 부르면 지어미는 뒤에 따라 한다

夫 지아비 '부' '큰 대大'와 '한 일一'로 이루어졌다. '대大' 자는 사람이 팔다리를 활짝 벌리고 서 있는 모양이고, '일一' 자는 머리에 쓴 관을 고정시키는 기다란 비녀를 뜻한다. 따라서 '부夫' 자의 자형적 의미는 '관을 쓴 성인 남자'가 된다.

唱 부를 '창' '입 구口'와 '창성할 창昌'으로 이루어졌다. '창昌' 자는 높이 뻗어 올라간다는 뜻이므로 '창唱'의 자형적 의미는 '목소리를 높여 노래를 부르다'가 된다. 함께 노래나 구호를 외칠 때 앞서 소리쳐 부르는 것도 '창唱'이라 한다. 이로부터 '앞장서서 부르다'라는 의미가 파생되었다.

婦 지어미 '부' '계집 녀女'와 '쓸 추帚'로 이루어졌다. '추帚' 자는 '쓸고 닦아서 아름답게 꾸미다'라는 뜻이므로 '부婦' 자의 자형적 의미는 '아름답게 수식하고 꾸민 신부'가 된다. 이로부터 남편에 대한 '아내' 또는 '아낙'의 의미가 파생되었다.

隨 따를 '수' '달릴 착辵'과 '떨어질 타墮'로 이루어졌으므로 자형적 의미는 '종적을 따라 꾸불꾸불 따라가다'가 된다.

이 구절은 오륜 중의 이른바 "지아비와 지어미 사이에는 구별이 있어야 한다"(夫婦有別)는 윤리 강령에서 구별의 의미가 무엇인지를 명쾌하게 설명해준다.

'부부'는 우선 같은 자음字音을 갖고 있으므로 대등한 관계처럼 보이지만 문자는 다음과 같이 대립적으로 변별한다. 우선 '부夫'와 '부婦'의 자형에 숨긴 의미를 찾아보자. 전자는 비녀 하나로 남자임을 상징하듯이 질박質朴함이 속성인 것처럼 묘사되는 데 비하여, 후자는 복잡하게 수식함으로써 아름답게 꾸미는 것이 당연한 것으로 받아들이게 한다.

주어인 '부夫' 자와 '부婦' 자뿐만 아니라 술어인 '창唱'과 '수隨'도 마찬가지로 대립된다. 즉 문자의 중심을 이루는 방旁을 보면 전자의 방인 '창昌'은 '위로 뻗어나가다'는 뜻인 반면, 후자의 방인 '타墮'는 '아래로 떨어지다'라는 의미를 갖고 있다. 따라서 실제 행위에서도 전자는 '앞서 부르고'(唱) 후자는 '따라 하는 것'(隨)으로 대립되는 것이다.

이처럼 부부 사이는 대립적으로 변별되기는 하지만 그 관계는 결코 대등하지 않고 전자에 특권이 부여되어 있다. 이 구절에서 홍성원은 "남편은 강직함과 의로움으로써 앞서서 창도倡導하고 아내는 부드러움과 순종함으로써 이를 따른다"(夫以剛義而倡之, 婦以柔順而隨之)라고 주를 달았는데, 이 대장對仗의 대립적 구조가 부부간의 불평등 관계를 극명하게 드러낸다. 즉 머리 구절의 '강직함'(剛)·'의로움'(義)·'창도함'(倡) 등은 꼬리 구절의 '부드러움'(柔)·'순종함'(順)·'따름'(隨) 등에 비해 우월한 관계에 있으므로 '남편'(夫)이 '아내'(婦)에 비하여 특권을 누리는 것은 당연할 수밖에 없는 것이다.

'부夫'와 '부婦'의 자형대로 우리의 무의식이 구조화되고 또 행동

양식이 이에 근거한다면 지식과 정보를 얻는 일에도 불평등한 결과가 빚어질 수밖에 없다. 왜냐하면 몸치장하는 일만 봐도 '질박해야 함'과 '수식해야 함'이 각각의 속성인 것으로 간주되는 양자를 비교하면 말할 것도 없이 수식해야 하는 '부婦' 쪽이 시간적으로 훨씬 불리하기 때문이다. 아침에 머리에 비녀만 꽂고 나가도 용인되는 사람과 이것저것 바르고 매만지고 또 차려입고 나가야 하는 사람이 공부 경쟁을 한다면 누가 유리할지는 불을 보듯 뻔하지 않은가? 따라서 사회적 불평등은 처음부터 예정될 수밖에 없었던 것이다. 그리고 '부창夫唱'과 '부수婦隨'로 병렬 반복되는 '주어+술어' 관계의 메시지는 남편은 아무리 못나도 아내보다 앞서야 하고 아내는 아무리 잘나도 남편을 앞지르지 않는 것이 윤리라는 이데올로기를 심어주기도 한다.

한유가 당한 손가락질

外受傅訓외수부훈하고
밖으로 나가서 스승의 가르침을 받고

밖 외外

外 밖 '외' '저녁 석夕'과 '점 복卜'으로 이루어졌다. 점이란 평상시에는 아침에 치는 것이 상례이다. 그러나 긴급할 때에는 저녁에 치기도 하는데 이는 예외적인 것이다. 따라서 '외外' 자의 자형적 의미는 '저녁에 점을 치는 예외적인 경우'가 된다. 이로부터 본령本領이 아닌 '바깥'이라는 의미가 생겨났다. 여기서 '외外'란 구체적으로 집 밖의 향리鄕里를 가리킨다.

受 받을 '수' 금문에서는 '𤔗'로 썼는데 이는 윗부분에 손을 가리키는 '손톱 조爪'와 아랫부분에 역시 손을 가리키는 '오른손 우又', 그리고 가운데에 '배 주舟'가 그려져 있는 모양이다. 따라서 '수受' 자의 자형적 의미는 '이쪽 강변에서 배를 보내고 저쪽 강변에서 배를 받다'가 된다. 이로부터 '주고받다'라는 의미가 파생되었다. '주다'와 '받다'라는 행위는 원래 같은 행위의 두 측면이기 때문에 문자 역시 '수受' 자 하나로 두 가지 의미를 모두 표기하였으나 나중에 혼동을 피하기 위해 '주다'라는 의미는 '수授' 자로 따로 쓰게 되었다.

傅 스승 '부' '사람 인人'과 '펼 부尃'로 이루어졌으므로, '부傅'의 자

형적 의미는 '뜻이나 포부를 펼 수 있도록 도와주는 사람'이 된다. 이로부터 '스승'·'재상'·'도와주다' 등의 의미가 파생되었다.

訓 가르칠 '훈' '말씀 언言'과 '내 천川'으로 이루어졌다. '천川' 자는 '따를 순順'과 첩운 관계에 있기 때문에 여기에는 '냇물이 낮은 곳으로 흐르듯 순종하다'라는 의미가 들어 있다. 아울러 '천川' 자는 '뚫을 천穿'과 발음이 같으므로 '냇물이 산골짜기를 뚫고 지나가다'라는 의미도 품고 있다. 따라서 '훈訓'의 자형적 의미는 '말로써 물처럼 순종하거나 또는 물처럼 뚫고 지나가도록 가르치다'가 된다.

봉건 사회의 구성은 귀/천과 존/비의 구분에서 시작하는데, 가정은 사회의 기초가 되므로 이 구절부터는 이에 관한 내용들을 이야기한다.

이 구절은 『예기』「내칙內則」편의 "(사내아이가) 열 살이 되면 밖으로 내보내 외부의 스승에게로 나아가 바깥에서 기거하면서 문자와 셈법을 배운다"(十年, 出就外傅, 居宿於外, 學書計)는 말을 다시 쓴 것이다.

고대의 교육은 열 살까지는 가정에서 이루어진다. 이때에는 아버지의 법과 규범을 배운다. 아버지의 규범은 가부장제 사회의 기초 질서에 해당한다. 그러나 이것을 배운 아이가 세상에 나가서 그대로 적용할 수는 없기 때문에 사회의 법에 적응하는 방식을 터득하게 해야 한다. 이 수련 과정이 바로 스승의 법을 아버지의 법에 엮어들이는 이른바 '외수부훈', 즉 아이를 밖으로 내보내 스승의 가르침을 받게 하는 일이다. 이런 의미에서 스승의 가르침을 '받는다'(受)는 말은 '수受' 자의 자형이 가리키는 의미대로 부모와 스승이 (가르침을) '주고받다'로 해석하는 것이 합리적일 것이다. 따라서 아버지의 법과 스승의 법은 상호 보완적으로 가부장제의 질서에 순응하게 할 뿐 아니라 그 질서를 공고히 만든다. 이러한 수행의 궁극적인 목적은 완전한 순종인데, 이는 임금에 봉사하는 일임과 동시에 임금으로부터 가부장의 권력을 보장받는 일이기도 하다. 이것이 '임금과 스승과 아버지는 한 몸이다'라는 이른바 군사부일체君師父一體 신화의 본질이다. 그러므로 '가르칠 훈訓' 자가 '길들일 순馴' 자와 첩운 관계에 있는 것처럼 '가르침'이란 '길들임'과 가까운 이웃인 셈이다. 실제로 오늘날의 대학이 진리를 탐구하는 곳이라기보다는 보이지 않는 학문 권력에 길들이는 곳이라는 사실은 그리 놀라운 일도 아니다.

이러한 군사부일체의 전통적인 관념은 모든 백성(사람)은 세 가지 요소에 의지해서 삶을 유지한다는 전제로부터 생겨난 것인데, 그 세 가지란 바로 낳아준 아버지, 가르쳐준 스승, 안전을 지켜주는 임금을 가리킨다. 『예기』「단궁檀弓」편의 "부모를 섬길 때 [……] 힘든 직무를 맡아 종사하시다 돌아가시면 지극히 애도하는 마음으로 상례를 치른다. 임금을 섬길 때 [……] 힘든 직무를 맡아 종사하시다 돌아가시면 부모의 상례를 본받아 상례를 치른다. 스승을 섬길 때 [……] 힘든 직무를 맡아 종사하시다 돌아가시면 [상복을 입지는 않지만] 부모의 상례라는 마음가짐으로 상례를 치른다"[6]는 구절은 이러한 관념을 잘 대변한다.

스승에 대한 이러한 관념을 뒤흔들어놓은 글이 바로 당나라 한유韓愈의 『사설師說』이다. 한유는 글에서 신분의 높고 낮음이나 나이의 많고 적음에 관계없이 도가 존재하는 곳에 스승도 존재하므로,[7] 자신보다 늦게 태어났어도 도를 들음이 자신보다 앞서면 그를 스승으로 삼고 따라야 한다[8]는 주장을 강력히 폈다. 이러한 주장이 사람들을 혼란스럽게 만들었을 것은 불을 보듯 뻔한 사실이니, 이 문장이 당시에 극렬한 비난을 받은 것은 어쩌면 당연한 일이었다. 이러한 반론을 무릅쓰고 군사부일체 관념이 오늘날까지 면면히 내려올 수 있었던 것은 앞서 설명한 대로 임금·아버지·스승 사이를 엮고 있는 상호의존적인 관계 때문이리라.

남녀 교육은 어떻게 달랐는가

어미 모母

入奉母儀입봉모의라
집안에 들어앉아서 현모의 도리를 받든다

入 들 '입' 금문에서는 '∧'로 썼는데 이는 땅굴 집의 입구를 그린 모양이다. 따라서 이 글자의 자형적 의미는 '입구로 들어가다'가 된다. 여기서 '입人' 자는 '집 안으로 들어감'을 의미한다.

奉 받들 '봉' '손 수手'와 '받들 공廾'으로 이루어졌고, 두 손으로 어른의 손을 받들고 있는 모양이다. 그러므로 '봉奉' 자의 자형적 의미는 '어른의 의지를 계승하거나 명령을 받들어 수행하다'가 된다.

母 어미 '모' '계집 녀女' 자에 젖꼭지 두 개를 그려넣은 모양이므로 자형적 의미는 '아이에게 젖을 먹이는 여자'가 된다.

儀 거동 '의' '사람 인人'과 '옳을 의義'로 이루어졌다. '의義' 자는 '표준적이고 규범적인 것'을 뜻하므로 '의儀' 자의 자형적 의미는 '사람이 표준으로 삼을 수 있는 것'이 된다.

이 구절은 『예기』「내칙」편의 "여자가 열 살이 되면 밖에 나가지 않고, 보모가 가르칠 때 온순하게 듣고 따른다"(女子十年不出, 姆教婉娩聽從)는 말을 다시 쓴 것이다. 여기서 '보모保姆'란 '여스승 무姆' 자를 번역한 것으로서 옛날에는 여자가 쉰 살이 되도록 아들을 낳지 못하면 집을 나와 다시 시집을 가지 않고 부녀의 도리를 가르치는 선생이 되었는데, 이것이 바로 '무姆' 자의 본의이다. 그러므로 '모의母儀'란 여스승이 가르치는, '현모가 갖춰야 할 표준적인 몸가짐'이 된다. 여자들은 열 살이 되면 문밖출입을 삼가고 집 안에서 이 교육을 받아야 하는데 이것이 바로 '입봉모의入奉母儀'의 의미이다.

대장對仗의 구조는 두 사물의 속성을 선택적으로 묶음으로써 의도하는 바대로 사물을 환원시킬 수 있다. 이를테면, 출구인 '외수부훈外受傅訓'과 대구인 '입봉모의入奉母儀'는 앞뒤의 짝을 이루는 두 글자들이 수사학적으로 대립적인 균형을 이루고 있다. 우선 남아의 교육은 '밖'(外)에서, 여아의 교육은 '집 안'(入)에서 각각 이루어진다. 남아의 교육은 스승과 교감을 '주고받는'(受) 상호 주체적인 관계이지만, 여아의 교육은 '규범'(儀)을 일방적으로 '받들어 모시는'(奉) 관계이다. 또한 남아의 '스승'(傅)은 장래의 포부를 길러주는 권위 있는 푯대인 반면 여아의 '보모'(姆)는 외양적인 규범만 있을 뿐, 아들을 못 낳음으로써 소외된 인간에 지나지 않는다. 남아에 대한 스승의 '가르침'(訓)은 말로 전달되는데, '훈訓'은 글자 그대로 순종하게도 하지만 어려움을 뚫고 나가는 적극적인 힘을 넣어주기도 한다. 반면에 여아를 가르치는 '의儀'는 그대로 따르게만 하는 소극적인 본보기에 불과하다. 대장 형식의 이러한 선택적 비교는 아들과 딸의 교육을 차별적으로 환원시킴으로써 이를 당연한 것으로 인식시키는 효과가 있다. 마치 우주와 자연이 하늘과 땅, 해와 달, 양지와 음지 등으로 대립적으로 변별되면 앞에 있는 하늘, 해, 양지 등에게 특권이 주어지는 것이 자연스러운 것처럼.

한두 다리 건너면 모두가 가족일 때

諸姑伯叔제고백숙은
모든 고모들과 큰아버지와 작은아버지는

아재비 숙叔

諸 모두 '제' '말씀 언言'과 '놈 자者'로 이루어졌다. '자者'의 고문자 자형은 장작을 삼태기에 많이 주워 담은 모양이므로[9] '제諸' 자의 자형적 의미는 '말을 많이 하다'가 된다. 나중에 '말'은 탈락되고 '많다'는 의미만 남게 되었고 이로부터 '모든'이라는 의미가 파생되었다.

姑 시어미 '고' '계집 녀女'와 '옛 고古'로 이루어졌다. '고古'는 '노인'이라는 뜻이므로 '고姑' 자의 자형적 의미는 '나이가 많이 든 여자'이다. 시어머니는 친어머니와 같지만 친어머니는 아니라는 의미에서 '고姑'로 불렀고, 또 남자가 아버지의 자매들을 부를 때에도 '고姑'라고 불렀다.

伯 맏 '백' '사람 인人'과 '흰 백白'으로 이루어졌다. '희다'는 것은 나이가 많이 든 백발노인을 의미하므로 '백伯' 자는 곧 가장 연로한 어른을 뜻한다.

叔 아재비 '숙' 고문자 자형을 보면 좌측 방은 콩이 자라는 모양이고 우측 변은 '오른손 우又'로 되어 있다. 따라서 '숙叔' 자의 자형적 의미는 '콩을 거두어들이다'가 된다. 추수하는 일은 농사의 마지막 단계의

일이므로 이로부터 '끝'·'아저씨' 등의 가차 의미가 생겨났다.

　'제고諸姑'는 아버지의 자매들을, '백숙伯叔'은 아버지의 형제들을 각각 가리킨다. '백숙'은 '백중숙계伯仲叔季'를 줄인 것으로 원래는 형제의 서열을 가리키는 말이었다. 즉 '백伯'은 맏형, '중仲'은 둘째 형, '숙叔'은 아래 동생, '계季'는 막내를 각각 지시하는 말인데, 여기서는 고모들과 병렬되어 있으므로 아버지의 형제들인 큰아버지와 작은아버지를 의미함을 알 수 있다.

　중국을 비롯한 동아시아의 국가들은 가족 구성원들의 서열과 친소 관계를 매우 세밀하게 따져서 이름 짓고 또 부르는 특성을 갖는다. 이는 아마 한자를 들여다 쓴 관계로 한자라는 대타자가 만들어낸 개념이자 관습일 것이다. 서양에도 가족 구성원들의 관계와 서열을 지칭하는 명칭이 있긴 하지만 중국처럼 복잡하지도 않고, 더구나 아주 면 인척에게까지 구체적 명칭을 부여하는 일은 거의 없다.

　가족 관계를 표상하는 명칭을 부여받는다는 것은 곧 그가 가족의 한계 내에 있음을 의미한다. 이처럼 가족의 범주를 정하는 목적은 근친혼을 막기 위한 것이다. 즉 명칭을 통하여 가족의 한계를 정해놓으면 그 한계까지 근친혼이 금지되므로 그만큼 다른 가족 집단과 혼인을 통한 결합의 기회가 많아진다는 말이다. 이런 식으로 가능한 한 많은 다른 가족 집단과 결합할 수 있다면 그만큼 권력이 커지고 공고히 될 수 있겠기 때문이다. 그래서 한두 다리만 건너면 면 인척으로라도 걸리지 않는 경우가 없는 것이 우리나라와 같은 전통 사회의 특성이다. 그러므로 법이나 사회적 규범보다는 가족의 윤리를 우선시할 수밖에 없는 것이 우리 사회의 치명적인 결점이기도 하다. 영화 〈범죄와의 전쟁〉(윤종빈 감독, 2011)은 이러한 문화의 단면을 희극적으로 잘 보여주고 있다.

조카 사랑의 조건

견줄 비比

猶子比兒유자비아라
자기 자식과 똑같이 대하고
자기 아이처럼 친밀히 여긴다

猶 같을 '유' 이 글자는 원래 원숭이과에 속하는 영장류 동물의 이름이다. 옛날에는 양단간兩端間에 결정을 내리지 못하고 우유부단한 것을 일컬어 '유이游移'라고 말했는데 이를 '유예猶豫'로도 썼다. 이로부터 '유猶' 자가 '이래도 좋고 저래도 좋다'는 의미로 쓰이면서 '양쪽이 똑같다'라는 의미가 생겨났다.

子 아들 '자' 이 글자는 어린아이가 두 손을 흔들며 노는 모양의 상형자이므로, 자형적 의미는 '작은 어린아이'가 된다.

比 견줄 '비' 이 글자의 고문자 자형은 두 사람이 나란히 서 있는 모양이므로 자형적 의미는 '두 사람이 서로 친밀하다'가 된다. 이로부터 '견주다'·'무리 짓다' 등의 의미가 파생되었다.

兒 아이 '아' 이 글자의 머리 부분은 어린아이의 치아를, 아랫부분은 아직 유약하여 흐느적거리는 다리를 각각 가리킨다. 따라서 자형적 의미는 '아직 치아도 다 나지 않은, 힘이 약한 어린아이'가 된다.

이 구절은 『예기』「단궁」편의 "형제 소생의 아들들은 자기 아들과 같다"(兄弟之子, 猶子也)를 다시 쓴 것이다.

이 구절은 형제와 자매 들은 조카들을 자기 친자식이나 진배없이 친근하게 대해주고 또 돌보아주어야 한다는 내용을 말하고 있다. 이 구절은 가족 내 동기 간의 우애를 돈독히 하는 데에 훌륭한 교훈과 지침이 되었다. 그래서 고향을 떠나 서울에 자리 잡은 형제나 자매가 서울로 유학 온 조카에게 문간방이라도 내주고 공부 뒷바라지를 책임지는 갸륵한 광경이나 이야기는 주위에서 어렵지 않게 보고 들을 수 있다. 이 경우 생활이 빠듯하여 제 자식에게 보습補習 과외를 좀 못 시키더라도 조카에게는 소홀히 할 수 없는 것은 바로 이 구절이 만들어놓은 관념 때문일 것이다. 왜냐하면 손님이란 주인 식구보다 더 우대해줘야 비로소 한집안 식구라는 느낌을 받는 것이므로, 조카를 내 자식과 똑같이 대우했다는 말을 듣기 위해서는 조카를 실제로 더 우대해야 하기 때문이다. 그러나 더 우대한다는 것이 주는 자와 받는 자 사이에 개념적으로 일치하기가 어디 그리 쉬운 일인가?

그리고 조카를 제 자식처럼 키웠으면 제 자식에게 반포反哺를 기대하지 않듯 조카에게도 보은報恩을 기대하지 않아야 하는데, 실제로는 그렇지 않은 경우가 적지 않은 데서 집안 내의 불화가 야기되기도 한다. 한마디로 덮어 말하자면 "내가 저를 어떻게 키웠는데"와 "당연한 것 아닌가?" 사이의 욕망의 불일치라고 정의할 수 있을 것이다. 물론 극히 일부 몰염치하고 기강이 없는 집안 내의 불화이긴 하지만 말이다.

『시경』「천수泉水」편에 "여자가 시집을 가면 / 부모형제와 멀어지는 법 / 고모들에게 안부 여쭙고 / 언니들도 만나고 싶네"(女子有行, 遠父母兄弟. 問我諸姑, 遂及伯姉)라는 구절이 있는데, 이는 친정 식구가 그립더라도 여자는 시집가면 남이라는 이른바 출가외인出嫁外人 사상에 충실해야 함을 주문하는 말이다. 그렇다면 "모든 고모들과 큰아버지와 작은아버지는 자기 자식과 똑같이 대하고 자기 아이처럼 친밀히 여긴다"(諸姑伯叔, 猶子比兒)라는 말은 '출가외인'과 상충되는 듯이 보인다. 큰아버지나 작은아버지는 몰라도 고모들은 출가외인으로서 친정 식구에 관심을 갖는 것 자체가 윤리적으로 옳지 않을뿐더러, 어디 집에나 마음대로 갈 수 있어야 조카들을 내 자식 대하듯 할 것 아닌가? 기회조차 박탈당한 상황에서 고모들이 "모든 고모들과 큰아버지와 작은아버지는 자기 자식과 똑같이 대하고 자기 아이처럼 친밀히 여긴다"는 구절을 읽을 때 얼마나 죄의식에 사로잡혔을까? 같은 봉건 사상 내에 이렇게 상충되는 메시지가 존재하는 셈인데, 추측건대 외척外戚이나 처가의 형편에 따라 두 메시지 중 유리한 쪽을 선택한 것이 아닌가 싶다. 곧 외척이나 처가가 잘나가면 "모든 고모들과 큰아버지와 작은아버지는 자기 자식과 똑같이 대하고 자기 아이처럼 친밀히 여긴다"를 강조하고, 반대로 가세가 좋지 않으면 '출가외인'을 내세운 것은 아니었을까?

핏줄의 힘과 한계

아우 제弟

孔懷兄弟공회형제는
형제를 심히 그리워하는 것은

孔 구멍 '공' 이 글자를 금문에서는 'ㆍ'로 적었고, 이는 어린아이가 어머니의 젖꼭지를 물고 젖을 빠는 모양이다. 따라서 '공孔' 자의 자형적 의미는 '젖꼭지 구멍을 통해 어머니의 젖이 아이에게 들어가다'가 된다. 이는 어머니가 아이에게 젖을 먹이는 모양의 '호好' 자에 '구멍'이라는 의미가 있다는 사실로도 입증된다. 이로부터 '구멍'ㆍ'통하다' 등의 의미가 생겨났다. 여기서는 '매우'ㆍ'심히'라는 가차 의미로 쓰였다.

懷 품을 '회' '마음 심心'과 '따를 회襄'로 이루어졌다. '회襄' 자는 옆구리에 감싸 낀다는 뜻이므로 '회懷' 자의 자형적 의미는 '마음속에 품고 떨쳐버리지 못하다'가 된다.

兄 맏 '형' 이 글자는 숨을 쉴 때 '입'(口)에서 기운이 쉬지 않고 나오는 모양이다. 입에서 나오는 숨은 갈수록 많아지는 것이므로 '형兄'의 자형적 의미는 '갈수록 더 자라나고 많아지다'가 된다. 여기서 "남자 손윗사람"을 가리키는 의미가 생겨났다.

弟 아우 '제' 이 글자는 가죽 '위韋' 자의 변형된 자형이고 기물의 손

잡이를 가죽 끈으로 감아 내구성과 미관을 추구한 모양이다. 이때 예쁘게 보이려면 간격을 맞춰 차례차례 감아야 하기 때문에 '순서'라는 의미가 생겨났고, 여기에서 다시 '동생'이라는 의미가 파생되었다.

이 구절은 『시경』「상체常棣」편의 "죽고 장사 지내는 두려움에서 / 형제들은 서로를 심히 그리워하네"(死喪之威, 兄弟孔懷)를 다시 쓴 것이다.

'공회孔懷'는 '형제간의 우애' 또는 '형제'를 지칭하는 명사이기도 하지만, 여기서는 "심히 그리워 잊지 못하다"라는 의미의 동사(구)로 쓰였다. 삶의 마지막 순간에 겪는 두려움 속에서도 심히 생각나고 또 도와줄 수 있는 사람은 형제뿐이라는 말은 역시 같은 핏줄은 남이 아니라 나 자신의 골육이나 진배없음을 의미한다. 따라서 이 구절이 우리에게 각인시키는 의미는 가족의 가치와 그 윤리성이다.

이를 약간 확장시켜 말하자면, 세상을 살면서 많은 사람들을 만나게 되지만 뭐니 뭐니 해도 형제만 한 사람은 없다는 뜻으로도 해석할 수 있다. 내게 어려운 일이 있을 때 벗이 아무리 친하다 한들 함께 탄식이나 할 수 있을 뿐, 실질적으로 도움을 줄 만한 일은 사실상 거의 없는 것이 현실이다. 그러나 피를 나눈 형제는 남들과는 달리 제 일처럼 뛰어다닌다. 그렇기 때문에 핏줄밖에 믿을 사람이 없다는 신화가 진리처럼 설득력을 얻어왔던 것이고, 이것이 다시 우리 사회에서 좀처럼 사라지지 않는 족벌 체제에 든든한 터를 제공해주었던 것이다. 설사 믿지 못할 형제가 있어 그에게 떼어먹히거나 말아먹히더라도 결국은 형제가 먹는 것이고, 형제를 먹이는 것은 궁극적으로 가족의 윤리에 부합한다. 그러므로 족벌 체제는 영원토록 무너질 수 없는 이데올로기를 스스로 갖고 있는 셈이다.

중국은 일찍부터 이러한 가족 윤리에 입각해서 땅을 '우물 정井' 자 모양으로 갈라 혈족들에게 나누어주고 통치하게 하는 제도를 수립하였다. 이것이 이른바 정전법井田法을 기초로 한 주周나라의 봉건 제도인데, 주나라는 이 제도의 모순 때문에 얼마 지탱하지 못하고 춘추 시기를 맞게 되었다. 왜냐하면 혈육에 바탕을 둔 위계 질서는 엄격하게 지켜질 수 없기 때문이다. 한마디로 자식을 이기는 부모가 어디 있으며, 동생을 이기는 형이 어디 있겠는가. 차라리 남이었더라면 목을 치거나 아니면 법대로라도 할 수 있었을 텐데 말이다. 그래서 전국戰國을 통일한 진秦나라는 중앙에서 관리를 임명·파견하는 군현郡縣 제도를 실시했고 그 이후의 왕조들도 이 제도를 그대로 답습하였던 것이다.

이런 것을 보면 핏줄이라고 다 믿을 만한 것도 아니고 오히려 그 병폐로 치면 남보다 더하면 더했지 덜하지 않음을 알 수 있다. 사실 따지고 보면 핏줄이라 믿을 만했던 것이 아니고 핏줄을 명분으로 강압한 가족 윤리가 보이지 않는 구속력을 발휘했기 때문이다. 핏줄을 매개로 한 결속이 깨질 때 생기는 증오는 엄청난 폭력을 수반한다. 형제가 한번 싸웠다 하면 남보다 더 가혹할 뿐만 아니라 타협조차 없음을 우리는 역사 속에서 수없이 보아왔고 현재도 민족 분단이라는 비극으로 겪고 있지 않은가? 가족 윤리에 기대 무엇이든지 합리화하려는 부조리를 더 이상 용납하지 않을 때 비로소 핏줄 신화도 힘을 발휘하지 못할 것이다.

혈연을 넘어선 연대

같을 동同

同氣連枝동기련지라
기氣를 함께 나누고 가지로 이어져 있기 때문이다

同 같을 '동' 이 글자는 기물들을 한데 모아놓고 그 위를 천 같은 것으로 덮어놓은 모양이다. '입 구口' 자는 입이 달린 그릇들을 상징한다. 이로부터 '함께하다'·'같다' 등의 의미가 파생되었다.

氣 기운 '기' '쌀 미米'와 '기운 기气'로 이루어졌다. '기气' 자는 산에서 안개가 피어오르는 모양으로 생기生氣를 상징한다. 즉 쌀을 먹어야 기운이 생겨 살아갈 수 있다는 뜻이 된다. 따라서 '기氣'의 자형적 의미는 '일을 시키고 생활비로 주는 쌀', 즉 '급료'·'봉록'이 된다. 나중에 '급료'라는 의미의 '희餼' 자가 만들어지면서 '기氣' 자는 '기운'이라는 의미로만 쓰이게 되었다.

連 이을 '련' '천천히 걸을 착辶'과 '수레 거車'로 이루어졌으므로, 자형적 의미는 '짐을 잔뜩 실은 수레가 천천히 움직이다'가 된다. 짐을 잔뜩 실은 수레는 앞쪽에 줄을 매어 여러 사람이 줄줄이 끌어야 하므로 여기서 '연결하다'라는 의미가 파생되었다.

枝 가지 '지' '나무 목木'과 '버틸 지支'로 이루어졌다. '지支' 자는 '오른손'(又)으로 '대나무'(竹)를 반쪽으로 갈라 쥐고 있는 모양이므로

'지枝' 자의 자형적 의미는 '나무가 본줄기에서 가지 친 부분'이 된다.

기氣란 동아시아 사람들이 만물 생성의 근원이 되는 힘이라고 믿는 형이상학적인 개념이다. 기의 존재를 믿는 사람들은 형이상학적 개념이 아니라 '리理'에 대하여 물질적인 바탕을 이루는 실체라고 주장한다. 그러므로 '기를 함께 나누다'(同氣)라는 말은 형제들이 부모에게 같은 기를 나누어 받았다는 뜻이고, '가지로 이어져 있다'(連枝)는 것은 나무의 구조처럼 부모는 줄기이고 형제는 줄기를 공유하는 가지들이라는 말이다. 그러니까 형제들은 한 몸일 수밖에 없으며, 그렇기 때문에 멀리 떨어져 있어 직접 소식을 들을 수 없을지라도 어느 형제에게 기쁜 일이 있으면 그날은 왠지 즐겁고, 슬픈 일이 생기면 까닭 없이 마음이 불안해짐을 느낀다는 것이다. 이런 의미에서 '동기련지同氣連枝'가 형제자매들을 비유하는 말로도 쓰이는 것이다.

그러나 아무리 피를 나눈 형제라도 개인은 어디까지나 개인이고 또 환원될 수 없는 타자이다. 이러한 타자들을 '기氣'라는 형이상학적 개념으로 개인 간의 경계를 허물고 또 줄기와 가지에 비유하는 방법으로 동일화하면 결국 타자성他者性은 무화無化될 수밖에 없다. 다시 말해서 '동同' 자는 다양한 '입'(口)들을 '하나'(一)의 이데올로기로 '덮어버리는'(冂) 무차별적 동일성이 되도록 유혹한다는 것이다. 뿐만 아니라 '지枝' 자도 그 우측 방인 '지支' 자가 암시하듯이 대나무 하나가 홀로 떨어져 나온 타자인데도 변에 있는 '나무'(木) 때문에 '가지'라는 주변적이고도 종속적인 위치를 벗어나지 못하도록 통제된다.

이렇게 형제 관계를 '기'로 설명하고 또 나무에 비유함으로써 형제는 형이상학적 의미를 과도하게 부여받음과 아울러 밖의 타인들과 명확히 구별된다. 따라서 형제이기 이전에 개인이라는 타자성이 형제 속으로 흡수됨으로써 정체성을 갖지 못한 개인은 형제 밖의 다른 사람과 형제적 관계를 가질 기회가 원초적으로 박탈될 수밖에 없을 것이다.

그러나 혈연에 기초한 사회 단위는 자연적 단위로 쉽게 인식되기 때문에 이를 대체할 수 있는 다른 사회 단위나 사회적 관계를 모색하기가 쉽지 않다. 인류의 이성이 절대 정신을 향하여 끊임없이 나아간다고 믿는 대서사大敍事적인 역사관도 그 궁극적인 내용은 바로 이 혈연의 한계를 어떻게 극복하느냐의 문제로 축약할 수 있을 테고, 종교 역시 이 문제의 해결에 매달려왔다고 해도 지나친 말이 아닐 것이다. 혈연의 한계를 극복하고 또 형제를 대체할 방법의 일환으로 계급階級이라는 연대 개념이 등장하기도 했지만 공산주의의 쇠퇴와 함께 시대착오적 술어로 전락하고 말았다. 결국 사회적이고도 역사적인 이념들은 혈연이라는 생물학적 윤리에 밀려나게 되었고, 아울러 '동기련지同氣連枝'의 신화는 이제 믿음을 넘어 진실로 자리 잡기에 이르렀다.

'붕朋' 또는 '봉'

벗 우友

交友投分교우투분하고
벗을 사귐에는 정분을 함께하고

交 사귈 '교' 이 글자를 소전에서는 '交'로 썼는데, 이는 사람이 두 다리를 교차시킨 모양이므로 자형적 의미는 '다리를 교차시키다'가 된다. 이로부터 '사귀다'·'오고 가다'·'벗' 등의 의미가 파생되었다.

友 벗 '우' 이 글자는 '오른손 우又' 자 두 개를 겹쳐놓은 모양이다. '우又' 자는 '도울 우佑'와 같은 발음으로 읽히는 데다 손이 두 개 겹쳐 있으므로 두 손이 서로 도와 일을 한다는 의미가 들어 있다. 따라서 '우友' 자의 자형적 의미는 '도움을 주다'가 된다. 여기서 '벗'이라는 의미가 파생되었다.

投 던질 '투' '손 수手'와 '창 수殳'로 이루어졌다. '수殳' 자는 '벨 수 殊'와 같은 발음으로 읽히므로 '사람을 찌르는 무기'를 가리킨다. 따라서 '투投' 자의 자형적 의미는 '손으로 창을 던지다'가 된다.

分 나눌 '분' '칼 도刀'와 '여덟 팔八'로 이루어졌다. '팔八' 자는 원래 '갈라져서 서로 등지다'라는 의미인데, 숫자 중에서 계속 둘로 나누어 지는 수는 '여덟'이므로 이 의미로 가차된 것이다. 따라서 '분分' 자의 자형적 의미는 '칼로 반을 가르다'가 된다. 이로부터 '나누어진 몫'이

라는 의미도 파생되었다.

이 구절은 오륜五倫 중의 "벗들에게는 신의가 있어야 한다"(朋友有信)는 말을 다시 쓴 것이다.

'교交'란 서로 오고 간다는 말이고, '우友'란 도움을 준다는 말이므로 '교우交友'란 글자 그대로 '도움을 서로 주고받는 사이'란 뜻이 된다. 또 '투분投分'은 흔히 '정분을 함께 나누다'라는 의미로 사용되지만, 본래는 자신의 '몫'(分)을 '던진다'(投)는 뜻이다. 즉 도움을 서로 주고받을 때에는 제 몫을 던져야 한다는 말이다. 특별한 대가 없이 어느 한쪽이 일방적으로 주기만 하면서도 정분을 함께 나눈다고 여긴다면 그 사람은 성인聖人임에 틀림없을 것이다. 한두 번 정도라면 아무런 대가 없이 일방적으로 베풀 수 있지만 서너 번 이상 반복된다면 보통 사람에게는 섭섭한 마음이 생기는 것이 당연하기 때문이다.

제齊나라 포숙鮑叔이 관중管仲에게 일방적으로 베풀고 양보함으로써 이룩한 훌륭한 교우의 본보기를 우리는 흔히 관포지교管鮑之交라고 부른다. 그러나 엄격히 말하면 포숙의 우정이 그렇게 일방적인 것만은 아니었다. 왜냐하면 포숙도 관중의 장래성을 담보로 베푼 것이니까 일종의 투자를 한 셈이기 때문이다. 결국 포숙은 후에 관중의 출세를 통해 보답을 받지 않았는가?

그러므로 성인도 아니면서, 아니면 포숙처럼 사람을 볼 줄 아는 안목도 없으면서 함부로 관포지교를 행하려는 것은 자기 도취적인 무모한 짓이 아닐 수 없다. 관포지교의 신화를 '폼 나게' 실천하려다가 남을 것은 친구 빚보증으로 대신 떠안은 억울한 채무밖에 없을 것이다. 아무리 훌륭한 인품으로 존경을 받거나 총명한 사람이라도 이 세상 다투며 먹고살기는 마찬가지일진대, 어느 누가 필부필부匹夫匹婦와 장삼이사張三李四로 일컬어지는 범속인凡俗人의 범주를 벗어날 수 있겠는가. 그러니 너나 할 것 없이 범속인답게 자기 몫을 주고 또한 준 것만큼 받는 가운데 정분을 나누는 것이 합리적이리라.

옛날 어떤 유명 수필가가 진정한 친구를 묘사한 것을 본 기억이 난다. '내가 외로움을 느낄 때 불쑥 나타나주고, 내가 버림을 받았을 때 밤새 소주를 사줘가며 위로해줄 수 있는 친구, 내 지갑이 빈 것을 알고 자기 지갑을 선뜻 내주면서 씽긋이 웃는 친구, 내가 욕심을 부리더라도 인내로 나를 설득할 수 있는 친구, 나는 이런 친구를 원한다.' 정확하지는 않지만 대강 이런 내용이었던 것 같다. 아마 자신을 관중으로 착각하고 포숙 같은 사람을 찾는 모양이던데, 그건 '벗'(朋)이 아니라 '봉'을 찾는 것이다.

진실한 벗이란 어떤 사람인가

切磨箴規절마잠규라
깎고 갈고 일깨워주고 바른 말로 잡아준다

끊을 절切

切 끊을 '절' '칼 도刀'와 '일곱 칠七'로 이루어졌다. '칠七' 자의 자형은 땅을 상징하는 횡선의 가운데를 식물의 싹이 뚫고 나오는 모양이다. '칠' 자의 발음이 '뚫을 철徹'과 쌍성·첩운 관계에 있다는 사실이이를 입증한다. 따라서 '절切' 자의 자형적 의미는 '칼로 단호하게 자르다'가 된다.

磨 갈 '마' '돌 석石'과 '삼 마麻'로 이루어졌다. '마麻' 자는 작업장 안에서 대마 줄기로부터 껍질을 잘게 찢어 벗겨내는 모양이므로 '마磨'자의 자형적 의미는 '돌로 잘게 으깨어 갈다'가 된다.

箴 경계할 '잠' '대 죽竹'과 '모두 함咸'으로 이루어졌다. '함咸' 자는기실 '느낄 감感' 자의 원래 글자이다. 왜냐하면 느낌이란 동시에 들어오는 감각 정보들을 한꺼번에 받아서 인식하는 것이기 때문이다. 그런데 이 글자가 '모두'라는 의미로 굳어지면서 '느낌'은 '감感' 자를 따로 만들어 쓰게 된 것이다. 따라서 '잠箴' 자의 자형적 의미는 '감응하도록 자극을 주는 대나무 침'이 된다. 자극을 주는 말을 잠언箴言이라고 하는 것은 이 때문이다. 금속으로 만든 바늘은 '침鍼'으로 쓴다.

規 법 '규' '지아비 부夫'와 '볼 견見'으로 이루어졌다. 옛날에는 사람 몸의 일부를 척도로 삼았으니, 한 뼘·두 뼘 또는 한 길·두 길 등의 계량법이 그 대표적인 예이다. '부夫'는 성인 남자를 가리키므로 이 크기를 갖고 대략적인 척도로 삼았다. 따라서 '규規' 자의 자형적 의미는 '보통 사람의 신체를 척도로 삼아 사물을 재어보다'가 된다. 이로부터 '규범'·'표준'·'바로잡다' 등의 의미가 파생되었다.

'절마切磨'는 '절차탁마切磋琢磨'를 줄인 말로서 『시경』「기욱淇奧」 편의 "아름다운 우리 님이여 / 깎은 듯하시고 다듬은 듯하시며 / 쪼은 듯하시고 간 듯하시네"(有匪君子, 如切如磋, 如琢如磨)라는 구절에서 유래하였다. 이 말은 수양의 완성도를 높이려 끊임없이 자신을 연마하는 군자의 모습을 옥공玉工이 광채 나는 구슬을 만들기 위해 원석을 깎고 다듬고 쪼고 가는 공정에다 비유한 것이다.

사람은 눈을 비롯한 감각 기관이 밖을 향하고 있어 자신을 바라보기 어려우므로 거울이 필요한데, 인격을 수양하는 과정에서 거울의 역할은 바로 타자, 즉 벗이 담당한다. 거울을 통해 이미지의 정체성이 각인되듯이 벗을 통해서는 인격의 정체성이 형성된다. 정체성이란 벗의 반응이 끊임없이 자신에게 투입(introjection)되고 귀환(feedback)함으로써 만들어지는 상호 주체성의 결과이다. 이것이 '절차탁마'라는 비유적 표현의 본질이다. 그러니까 인격을 형성하는 과정에서 자신을 정확하게 반영해줄 친구가 필요한 것이다. 그러나 거울에 비친 상이 실제로는 좌우가 바뀐 상이듯이 벗을 통해 보는 자신의 모습도 실상實像이 아님을 상기할 필요가 있다. 반영을 실상으로 오인한다면 자칫 친구를 봉으로 여기게 될 위험이 있기 때문이다.

'잠箴'이란 글자 그대로 졸음을 쫓기 위해 허벅지를 찌르는 침이다. 즉 친한 벗끼리는 함께 공부하다가 한쪽이 졸고 있다 싶으면 허벅지를 슬그머니 찔러 각성시킨다는 뜻이다. 오늘의 경쟁 사회에서는 벗의 졸음이 나에게 기회가 되겠지만 말이다.

'규規'란 바른 말로 벗의 일탈을 막아준다는 뜻이다. 우리는 친한 벗에게 고언苦言을 한다고 하면서 오히려 상처를 주는 경우를 주위에서 종종 본다. 아무리 친구라도 어디까지나 타자라는 사실을 인식하지 못하고 자신의 상상이 설정한 인격을 그로 착각한 나머지 거기에 자신만의 생각과 질서를 자의적으로 투여하였기 때문이리라.

그러므로 벗에게 고언을 할 때에는 이 구절의 문자들이 지시하는 바를 염두에 두어야 한다. '절차탁마切磋琢磨'가 구슬에 상처를 내지 않도록 극히 조금씩 깎아나가는 과정이듯이, 그리고 벗을 각성시킬 때 상처를 주지 않는 '대나무 침'(箴)으로 찌르듯이, 친구에게 상처를 주지 않고 간언하는 것이 중요하다. 이때 벗을 비판하고 또 비판의 근거로 제시하는 규범이라는 것도 '신체로 잰 듯한 것'(規)이어야지 자로 잰 듯이 정의로운 것이어서는 안 될 것이다. 왜냐하면 정의는 용서보다는 심판을 수반하기 때문이다.

왜 서민이 부자를 동정하는가

어질 인仁

仁慈隱惻인자은측은
인자함과 불쌍히 여기는 마음은

仁 어질 '인' '사람 인人'과 '두 이二'로 이루어졌다. '이二' 자는 등에 진 짐을 상징하는 상형이므로 '인仁' 자는 사람이 등에 짐을 지고 있는 모양을 그린 것이다. 게다가 '인仁' 자는 '참을 인忍'과 발음이 같으므로 '인仁'의 자형적 의미는 '힘든 것을 참고 견디다'가 된다.

慈 사랑할 '자' '마음 심心'과 '검을 자茲'로 이루어졌다. '자茲' 자는 파생자인 '새끼 칠 자孳'를 통해 알 수 있듯이, 어린 새끼들이 여러 마리라는 뜻이다. 따라서 '자慈'의 자형적 의미는 '새끼들을 돌보고 아끼는 어미의 마음'이 된다.

隱 숨을 '은' 이 글자는 좌측 변은 '언덕 부阜', 우측 방은 위아래의 두 손이 '장인 공工' 자를 쥔 모양, 그리고 '마음 심心'으로 되어 있다. 위아래의 두 손이 '장인 공工' 자를 쥐고 있는 모양이란 세공업을 상징하므로 매우 미세하여 잘 보이지 않음을 의미하고, '부阜' 자는 언덕에 가려 보이지 않음을 뜻한다. 그러므로 '은隱' 자의 자형적 의미는 '밖으로 드러나지 않은 마음속의 기미'가 된다. 이로부터 '숨다'·'가리다' 등의 가차 의미가 파생되었다.

惻 슬플 '측' '마음 심心'과 '법칙 칙則'으로 이루어졌다. '칙則' 자는 '세발솥 정鼎' 자와 '칼 도刀'로 이루어진 글자이고, 변치 않는 법이나 규범 같은 것을 세발솥에 칼로 파서 써넣는다는 뜻이다. 따라서 '측惻' 자의 자형적 의미는 '마음에 칼집을 내다'가 된다. 곧 마음에 상처를 받는다는 말과 같으므로 '슬퍼하다'라는 의미가 된다.

한대漢代에 『시삼백詩三百』이 『시경詩經』이라는 경전으로 전환된 다음부터 『시경』은 백성을 온유돈후溫柔敦厚하게 교화시키는 데에 초점이 맞춰졌다. '온유돈후'함이란 구체적으로 말하자면 '인자하고 불쌍히 여기는 마음을 갖게 만드는 것'이었다. 남을 불쌍히 여기려면 필연적으로 다른 사람의 위상을 자신보다 낮게 규정하거나 표상해야 한다. 다시 말해 자신을 관찰자의 차원에 두고 대상을 왜소하게 만들면 상대적으로 자신이 커지면서 불쌍하게 여기는 마음이 생겨난다. 불쌍히 여기는 행위란 높은 위상에서 낮은 위상으로 흐르기 때문이다. 사람들이 억지로 눈물을 쥐어짜는 신파극을 보고 즐기는 이유는 불쌍히 여기는 대상으로 인해 자신의 위상이 높아지기 때문이다. 이것이 바로 '인자仁慈'와 '은측隱惻'의 실체이자 '온유돈후'의 효과이다.

사회에 '인자'와 '은측'의 기풍이 있으면 어떠한 모순과 갈등도 폭력에 의존하지 않고 원만하게 해소될 수 있다. 온유돈후한 사람들에게 비판이 들어설 자리가 없을 터이니 갈등은 애초부터 덮일 수밖에 없기 때문이다. 물론 이 과정에서 억울하게 희생되는 사람이 있겠지만 대大를 위한 소小의 희생은 참아야 하는 게 인자함을 실천하는 길이 아니던가? 오늘날 서민들이 재벌과 부자들을 동정해 사학법과 상속법 등의 개혁을 반대하고, 비명횡사한 옛 대통령의 불쌍한 딸이라고 해서 충성을 바치는 불가사의한 정서는 바로 여기서 비롯된 것이다.

앞서 말한 대로 인자함은 적극적인 인내의 근거가 되기도 한다. 우리 속담에 "똥이 무서워서 피하냐"라는 말이 있다. 상대방을 낮게 규정하면 할수록 측은한 마음이 그만큼 커지므로 그 위상을 극단적으로 낮춰 배설물로 취급해버리면 다툼이나 폭력이 사전에 예방되는 효과가 있다. 이 단순한 속담 하나가 다툼을 예방하는 것을 보면 '인자하고 불쌍히 여기는 마음을 갖게 만드는 것'이 얼마나 중요한 기능을 수행하는지 짐작할 수 있을 것이다. 옛날 사람들이 '어질 인仁' 자 안에 잠재한 '참을 인忍' 자를 정치에 활용한 그 기발함에 놀랄 뿐이다.

'인자'와 '은측'에 자주 의존하면 자칫 자기기만에 빠질 위험성이 있다. 루쉰魯迅의 소설 『아큐정전阿Q正傳』에서 풍자한 이른바 정신적 승리에 도취된다는 말이다. 이런 사람들은 강자는 배설물로 여기면서 충돌을 피하지만 약자들에 대해서는 오히려 자신의 생각대로 행동하지 않는다고 폭력으로 강제하려는 경향이 짙다. 그들이 불쌍하기 때문에 인자한 내가 바로잡아준다는 명분을 내세워서. 그러므로 '인자은측'과 아큐 사이의 차이는 불과 백지장 한 장 정도에 지나지 않음을 알아야 한다.

'말 바꾸기 신공'의 안과 밖

아뢸 고告

造次弗離조차불리라
황급한 때일지라도 이것을 떠나서는 안 된다

造 지을 '조' "천천히 걸을 착辶'과 '아뢸 고告'로 이루어졌다. '고告' 자가 '입'(口)에서부터 '싹'(生)이 위로 밀고 나오는 모양이므로 '조造' 자의 자형적 의미는 '걸어 나가서 자리를 잡다'가 된다. 오늘날에는 '만들다'라는 의미로 주로 쓰이는데, 이는 '조造' 자의 독음이 '지을 작作'과 쌍성 관계에 있기 때문이다.

次 버금 '차' '하품 흠欠'과 '두 이二'로 이루어졌다. '이二' 자는 '다음 차례'라는 뜻을 나타내므로 '차次' 자의 자형적 의미는 '무료하게 쉬면서 다음 차례를 기다리다'가 된다. '차次'의 고문자 자형은 '㳄'로 쓰는데, 이는 군대가 야영할 때 치는 천막 모양이므로 '천막'·'야영하다' 등의 뜻으로도 쓰인다. 이 구절에서는 '야영 천막'이라는 뜻으로 해석해야 한다.

弗 아닐 '불' 이 글자를 소전에서는 '弗'로 썼다. 이는 나무에 부목副木을 대고 한데 묶어서 휘어진 부분을 바로잡는 모양이다. 따라서 '불弗' 자의 자형적 의미는 '굽은 것을 바로잡다'가 된다. 그러나 '불弗' 자는 주로 부정否定의 의미를 나타내는 허사로 많이 쓰이는데, 이는 발

음이 '아니 불不' 자와 같기 때문에 차용된 결과이다. '불不' 자와 굳이 문법적으로 차별한다면, '불弗' 자에는 동사의 목적어 '지之' 자가 포함되어 있어 '不+v+之'의 구조와 같다고 보면 된다.

離 **떠날 '리'** '새 추隹'와 '산도깨비 리离'로 이루어졌으므로 자형적 의미는 '산도깨비처럼 모습은 보이지 않고 우는 소리만 들리는 작은 새'가 된다. 『월령月令』에 '이 새가 울면 누에를 치기 시작한다'는 기록이 있는 것으로 보아 봄에 우는 철새인 꾀꼬리로 추측된다. 나중에 이 글자는 '떠나다'라는 의미로 고정되고, 본래 의미는 '꾀꼬리 리鸝' 자를 새로이 만들어 썼다.

이 구절은 『논어』 「이인」편의 "군자는 식사를 끝내는 동안에라도 인자함을 어기는 일이 없어야 할 것이니, 황급할 때에도 의연히 인자해야 하고, 엎어지고 자빠지더라도 역시 그래야 한다"(君子無終食之間違仁, 造次必於是, 顚沛必於是)를 다시 쓴 것이다.

'인仁', 즉 인자함이란 기실 예를 실천할 때 생성되는 감응을 말한다. 앞의 출구에 대한 설명에서 인자함의 이데올로기적 버전인 온유돈후의 부정적 측면을 이야기했지만, 그것은 어디까지나 진심이 없는 가식의 차원에서 일어나는 현상을 말할 뿐이지 인의 본질을 부정하는 것은 아니다. 오히려 인간과 인간 사이의 관계를 유지하는 데 예는 매우 중요한 기능을 할 뿐 아니라 진심을 상대방에게 알리는 유일한 소통 수단이기도 하다. 그렇기 때문에 우리는 일상에서 인을 잠시도 떠나서는 안 되는 것이다.

조차造次는 원래 '천막을 짓다'라는 뜻인데, 천막이란 위급하거나 경황이 없을 때 임시로 짓는 집이다. 전쟁이 발발하면 군대는 주둔지를 떠나 전장으로 이동하여 임시 막사(오늘날의 텐트)를 짓는다. 이것을 조차라 부른다. 여기서 의미가 전이되어 '황급함'·'창졸간' 등의 의미로도 쓰이게 되었다. 그러니까 '인자함'과 '불쌍히 여기는 마음'은 어떠한 경우에라도 소홀히 해서는 안 된다는 논리가 수사학적으로 강조된 것이 '아무리 황급한 비상사태일지라도 이를 떠나서는 안 된다'는 표현이다.

앞서 예를 실천하는 가운데 인이 생성된다고 말했다. 따라서 인자하다는 평가를 받으려면 예를 실천하는 능력이 높아야 한다. 이 능력을 우리는 덕이라고 부른다. 황급한 비상사태에서도 의연하게 예를 실천할 수 있는 능력의 소유자가 지도자가 되기를 백성들은 열망하였다. 그러나 이게 말처럼 쉽지 않은 것이 현실인 만큼 옛날부터 사회 지도층 인사들은 백성들의 시선을 의식해 없는 덕까지 입증해보이려는 일종의 강박 의식을 갖게 되었다. 양반의 체면과 가식은 이러한 배경에서 비롯된 것이다.

그들이 체면을 유지하려 취하는 가식의 방식은 대체로 두 가지이다. 하나는 사실은 비상사태의 순간에 의연함을 지키지 않고 인을 떠났으면서도 지킨 것처럼 속이는 방법이고, 다른 하나는 인을 지키지 못하고 떠난 것을 솔직히 고백하되 그것이 자신의 의지와는 상관없는, 어쩔 수 없는 선택의 결과였고 더구나 장기적 안목으로 보면 오히려 유익한 판단이었다고 그럴듯한 명분을 만드는 것이다.

1950년 6월 25일 한국전쟁이 발발했을 적에 대통령이었던 이승만이 라디오 방송으로 적군이 패주하고 있고 정부는 서울에 머물 것이라고 속인 채 한강 다리를 폭파하고 먼저 대전으로 피난하고도 이를 어쩔 수 없는 구국의 결단이었다고 억지 논리로 변명한 사건이 그

대표적인 예이다. 이렇게 말도 안 되는 '구국의 결단'형 사건은 과거에만 있었던 것이 아니고, 조금만 고개를 돌려보면 우리 주위, 특히 정치권에서 흔히 찾아볼 수 있다. 선거철만 되면 미꾸라지가 손가락을 빠져나가는 듯한 말 바꾸기 신공을 자주 목도하지 않는가? 이것은 우리가 지도자의 능력을 덕의 수양이라는 관념적인 잣대로 평가하고 그러한 당위성에 입각해서 그를 신뢰해온 전통에서 빚어진 결과이다. 시대가 바뀌었어도 덕을 실행하는 능력이 개인을 판단하는 척도가 된다는 사실에는 변함이 없다. 그러나 시스템으로 움직이는 현대 사회에서 지도자를 선택할 때 가장 중요하게 눈여겨봐야 할 조건은 관념적인 덕목이라기보다는 실사구시에 입각해서 헌법을 수호하고 법을 지키려는 의지일 것이다. 지도자는 응당 그래야만 한다는 등의 당위와 신뢰는 접어두고 감시를 게을리하지 않아야 지도자에게 덕이 생기는 것이다.

앞서 지적했듯이 '인자함'과 '불쌍히 여기는 마음'은 인간이 갖춰야 할 필수 덕목이다. 이와 아울러 고대 사회에서는 윤리와 도덕을 유지하기 위해서 이른바 삼강오상三綱五常이라는 거의 절대적인 질서를 지키게 하였다. 이러한 변치 않는 원칙을 일컬어 '경經'이라고 불렀다. 그러나 세상을 살면서 경에 부합되도록 행동하고 일을 처리한다는 게 말처럼 그리 간단하지가 않다. 이를테면, 지아비와 지어미 사이에는 구별이 있어야 한다는 이른바 부부유별夫婦有別의 질서를 지키기 위해 '남녀칠세부동석男女七歲不同席, 즉 남녀가 일곱 살이 되면 자리를 함께 해서는 안 된다는 경의 하부 지침이 정해져 있다. 이 때문에 젊은 처녀가 물에 빠져서 허우적거리는 것을 본 청년은 즉각적으로 '불쌍히 여기는 마음'을 발휘하지 못하고 머뭇거릴 수도 있다. 이러한 모순을 해결하기 위하여 고안해낸 것이 '권權'이라는 개념이다. '권'이란 '저울추'를 뜻하는 말인데 저울을 제대로 사용하려면 재려는 물건의 무게에 따라 저울추를 좌우로 이동시켜 균형을 맞춰야 하듯이 모든 결정은 현실적인 조건을 감안해서 해야 한다는 상황논리를 상징한다. 동아시아 문화권에서는 이것을 적절히 잘해야 '지혜롭다'는 말을 듣는다. 이것은 어디까지나 '경'의 경직성을 보완하는 부차적인 방도인데도 현실에서는 변절이나 말 바꾸기를 정당화하는 핑계로 자주 동원된다.

상황논리를 적절히 활용하는 사람을 지혜로운 사람으로 평가하는 인식은 중국이라는 특수한 환경과 긴밀한 연관성이 있다고 추론할 수 있다. 즉 중국은 땅이 넓기 때문에 위기가 닥쳤을 때 선택의 여지가 우리보다 많은 편이다. 이를테면, 앞서 '충즉진명忠則盡命'에서 이미 언급한 바와 같이 외적이 쳐들어왔을 때 우리는 달아날 데가 없으므로 내 땅을 사수해야, 즉 죽음으로써 지켜야 하지만 중국은 막판의 경우 땅을 포기하고 다른 곳으로 이주하여 살아도 된다. 설사 항복한다 하더라도 백성의 입장에서는 지배자만 바뀔 뿐 달라질 게 별로 없는 것도 사실이다. 어차피 땅이 너무 넓어서 외적들이 제대로 다스리지 못할뿐더러 나중에는 오히려 정복한 땅의 문화에 동화되기 때문에 물러나서 기다리기만 하면 대부분 저절로 해결되는 경험이 풍부하기도 하다. 그래서 중국의 역사와 문화에서는 사수라는 개념을 진지하게 여기는 역사적 사건이 유구한 역사에 비하여 상당히 적은 편이다.

중국인들이 성인으로 추앙하는 문왕의 할아버지인 고공단보古公亶父의 부족 이동이 가장 대표적인 예이다. 이 이야기는 앞에서 잠깐 언급한 바 있지만 더 부연하자면 다음과 같다. 한번은 그가 다스리던 빈豳 땅에 오랑캐가 쳐들어와서 재물을 요구하자 원하는 대로 주었다. 그런데 얼마 안 있어 다시 쳐들어와서는 땅과 백성을 요구하였다. 백성들이 분노하여 맞서 싸우려 하자 고공단보가 이들을 저지하며 말했다. "백성이 임금을 세우는 것은 그것이 이롭다고 여기기 때문이오. 이제 오랑캐들이 쳐들어온 이유는 우리의 땅과 백성 때문이오. 백성들이 나의 치하에 있든 저들의 치하에 있든 뭐가 다르겠소? 백성들이 나 때문에 싸우고자 한다면 이는 남의 아버지와 아들을 죽여서 그들의 임금이 되는 일이니, 나는 차마 그렇게는 할 수 없소이다." 그러고는 자신의 가족을 데리고 빈을 떠나 기산岐山 기슭에 자리를 잡았다. 그러자 그의 덕치를 흠모하는 백성들이 모두 그를 따라왔다고 한다. 땅과 주권이 아무리 중요하다 해도 백성의 생명보다 더 중시될 수 없다는 것이 고공단보의 정치 철학이었다. 이러한 민본 사상이 중국인들의 뇌리에 이상적인 정치 모델로 각인되어 내려왔던 것이다.

이처럼 상황논리가 지혜로 간주되는 문화는 대륙이라는 특수한 환경에서 나온 산물이다. 우리는 공간적 여유가 중국에 비해 턱없이 적으므로 물러나서 기다릴 데가 사실상 없다. 그러므로 우리는 충절로써 사수하는 것이 생존하는 길이고 우리 역사는 이로써 점철돼왔다고 해도 과언이 아니다. 그리스에서 논리학이 발달하였고 모든 결정에 논리적인 정합성을 우선시하는 문화가 태어난 것은 그들이 좁은 도시국가에서 살았기 때문임과 같은 이치이다.

위기에서 빛나는 바보들

옳을 의義

節義廉退절의렴퇴**는**
절개와 의리, 청렴함과 물러남은

節 마디 '절' '대 죽竹'과 '곧 즉卽'으로 이루어졌다. '즉卽' 자는 음식물 앞에 사람이 꿇어앉아 있는 모양으로 '받아놓은 밥상이므로 내 것이나 마찬가지이지만 아직 먹지 않음'을 의미한다. 다시 말해 이는 원래는 이질적인 것이지만 일반적으로 동질적인 것으로 보는 경우나, 동질성 가운데에 이질성이 공존하는 경우를 뜻한다. 따라서 '절節' 자의 자형적 의미는 '대나무의 마디'가 된다. 왜냐하면 대나무의 마디는 원래는 동질인 것을 이질적인 것으로 가르기 때문이다.

義 옳을 '의' '양 양羊'과 '나 아我'로 이루어졌다. 여기서 '양羊'은 '아름다울 미美'와 같은 뜻이고, '아我'는 원래 창을 들고 춤추는 모양이지만 여기서는 '예를 행하는 자태'라는 뜻으로 쓰였다. 따라서 '의義' 자의 자형적 의미는 '아름답게 춤추는 자태' 또는 '예를 행하는 아름다운 자태'가 된다. 이 '의義' 자는 나중에 '의로움'이라는 뜻으로 차용되면서 원래의 의미는 '의儀' 자로 대체되었다.

廉 청렴 '렴' '집 엄广'과 '겸할 겸兼'으로 이루어졌다. '겸兼' 자는 볏짚 여러 개를 손으로 움켜쥐고 추수하는 모양이다. 같은 독음의 '거둘

렴斂' 자를 통해 알 수 있듯이, 움켜쥔다는 것은 흩어짐을 막고 추스른다는 의미를 갖기도 하지만 추수할 때의 볏짚은 말라서 모가 나 있다는 의미도 함께 들어 있다. 따라서 '렴廉' 자의 자형적 의미는 '집이나 사물의 모서리'가 된다. 흩어짐을 추스른다는 것은 검소함을 의미하고, 사물의 모서리처럼 모가 나 있다는 것은 공명정대함을 함의한다. 그래서 '렴' 자가 '청렴淸廉'이란 뜻으로 차용된 것이다.

退 물러날 '퇴' 이 글자의 고문자 자형은 '천천히 걸을 착辵'과 '날 일日', 그리고 '뒤처져 올 치夊'로 이루어졌다. 그러므로 '퇴退'의 자형적 의미는 '해가 천천히 움직여 서쪽으로 지다'가 된다. 이와 반대로 해가 떠오르는 것은 '나아갈 진晉' 자를 쓴다. 여기서는 '퇴退' 자를 '관직이나 지위에서 물러나다'라는 의미로 썼다.

절개·의리·청렴·용퇴勇退 등 네 가지는 옛날 사대부가 반드시 지녀야 할 덕목으로서 모두 주군을 섬기는 데 필요한 윤리의 기초가 된다.

'절개節介'란 대나무의 마디처럼 중간에 개입하여 명확하게 양쪽의 경계를 긋는 것이다. 다시 말해 수절守節과 변절變節은 마디로 명쾌하게 변별되어 그 사이에는 중간 영역이 존재하지 않는다. 변절은 변절일 뿐 어떠한 변명으로도 경계(마디)를 넘어 수절의 영역으로 편입될 수 없다.

그럼에도 마디라는 것은 대나무의 예에서 볼 수 있듯이 실질적으로는 동질인 것을 의미상 이질적인 것으로 갈라놓는 수단에 불과하기도 하다. 즉 수절과 변절의 윤리적 차이는 이데올로기에 의해서 결정되는 것이므로 가치관이 바뀌면 수절과 변절을 가르는 마디도 달라질 수밖에 없다. 그래서 사람들이 수절을 맹세하고는 이내 돌아서

서 손바닥 뒤집듯이 변절하는지도 모르겠다.

　아무리 수절과 변절이 마디에 의해 만들어진 차이에 불과하다 해도 최소한의 상대적 균형은 맞춰야 사회적 건강을 유지할 수 있을 것이다. 우리 사회의 실제를 보면 '열린 사고'라는 미명 아래 사유의 유연성이 과도하게 허락된 나머지 변절 쪽의 점유율이 수절 쪽보다 지나치게 높아짐으로써, 갈수록 수절을 찾아보기 어려워진다는 느낌이다. 어차피 수절은 고통을 수반하는 만큼 흔히 볼 수 있으리라 기대하긴 어렵다. 그러나 적어도 사회적으로 수절의 가치가 인정됨으로써 극히 짧은 마디라도 존재해야 대나무 줄기가 강풍에 견디듯 우리 사회도 언제 닥칠지 모를 위기에 대비할 것이 아닌가? 수절을 시대에 뒤떨어진 바보 같은 행위로 치부하고 조롱하지만 정작 위기에서 빛나는 것은 이런 바보들의 힘이라는 것을 잊지 말아야 한다.

　'퇴退'는 주군을 섬기다가 자신이 더 이상 용도가 없거나 주군에게 오히려 걸림돌이 된다고 여겨질 때 지체 없이 물러남을 의미한다. 주군은 새 사람을 써야 할 시대적 상황에 늘 처해 있기 마련이고 자리는 한정되어 있으므로 쓸모가 있든 없든 노신하老臣下는 물러날 수밖에 없다. 이때 주군이 노신하의 자리를 거둬들이게 놔두는 것은 충성스런 신하가 차마 할 짓이 못 된다. 그러므로 스스로 알아서 용퇴함으로써 주군에게 갈등을 주지 않는 일이 노신하의 마지막 충성이리라. 봉건 사회에서 섬김의 윤리로 절개·의리·청렴·용퇴를 꼽고 있지만 이 가운데서 가장 중요한 덕목을 꼽으라면 아마 용퇴일 것이다.

관용과 단죄 사이에서

광주리 비匪

顚沛匪虧전패비휴라
엎어지고 자빠지더라도 흠을 내지 않는다

顚 엎어질 '전' '머리 혈頁'과 '참 진眞'으로 이루어졌다. '진眞' 자는 '머리 수首' 자가 아래쪽으로 뒤집혀 넘어진 모양이다. 따라서 '전顚' 자의 자형적 의미는 '넘어져서 머리가 거꾸로 처박히다'가 된다.

沛 자빠질 '패' '물 수水'와 '긴 앞치마 불巿'로 이루어졌다. 이 글자는 본래 요동遼東 지방을 흐르는 강물 이름이지만 여기서는 '비틀거릴 발跋' 자를 대체하는 가차자로 쓰였다.

匪 광주리 '비' '상자 방匚'과 '아닐 비非'로 이루어졌으므로, 원래 뜻은 '대나무 상자' 또는 '광주리'였으나 나중에 '아닐 비非'와 같은 뜻으로 차용되었다. 여기서는 부정사否定詞로 쓰였다.

虧 이지러질 '휴' 이 글자의 좌측 방인 '새 이름 호雐'는 새가 빨리 나는 모양이고 우측 변은 가슴속에 맺힌 기를 밖으로 뿜어 탄식하는 모양이므로 자형적 의미는 '크게 탄식하다'가 된다. 크게 탄식하는 것은 기운이 빠지는 일이므로 '이지러지다'·'한 귀퉁이가 떨어져나가다' 등의 의미로 차용되었다.

이 구절 역시 앞의 『논어』 「이인」편의 "황급할 때에도 의연히 인자해야 하고, 엎어지고 자빠지더라도 역시 그래야 한다"(造次必於是, 顚沛必於是)는 구절을 '절의렴퇴節義廉退'로 부연한 것이다.

'전패顚沛'란 넘어져서 거꾸로 처박히고 자빠짐을 의미하는 말로, 좌절과 환란을 당한 경우를 가리킨다. '전패'라는 단어는 앞 구절의 '조차造次'와 더불어 대장 형식의 짝을 이루면서 극단적인 상황을 비유한다. 곧 아무리 어려운 상황이라도 '인자은측'과 '절의렴퇴'를 지키라는 말이다.

그런데 공자가 '조차'와 '전패'의 짝을 이용해 강조하고자 했던 것은 '인'이었다. 『논어』에 '자慈'는 '효자孝慈'라는 말로 단 한 번 나오는데, 이때의 의미는 효와 짝을 이루는 '아랫사람을 잘 보살펴주는 마음'이었다. '은측隱惻'은 알려져 있다시피 맹자의 '측은지심惻隱之心'을 가리킨다. '절의렴퇴' 역시 후대에 인을 세분해서 바꿔놓은 말들에 지나지 않는다. 그렇다면 '인'을 제외한 자·은·측·절·의·렴·퇴 등 일곱 가지는 모두 인을 실천하기 위한 구체적인 하위 개념이라고 정의할 수 있다. 아울러 상위 개념과 하위 개념을 한데 묶어놓으면 일종의 동어반복이 되는데, 이것이 앞서 말한 대장 형식과 맞물리면 수사 구조상 앞의 항목인 '인자은측'보다 뒤의 항목인 '절의렴퇴'에 더 많은 힘이 실린다.

게다가 '인자'와 '은측'은 매우 추상적이고 감성적이어서 실천으로 옮기기가 모호하고 어려운 반면, '절의렴퇴'는 비교적 이미지로 지각이 가능해 실천을 구체화할 수 있을뿐더러 이를 실천하는 가운데 오는 고난과 감응 때문에 주체가 의지하는 신조로 자리 잡기도 한다. 더욱이 이러한 실천은 그 가시성 덕분에 다른 사람들에게 인정을 받을 수 있어서 주체들에게 적극적인 동기 부여가 되기도 한다. 이러한 실천이 가치를 부여받으면 사회를 안정시키는 데 크게 기여한다. 충절과 의리로 유지되는 사회에서 미래를 예측하고 행동하는 것은 그리 어려운 일이 아니지 않은가? 오늘날 '인자'와 '은측'을 강조하는 경우는 보기 힘들어도 '절의렴퇴'는 심지어 조직폭력 집단에서까지 숭상되고 있지 아니한가? 충절과 의리, 청렴과 용퇴는 사회와 조직 안정에 매우 주요한 기능을 하는 이데올로기적 덕목이기 때문이다.

'절의렴퇴節義廉退'의 네 가지 덕목이 '조차'와 '전패'를 매개로 한 덕분에 앞의 '인자은측仁慈隱惻'과 형이상학적 윤리로 짝을 이루게 되긴 했지만 실상 이 짝은 현실적으로 모순을 안고 있어 사람들에게 자주 갈등을 야기해왔다. 왜냐하면 '절의렴퇴'의 행위들은 글자의 자형이 암시하는 대로 '모진'(廉) '결단'(節)을 요구하는 데 비하여, '인자'와 '은측'은 이를 '참고'(仁) 연기함으로써 이른바 '마음'(心)의 착한 원형을 유지하려 하기 때문이다. 실제로 우리는 타인과의 관계에서 어진 마음을 발휘하여 관용을 베푸는 것이 옳을지, 아니면 모질게 단죄하는 것이 더 나을지 쉽사리 판단이 안 서는 경우를 종종 경험하게 된다. 그래서 많은 훈고학자들이 이 모순을 중화시키기 위해 갖가지 이론과 해석을 동원하였지만 이들 해석은 현실적 모순의 해결 없이 겉포장 차원에서만 이루어진 것이므로 더욱 난해하고 모호해질 수밖에 없었다. 그러나 이러한 모순적 덕목의 동거는 이데올로기로서의 수행성遂行性이라는 측면에서 보면 매우 효과적이었다. 왜냐하면 모순적 덕목들은 양자 중 어떤 경우를 선택하더라도 윤리적으로 유죄(guilty)가 될 수 있는 근거를 늘 가능하게 함으로써 사람들로 하여금 판단을 유보하게 만들기 때문이다. 이것이 책임 회피와 냉소주의의 원흉인 양시론兩是論과 양비론兩非論의 모태이리라.

본성을 뒤흔들라는 자본주의의 명령

성품 성性

性靜情逸성정정일하고
본성이 고요하면 정서가 편히 놓이고

性 성품 '성' '마음 심心'과 '날 생生'으로 이루어졌다. '생生' 자는 풀의 싹이 흙 위로 돋아나는 모양이므로 '성性' 자의 자형적 의미는 '사람이 태어나면서부터 갖는 본래의 마음'이 된다. '성性'이라는 철학적 개념에 대해서는 고대부터 갖가지 의견이 분분하였지만 대체적으로 '태생적 마음' 또는 '태생적 속성' 등으로 이해하면 무난할 것이다.

靜 고요할 '정' '다툴 쟁爭'과 '맑을 청淸'으로 이루어졌다. '쟁爭' 자를 금문에서는 '🖐'으로 적었는데 이는 두 사람이 싸우는 것을 한 사람이 팔뚝을 사이에 넣어 말리는 모양이다. 따라서 '정靜'의 자형적 의미는 '시끄러운 것을 말끔하게 정리하다'가 된다.

情 뜻 '정' '마음 심心'과 '푸를 청靑'으로 이루어졌다. '청靑' 자는 동쪽의 색깔로서 젊음을 상징한다. 또한 젊음은 희망에 부풀어 있으므로 의욕적이다. 따라서 '정情' 자의 자형적 의미는 '의욕이 들어간 마음'이 된다. 『설문해자』는 '성性'은 사람의 양기이고, '정情'은 음기라고 정의한다. 그러므로 양기인 본성은 변하지 않고 음기인 정서는 의욕에 따라 수시로 변한다.

逸 달아날 '일' '달릴 착_辵'과 '토끼 토兎'로 이루어졌으므로 자형적 의미는 '토끼가 달아나서 없어지다'가 된다. 여기서는 구속에서 벗어나 마음껏 달릴 수 있을 만큼 자유롭고 편안하다는 뜻으로 쓰였다.

외부의 자극을 받아들여 그에 반응하는 강도나 능력을 감성이라고 한다. 오늘날에는 감성을 능력의 개념으로 간주해서 작은 자극에도 반응하는 이른바 센서티버티sensitivity를 중시하는 반면, 전통적으로는 반응을 가능한 한 억제해 강도를 줄이는 능력을 인품의 주요 덕목으로 여겨왔다. 이 구절에서도 성性과 정情의 관계를 통해 후자의 능력을 강조하고 있다.

홍성원이 "사람이 태어나면서부터 고요한 것을 성性이라 하고, 사물에 감응하여 움직이는 것을 정情이라 한다"(人生而靜者爲性, 感物而動者爲情)고 주해하였듯이, '성'은 타고난 본성으로서 고요함을 그 속성으로 하고, '정'은 사물로부터 자극을 받아 형성된 의욕을 뜻한다. 따라서 본성을 다치지 않고 타고난 고요함을 그대로 유지하게 한다면 그에 따라 의욕도 도를 넘지 않을 만큼 편안하게 놓인다는 것이 이 구절의 의미이다.

옛날 전통 사회의 주요 산업은 말할 것도 없이 농업이었다. 농업이란 노동 집약 산업이어서 노동력이 안정적으로 공급되어야 하므로 정치적 과제는 당연히 사회적 통합과 안정이었다. 통합과 안정을 유지하려면 개인의 의욕과 욕심이 억제돼야 한다. 개인의 의욕이란 문자의 자형이 가리키는 바와 같이 정情의 본질을 구성한다고 보았으므로 이를 통제하려면 그 밑바탕이 되는 본성을 유지시켜야 한다는 것이다. 이 논리가 바로 '성정정일性靜情逸', 즉 '본성이 고요하면 정서가 편히 놓인다'는 말이다.

반면에 오늘날 우리는 '수요가 공급을 창출하는' 단계를 넘어 '공급에 맞춰 수요를 창출해야 하는' 공급 과잉의 사회에 와 있다. 없는 수요를 창출하려면 사람들에게 의욕을 한껏 불어넣어 거의 탐욕의 단계에까지 끌어올려야 한다. 그래야 과잉된 공급을 모두 소비할 수 있겠기 때문이다. 그러려면 앞서 말한바 감성에 가치를 두고 센서티버티, 즉 자극에 대한 감수感受 능력을 중시해야 한다. 감수성을 제고시키려면 '성정정일性靜情逸'의 원리를 반대로 뒤집어서 본성을 뒤흔들어야 하는데, 그 방법이 바로 경쟁심을 부추기는 것이다.

본성을 잃고 경쟁에 뛰어들면 이성적인 통제는 불가능해질 뿐 아니라, 오히려 감성의 판단이 옳음을 입증해주기까지 한다. 감수성 경쟁의 승자는 당연히 고가의 명품을 좌고우면하지 않고 사는 사람일 것이다. 명품이란 감각성을 극대화한 상품이기 때문에 이를 구입하는 데 돈을 아끼지 않고 던질 담력이 있다면 현대 소비 사회의 영웅이 되기에 충분하다. 일반 소비자들은 이러한 영웅들의 행위를 보고 용기를 내어 과감한 소비 행렬에 뛰어든다.

물질적 소비는 곧 삶의 영역을 가시적으로 한정해주므로 한번 커진 소비는 웬만해서는 줄일 수 없다. 따라서 경쟁 사회에서 소비는 계속 늘어나야 하거나 적어도 현상 유지는 해야 한다. 그러기 위해서는 과도한 노동도 계속되어야 하고 직장 내 부당한 처우도 감내해야 하며, 심지어 아이들 교육을 희생해서라도 맞벌이를 해야 한다. 이것이 오늘날 자본주의 체제가 노동을 착취하고 질서를 유지하는 원리이다.

417

강심장은 어디서 오는가

心動神疲심동신피라
마음이 움직이면 정신이 고달파진다

귀신 신神

心 마음 '**심**' 이 글자를 소전에서는 '⺗'으로 적었는데 이는 심장의 모양이다. 옛날 사람들은 심장을 사람의 정신이 존재하는 곳으로 생각했기 때문에 '정신' 또는 '정신적 활동' 등의 의미로도 쓰이게 되었다.

動 움직일 '**동**' '힘 력力'과 '무거울 '중重'으로 이루어졌다. '중重' 자는 무거운 몸을 가리키므로 '동動' 자의 자형적 의미는 '무거운 몸을 힘써 일으키다'가 된다. 이로부터 '움직이다'라는 의미가 파생되었다.

神 귀신 '**신**' '보일 시示'와 '아뢸 신申'으로 이루어졌다. '신申' 자의 고문자 자형은 번개 모양인데 번개는 밝음을 상징한다. 고대인들은 광명, 즉 빛을 숭배했으므로 신명神明의 뜻으로 '신神' 자가 만들어진 것이다. 여기서는 '정신 상태' 또는 '생기生氣'라는 의미로 쓰였다.

疲 피로할 '**피**' '병들어 누울 녁疒'과 '가죽 피皮'로 이루어졌다. '피皮' 자의 고문자 자형은 손으로 껍질을 벗기는 모양이므로 여기에는 '떼어내다'라는 의미가 담겨 있다. 따라서 '피疲' 자의 자형적 의미는 '힘을 쓴 나머지 기력이 떨어져나가 드러눕다'가 된다.

이 구절도 앞의 출구처럼 '마음'(心)과 '정신'(神)이 본말 관계에 있음을 말한다. 즉 근본인 마음이 안정되지 못하면 정신이 피곤해진다는 것이다. 그렇다면 마음은 무엇이고 정신은 또 무엇인가?

일상적 의미에서 마음과 정신은 같은 뜻으로 쓰인다. 왜냐하면 이 두 단어는 구체적으로 감각되지 않는 형이상학적 개념이기 때문이다. 그러나 실제로 우리는 머리를 많이 쓰면 정신이 피곤하고 주의가 산만해지는 경험을 늘 한다. 자해에서도 설명했듯이 옛날 사람들은 사람의 정신이 존재하는 곳이 심장이라고 믿었으므로 뇌를 쓰는 일을 마음(心)을 쓴다고도 표현하였던 것이다.

따라서 '마음이 움직이면 정신이 고달파진다'는 말은 현대적으로 이렇게 해석할 수 있다. '마음이 움직이다', 즉 '심동心動'은 심장이 뛴다는 뜻으로 심장이 뛰는 경우는 감정이 흥분했을 때이다. 감정이 흥분돼 있으면 정상적인 정신 작용, 즉 이성이 작동하지 않아서 혼란스러워진다. 이것이 바로 '신피神疲', 즉 정신이 고달픈 상태다. 그러니까 흔히 '멘탈'(mentality)이란 말로 표현되는 정신력은 심장에서 온다는 말이다. "호랑이에게 물려가도 정신만 차리면 산다"는 속담은 이성의 정상적인 작동을 중시하는 말인데, 이것은 어떠한 위기에서도 벌렁벌렁 뛰지 않는 강심장을 가리킨다. 이 구절을 출구와 연결하면, 강심장은 감정의 안정에서 비롯되고, 감정은 다시 본성을 고요히 유지하는 데서 시작한다는 논리로 한데 엮을 수 있다.

'진眞'은 신념에 불과하다

뜻 지志

守眞志滿수진지만하고
신념을 지키면 의지가 충만해지고

守 지킬 '수' '집 면宀'과 '마디 촌寸'으로 이루어졌다. '촌寸' 자는 '손'(又)에서 한 치(寸) 거리에 있는 동맥을 가리키지만 '손 수手'와 같은 뜻으로 쓰기도 하는데, 이때는 '손을 보다', 또는 '관리하다'라는 의미를 나타낸다. 따라서 '수守' 자의 자형적 의미는 '집에서 집안일을 손보다'가 된다. 이로부터 '지키다'라는 의미가 파생되었다.

眞 참 '진' 소전에서는 '眞'으로 쓰는데 이는 윗부분이 뒤집어진 '사람 인人' 자로 되어 있고, 아랫부분 역시 전도된 '머리 수首' 모양이다. 따라서 '진眞' 자의 자형적 의미는 '사람이 거꾸로 넘어져서 머리를 처박다'가 되므로 곧 '엎어질 전顚' 자의 본래 글자였음을 알 수 있다. 오늘날 '참되다'라는 뜻으로 쓰는 것은 '진眞' 자의 발음이 '믿을 신信'과 같기 때문에 '신' 자 대용으로 차용된 결과이다.

志 뜻 '지' 고문자 자형은 '마음 심心'과 '갈 지之'로 이루어졌으므로 자형적 의미는 글자 그대로 '마음이 가는 바'가 된다. 이로부터 '의지'라는 의미가 나왔다.

滿 찰 '만' '물 수水'와 '평평할 만㒼'으로 이루어졌다. '만' 자는 절반

으로 가른 표주박을 좌우로 한데 합쳐놓은 모양이다. 그러므로 '만' 자의 자형적 의미는 '바가지에 물이 찰랑찰랑할 만큼 꽉 차다'가 된다.

   '진眞'은 자해에서 설명한 대로 '믿을 신信' 자를 대체하는 글자이므로 '신념'을 의미한다. 신념이란 욕망의 산물로서 자아가 상상하는 일원적 질서체계로 구성된다. 홍성원이 "진眞은 도道이니, 도를 지키면 마음과 몸이 맑고 밝아져서 묶이고 얽매임이 없게 되고 이지러지고 결핍됨이 없게 된다"(眞, 道也. 守道則心體虛明, 無係著, 無虧欠)고 주해한 것은 바로 신념의 이러한 심적 통일성을 묘사한 말이리라. 즉 이 주해에서 도는 곧 어떤 상징 질서를 가리키며, 이것을 주체가 자신의 것으로 받아들였을 때 그 반대급부로 받는 것이 곧 욕망이다. 이를테면 내가 학교의 규범과 가르침을 잘 지키겠다고 결심한 순간 모범생이 되고자 하는 욕망이 생겨난다. 이 욕망에 근거해서 우리는 감응을 경험하게 되는데 이것이 '진'이자 바로 앞에서 홍성원이 말한 상태이다. 따라서 '진'은 주체가 욕망으로 경험하는 감응이라는 점에서 본질적으로 환영이다.

   흔히 '진'을 '참' 또는 '진리'로 바꾸어 말하지만 이는 자형이 암시하는 대로 언제든지 거꾸로 뒤집혀질 수 있는 형이상학적인 신념일 뿐이다. 신념이란 상징 질서에 의해 만들어진 욕망의 산물이기에 상징이 무너지면 함께 사라지기 때문이다. 비근한 예로 사람도 성장하거나 살아가면서 자신이 속한 체제나 조직이 바뀌면 신념도 따라서 바뀌지 않던가? 그래서 신념에 많이 속은 사람일수록 약아지는 법이다. 이것이 지혜의 본질이다.

   그렇다고 해서 신념이 가치 없는 것은 결코 아니다. 신념은 '진'이라는 감응의 경험에서 나온 것이므로 주체의 행복이자 가치가 된다. 따라서 주체는 이를 유지하려는 강력한 욕망을 갖게 되는데 이것이 바로 '지만志滿', 즉 의지가 충만해진다는 말이다. 의지가 충만해야 고난을 이기고 욕망을 이루려 할 것이 아닌가? 또한 신념은 뒤집어져야만 더 높은 신념을 향해 나아갈 수 있기도 하다.

홍성원은 그의 주해에서 '지志'를 '오敖'·'욕欲'·'락樂' 등과 더불어 오히려 '꽉 채워서는 안 되는'(不可滿) 네 가지 금기로 제시한 『예기』「곡례」편의 구절을 거론함으로써 고전 사이의 불일치를 지적하였다. 그러나 『천자문』에서 '의지가 충만해진다'(志滿)는 것은 의지를 신념과의 관계에서 서술한 것이지 「예기」에서처럼 의지의 속성 자체를 말한 것이 아니기 때문에 서로 모순된다고는 볼 수 없다. "자신을 억제하여 예를 실천하는 것이 인이다"(克己復禮爲仁)라는 말에서 알 수 있듯이 예란 궁극적으로 자신을 억제하는 일이다. 반면에 의지는 욕망의 산물이어서 항상 넘치기 마련이므로 이런 속성을 경계하고 억제하려는 것이 『예기』의 의도이다.

명품 소비 안에 미래는 없다

逐物意移축물의이라
사물을 쫓아다니면 뜻이 바뀐다

물건 물物

逐 쫓을 '축' '달릴 착辵'과 '돼지 시豕'로 이루어졌으므로 자형적 의미는 '달아나는 멧돼지를 사람이 쫓아가다'가 된다.

物 물건 '물' '소 우牛'와 '깃발 물勿'로 이루어졌다. '물勿' 자의 고문자 자형은 잡색의 실로 짠 깃발 모양이므로 이 글자의 자형적 의미는 '잡색의 털을 가진 소나 말'이 된다. 옛날에는 색깔로 사물을 분류하였으므로 색깔은 곧 사물을 의미하였다.

意 뜻 '의' '마음 심心'과 '소리 음音'으로 이루어졌다. '음音' 자는 사람의 말소리이므로 '의意' 자의 자형적 의미는 '말소리에 담겨 있는 마음', 즉 '뜻'이 된다.

移 옮길 '이' '벼 화禾'와 '많을 다多'로 이루어졌다. '다多' 자는 '여러 번의 저녁(夕)이 지나감'을 의미하므로 '이移' 자의 자형적 의미는 '모판에서 여러 날 볏모를 기른 다음에 논에 이앙移秧하다'가 된다. 모를 논에 옮겨 심는다는 뜻에서 '옮기다'라는 의미가 파생된 것이다.

이 구절은 앞의 출구와 같은 구조의 대장을 구성하면서 의미는 정반대가 된다. 즉 신념을 지키면 의지가 충만해지지만, 사물을 쫓아가면 의지가 흔들리게 된다는 것이 대구의 내용이다. 출구에서는 '지志', 대구에서는 '의意'라고 각각 썼는데 두 글자는 같은 대상을 가리키는 것으로 보아도 무방하다. 왜냐하면 말소리에는 언제나 마음이 가고자 하는 바가 반영되기 때문이다.

출구에서 의지는 신념에 종속되어 있어서 신념이 돈독할수록 의지가 굳건해진다고 했다. 그런데 대구에서는 반대로 이러한 의지가 '물物', 즉 대상 사물에 영향을 받아 흔들리는 운명에 처해 있다고 말한다. 그러니까 의지는 신념과 대상 사물 사이에서 갈등하고 있다는 말이다.

여기서 '물'이란 실재적 사물이 아니라 욕망의 투사로 인하여 굴절되고 왜곡된 사물을 가리킨다. 세상의 모든 사물이 주체의 욕망의 대상이 되는 게 아니라 특정한 사물만 특권을 갖는 것은 그것이 주체에게 특별한 의미를 부여받았기 때문이다. 그러므로 그런 대상들은 굴절되고 왜곡된 환상일 수밖에 없는 것이다. 오늘날 방송을 비롯한 각종 미디어에서 행하는 광고와 선전은 상품들을 굴절시킴으로써 본래 기능 이상으로 특권화하려는 시도라고 볼 수 있다.

환상에 지나지 않는 대상 사물을 '멧돼지를 잡듯이 쫓다'(逐) 보면 멧돼지 외엔 아무것도 보이지 않듯이, 다른 사물들은 의미를 모두 상실해 주체의 눈에 들어오지 않게 된다. 처음에는 현명했던 군주가 여인이나 사냥에 빠져 정사를 게을리하게 되었다는 진부한 역사 고사는 바로 이를 가리키는데, 이것이 이른바 '의이意移', 즉 '뜻이 옮아가 바뀐' 예이다. 멧돼지를 쫓을 때는 금방이라도 손에 잡힐 것 같지만 그게 그리 쉬운 일이 아니듯이, 대상 사물이란 주체가 상상하는 것처럼 만만하게 장악되는 것이 아니다. 여기서 우리는 아킬레스가 달리기 경주에서 거북이를 끝내 따라잡지 못한다는 이른바 '제논(Zeno)의 역설'을 본다.

이처럼 대상 사물에 사로잡힌 주체는 그것이 형성한 세계 외의 다른 사물이나 실재에 대해서는 전혀 가치를 느끼지 못하기 때문에 다른 사람의 말이 먹혀들지 않는다. '의意'라는 것은 글자 그대로 '말소리에 담겨 있는 뜻'이므로, 이는 체제 안에서 살아가는 보통 사람들의 말이 드러내는 상식적인 의미, 즉 중용의 담론이라고도 바꾸어 말할 수 있다. 상식적인 말이 통하지 않는다면 중용의 가치관은 부정된다.

비근한 예로 오늘날 사람들은 모이기만 하면 명품 소비를 공통 화제로 삼는다. 그래서 대부분의 일상 용품들이 본래 기능을 넘어 특별한 의미를 가진 대상 사물이 되어간다. 환상적인 사물에 마음을 빼앗긴 사람들이 넘치는 사회에서 그 사회의 모순이나 미래 비전을 말하는 거대 담론 같은 것은 설득력을 갖지 못한다. 물질에 대한 환상은 '의이意移', 즉 사람들의 의지를 흔들리게 하므로 궁극적으로 체제를 위협하게 된다. 그러나 당장의 권력을 유지하려면 어쩔 수 없이 물질에 대한 환상을 만들어내는 자본가 및 미디어 권력과 손을 잡는 수밖에 없다. 이것이 오늘날 신자유주의 사회가 처해 있는 딜레마이자 위기이다.

그래서 옛날부터 체제를 유지하려는 권력자들은 백성들이 사물 자체에 관심을 갖고 스스로 의미를 부여하도록 놓아두지 않으려 했다. 왜냐하면 상식적인 중용의 언어가 만들어낸 '의意'를 무시하거나 건너뛰어 사물 자체에 시선을 주면 자연히 재해석과 더불어 새로운 의미가 드러날 수밖에 없기 때문이다. 그러면 체제가 선호하는 담론이 흔들려서 사상의 통일과 이른바 국력의 총화가 어려워진다. 고대 중국에서 경서 및 기물에 대한 훈고학과 사전학이 발달한 것은 이러한 배경에서 가능했던 것이다.

풍속은 왜 익명인가

굳을 견堅

堅持雅操견지아조**하면**

바른 지조를 굳게 쥐고 있으면

堅 굳을 '견' 이 글자의 윗부분은 '죄수나 포로'(臣)를 도망가지 못하도록 '손'(又)으로 굳게 붙들고 있는 모양이다. 따라서 '견堅' 자의 자형적 의미는 '억세고 굳은 토양'이 된다.

持 가질 '지' '손 수手'와 '모실 시寺'로 이루어졌다. '시寺' 자는 사무를 처리해주는 사람이나 장소이므로 '지持' 자의 자형적 의미는 '일거리를 손에 쥐고 수행하다'가 된다.

雅 바를 '아' '어금니 아牙'와 '새 추隹'로 이루어졌다. 까마귀와 비슷하게 생긴 새를 가리키는 이름이므로 '까마귀 오烏'를 변형시킨 '아'로 발음한 것이다. 그래서 이 새를 초오楚烏라고도 부른다. 그런데 고대 중국을 부르던 명칭인 '하夏' 자를 이 글자로 대체하여 쓰면서부터 오늘날 이글자에 '바르다'·'우아하다'·'평상적인' 등의 의미가 생겨난 것이다.

操 잡을 '조' '손 수手'와 '떠들썩할 소喿'로 이루어졌다. '소喿' 자는나무 위에서 뭇 새들이 재잘거리는 모양이므로 '조操' 자의 자형적 의미는 '뭇사람들이 뭐라고 떠들어대더라도 오로지 자기 것을 꼭 쥐고 있는 모양'이 된다.

427

'아雅'자는 자해의 설명처럼 원래는 까마귀과의 새를 가리키는 명사였는데 '전아하다'··'우아하다'라는 의미로 전환되어 쓰이게 되었다. 이러한 '아'자의 의미를 잘 드러내는 것은 『시경詩經』이다. 「시경」의 시들은 풍風·아雅·송頌으로 나뉜다. 꼭 그런 것만은 아니지만 대체로 '풍'은 민가들로, '아'는 귀족들의 연회에서 연주되는 노래들로 각각 구성된다. 그러니까 '풍'과 '아'는 평민과 귀족의 풍격으로 대별됨을 알 수 있다. 그래서 고대 중국에서는 귀족의 것과 평민의 것을 구별해 함께 부를 때 '아속雅俗'이라고 칭하였다.

　인간 주체들에게는 각각의 욕망이 있지만 사회적인 억압 때문에 그것을 함부로 드러내지 못하고 숨기고 있다. 그럼에도 욕망은 가만히 있지 않고 억압을 피해 어떻게든 자신을 표현하거나 드러낸다. 이것을 라캉은 잔여(lalangue)라고 불렀다.

　사회가 질서 있게 유지되려면 이러한 잔여가 가능한 한 적절히 통제돼야 하는데, 이러한 사회적 공간을 우리는 '아雅'라고 한다. 사회를 전아하게 유지하기 위해 욕망이 솔직하게 드러나지 않고 사회적으로 용납되도록 통제하는 방법은 언어를 비롯한 각종의 사회적 형식을 엄격하게 수행하는 일이다. 그중에서도 반듯한 언어의 사용이 가장 중요하다. '클래식'이라고 하면 고전이나 경전을 떠올리는데, 이들은 엄격한 형식을 생명으로 한다. 언어를 점잖게 써야 욕망이 통제되어 밖으로 드러나지 않는다. 궁중 음악을 '아악雅樂'이라고 부르고, 전통 중국을 대표하는 말인 '하夏'를 '아雅'로 대체하여 부르는 것은 엄격하고 반듯한 형식으로써 무의식적 욕망, 즉 야만을 억압한 문화라는 의미를 담고 있다. 자해에서 설명했듯이 '아'자는 '까마귀 오烏'의 변형 글자로서 '없을 무無'와도 통한다. 까마귀는 온몸이 검은색이어서 속을 알 수가 없듯이 '아'도 속을 드러내지 않아야 함을 상징한다. 이것이 곧 문화의 속성인 것이다.

이에 비하여 속俗은 숨겨진 욕망을 비교적 솔직하게 표현해도 용납되는 공간이다. 여기서는 사회적인 억압이 느슨하기 때문에 앞서 말한 잔여가 굳이 전아하게 통제되어 표현될 필요가 없다. 속된 것을 자유와 등가로 보는 경향이 있는 것은 이 때문이다. 억압에서 벗어나 자유를 누리는 것은 인간이면 누구나 바라는 바이므로 무엇이든 '속된' 표현은 이웃으로의 파급력이 클 수밖에 없다. 그리고 억압을 회피해서 드러내는 것은 사회적으로 용납되지 않으므로 속된 것은 근본적으로 익명성을 갖는다. 속俗문화는 바람처럼 보이지 않는 가운데 일어나면서도 모든 풀을 눕게 하는 힘이 있으므로 옛날부터 바람(風)에 비유하여 풍속風俗이라고 불렸던 것이다.

오늘날의 용어로 전자는 고전적(classical), 후자는 대중적(popular)이라고 각각 바꿀 수 있다. 권력을 지배 계급이 독점했던 옛날에는 당연히 고전적인 것을 숭상하였지만 대중적인 것이 대세인 오늘날은 팝pop 문화를 중시한다. 그러나 어느 시대에든 자유는 잘 허락되지 않는다. 자본주의 사회에서 물건을 팔기 위해 마음껏 자유를 구가하라고 외치지만 정작 직장에서는 아雅적인 품위를 강조한다. 그 단적인 예가 기업의 사원들이 하나같이 무채색 계열의 양복에 넥타이를 반듯하게 매고 다닌다는 사실이다. 예전에 어느 대기업에서 수평적인 직장 분위기를 만든다면서 사원들을 자유로운 복장으로 출근케 한다고 선전하더니 지금은 유야무야 사라진 모양이다. 욕망이 통제 안 되는 속된 것을 지켜보는 일은 높은 사람들에게 그야말로 정신적인 고문과 다름없었을 터이다.

보상의 함정

좋을 호好

好爵自縻호작자미라
좋은 작위爵位가 저절로 걸려든다

好 좋을 '호' '계집 녀女'와 '아들 자子'로 이루어졌다. '호好'자의 독음은 '기를 보保'와 첩운 관계에 있으므로 자형적 의미는 '아낙이 아이를 안고 보육하다'가 된다. 아낙이 아이를 안고 있으면 아름답게 보이므로 이로부터 '아름답다'·'좋다' 등의 의미가 파생되었다.

爵 벼슬 '작' 이 글자를 고문자에서는 '爵'으로 썼는데 이는 봉황새의 모양이므로 '작爵'자의 본래 의미는 새 이름이었다. 즉 봉황처럼 큰 새는 '작爵'으로 쓰고 참새처럼 작은 새는 '작雀'으로 썼던 것이다. 봉황은 전설상의 신조神鳥이므로 제사에 쓰는 예기禮器 중에서 술잔을 봉황의 모양으로 만들고 이름도 '작爵'으로 차용하였다. 여기서는 '작위' 또는 '관직'이라는 가차 의미로 쓰였다.

自 스스로 '자' 이 글자를 소전에서는 '自'로 썼는데, 코와 입을 그린 모양이므로 자형적 의미는 '사람의 코'가 된다. 사람들은 자기 자신을 가리킬 때 흔히 자신의 코를 지시하므로 '자기 자신'이라는 의미로 쓰이게 되었다.

縻 얽어맬 '미' '삼 마麻'와 '실 사糸'로 이루어졌으므로 자형적 의미

는 '삼실과 명주실로 엮어 짠 끈'이 된다. 삼실과 명주실은 성질이 달라, 섞어서 끈이나 천을 짜면 서로 얽히고설켜 여간 곤란하지 않다. 이로부터 '얽히다'·'매다'·'걸리다' 등의 의미가 파생되었다.

　이 구절은『역易』의 "나에게 좋은 술이 있으니, 내 그대와 더불어 함께 나누리라"(我有好爵, 吾與爾靡之)를 다시 쓴 것이다.『역』에는 '미靡' 자가 '미靡'로 되어 있어 '함께 나누다'(共)라는 뜻으로 쓰였지만, 이 두 글자는 '서로 얽히고설켜 너나의 구분이 없는 상태'를 뜻하므로 상호 통하는 글자들이다. 군이 구분하자면 '미靡'로 쓸 경우는 '작爵' 자를 '술잔'으로 해석하여 '함께 술에 취해 쓰러지자'가 되고, '미靡'로 쓸 경우는 '작위'로 해석하여 '작위를 그대에게 주어 같은 팀이 되게 하겠다' 정도로 해석할 수 있겠다.

　'아조雅操'란 앞서 설명했듯이 반듯한 몸가짐을 뜻한다. 그러므로 이 구절의 의미는 반듯한 몸가짐을 견지하고 있으면 좋은 벼슬자리가 저절로 굴러들어온다는 뜻이 된다. 아름다운 마음씨를 갖고 있으면 어느 날 백마 탄 왕자가 와서 왕녀로 모셔갈 것이라는 신데렐라 신화를 그대로 말하고 있는 것이다.

　그렇다면 반듯한 몸가짐이란 어떤 것인가? 주로 일차 산업에 근거해 국력을 양성해야 하는 고대에는 백성들의 사고와 행위가 표준화되어 있어야 노동력의 동원과 집약이 효율적으로 이루어진다. 그래서 구성원들의 '아조', 즉 튀지 않는 정상적인 몸가짐이 중요한 것이니 중용의 개념은 이러한 배경에서 나온 것이다. 백성들에게 반듯한 몸가짐을 견지하게 하려면 그에 대한 보상이 있어야 하는데, 이것이 바로 '호작好爵', 즉 좋은 벼슬자리이다.

좋은 벼슬자리는 누구나 원하는 것이므로 이를 직접적인 대상으로 놓고 경쟁을 시키면 과열이 됨으로써 여러 가지 부작용이 발생할 수밖에 없다. 오늘날 우리도 신자유주의의 무한 경쟁이 야기한 사회적 문제를 직접 겪고 있지 않은가?

앞의 '성정정일性靜情逸, 심동신피心動神疲' 이후의 문장은 모두 조건과 결과 사이의 필연성을 강조하고 있다. 이를테면, 정서가 편히 놓이려면 본성이 고요해야 하는 전제 조건이 반드시 있어야 하고, 마음이 움직이는 조건이 있으면 반드시 정신이 피로해지는 결과가 초래한다. 마찬가지로 좋은 벼슬자리를 얻으려면 먼저 갖추어야 할 조건이 있는데 그것이 바로 '튀지 않는 바른 몸가짐'(雅操)이다. 『맹자』「공손추하公孫丑下」의 "인의仁義와 같은 윤리적 덕목인 천작天爵을 잘 닦으면 공·경·대부와 같은 인작人爵은 저절로 얻어진다"(修其天爵而人爵自至也)는 구절도 같은 맥락의 말이다. 그러면 사람들은 벼슬자리 자체보다는 몸가짐을 바로 하는 일에 노력을 기울이게 된다.

이러한 인과론의 좋은 점은 나중에 벼슬자리를 마련해줄 수 없어도 원망을 듣지 않는다는 사실이다. 왜냐하면 조건을 갖춰야 하는 책임은 어디까지나 벼슬하려는 사람 자신에게 있기 때문이다. 낙오자는 능력을 갖추지 못한 자신을 책망하지 결코 임금이나 사회가 약속을 지키지 않았다고 원망하지 않는다는 말이다. 오늘날 실업자가 넘쳐나 사회가 불안정해도 혁명 같은 것이 일어나지 않는 데에는 성적이나 실적으로 줄을 세우고 이를 당연시하는 사회적 풍조의 공이 적지 않을 것이다.

4부

권력이 숨기고 드러내는 것

가면을 쓸 때 솔직해진다

여름 하夏

都邑華夏도읍화하는

문화적인 중국에 큰 고을이 정해진 곳은

都 도읍 '도' '골 읍邑=阝'과 '사람 자者'로 이루어졌다. '읍邑' 자는 고을을 둘러싼 담장 모양이고, '자者' 자는 삼태기 안에 땔나무를 모아 담아놓은 모양이므로, '도都' 자의 자형적 의미는 '사람들이 많이 모여드는 큰 고을'이 된다. 이로부터 '모으다'·'총괄하다' 등의 의미가 파생되었다.

邑 고을 '읍' 이 글자를 금문에서는 '㕣'로 적었는데, 윗부분의 '에워쌀 위囗' 자는 고을을 둘러싼 담장을 가리키고 아랫부분(巴)은 사람이 쪼그리고 앉아서 기거하는 모양이다. 따라서 '읍邑' 자의 자형적 의미는 '사람들이 기거할 수 있도록 담장으로 에워싼 지역', 즉 '고을'이 된다.

華 빛날 '화' 이 글자의 머리는 '풀 초艹'이고 몸 부분은 나무에 꽃과 열매가 달린 모양이다. 따라서 '화華'의 자형적 의미는 '나무에 꽃이 피고 열매가 주렁주렁 달리다'가 된다. 이에 비해 풀이 꽃을 피운 경우는 '영榮' 자를 쓴다.

夏 여름 '하' 이 글자의 머리는 '머리 혈頁'이고, 몸은 양손과 양다리

를 그린 모양이다. 따라서 '하夏' 자의 자형적 의미는 '머리에 가면을 쓰고 팔과 다리를 움직여 춤을 추다'가 된다. 머리에 가면을 뒤집어 쓴다는 의미에서 '지붕을 덮은 큰 집'이라는 의미가 파생되었고, 이는 다시 움막 등 '작은 집'(夷)에 사는 주변의 소수민족(이른바 오랑캐)과 차별화하여 '큰 집에 사는 사람', 즉 '중국인'이라는 의미로 쓰이게 된 것이다.

도읍都邑이란 글자 그대로 많은 사람들이 모여 사는 가장 큰 고을로 옛날에는 임금이 있는 곳을 이렇게 불렀다. 오늘날은 수도首都, 즉 가장 큰 도시라 부르는데, 영어의 'capital city'도 바로 이 뜻이다. 이에 비해 가장 작은 행정 단위인 시골 벽지의 작은 동네는 비鄙라고 하였다.

예나 지금이나 사람을 볼 때 그가 사는 동네로 평가하는 것은 변함이 없는 듯하다. 누구라도 부유한 동네에 산다고 하면 사람이 품위 있어 보이고, 이른바 달동네나 저소득층이 많이 사는 곳에 산다면 실은 남부럽지 않게 사는 사람이라도 『어보사漁父辭』에 나오는 굴원屈原의 모습처럼 '모습은 야위고 꺼칠하며, 안색은 초췌하게'(形容枯槁, 顏色焦悴) 보이기 마련이다. 그래서 옛날 글을 읽어보면 도회都會에 살면서 문화적 혜택을 많이 받은 사람의 인품은 흔히 '도아都雅하다'는 말로 표현하였고, 시골에 파묻혀 배우지 못하고 농사를 지으며 사는 투박한 사람은 '야비野鄙하다'는 말로 묘사하였음을 발견할 수 있다.

『논어』「자한子罕」편의 "군자가 기거하는 데 낙후한 동네라는 게 어디 있느냐?"(君子居之何陋之有)는 공자의 말처럼, 가치관이 뚜렷한 사람은 좋은 동네, 누추한 동네를 따지지 않는다. 그러나 내면으로 쌓은 수양이 어떤 것인지 모르는 사람들은 밖으로 보이는 이미지나 기호들만 갖고 품위를 판단하므로 사는 동네를 중요하게 여긴다. 오늘날 강 건너 남쪽 지역의 땅값이 특별히 비싼 것은 바로 이 품위 유지 비용이 많이 들어가기 때문이다.

'하夏'는 중국 최초의 왕국 이름이므로 중국을 상징하는 고유명사로 쓰여왔다. 뿐만 아니라 전통적으로 주변의 작은 나라들이나 소수민족들에 대하여 우월한 문화를 가진 중국을 표상하는 단어로 사용하기도 했다. 자신들은 '큰 집'에 산다는 우월감을 담은 이 단어에서 그 우월감보다 더 중요한 점은 자해에서 설명했듯이 이 글자에 '가면'이라는 의미가 숨겨져 있다는 사실에 있다. 가면은 안과 밖을 완전하게 구분하기 때문에 안의 것을 완전하게 은폐하고 억압할 수 있다. 또 가면을 뒤집어쓰면 마음속 욕망의 잔상을 철저히 통제함으로써 나의 민낯을 상대에게 감출 수 있다. 거친 야만을 감추어서 문아한 외양으로 표상하는 것이 문화의 본질 아니던가?

우리도 사랑방에서 나눈 말과 안방에서 속삭인 말이 다른 것을 종종 경험한다. 사랑방과 안방이 한 집 안에 있다고 해서 사랑방에서 들은 말을 안방의 말로 여길 수는 없다. 안방에서 불쾌한 일이 있었더라도 그것을 뒤로 감추고 사랑방으로 나와 화사한 안색으로 손님을 맞는 것이 문화적 행위이자 예의이다. 공자가 부모님 앞에서 '내색을 하지 않기가 힘들다'(色難)고 말했듯이 아무리 예의를 지킨다 해도 마음속의 잔상을 얼굴 표정에서 가면처럼 완전히 은폐하기는 어렵다. 나의 민낯이 조금이라도 보이면 상대방이 불안해하기 때문에 나는 최대한 속마음을 감춰야 한다. 이것이 바로 중국인들이 '하'를 예의의 상징으로 삼고자 했던 이유이다.

그런데 중국의 대표적인 전통 가면회假面戱인 경극京劇은 얼굴에 직접 가면을 그리고 연출한다. 즉 가면과 얼굴이 밀착되어 있어서 가면 위에 욕망의 잔상이 완전히 은폐되지 않고 일부 재현된다는 말이다. 가면이 문화적 도구이기는 하지만 표정이 동결된 탓에 욕망이 경직된 형식 안에서 왜곡될 수 있다. 가면 뒤에서 언어가 거칠어지는 것이 그 대표적인 예이다. 이에 비해서 얼굴 위에 직접 그린 가면은 욕망의 잔상이 드러나므로 억압된 것을 해소할 수도 있고 예술적으로 승화시킬 수도 있는 장점이 있다.

『논어』「옹야」편에 보면 "바탕이 꾸밈을 능가해서 더 드러나면 시골 사람 같고, 꾸밈이 바탕을 능가해서 더 드러나면 아전과 같다. 꾸밈과 바탕이 모두 반짝반짝 빛나야 할지니, 그렇게 한 다음에 군자가 된다"(質勝文則野, 文勝質則史. 文質彬彬, 然後君子)는 구절이 있다. 솔직한 것이 좋다고 하여 겉에 가리는 것이 없는 것도 문제지만 속을 감추기 위해 겉을 너무 형식 속에 감추는 것도 바람직하지 않다는 말이다. 형식적인 것으로 겉을 아름답게 꾸밈과 아울러 솔직한 마음도 그 안에 담아야 경직됨 없이 다른 사람들과 소통할 수 있다. 앞서 말한 경극의 가면은 바로 중국 문화의 이러한 속성을 담은 예술인 것이다.

삶의 질 자체를 위하려면 도회지보다 시골 향촌에서 살아야 한다는 사실은 누구나 긍정한다. 그런데 왜 사람들은 큰 도시로만 모이는 것일까? 일자리와 기회가 도시에 집중되어 그렇다는 대답은 이미 널리 알려져 있다. 사람들이 도시를 선호하는 가장 근본적인 이유는 스스로 절제를 해야 하는 어려움이 도시에는 없기 때문이다. 시골에서는 뭘 하나 하고 싶어도 이웃의 눈치를 봐야 하지만 도시에서는 그런 눈치 없이 하고 싶은 대로 해도 된다. 단지 밖에서 남들한테는 그냥 가면의 표정만 보여주면 된다. 사람은 가면을 쓸 때 솔직해지기 때문이다. 그러면 자신만의 개성이 보장됨과 아울러 억압된 압박감도 없을 것 아닌가?

두 도시 이야기

서울 경京

東西二京동서이경**이라**
동쪽과 서쪽에 있는 두 개의 서울이다

東 동녘 '동' '나무 목木'과 '날 일日'로 이루어졌다. 이는 동쪽에서 나무 뒤로 태양이 떠오르는 모습을 그린 것이다. 따라서 자형적 의미는 '태양이 나무 뒤로 움직여 나오다'가 된다. 이로부터 '동쪽'·'움직이다' 등의 의미가 파생되었는데, '움직이다'라는 의미는 나중에 '움직일 동動' 자를 따로 만들어서 쓰게 되었다.

西 서녘 '서' 이 글자를 소전에서는 '㢴'로 적었다. 이는 새가 둥지 위에 깃들인 모양이므로 '깃들이다'가 본래 의미이다. 새가 둥지에 깃들일 때는 태양이 서쪽으로 질 때이므로 이 글자에 '서쪽'이라는 뜻이 생겨났다. 이 글자가 '서녘'이라는 뜻으로 많이 쓰이자 '깃들이다'라는 의미는 '깃들 서棲' 자를 따로 만들어 쓰게 되었다.

二 두 '이' 이 글자는 두 사람이 짝을 이루어 밭을 가는 모양을 그린 것이다. '이二'는 짝수로서 땅(地)의 수를 가리킨다. '일一'은 하늘(天)의 수이다.

京 서울 '경' 이 글자는 높은 언덕 위에 세워진 집 모양이다. 옛날에는 도성을 주로 높은 곳에 지었을 뿐 아니라, 귀족들이 언덕 위에 높

은 집들을 짓고 거주하였으므로 '수도'·'높다'·'크다' 등의 의미가 이로부터 파생되었다.

'동서이경東西二京'이란 동경으로 불리는 낙양洛陽과 서경으로 불리는 장안長安을 가리킨다. 낙양은 주나라가 이리로 동천東遷한 이래 동한東漢·위魏·진晉·후조後趙·후위後魏 등의 나라들이 도읍으로 삼았고, 장안은 한나라가 정도定都한 이후 후진後秦·서위西魏·후주後周·수隋·당唐 등의 나라가 도읍으로 삼았다. 이 두 도시는 한나라 때 반고班固가 「양도부兩都賦」를 지은 이래 문화적으로 쌍벽을 이루는 역사적인 도시로 각인되어 내려왔다.

두 도시가 쌍벽이 된 것은 반고의 「양도부」 때문인데 이 작품이 지어진 배경은 다음과 같다. 광무제가 동한(또는 후한)을 세우고 낙양으로 천도했으나 제업帝業이 생각처럼 흥성해지지 않았다. 그러자 다시 수도를 장안으로 옮기자는 주장이 나오기 시작하였으니, 그 대표적인 글이 두독杜篤의 「논도부論都賦」였다. 반고가 이를 반박해 쓴 글이 바로 「양도부」이다.

이 작품은 사마상여司馬相如의 「자허부子虛賦」와 「상림부上林賦」를 본받아 「서도부西都賦」와 「동도부東都賦」를 합쳐 연작 형식으로 지었다. 서도 장안에서 온 손님과 동도 낙양의 주인이 대화하는 형식으로 전개된다. 대화를 요약하면, 서경이 지세가 훌륭하고 선왕들의 공적이 대대로 쌓여 장엄하고 화려하지만 너무 사치에 흘러 있다, 이에 비하여 동경은 비록 지세가 서경만 못하고 선제들의 역사와 문화가 결여되어 있지만 검소하고 차분해서 새로운 법도를 세워 한초의 정신을 계승해 나가기에 유리하다는 것이다.

443

「양도부」가 고안한 '동서이경'의 수사학으로 인하여 이후에 장형張衡의 「이경부二京賦」가 다시 나오게 되었고, 위진 시대에 이르러서는 저 유명한 사자성어인 낙양지귀洛陽紙貴를 낳은, 즉 사람들이 너도나도 베끼느라 낙양의 종이 값이 올랐다는 좌사左思의 「삼도부三都賦」가 나왔다.

반고가 '동서이경'의 비교를 통해 드러내고자 한 두 도시의 장단점은 궁극적으로 공자의 '문질빈빈文質彬彬', 즉 꾸밈과 솔직함이 대비 속에 조화를 이룬다는 말에 바탕에 두고 있다. 이는 또 공자가 「팔일」편에서 "예는 사치하기보다는 차라리 검소한 편이 낫고, 장례에 임할 때는 매끈하게 진행하기보다는 슬퍼하는 편이 낫다"(禮, 與其奢也寧儉, 喪, 與其易也寧戚)고 한 말과 맥을 같이 한다. 즉 도읍지는 장엄하고 화려한 것도 좋지만 검소하면서 창업 때의 정신을 살려 계승하는 것이 더 중요하다는 말이다.

중국의 형이상학에서 방향성은 남북보다는 동서를 더 우위에 놓는다. 중간 방위를 말할 때 동서를 앞에 놓고 남북을 뒤에 놓는 것만 봐도 알 수 있다. 이를테면 서양인들은 북서(northwest), 남동(southeast)이라고 말하는 데 비해 중국을 비롯한 동아시아에서는 서북, 동남이라고 부른다. 이것은 중국 대부분의 강과 하천이 동서로 발달되어 있어서 내륙의 문명이 점차 동진하는 형태로 발전해왔기 때문이다.

이러한 형이상학적 관념은 한자와 함께 한반도에 들어와 우리에게도 그대로 적용되었다. 우리나라는 지리적으로 남북으로 길게 뻗어 있을 뿐 아니라 역사적으로 국력의 판도도 남북 방향으로 발전해왔다. 그래서 우리의 형이상학적인 방향성은 남북이 우위를 가져야 함에도 한자의 용례대로 동서가 기본으로 자리를 잡은 것이다. 예를 들어 서라벌을 동경으로, 평양을 서경으로 각각 불러왔는데, 초등학교 시절 역사 시간에 각기 남과 북에 자리잡은 이 도시들이 왜 굳이 동경과 서경으로 불렸는지 의아해했던 기억이 생생하다.

배산임수에 감춰진 무의식

등 배背

背邙面洛배망면락하고
뒤로는 망산邙山을 지고
앞으로는 낙수洛水를 바라보며

背 등 '배' '고기 육肉'과 '저버릴 배北'로 이루어졌다. '배北' 자는 두 사람이 서로 반대로 서서 등을 지고 있는 모양이다. 오늘날에는 '북녘 북北'으로 더 많이 쓰고 있는데, 이는 북반구 중위도에 위치해 있는 동아시아 지역은 일반적으로 따뜻한 남쪽을 바라보고 앉거나 자리를 잡으므로 자연히 등 뒤는 북쪽이 되기 때문이다. 따라서 '배背' 자의 자형적 의미는 '신체에서 정면의 반대편에 있는 부분', 즉 '등'이 되는 것이다. 여기서는 동사로 활용되었기 때문에 '뒤로 등지고 있다'로 풀이해야 한다.

邙 뫼 '망' '고을 읍邑'과 '없을 망亡'으로 이루어졌다. 낙양의 북쪽에 망산亡山이 있는데 이 산 위에 터 잡은 고을을 '망邙'이라고 불렀으며, 이를 달리 북망北邙으로도 쓴다. 이곳은 한漢·위魏 이래로 왕후공경 王侯公卿들의 장지葬地로 유명하였다.

面 얼굴 '면' 이 글자를 소전에서는 '圎'로 쓰는데, 사람의 머리에 탈을 씌운 모양이다. '얼굴'이라는 뜻은 이로부터 파생된 의미이다. 이 글자가 동사로 활용되면 '앞으로 마주보고 대하다'라는 뜻이 된다.

洛 낙수 '락' '물 수氵=水'와 '각기 각各'으로 이루어졌다. 강물 이름이고 이 강은 하남성河南省 낙양시의 남쪽을 가로로 흘러서 황하로 유입된다. 고전에서는 '락雒'으로도 썼다.

이 구절은 앞의 '동서이경' 중에서 동경인 낙양洛陽의 지리적 형세를 묘사하고 있다. 낙양은 글자 그대로 낙수의 양지쪽, 즉 낙수의 북쪽에 위치해 있으므로 "앞으로 낙수를 바라보고 있다"(面洛)고 쓴 것이다. 등 뒤에는 망산邙山을 두고 눈앞에는 낙수를 둔 낙양의 지세는 북으로는 산을 등지고 남으로는 강물이 흐르는 이른바 배산임수背山臨水의 전형을 이루고 있다. 배산임수는 풍수지리風水地理라는 중국 민간신앙에서 신봉하는 이상적인 주거의 모형으로, 북쪽의 바람을 막고 남쪽의 볕을 많이 받을 수 있을 뿐 아니라 앞에는 물이 흘러 물산物産을 쉽게 제공받을 수 있는 이점이 있다. 그래서 오늘날에도 사람들이 집을 짓거나 구할 때 배산임수의 지형을 매우 중시하는데, 이른바 명당이 되려면 이 요소를 기본적으로 갖춰야 한다.

삶의 물질적 환경은 시간이 지나면서 관념을 형성한다. 배산임수의 이미지가 제공하는 관념적인 구조는 뒤에는 든든하고 높은 '빽'이 있고 앞에는 낮고 쉬운 먹잇감이 있어야 한다는 것이다. 그래서 직업도 뒤에 든든한 권력이 있는 공무원과 법조인, 그리고 직장도 대기업이 인기가 있는 것이다. 이러한 직업이나 직장은 높은 곳에 자리하고 있기 때문에 자연히 그 앞에는 낮은 곳이 형성돼 착취가 용이하므로 먹을 것이 많다. 우리나라의 역사를 거칠게 훑어보더라도 지배 권력은 언제나 강대국을 등 뒤에 업고 앞의 낮은 곳에 있는 백성을 착취하고 탄압하는 데 앞장서오지 않았던가?

우리가 기대기 좋아하는 '빽', 즉 '망산邙山'은 글자의 자형이 말해 주듯이 '죽은 자'(亡)가 누워 있는 헛된 뫼이다. 역사적으로 볼 때 자위력을 키우지 않고 험준한 장애물에만 의존한 방어는 언제나 무너졌다. 앞의 낮은 곳에 있는 사람들도 나의 먹잇감이 아니라 나를 존재하게 하는 근거라고 생각해야 한다. 『순자』 「왕제王制」편에도 "임금은 배이고 대중은 물이다. 물은 배를 띄울 수도 있고 물은 배를 뒤엎을 수도 있다"(君者舟也, 庶人者水也. 水則載舟, 水則覆舟)고 하지 않았는가? 새가 나무를 선택하는 것이지 나무가 새를 선택하는 게 아니라는 공자의 말을 잊어서는 안 된다.

풍수지리의 이데올로기

뜰 부浮

浮渭據涇부위거경이라
위수渭水를 위로 띄우고 경수涇水를 움켜쥐고 있다

浮 뜰 '부' '물 수氵=水'와 '알 깔 부孚'로 이루어졌다. '부孚' 자는 새가 발(爫)로 알(子)을 뒤척이며 품고 있는 모양이므로 '부浮' 자의 자형적 의미는 '물 위에서 이리저리 뒤척이다', 즉 '떠다니다'가 된다.

渭 위수 '위' '물 수氵'와 '밥통 위胃'로 이루어졌다. 위수는 황하 최대 지류의 이름인데, 감숙성甘肅省 위원현渭源縣 조서산鳥鼠山에서 발원하여 동으로 흘러 섬서성陝西省의 평원 지대를 지나 동관현潼關縣에서 황하로 합류한다.

據 웅거할 '거' '손 수扌=手'와 '원숭이 거豦'로 이루어졌다. '거豦' 자는 성질이 사납고 동작이 날쌘 원숭이를 가리키는 글자이므로 '거據'의 자형적 의미는 '손으로 날쌔게 움켜쥐다'가 된다.

涇 경수 '경' '물 수氵'와 '지하수 경巠'으로 이루어졌다. 경수도 강 이름으로, 감숙성에서 발원하는 남북 두 개의 지류가 합쳐져 동남쪽으로 흐르다가 위수에 합류한다. 위수의 맑은 물과는 대조적으로 경수는 황토 고원을 관통하기 때문에 물 빛깔이 탁하다. 그래서 두 지류는 합류해도 물의 내원來源이 분명하게 드러나는데, "경수와 위수의 물

처럼 뻔하게 드러나다"(涇渭分明)라는 속담은 바로 여기서 생겨난 것이다.

이 구절은 서경西京인 장안長安의 지리적 형세를 묘사한 것이다. 즉 장안의 북쪽으로 위수가 동류東流하는 지세를 일컬어 "위수를 위로 띄우다"(浮渭)라고 표현하였고, 위수가 다시 그 위에서 남동쪽으로 흐르는 경수를 끌어들여 합류하는 형세를 "경수를 움켜쥐다"(據涇)라고 묘사하였다.

장안이라는 도시는 여느 고을과 마찬가지로 자연 환경에 적응하여 만들어진 것이지 도시가 자연 환경을 만든 것이 아님은 말할 나위 없다. 그런데도 마치 장안이 위수와 경수를 각각 위로 띄우고 움켜쥐는 모양인 듯 묘사한 것은 지세를 능동화能動化함으로써 도읍을 정한 왕조의 지배력과 그 영속성을 당연한 이치로 인식시키는 효과가 있다. 이러한 묘사는 물론 은유적인 수사법이기는 하지만 은유가 신화를 만들어내는 기능이 있음은 잘 알려진 사실이다. 따라서 두 개의 큰 강을 장악하고 있는 장안의 주인에게는 누구도 거스를 수 없는 신화적인 힘과 정통성이 생겨난다. 이러한 이유로 역사적으로 새로이 정권을 세우는 창업자나 중흥을 꾀하려는 제왕들은 풍수지리설을 동원하여 바람직한 지세를 품고 있는 땅을 찾았을 뿐 아니라, 그러한 땅이 정녕 없으면 지세를 만드는 이야기라도 지어냈던 것이다.

이처럼 권력의 통치를 위해 봉사해왔다는 점에서 풍수지리설은 과학이 아니고 이데올로기이다. 과학은 개념을 근거로 전개하는 것이기 때문에 개념에 모순이 생기면 이론은 언제라도 바뀐다. 이에 비하여 이데올로기는 이미지에 의거해 감성을 자극한다. 그래서 대상들끼리의 시각적 유사성을 찾아내서 서로를 엮는 데에 집중한다. 이를테면, 척추나 허리 통증으로 고생하는 사람들에게 고양이를 고아 먹이라는 민간 요법이 그 대표적인 예다. 높은 데서도 사뿐히 뛰어내리는 고양이의 이미지를 사람에게 전이시켜보려는 노력이다. 의학적 차원에서 보면 유사성의 근거를 찾기가 쉽지 않겠지만 말이다.

오늘날 정치적 논쟁을 할 때마다 자칭 보수파라는 사람들이 전가의 보도처럼 꺼내는 것이 이른바 '좌파-빨갱이' 프레임이다. 모든 주장에는 반대 주장이 자연히 있게 마련인데 저들에게 반대 주장은 무조건 좌파-빨갱이의 언설이다. 남북 분단으로 갈등을 겪는 우리 사회에서 이 말은 즉각적으로 공포와 증오라는 감정을 불러일으키고, 반대 주장은 저절로 불온해짐으로써 설득력을 잃게 된다. 감성적으로 각인된 인식의 틀은 웬만해서는 뒤집히지 않는다. 이것이 이데올로기의 속성이다.

한자 형태소의 의미를 알아야 하는 까닭

宮殿盤鬱궁전반울하고
궁전들은 구불구불 이어져 빽빽이 들어차 있고

집 궁宮

宮 집 '궁' '집 면宀'과 '등뼈 려呂'로 이루어졌다. '려呂' 자는 네모난 작은 방들이 이어져 있는 모양이므로 '궁宮' 자의 자형적 의미는 '커다란 지붕 밑에 작은 방들이 많이 들어차 있는 집', 즉 '임금이 거처하는 큰 궁궐'이 된다.

殿 전각 '전' '창 수殳'와 '큰 집 전展'으로 이루어졌다. 이 글자의 좌측 방인 '전展' 자는 기단基壇 위에 집을 지은 모양으로 높고 큰 집을 의미한다. 진秦나라 이전까지만 해도 이 글자는 모든 큰 집을 나타내는 일반명사였는데 진시황이 황제가 거처하는 집만을 뜻하는 글자로 쓰게 하면서 '궁전'의 의미로 정착했다. 우측 변의 '수殳' 자는 나중에 붙여진 부분이고, 사람들을 위압하기 위하여 궁전 앞에 세워놓은 각종 창들을 상징한다. 따라서 '전殿'의 자형적 의미는 '무기를 든 병정들이 즐비하게 늘어서 지키고 있는 큰 궁전'이 된다.

盤 소반 '반' '그릇 명皿'과 '돌 반般'으로 이루어졌다. '반般' 자는 삿대를 밀어서 배를 돌리는 모양이므로 '반盤'의 자형적 의미는 '둥근 모양의 질그릇 쟁반'이 된다. '반盤'과 '반般'은 '둥글게 회전하다'라는

452

의미를 공유하기 때문에 고전에서는 흔히 서로 바꾸어 쓴다.

鬱 답답할 '울' '수풀 림林'·'장군 부缶'·'덮을 멱冖'·'술 창鬯'·'터럭 삼彡' 등 5개의 부분 글자로 이루어졌다. 이 글자는 강신降神을 기원할 때 쓰는 창주鬯酒를 만드는 과정을 보여준다. 즉 숲(林)에서 향기로운 울금초 잎을 따다가 독(缶) 안에 겹겹이 꽉 쟁여넣은 후 술(鬯)을 붓고 뚜껑(冖)을 덮는다. 이 술은 신에게 바치는 술이므로 술독의 겉을 아름답게 장식해야 하는데 붓을 상징하는 '삼彡' 자가 이를 의미한다. 이로부터 '울금초'·'답답하다'·'막히다'·'우거지다' 등의 의미가 파생되었다.

이 구절은 황제의 궁궐 안에 으리으리한 궁전들이 빽빽이 들어찬 모양을 그리고 있다. '반울盤鬱'이란 구불구불 이리저리 돌면서 깊숙이 뻗어나간 모양을 묘사하는 말로, 여기서는 임금이 거처하는 궁전을 중심으로 큰 집들이 사방으로 구불구불 뻗어나가 빽빽이 들어찬 장관을 의미한다.

중국의 대표적인 궁전인 자금성紫禁城을 보면 '반울'의 의미를 이해할 수 있다. 궁궐 안을 직접 걸어 다녀보면 건물 자체가 클 뿐 아니라 건물과 건물 사이의 공간도 매우 넉넉하고 넓다는 데 놀란다. 그러나 궁궐을 다 돌아보고 북문을 나와 경산공원景山公園에 올라가 자금성을 내려다보면, 좀 전에 봤던 건물 사이의 넓은 공간들은 하나도 안 보이고 빽빽이 들어찬 지붕들만 눈에 들어온다. 그 지붕들이 거대한 산맥처럼 동서남북으로 구불구불 이어져가는 것처럼 보이는데 이것이 바로 '반울'이다.

학교에서 한자를 가르치지 않은 지 오래되었기 때문에 요즘 일반인들은 개념이 정확하지 않은 한자어를 사용하는 경우가 허다하다. 한자 형태소의 의미를 모르기 때문에 일어나는 일이다. '반盤'과 '판版'을 혼동하는 것이 그 대표적인 예이다. '판'은 널빤지처럼 평면적으로 넓은 공간을 가진 물건을 가리키고, '반'은 회전하는 원형의 물건을 뜻한다. 원반圓盤·은반銀盤·쟁반錚盤·선반旋盤 등은 바로 이런 의미를 가진 사물들이다.

'우울憂鬱'도 우리는 흔히 '답답하다'거나 '슬프다' 정도의 의미로 뭉뚱그려서 사용하지만 형태소로 정확하게 정의하자면 '걱정으로 빽빽이 들어차 있다'가 된다. 그러니까 우울증이란 '끊임없는 걱정·근심으로 괴로워하는 병'이 된다. 이렇게 정확한 개념으로 단어를 사용해야 우울증으로 고생하는 사람의 상황을 이해할 수 있는 것이다.

누각과 관대의 비밀

樓觀飛驚누관비경**이라**

누각과 관대들은 (각각) 새가 날고 말이 놀라
솟구치듯 하다

날 비飛

樓 다락 '루' '나무 목木'과 '아로새길 루婁'로 이루어졌다. '루婁' 자는 빛이 통과할 수 있도록 벽에 구멍을 아로새겨 뚫는다는 뜻이므로 '루樓' 자의 자형적 의미는 '빛이 많이 들도록 사방의 벽에 구멍을 아로새겨 뚫은 높은 목조 누각'이 된다.

觀 볼 '관' '볼 견見'과 '올빼미 관雚'으로 이루어졌으므로, 자형적 의미는 '올빼미가 둥근 눈을 가지고 이리저리 관망하다'가 된다. 여기서는 경치를 감상할 수 있도록 높은 곳에 지어놓은 '관망대'라는 의미로 쓰였다.

飛 날 '비' 이 글자의 고문자 자형은 새가 날개를 펴고 높이 나는 모양을 그린 것이므로, 자형적 의미는 '날다'가 된다.

驚 놀랄 '경' '말 마馬'와 '공경할 경敬'으로 이루어졌다. '경敬' 자가 회초리 앞에서 구차하게 부들부들 떨고 있다는 뜻이므로 '경驚'의 자형적 의미는 '말이 깜짝 놀라 앞발을 들고 위로 솟구치다'가 된다.

이 구절도 앞의 출구에 이어 궁궐 안에 여기저기 흩어져 있는 높은 누각樓閣과 관대觀臺의 웅장한 모습을 묘사하고 있다.

사람들은 천성적으로 몰래 들여다보는 일과 높은 데 올라가서 내려다보는 일을 좋아한다. 라캉은 시선視線 자체를 환상을 만들어내는 대상 중의 하나로 지목했다. 쉽게 말해서 보는 것은 즐거움을 생산하는 일이라는 뜻이다. 무엇인가를 몰래 들여다보는 일도 즐겁지만 높은 데 올라가서 내려다보는 일도 즐겁다. 『맹자』「진심盡心 상上」에 보면 "공자님이 동산에 올라가셔서는 노나라가 작다고 여기셨고, 태산에 올라가셔서는 천하가 작다고 여기셨다"(孔子登東山而小魯, 登太山而小天下)는 구절이 있다. 높은 데 올라갈수록 대상이 작아 보인다는 것은 상대적으로 주체가 커져 보인다는 말과 같으므로 주체가 확장되는 일이 즐겁지 않을 수 없는 것이다.

조망하는 대상이 작아짐에 따라 주체가 확장되면 궁극적으로 전체를 장악하고 싶어 하는 것이 바로 욕망이다. 전체란 볼 수 없는 것인데도 말이다. 그래서 권력이나 부를 성취한 사람들은 하나같이 높은 궁전이나 마천루를 지으려 하는 것이다.

『설문해자』에서는 '루樓' 자의 몸통인 '루婁' 자를 '모母'·'중中'·'녀女'로 구성된 글자로 봤다. 즉 어머니(母)가 딸(女)을 낳고 약간의 시간이 지나(中) 그 딸이 다시 어머니가 되어 또 다른 딸을 낳는다는 뜻이다. 그래서 '루婁' 자의 의미를 '비다'(空也)라고 정의하였다. 누각이란 한 층 한 층 교대로 쌓아올린 건물이다. 천정인 줄 알고 올라가면 그것이 바닥이 되면서 그 위는 아무것도 없는 빈 공간이 된다. 다시 말해 층을 하나 올리는 것은 실實에 해당하는데, 올리고 나면 그 위에 빈 공간, 즉 허虛가 다시 나타난다. 누각이란 바로 '실'과 '허'가 이렇게 반복하면서 장악이 안 되는 영원한 간극의 구조를 갖고 있다. 보는 행위도 바로 이와 같은 구조를 갖고 있으므로 실과 허의 끊임없는 교대 자체가 쾌락을 형성한다. 그러므로 누각과 관대를 "새가 날고 말이 놀라 솟구치듯" 높이 쌓은 것은 궁극적으로 쾌락을 극대화하기 위한 행위였음을 알 수 있다.

그런데 이렇게 끊임없이 높이 올라가고자 하는 행위는 단순히 쾌락을 위한 것만은 아니었던 것 같다. '루樓' 자는 '벽에 아로새긴 구멍을 통해 엿보다'라는 의미를, '관觀' 자는 '올빼미처럼 응시하다'라는 의미를 각각 자형 속에 담고 있듯이 누각과 관대에서의 '보기'는 감시를 은닉하고 있었다. 옛날 대궐 내의 궁실들은 곳곳에 구멍을 듬성듬성 뚫어놓았는데 이것을 '쇄瑣' 또는 '소疏'라고 불렀다. 이것은 표면적으로는 환기와 실내를 밝게 하기 위한 설계였지만 사실 그 뒤에는 감시의 기능을 숨기고 있었다. 즉 안팎이 소통되는 구멍들을 통하여 엿보거나 엿들음으로써 역모를 사전에 감지할 수 있을뿐더러 자객이 침입했을 경우에는 이 구멍으로 화살을 쏘아 방어할 수도 있었다.

정자亭子들이 대체로 동네에서 가장 높은 곳에 세워진 데에도 공간을 되도록 많이 포괄하여 감시하는 망루대의 기능이 숨겨져 있었으리라는 짐작이 든다. 왜냐하면 고대의 농사일이란 농부들의 자발적 참여에만 의지해서는 생산성이 제고되지 않았을 것이기 때문이다.

따라서 '루樓'와 '관觀'은 구중심처九重深處의 어느 곳에서도 사적인 공간이 가능하지 않음을 시사해준다. 누군가 보고 있다는 점을 의식하며 사는 일상은 그 공간에 사는 주체들로 하여금 타자의 욕망에 부합하는 행동을 보이게 할 것이다. 이것이 고대 봉건 사회에서 지배자들이 자신들의 욕망대로 백성을 움직였던 비밀스러운 메커니즘이었다.

인간이야말로 장수 동물

그림 도圖

圖寫禽獸도사금수하고
각종 새와 짐승을 그림으로 묘사하였고

圖 그림 '도' '에워쌀 위口'와 '두메 비啚'로 이루어졌다. '위口' 자는
땅을 의미하고 '비啚' 자는 땅의 경계를 나눈다는 뜻이므로 '도圖' 자
의 자형적 의미는 '토지의 경계를 그려놓은 도면'이 된다. 이로부터
'그리다'라는 의미가 파생되었고, 또한 그린다는 것은 무엇을 계획하
는 일과 같으므로 '도모하다'라는 의미로도 파생되었다. 이 글자의
독음이 '잴 도度'(동사일 때는 '탁'으로 읽는다)와 같다는 사실이 이를 입
증한다.

寫 그릴 '사' '집 면宀'과 '신발 석舃'으로 이루어졌다. '면宀' 자는 집
을 의미하고, '석舃' 자는 '신발이 움직여 옮겨가다'라는 뜻으로 풀이
할 수 있으므로 '사寫' 자의 자형적 의미는 '밖에 있는 물건을 집 안으
로 들여오다'가 된다. '사寫' 자를 '그리다'라는 뜻으로 쓰는 것은 그림
그리기가 대상을 있는 그대로 종이 위로 옮겨와 재현하는 행위라고
믿었기 때문이다.

禽 새 '금' 이 글자의 고문자 자형은 짐승의 발과 꼬리를 그린 모양
으로 되어 있다. 따라서 '새나 짐승을 사냥하여 포획하다'가 이 글자

458

의 본래 의미였다. 그러다가 후대에 와서 조류를 의미하는 글자로 쓰이게 되자 '포획하다'라는 동사의 의미는 '사로잡을 금擒' 자를 따로 만들어 담았다.

獸 짐승 '수' '짐승 후嘼'와 '개 견犬'으로 이루어졌다. 옛날에는 사냥을 할 때 덫을 만들어놓고 그쪽으로 짐승을 몰아 덫에 걸리게 한 다음 숨어 있던 사람들이나 개가 마지막으로 포획하는 방법을 주로 사용하였다. 그러므로 '수獸' 자의 자형적 의미는 '덫에 걸린 짐승을 개들이 잡다'가 된다. 후대에 와서 '수獸' 자는 네발짐승을 의미하는 명사로만 주로 쓰이게 되었다.

"각종 새와 짐승을 그림으로 묘사하였다"(圖寫禽獸)는 말은 앞에 말한 궁전과 누각과 관대 등의 벽이나 천장에 신령한 짐승들의 형상을 그려놓음으로써 신비로운 미관을 추구했다는 뜻이다. 여기에 단골로 등장하는 짐승들은 용·백호·기린麒麟·봉황 등 상상의 동물들과 소위 십장생十長生에 속하는 거북·학·사슴 등이다.

옛날부터 권력은 대체로 두 가지 방법으로 자신의 정당성을 입증하려고 하는데, 하나는 신에게 인정받았음을 보여주는 방법이고, 다른 하나는 가계 및 혈통의 유구함을 현시하는 방법이다. 전자를 증명하기 위해 종종 쓰는 방법이 신화를 동원하는 일이었다. 그 대표적인 것이 상서로운 조짐을 찾아내어 밝히는 일이다. 새로운 왕조가 등장할 때 예의 용·백호·기린·봉황 같은 상서로운 짐승이 나타났다는 설화가 그것이다.

가계와 혈통의 유구한 역사는 십장생과 같은 상징물을 통해 현시될 수 있으므로 궁전 등 건물의 벽과 천장에 거북·학·사슴 같은 짐승들을 신비롭게 그려넣는 것이다. 그러므로 권력은 과시적이 될 수밖에 없다. 이런 의미에서 권력은 역량보다는 관습에 근거해서 유지된다고 보는 파스칼(B. Pascal)의 말이 설득력을 갖는다.

장수하는 금수의 형상을 그리는 행위에는 궁극적으로 오래 살고 싶은 인간의 욕망이 그대로 드러나 있다. 특히 모든 것을 손에 넣은 권력자들에게 이 욕망은 그 무엇보다 절실하다. 그들은 권력이란 취약하기 이를 데 없을 뿐 아니라 허무하다는 사실을 누구보다 잘 알기 때문이다. 그들은 오래 살려는 욕망에 사로잡힌 나머지 정말로 오래 사는 동물에 대한 실증적인 연구를 게을리했던 것 같다. 왜냐하면 상상의 동물을 제외하고는 실제로 사람보다 오래 사는 동물은 별로 없기 때문이다. 앞서의 거북·학·사슴 등은 신화·전설에 자주 등장하는 까닭에 이미지로만 오래 사는 것처럼 보일 뿐이다. 『여씨춘추呂氏春秋』「본생편本生篇」에 "사람의 본성은 오래 사는 것이다"(人之性壽)라고 하였고, 『좌전左傳』「희공僖公 32년」에서 공영달孔穎達이 "상수上壽는 120세이고, 중수中壽는 100세이며, 하수下壽는 80세이다"라고 소疏를 달았듯이, 사람은 매우 오래 사는 동물 중의 하나이다. 그런데도 두보杜甫가 "사람이 일흔 살까지 사는 일은 옛날부터 드물었다"(人生七十古來稀)고 표현할 만큼 사람의 수명이 짧아진 것은 정욕을 지나치게 억제한다든가, 또는 물질에 심하게 탐닉한다든가 하여 압박감을 몹시 받았기 때문이라는 것이 양생가養生家들의 주장이다.

이렇게 사람은 오래 살 수 있는데도, 실제로는 별로 오래 살지도 못하는 동물들을 장수의 신화로 만듦으로써 인간의 장수 능력을 과소평가함과 아울러 사람을 왜소한 존재로 전락시킨다. 이러한 관념 아래에서 누가 감히 유구한 권력에 회의를 제기할 수 있겠는가? 그러므로 '도사금수圖寫禽獸'에서 중요한 의미는 짐승과 새를 있는 그대로 그림으로 옮긴다는 '사寫' 자에 있는 것이 아니라 이를 통해 권력의 영원한 독점을 획책하는 앞의 '도圖' 자에 있다는 짐작이 가능하다.

우상의 정체

그림 화畫

畫綵仙靈화채선령이라
신선과 영험한 사물들을 그림으로 채색하였다

畫 그림 '화' '붓 률聿'과 '밭 전田', 그리고 둘레에 경계선이 쳐져 있는 모양의 '입 벌릴 감凵'으로 이루어졌다. 따라서 '화畫' 자의 자형적 의미는 '밭과 밭 사이의 경계선을 붓으로 그리다'가 된다. 경계선을 어떻게 그리느냐에 따라 밭의 모양이 달라지므로 이로부터 '계획하다'·'의도하다' 등의 의미가 파생되었다.

綵 채색 '채' '실 사絲'와 '딸 채采'로 이루어졌다. '채采' 자는 '나무'(木)에서 '손'(爪)으로 열매를 따서 모으는 모양이므로 '채綵' 자의 자형적 의미는 '실로 옷감을 짤 때 이 색 저 색을 모아 화문花紋을 만들어 넣다'가 된다. 이로부터 '여러 색깔을 섞어 곱게 채색하다'라는 의미가 파생되었다.

仙 신선 '선' '사람 인人'과 '뫼 산山'으로 이루어졌으므로, 자형적 의미는 '사람이 산에 있는 모양'이 된다. 옛날에는 오래 살고 싶어 하는 사람들은 산에 들어가 살다가 신선이 되었다는 전설이 많았으므로 '선仙' 자는 '신선'이라는 뜻으로 쓰이게 되었다. 그러나 '신선'을 나타내는 원래 글자는 '선僊' 자로서 오늘날 쓰는 '선仙' 자는 나중에 생긴

이체자異體字이다. '선僊'자는 '사람 인人'과 '오를 선䙆'으로 이루어졌으므로 자형적 의미는 '사람이 오래 살다가 하늘로 올라감'이 된다.

靈 신령 '령' '무당 무巫'와 '비 내릴 령霝'으로 이루어졌으므로 '령靈'자의 자형적 의미는 '비를 잘 내리는 영험한 무당'이 된다. 흔히 영험한 무당은 '영무靈巫'라 하고 용한 의원은 '양의良醫'라고 하는데, 옛날에는 무당이 의원의 역할을 함께 담당하였으므로 '령靈'과 '량良'이 발음뿐만 아니라 의미도 같았음을 짐작할 수 있다.

이 구절은 앞의 구절에 이어서 호화로운 궁전과 누관樓觀에 신비로운 짐승들과 함께 불로장생하는 신선들과 영험한 사물들을 오색찬란하게 그려놓은 모양을 묘사하고 있다. 권력자들은 이처럼 자신을 초월적으로 보이게 함은 물론 자신의 주변을 신비로운 이미지로 채우기를 좋아하는데 이러한 행위를 비의주의秘義主義라고 한다. 신비로운 말이나 이미지에 대해서 사람들은 두려움과 불안감을 느낀다. 그것들이 무엇을 뜻하는지 명료하게 알 수 없기 때문이다. 그래서 그 말과 이미지의 제조자나 소유자의 우월성을 자신도 모르게 인정하고 그의 담론을 따르게 된다. 이렇게 신비한 이미지를 소유한 이와 소비하는 이 사이에는 부지불식간에 권력 관계가 형성되거나 강화된다. 이런 의미에서 비의주의를 이데올로기적이라고 말하는 것이다.

루트비히 포이어바흐Ludwig Feuerbach가 이런 말을 했다고 한다. "신에 대한 의식은 인간의 자의식이고, 인간은 인간에게 바로 신이다." 바꿔 말하면 신이란 인간 주체의 분열을 밖으로 투사한 것이라는 뜻인데, 그 자리에 인간 자신의 능력을 발휘해서 신비로운 이미지를 만들면 그것이 곧 우상이 된다는 말이다. 따라서 우상은 신비롭게 만들수록 인간에게 더 큰 두려움과 불안감을 야기한다. 그러면 인간은 더욱 자신이 만든 우상을 의지하고 섬김으로써 공포와 불안을 해소한다. 그러나 데리다(J. Derrida)는 일찍이 말했다. 텍스트 바깥에는 아무것도 없다고. 우리는 기호와 이미지 등으로 짜인 작품(텍스트)을 보면 그것이 무언가를 지시하거나 상징한다고 여긴다. 우상도 단순한 이미지가 아니라 그 뒤에 어떤 신적 존재가 있다고 믿는다. 그러나 우상이든 무엇이든 아무리 정교하고 신비롭게 만들어도 텍스트는 텍스트일 뿐, 그 뒤든 바깥이든 어디에도 지시하거나 상징하는 그 무엇은 없다는 것이 데리다의 주장이다.

그러니까 궁전의 벽과 천장에 신선과 영험한 사물들을 그림으로 제아무리 신비롭게 채색해도 그림은 그냥 그림일 뿐이다. 그런데도 이러한 이미지와 작품들이 상징하는 존재는 사람들에게 공포와 불안을 불러일으키게 마련이니, 여기서 벗어나려면 권력자의 정통성을 인정할 수밖에 없다.

이렇게 본다면 앞 구절에서처럼 '금수'를 그대로 그림으로 옮겨오고 '선령'들을 그대로 따 모아다가 채색한 것은 아무런 의도 없는 백색의 재현 행위가 될 수 없을 것이다. '도圖' 자와 '화畵' 자가 암시하듯이, 여기에는 '의도意圖'와 '기획企劃'('획劃' 자는 사실상 '화畵' 자와 같은 글자임을 상기하라)이 개입되어 있다. 그러니까 '금수'와 '선령'은 권력의 초자연성을 담보하자는 의도로 그려졌고, 이들 그림 속에는 '힘을 권리로, 복종을 의무로 바꾸려는' 선동적 기획이 숨어 있는 것이다.

중용, 변화와 안정의 공존

열 계啓

丙舍傍啓병사방계하고

시신侍臣들이 기거하는 병사丙舍가 양옆으로
나란히 열려 있고

丙 남녘 '병' '하나 일一'과 '들 입入', 그리고 '멀 경冂'으로 이루어졌
다. '일一' 자는 하늘을 상징하고 '입入' 자는 빛이 들어오는 모양이며,
'경冂' 자는 문 안, 즉 실내를 뜻한다. 고대인들은 혈거에 살 때나 또
는 천막을 치고 야영을 할 때 실내를 밝게 하려고 천장에 구멍을 뚫
어 빛이 들어오게 하였는데, '병丙' 자는 바로 이 모양을 상징화한 것
이다. 따라서 '병' 자의 자형적 의미는 '하늘에서 빛이 실내로 들어오
게 하다'가 된다. 여기서의 '병' 자는 십간十干의 '병丙' 자로 차용된 의
미로 쓰였으나, '병丙' 자의 자형이 사람의 양어깨 모양과 비슷하므로
대칭적으로 존재하는 사물을 함께 뜻하기도 한다.

舍 집 '사' '입 구口'와 '나 여余'로 이루어졌다. '여余' 자는 지붕을 기
둥이 떠받치고 있는 관대觀臺 모양인 데다가 '느긋할 서徐' 자에도 쓰
이는 것으로 보아 '여余' 자에는 '편안한 마음으로 지붕 아래에서 쉬
다'라는 의미가 담겼음을 알 수 있다. 따라서 '사舍'의 자형적 의미는
'숨을 천천히 쉬면서 집에서 쉬다'가 된다.

傍 곁 '방' '사람 인人'과 '곁 방旁'으로 이루어졌다. 이 글자의 독음을

465

표시하는 '모 방方' 자의 자형은 두 척의 배를 나란히 묶어놓은 모양
이다. 따라서 '방傍' 자의 자형적 의미는 '사람 곁에 나란히 서서 가까
이 하다'가 된다.

啓 열 '계' '지게문 호戶'와 '입 구口', '두드릴 복攵=攴'으로 이루어졌
다. 옛날에는 축원하는 일이 있으면 축사나 기도문을 적어서 궤 안에
넣어두는 관습이 있었는데, 이 글자는 바로 축사(口)를 궤의 문(戶)을
열고 넣는 모양을 그린 것이고, '복攵' 자는 변화를 재촉함을 상징한
다. 옛날에 훌륭한 사람이 되라고 아이에게 매질을 하던 관습이 이를
입증한다. 따라서 '계啓' 자의 자형적 의미는 '변화를 기구하는 마음으
로 궤를 열고 축사를 넣다'가 된다.

이 구절은 황제가 기거하는 궁궐의 권위적 모습을 묘사하고 있다.
앞에서 인용한 말처럼 권력이란 역량보다는 관습에 근거하고 있기
때문에 과시적으로 될 수밖에 없다. 그래서 권력은 어마어마한 상징
물을 만들어 그것에 의해 권위를 확인받고 또 유지된다.[1] 동서고금을
막론하고 건축이 권력의 주요한 상징 수단으로 이용되는 것은 바로
이 때문이다.

후한 때부터 궁중의 집들은 정실正室을 중심으로 양쪽 대칭형으로
짓고 이들을 갑·을·병 등 십간十干의 순서로 불렀는데, '병사丙舍'란
이 중에서 세 번째 집을 가리킨다. 여기에는 임금을 가까이서 모시는
시신侍臣들이 기거한다.

'방傍' 자가 지시하듯이 궁중의 건축물은 임금이 거처하는 대전大
殿을 중심으로 양옆으로 나란히 부속 건물을 지어나간다. 그러니까
'병사'의 '병丙' 자가 암시하는 것처럼 궁중의 건물들은 왕을 중심으로

대칭 구조를 이루게 된다. 이 대칭 구조는 보는 사람에게 안정감을 주는데, 이 안정감은 곧 형이상학적으로 '자연스러움'과 같은 인식을 심어준다. 다시 말해서 중심과 주변의 구분이 당연시되기 때문에 중심에 있는 권력에 누구도 회의를 제기하지 않게 된다.

전통적으로 사람들은 중심을 향하려는 무의식적 욕망을 보여왔다. 중심이 물론 권력이 소재하는 곳이기 때문에 그렇기도 했지만, 권력 자체도 중심에 머물고자 했던 것은 "모든 사물은 어느 한 극에 달하면 반드시 반대로 회귀한다"는 이른바 '물극필반物極必反'의 법칙에서 벗어나 영원불변에 머물고자 하는 중용中庸 사상 때문이기도 하다. 즉 경험적으로 사물은 변화하기 마련이고 그 변화는 번영의 극과 쇠락의 극 사이를 오간다면, 겉보기야 번영의 극을 향하고 있는 것이 좋기는 하지만 그 뒤에는 다시 쇠락으로의 반전이 대기하고 있으므로 그렇게 달갑지 않다는 것이 고대 중국인들의 생각이었다. 그래서 어느 쪽으로도 치우치지 않은 중심에서 완전한 형이상학적 세계가 오래 유지되기를 원하게 되는데, 이것이 바로 변화를 바라면서도 원하지 않는 중용 사상의 새끼꼴(추형雛形)이다.

중심에 머물러 있으면서 변화하지 않으려는 욕구는 언제나 위험한 환경에 노출되어 있는 인간에게 어쩌면 당연한 것이다. 변화란 새로운 실재의 출현이라서 우선 그로부터 자신을 보호해야 하고 대응을 위한 긴장도 필요하기 때문이다. 우리가 열심히 공부하고 부지런히 일하는 것은 그 자체가 이미 변화를 추구하는 행위이긴 하지만 사실 그 궁극적인 목적은 변치 않는 안정된 삶을 누리는 것이라고 볼 수 있다. 그래서 물건을 많이 팔아야 하는 자본주의의 광고들은 안정되고 자유로운 삶의 이미지를 반복적으로 소비자에게 심어준다.

그런데 저들이 보여주는 안정되고 자유로운 삶이란 옛날처럼 중용으로 성취되는 게 아니라 역설적이게도 개성적인 소비로 이루어진다. 개성적인 소비란 남들보다 더 안정적으로 보이기 위한 경쟁적인 소비를 의미한다. 그러나 말이 좋아 개성이고 자유이지 기실은 반듯한 삶을 살고자 하는 자아의 의식을 흔드는 초자아의 유혹에 굴복하는 행위이다. 재벌이 아니라면 누구든지 비싼 명품을 사려 할 때 주저하고 갈등하게 되는데 이것이 바로 유혹당함의 증거이다. 그러므로 중용이란 규범과 지조를 올곧게 지키는 긴장 상태에서 유지되는 것임과 동시에 자유로움의 근거가 된다.

장막 뒤에는 아무것도 없다

대할 대對

甲帳對楹갑장대영이라
온갖 보석으로 장식한 장막은 두 기둥 사이에 드리워졌다

甲 갑옷 '갑' 이 글자를 소전에서는 '甲'로 쓰는데 이는 싹이 깨진 껍질을 머리에 이고 흙에서 나오는 모양이다. 씨앗을 보호하는 껍질이라는 의미에서 '갑옷'이라는 의미가 파생되었고, 처음으로 싹이 트여 나온다는 뜻에서 '시작'·'첫번째' 등의 의미가 파생되었다.

帳 장막 '장' '수건 건巾'과 '길 장長'으로 이루어졌다. '장長' 자의 자형은 노인의 길게 드리운 머리칼 모양이므로 '장帳'의 자형적 의미는 '길게 드리운 천이나 장막'이 된다. 고대 중국인들은 침대 위에 지붕을 만들고 그 위로부터 커튼을 사방으로 덮어 빛을 차단시켰는데 바로 이 커튼을 '장帳'이라고 부르는 것이다.

對 대할 '대' '종 다는 널 업業'과 '마디 촌寸'으로 이루어졌다. '업業' 자는 종을 매달아놓는 현가 장치로서 두 개의 기둥을 나란히 놓고 그 위에 널을 얹은 모양이고, 우측의 '촌寸' 자는 원래는 '손 수手' 자인데 여기서는 '마주 볼 수讐'와 같은 뜻으로 쓰였다. 따라서 '대對' 자의 자형적 의미는 '두 기둥이 마주보고 나란히 서 있다'가 된다.

楹 기둥 '영' '나무 목木'과 '밖에 남을 영盈'으로 이루어졌다. 기둥이

란 벽에 붙어 있는 부속물이 아니라 벽 밖에 우뚝 홀로 서서 지붕을 받치고 있는 것이므로 '영楹' 자의 자형적 의미는 '밖에 홀로 남아 지붕을 받치는 나무 기둥'이 된다.

　이 구절도 앞 구절의 내용을 이어 궁궐 내부의 위용과 화려함을 묘사하고 있다.

　'갑장甲帳'이란 '갑을장甲乙帳'의 준말로서 한 무제 때 천하의 진귀한 보석들로 장식하여 만든 최고급 침실용 커튼이다. 당시에 동방삭東方朔이 두 개를 만들어서 제일 좋은 갑장은 신을 모시는 곳에 쳤고, 두 번째 을장乙帳은 황제의 침대 위에 드리웠다고 한다. '대영對楹'이란 '마주보고 있는 두 기둥'이라는 뜻이므로, 이 구절의 의미는 '갑장을 커다란 두 기둥 사이에 드리웠다'가 된다.

　장막을 갑과 을, 두 개로 만든 것은 각각 하늘의 세계와 땅의 세계를 상징한다. 여기서 하늘의 세계란 상제上帝가 다스리는 사후의 초월적 세계로서 땅의 세계라는 현실과 대척을 이루는 관념적인 것이다. 따라서 이 세계의 움직임은 현실의 운명을 결정짓는 근거가 되었다. 왜냐하면 현실의 모습과 변화는 하늘의 것과 구조적으로 같은 짝을 이루고 있다고 믿었기 때문이다. '마주보고 있는 두 기둥'(對楹)의 '대' 자가 이를 의미한다. 그러므로 하늘의 질서가 흐트러지면 땅의 현실도 문란해지게 마련이니, 현실을 바꾸고 싶으면 하늘이 먼저 바뀌도록 기도해야 하는 것이다. 이것이 이른바 천명天命 사상의 얼개이다. 동방삭이 갑·을 두 장을 만든 것은 세계의 근거가 되는 초월적인 하늘의 존재를 인식시킴으로써 이것이 현재의 왕권을 뒷받침해주고 있다고 믿게 하기 위한 것이었다. 따라서 현 정권에 항거하는 것은 곧 하늘의 명령에 불복하는 종교적인 파계 행위가 된다.

여기서 하필 장막을 상징물로 삼은 것은 그것이 무언가를 뒤로 가리는 것이기 때문이다. 그래야 그 뒤에 무언가 신비로운 것이 있을 것이라고 믿을 게 아닌가? 앞서 말했듯 '텍스트 바깥에는 아무것도 없음'에도 말이다. 그래서 권력의 행사는 밖으로 드러나 보이는 외관을 잘 꾸미는 일에서부터 시작하는 것이다.

잔치에도 질서가 있다

肆筵設席사연설석하고
돗자리를 펴고 방석을 깔아놓으며

자리 석席

肆 베풀 '사' '길 장長'과 '붓 율聿'로 이루어졌다. '장長'자는 노인의 긴 머리칼을 그린 모양이다. 생 대나무 막대기의 끝트머리를 돌로 짓이기면 부드러운 섬유질이 남는데, 모필毛筆이 나오기 이전의 옛날에는 이것을 갖고 붓처럼 사용하였다. '율聿'자는 바로 이 대나무 붓을 손으로 들고 글씨를 쓰는 모양이다. 따라서 '사肆'자의 자형적 의미는 '대나무 붓의 섬유질처럼 산발한 머리 모양'이 된다. 이로부터 '자리 같은 것을 사방으로 넓게 펴다'·'산발한 머리처럼 질서 없이 마음대로 하다'라는 의미가 파생되었다.

筵 자리 '연' '대 죽竹'과 '늘일 연延'으로 이루어졌으므로 자형적 의미는 '넓게 펴놓은 대나무 자리'가 된다. 『주례周禮』에 의하면 돗자리 한 연筵의 길이는 아홉 자(尺)이다.

設 베풀 '설' '말씀 언言'과 '몽둥이 수殳'로 이루어졌지만, 갑골문에서는 '𣪊'로 썼다. 즉 갑골문에서 '언言'자는 쐐기 모양으로 되어 있으므로 오늘날의 해서楷書 자형은 와전된 것임을 알 수 있다. 따라서 '설設'자의 자형적 의미는 '나무 망치로 쐐기를 박다'가 된다. 이로부

터 '설치하다'·'건설하다' 등의 의미가 파생된 것이다.

席 자리 '석' '수건 건巾'과 '무리 서庶'로 이루어졌다. '서庶' 자는 아래에 깔려 있는 커다란 기초 부분을, '건巾' 자는 왕골 방석의 가장자리를 천으로 마감질한 것을 각각 가리키므로, '석席'의 자형적 의미는 '밑에 깔고 앉는 방석'이 된다. 그러니까 앞의 '연筵'은 잔치 자리에 넓게 깔아놓는 돗자리이고, '석席'은 돗자리 위에 다시 각자 깔고 앉는 방석이 되는 셈이다.

이 구절은 『시경』「행위行葦」편의 "돗자리를 펴고 방석을 깔다"(肆筵設席)를 그대로 옮긴 것으로 궁궐 내에서 황제가 자리를 마련하고 연회를 즐기는 모습을 묘사하고 있다. 잔치를 연 목적은 형제 및 친척들 간의 화목을 돈독히 함과 아울러 노인들을 받들고 위안하려는 것이다.

이 구절은 환유의 수법으로 잔치를 묘사하고 있다. 우리는 잔치라는 말을 들으면 바로 술과 음식을 연상하는데, 여기서는 이를 숨기고 대신에 돗자리(筵)와 방석(席)이라는 잔치의 도구들로 그 성대함을 상징하고 있다. 이렇게 하면 잔치의 윤리성과 건전성을 전경前景에 내세울 수 있기 때문에 백성들이 궁중의 화려한 잔치를 위화감 없이 납득할 수 있게 된다. 반면에 폭군이 여는 잔치는 언제나 술과 안주를 앞으로 내세워 그의 비윤리성을 드러내는 것이 고대의 역사 서술 방법이었으니, 은나라 주왕紂王의 폭정을 이른바 '주지육림酒池肉林', 즉 술로 못을 채우고 고기 안주가 숲을 이루었다는 말로 표현한 것이 그 대표적인 예이다.

여기서 돗자리를 까는 일은 '사肆' 자를 쓰고, 방석을 까는 일은 '설

設’ 자를 썼는데, 이러한 필법 역시 차별적인 의미를 만들어낸다. 즉 너와 나의 벽을 허물고 함께 흥을 나누는 잔치라고 해서 아무렇게나 자리를 마련해도 되는 것은 아니라는 뜻을 암시한다. 다시 말해 돗자리는 어디든 ‘마음대로’(肆) 깔아도 되지만, 방석은 ‘쐐기를 박아놓았’(設)듯이 위계적 자리가 고정되어 있으니 이를 힘써 고려하여 자리를 ‘설치’해야 하는 것이다. 그렇지 않으면 방석이 담고 있는 위계적 의미 때문에 화목하기 위한 잔치가 불화의 계기로 변할 수도 있다. 그런 경우를 우리는 주위에서 심심치 않게 보는데, 이는 바로 ‘사肆’ 자와 ‘설設’ 자의 의미론적 구분을 제대로 하지 않은 데서 비롯된 것이리라.

숨어서 등장하는 북소리

鼓瑟吹笙고슬취생이라
비파를 뜯고 젓대를 분다

반듯 필必

鼓 북 '고' 이 글자는 좌측 방의 북 모양과 우측 변의 '두드릴 복攵=攴'으로 이루어졌다. 따라서 '고鼓' 자의 자형적 의미는 '손으로 북채를 쥐고 북을 두드리다'가 된다.

瑟 비파 '슬' '거문고 금琴'과 '반듯 필必'로 이루어졌다. '금琴' 자는 현을 감거나 풀어서 조율하는 주감이가 둥근 오동나무 공명판 위에 달려 있는 모양이고 '필必' 자는 말뚝을 박아놓은 모양으로 여기서는 현을 받쳐주는 지주를 뜻한다. 따라서 '슬瑟' 자는 거문고의 공명판과 주감이와 지주를 그린 모양이 된다.

吹 불 '취' '입 구口'와 '하품 흠欠'으로 이루어졌으므로 자형적 의미는 '입에서 숨이 나가다'가 된다.

笙 생황 '생' '대 죽竹'과 '날 생生'으로 이루어졌으므로 대나무로 만든 관악기, 즉 생황을 뜻한다. '생生' 자는 흙에서 싹이 나오는 모양으로 '시작'이라는 의미를 담고 있으므로 생황의 음은 정월의 음이 된다.

이 구절은 『시경』 「녹명鹿鳴」편의 "내게 좋은 손님이 오셔서 비파를 뜯고 생황을 불며 즐기네"(我有嘉賓, 鼓瑟吹笙)를 옮겨 쓴 것이다. 이 시는 임금이 신하들과 더불어 사방에서 온 손님들을 모시고 도와 덕을 외우고(외울 講) 노래하면서(노래할 唱) 즐기는 내용으로 되어 있다. 옛날 조정에서 베푸는 공식적인 연회에서는 품격을 지키기 위해 도와 덕에 관한 성현들의 말씀이나 명구를 외우거나 명시를 읊곤 하였다. 이렇게 하는 행위를 '강講' 또는 부시賦詩라고 하였다. 오늘날 '강의講義'라고 하면 정확하거나 올바른 내용을 논리적으로 풀어 설명한다는 뜻으로 쓰고 있지만 고대의 '강'은 소리를 리듬에 맞춰 아름답게 표현한다는 뜻으로 쓰였다. 왜냐하면 옛날 사람들의 소통에서 설득력은 논리보다는 아름다움에 의거하였기 때문이다.

이 구절도 출구와 마찬가지로 연회의 건전성과 품위를 전경에 내세우기 위하여 점잖은 악기의 연주를 묘사하고 있다. 악기 중에서도 아악雅樂의 대표적인 현악기인 비파와 관악기인 생황을 선택하였는데, 이들은 모두 화음 악기라는 공통점을 갖는다. 즉 연회란 여러 사람이 모여 조화를 연출하는 것임을 이들 화성 악기들이 상징하는 것이다. 뿐만 아니라 비파와 생황은 난장의 쾌락을 생성하는 타악기와는 달리 격조 높은 소리를 조용히 울려주므로 점잖은 공식 연회의 연출에 잘 어울린다.

동서양을 막론하고 품위 있는 고전 음악에서는 북이나 징과 같은 타악기는 최대한 억제한다. 왜냐하면 북이란 사람의 감정을 극도로 흥분시키는 악기이기 때문이다. 그래서 전장에서도 공격은 북소리로 시작하였다. 『좌전』 「장공莊公 10년」의 "무릇 전투란 용기로 하는 것입니다. 맨 처음에 두드리는 북소리는 사기를 진작시킵니다"(夫戰, 勇氣也. 一鼓作氣)라는 구절이 이를 가리킨다. 이처럼 북은 감정을 극도로 흥분시켜서 순간적으로 이성을 마비시킨다. 그러므로 조화와 품격을 유지해야 하는 공식 연회나 신성한 제사를 진행하는 연주에서는 타악기의 사용을 억제하는 것이다.

그러나 아무리 점잖은 연회라 하더라도 흥을 내기 위해 타악기를 쓰고 싶은 것이 사람의 욕망이다. 타악기의 쾌락을 즐기고자 하는 이 무의식적 욕망이 투사된 것이 '고슬鼓瑟'이라는 어구로 보인다. 비파를 타는 행위는 '탄彈' 자를 쓰는 것이 보통인데 굳이 '고鼓' 자를 쓴 것은 북이 일으키는 쾌락을 즐기고 싶은 욕망이 이 글자를 통해 의식 위로 올라오고 싶었기 때문이리라. 다시 말해 '고슬鼓瑟'은 '고鼓' 자가 비록 '북을 두드리다'라는 의미를 갖고 있다 할지라도 목적어가 '비파'인 이상 '비파를 타다'라는 의미로밖에는 해석할 수 없으므로, 그 동사 자리에 마음 놓고 금기의 '고鼓' 자를 가져다놓을 수 있었다는 말이다.

섬돌로 구별 짓기

섬돌 폐陞

陞階納陞승계납폐하니
바깥 충충대를 올라가 처마 안 섬돌을 향하니

陞 오를 '승' '언덕 부阜'·'되 승升'·'흙 토土' 등 세 부분으로 이루어
졌다. '승升' 자는 액체를 떠서 양을 재는 기구로 사실상 '말 두斗'와
같은 의미의 글자이다. 물을 뜨려면 퍼올려야 하므로 '오르다'라는 의
미가 파생된 것인데, '오를 등登'과 첩운 관계에 있다는 사실이 이를
입증한다. 따라서 '승陞' 자의 자형적 의미는 '흙으로 쌓아놓은 언덕을
올라가다'가 된다.

階 섬돌 '계' '언덕 부阜'와 '모두 개皆'로 이루어졌다. '개皆' 자는 사
람들이 나란히 입을 모아 한 목소리를 낸다는 뜻이므로, '계階' 자의
자형적 의미는 '언덕으로 올라가는 층계가 나란히 깔려 있다'가 된다.

納 들일 '납' '실 사糸'와 '안 내內'로 이루어졌으므로 자형적 의미는
'실에 물기가 스며들어 축축하다'가 된다. 이로부터 '안쪽으로 들어가
다'라는 의미가 파생되었다.

陞 섬돌 '폐' '언덕 부阜'와 '섬돌 비坒'로 이루어졌다. '비坒' 자는 서
열을 비교하여 순서대로 높이를 달리한다는 뜻이므로 '폐陞'의 자형
적 의미는 '높은 곳으로 한 층 한 층 올라갈 수 있도록 쌓아놓은 계단'

478

이 된다.

　이 구절은 궁궐 내에서 황제가 기거하는 궁전 안으로 들어가는 길
을 묘사하고 있다. 여기서 '계階'는 궁전 앞뜰에서 전으로 올라가는
섬돌로 신하들이 황제를 알현하려면 반드시 거쳐야 하는 통로이고,
폐陛는 당堂 안에 있는 계단으로 황제가 이용한다.

　납폐納陛란 옛날에 황제가 공훈을 세운 제후나 대신에게 내리던
아홉 가지 하사품, 이른바 구석九錫 중의 하나이다. 즉 궁전의 터를 팔
때 당 안으로 올라가는 계단을 처마 안으로 들여넣도록 설계해서 높
은 사람이 실내에서 당에 오를 수 있도록 집을 짓는 것을 납폐라고
불렀다. 이렇게 당으로 올라가는 섬돌을 처마 안쪽 실내에 설치하는
것은 당연히 황제의 궁궐 외에는 금지되었지만, 특별한 공을 세운 신
하에 한해 공훈의 차원에서 허락해주었다.

　중국의 고대 봉건 권력은 체제를 유지하기 위해 만든 질서를 자연
적인 질서로 인식시키려고 여러 가지 가시적 기호記號를 만들어 백성
들의 삶 속에 문자처럼 깔아놓았다. 여기서 문자란 의식되지 않는 가
운데 의미에 영향을 끼치는 기호를 말한다. 이를테면, 똑같은 내용의
글이라도 예쁘게 잘 쓴 글씨로 적은 것이 괴발개발 쓴 글씨로 적은 것
보다 더 신뢰성이 높다는 사실이 바로 문자의 보이지 않는 기능이다.

　권력은 이러한 문자의 기능을 이용하여 봉건 이데올로기를 형성시
켰는데, 그 대표적인 예가 바로 실외 섬돌과 실내 섬돌의 차별화였다.
즉 실내 섬돌은 층계라는 기능을 위해 존재하는 것처럼 지각되면서
도 보이지 않는 가운데 황제와 황제가 아닌 인간들 사이의 차이를 느
끼게 함으로써, 그가 자신들과는 다른 특별한 존재라는 사실을 관념

으로 각인시킨다. 황제도 같은 사람이라는 점에서는 자신들과 연속선 상에 있는 것 같은데, 이 섬돌의 위치로 인해 자신들과는 다른 불연속 적인 존재가 되는 것이다. 따라서 폐陛라는 섬돌이 실내로 들어가 있 는 지점이 바로 황제와 황제가 아닌 사람들을 구분 짓는 특이점이 되 는 셈이다. 황제를 지칭할 때 폐하陛下, 즉 섬돌 밑에서 시중을 드는 하인이라고 하였는데, 이는 그가 지존이기 때문에 감히 직접 가리키 지 못하고 그의 하인으로 대체해서 간접적으로 불렀던 것이다. 권력 은 이처럼 관습을 통해 자연스럽게 관념이 됨으로써 정통성을 획득 한다.

옛날에는 신분과 계급이 이러한 가시적 기호들을 통해 엄격하게 지켜졌기 때문에 아무리 잉여 소득이 많고 축적된 재물이 많더라도 소비는 대체로 정해진 기호의 수준을 초과하지 못하였다. 왜냐하면 기호에 의해 정해진 수준을 초과하면 자칫 권력에 대한 도전으로 오 인될 수도 있기 때문이었다.

오늘날 과소비가 사회적 문제가 될 정도로 소비가 자유로운 것은 사실이지만, 한편에서는 여전히 소비가 계급에 의해 제한되는 것도 현실이다. 직장에서 자신의 상사보다 넓은 집이나 비싼 차를 소유하 는 게 그리 자유롭지 않으며, 을의 관계에 처한 납품 회사 사장이 갑 의 위치에 있는 회사에 들어갈 때는 허름한 중고차로 갈아타고 들어 가야 한다는 업계의 지혜는 여전히 이 사회에 봉건 권력의 잔재가 남 아 있음을 입증해준다.

권력은 왜 사치할 수밖에 없나

고깔 변弁

弁轉疑星변전의성이라
고깔이 움직일 때마다 (번쩍이니) 별인가 의심한다

弁 고깔 '변' 이 글자의 자형은 아래의 '두 손'(廾)으로 윗부분의 '갓'(厶)을 받쳐서 머리에 쓰는 모양이다. 그래서 이 글자에 '갓'·'고깔'의 의미가 생겨났다. 여기서는 군신群臣들이 예복에 맞춰 머리에 쓰는 관을 지칭한다.

轉 구를 '전' '수레 거車'와 '오로지 전專'으로 이루어졌다. '전專' 자는 손으로 실패를 쥔 모양으로 '옮길 천遷'과 첩운 관계에 있다. 따라서 '전轉' 자의 자형적 의미는 '수레로 물건을 이쪽에서 저쪽으로 옮기다'가 된다. 여기서 '회전하다'라는 의미가 파생되었다.

疑 의심할 '의' '아들 자子'·'그칠 지止'·'변화할 화匕'·'화살 시矢' 등 네 부분으로 이루어졌다. 우측 방의 자형은 '어린아이'(子)가 잘 걷지 못해 조금 가다 '멈추다'(止)라는 뜻으로 아직 결단하지 못하고 주저함을, 좌측 변의 자형은 '화살'(矢)이 목표를 정하지 못하고 이리저리 '변화함'(匕)을 각각 나타낸다. 따라서 '의疑' 자의 자형적 의미는 '주저하면서 결정하지 못하다'가 된다. 이로부터 '의심하다'·'미혹되다' 등의 의미가 파생되었다.

481

星 별 '성' 이 글자의 고문자 자형은 '맑을 정晶'과 '날 생生'으로 이루어졌다. '정晶' 자는 뭇별이 빛나는 모양이고 '생生' 자는 싹이 발아한다는 뜻이므로 '성星' 자의 자형적 의미는 '청명한 빛을 발하는 별'이 된다.

이 구절은 『시경』「기욱淇奧」편의 "고깔모 접친 곳이 별과 같네"(會弁如星)를 다시 쓴 것이다. '변弁'은 녹비鹿皮로 만들었는데 이를 봉합할 때 앞이마 부분에서 뒤쪽으로 골이 지도록 접쳐 만들고 여기에 옥을 달았다. 이 옥을 일컬어 '양梁'이라고 하는데, '양'은 신분에 따라 삼량三梁·양량兩梁·일량一梁 등으로 구분하였다. 이 구절은 뭇 신하들이 섬돌을 오르내릴 때 고깔모가 움직일 때마다 화려하게 빛을 반사하는 모양을 묘사한 것이다.

중국 고대 사상에서 신하의 개념은 임금에게서 권한을 위임받아 정치를 대신해주는 대리자이면서 임금에게 소속된 노예적 존재였다. '신하 신臣' 자의 자형이 노예를 묶어 무릎을 꿇린 모양이고, '재상 재宰' 자의 자형이 집 안에서 주인의 일을 대신 봐주고 있는 노예의 모양이라는 사실이 이를 입증한다. 임금의 소유물인 만큼 신하는 임금의 권위를 지키고 높이는 데에 적극 이바지해야 한다. 그래서 신하들이 착용하는 예복도 황제의 권위에 걸맞도록 품위 있게 입어야 하는 것이다. 신하들의 예관禮冠을 녹비로 만들고 거기에 옥을 달아 번쩍번쩍 빛나도록 하는 수식은 궁극적으로 황제의 권위를 지키기 위한 방도가 되는 셈이다.

유가에서 성인으로 추앙하는 순임금은 죽을 때 묘를 따로 쓰지 않고 숲에 그대로 묻게 하였고 또 장례식에 군중을 동원하지 못하게 하였으며, 우임금은 치수 사업에 힘쓰느라 밤낮으로 돌아다닌 관계로 피부가 검게 그을렸다는 고사는 검소함이 유가의 이상 정치에서 매우 중요한 요소가 됨을 말해주고 있다. 그런 만큼 한대 이후 국가의 통일된 사상적 기틀로 유가가 채택되어 황제의 사치스러움을 권위의 상징으로 정당화할 수밖에 없게 되었을 때 그들 스스로 매우 당황하였을 것으로 짐작된다. 그래서 그들은 예의 기능을 중시함으로써 법가의 비조鼻祖가 된 순자의 후왕後王주의에 착안하였다. 순자는 정치와 예제의 규범을 옛날의 훌륭한 임금에 두고 이를 본받아야 한다는 유가의 전통적인 사상을 이른바 선왕先王주의로 규정하고 이는 시대적인 요구를 반영하지 못하는 결함이 있다고 비판하였던 것이다. 따라서 시대를 다스리려면 선왕보다는 현재의 권력인 후왕을 중시해야 하고 그러려면 황제의 사치는 권위를 위해 용납해야 한다는 것이 순자를 앞세운 유가의 논법이었다.

현재의 권력은 언제나 이러한 관습적인 방식으로 정당성을 획득한다. 즉 사치는 궁극적으로 기호(정확히는 기표)를 만드는 행위이고 이를 통해 권위가 만들어진다. 그리고 이것이 관습이 되면서 권력은 정당한 힘으로 자리를 잡게 된다. 저소득층 서민들이 보수당을 지지하는 불가사의한 현상이 발생하는 요인이기도 하다. 그러므로 권력은 언제나 눈앞에서 연출되는 위엄으로 힘을 행사한다. 이 위엄의 본질이 곧 사치함이므로 백성들은 고깔의 번쩍임에 더 눈길을 주며 경외하게 되는 것이다. 이처럼 황제의 비의秘議가 저절로 이데올로기가 되는 방식을 위의 '의疑' 자가 상징적으로 잘 설명하고 있으니, 저 번쩍이는 고깔이 혹시 별이 아닌가 의심하는 가운데 의식의 '화살은 목표를 잃게 된다'는 해석이 가능하다.

비밀이 드문 시대의 문민통제

右通廣內우통광내하고
오른쪽으로는 광내廣內로 통하고

안 내內

右 오른쪽 '우' '입 구口'와 '오른손 우又'로 이루어졌다. '우又' 자는 '뛰어날 우優'와 발음이 같으므로 여기에는 '왼손보다 우위에 있다'라는 의미가 담겨 있다. 따라서 '우右' 자의 자형적 의미는 '입으로 더 나아지도록 도와주다', 즉 '조언하다'가 된다.

通 통할 '통' '길 걸을 착辶=辵'과 '길 용甬'으로 이루어졌다. '용甬' 자는 '동굴 동洞' 자와 첩운 관계에 있으므로 '양쪽으로 담을 끼고 뚫려 있는 길'이라는 뜻을 담고 있다. 따라서 '통通' 자의 자형적 의미는 '도로가 막히지 않고 시원하게 뚫려 있는 모양'이 된다.

廣 넓을 '광' '집 엄广'과 '누를 황黃'으로 이루어졌다. '황黃' 자는 불화살 모양으로 '밝은 불빛'이라는 의미를 담고 있다.[2] 따라서 '광廣' 자의 자형적 의미는 '지붕만 있고 사방 벽이 없어서 밝은 빛이 들어오는 큰 집 안의 넓은 공간'이 된다. '빌 공空'·'빛 광光' 등과 첩운 관계에 있다는 사실이 이를 입증한다.

內 안 '내' 이 글자는 방으로 들어가는 문 또는 입구의 모양이므로 자형적 의미는 '입구를 통하여 안으로 들어가다'가 된다. 이로부터

'안'·'가운데' 등의 의미가 파생되었다.

   '광내廣內'란 원래 한나라 때에 궁정 안에 두었던 황제의 서고書庫를 가리킨다. 당시에는 궁정 내에 연각延閣·광내·비실秘室 등의 서고를 두어 고적과 문서를 저장해두었는데, 이들 서적은 외부로 유출되는 것이 철저하게 금지되었으므로 비서秘書라고 불렀다. 나중에는 황제의 서고를 일반적으로 일컬어 광내라고 불렀다. 광내는 황제가 정무를 돌보는 정전正殿의 우측에 두었으므로, "오른쪽으로는 광내로 통한다"고 쓴 것이다.

   전통적으로 오른쪽은 자해에서 설명한 바와 같이 왼쪽에 비하여 우등함을 뜻하고, '통通' 자는 두 지점이 하나로 뚫려서 더 이상 둘이 아님을 의미한다. 그러므로 광내를 우측에 두었다는 것은 황제가 고전과 인문人文을 숭상하고 또 거기서 도움(佑)을 받겠다는 의지를 상징한다. 왜냐하면 '오른쪽 우右'와 '도울 우佑'는 서로 통하는 같은 글자이기 때문이다.

   나라가 위기에 처했을 때 지도자와 국민은 빛, 즉 위기를 구원할 수단과 방법을 찾게 된다. 빛이란 곧 지혜인데 이는 당연히 책 속에 축적되어 있다. 그런데 책 속에는 수많은 지혜들이 산재해 있으니 어느 것이 당시의 상황에 진정 필요한지 명백히 알 수가 없다. 어떤 지혜를 채택하여 정책으로 만들든 누구에게나 공평할 수는 없기 때문이다. 그러므로 빛으로 비유되는 지혜는 일단 안에 가두어놓아야 한다. 이것이 '광내'가 비서秘書여야 하는 까닭이다.

   『논어』「태백」편에 "백성은 (임금의 정책대로 믿고) 따라가게 해야 할 때도 있고, (정책의 의도를) 굳이 알게 하지 않을 수도 있다"(民可使由之, 不可

使知之)는 공자의 말이 있다. 오늘날 투명성을 중시하는 민주 사회에서는 이해가 안 되는 말이지만, 실제로 굳이 알 필요가 없는 정책이 있는 것도 사실이다. 그 대표적인 예가 〈타임Time〉 지가 뽑은 '세계 외교 망신 해프닝 10선' 중 미국 대통령 조지 W. 부시와 영국 수상 토니 블레어의 귀엣말 생중계 사건일 것이다. 2006년 G8 정상회담에서 마이크가 켜져 있는 줄 모르고 나눈 두 사람의 사적인 대화가 그대로 공개되었는데, 그 대화 내용으로 인하여 그간 소문으로만 나돌던 "블레어는 부시의 푸들"이라는 조롱이 사실로 밝혀진 것이다. 영국이 미국의 말을 잘 들을 수밖에 없는 처지를 영국인들도 대충 알고 있는 터이지만, 이는 영국 정부가 굳이 국민들에게 알릴 필요는 없는 사안이었을 것이다.

흔히 민주주의 사회가 되려면 무력, 즉 군사 통수권을 철저히 문민통제 아래 두어야 한다고 말한다. 무력이야말로 위기를 가장 빠르고 확실하게 해결할 수 있는 구원의 방도이므로 정치 지도자나 국민들이 쉽게 유혹받는 지혜 또는 빛 가운데 하나이기도 하다. 그러므로 이 유혹을 받지 않게 하려면 '광내' 안에 철저히 가둬놓아야 한다. 이것이 바로 문민통제이다.

오늘날에는 투명한 사회라는 명분 때문에 개인 정보 외의 거의 모든 것이 공개를 원칙으로 한다. 그래서 오늘날의 정부에는 광내도 없고 비서도 없다. 심지어 보안이 꼭 필요한 대외비 문건들도 위키리크스WikiLeaks나 해커들에 의해 불시에 공개되는 세상이기도 하다. 모든 지혜와 빛이 세상에 나와 널려 있으니 일반인들은 사실 어느 게 옳은지 알 수가 없다. 모든 게 상대적이어서 담론만 있고 진리가 없다. 이런 시기에는 힘이 곧 진리이자 정의가 된다. 무력을 비롯한 실제적인 힘들을 문민의 통제 아래 두기 쉽지 않은 시대가 된 것이다. 한동안 소강 상태에 있던 군비 경쟁이 오늘날 재연되고 있는 배경에는 느슨한 문민통제가 있었다고 볼 수 있다.

수성守成은 왜 인문으로 해야 하는가

밝을 명明

左達承明좌달승명이라
왼쪽으로는 승명承明에 다다른다

左 왼쪽 '좌' '장인 공工'과 '왼손 좌ナ'로 이루어졌으므로 자형적 의미는 '장인이 공작하는 일을 도와주다'가 된다. 그러므로 '좌左' 자는 '도울 좌佐' 자의 원래 글자임을 알 수 있다.

達 통달할 '달' '길 걸을 착辵'과 '양 새끼 낳을 달𦍒'로 이루어졌다. '달𦍒' 자는 윗부분의 '큰 대大' 자가 암시하듯이 첫배로 낳은 양의 새끼라는 뜻으로, 첫배가 거침없이 잘 나와야 다음 배도 생산을 잘 하게 될 것이므로 이렇게 부른 것이다. 그래서 '달達'의 자형적 의미는 '길이 거침없이 훤하게 뚫려 있다'가 된다.

承 이을 '승' '손 수手'와 '들어올릴 증丞'으로 이루어졌으므로 자형적 의미는 '두 손을 받들어올려 물건을 바치거나 받다'가 된다.

明 밝을 '명' 이 글자를 소전에서는 '⫛'으로 썼는데 이는 '달 월月'과 '밝을 경囧'으로 이루어졌으므로 자형적 의미는 '밝은 달빛'이 된다.

홍성원의 주해는 '승명承明'이란 한대의 승명려承明廬로, 서적과 기록들을 교열하던 곳이었다고 풀이하였다. 그러나 '려廬'란 숙직하는 관리들이 기거하는 막사를 지칭하는 말이므로 승명려는 교열하는 곳이 아니라 한나라 때 황제의 옆에서 시종하는 신하들이 기거하던 곳이 된다. 앞 구절에서 "오른쪽으로는 광내로 통한다"고 하였으므로 왼쪽 역시 광내와 비슷한 기능을 하는 장소로 통하는 것이 순리라고 본다면 승명은 한나라 미앙궁未央宮 안에 있던 궁전인 승명전承明殿을 가리킨다고 봄이 옳다. 승명전은 학자들이 모여 저술 작업을 하던 곳이기 때문이다.

이 구절은 앞 구절에 이어 황제가 정전의 왼편에 승명전을 두고 저술 활동을 하는 학자들을 가까이하고 있음을 서술한다. 황제의 좌우에 승명전과 광내를 두었다는 사실은 황제가 다른 어떤 것보다도 옛날 전적과 인문을 숭상하고 또 친근히 한다는 상징적 의미를 전달한다. 『사기』「육가열전陸賈列傳」에 보면 육가가 고조에게 천하를 얻는 창업은 말 위에서 했지만 다스리는 수성守成은 말을 버리고 시詩와 서書로써 해야 한다고 진언하는 구절이 나온다. 무기란 양날을 갖고 있기 때문에 적을 찔렀던 무기가 언제 다시 자신을 찌를지 알 수 없는 법이다. 그래서 무기는 적만을 찌를 수 있는 외날로 길들여야 하는데, 그러려면 칼날이 자신을 찌르지 못하도록 권력은 자신의 정통성을 입증할 수 있는 정론, 즉 이데올로기를 만들어야 한다. 정론이란 궁극적으로 언표의 조직, 즉 글쓰기를 통해서 만들어진다. 따라서 서고를 만들어 옛날 전적을 잘 관리하고 저술을 통제하는 것은 황제의 권력을 안전하게 유지하는 데에 매우 중요한 일이 되는 것이다. 이렇게 보면 궁중 서고에 갈무리된 서적을 왜 비서秘書라 하고 또 이를 황제 옆에 가까이 두는지 이해할 수 있다. 결국 권력의 유지는 책과 더불어 글쓰기에서 '도움'(佐)을 얻을 수밖에 없는 것이다.

책의 운명 — 불태우거나 모셔두거나

법 전典

旣集墳典기집분전하고
옛 전적典籍들도 모으고

旣 이미 '기' '낟알 급皀'과 '목멜 기旡'로 이루어졌다. '급皀' 자는 곡식의 낟알 모양이고 '기旡' 자는 음식을 너무 많이 먹어 목이 멘다는 뜻이다. '기旣' 자를 갑골문에서는 ' '로 썼는데 이는 음식을 다 먹고 나서 뒤로 젖혀 앉은 모양이다. 이로부터 '완료하다'·'이미' 등의 파생 의미가 생겨났다.

集 모을 '집' 이 글자를 소전에서는 ' '로 적었는데 이는 '새 추隹' 자 세 개와 '나무 목木'으로 이루어진 것이다. '추隹' 자 세 개를 그린 것은 새가 많다는 뜻이므로 '집集' 자의 자형적 의미는 '나무 위에 많은 새가 모여 앉아 있다'가 된다.

墳 무덤 '분' '흙 토土'와 '꾸밀 비賁'로 이루어졌으므로 자형적 의미는 '아름답게 꾸민 큰 봉분'이 되는데, 이것은 귀족들이 묻힌 큰 무덤을 뜻한다.

典 법 '전' 이 글자는 죽간으로 된 전적典籍이 책상 위에 얹혀 있는 모양이다. 전적을 책상 위에 잘 얹어놓았다는 것은 조상 대대로 물려받은 기록을 모셔놓아 현재와 미래의 사안들을 다스릴 때 여기서 대

안을 찾고 또 귀감으로 삼는다는 뜻이다. 이로부터 '책'·'규범'·'전아함' 등의 의미가 파생되었다.

'기旣'자는 뒤에 이어지는 대구의 '역亦' 자와 함께 써서 복문 내의 성분절을 연결하는 접속사 기능을 수행한다. 이때 접속사의 논리적 의미는 "A하기도 하고, 또한 B하기도 하다"가 된다.

'분전墳典'이란 삼황三皇의 책이라고 전해지는 이른바 삼분三墳[3] 과, 오제五帝의 책이라고 전해지는 오전五典[4]을 함께 일컫는 말이지만, 나중에는 옛 전적을 일반적으로 지칭하는 말이 되었다.

황제의 우측에 광내라는 서고를 만들어놓고 옛 전적들을 비서秘書로 갈무리한 데서 보이듯 역대 봉건 권력들이 전적을 철저히 통제하려 했던 것은 책으로 인해 겪은 역사적 경험 때문이다. 즉 주나라 왕조도 비서들을 서고에 저장하여 관리해왔는데 견융犬戎의 침략으로 궁궐이 파괴되면서 감춰놓은 비서들이 민간으로 유출되었다. 유출된 책들이 일반인들에게 읽히기 시작하자 평민들 사이에 지식인이 급격히 많이 생겨났다. 이들이 바로 이른바 제자백가諸子百家이다. 주나라가 견융의 침략으로 인하여 동쪽으로 천도한 이후인 춘추 시대에 중국의 지식계가 급성장한 배경에는 바로 감춰둔 전적들이 유출된 사건이 있었던 것이다. 책이 역사 발전에 얼마나 중요한 역할을 했는지, 또한 그렇기 때문에 권력들이 책을 얼마나 두려워하는지 실감할 수 있는 대표적인 예이다.

그러나 다양한 담론들이란 언제나 지배 권력에 의해 주인 담론으로 통일되기 마련이다. 그런 맥락에서 진秦나라 때 분서焚書 같은 사건이 발생했던 것이다. 이후 고대 왕권은 이러한 부담을 사전에 예방하기 위해 문헌과 전적의 유통을 평소에 통제해왔다. 청나라 때 발간된 『사고전서四庫全書』를 우리는 흔히 고대 문헌을 집대성하고 정리한 위대한 문화 사업으로 알고 있지만, 실은 고적 정리를 명분으로 지배 권력의 담론에서 벗어나는 담론들을 제거한 제2의 분서 사건인 것이다.

그러니까 이 구절에서 '모으다'(集)라는 말은 어떤 프로젝트를 시행하려고 그에 관련된 자료들을 수집한다는 뜻이 아니고, 어떤 삐딱한 담론이 생겨나지 않도록 예방 차원에서 모든 책을 모아 갈무리해둔다는 의미가 될 것이다. '집集' 자의 자형적 의미가 새를 모으는 것이 아니라 온갖 잡다한 새들이 떼지어 모여 있음을 나타낸다는 점이 이를 시사한다. 따라서 권력에게 책이란 모든 사람들이 읽도록 밖에 펴놓는 것이 아니라, 위험을 야기하지 않도록 가능한 한 '무덤'(墳) 속에 감춰두거나 아니면 '궤 위에 높이 올려놓아'(典) 멀리서 숭배만 해야 하는 물건이다.

귀를 잡아 끌고온 인재들

무리 군群

亦聚群英역취군영이라

뭇 영재들도 끌어모았다

亦 또 '역' 이 글자의 자형은 사람이 두 팔을 벌리고 바로 선 모양인 '큰 대大' 자의 양 겨드랑이에다 두 점을 찍어 겨드랑이를 지시하는 형태이다. 그러므로 이 글자는 사실상 '팔뚝 비臂'와 같은 글자이다. 그러나 고대 문헌에서는 '겨드랑이'라는 실사實辭적 의미보다는 '역 시'라는 의미의 허사로 많이 쓰였다.

聚 모을 '취' 이 글자를 소전에서는 '𣠩'로 적는데, 이는 '취할 취取' 자 아래에 '사람 인人' 자 세 개가 나란히 있는 모양이므로 자형적 의 미는 '사람들을 끌어모으다'가 된다.

群 무리 '군' '양 양羊'과 '임금 군君'으로 이루어졌다. '군君' 자의 자 형적 의미는 '입으로 호령하여 뭇사람들을 다스리는 사람'이므로 여 기에는 '뭇사람'이라는 의미가 담겨 있다. 따라서 '군群' 자의 자형적 의미는 '양떼와 같은 무리들'이 된다.

英 꽃부리 '영' '풀 초草'와 '가운데 앙央'으로 이루어졌으므로 자형 적 의미는 '풀에서 가장 핵심적인 것', 즉 '꽃'이 된다. 여기서 '아름답 고 훌륭한 인재'라는 의미가 파생되었다.

이 구절은 저술 활동을 진작시키기 위해 인재들을 불러모은다는 내용으로 앞의 "왼쪽으로는 승명에 다다른다"(左達承明)는 대구를 이어받고 있다.

자해에서 설명했듯 '영英' 자는 훌륭한 인재를 뜻하므로 '취군영聚群英'이란 똑똑하고 총명한 인재들을 싹싹 쓸듯이 모아다가 승명전承明殿에 둔다는 의미가 된다. '취取' 자의 자형적 의미인 '귀를 잡아서 끌어오다'가 이를 시사한다.

이렇게 인재를 모아다가 황제 옆에 두는 행위는 얼핏 보면 학문을 숭상하고 발양하려는 의도에서 비롯된 것 같지만 사실은 인재를 황제가 독점하기 위한 방도였음을 부정하기 힘들다. 고대 중국에서는 황제의 권력을 절대적인 것으로 유지하기 위해 제후나 토호의 세력이 자라나는 것을 의도적으로 억제하였다. 그 정책 중 하나가 인재가 그들에게 유입되는 것을 막는 일이었다. 물론 황제가 인재를 독점한다고 해서 전국의 모든 인재들을 다 불러다가 혜택을 베풀 수는 없다. 그러나 고과考科 제도를 통해 선발한 인재들에게 각별한 혜택과 특권을 부여하면서 그 수를 조절하면 그들은 다른 데 눈을 돌리지 않고 제도 안으로 들어가려는 욕망에만 사로잡히게 된다. 여기서 그 수를 조절한다는 말은 욕망의 대상을 잡힐 듯 말 듯한 거리로 유지한다는 뜻이다. 이렇게 해야 수험 준비생들이 중도 포기하고 다른 데로 갈 생각을 하지 않게 될 뿐만 아니라, 시험에 낙방하더라도 제도 탓이 아니라 자신의 노력 부족 탓으로 여기게 되기 때문이다. 이렇게 해서 황제는 인재들을 다 채용하지 않고도 근처에 묶어두는 독점 효과를 누릴 수 있는 것이다. 오늘날 총명한 인재들이 민간 기업으로 진출하기보다는 고시촌으로 몰리는 것도 아마 이러한 효과의 잔재일 것으로 짐작된다.

꽃이란 '영英' 자의 자해에서 설명한 바와 같이 풀이라는 개체 안에서 가장 핵심적인 부분에 해당한다. 꽃은 아름다움으로 인하여 그 꽃을 가진 풀, 또는 종의 정체성이 될 뿐 아니라 미래라는 씨를 잉태하고 있기 때문이다. 우리가 어떤 식물을 기억하는 것은 대부분 그 꽃의 아름다움에 근거하지 않던가. 마찬가지로 우리가 영재를 대우하고 숭상하는 것도 그들이 우리의 정체성을 대표하고 미래를 잉태하고 있기 때문이다. 그래서 잎과 줄기와 뿌리가 꽃 하나를 잘 피우기 위해 말없이 모든 수고를 감내하듯이 우리 사회의 민중은 그들이 역량을 십분 발휘할 수 있도록 희생을 달게 받아들여왔다. 그런데 그들 엘리트들은 식물들이 그러하듯이 우리의 정체성으로 기능하고 있으며 우리의 미래를 잉태하고 있는가? 민중의 희생으로 기른 역량을 자신의 영달을 위해 쓰고 권력에게만 충성함으로써 민중의 기대를 배반하고 있지는 않은가?

권력과 금문 경학

隷 노예 례隷

杜橐鍾隷두고종례요
두조杜操의 초서草書와 종요鍾繇의 예서隷書요

杜 닫을 '두' 이 글자는 원래 감당甘棠나무를 뜻하는 글자였으나 나중에 '닫을 도斁' 자를 대체하여 오늘날에 이르기까지 '닫다'라는 뜻으로 쓰이게 되었다.

橐 짚 '고' 이 글자는 '고稿' 또는 '고藁'로도 쓰는데, '벼 화禾'와 '높을 고高'로 이루어졌으므로 자형적 의미는 '볍씨에서 싹이 나와 높이 자라기 시작하는 풀草의 단계'가 된다. 모든 식물은 자라기 시작하면서 풀의 단계를 거치게 되므로 '처음'을 초창草創이라 말하고 이 초창을 한 글자로는 '고橐'라고 쓰는 것이다. 그래서 초벌로 대충 쓴 원고를 '고橐' 또는 '초고草橐'라고 한다. 요즘은 '고稿' 자로 많이 쓴다. 여기서는 한자 서체의 하나인 초서草書라는 의미로 쓰였다.

鍾 쇠북 '종' '쇠 금金'과 '무거울 중重'으로 이루어졌다. '중重' 자는 나무에 꽃과 열매가 주렁주렁 열려서 가지들이 힘겨워하는 모양이므로 '종鍾' 자의 자형적 의미는 '많은 작은 술잔에 술을 나누어 부을 수 있는 큰 술 그릇'이 된다.

隷 노예 '례' 이 글자의 원래 의미는 '빚 담보로 채권자의 집에 맡겨

놓은 아들'이고, 데릴사위라는 뜻의 췌자贅子는 바로 여기에서 온 말이다. 이때 채무자가 3년이 지나도록 빚을 갚지 못하면 췌자는 노비로 만들어 부려먹을 수 있다. 여기서는 '노예' 또는 '죄수'라는 의미로 쓰였다.

이 구절과 다음 구절은 앞의 '분墳'과 '전典'을 각각 받아서 서술한 내용이다.

'두고杜槀'란 동한東漢의 두조杜操가 만든 초서草書라는 뜻이다. 초서는 글씨 쓰기를 간편하게 하기 위해 필획을 생략하거나 흘려 쓴 서체로, 한나라 장제章帝 때 처음 장초章草가 만들어졌고, 나중에 금초今草·광초狂草 등으로 발전하였다. 동한의 두조가 초서를 처음 만들었다고 전해지지만 확실치 않다. 초서를 잘 쓴 서예가로는 동진東晉의 왕희지王羲之가 유명하다.

'종례鍾隷'란 위魏나라 서예가인 종요鍾繇가 만든 예서隷書라는 뜻이다. 여기서 예서란 금례今隷, 즉 해서楷書를 말한다. 원래의 예서는 진秦나라 때 옥리들이 죄수들을 관리하는 대장을 기록할 때 쓰던 서체였다고 한다. 당시의 관방官方 서체는 소전小篆이었는데 소전은 필획이 그림에 가까워서 글씨 쓰기가 불편했기 때문에 날로 늘어나는 수많은 죄수들을 기록하는 데 매우 비효율적이었다. 그래서 옥리들이 자기들끼리 소전의 필획을 간소화한 서체를 만들어 쓰게 되었는데, 죄수의 관리 대장을 기록하던 서체라는 의미에서 예서隷書라고 부른 것이다. 따라서 예서는 오늘날 쓰는 해서의 직접적인 전신이고, 아울러 금문今文 서체의 효시가 된다. 예서의 후신인 해서를 종요가 만들었다는 기록이 있긴 하나 이를 사실로 믿기는 어렵고, 여러 사람들의

497

손을 거치는 동안 해서로 정착했다고 보는 것이 옳을 것이다.

이 구절은 앞의 '분墳'에 쓰인 문자들을 지시하는데, 초서와 금례는 금문에 속하므로 이들이 금문으로 쓴 전적들임을 알 수 있다. 시대적으로 볼 때 금문으로 쓴 전적들은 대부분 한대漢代 이후에 발간되었다. 이들이 분전의 반열에 들었다는 사실은 책의 내용이 주로 왕권의 확립에 관한 이데올로기적 담론으로 이루어져 있음을 의미한다. 권력의 확립은 정통성 확보에 달려 있고, 이는 글쓰기에 의해서 기술된다. 한나라 초에 정권의 적극적인 지원을 받은 관방 경학자들이 『춘추공양전春秋公羊傳』을 종교적으로 해석함으로써 한 왕조의 출현이 이미 공자로부터 예언되었다고 기술한 것이 대표적인 예이다. 이러한 문장이 함부로 읽히도록 내버려두면 다시 반反이데올로기적인 해석이 남발될 수 있으므로 철저히 신비롭게 모셔져야 한다. 이것이 '분墳' 자에 담겨 있는 의미이다.

벽 속에서 나온 영물靈物

날줄 경經

漆書壁經칠서벽경이라
옻칠로 글씨를 쓴 벽 속의 경전이다

漆 옷 '칠' 이 글자는 원래 섬서성 대신산大神山에서 발원하여 서남 쪽으로 흘러 위수渭水에 합쳐지는 강 이름이었는데, 나중에는 '옻나무 수액 칠桼' 자를 대체하여 쓰이게 되었다. '칠桼' 자의 자형은 옻나무의 표피에서 진액이 흘러내리는 모양을 그린 것이다.

書 글 '서' '붓 률聿'과 '놈 자者'로 이루어졌다.[5] '자者' 자는 원래 삼태기에 땔감을 담아 저장해두는 모양이므로 '서書' 자의 자형적 의미는 '붓으로 사물을 그려 저장해두다'가 된다. 이 글자의 발음이 '그릴 사寫'와 쌍성·첩운의 관계에 있다는 사실이 이를 입증한다.

壁 벽 '벽' '흙 토土'와 '죄줄 벽辟'으로 이루어졌다. '벽辟' 자는 죄인을 다스리는 법을 의미하므로 '벽壁' 자의 자형적 의미는 '법이 사람들이 죄짓지 못하도록 막아놓듯이 공간을 침범하지 못하도록 흙으로 막아놓은 담'이 된다.

經 날줄 '경' '실 사糸'와 '길 경巠'으로 이루어졌다. '경巠' 자는 날실을 팽팽하게 당겨놓은 베틀 모양이므로 '경經'의 자형적 의미는 '베틀의 날실을 가지런하고 팽팽하게 당겨놓다'가 된다.

‘벽경壁經’은 벽중서壁中書라고도 부른다. 한나라 때 노공왕魯恭王이 궁궐을 넓히려고 공자택孔子宅을 허물었는데, 이때 벽 속에서 옻칠로 쓴 경서가 출토되었다. 이것이 『고문상서古文尙書』(또는 『서경』으로도 부름)인데 앞서 말한 ‘전典’은 바로 이를 가리킨다. 이 경서는 진나라 때 분서焚書를 피하기 위해 벽 속에 숨겼던 것이기 때문에 사용된 문자가 당시 진나라의 소전이 아닌 이른바 육국문자六國文字일 것으로 추정되었다. 왜냐하면 진나라에서 공인한 문자로 쓰지 않은 책은 모두 불태워버렸기 때문이다.

　출토 당시의 공식 문자가 예서였으므로 학자들은 예서를 금문今文으로 본 반면에 해독하기 어려운 육국문자는 고문古文으로 간주하였다. 그래서 벽중서를 고문 경서라고 부른 것이니, 동한의 고문 경학은 이를 텍스트로 한 해석에서 비롯되었다. 앞서 설명했듯이 기존의 금문 경학은 의리義理의 천명을 통해 봉건 왕조의 정통성을 기술해줌으로써 왕권을 확립하고 유지하는 데 크게 기여하였다. 한편 나중에 등장한 고문 경학은 비주류의 한계를 극복하기 위하여 금문 경학이 결여하고 있는 실사구시의 방법론을 강구함으로써 중국 문헌학의 발전에 크게 이바지하였다.

　경經이란 자형 그대로 베를 짜나가는 방향을 바로잡아주는 날실인데, 흔히 이를 은유적으로 사용해서 사람이 응당 지켜야 할 윤리 강령과 질서를 상징한다. 이처럼 경을 움직일 수 없는 불변의 도리로 여겨온 것이 동아시아의 전통 사상이기는 하지만, 경도 따지고 보면 어느 시대가 낳은 담론 중의 하나로서 단지 사람들이 옳다고 믿는 통념으로 굳어진 결과일 뿐이다. 이 통념을 장악해 그 주인이 되면 거기에 의지해 사람들을 지배할 수 있는 권력이 생긴다. 앞서 살핀 대로 황제가 학자와 학술을 좌우에 꽉 잡아두는 주요 이유이기도 하다.

한대의 금·고문 경학이 서로 논쟁하고 경쟁한 것은 일종의 권력투쟁이나 마찬가지였다. 그러나 주장의 설득력을 높이기 위해 논리와 근거를 강화하려는 노력은 궁극적으로 담론의 완성도를 높였을 뿐 아니라 학술 자체를 발전시키는 긍정적인 결과를 낳기도 하였다. 봉건 사상이 주류 이데올로기로 중국을 비롯한 동아시아를 오랜 기간 지배해온 이유는 바로 이러한 경쟁에서 생긴 힘에 있었다고 해도 지나친 말이 아니다.

또 하나 우리가 주의할 단어가 '칠서漆書'이다. '칠漆'이란 자해에서 밝혔듯이 옻나무의 진액을 뜻한다. 옛날에는 나무로 만든 기구를 좀이 슬지 않고 오래 보존할 수 있도록 옻칠을 했다. 경서처럼 대대로 읽어야 할 글들을 대나무로 만든 죽간에 쓸 때는 먹물 대신 옻의 진액으로 썼는데 이것이 바로 칠서다. 칠서는 옻의 색깔 때문에 검붉은 색을 띤다. 경서와 같은 권위적인 글을 옻칠로 쓰는 데에는 보존이라는 기능 외에 종교적인 의미도 깃들어 있다. 옛날에는 문자가 스스로 그 내용을 실현하는 일종의 영물靈物이라고 믿었기 때문에 매우 소중히 다루었다. 붉은 옻칠로 경문을 쓴 것도 바로 문자의 주술성을 영속시키기 위한 종교적인 제의 중의 하나였다.

5부

지식인의 신화와 현실

字文

장관은 보좌관이 아니다

장수 장將

府羅將相부라장상하고
관부에는 장수들과 정승들이 늘어서 있고

府 곳집 '부' '집 엄广'과 '붙일 부付'로 이루어졌다. '부付' 자는 물건에 딱지 같은 것을 붙인다는 뜻이므로 '부府' 자의 자형적 의미는 '물건에 표지를 붙여 곳간에 저장하다'가 된다. 옛날에는 공공 재화와 공적 기록 등을 모두 관청에서 모아 갈무리해두었으므로 '부府' 자에 '관부' 또는 '관청'이라는 의미가 생겨나게 되었다.

羅 벌릴 '라' '그물 망网'과 '엮을 유維'로 이루어졌으므로 자형적 의미는 '실로 그물을 엮어서 새를 잡다'가 된다. 새를 잡으려면 그물을 벌려놓아야 하므로 이로부터 '나열하다'라는 의미가 파생되었다.

將 장수 '장' 이 글자의 우측 방은 '팔꿈치 주肘' 자의 변형이고 좌측 변의 '조각 장爿' 자는 '나무 목木'을 반으로 가른 모양이다. 그러므로 '장將'의 자형적 의미는 '팔과 지팡이로 부축해서 나아가게 하다'가 된다. 이로부터 '인솔하다'·'장수' 등의 의미가 파생되었다.

相 서로 '상' '눈 목目'과 '나무 목木'으로 이루어졌다. 따라서 자형적 의미는 '목수가 나무를 베기 전에 재목으로 쓸 수 있는지를 가늠해보다'가 된다. 고문자 자형을 보면 여기서의 '목木' 자는 '뽕나무 상桑' 자

모양으로 되어 있으므로 '상相' 자는 회의자會意字가 아니라 형성자形聲字로 보아야 한다. 그래야 '상桼' 자가 '살필 성省'과 같은 음이 되어 '상相' 자에서 '가늠하다'라는 의미를 찾아낼 수 있다. '상相' 자를 회의자로 보면 자형적 의미가 '소경(目)이 지팡이(木)에 의지해 길을 가다'가 된다. 그래서 이로부터 '도와주다'·'상호적인'·'정승' 등의 의미가 파생되었다고 보는 것이다.

이 구절 이하는 앞의 '역취군영'을 이어받아서 황제를 보필하는 인재에 관한 일들을 서술한다.

'부라장상府羅將相'은 황제가 정사를 돌보는 관부의 좌우에 장수들과 정승들이 도열하고 있는 위세를 묘사한 것이다. 이 구절의 문법적 구조는 '처소사+동사+목적어'로 되어 있는데, 이는 중국어의 특수한 구문인 이른바 존현문存現文 구조로서 불특정한 대상의 출현이나 존재를 기술할 때 쓴다. 그래서 장소를 가리키는 처소사가 주어가 되므로 이 구절의 중심어는 황제가 정무를 돌보는 '부府'이고, '장상將相'은 불특정한 대상임과 동시에 부차적인 요소가 된다. 그런데 이 특수 구문이 우리말로 번역될 때에는 "관부에 장수들과 정승들이 늘어서 있다"처럼 불특정한 존재인 '장상'이 주어로 등장하기 때문에 장상이 중심이 되는 것처럼 보인다. 그래서 세속에서는 '부라장상'을 수식어와 피수식어의 관계로 보고 고관대작을 일컫는 말쯤으로 알고 있을 정도다.

그러나 장수와 정승이란 중앙 집권적인 봉건 체제에서는 황제의 좌우를 채우는 보좌인에 지나지 않는다. 이들 보좌인은 특수 구문의 기능이 지시하듯이 불특정한 어떤 사람이 해도 되는 것이지 굳이 특별한 인재로 채워질 필요가 없다. 황제의 심기를 건드리지 않고 의중을 잘 받들 수 있다면 누구든지 가능한 자리라는 말이다. 이것은 '장將'과 '상相'의 자형이 모두 '도와주는 사람'을 의미한다는 사실을 보더라도 쉽게 긍정할 수 있다.

보좌인, 즉 '도와주는 사람'이라면 조직 체계 내에서 스태프staff에 해당한다. 그러나 장상이란 실제로는 스태프가 아니라 책임 있는 결정을 내려야 하는 라인line에 있는 사람이다. 그런데도 '부라장상'의 구문이 만들어내는 봉건적 이미지 때문에 이들은 자신이 라인에 있는 존재라는 사실을 망각하고 윗분 눈치를 보기에 급급하게 되는 것 아닐까. 그렇다면 '라羅' 자의 자형이 암시하듯이 '장상'들은 황제의 그물에 걸려 옴짝달싹 못하는 새나 물고기에 불과한 셈이다.

이러한 봉건 체제의 구조는 우리의 관념에도 그대로 영향을 미쳐 오늘날에도 똑같은 일들이 벌어지고 있다. 이를테면, 국민의 경제 생활을 위해 임명된 경제 장관들이 있으니 그들을 중심으로 정책을 토의하고 결정해서 시행하면 될 텐데도 공무원들은 언제나 대통령의 의중을 살피려 한다. 국민들도 정부 정책과 다른 의견이 있으면 관계 장관을 설득하기보다 여론을 통해 대통령을 정치적으로 직접 압박하는 전략을 선택하는 경향이 강하다. 국민들이 실질적으로 최종 결정권자인 장관을 스태프로 간주한다는 방증이다. 민주주의 시대에 아직도 대표적 봉건 잔재인 신문고申聞鼓 개념의 제도적 장치가 존재하는 것도 이 때문이다.

황제가 만백성보다 무겁다

길 로路

路挾槐卿로협괴경이라
길은 양 옆으로 삼공三公과 구경九卿의 자리를 끼고 있다

路 길 '로' '발 족足'과 '제가끔 각숌'으로 이루어졌다. '각숌' 자는 높은 곳에서 내려오는 모양을 그린 자형이다. 이는 위대한 스승의 가르침이 아래로 제자들에게 내려와 각자가 독특한 일가를 이루었다는 의미와 은유적으로 유사하므로 이로부터 '각기 뛰어나서 따로 일가를 이루다'는 의미를 갖게 되었다. 즉 다른 것과 차별이 되도록 경계를 갖는다는 뜻과 같으므로, '로路' 자의 자형적 의미는 '발로 밟고 다니다가 경계를 만들어낸 길'이 된다.

挾 낄 '협' '손 수手'와 '낄 협夾'으로 이루어졌으므로 자형적 의미는 '좌우 팔 사이에 끼다'가 된다. 팔 사이에 낀다는 것은 옆에서 부축한다는 말과 같으므로 '옆에서 부축하여 돕다'라는 의미로도 쓰인다.

槐 홰나무 '괴' '나무 목木'과 '귀신 귀鬼'로 이루어졌다. 높이 자라는 교목인 홰나무는 가지가 불규칙하게 어긋나며 뻣뻣이 자라기 때문에 멀리서 보면 그 모양이 매우 그로테스크하다. 그래서 이 나무를 신성하게 여겨 '귀鬼' 자를 방으로 쓴 것이다.

卿 벼슬 '경' 이 글자의 자형은 원래 '낟알 급皀' 자의 양옆에 두 사람

이 앉아 있는 모양이다. '급皀' 자는 곡식의 낟알 모양이므로 '경卿'의 자형적 의미는 '두 사람이 마주 앉아서 밥을 나누어 먹다'가 된다. 그러므로 자형으로 보자면 '고향 향鄕' 자도 '경卿' 자와 같은 글자가 되는데, '잔치 향饗' 자가 이를 입증한다. 옛날에는 벼슬을 제수받을 때 의식과 함께 잔치를 베풀었으므로 이로부터 '경卿' 자에 '벼슬'이라는 파생의가 생겨났다.

'괴경槐卿'은 '괴극槐棘'으로도 쓴다. 주나라의 조정은 가운뎃길 양옆으로 홰나무 세 그루와 가시나무 아홉 그루를 심었는데, 좌측에 심은 홰나무 뒤에는 삼공三公의 자리를 두고, 우측에 심은 가시나무 뒤에는 구경九卿이 자리잡게 하였다. 그래서 괴경 또는 괴극은 삼공구경三公九卿을 상징한다. 괴극을 삼공구경의 상징물로 삼은 것은 홰나무와 가시나무는 가지가 위로 꼿꼿하게 뻗는 나무로 엄격한 형벌을 상징하기 때문이었다. 옛날에는 형벌에 의혹이 있으면 홰나무와 가시나무 아래서 이를 다시 심의하였다는 고사가 있으므로, 삼공구경을 괴극으로 상징하는 것은 곧 이들로 하여금 정사를 공평무사하게 심의하고 또 엄격하게 시행하도록 일깨우기 위한 방도였다.

이 구절은 조정에서 임금을 중심으로 당상관堂上官인 공경公卿들의 자리를 좌우로 배치한 모양을 묘사한 것이다. 여기서 '로路'는 물론 임금의 자리를 축으로 하여 공과 경을 대칭적으로 나누는 경계선이 된다. 이 경계선은 조화를 전제로 한 대립을 뜻하는 것이기 때문에 공과 경의 기능적 역할은 기본적으로 대립을 유지해야 한다. 그러나 동아시아에서는 전통적으로 대립이라는 개념을 부정적으로 인식해왔기 때문에 대립의 모양은 후경後景으로 숨겨 드러나지 않게 하였고, 반면에 조화의 이미지는 전경前景으로 내세워 잘 보이도록 고안하였다. 이것이 바로 양옆에 낀다는 의미의 '협挾'자가 표상하는 '상호 부축'의 개념이다. 대립과 조화(또는 균형)의 이러한 전도 때문에 대립이 기여하는 비판적 기능이 동아시아 지역에서는 약화될 수밖에 없었을 것이다.

고대 중국의 권력 체계는 황제가 하늘에서 위임받은 권력을 하부의 관료 조직에 순차적으로 재위임하는 개념으로 이루어졌다. 권력이 아래로 내려가 재현될 때 1/3로 분산되기 때문에 전체적인 모양을 보면 자리가 3배로 늘어나는 피라미드 구조를 형성한다. 따라서 3배수로 늘어난 자리는 중앙을 축으로 한 좌우의 대립적 균형을 유지하게 된다. 그러나 실제로 이러한 균형은 기하학적 균형이 아니라 좌측에 약간 더 치우치는 감성적 평형으로 나타난다. 즉 좌측의 삼'공(A)'과 우측의 구'경(a)'은 '3A : 9a(=3a×3)'으로 균형을 이루는 것처럼 보이지만 실제로는 삼공에 더 무게가 실린다는 말이다. 이런 식으로 재현을 증식해 내려가서 피라미드 구조를 형성하면 궁극적으로 황제한 사람이 전체 백성보다 더 중하다는 결론에 도달하게 된다. 따라서 삼공과 구경 사이에 '길'(路)이라는 중앙의 경계를 두고 그 정점에 황제를 위치하게 한 것은 임금과 백성 사이의 비형평이라는 부조리를 기하학적 균형으로 은폐하려는 방법에 불과하다고 말할 수 있다.

연대가 희박한 커뮤니티

고을 현縣

> **戶封八縣**호봉팔현하고
>
> 호구戶口 수로는 여덟 개의 현을 봉지로 주었고

戶 지게문 '호' 이 글자는 외짝으로 여닫는 문의 모양을 그린 것이므로 '지게문'을 뜻한다. 문짝 두 개로 여닫는 문은 '문門'으로 쓴다.

封 봉할 '봉' '갈 지之'·'흙 토土'·'마디 촌寸' 등 세 부분으로 이루어졌다. '지之' 자의 원래 모양은 풀이 돋아나는 모양이고, '촌寸' 자는 '손 수手' 자에 엄지손가락을 표시한 모양이며 '손'이라는 뜻으로도 쓰이므로, '봉封' 자의 자형적 의미는 '식물(之)을 심고 흙(土)을 모아 손(寸)으로 덮고 북돋아주다'가 된다. 흙으로 덮는다는 의미에서 '닫다'라는 의미가 파생되었다. 고대에는 천자의 사社에 흙을 쌓아 봉분을 만들어놓고, 제후에게 작위를 주고 땅을 떼어줄 때는 이 봉분의 흙을 일부 퍼가서 제후의 사에 작은 봉분을 만들게 했는데 이것을 일컬어 분봉分封이라고 하였다.

八 여덟 '팔' 이 글자는 둘로 나뉘어 서로 등을 지고 있는 모양이다. 이 글자의 발음이 '나눌 별別'과 쌍성·첩운 관계에 있으므로 자형적 의미는 '둘로 나누어지다'가 된다.

縣 고을 '현' 이 글자는 '머리 수首' 자를 거꾸로 그린 모양과 '끈 계

系'로 이루어졌으므로 자형적 의미는 '머리를 베어 거꾸로 매달다'가 된다. 이 글자가 나중에는 군郡에 속한 하위 행정 단위를 나타내는 말로 차용되었고, 이때의 의미는 '현縣은 군郡에 매여 있다'가 된다. '매달다'라는 원래 의미는 '매달 현懸'자로 대체하였다.

이 구절은 혁혁한 공을 세워 임금과 나라에 기여한 장상將相들에게 상으로 작록과 함께 봉지를 나누어준다는 사실을 서술함으로써 임금에 대한 충성을 권면하고 있다.

고대 봉건주의 시대에는 공을 세운 신하에게 상급으로 작위를 줄 때 땅만 주는 게 아니라 여기에서 생산 활동을 할 백성도 함께 떼어주었는데, 이를 식읍食邑이라고 하였다. 그러니까 식읍을 하사받은 신하는 그 식읍의 임금이 되는 셈이었다. 이것이 바로 '호봉戶封'의 뜻이다. '호戶'란 실내를 외부로부터 보호하는 지게문이라는 뜻이므로 여기에는 '보호할 호護'자의 의미가 함축돼 있다. 그래서 식읍을 구성하는 기본 단위인 호戶 또는 호구戶口라는 개념은 보호해야 하는 한계 울타리 내의 사람들, 즉 집안사람들을 가리킨다.

이러한 호구들로 이루어진 고을이 누군가의 식읍으로 분봉되면 문자 그대로 그 지역은 호구와 더불어 동심원적인 폐쇄성을 갖는다. 이것은 '봉封'자의 자형이 말하는 '흙을 덮어 닫다'라는 형상적 의미가 만들어낸 관념에 근거했을 것으로 보인다. '호戶'와 '봉封'이 형성한 동심원적인 폐쇄성은 이른바 커뮤니티community라는 개념이 생기는 것을 억압하거나 결핍하게 만들었다. 커뮤니티란 연대連帶(solidarity)로 이루어지고 이 연대는 공동의 이익을 기반으로 형성된다. 그러나 봉건 사회에서의 이익은 연대로 얻어지는 것이 아니라 가부장의 자리에 있는 사람에 대한 폐쇄적인 충성으로만 보장된다. 다시 말해 보호와 복종이라는 수직적인 거래로 얻어지는 이익은 수평적 연대의 필요성을 희석시켰던 것이다. 우리나라 명절에 이루어지는 민족의 대이동을 보라. 가족 구성원을 보호하기 위한 울타리의 한계선을 확인하기 위하여 열몇 시간을 아낌없이 허비하는 일은 있어도 동네 골목에 떨어진 휴지 한 장 줍는 일에는 매우 인색한 것이 이를 입증한다.

따라서 '호戶'와 '봉封'의 자형이 만들어내는 폐쇄성은 결국 닫힌 체계 내의 전체 이익만을 추구하게 할 뿐 계급적 이익은 배제한다. 그런데 전체 이익이라는 것도 따지고 보면 내 손에 잡히는 구체적 이익이 아니라 전체주의 사회에서 흔히 추구하는 추상적인 이익일 뿐이다. 공동의 노력으로 이익이 생기면 성대한 말잔치를 통해서 뭔가 많이 나눠받을 것 같은 심적 포만감은 느껴봤어도 실제로 공평하게 분배를 받아본 역사적 경험은 우리에게 별로 없는 것 같다. 사사로운 조직에서조차도 어떤 공적인 성격의 돈이라도 생기면 공평하게 나눠 갖자는 의견보다는 무슨 공동 기금 같은 것을 만들어 두고두고 유익하게 쓰자는 명분론이 늘 우세한 것이 현실이다. 이렇듯 전체의 이익이 내 손에 잡히는 이익보다 항상 우선하니 누가 연대의 가치를 중시하려 하겠는가? 게다가 공동 기금 같은 것을 간부 몇 사람이 회계 보고도 없이 독단적으로 운영하면서 그것으로 생색이나 낼라치면 연대라는 말에 냉소적이 될 것임은 불을 보듯 뻔할 것이다.

여기서 봉지로 8현八縣을 주었다는 것은 한漢 고조가 천하를 평정한 후 개국 일등 공신에게 하사한 예를 직접적으로 가리키기는 하지만, 굳이 '여덟 개'라는 의미의 수사數詞로 쓰였다기보다는 많은 양을 지시하는 수사적修辭的 의미로 쓰인 것으로 봄이 옳다. 실제 역사 기록을 보더라도 동한東漢의 최대 공신으로 일컬어지는 오한吳漢과 등우鄧禹의 경우도 4현을 넘지 않았고, 그보다 뒤인 진晉의 유양호惟羊祜도 5현을 받은 것이 고작이었다는 사실이 이를 알려준다.

　신하가 충성심을 갖게 하려면 실제 기여보다 큰 상급을 주는 것은 현실적으로 합리적인 방법이다. 오늘날 CEO 등 기업 임원진에게 고액 연봉을 주는 것도 같은 이유에 근거한다. 고액 연봉으로 개인의 살림이 커지면 이를 줄이기가 쉽지 않으므로 수입을 유지하려면 죽으나 사나 회사나 오너에게 충성할 수밖에 없기 때문이다. 근자에 일부 대기업의 임원들이 회장에게 폭언과 심지어 폭행까지 당했다는 소식을 종종 들을 수 있다. 대기업의 임원이나 되는 사람들이 저런 비인도적인 대우를 받고도 저항 한 번 안 하고 오히려 더 충성하는 것도 같은 이치이다. 그러므로 평소 검소하게 살아가는 법을 익혀야 언제든지 박차고 나와서 자유로울 수 있는 것이다.

한 사람의 출세와 가문의 영광

군사 병兵

家給千兵가급천병이라
그 가문에는 군사 일천 명을 주었다

家 집 '가' '집 면ᅩ'과 '수퇘지 가豭'로 이루어졌다. '가豭' 자에는 우측 방의 '틈 가叚'가 지시하듯이 '한가하다'는 의미가 담겨 있다. 따라서 '가家' 자의 자형적 의미는 '집에서 한가하게 쉬다'가 된다.

給 줄 '급' '실 사糸'와 '합칠 합合'으로 이루어졌다. 방적을 할 때에는 삼 줄기에서 뽑은 섬유를 하나하나 합치고 서로 이어서 물레에 공급해주는데, '급給' 자의 자형은 바로 이처럼 섬유를 합쳐 물레에 감는 과정을 묘사하고 있다. 이로부터 '공급하다'라는 의미가 생겨났다.

千 일천 '천' '하나 일一'과 '사람 인人'으로 이루어졌다. 옛날에는 사람의 신체 기관으로 수를 나타내는 경우가 많았는데, 숫자 1,000은 사람의 몸으로 표상하였다. '인人'·'신身'·'천千' 등의 글자들이 서로 첩운 관계에 있다는 사실이 이를 입증한다. 따라서 '천千' 자의 자형적 의미는 '천이 하나 있음'이 된다.

兵 군사 '병' 이 글자를 전문에서는 '𠬻'으로 적었는데 이는 '도끼'(斤)를 '두 손'(廾)으로 쥐고 있는 모양이다. 그래서 '무기를 들고 있는 사람', 즉 '병사'라는 뜻이 되기도 하고 '무기'라는 의미가 되기도 한다.

515

이 구절은 앞 구절에 이어 공을 세운 장상들에게 봉지를 주면서 동시에 그들이 권력을 유지할 수 있도록 군대도 함께 허락한다는 내용이다.

공을 세운 장상들에게 식읍食邑과 함께 일천 명의 병사를 준다는 것은 일천 명의 군대나 사병私兵을 두도록 허락해준다는 뜻이다. 이렇게 장상들의 식읍에 군대를 허락하는 것은 홍성원이 풀이한 것처럼 '그 가족을 지키기 위해서'이다(以衛其家). 황제의 뜻을 받들고 충성하려면 백성을 엄히 다스려야 하는데, 그러다 보면 그들에게 원성을 듣거나 반감을 사서 자신과 가족의 안전에 위협을 느낄 수 있다. 이를 근본적으로 해결하려면 무력이 필요했을 터인즉 제후들에게는 군대를, 대부들에게는 사병私兵을 각각 허락했던 것이다. 이로써 고대 봉건 제도 아래에서 봉지를 다스리는 임금들은 백성들보다는 황제를 위해 존재했다는 사실을 알 수 있다.

이렇듯 안전에 대한 황제의 시혜施惠가 가족 또는 가문의 단위에 내려지다 보니 자연히 가족 중 한 사람만 잘나도 가문 전체가 이를 누리게 되는 효과가 발생하였다. 이런 토양에서 임금이나 영주가 백성들 편에 서기는 여간 어려운 일이 아니었을 테고, 봉지에 커뮤니티가 형성될 리도 만무했을 것이다. 결국 황제에게서 위임받은 권력이란 가족과 그 이익을 지키기 위한 도구에 불과할 뿐이니, 이것이 가족 이기주의의 한 뿌리가 아닐까? 항간에 떠도는, "교수가 되면 자신만 좋고, 의사가 되면 마누라와 아이들이 좋고, 고시에 합격하면 사돈의 팔촌까지 좋다"는 우스개의 기원이 여기 있다는 말이다. '가家' 자의 발음은 '가猳'에서 나오는데, 여기서 '가叚'는 억압되어 사라지고 '돼지 시豕'만 드러나서 '가家' 자를 만들고 있다. '시豕'는 '느슨할 이弛'

와 첨운 관계를 이룬다. 그래서 '가家' 자의 원래 의미는 '한가하게 쉴 수 있는 피신처'였는데, 위로부터의 권력 위임에 기반한 봉건 체제가 '혈연이라는 지붕 아래 느긋함을 보장받을 수 있는 곳'으로 의미를 변화시킨 것으로 보인다.

'거리 두기'는 나쁜 것인가

높을 고高

高冠陪輦고관배련하고
높은 갓을 쓴 이들이 임금의 수레를 모시고

高 높을 '고' 이 글자의 고문자 자형은 그림에서 보듯이 성문과 그 위의 높은 누각 모양을 그린 것이다. 나중에 누각의 의미는 탈락되고 '높다'는 의미만 남아 쓰이게 되었다.

冠 갓 '관' '덮을 멱冖'·'으뜸 원元'·'마디 촌寸' 등 세 부분으로 이루 어졌다. '원元'자는 '머리'를, '촌寸'자는 손을 각각 의미하므로 '관冠'의 자형적 의미는 '갓을 손으로 쥐어 머리에 얹다'가 된다. 이로부터 '갓'과 '으뜸'이라는 의미가 파생되었다.

陪 모실 '배' '언덕 부阜'와 '곱절 배倍'로 이루어졌으므로 자형적 의미는 '흙을 두 배로 쌓아올리다'가 된다. 따라서 '배陪'자는 '북돋을 배培'와 사실상 같은 글자이다. 직접 상급자 위의 차상급자를 모시는 일을 '배陪'라 하는데, 이는 상급자를 감히 직접 모시지 못하고 한 켜 건너 밖에서 공경한다는 뜻이다. 그래서 차하급 신하를 일컬어 '배신陪臣'이라 부른다. 일상에서도 직접 상급자보다 차상급자를 더 어려 워하는 게 보통인데 이는 한 켜 밖에 있다는 구조로 인하여 생기는 두려움 때문이다.

518

輦 수레 '련' 이 글자는 두 개의 '지아비 부夫'와 '수레 거車'로 이루어졌다. '부夫'자 두 개는 여러 명의 남자를 뜻하므로 '련輦'자의 자형적 의미는 '여러 명의 장정들이 열을 지어 끄는 수레'가 된다. 그러므로 '이을 련連'자와 사실상 같은 글자라고 볼 수 있다.

이 구절은 봉지를 하사받은 제후가 좌우의 신하들을 거느리고 수레로 행차한다는 내용이다.

옛날에는 높은 벼슬아치일수록 높은 관을 썼으므로 '고관高冠'은 고위직 신하를 가리킨다. 높은 벼슬아치들이 높은 관을 쓰는 주요 이유는 말할 것도 없이 위임받은 권력의 권위와 위엄을 나타내기 위해서이다. 하지만 통치자의 입장에서 신하들에게 관을 쓰게 하는 것은 누구보다 먼저 신하들 자신을 질서에 길들이기 위한 기본적인 조치이다. 머리를 흐트러뜨린 모양의 '오랑캐 만蠻'자에서도 알 수 있듯이 산발은 길들지 않은 야만족을 상징한다. 산발을 묶어서 갓으로 가린다는 것은 문화인 동시에 주체에 대한 억압이다. 이렇게 하는 것을 우리는 예禮라고 부르는데, 이는 위아래로 마디를 구분하고 신분을 가르는 데서 시작한다. 이러한 갓의 기능은 '관冠'자 안에 숨겨진 '마디 촌寸'이 말하고 있다. 이러한 기능을 가진 갓을, 그것도 높은 갓을 머리에 얹어놓으면 그것을 균형 있게 유지하는 것 자체로도 신경이 쓰여서 다른 생각이나 두 마음을 먹을 겨를이 없게 될 터이니, 이를 오래 착용하다 보면 나중에는 자연히 길이 들게 마련이다. 우리 주변에서도 무언가 요구대로 관철되지 않을 때 삭발을 하는데, 이는 아마 머리칼을 잘라 갓을 거부함으로써 상대방의 주장과 설득에 길들지 않겠다는 다짐을 상징하는 행위이리라.

'배련陪輦'이란 높은 분이 탄 수레의 좌우를 따라가면서 모신다는 뜻이다. '배陪'는 같은 독음의 '배倍' 자의 의미처럼 중간에 매개가 되는 사람을 둠으로써 두 배가 되는 거리에서 모신다는 말이다. 상전과 부하 사이에 중간 보스를 두면 상전과의 거리를 유지하는 경계 기능을 함으로써 자연히 신분을 구분하게 된다. 자신과 타자 사이의 거리를 유지하는 것은 사회적 질서를 세우는 데 가장 기초적인 요소가 된다. 고속도로에서 거리를 유지하지 않고 달리는 자동차들이 종국에 어떻게 될 것인지를 상상한다면 '배陪'의 의미가 얼마나 중요한지 알 수 있을 것이다. 미디어가 발달하여 보스와 실무 담당자가 실시간 소통할 수 있는 오늘날에도 중간 보스를 두는 것은 바로 이 '배陪'의 효과가 필요하기 때문이다.

기존의 질서에서 유리한 지점을 차지한 기득권자들은 타자들과 물리적으로든 상징적으로든 거리를 두려는 반면에, 소외된 타자들은 어떻게든 중간의 매개를 통하지 않고 직접 소통함으로써 자신들의 요구를 관철하거나 고충을 이해시키려 한다. 그러나 중간의 매개가 없으면 소통이 쉽게 이루어질 것 같지만 역설적으로 실패할 수밖에 없는 게 소통의 구조다. 왜냐하면 매개라는 거리가 있어야 상대방과 내가 서로의 이점을 파악할 여유와 계기가 생기기 때문이다. 매개가 없는 면대면面對面이 좋을 것 같아도 실제로는 서로가 자신이 보고자 하는 면만을 보기 때문에 평행선을 달리기 십상이다.

그러므로 우리가 흔히 화합하자는 뜻으로 자주 사용하는 "상하 간의 벽을 허물고"라든가 "상호 격의隔意 없는 대화" 등의 언설이 지향하는 현실이 꼭 바람직한 결과를 가져오는 것은 아니다. 정말로 조화로운 질서를 원한다면 '벽을 허물자' 같은 말들은 그야말로 수사에 그

처야 한다. 정말로 벽을 허무는 현실이 실현된다면 이는 또 다른 갈등
과 더 나쁜 벽 쌓기를 야기하는 계기가 될지도 모르기 때문이다.

거드름에 대하여

나눌 구區

驅轂振纓구곡진영이라
말을 몰아 바퀴를 굴릴 때 끈과 술 들이 흔들린다

驅 몰 '구' '말 마馬'와 '나눌 구區'로 이루어졌다. '구區' 자는 여러 개
로 나누어 작은 쪼가리로 만든다는 뜻이므로 '구驅' 자의 자형적 의미
는 '채찍을 살짝살짝 자주 쳐서 말을 달리게 만들다'가 된다.

轂 바퀴통 '곡' 이 글자는 '골짜기 곡谷'과 쌍성·첩운 관계에 있다.
골짜기는 물이 한데 모이는 곳이므로, '곡轂' 자의 의미는 '바큇살이
한데 모이는 곳', 즉 바퀴통(hub)이 된다.

振 떨칠 '진' '손 수手'와 '날 신辰'으로 이루어졌다. '신辰'의 원래 자
형은 조개껍질 모양으로 이 글자는 나중에 나온 '조개 신蜃' 자의 초
기 문자이다. 원시 농경 사회에서 첫해 농사를 시작할 때는 호미 대용
으로 조개껍질을 써서 풀을 뽑고 밭을 갈았으므로 이로부터 '시작하
다'라는 의미가 생겨났다. 그러므로 '진振' 자의 자형적 의미는 '손을
움직여 뽑아내다'가 된다. '건져내어 구하다'라는 의미는 여기서 파생
된 것이다.

纓 갓끈 '영' '실 사糸'와 '두를 영嬰'으로 이루어졌다. '영嬰' 자는 여
인의 목에 목걸이를 두른 모양이다. 따라서 '영纓'의 자형적 의미는

522

'둘러 묶는 끈이나 술'이 된다.

이 구절은 제후가 탄 수레가 천천히 구르면서 흔들릴 때 말과 수레에 호사스럽게 장식한 끈과 술이 물결치듯 흔들리는 모양을 묘사하고 있다.

'곡轂'은 바퀴통이라는 뜻이지만 여기서는 부분으로 전체를 지시하는 이른바 제유로 쓰였기 때문에 수레를 지칭한다. 따라서 '구곡驅轂'은 '말을 몰아 수레를 끌고 가다'라는 뜻이 된다.

'진영振纓'을 편의상 '끈과 술 들이 흔들리다'라고 피동형으로 번역했지만 문법적으로 직역하면 '끈과 술 들을 흔든다'가 옳다. 이 말은 곧 수레가 움직일 때 끈과 술 들이 흔들리도록 의도적으로 고안했다는 뜻이 되는데, 바꿔 말하면 끈과 술과 같은 장식품을 달아놓음으로써 흔들림을 시각화했다는 것이다.

사람은 정적인 대상을 잘 인식하지 못한다. 대상이 움직임으로써 주위의 사물과 차별화될 때 비로소 우리의 인식은 지향성을 갖는다. 그러니까 대상이 움직이는 순간에 정태靜態로부터 차이가 발생하고 여기서 의미가 만들어진다는 것이다. 차이의 외양이나 형태에 따라 발생하는 의미는 달라지는데 이것이 바로 감동과 희열의 본질이다. 그래서 갓난아기가 천장에 매달려 천천히 움직이는 모빌을 보고 즐거워하고, 멋진 액션을 연출하는 배우가 스타로 각광을 받는 것이다.

권력의 자리를 차지했다고 여기는 자들은 흔히 거드름을 피운다. 거드름은 흔히 '천천히 움직임'이라는 이미지로 표상된다. 천천히 움직이는 행위는 육중한 무게를 연상시키기 때문이다. 그래서 그들은 천천히 움직임을 시각화할 수 있는 갖가지 기호들을 고안해냈다. 말과 거동을 천천히 하는 일은 기본에 해당하고, 행사장에 늦게 도착하는 것도 무게를 느끼게 하는 효과적인 방법으로 사용된다. 관공서나 대형 빌딩 로비에 커다란 기둥 시계를 세워놓고 추를 천천히 움직이게 하는 방법, 종교 시설에서 대형 오르간이나 종을 설치하여 초저음을 내는 것도 실은 권력의 무게를 느끼게 하려는 장치들이다. 지금도 일부 택시나 시골 버스의 창문 둘레에 금색 술을 달아 파형으로 흔들리도록 장식한 것이 보이는데, 바로 이 '진영振纓'의 흔적이라고 할 수 있다.

공자에 기대어 생각하는 보훈

世祿侈富세록치부하니
대대로 녹을 받아 크게 부유해지니

인간 세世

世 인간 '세' 이 글자의 고문자 자형은 '열 십十' 자 세 개를 모아놓은 모양이다. 따라서 자형적 의미는 '열이 세 개' 즉 '서른'이 된다. 사시四時의 운행이 한 번 끝난 것을 한 '세歲'라고 하듯이, 사람이 전 세대에게 이어받은 일을 끝내고 다음 세대로 넘겨주기까지의 기간을 '세世'라고 한다. 그래서 한 세대가 30년이 되는 것이다.

祿 녹 '록' '보일 시示'와 '뚜렷할 록彔'으로 이루어졌다. '시示' 자에는 하늘이나 임금 등 높은 곳에서 뭔가를 하사한다는 의미가 들어 있고, '록彔' 자는 나무에 새겨놓은 듯 뚜렷하다는 뜻이므로, '록祿' 자의 자형적 의미는 '확실하게 물질적으로 받는 것'이 된다. 옛날에는 임금이 관리들에게 상급을 내릴 때 주로 녹비鹿皮, 즉 사슴 가죽으로 주었기 때문에 나중에는 임금에게 받는 봉급도 '록鹿'과 같은 발음인 '록祿'으로 부르게 되었다. 넓게는 '복福' 자도 '록祿'과 같은 뜻으로 쓰인다. 그래서 임금에게서 매월 받는 '봉록俸祿'을 '복록福祿'이라고도 썼다.

侈 사치할 '치' '사람 인人'과 '많을 다多'로 이루어졌다. 따라서 자형적 의미는 '내가 다른 사람보다 더 많이 차지하다'가 된다.

富 부유할 '부' '집 면宀'과 '큰 가마솥 복畐'으로 이루어졌다. 큰 가마솥을 걸 만한 집이면 재물이 많은 집이므로 '부富' 자의 자형적 의미는 '재물이 많은 부잣집'이 된다. 이로부터 '부유한'·'풍요로운' 등의 의미가 파생되었다.

이 구절은 나라에 큰 공을 세운 장상들의 가문은 자손 대대로 복록을 누리고 부유하게 살게 된다는 내용을 적고 있다.

옛날에는 건국이나 정난靖難 등에 공을 세워 공신에 한번 서훈되면 자손 대대로 녹을 누릴 수 있었다. 흔히 오작五爵이라고 부르는 공公·후侯·백伯·자子·남男 등 다섯 가지 등급으로 세습되는 것이 그것이다. 복福이 추상적인 개념인 데 비해 녹祿은 글자 그대로 확실하게 손에 쥘 수 있는 물질적인 것, 요즘 말로 '캐시cash'에 해당한다. 정권에 도전해 새로운 권력을 세우는 일이나 도전자들을 물리쳐 권력을 지키는 일은 목숨을 걸고 하는 일이므로 그 정도 보상은 있어야 함이 당연할 것이다. 그러므로 자손 대대로 부귀영화를 누리기 위해서라도 정권에 도전하거나 수호하는 데 뛰어드는 것은 해볼 만한 사업이었다.

전국 시대 때 여불위呂不韋라는 사업가가 조나라에 인질로 와 있는 진나라 왕자 자초子楚를 보고는 이 사람에게 투자하기로 마음먹고 자기 아버지에게 달려가 자문을 구한 대화는 매우 유명하다. 그가 아버지에게 물었다. "농사에 투자하면 회수율이 얼마나 될까요?" "10배쯤 될 거다." "그러면 보석에 투자하면 얼마나 이익을 낼 수 있을까요?" "100배쯤 되겠지." "나라에서 버림받은 왕재를 임금으로 세우면 이익이 얼마나 될까요?" "그야 셀 수가 없을 정도로 무궁하지." 그러자 여불위가 아뢴다. "오늘날 뼈 빠지게 농사를 지어봤자 따뜻하게 옷

입고 배불리 먹기도 힘드니, 이제 임금을 제대로 옹립하여 정권을 세움으로써 그 혜택을 후대에까지 길이 누릴 수 있도록 하겠나이다.”

여불위는 이처럼 국가의 권력을 바로 세우는 일을 윤리적인 당위의 차원에서만 생각하지 않고 무엇보다 먼저 이익을 많이 남길 뿐 아니라 그 이익을 후세에까지 누리게 하는 복리 경영의 대사업으로 간주하였다. 이 같은 사업가적인 마음가짐은 과연 진나라가 중국의 통일이라는 위업을 달성하는 결과를 가져오게 만들었다.

우리의 현대사에서 일제에 항거한 광복운동은 어떤가. 독립 유공자들의 희생으로 나라와 민족은 그 혜택과 번영을 누리고 있지만 정작 목숨을 던진 그들과 그 자손들은 “대대로 녹을 받아 크게 부유해지다”(世祿侈富)라는 구절처럼 호사스런 삶을 즐기고 있는가? 일제 강점 시기에 그들은 가진 논밭 다 팔아 군자금으로 지원하다 빈털터리가 되었고, 이리저리 쫓겨다니다 보니 자녀 교육을 망치는 등 가세가 완전히 기울어졌지만, 정작 광복이 되었을 때 그들은 어떤 대접을 받았는가? 대대로 녹을 받기는커녕 대대로 가난과 무교육을 물려받아 ‘크게 어려운 삶을 살’ 뿐이었다. 오히려 매국노의 자손들은 해방 후에 몰수당한 땅을 소송으로 당당하게 되찾아가도 어쩌지 못하는 것이 오늘의 현실이다. 혹 이 다음에라도 나라에 위기가 닥쳤을 때 이런 꼴을 보고 누가 몸을 던져 나라를 구하겠는가? 나라 구하는 일을 숭고한 명예로만 보상해서는 안 된다. ‘록祿’ 자의 자형이 보여주듯 그 자손들에게 손에 쥘 수 있는 확실한 것으로 보상해서 삶을 보장해줄 때, 이 투자할 만한 나라와 사회를 위해 몸을 아끼지 않고 던지는 의사義士가 많이 배출될 것이다.

공자의 제자인 자로子路가 여행 중에 물에 빠진 어린아이를 구해주자 아이의 아버지가 고맙다고 소를 한 마리 주었더니 자로는 당연한 일을 했을 뿐이라며 이를 사양하고 돌아왔다. 이 이야기를 전해 들은 공자는 "앞으로는 사람들이 물에 빠진 자를 구해주지 않겠구나!"라고 탄식했다. 얼마 안 있어 자공子貢도 길을 가다가 마침 물에 빠져 허덕이는 자가 있어 뛰어들어가 구해주었다. 역시 그의 가족들이 고마움의 표시로 소를 한 마리를 주었더니 자공은 이를 받아서 돌아왔다. 이 이야기를 전해 들은 공자가 말했다. "앞으로는 물에 빠진 자가 있으면 사람들이 다투어 구해주겠구나!"

물론 이 고사는 사실이 확인되지 않은 공자 이야기이기는 하지만, 우리가 왜 나라와 사회를 위해 몸을 던진 유공자들의 가족과 자손들에게 충분히 보훈하지 않으면 안 되는가를 일깨워주는 좋은 우화가 될 것이다.

타인의 눈에 닿는 행복

수레 거車

車駕肥輕거가비경**이라**
수레와 말이 살찌고 가볍다

車 수레 '거' 이 글자의 자형은 그림에서 보는 바와 같이 원래 바퀴·수레 채·멍에 등으로 구성된 수레의 모양을 그린 것이었는데, 나중에는 모두 생략되고 바퀴 한 쪽만 남은 모양이 되었다. '거車' 자의 발음이 '쉴 거居'와 같다는 사실은 '거'의 원래 의미가 '수레 안의 편히 앉아 쉬는 곳'이었음을 시사한다. 이것이 나중에 '쉬는 곳'은 사라지고 수레의 의미만 남은 것이다.

駕 멍에 할 '가' '말 마馬'와 '더할 가加'로 이루어졌다. '가加'란 여러 가지를 넣고 꾸며서 조작한다는 뜻이므로 '가駕'의 자형적 의미는 '말에 멍에를 메워서 이리저리 조종하다'가 된다.

肥 살찔 '비' '고기 육肉'과 '뱀 파巴'로 이루어졌으나 원래 자형을 보면 '파巴' 자는 '몸 기己'의 변형체로 돼 있다. '기己' 자는 몸을 잔뜩 구부려 몸통과 허벅지와 종아리가 세 겹으로 겹치게 만든 모양이고 고대에는 '비'로 읽기도 하였다. 그러므로 '비肥'의 자형적 의미는 '살이 겹쳐지다', 즉 '살찌다'가 된다.

輕 가벼울 '경' '수레 거車'와 '물길 경巠'으로 이루어졌다. '경巠' 자

의 자형은 베틀에 날실만 세로로 재워 넣고 씨실은 아직 비어 있는 모양이다. 따라서 '경輕'의 자형적 의미는 '수레가 비어 있음'이 된다. '비어 있는 수레'에서 '가볍다'·'빠르다' 등의 의미가 파생되었다.

이 구절은 공신의 자손들이 대대로 부유하기 때문에 그들은 가볍고 잘 나가는 고급 수레와 살찐 말을 타고 다닐 수 있다는 내용을 기술한다.

'가駕' 자는 말에다 멍에를 메워 부리는 행위를 뜻하지만 여기서는 수레를 끄는 말을 가리킨다. 그러므로 '거가車駕'는 수레와 이를 끄는 말을 지칭한다. 이 구절의 네 글자는 주술 구조를 바탕으로 한 호문互文 관계에 있으므로 수레는 가볍고 말은 살쪘다는 뜻의 '거가경비車駕輕肥'로 써야 논리적으로 옳지만 앞의 '영纓'과 각운을 맞춰야 하므로 '경輕'을 끝에 놓은 것이다.

예나 지금이나 부유한 삶은 탈것으로 표상된다. 앞의 '련輦'에서부터 '구곡驅轂'을 거쳐 '거가車駕'에 이르기까지 부와 권력을 수레라는 기호를 이용하여 글로 구성한 것만 보아도 쉽게 짐작할 수 있다. 탈것의 기능은 편리한 이동이기 때문에 이 기능에만 충실하면 충분할 것 같은데도 실제로는 이 기본적 기능은 무시된 채 탈것의 부수적인 기능에 얽매이는 것이 일반적이다. 이 구절에서 말하는, 말이 살찌고 수레가 가볍다는 '비경肥輕'도 따지고 보면 수레의 기본적 기능이라기보다는 부수적 기능을 묘사하는 내용이다. 즉 탈것이라는 외형이 남들에게 이렇게 보여야 남에게 보이지 않는 삶도 매우 풍요롭고 위엄 있는 것으로 상상될 터이기 때문이다.

『논어』「위령공衛靈公」편에는 안연이 공자에게 나라를 창업할 방도를 묻자 "하나라의 역법을 시행하고, 은나라의 수레를 타며, 주나라의 면관을 쓴다"(行夏之時, 乘殷之輅, 服周之冕)고 답하는 구절이 나온다. 하나라의 역법, 은나라의 수레, 주나라의 면관 등 세 가지가 상징하는 국가의 근본은 각기 다르지만[1] 여기에 공통되는 요소는 '실사구시實事求是'이다. 특히 은나라의 수레는 질박함을 숭상하라는 가르침을 강하게 상징한다. 주나라 제도에 의하면 수레는 옥·금·상아·가죽·나무 등 5가지 재료로 장식하게 돼 있는데 이 중에서 나무가 가장 질박한 재료이다. 은나라는 아직 수레를 만드는 기술이 발달하지 않아 나무로만 단단히 만들었을 뿐 다른 장식을 하지 않았다. 따라서 공자가 은나라 수레를 타라고 지적한 것은 질박함을 숭상해야 함을 상징하는 말이다.

욕망은 자신의 일상적인 기물器物을 통해 드러나기 마련이다. 사람이 실수와 실패에서 멀어지려면 자신을 억제하고 겸손해야 한다. 그러려면 기물을 선택하고 간수하는 일부터 검소함과 실질을 숭상하는 습관을 들여야 한다. 우리는 옛날부터 남에게 보이기 위한 '거가비경'이 행복의 기준인 것처럼 여겨왔기에 오늘도 분수에 넘치는 큰 승용차를 고르려 하고 그 외관을 열심히 치장하는 일에 정성을 기울이고 있다. 덕분에 자동차 튜닝 사업이 발달해 산업에 어느 정도 기여한 바가 있다고는 하지만, 우리의 관심은 언제나 타인의 눈이 닿는 겉에서만 돌고 있기 때문에 속은 언제나 비어 있는 상태가 된다. 속이 공허한 행복이 오래 지속될 수 있을까? 그럴 수 없으므로 타인의 눈을 속이기 위해 오늘도 겉을 꾸미는 소비를 지속할 수밖에 없는 것이다.

창의성은 한가함에서 나온다

공 공功

策功茂實책공무실하고
공로를 일일이 산정해줌으로써 충실함에 힘쓰게 하고

策 꾀 '책' '대나무 죽竹'과 '가시 자朿'로 이루어졌다. '자朿'는 찔러서 자극을 주는 물건이므로 '책策'의 자형적 의미는 '자극을 주는 대나무', 즉 회초리나 막대기를 가리킨다. 막대기는 계산할 때 이용하는 도구인 산주算籌로도 쓰이므로 '책策'에 '하나하나 세다'라는 의미가 생겨났다.

功 공 '공' '힘 력力'과 '장인 공工'으로 이루어졌다. '공工' 자는 도끼 또는 곱자의 모양이므로 '공功' 자의 자형적 의미는 '연장을 들고 힘을 들여 일하다'가 된다.

茂 무성할 '무' '풀 초艸'와 '창 무戊'로 이루어졌다. '무戊' 자는 창날과 도끼날이 달려 있는 창의 모양이므로 '무茂'의 자형적 의미는 '풀이 창을 빼곡히 세워놓은 것처럼 무성하게 자라다'가 된다. 이와 유사한 글자로 '무楙'가 있는데 이는 '나무가 창날처럼 무성하게 자라다'라는 자형적 의미를 갖는다. 따라서 '무楙' 또는 '무懋'와 '무茂'는 사실상 같은 글자이다.

實 열매 '실' '집 면宀'과 '꿸 관貫'으로 이루어졌으므로 자형적 의미

532

는 '주렁주렁 꿴 돈으로 집을 채우다'가 된다. 이로부터 '실질'·'실속' 등의 의미가 생겨났다. 식물에서 사람이 얻는 실속은 열매이므로 여기서 '열매'가 파생되었다.

이 구절 이하는 앞에 말한 '군영群英'에 해당하는 실제적인 역사 인물들을 열거하여 서술한다.

이 구절은 『서경』「중훼지고仲虺之誥」편의 "공이 많은 사람에게는 힘써 상을 주시다"(功懋懋賞)를 다시 쓴 것으로, 신하들의 공적을 정확하게 산정해줌으로써 실제적인 업적을 쌓는 일에 힘쓰게 한다는 내용을 적고 있다.

'책공策功'이란 신하들이 세운 공적을 산주算籌로 셈을 세듯 하나하나 정확하게 계산한다는 뜻이다. '무茂' 자는 원래 형용사인데 술어 자리에 처해 있으므로 사동의 의미로 쓰여 '무성하게 하다'가 된다. 따라서 '무실茂實'은 '실질적인 것을 무성하게 만들다'라는 뜻이 되므로 이때의 '무茂' 자는 '힘쓸 무務'와 같은 의미가 되는 것이다. 그러므로 앞의 『서경』 구절에서 '공무功懋'의 '무懋'는 '무茂'와 같고, '무상懋賞'의 '무懋'는 '무務'와 같은 글자가 된다.

공을 세운 사람에게 그 공적을 정확하게 세어주는 일은 매우 중요하다. 이른바 논공論功이 정확해야 행상行賞이 공정할 것이고, 행상에 부당함이 없어야 공적을 쌓는 일에 힘을 다할 것이기 때문이다.

그러나 공적을 질적으로 따져 우열을 가리는 일이 그렇게 쉬운 일은 아니다. 그래서 고안해낸 방법이 '책공策功'의 문자가 말하는 것처럼 '도끼질을 몇 번 했는가를 세어서' 공적을 계량화하는 것이다. 그러나 계량적으로만 공적을 저울질하면 실적은 우수한 것처럼 보이는데 쓸 만한 알맹이는 별로 없어 사람들의 공감을 얻지 못하는 경우가 생길 수 있다. 그래서 이를 보완하기 위하여 '무실茂實', 즉 실질적인 것을 무성하게 만드는 일, 곧 '실實' 자의 자형이 말하는 것처럼 도끼질이야 몇 번을 하든 '돈을 벌어 집안에 채우는 일'에 힘쓰게 한다는 것이다. 요즘 말로 정성평가를 함으로써 내실을 기하도록 한다는 뜻이다. 그러므로 조직의 구성원들을 충실하게 하려면 무엇보다 공적에 대한 평가를 공정하고 합리적으로 해야 한다는 결론이 나온다. 왜냐하면 임금이 실적을 계량적으로만 평가하면 신하들은 거기에 맞춰 숫자만 채우려 하지 내실을 기하지 않기 때문이다.

근래 우리나라의 각 대학은 교수들의 연구를 독려하기 위해 매년 연구 실적을 직접 챙기고 이를 대외적으로 적극 홍보하고 있다. 또 연구 실적에 대한 평가를 국제 학술지와 국내 저명 학술지로 구분하여 거기에 각각 게재한 논문 편수에 따라 우열을 매긴다. 국내지보다 국제지를 더 선호하다 보니 한국 문학이나 한국 역사에 관한 논문들도 국제지에 실리면 더 높은 점수를 받는 부조리가 종종 발생한다. 이 외에도 이러한 종류의 모순은 수없이 많지만, 겉으로 드러나는 계량적 결과만이 유효한 가치로 인정받기 때문에 교수들은 어쩔 수 없이 숫자 채우기에 열중할 수밖에 없다. 이렇게 강박적인 학문 풍토에서 창의적인 연구가 나올 리 만무하다.

논문이 창의적이려면 끊임없이 묻고 또 들어야 한다. 그래서 '물을 문問'과 '들을 문聞'은 같은 행위의 두 측면인 것이다. 문을 닫은 채로 묻거나 들을 수 없으므로 문은 반드시 열어두어야 한다. 문을 열어놓으면 그 사이와 틈새로 해(日)도 보이고, 달(月)도 보이고, 나무(木)도 보이는 것이다. 이렇게 해서 만들어진 글자가 각각 '틈 간間'·'틈 한

閒'·'틈 한閑'이다. 틈이란 '한가하다'라는 의미와 통한다. 따라서 창의적인 생각을 하려면 먼저 한가로이 노닐면서 이런저런 물음을 끊임없이 제기하고 또 인내심을 갖고 들어야 한다. 정해진 기한에 맞춰 실적을 내야 한다는 강박에 시달려서는 영향력 있는 연구가 나올 수 없다. 인류의 문명에 기여한 연구가 숱하게 많지만, 그 가운데 논문 숫자 채우기에 급급하다 보니 나오게 되었다는 경우는 일찍이 들어본 적이 없다. "호랑이에 물려가도 정신만 차리면 산다"는 속담이 있다. 여기서 '정신을 차린다'는 것은 다름 아닌 목숨이 걸린 경각이라도 틈을 만들어 한가롭게 생각한다는 뜻이다. 그러면 목숨을 구할 창의적인 방법이 떠오를 수 있는 것이다.

논문 편수를 늘려서 실적을 아무리 많이 쌓아봤자 아무도 읽지 않는다면 그런 연구는 종이만 낭비할 터인즉 그것은 연구가 아니라 환경 파괴 행위에 불과할 것이다. '책공策功'하는 일이 '무실茂實'해야 하는 것은 이래서 중요한 것이다.

주인 대신 무한히 말을 전하는 비석

새길 각刻

勒碑刻銘늑비각명이라
이를 비석에 새기고 명문銘文으로 파놓는다

勒 새길 '륵' '가죽 혁革'과 '힘 력力'으로 이루어졌으므로 자형적 의미는 '가죽 띠로 묶어 힘을 제어하다'가 된다. 말의 '굴레'가 바로 이런 기능을 하는 도구이다. 또한 묶는 것은 표시를 해두는 방법이기도 하므로 '새겨서 표지하다'라는 뜻과 통할 수 있다. 그래서 '륵勒' 자에 '새기다'라는 의미가 파생적으로 생겨난 것이다. 이는 '륵勒'이 '묶을 락絡', '새길 각刻' 등과 첩운 관계에 있다는 사실로도 입증된다.

碑 비석 '비' '돌 석石'과 '낮을 비卑'로 이루어졌다. '비卑'의 원래 자형은 '밭 전田'과 '오른손 우又'로 되어 있는데, 오른손이란 일을 한다는 뜻이므로 이 글자는 밭을 주인 대신 관리해주는 '하인'을 뜻한다. 따라서 '비碑' 자의 자형적 의미는 '무엇인가를 대신해 뜻을 표명해주는 돌'이 된다.

刻 새길 '각' '돼지 해亥'와 '칼 도刀'로 이루어졌다. '해亥' 자는 '그림 화畫'와 쌍성·첩운 관계에 있으므로 '각刻'의 자형적 의미는 '칼로 새겨 그리다'가 된다.

銘 새길 '명' '쇠 금金'과 '이름 명名'으로 이루어졌다. '명名' 자는 캄

536

캄한 밤중에 상대방에게 자기 이름을 밝힌다는 뜻이므로[2] '명銘'의 자형적 의미는 '금속판에 새겨서 밝히다'가 된다. 따라서 명문銘文은 고대의 청동 그릇이나 종에 글을 새겨넣은 것을 가리키지만 비석에 새긴 글도 넓은 범주에서 명문이라고 부른다.

이 구절은 공신들이 세운 공적을 비석에 새기고 또 명문銘文으로 파놓음으로써 그들의 명예가 길이 기억되도록 한다는 내용을 적고 있다.

'늑비勒碑'와 '각명刻銘'은 잘 닳지도 않고 풍화 작용도 더디 되는 돌이나 쇠붙이에 새긴다는 뜻으로, 이는 그들이 세운 공적이 길이 잊히지 않고 기억되게 하기 위한 것일 뿐 아니라 만대에 귀감을 삼게 하려는 것이기도 하다. 그래서 사람들은 비석에 쓰일 내용을 마련하기 위해 헌신적으로 노력한다. 그러나 자해에서도 설명했듯이 '비碑'란 주인을 대신해 말을 전하는 하인이다. 게다가 돌에 새겼기 때문에 주인이 죽어 없어지더라도 하인은 계속 주인의 말을 전한다. 여기서 하인이 주인의 말을 전한다고는 하지만 그것은 기실 하인의 말일 뿐이다. 왜냐하면 사람들이 직접 보고 듣는 것은 하인의 말이지, 어떻게 말하라고 지시한 주인의 의도는 우리가 알 길이 없기 때문이다. 그러므로 주인보다 더 중요한 것이 하인의 말, 즉 비석에 새겨진 글 자체인 것이다. '주인'을 다른 말로 바꾸면 '실제 사건'이나 '사실'(fact), 또는 '본심'이라고 할 수 있다. 그러니까 이런 '주인'의 실체를 결정하는 것은 역설적이게도 '하인의 말'인 것이다. 이 역설을 더 밀고 나가면 실제로 공적을 세우는 일보다 비문을 잘 쓰고 비석을 잘 만드는 일이 중요하다는 결론에 이르게 된다. 글쓰기로 인해 사건의 성격이 달라진 예를 동서고금의 역사에서 얼마든지 찾을 수 있지 않은가? "말 한마디로 천 냥 빚을 갚는다"는 속담은 결코 헛말이 아니다.

그러나 비문을 아무리 훌륭하게 쓰고 비석을 제아무리 아름답게 조각할지라도 결국 세월이 흐르면 모두 풍화된다. 글자의 형태는 뭉개져 읽기조차 힘들어지고, 심지어 이리저리 굴러다니다가 냇가의 빨래판이 되기도 하고 징검다리가 되기도 한다. 그래서 예수 그리스도도 화려하게 지은 성전을 보고 이것이 앞으로 돌 하나도 돌 위에 있지 않을 것이라고 예언하지 않았던가? 이러한 유한의 불안을 극복하기 위하여 인간은 무언가 변치 않는 가치를 추구하게 되었는데, 『춘추좌전春秋左傳』은 삼불후三不朽, 즉 입덕立德·입공立功·입언立言을 영원히 썩지 않는 인생의 사업으로 꼽았다.

그러나 모든 것이 의심되는 현대 사회에서 삼불후라고 예외일 수 없으니 이러한 관념적 가치들은 조롱을 받거나 희화될 수밖에 없다. 이를테면 오늘날 공자처럼 덕을 쌓아 사람들에게 사표師表가 되거나 이웃을 감동·감화시킨다면 사람들은 이렇게 말할 것이다. "도대체 뭘 바라고 손해날 짓을 하지? 바보 아냐?"

입공이나 입언의 경우도 마찬가지다. 돈이 되는 게 아니라면 나라와 사회에 기여하는 공을 세우는 일이 의미가 없다. 이제 애국과 매국의 경계가 허물어졌기 때문이다. 사람들을 감화시킬 수 있는 좋은 글을 쓰는 일도 그다지 가치를 부여받지 못한다. "꿩 잡는 게 매"라고, 시간도 없고 귀찮은데 굳이 힘든 글로 소통할 필요 없이 바로 영상이나 이미지로 의사를 전달하면 되고, 경우에 따라서는 거친 막말이 오히려 의도의 실행에 효과적일 수 있다.

주인의 의도가 무엇이든 상관없이 비碑(하인)의 말이 중요하다는 것은 궁극적으로 지금 나 자신이 접하고 있는 기표(시니피앙)가 결정적이라는 사실을 드러낸다. 오늘날 사람들이 외관(또는 외형)을 중시하는 것은 이 때문이다. 말 잘하고 매너 좋은 하인이 주인의 품격을 높여주는 것 아닌가? 감각적으로 외관을 꾸미고 또 행동하는 일이 얼핏 보기에는 주변적인 일처럼 여겨질지 모르지만 이것이 주인을 결정하는 중심적인 일인 것이 현실이다.

이처럼 감각적인 기표로 인식되지 않는 것은 존재하지 않는다는 믿음 때문에 삼불후와 같은 관념적인 가치는 설 자리가 없다. 그렇다면 현실적으로 수행하기 힘든 입덕·입공·입언에 공력을 쏟기보다 남의 눈에 잘 띄는 방법으로 증빙을 남기는 게 훨씬 중요하고 효과적일 것이다. 통속적인 예를 들자면, 결혼식장에서 신랑신부를 진심으로 축복해주는 일보다 중요한 것은 옷을 정장으로 잘 차려입고 가서 혼주에게 내가 왔노라고 눈도장을 찍는 일이 될 것이다. 이런 차원에서 보자면 옛사람들이 공적을 되도록 비석이나 명문으로 새겨 남기려 한 것은 매우 현명한 판단이었음을 알 수 있다. 오늘날에도 이 전통을 계승하여 일부 사립 학교 재단이나 종친회 등에서 비석이나 동상 세우기가 주요 숙원 사업으로 논의되지 않는가? 설사 그것이 나중에 빨래판이 되고 징검다리로 쓰인다 하더라도 말이다.

강태공은 정말 때를 기다렸을까

순번 번番

磻溪伊尹반계이윤이

반계磻溪와 이윤伊尹은

磻 돌 '반' '돌 석石'과 '순번 번番'으로 이루어졌다. '번番' 자는 '판版' 자와 쌍성·첩운 관계에 있으므로 여기에는 '손자국이나 발자국 같은 것을 똑같이 찍어내다'라는 의미가 담겨 있다. 따라서 '반磻'의 자형적 의미는 '(줄을 매어) 여러 번 던질 수 있는 돌'이 된다. 줄을 매어 여러 번 쏠 수 있는 화살은 '익ㅌ'(주살 익)이라고 한다.

溪 시내 '계' '물 수水'와 '새끼 돼지 해奚'로 이루어졌으므로, 자형적 의미는 '골짜기를 흐르는 작은 냇물'이 된다.

伊 저 '이' '사람 인人'과 '다스릴 윤尹'으로 이루어졌지만, 이 글자는 보통 '이것'·'저것'을 지시하는 지시 대명사로 많이 쓰인다. 이윤伊尹은 유가에서 추앙하는 성인으로, 탕임금을 도와 은나라를 세웠다. 그의 성이 '이伊'씨인 것은 그가 이천伊川의 공상空桑에서 태어났으므로 물 이름인 '이伊' 자를 따서 성씨를 삼았기 때문이라고 전한다.

尹 맏 '윤' '오른손 우又'와 '삐칠 별丿'로 이루어졌다. '별丿' 자는 채찍을 의미하므로 '윤尹'의 자형적 의미는 '채찍을 손에 쥐고 있는 사람'이 된다. 채찍을 손에 든 사람이란 고대에 노예를 부리던 사람을

뜻하므로, 이로부터 '다스리다'·'벼슬' 등의 의미가 파생되었다.

　화살에 줄을 매어 쏘는 주살처럼 '반磻'이라는 것은 탄력 있는 명주실에 탄환을 매어 여러 번 던질 수 있는 일종의 사냥 도구를 가리키는데, 새뿐 아니라 물고기를 잡는 데도 사용할 수 있다. 태공太公이 이것으로 물고기를 잡다가 문왕文王을 만났다고 해서 그곳 이름을 반계磻溪라 칭하였다. 그러므로 여기서 반계는 강태공 여상呂尙을 가리킨다.

　여상은 위수 가에서 낚시를 하며 때를 기다리다가 주나라 문왕을 만났다는 고사로 이름이 나 있는 사람이다. 이 고사는 때를 기다리는 지혜를 가르칠 때 자주 거론되는 이야기다. 때를 기다리라는 충고는 매우 그럴싸하게 들리지만 사실 여기에는 심각한 모순이 있는데, 그것은 정작 '그때'가 언제인지 알 수가 없다는 사실이다. 왜냐하면 '그때'란 언제나 지나간 다음에 사후적으로만 알 수 있기 때문이다. '그때'를 깨달을 때는 이미 늦었다는 말이다.

　그러나 사람들이 인내하며 때를 기다리면 유리한 점도 있다. 이를테면, 분노하고 투쟁해야만 하는 사람은 분연히 들고 일어나야 하는데 이것이 쉽지 않은 게 위험을 무릅써야 하기 때문이다. 이때 그가 씩씩거리며 슬그머니 주저앉을 수 있는 명분이 바로 지금은 때가 아니니 후일을 기약하자는 핑계이다. 물론 그 후일이 언제일지는 모른다. 따라서 부정한 권력자들이 위압적으로 백성을 다스리면 반란이나 봉기를 잠재우거나 연기할 수 있게 된다. 중국 역사에서 민중혁명이 그리 많지 않았던 것은 바로 이 '기다림의 지혜'가 문화 속에 녹아 있었기 때문이라고 해도 과언이 아니다. 여상이 위수 가에서 문왕을 만난 것이 사실이라면 때를 기다린 결과가 아니라 우연히 만난 것이라고 보는 것이 사실에 가까울 터이다.

이윤伊尹은 원래 신씨莘氏 부족의 공주가 시집갈 때 딸려보낸 종이었다. 이를 잉신媵臣이라고 불렀는데, 그가 나중에 탕임금의 몸종이 되었다. 『노련자魯連子』에 "이윤은 솥을 지고 칼을 차고서 탕임금을 위해 일하였다"(伊尹負鼎佩刀以幹湯)는 구절이 있는 것으로 보아 이윤은 처음에 탕임금의 요리사로 일했던 것으로 보인다. 요리사는 임금을 최측근에서 모시는 시신侍臣이므로 그에게 남다른 재주가 있다면 임금에게 금방 눈에 띌 것이고 중히 쓰일 기회가 있을 것이 당연하다. 그래서 이윤도 그 기회를 잡아 나중에 재상에 오르게 되었고, 탕임금이 세상을 평정하고 은나라 왕조를 세우는 데 크게 기여하였다. '재상宰'의 자해(이 책 786쪽)를 보면 이러한 상황을 쉽게 이해할 수 있다.

능력으로만 판단하면 안 되는 유비

佐時阿衡좌시아형**이라**

(각각) 문왕의 때를 보필한 사람이고, (탕임금이)
천하를 평정하기 위해 의지한 사람이다

때 시時

佐 도울 '좌' '사람 인人'과 '왼손 좌左'로 이루어졌다. '좌左' 자의 원
래 의미는 '작업을 도와주다'였는데, 이 글자가 '왼손'이라는 의미로
쓰이게 되자 원래 의미는 '좌佐' 자를 새로이 만들어 사용하게 되었다.
時 때 '시' '날 일日'과 '마을 사寺'로 이루어졌다. '사寺' 자의 원래 자
형은 '갈 지之'와 '손 수手'로 이루어졌으므로 자형이 가리키는 의미
는 '손을 움직이다'였다. 따라서 '시時'의 자형적 의미는 '태양이 움직
여가다'가 된다. 태양이 움직인 변화라는 뜻에서 '시간' 또는 '계절'이
란 의미가 파생되었다.
阿 언덕 '아' '언덕 부阜'와 '옳을 가可'로 이루어졌다. '가可'의 자형
은 입에서 나온 기운이 부드럽게 구부러져서 올라가는 모양이므로
'허락'의 의미를 상징하였다. 그리고 이로부터 '굽거나 휘어져 있다'
는 의미도 함께 나타내게 되었다. 따라서 '아阿' 자의 자형적 의미는
'구부러진 모양의 언덕', 또는 '언덕에서 구부러진 곳'이 된다.
衡 저울대 '형' '뿔 각角'·'큰 대大'·'다닐 행行' 등 세 부분으로 이루
어졌다. 소는 뿔로 사람을 잘 들이받기 때문에 이런 위험을 방지하

기 위해 옛날에는 소의 머리 위에 가로로 나무 막대를 덧대었다. '각角' 자 아래에 '대大' 자를 쓴 것이 바로 이를 가리킨다. '행行' 자는 원래 십자로를 그린 것인데 가로로 덧댄 나무 막대와 소머리가 '열 십十' 자 모양을 형성하기 때문에 이를 표시한 것이다. 따라서 '형衡' 자는 '가로 횡橫'과 같은 글자이며 '평평할 평平'의 의미를 함께 표상한다. 이 '평평하다'는 의미에서 '저울'이라는 뜻이 파생되었다.

이 구절은 중국 역사에서 상징적인 명재상이자 개국 공신으로 꼽히는 태공망太公望 여상呂尙과 이윤伊尹이 어떤 역할로 공을 세웠고 또 어떻게 칭송되는지를 서술하고 있다.

『상서중후尙書中候』라는 위서緯書에 보면 태공망이 낚시를 하다가 옥을 얻었고 거기에 "희씨姬氏가 천명을 받을 것인데, 이때 여씨가 그의 때를 돕는다"(姬受命, 呂佐時)라는 글이 새겨져 있었다는 기록이 있다. 여기서 여씨는 말할 것도 없이 여상을 가리킨다. 물론 위서의 기록이므로 신빙성은 없지만 성군과 그를 돕는 훌륭한 재상의 만남을 간절히 바라는 백성들의 욕망을 반영하는 신화임에는 틀림이 없을 것이다. 나라가 태평성대를 구가하려면 성군과 명재상 중 어느 하나만으로는 안 되고 반드시 둘이 함께 존재해야 한다는 현실적 구조를 잘 드러내는 신화이다. 왜냐하면 성군은 형이상학적인 이상을, 재상은 그 이상을 현실로 만드는 시행자이자 제작자를 각각 상징하기 때문이다.

'아阿' 자는 '의지할 의倚'와 같은 뜻으로도 쓰이고, '형衡'은 '평平'과 같으므로, 아형阿衡이란 탕임금이 그에게 의지해 세상을 평정했다는 의미로 이윤을 부르는 칭호로 쓰여왔다. 앞서 성군은 이상을 상징한다고 했는데, 이 이상은 백성의 욕망을 모두 담을 수 있도록 완벽해야 한다. 이러한 이상을 완성도 높게 현실로 만들려면 정치 기술자가 있어야 하고 그가 바로 재상이다. 탕임금은 그의 정치적 이상을 이윤의 기술에 의지해 실현하였기에 성군으로 기억되었고 이윤은 아형이라는 별명으로 불리게 된 것이다.

중국은 옛날부터 여상과 이윤을 명재상의 대표적인 상징으로 여겨왔기에 전통적으로 바람직한 참모의 상은 이들을 근거로 하여 형성되었다. 훌륭한 참모란 주군을 잘 보좌해 그의 이상을 실현할 수 있는 능력을 갖춰야 함은 물론 주군이 믿고 의지할 수 있을 만한 신뢰성을 겸비해야 한다는 것이다. 그런데 헤겔이 간파한 바와 같이 주인과 종의 관계는 고정된 것이 아니라 누가 누구를 의지하게 되느냐에 따라 수시로 전도될 수 있다. 주인이 종에게 너무 의존하게 되면 종이 주인의 자리로, 주인이 종의 자리로 각각 뒤바뀌는 현상을 일상에서 흔히 본다. 따라서 주인이 설사 종에게 완전히 종속되는 지경에 이르더라도 종이 다른 마음을 먹지 않고 자신의 자리를 끝까지 지킴으로써 신뢰를 보여주는 일은 형이상학적 이상을 실현하는 데 가장 중요한 덕목이 된다.

사람들이 『삼국지연의三國志演義』를 주제로 대화를 할 때, 우유부단하고 무능한 유비劉備가 한나라 황제가 된 사실에 대하여 많은 의구심을 갖는다. 그러면서 차라리 두뇌 명석하고 재주가 많은 제갈량諸葛亮을 황제로 옹립했어야 한다고 한탄하기도 한다. 그러나 정치는 머리와 재능만으로 되는 게 아니다. 왜냐하면 정치란 궁극적으로 안정을 통해 체제를 유지하기 위한 행위인데, 불안정은 언제나 기층에서 비롯되기 때문이다. 기층이란 사회의 토대를 이루지만 잉여로 소외돼 있어서 이들의 존재는 잘 보이지도 않을뿐더러 그들의 외침도 잘 들리지 않는다. 그렇다 해서 존재가 아예 없는 것도 아니므로 그들의 욕망은 언제나 유령처럼 떠돌아다닌다. 그러다가 우연히 어떤 기표(기호)를 만나면 그들의 욕망은 불같이 결집되고 나아가 영웅을 탄생시키는 것이다. 여기서 어떤 기표란 당연히 정치적 함의를 띤 인물을 가리킨다.

그렇다면 소외된 백성들의 욕망을 한데 모으는 인물은 어떤 사람인가? 백성은 정치하는 자들의 말에 너무나 많이 속아왔기 때문에 그들의 총명함과 재주보다는 진심에 훨씬 더 끌린다. 소외된 백성을 진실로 아낀다는 신뢰가 먼저 있어야 그 위에서 재주도 의미가 있다. 신뢰라는 기층 의미가 감성적으로 증폭되어 영웅 신화가 탄생하는 것이다. 유비의 우유부단함은 재주를 중시하는 사람에게는 무능함으로 보일지 모르지만 소외된 자들에게는 인자함으로 받아들여졌기 때문에 믿고 따를 명분이자 이상이 될 수 있었다.

이에 비하여 제갈량은 차갑도록 이성적이고 지혜로운 나머지 인자하다고 인정받을 수 없었다. 대표적인 예가 눈물을 머금고 마속의 머리를 베었다는 이른바 '읍참마속泣斬馬謖' 사건이다. 마속이 군령을 어겼으니 형벌을 받는 것은 어쩔 수 없겠지만 장수 한 명이 아쉬운 판에 괜찮은 장수를 굳이 목을 벨 것까지야 없지 않은가 하는 것이 범인들의 생각이다. 물론 제갈량은 더 큰 것을 생각하는 사람이었다. 이런 일은 보통 사람이 할 수 없는 참으로 어려운 결정이었지만 오히려 이 때문에 인자하다는 말은 들을 수 없었다. 바로 이런 궂은 일을 주군 대신 하는 존재가 훌륭한 참모다.

진나라 말년에 초나라 진승陳勝은 "왕후장상에 어찌 씨가 따로 있겠는가?"(王侯將相寧有種乎)라고 외침으로써 백성들을 선동했다. 이 외침에 민중이 호응하면서 파죽지세로 세력을 넓혀갔지만, 왕후장상에 씨가 따로 없다는 믿음은 역설적으로 세력 내에 또 다른 야망을 가진 자를 출현시켰으니 급기야 진승은 이 배신자들에게 목숨을 잃게 되었다. 그래서 영웅이 되려면 자신의 명분과 이상을 실현할 조력자가 있어야 하는 것이다.

반대로 종이 명재상으로서의 명예를 인정받으려면 원천적으로 '때'(時)라는 명분을 만난 주인에게 의지해야 한다. 설사 주인이 종에게 의존하는 위치로 전락하게 되었다 해서 종이 주인 행세를 한다면 이는 곧 자신의 기반을 무너뜨리는 짓이 된다. 또한 종이 아무리 명석하고 재주가 뛰어나더라도 때를 만난 주인이 다가와 인정해주지 않으면 아무런 의미가 없다. 그런데 그들의 인연은 주인과 종 사이의 상호 인정에 의해 이루어지지 않는다. 종은 주인의 일방적인 찾음으로 간택되는 것이다. 따라서 종의 위치에 있는 자는 알아달라고 나서지 말고 여상처럼 낚시나 하면서, 또는 이윤처럼 충실히 밥을 지으면서 주인의 방문을 기다려야 한다는 것이 이 신화가 가르치려는 선비의 미덕이다.

이와 아울러 '磻溪伊尹, 佐時阿衡'의 여덟 글자는 주인을 향한 종의 메시지도 함께 전하고 있다. 즉 주인이 아무리 '때'를 만났다 하더라도 이를 실현할 수 있도록 도와주는 조력자가 없다면 명분이란 한낱 꿈에 지나지 않는다는 것이다. "그러므로 욕망이 현실이 되게 하려면 실제적인 능력을 가진 나에게 의지하시오. 대신에 나는 언제나 제2인자로서 당신을 보필할 뿐 절대로 당신의 자리를 넘보지 않을 것이오." 이러한 메시지가 주인에게 수용되면 이른바 '일인지하一人之下, 만인

지상萬人之上'이라는 재상의 자리가 확보되는 것이다. 『역』의 첫 장은 건乾괘부터 시작하는데 맨 위의 효사가 이른바 '항룡유회亢龍有悔', 즉 하늘 끝까지 올라간 용은 후회할 때가 있다는 말이다. 지혜로운 참모라면 스스로의 위치를 지킬 줄 알아야 한다는 뜻이다. 이것이 바로 고대 봉건 체제에서 임금과 신하 간의 의리를 지탱해주는 상호 이해관계의 본질이다.

왜 곡부는 보수의 상징이 되었나

奄宅曲阜엄택곡부하니
곡부 땅을 어루만져 다스리니

굽을 곡曲

奄 가릴 '엄' '큰 대大'와 '펼 신申'으로 이루어졌다. 여기서 '대大' 자의 자형은 그릇을 덮는 뚜껑 모양이므로 '엄奄'의 자형적 의미는 '밖으로 드러나 펼쳐지지 않도록 덮어씌우다'가 된다. 물건을 덮어놓으면 오래 보존할 수 있으므로 '엄奄' 자에 '오래되다'라는 의미가 파생되었다.

宅 집 '택' '집 면宀'과 '싹틀 탁乇'으로 이루어졌다. '탁乇' 자는 싹이 껍질을 트고 땅 밖으로 나온다는 뜻으로 이는 원시 시대에 구멍을 파서 집을 만들던 방법을 상징하기도 한다. 그러므로 '택宅' 자의 자형적 의미는 '땅에 구멍을 터서 집을 만들다'가 된다.

曲 굽을 '곡' 이 글자는 탄력이 좋은 나무나 대나무를 둥글게 엮어 만든 소쿠리를 그린 모양이다. 이로부터 '굽다'라는 의미가 파생되었는데, 우리가 사물을 볼 때는 전체적인 윤곽을 중시해서 보고 세부적으로 이리저리 굽은 부분은 생략하거나 무시하는 관념적인 경향이 있다. 그래서 '곡' 자에 '자세한'·'세부적인' 등의 의미가 생겨나게 되었다.

阜 언덕 '부' 이 글자를 소전에서는 '𨸐'로 쓰는데 이는 높이 솟아올

라 위가 평평한 땅을 그린 모양이다. 뿐만 아니라 이 글자는 '도타울
후厚'와 첩운 관계에 있다. 따라서 자형적 의미는 '높고 평평한 언덕'
이 된다.

　곡부曲阜는 지금의 산동성山東省 곡부현曲阜縣 일대의 땅 이름으
로 옛날 노나라의 도읍이었다. 『예기』의 응소應劭 주에 의하면 "노나
라 성안에 언덕이 하나 있는데 구불구불하게 길이가 7~8리나 이어
져 있었으므로 곡부라고 불렀다"고 한다. 곡부는 중국의 보수적인 문
화의 발원지로서 제나라의 개방적인 문화와 더불어 중국 전통 문화
의 두 축을 형성한다. 『사기史記』의 기록은 이를 잘 설명해준다.

　주나라가 왕조를 세우고 나서 개국 공신인 주공周公과 여상呂尙에
게 각각 노나라와 제나라를 봉지로 주었다. 주공이 아들인 백금伯禽
을 노나라로 보냈더니 3년이 지나서야 돌아와 국정을 보고하였다. 주
공이 늦은 이유를 물으니 백금이 "그곳의 풍속과 규범을 뜯어고치고
삼년상을 치르게 하느라고 늦었습니다"라고 대답하였다. 한편 제나라
로 간 여상은 6개월 만에 돌아왔는데 왜 이렇게 빨리 왔느냐고 묻자
"군신의 예를 간소화하고 그곳 풍속을 좇아 정치를 했기 때문에 시간
이 지체될 이유가 없었습니다"라고 대답하였다. 즉 여상은 제나라를
안정시키기 위해 잠시 왔을 뿐, 이 과제를 마치면 다시 서쪽의 고향으
로 돌아갈 것이라는 생각으로 정치에 임한 반면, 백금은 노나라를 자
손 대대로 살 땅으로 여기고 꼼꼼히 계획하고 보살폈다. 그러다 보니
곡부의 문화는 자연히 보수성을 갖게 된 것이다.

　'엄택奄宅'이란 말은 '어루만지고 안정시키다'라는 의미로 쓰이고
있지만, 사실 문자의 자형 그대로 사람들이 다양한 생각을 자유로이

'펴지'(申) 못하도록 위에다 '뚜껑'(大)을 덮어두고 안전이 보장된 주거 지역 안에서만 살게 한다는 자형적 의미를 바탕으로 해석해도 된다. 그러므로 '엄택곡부奄宅曲阜'는 '곡부 땅을 어루만져 다스리다'보다는 '곡부에 집을 짓고 오래 살다'라는 해석이 더 어울릴 것이다. 앞에서도 말했듯이 곡부의 보수적 전통은 백금의 정치 방식에서 나왔고, 또한 유가에서 성인으로 숭상하는 주공의 봉지이기 때문이다.

스승을 신화로 만들지 않는 방법

지을 영營

微旦孰營미단숙영이리오
주공周公 단旦이 아니면 누가 다스릴 수 있었을까

微 작을 '미' '조금 걸을 척彳'과 '작을 미散'로 이루어졌다. '미散' 자는 보이지 않을 정도로 작은 싹을 뜻하므로 '미微' 자의 자형적 의미는 '남에게 보이지 않도록 몰래 다니다'가 된다. 옛날에 임금이 민정을 직접 살피려 평민으로 위장하고 몰래 나설 때 입는 옷을 '미복微服'이라고 부른 것은 바로 이 뜻에서다.

旦 아침 '단' '날 일日'과 '하나 일一'로 이루어졌다. '일一' 자는 땅, 혹은 지평선을 의미하므로 '단旦'의 자형적 의미는 '해가 지평선 위로 올라와 밝아지다', 또는 '아침'이 된다. 여기서는 주공周公의 이름으로 쓰였다.

孰 누구 '숙' '알 환丸'과 '누릴 향享'으로 이루어졌다. 여기서 '향享' 자는 '양 양羊'과 첩운 관계에 있고, '환丸'의 고문자 자형은 손으로 고기를 들고 있는 모양이다. 따라서 '숙孰' 자의 자형적 의미는 '익은 양고기를 손으로 들고 맛을 보다'가 된다. 이로써 이 글자는 '익을 숙熟' 자의 본래 글자임을 알 수 있다. 이 구절에서는 '누구'라는 뜻의 차용 의미로 쓰였다.

552

營 지을 '영' '담 궁宮'과 '빛날 형熒'이 합쳐진 글자이다. 빛은 사방으로 퍼지고 담은 집을 사방으로 둘러싼 구조물이므로 '영營' 자의 자형적 의미는 '사방을 빙 둘러막아 만든 주거 공간'이 된다. 이런 공간을 만드는 것은 곧 집을 짓는 일이고, 또한 이런 일은 철저한 사전 계획과 준비에 의해 진행되어야 하므로, 이로부터 '다스리다'·'경영하다' 등의 의미가 파생된 것이다.

이 구절은 곡부 땅을 장기적인 안목으로 잘 다스려 예치禮治의 모범을 보임으로써 중국의 안정된 전통 문화를 세운 공로가 주공 단에게 있음을 칭송한 것이다.

공자가 스스로 "(있는 그대로) 기술만 하였지 (없는 것을) 지어낸 것이 아니다"(述而不作)라고 말했듯이 공자의 사상은 주공을 다시 쓴 것이라 해도 과언이 아니다. 그래서 유가, 특히 한대의 고문 경학자들은 주공을 오히려 공자보다 우위에 있는 선사先師로 추존하기도 하였다. 물론 여기에는 『논어』 「술이」편에서 "오래 되었구나, 내가 꿈속에서 주공을 다시 못 뵌 지가!"(久矣, 吾不復夢見周公)라는 공자의 말 때문에 주공이 신화적으로 부풀려진 면이 없지 않아 있다. 그러나 경학자들은 전통적으로 공자를 비롯한 유가의 위대한 스승들이 지나치게 신화화되는 것을 경계하였다. 물론 그 스승들이 신화를 통해 종교적인 존재가 되는 것이 권력자와 경학자들이 내심 바라는 일일 수도 있었지만, 그로 인해 얻는 것보다 잃는 것이 더 많았음을 그들은 역사에서 누차 경험하였기 때문이다. 그래서 그들이 신화를 욕망할 때에는 동시에 유가적 탈신화의 경계심이 함께 작용하기 일쑤였다. 이것은 궁극적으로 예와 악, 또는 언어적인 것과 비언어적인 것을 동시에 추구하려 한 공자의 균형 감각이 만들어놓은 일종의 패러다임에서 비롯된 것이리라.

이러한 의도와 노력이 이 구절에서는 '미微' 자에 나타난다. 여기서 '미微' 자는 부정사로서 '아닐 미未'와 같은 뜻으로 쓰였다. 그러나 '미微' 자에 담긴 뜻은 자해에서 설명한 대로 '숨겨져서 보이지만 않을 뿐이지 아주 존재가 없지는 않은 것'이다. 따라서 부정이라도 완전 부정이 아닐 수밖에 없으며, 그 부정 속에는 희박하나마 긍정의 가능성이 숨겨져 있을 수도 있음을 암시한다.

다시 말해서 '미微' 자가 완전 부정으로 읽히면 주공 외에는 아무도 곡부를 예치의 나라로 건설할 사람이 없는 것이므로 주공이 절대화되는 반면, 보이지는 않지만 일부 긍정이 섞인 부정으로 읽히면 주공 이외의 다른 인물이 할 수 있었을지도 모른다는 가능성을 열어놓은 셈이 되므로 주공이 절대화되지 않고, 따라서 신화화되는 것을 막을 수 있는 효과가 생기는 것이다. 이러한 열린 해석을 가능케 한다는 점이 바로 한자가 갖는 특성이자 맛이다.

지혜로운 참모의 중요성

귀인 공公

桓公匡合환공광합하여
환공은 (천하를) 바로잡고 (제후들을) 규합하여

桓 굳셀 '환' '나무 목木'과 '구할 선亘'으로 이루어졌다. 고대에는 큰 길에 십 리마다 역참을 세워 문서를 전달하는 사람이나 나그네가 쉬어갈 수 있도록 했는데, 이를 일컬어 '환桓'이라고 했다. '목木'자는 역참을 표시하기 위해 세운 나무를 의미한다. 여기서는 제나라 임금인 환공桓公을 가리킨다. 『시법諡法』에 "땅을 개척하고 먼 곳을 복종시킨 경우 '환桓'이라고 칭한다"(辟土服遠曰桓)는 구절이 있으므로, '환공'이란 패제후覇諸侯의 공적을 인정하여 붙여준 시호諡號임을 알 수 있다.

公 귀인 '공' '에울 위囗'와 '여덟 팔八'로 이루어졌다. '위囗'자는 자기 주위에 친 울타리로서 보호받을 수 있는 개인적 공간을 뜻하고, '팔八'자는 서로 등을 지고 있는 모양으로 '등질 배背'와 같은 글자이다. 따라서 '공公'자의 자형적 의미는 '사적인 것의 반대', 즉 '공적인 것'이 된다. 사적인 공간을 열고 나오면 넓은 공간이 전개되므로 '공公'자와 '넓을 광廣'자는 쌍성·첩운 관계임을 알 수 있다.

匡 바를 '광' '상자 방匚'과 '임금 왕王'으로 이루어졌다. 임금은 모든 백성들에게 '모가 나도록' 공정해야 한다. 이 공정함을 옛날에는 네모

난 방형方形으로 상징하였으므로 관청의 도장도 사각형으로 만들었다. 따라서 '광匡' 자의 자형적 의미는 '대나무를 엮어 만든 정사각형 모양의 대광주리'가 된다. 이에 비하여 둥근 모양의 대광주리는 '거筥'라고 부른다. 이로부터 '광匡' 자에 '공정한 틀에 맞춰 바로잡다'라는 파생 의미가 생겨나게 되었다.

合 합할 '합' '모을 집스'과 '입 구口'로 이루어졌으므로 자형적 의미는 '여러 입들을 한데 모으다'가 된다.

이 구절은 『논어』 「헌문憲問」편의 "환공은 제후들을 아홉 번이나 불러 모아 회맹會盟하였다"(桓公九合諸侯)와 "관중은 환공이 제후들의 우두머리가 되어 천하를 하나의 틀이 되게 바로잡도록 도와주었다"(管仲相桓公, 霸諸侯, 一匡天下)는 구절을 다시 쓴 것이다.

'환공桓公'은 춘추 시대 제나라 임금으로, 제齊 환공桓公·진秦 목공穆公·송宋 양공襄公·진晉 문공文公·초楚 장왕莊王과 더불어 춘추오패春秋五覇 중 한 사람이었다. 그는 거莒나라에서 망명 생활을 하다가 제 양공襄公이 피살되자 곧바로 귀국하여 임금에 즉위했는데, 이때 자신을 암살하려 했던 관중을 재상에 임명하였다. 그는 관중의 도움을 받아 세력을 키워 제후들을 십여 차례나 불러 모아 회맹함으로써 중원을 사실상 하나로 묶는 패업覇業을 이룩하였다. 그의 패업 중에서 가장 중요한 것은 쇠락한 주나라 왕실에 힘을 실어 분열된 중원을 그 체제 아래로 통일시키려는 적극적인 시도였다. 이렇게 하려면 무엇보다 힘이 있어야 하는데, 그는 충분한 힘이 있었는데도 그 힘을 쓰기 전에 누구나 공감하고 따를 수 있는 명분을 앞에 내세웠으니 그것이 바로 주나라 왕실을 받들고 오랑캐(소수민족)를 물리친다는 이른바 '존왕양이尊王攘夷' 운동이었다. 당시 중원에는 한족만 있었던 것이 아니라 소수민족들도 함께 공존하는 상태였으므로 일부 지방 세력들이 소수민족들을 끌어들여 주나라 왕실을 위협함으로써 분란을 일으킨다고 여겼기 때문이다.

따라서 이 구절의 '광匡' 자는 '존왕양이'의 명분을 내걸고 분열된 제후들을 광주리 안에 모아 담아서 그 네모난 틀대로 바로잡는다는 뜻이 된다. 특히 '합合' 자를 함께 쓴 것은 자형이 말하는 '입을 한데 모으다'에 초점을 맞춘 것인데, 이는 사람들의 생각을 한데 모은다는 뜻으로 무력 아닌 사상에 의한 통일을 의미한다. 이것이 바로『논어』「헌문」편에서 공자가 관중이 병거兵車를 쓰지 않고 제후들을 회맹시켰으므로 어질다고 칭찬한 이유이다. 그러나 이렇게 야심 찬 패업도 조력자인 관중이 죽은 뒤 환공이 정사를 게을리하면서 흐지부지되었다. 여기서 우리는 명분이 아무리 훌륭하다 하더라도 지혜로운 재상이 도와주지 못한다면 한낱 몽상에 지나지 않는다는 사실을 다시 확인할 수 있다.

명분 또는 핑계

약할 약弱

濟弱扶傾제약부경이라
약소한 자를 구제하고 기울어져 가는 자를 붙들어주었다

濟 건널 '제' '물 수氵=水'와 '가지런할 제齊'로 이루어졌다. 이 글자는 원래 하북성河北省 찬황현贊皇縣 서남에서 발원하여 동쪽으로 흐르다가 저수泜水에 합류하는 강의 이름이다. 오늘날 통용되는 '건너다'·'돕다' 등의 의미는 차용된 파생의이다.

弱 약할 '약' 이 글자는 '활 궁弓'자 두 개와 '터럭 삼彡' 두 개로 이루어졌다. 활이나 털은 모두 연약하게 잘 휘는 속성을 상징한다. 따라서 '약弱'자의 자형적 의미는 '쉽게 휘어질 정도로 유약함'이 된다.

扶 붙들 '부' '손 수手'와 '지아비 부夫'로 이루어졌다. '부夫'자는 사람(남자)의 모양이고, '부扶'자는 '보필할 보輔'와 쌍성·첩운 관계에 있으므로 '부扶'자의 자형적 의미는 '옆에서 부축하여 도와주다'가 된다.

傾 기울어질 '경' '사람 인人'과 '기울 경頃'으로 이루어졌다. '경頃'자의 자형이 가리키는 의미가 '머리가 삐딱하게 기울다'이므로 '경傾'과 '경頃' 두 글자는 사실상 같은 글자임을 알 수 있다. '경頃'자는 '숟가락 비匕'와 '머리 혈頁'로 이루어졌는데 '비匕'의 전서체 자형은 '사람 인人'자를 뒤집어놓은 모양과 같으므로 '삐딱하다'는 의미를 담고

있다. 따라서 '경顷' 자의 자형적 의미는 '머리가 삐딱하게 기울다'가 된다. 이로부터 '기울다' 또는 '기울어 넘어지다'라는 의미로 쓰이게 되었는데, 이 글자가 '잠깐'·'밭이랑' 등의 의미로 차용되자 혼동을 피하기 위해 '기울다'라는 뜻은 '경傾' 자를 새로 만들어 쓰게 된 것이다.

이 구절은 약소한 자와 위급한 어려움에 처한 자를 구제해준다는 뜻으로 이는 중국 역사에서 강대한 나라가 약소한 나라를 침략할 때 흔히 내세우던 명분(또는 핑계)이었다. 이 말은 원래 『여씨춘추』의 사상에서 그 유래를 찾을 수 있다. 즉 겸애兼愛를 주장하는 묵자墨子는 강대국이 약소국을 침략하는 행위를 크게 비난하였다. 그래서 묵가의 무리들은 약소국이 침략을 당할 위기에 처하면 천 리를 멀다 않고 달려가서 구해주었는데, 약한 송나라가 초나라의 공격을 당하자 달려가 구해준 일은 그 대표적인 예이다. 이렇게 하는 행위가 이른바 '제약濟弱'이다.

이와는 반대로 병가兵家의 논객들은 패역한 군주들이 정사를 제대로 돌보지 않아 백성이 도탄에 빠지고 나라가 기울어질 위기에 처한 경우에는 이웃나라에서라도 신속히 의병을 일으켜 못된 임금을 제거함으로써 백성도 구해주고 사직도 넘어지지 않도록 붙들어주어야 한다고 주장하였다. 이것이 이른바 '부경扶傾'이다. 이때 '부경'은 말 자체는 아름답지만 실제로는 강대국이 약소국을 침략하기 위한 명분에 지나지 않는다. '제약'도 원래는 약자를 보호하고 돕는다는 훌륭한 명분으로 출발했지만, 이것이 『여씨춘추』를 통해 진나라 사상의 보편자로 등장하면서 분쟁이 있는 두 나라 사이에 개입하기 위한 강대국의 명분으로 퇴색하였다. 다시 말해서 '제약부경濟弱扶傾'은 병가로 변신한 묵자의 겸애 사상이 되는 셈이다.

약소한 자와 위급한 어려움에 처한 자를 구제해야 한다는 명분을 언제나 재확인해야만 하는 중국인들의 강박 관념은 쑨원孫文이 그의 『민족주의民族主義』에서 "그래서 우리는 먼저 어떤 정책을 결정해야 하는데 그것이 바로 '제약부경'이다. 이렇게 해야만 비로소 우리는 우리 민족의 천직을 다하는 셈이 된다"고 말한 데서 단적으로 드러난다. '제약부경'을 천직으로 삼아야 한다는 강박 관념은 마침내 티베트 인민 해방으로 이어지는데, 여기서 티베트 인민을 해방시키면서 티베트를 중국 영토에 합병시킨 것은 무엇을 의미할까?

이러한 논리의 명분을 일본도 그대로 본받아 만주(동북 지역)를 중국에게서 빼앗을 때에도 똑같이 적용하였다. 즉 당시에 이미 기울어져버린 청나라를 다시 부축해 세워준다는 명분 아래 마지막 황제 부의溥儀를 만주국 황제에 앉혀놓고는 꼭두각시 부리듯 조종함으로써 만주를 실질적으로 차지하였던 것이다.

오늘날의 국제 사회에서도 미국이 걸핏하면 독재자 아래에서 신음하는 사람들의 인권을 지켜준다는 핑계로 이라크, 리비아, 아프가니스탄 등을 침략한 예는 명분과 핑계의 경계가 얼마나 모호한지를 잘 보여준다. 명분이 훌륭하다 해서 그 행위가 정당화되는 것은 아니다. 거기에는 탐욕이 숨겨져 있는 경우가 많기 때문이다. 남을 도와준다는 것은 궁극적으로 자신을 위한 일이다. 따라서 남을 도우려는 자는 도움을 원하는 상대가 자신의 이웃에 존재한다는 사실에 오히려 감사해야 하리라.

홀연히 사라져 역사에 남은 사람들

돌아올 회回

綺回漢惠기회한혜하고

기리계綺里系는 한나라 혜제惠帝를 (제자리로)
돌아오게 하였고

綺 비단 '기' '실 사糸'와 '기이할 기奇'로 이루어졌으므로 자형적 의
미는 '특이한 무늬를 가진 비단'이 된다. 일반 비단의 무늬는 씨실이
나 날실을 따라 종횡으로 짜는 것이 보통인 데 비하여 '기綺'는 사선
으로 짜 넣기 때문에 우측 방에 '기奇' 자를 쓴 것이다.

回 돌아올 '회' '감쌀 위口' 자 안에 회전하는 형태를 그린 모양의 글
자이다. 이 글자의 원래 자형은 급류가 깊은 못으로 합류할 때 물이
세차게 감아도는 것을 그린 모양이었다. 또한 이 글자는 '감쌀 위圍'
와 쌍성·첩운 관계에 있으므로, 자형이 가리키는 의미는 '물살이 감
아돌다'가 된다. 빙빙 도는 사물은 언제나 제자리로 돌아오게 되므로
이로부터 '돌아오다'라는 의미가 생겨났다.

漢 나라 '한' 이 글자는 원래 한수漢水를 가리키는 고유명사였다. 한
고조가 진나라 도읍인 함양咸陽에 입성하여 진나라를 접수하고서 처
음으로 제후에 봉해진 곳이 한중漢中(오늘날의 섬서성 서남쪽)이었으므
로 그를 한왕漢王이라고 불렀다. 그러다가 나중에 정권을 잡은 뒤에
왕조의 이름이 되었다.

惠 은혜 '혜' '마음 심心'과 '오로지 전專'으로 이루어졌으므로 자형적 의미는 '마음을 하나같이 간직하며 근신하다'가 된다. 여기서는 한 왕조의 두 번째 황제인 혜제惠帝를 가리킨다.

　이 구절은 기리계綺里系를 비롯한 상산사호商山四皓가 한 혜제를 잘 보필하여 폐태자廢太子의 위기를 넘기고 황제에 등극할 수 있게 해주었다는『사기』「유후세가留侯世家」의 고사를 다시 쓴 것이다.

　상산사호란 진나라 말년에 난리를 피하여 상산商山에 은둔하였던 기리계綺里系·동원공東園公·하황공夏黄公·녹리선생甪里先生 등 네 사람을 가리키는데, 이들은 모두 나이가 80이 넘어 수염과 눈썹이 희다고 하여 당시 사람들이 상산사호라고 불렀다. 원래 한 왕조가 들어서면서 고조가 이들을 불렀으나 응하지 않았다. 나중에 고조가 태자를 폐하려 하자, 여후呂后가 장량張良의 계책을 써서 사호를 불러다 태자 옆에 두니까 고조가 자신도 하지 못한 일을 태자가 해냈다고 여기고는 마침내 태자를 폐하려던 계획을 철회하였다고 한다.

　한 고조가 태자를 폐하고 총애하는 척부인戚夫人의 소생을 태자에 봉하려던 계획을 철회한 것은 태자의 장래가 상산사호 덕분에 믿음직스럽게 보였기 때문이다. 당 태종이 창업創業과 수성守成 중에서 어느 것이 더 어려운가를 신하들에게 물었다는 고사는 매우 잘 알려져 있다. 이 두 가지 과업 중 어느 하나 쉬운 것은 없겠지만 창업을 성공으로 이끈 아버지 입장에서는 전자보다는 후자가 무엇보다 절실하게 느껴지게 마련이다. 성공한 아버지의 눈에 어느 아들이라도 믿음직스럽게 보일 리가 없다. 그런데 어느 날 상산사호 같은 현인들이 아들 곁에 서 있는 것을 보았으니 수성에 대한 신뢰가 생길 것은 당연하다.

그러나 이들이 정말로 믿음직스러운 현인들이었는지는 알 길이 없다. 왜냐하면 태자의 자리를 확고히 해놓고 이들은 다시 상산으로 은둔했기 때문이다. 바로 이 두 번째 은둔으로 인하여 이들은 현인이라는 신화적 인물이 되었다. 이들이 처음에 한 고조가 부를 때 은둔하고 다시는 나타나지 않았다면 신화고 뭐고 간에 역사적으로 잊힌 사람들이 되었을 것이다. 두 번째 부름에 나타나 그것도 딱 한 건만 해결하고 바람처럼 사라졌기 때문에 이들은 신화가 되었다는 말이다. 만일 태자가 혜제로 즉위한 다음까지 그 밑에서 벼슬을 살았더라면 부귀영화는 누렸을지 모르지만 상산사호라는 역사적인 명칭을 갖지 못했을 것이다.

뭔가 편견 없이 진실을 직시한 듯한 말을 남긴 채 사라지는 배반, 이것이 지식인이 신화가 되는 비의秘議의 방식이다. 이렇게 해야 사라진 뒤의 공백이 상상으로 채워지며 의미가 증폭되는 것이다. "내가 부를 때는 안 나오던 사람들이 왜 내 아들은 따르는가?"하고 묻는 고조에게 그들이 남긴 말은 이렇다. "폐하께서는 선비를 가벼이 여기고 툭하면 야단을 치시지만, 태자 전하는 선비를 공경하고 아끼므로 천하에 그를 위하여 목숨을 내놓지 않을 사람이 없을 것입니다."

교감에 의한 소통, 바람직할까?

호반 무武

說感武丁열감무정이라
부열傳說은 무정武丁 임금과 감응하였다

說 말씀 '설' '말씀 언言'과 '통할 태兌'로 이루어졌다. '태兌' 자는 말로 하나하나 풀어서 뜻을 통하게 해준다는 뜻이므로 '설說' 자의 자형적 의미도 역시 '말로 하나하나 풀어서 뜻을 통하게 해주다'가 된다. 그러므로 '태兌' 자와 '설說' 자는 사실상 같은 글자이다. 여기서는 사람 이름으로 '열'이라고 읽는다.

感 느낄 '감' '마음 심心'과 '다 함咸'으로 이루어졌다. '함咸' 자는 '사방에 두루 미치도록 소리를 지르다'라는 뜻이고, '감感'은 '움직일 담澹'과 첩운 관계에 있으므로 '감' 자의 자형적 의미는 '사방에 호소하여 사람들의 마음을 움직이게 하다'가 된다.

武 호반 '무' '그칠 지止'와 '창 과戈'로 이루어졌다. '지止' 자는 원래 발 또는 발자국의 모양이므로 '무武' 자는 무사가 창을 어깨에 메고 보무당당히 걸어가는 모양을 그린 것임을 짐작할 수 있다. '무武'와 쌍성·첩운 관계에 있는 '춤출 무舞' 자가 창과 방패를 들고 춤추는 모양이라는 사실이 이를 방증한다.

丁 고무래 '정' 이 글자의 고문자 자형은 못 모양으로 되어 있다. 그

러니까 '정丁'자는 '못 정釘'자의 본래 글자인 셈이다. 못은 단단한 곳도 뚫을 뿐만 아니라 견고하게 고정시키기도 하는 물건이므로 '굳세다'·'힘센 남자' 등의 파생 의미로도 쓰이게 된 것이다. 여기서 '무정武丁'은 은나라 임금, 즉 고종高宗을 가리킨다.

이 구절은 은나라의 제무정帝武丁이 부열傅說을 얻어 아버지인 소을小乙 때 쇠락한 반경盤庚의 중흥을 다시 이뤄냈다는 『사기』「은본기殷本紀」의 기록을 다시 쓴 것이다.

은나라는 반경 임금의 덕치로 중흥을 맞았으나 그 후 소신小辛과 소을 임금 시기를 지나면서 쇠퇴해지자 백성들이 반경 임금을 그리워하게 되었다. 소을의 뒤를 이은 무정 임금은 은나라를 부흥시켜야겠다고 마음먹었으나 이 일을 도와줄 마땅한 인재를 얻지 못하고 있었다. 그래서 그는 즉위한 뒤 3년 동안이나 일절 말을 하지 않고 모든 정사를 재상격인 총재冢宰가 결정하도록 해놓고는 나라의 물정을 관찰하기만 하였다. 그러다가 꿈속에서 열說이라는 이름의 성인을 만났는데, 꿈을 깨자마자 꿈에서 본 인물의 형상을 가진 사람을 전국을 뒤져 찾아보게 하였다. 마침내 부험傅險 땅에서 열을 찾았는데 그는 거기서 죄수로 길을 닦는 일에 복역하고 있었다. 무정이 그와 이야기를 나눠보니 과연 성인이었다. 그래서 그를 총재에 앉히고 국정을 맡기니 나라가 잘 다스려져서 반경 임금의 중흥이 다시 실현되었다고 한다. 나중에 부험의 지명을 성으로 삼아서 그를 부열傅說이라고 부르게 되었다.

'감感' 자 풀이에서 설명하였듯이 감응이란 소리로 마음을 움직이거나 마음이 소리에 반응하는 것이다. 여기서 소리라는 것은 언어와 음악 같은 상징 또는 기호 체계에 의한 표현을 말한다. 이 표현이 상대방에게 감동을 일으켰을 때 소통이 이루어졌다고 우리는 믿는다. 그런데 무정은 오히려 말을 하지 않음으로써 부열과의 만남이 이루어지는 소통의 역설을 낳았다. 실은 그를 찾고 나서도 말을 시켜본 다음에야 그가 성인인 줄 알았는데도 말이다. 그렇다면 무정과 부열이 3년간 말이 없는 가운데 상호 감응을 통해 만났다는 이야기는 신화일 것이다. 모든 신화는 이데올로기를 말하기 위해 지어진 것일 테니 그것이 무엇일까?

이 이야기도 앞서 말한 영웅과 조력자의 구조를 갖고 있는데, 여기서는 초점이 조력자인 현인에 맞춰져 있다. 현인을 궁궐이나 귀족 가문이 아니라 복역을 하는 노동 현장에서 찾아냈다는 말은 이 이야기가 소외된 지식인에 의해 만들어졌다는 사실을 드러낸다. 지식인이 되는 가장 중요한 조건은 진실의 편에 서 있느냐는 것이다. 이 진실은 언제나 소외된 잉여 계층에 있다. 따라서 현인을 찾으려면 소외된 현장에서 찾는 것이 옳다.

그런데 임금은 관료를 사이에 두고 현장과 떨어져 있다. 임금이 지시를 하면 아래의 관료들은 거기에 맞춰 제도권 안의 사람만을 천거할 것이 뻔하다. 제도권 안에 자신의 자리가 보장된 사람들은 자신들의 이익을 지켜줄 자를 선호할 테니까. 반면에 임금이 계속 침묵을 유지하면 관료들은 하는 수 없이 인재 풀을 더 넓히기 위해 기준을 자꾸 낮추어야 한다. 그러다 보면 징역장까지 내려가 부열을 만날 수 있는 것이다. 이것이 지식인의 입장에서 본 이데올로기이다.

두 번째는 임금의 입장에서 본 이데올로기로서 군신 간의 감응 커뮤니케이션의 중요성에 관한 것이다. 무정이 부열을 찾게 된 단서는 꿈속에서 본 이미지였다. 이미지는 비언어적인 소통 수단이라는 믿음이 여기서 발견된다. 아무리 임금과 재상(또는 신하) 사이라도 근본적으로는 거래 관계에 있음을 부인할 수 없다. 즉 재상은 절대권력을 임금에게 위임받는 대가로 반대급부를 보장해줘야 한다. 반대급부란 당연히 재상이 공적을 이룩해 임금의 이름으로 돌려줘야 하는 게 기본이지만, 이와 아울러 임금이 차마 말로 표현하지 못하는 개인적인 욕망의 처리도 포함될 것이다. 이를테면 제왕이면 누구나 욕심내는 화려한 궁전이나 사냥터 같은 것은 넉넉하지 않은 재정 아래서 웬만큼 대담하지 않으면 하나 마련해달라고 조르기가 쉽지 않다. 이때 능력 있는 재상이라면 눈치껏 알아서 적당한 명분을 만들어 시행해야 한다. 또한 만일 그것이 잘못되었을 경우에도 모든 책임을 혼자 뒤집어쓰는 것이 신하의 도리이자 윤리인 것이다. 오늘날 이른바 몸통의 부패는 끝내 드러나지 않고 깃털만 다치는 관행은 바로 이런 감응(또는 교감)의 신화에서 비롯된 것으로 봐도 좋을 터이다.

이처럼 우리는 고대 중국의 각종 신화에서 말의 기능을 축소하거나 은닉하려는 이데올로기를 자주 발견할 수 있다. 이러한 이데올로기는 수단보다는 내실과 결과를 더 중시하는 가치관을 배태시킨다. 의사 소통은 대상과 목적을 투명하게 상정하는 언어라는 수단을 통해서만 가능한 것인데, 이를 경시하고 교감으로 소통하려 한다면 이것은 곧 수단과 과정의 합리성이 무시될 수 있음을 뜻한다. 과정의 합리성이 무시되는 곳에서 '일단 되고 보자'는 식의 부패 고리는 끊이지 않는다. 물론 언어로 생성한 대상이나 목적이 십분 투명하다고 담보할 수는 없지만 그나마 언어를 통하지 않고 정확하게 목적을 상정할 수 있는 다른 방도도 없지 않은가? 언어의 이러한 기능을 심각하게 생각하지 않고 대상의 존재를 형이상학적으로 상정해놓으니 언어의 중요성이 드러나지 않는 것이다. 대상 자체가 중요한 것이지 언어는 그것을 지시하는 수단에 지나지 않는다고 보는 관념 아래에서는 훌륭한 우리말을 두고도 영어를 공용어로 쓰자는 무지막지한 이야기가 대두될 수밖에 없다.

다스림과 베어버림

빽빽할 밀密

俊乂密勿준예밀물하니
뛰어난 인재들이 꼼꼼하고 부지런히 일하니

俊 준걸 '준' '사람 인人'과 '빠를 준夋'으로 이루어졌으므로 자형적 의미는 '민첩한 사람'이 된다. 민첩한 사람이란 재능이 뛰어난 사람이므로 곧 '준재' 또는 '걸출한 인재'가 된다. 같은 방식으로 말이 훌륭하면 '준駿'자를 쓰고, 산이 높고 빼어나면 '준峻'자를 쓴다.

乂 벨 '예' 이 글자는 낫을 좌우로 움직여 풀을 베는 모양의 글자이므로 자형적 의미는 '낫으로 풀을 베다'가 된다. 풀을 베는 행위는 '다스림'(治)의 은유로 자주 쓰이므로 풀을 잘 베는 사람은 곧 능력 있는 인재를 뜻한다. 한대 주석가들은 재주가 일천 명을 능가하는 사람은 '준俊'으로, 일백 명을 능가하면 '예乂'로 각각 구분하기도 하였다.

密 빽빽할 '밀' '뫼 산山'과 '조용할 밀宓'로 이루어졌다. '밀宓'자는 집에서 아무것도 하지 않고 조용히 쉰다는 뜻이므로 '밀密'자의 자형적 의미는 '산중에서 극히 조용한 곳'이 된다. 산중에서 극히 조용한 곳은 산이 빽빽이 들어선 첩첩산중이므로 이로부터 '빽빽하다'라는 의미가 파생된 것이다.

勿 말 '물' 이 글자는 손에 깃발을 들고 있는 모양인데, 이는 노역을

감독하거나 지휘하는 사람이 손에 깃발을 들고 흔듦으로써 넓은 곳에 산재해 있는 일꾼들에게 작업 지시를 내린다는 뜻이다. 이로부터 이 글자에 '부지런히 일하다'·'근면하다' 등의 의미가 생겨난 것이다. 그러므로 '밀물密勿'은 꼼꼼하고 부지런히 일에 종사하는 모습을 형용하는 말이 된다. '물勿' 자에 '하지 말라'는 금지의 뜻이 있는 것은 '없을 무無'와 같은 음이기도 하지만 작업장에서 작업의 시작과 종료 지시를 깃발로 했기 때문이다.

이 구절은 『서경』 「고요모皐陶謨」편의 "뛰어난 인재들이 관직에 있을 것이며"(俊乂在官)와 『시경』 「시월지교十月之交」편의 "힘써 일하면서도 감히 수고로움을 말하지 못하네"(密勿從事, 不敢告勞)를 섞어서 다시 쓴 것이다.

상산사호와 부열 같은 현사들이 빈틈없이, 그리고 부지런히 일하면 나라가 평안해지는 법이므로 이들 지식인을 잘 대우하여 조정에 많이 모으는 것이 나라가 부강해지는 첩경임을 강조하는 메시지이다. 지식인의 능력은 '밀密' 자에서 보듯이 밀림처럼 빽빽하고 속이 깊어서 그 한계를 알 길도 없을 뿐 아니라 접근할 수도 없다. 또한 그들은 '물勿' 자가 상징하듯이 열심히 깃발을 흔들며 백성을 인도하고 독려한다. "힘써 일하면서도 감히 수고로움을 말하지 못하네"라는 『시경』의 구절은 지식인들의 노고가 다름 아닌 윤리에 기초하고 있음을 말한다. 이들이 열심히 공부해서 능력을 갖추고 밤낮없이 노고를 아끼지 않는 것은 나라와 백성을 평안케 하고자 하는 임금의 뜻에 충성하기 위한 것일 뿐이다. 그러므로 백성은 그들의 인품과 능력을 믿고 지시와 인도에 따르기만 하면 되는 것이다.

이것이 지식인에 대한 대중의 전통적인 관념이다. 실제 역사에서 그렇지 못한 지식인이 부지기수임은 사실이지만 적어도 관념상으로는 그렇다는 것이다. 이렇듯 대중들이 무턱대고 지식인을 믿고 따라도 괜찮다고 여겨온 데는 그들의 심오한 지식이 윤리를 바탕으로 축적되었으리라는 신뢰가 있었기 때문이다. 지식에 윤리가 없다면 심오할 수가 없다는 믿음 말이다. 그래서 옛날부터 선비는 비록 헐벗고 굶주려도 그것이 청빈함과 의연함의 상징이 되어 존경을 받았을지언정 멸시받는 일은 없었다.

그러나 오늘날 지식인의 사정은 크게 바뀌었다. 일단 지식인의 말을 함부로 들으면 안 된다. 왜냐하면 오늘날의 지식은 윤리적 가치 위에 쌓이는 게 아니라 효용성의 척도에서 생산되기 때문이다. 그리고 아무리 지식이 많아도 물질적으로 보상해주지 않으면 어느 누구에게도 기여하지 않는다. 그러므로 지식인이 가난하면 무능의 결과라고 무시당할 수밖에 없다. 이러한 지식인이 사회 정의를 부르짖을 때 아무도 귀를 기울이지 않는 것은 그들을 무능한 낙오자라고 여기기 때문이다. 부와 명예를 지닌 유능한 지식인은 전혀 다른 윤리의 토대 위에 있기 때문에 근본적으로 사회 정의를 말할 수 없는데도 말이다.

중국에서는 옛날부터 '다스림'을 낫으로 풀을 베는 일에 비유하거나 또는 그 일을 '다스림'의 상징으로 삼았다. 그래서 인재를 '예乂' 자로 표상하였던 것이니, 인재의 능력을 풀을 베는 일로 상징했다면 그의 능력은 자연히 백성들의 다양한 욕구를 얼마만큼 풀을 베어버리듯 획일화하느냐에 따라 결정될 수밖에 없었을 것이다. 이것이 유능한 인재에 대한 관념적인 모델이었으므로 각 사회 계층별로 이런 인재가 등장해서 단칼에 자신들의 이상이 실현되기를 기대하였다. 쉽게 말해 사회 전체가 하나의 영웅을 기다리는 게 아니라 상위와 하위 계층이 각기 서로 적대적인 영웅을 기대하고 있었다는 뜻이다.

　민주주의 사회에서 이런 전통적인 영웅관은 시대에 맞지 않는다. '다스림'이라는 말은 '베어버림'의 개념에서 벗어나 다양한 욕구를 조정하고 화해시키는 일에 초점을 맞춰야 하고, 아울러 이런 개념의 실현에 능력을 발휘할 수 있는 사람이 인재로 인정을 받아야 한다.

엘리트와 음식남녀

많을 다多

多士寔寧다사식녕**이라**
선비가 많은 것이 곧 평안함이다

多 많을 '다' 이 글자는 '저녁 석夕' 자 두 개를 포개놓은 모양으로 되어 있다. '석夕' 자가 '이을 역繹'과 첩운 관계라는 사실에서 알 수 있듯이, 옛날에는 저녁을 하루가 끝나는 기준 시간으로 간주하였다. 따라서 '다多' 자의 자형적 의미는 '줄줄이 이어져 있는 많은 나날들'이된다. 이로부터 '많다'라는 의미가 생겨났다.

士 선비 '사' 이 글자의 갑골문 자형은 '⊥'인데 남근을 상징하기 위해 땅 위에 세워놓은 곧은 나무 막대기 모양이다. 후대에 가로 막대기가 추가되어 '열 십十' 자 모양으로 바뀌었는데 이는 막대기 중간에 묶어놓은 장식 모양이 변형된 결과이다. 따라서 '사士' 자의 자형적 의미는 '아직 장가들지 않은 젊은 남자'가 된다. 젊은 남자들은 불러다 일에 '종사하도록'(事) '시킬'(仕) 수 있으므로, 이로부터 '선비'라는 의미가 생겨나게 되었다. 따라서 '사士'·'일 사事'·'섬길 사仕' 세 글자는 같은 의미를 공유하는 전주轉注 관계임을 알 수 있다.

寔 진실로 '식' '집 면宀'과 '이 시是'로 이루어졌다. '시是' 자는 태양이 머물러 있는 장소를 가리키므로[3] '식寔' 자의 자형적 의미는 '집 안

573

에 머물며 집을 보다', 또는 '집 안에 두어 쉬게 하다'가 된다. 여기서는 '편안하다'라는 의미와 더불어 허사 '시是'와 같은 뜻으로 쓰였다.

寧 편안할 '녕' 이 글자의 원래 글자는 '녕寍'으로, '집 면宀'과 '그릇 명皿' 사이에 '마음 심心'이 있는 모양이다. 따라서 자형적 의미는 '먹을 것이 갖춰져 있고 집 안에서 보호받는 편안한 마음'이 된다. '녕寧' 자가 허사로 쓰일 경우가 있는데 이때는 속내는 진실로 원하면서도 겉으로는 마지못해 받아들인다는 '차라리'의 의미로 사용된다.

이 구절은 『시경』「문왕文王」편의 "많은 선비들이 북적대니 문왕께서 이 때문에 평안하시네"(濟濟多士, 文王以寧)를 다시 쓴 것이다.

여기서 말하는 많은 선비란 물론 앞 구절의 '준예俊乂'처럼 재능과 실력을 겸비한 엘리트 인재들을 가리킨다. 엘리트 인재가 많으면 임금이나 백성들이 모두 평안함을 느끼게 될 것임은 당연한 이치이다. '평안할 녕寧' 자 앞에 '식寔' 자를 써서 '곧'이라는 허사적 의미 외에 '편안히 쉼'의 의미를 이중적으로 덧붙인 것은 바로 이를 강조하기 위함이리라. '인재가 많음'(多士)은 '곧'(寔) '평안함'(寔寧)이라는 등식이 자연히 성립되고, 이는 다시 인재의 과다寡多를 정권과 나라의 안정을 측량하는 척도로 인식하는 조건이 된다. 그래서 군주들은 인재를 극진히 대우하여 그들을 관료로 끌어들였고, 지식인들 역시 스스로 재주가 있다고 자부하면 달리 생각할 겨를도 없이 반사적으로 관직으로 나아갔다. 정권의 엘리트 독점 현상은 이런 배경에서 생겨났던 것이니, 중국을 비롯한 동아시아에 역사적으로 시민혁명이 부재했던 이유를 여기서도 찾을 수 있을 것이다.

한유의 『잡설雜說』은 다음 구절로 시작한다. "세상에 백락이 있고

난 다음에 천리마가 나오는 법이다. 천리마는 언제나 존재하지만 백락은 늘 나오는 게 아니다"(世有伯樂, 然後有千里馬. 千里馬常有而伯樂不常有). 백락은 천리마를 알아보는 사람이므로 존재보다는 인식이 더 중요하다는 말인데, 어느 시대든 인재가 없을 수는 없으니 필요한 인재를 찾아내는 게 관건이 된다. "인사가 만사"라는 속어의 진실은 바로 여기에 근거한다. 그렇다면 인재를 어떻게 알아볼 수 있을까? 우리가 가장 쉽게 보는 척도가 학벌이다. 이제는 국내 명문대를 넘어 미국의 유명 사립대 출신쯤 돼야 눈길을 주는 시대가 되었다. 명문대를 통해 인재 인증을 받게 된 것은 현대 사회가 모든 분야에서 전문화되었기 때문일 것이다. 그러나 지식의 전문성은 대학의 독점물이 아니다. 어느 분야에서든 대충 불혹의 나이를 지나도록 현장 경험을 하면 거의 도사급에 도달하는 것이 사회 생활에서의 지식이다. 따라서 지식을 엄청나게 습득했다고 엘리트 인재가 되는 것은 아니다. 앞서도 말했지만 사회가 요구하는 인재는 무엇보다 윤리성에서 결정된다. 아무리 호화로운 학력과 경력을 가졌어도 전문성을 빙자하여 정의를 호도하고 매국 행위를 하면 그 해악을 감당할 수가 없다.

　백성들이 평안하게 느끼는 것은 '녕盛' 자가 지시하듯 마음이 집으로부터 보호받고 먹을 것이 충족될 때이다. "마실 것과 먹을 것, 그리고 남녀의 성은 사람들의 기본적인 욕망이 존재하는 곳이다"(飮食男女, 人之大欲存焉)라는 『예기』 「예운禮運」의 구절을 상기할 때, 후출자後出字인 '녕寧' 자 아래의 '장정 정丁' 자는 『예기』의 '남녀'를 연상시킨다. 그러니까 엘리트 인재들이 임금을 도와 백성을 평안하게 하는 일이란 기본적으로 『예기』의 '음식남녀飮食男女'를 충족시켜주는 일이다. 오늘날 젊은이들이 연애 포기, 결혼 포기, 출산 포기 등 이른바

'삼포 시대'를 살고 있다고 자조하곤 하는데, 그렇다면 우리나라 인재들은 자신들의 의무를 다하고 있지 못하다는 말이 된다. 우리가 인재와 지식인을 전문 지식의 차원에서만 봐서는 안 되는 이유이다.

패자覇者에게는 정명正名이 없다

晉楚更覇진초경패하고

진나라와 초나라는 번갈아 제후들의 우두머리가 되었고

번가를 경更

晉 나라 '진' 이 글자의 고문자 자형은 '晉'인데, 두 개의 화살을 촉이 밑으로 오게 하여 아래에 있는 전통箭筒 속에 넣는 모양이다. '나아갈 진進' 자와 쌍성·첩운 관계에 있으므로 '나아가다'라는 의미로 가차되어 쓰이기도 한다.

楚 나라 '초' 이 글자의 원래 의미는 모형나무로서 달리 '형荊'으로도 쓴다. 초나라에 이 나무가 많이 생산되므로 나라 이름이 되었다는 설이 있다. 그래서 고대 문헌에서 초나라를 '형荊'으로 적기도 하였다.

更 번가를 '경' '두드릴 복攵'과 '불 병丙'으로 이루어졌으므로 자형적 의미는 '불을 막대기로 두드려 끄다'가 된다. 불을 끈다는 것은 한 시기가 끝나고 다른 시기가 시작됨을 의미하므로 이로부터 '교대하다'·'갈마들다'라는 의미가 파생되었다.

覇 으뜸 '패' 이 글자는 달이 초승달로 처음 생기려 하거나 보름달에서 처음 이지러지려 할 때 희미하게 보이는 둥근 달의 그림자 혹은 흔적을 뜻한다. 경서의 문장에서는 '넋 백魄' 자로 바꾸어 쓰기도 한다. '두목 패伯'와 발음이 같기 때문에 '우두머리'라는 의미로 가차하

여 쓰기도 한다. '춘추오패春秋五霸'를 '춘추오패春秋五伯'로 쓰는 것이 그 예이다.

춘추 시기에 진晉 문공文公은 성복城濮 전투에서 초 성왕成王을 패퇴시킨 사건을 계기로 제후들의 우두머리인 패제후覇諸侯가 되었다. 그러다가 진 영공靈公에 이르러 국세가 기울어지자 초 장왕莊王이 진나라의 뒤를 이어 패제후가 된 사실을 서술한 것이 이 구절의 내용이다.

이른바 춘추오패란 제齊 환공桓公·진秦 목공穆公·송宋 양공襄公·진 문공·초 장왕 등 다섯 제후를 일컫는다. 우리는 흔히 춘추 시기를 오패가 할거함으로써 역사적으로 단절되고 공간적으로 폐쇄된 시기로 인식하고 있다. 물론 그러한 측면이 없었던 것은 아니지만 실존적으로 보자면 오히려 오패 때문에 단절과 폐쇄가 해소되고 체제 및 사회 통합의 과제가 극복된 점도 있다.

'경更' 자가 이 사실을 잘 표상한다. '경更' 자의 자형은 자해에서 설명했듯 막대기로 불을 끄는 모양이다. 불을 끈다는 것은 단절을 의미한다. 그러나 막대기를 부지깽이로 간주한다면 새로운 불의 지핌과 불의 확장을 상징하기도 한다. '올 격格' 자가 '경更' 자와 쌍성·첩운 관계에 있다는 사실이 이를 입증한다. '격'과 '경'이 첩운이 되는 것은 운미韻尾인 '-k'와 '-ng'가 모두 목구멍에서 나는 후음이기 때문이다. 즉 이 구절의 '경' 자는 단절이 아니라 연속을 의미한다는 말이다. 춘추 시기에 중국의 영향력은 이른바 중원 땅을 크게 넘지 못했기 때문에 당시 초나라는 사실상 중국으로부터 단절된 상태에 있었다. 이는 당시 중원의 제후들이 아무리 세력이 강하더라도 감히 스스로 '왕王'

이라 칭하지 못한 데 비해 남쪽의 초나라는 스스로를 왕이라 불렀던 사실이 증명한다. 따라서 진나라의 뒤를 이어 초나라가 영향력을 중원에 미쳤다는 것은 오히려 중원의 판도가 그만큼 남쪽으로 확장되었다는 연속의 의미를 드러낸다. 이것이 바로 '경更' 자가 지시하는 의미이다.

패자霸者란 왕자王者와 맞먹거나 능가할 정도의 세력은 보유하였지만 정통성을 갖추지 못한 자를 가리킨다. 앞에 언급한 춘추오패는 천자를 능가하는 실제적인 힘은 가졌지만 천자로서의 정통성이 없었으므로 왕을 칭하지 못하고 패제후에 머물렀던 것이다. 이러한 상황을 보름달에서 약간 이지러져서 달 그림자의 흔적을 가진 '패霸'에 비유한 것이니 패자란 결핍의 존재라 규정할 수 있다. 패자는 이러한 속성 때문에 왕자의 위치에 이르지 못하고 그 언저리만을 떠다니면서 이 사람 저 사람 번갈아 가며 우두머리의 자리를 바꾸었을 뿐이다. 그러므로 무슨 일을 하든 정명正名, 즉 명분과 정통성을 갖추지 못하면 그 자체가 결핍이 되어 일이 근본적으로 성사될 수 없는 것이다.

조삼모사의 선택

趙魏困橫조위곤횡이라

조나라와 위나라는 연횡連橫으로 인하여 곤경에 빠졌다

곤할 곤困

趙 나라 '조' '걸어갈 주走'와 '쇠할 소肖'로 이루어졌으므로, 자형적 의미는 '가다 쉬다를 반복하며 천천히 걷다'가 된다. 여기서는 전국 시기 삼진三晉 중의 한 나라인 조趙나라를 가리킨다.

魏 나라 '위' 이 글자는 '높을 외巍' 자의 본래 글자이나 여기서는 진 晉 대부大夫 위사魏斯가 진나라를 삼분하여 세운 전국 시기의 위나라 를 가리킨다.

困 곤할 '곤' '나무 목木'과 '큰 입 구口'로 이루어졌다. 여기서 '구口' 자는 대문을 지시하고 '목木' 자는 대문의 문지방을 뜻한다. 문지방이 란 밖에서 들어오는 사람이나 안에서 밖으로 나가는 사람을 일단 멈 추게 하는 일종의 바리케이드이다. 따라서 '곤困' 자의 자형적 의미는 '출입할 때 일단 멈춰야 하는 안팎의 한계선'이 된다. 이로부터 '한계 에 몰리다'·'궁지에 빠지다' 등의 의미가 파생되었다.

橫 가로 '횡' '나무 목木'과 '누를 황黃'으로 이루어졌다. '황黃' 자는 원래 불화살의 모양을 그린 것이다. 불화살은 촉 부분이 무거우므로 뒤에 추를 달아 균형을 맞추었다. 이 때문에 '황黃' 자에 '딸려가지 않

고 저항하다'라는 파생 의미가 생겨났다. '황' 자가 '막을 항抗'과 쌍성·첩운 관계에 있다는 사실이 이를 입증한다. 따라서 '횡橫' 자의 자형적 의미는 '대문을 열지 못하도록 가로막는 빗장'이 된다. 여기서는 전국 시기에 동쪽에 있는 여섯 나라들이 함께 서쪽의 진秦나라를 받들어 섬기자고 주장하던 연횡책連橫策을 가리킨다.

자해에서 설명하였듯이 진晉나라는 한韓·조趙·위魏로 삼분되었는데 이를 삼진三晉이라고 불렀다. 『전국책戰國策』「조책趙策」에 나오는 "삼진이 연합하면 진나라가 약해지고, 삼진이 흩어지면 진나라가 강해진다"(三晉合而秦弱, 三晉離而秦强)는 구절이 말해주듯 진秦나라와 삼진은 서로 이웃해 있으면서 치열한 경쟁 관계를 형성해왔다. 그래서 삼진은 내부적 단결을 기초로 한 육국六國의 합종合縱으로 진나라의 동진을 막아보려 했으나, 연횡책에 말려서 대항이 여의치 못하였다. 왜냐하면 진나라는 가까운 나라는 공격하고 멀리 있는 나라와는 친교하는 이른바 원교근공遠交近攻 정책을 썼으므로 진나라와 접경하지 않은 약소국들은 연횡의 노선을 바꿀 수 없었기 때문이다. 삼진을 완충 지대로 삼고 있는 나라들이 연횡을 포기하지 않으면 결국 삼진은 포위가 되는 셈이므로 '연횡으로 인하여 곤경에 처하게 되었다'(困橫)라고 쓴 것이다.

'연횡으로 인하여 곤경에 처하게 되었다'는 의미가 되려면 '횡곤橫困'으로 써야 문법적으로 옳지만 마지막 글자가 '-ng'로 압운이 돼야 하므로 '곤횡困橫'으로 순서를 바꾼 것이다. 이처럼 이성적인 논리보다 감성적인 논리가 우선하는 것이 중국어(한어)의 속성이다.

합종책은 조나라 논객인 소진蘇秦의 담론으로 동쪽의 여섯 나라가 힘을 합쳐서 진나라의 동진을 막자는 주장인 반면 연횡책은 장의張儀의 주장으로, 강대한 진나라와 맞서 싸우기보다는 화친을 함으로써 정권의 안정을 유지하자는 일종의 회유책이었다. 담론의 목적이 서로 다르다 보니 전자는 동맹을 위주로 활동하고 후자는 각개격파와 이간계를 주된 방식으로 진행하였다. 담론의 내용도 전자는 나라의 미래를 위해 지금의 곤경을 힘을 합쳐 건너가자는 것이고, 후자는 나라가 위태로운 지금 외부의 적과 싸운다면 엄청난 희생을 치를 터인즉 화친을 함으로써 일단 정권의 위기를 넘기고 훗날을 기약하자는 계책이다.

이러한 이율배반적인 두 가지 선택 중에서 고뇌하는 것이 인간의 본성이기도 한데, 대체로 사람들이 선택하는 것은 후자이다. 왜냐하면 조삼모사朝三暮四라는 성어를 통해서도 알 수 있듯이 지금 당장에 고통이 오는 선택을 하라고 강요당하면 사람은 금세 그보다 조금 덜한 고통을 기꺼이 선택하기 때문이다. 전자나 후자나 목적은 똑같이 생존이라고 믿고 싶기 때문에 쉽게 후자를 선택한다. 어차피 후일에 상황이 어떻게 변할지 아무도 모르는데 굳이 어려운 선택을 할 필요가 없다고 믿고 싶어 하는 게 사람의 마음이다. 자본주의의 궁극적인 모순이 당기 순이익에 있는 것처럼 말이다. 최고경영자(CEO)가 자기 자리를 유지하려면 무조건 당기 순이익을 많이 내야 한다. 당장 내년에 자리에 있을지 없을지도 모르는데 5년, 10년 후의 장기 계획이 그에게 무슨 의미가 있단 말인가? 그러므로 합종책과 연횡책 사이의 갈등은 처음부터 이미 운명이 정해져 있었고, 또한 이 때문에 조나라와 위나라는 곤경에 빠질 수밖에 없었던 것이다.

진실이라고 다 교과서에 쓸 수는 없다

빌릴 가假

假途滅虢가도멸괵하고
길을 빌려서 괵虢나라를 멸망시키고

假 빌릴 '가' '사람 인人'과 '빌릴 가叚'로 이루어졌다. '가叚' 자의 고문자 자형은 절벽 아래에서 손으로 돌을 취하는 모양이므로 '가叚' 자의 자형적 의미는 '돌을 취하다'가 된다. 이로부터 '취하다'·'빌리다' 등의 파생 의미가 생겨났다. 빌린 것은 자기 것이 아니므로 오늘날에는 '인人' 자를 덧붙여 '가假'로 쓰면서 '가짜'라는 의미로도 확대하여 쓰고 있다.

途 길 '도' '천천히 걸을 착辵'과 '남을 여余'로 이루어졌으므로 자형적 의미는 '힘들이지 않고 편안히 걸어가도 되는 곳', 즉 '길'이 된다. 그래서 '길 도道' 자와 서로 통하여 쓰기도 한다.

滅 멸할 '멸' '물 수水'와 '멸할 멸威'로 이루어졌다. '멸' 자는 다시 '불 화火'와 '다할 술戌'로 이루어졌으므로 자형적 의미는 '불로 태워 없애 버리다'가 된다. 따라서 '멸滅' 자의 자형적 의미는 '물이 다하다'가 된다.

虢 나라 '괵' 이 글자는 '다섯 손가락으로 잡을 랄寽'과 '범 호虎'로 이루어졌으므로, 자형적 의미는 '범의 발톱에 할퀸 흔적'이 된다. 여기서는 춘추 시기에 있었던 제후국의 이름을 가리킨다.

583

이 구절은『여씨춘추』「권훈權勳」편에서 진晉 헌공獻公이 괵虢나라와 우虞나라를 멸망시킨 역사 고사를 다시 쓴 것이다.

이 고사의 내용은 이러하다. 진 헌공이 괵나라를 정벌하려고 계획을 세웠다. 괵을 치려면 우나라를 통과해야 하는데 그 길을 빌리기 위해 자신이 애지중지하는 구슬과 애마를 뇌물로 주었다. 우나라 임금이 흔쾌히 길을 내주려 하자 궁지기宮之奇라는 신하가 극구 만류하였다. "우리나라와 괵나라는 입술과 이의 관계와 같아서 입술이 없어지면 이가 시리게 되듯이, 괵이 멸망하면 우리도 함께 사라지게 됩니다. 절대 길을 내줘서는 안 됩니다." 임금이 궁지기의 말을 듣지 않고 끝내 길을 빌려줬더니 과연 진나라는 괵을 치고 돌아오는 길에 우나라를 멸망시켰다. 전에 뇌물로 줬던 구슬과 애마도 고스란히 되찾아왔음은 말할 것도 없다. 결국 우나라 임금은 작은 것을 탐내다가 큰 것을 잃은 셈이 되었다.

중국의 역사 고사는 역사적 사실을 들추어 어떤 교훈을 가르치려는 의도에서 편집되는 경우가 허다하다. 이 고사가 궁극적으로 지시하고자 하는 교훈은 강대국은 언제나 약소한 나라들을 먼저 분열시켜놓고 하나하나 점령해나가는 속성이 있으므로 약소국은 이에 대비하여 상호 연대를 해야 생존할 수 있다는 것이다. 연대를 공고히 하기 위한 명분을 비유적으로 표현한 것이 바로 순망치한脣亡齒寒, 즉 '입술이 없으면 이가 시리다'는 말이다. 이 교훈은 진실이기는 하지만 아이들에게 교육할 때 원래 텍스트 그대로 가르치기가 어려운 면이 있는 게 사실이다. 왜냐하면 아무리 전략이라는 말로 포장하긴 했지만 강대국이 거짓말을 한 것은 사실이기 때문이다. 정치에서 가장 중요한 것이 명분인데 아이들에게 정부의 말에 불신을 심어줄지도 모르는 이야기를 그대로 가르칠 수는 없었다는 이야기다.

그래서 개편한 문장이 '가도멸괵假途滅虢', 즉 괵을 멸망시키기 위한 목적으로 길을 빌렸다는 내용이다. 괵을 치기 위해 길을 빌렸다는 사실만을 앞에 내세움으로써 이어서 우나라를 멸망시켰다는 사실은 뒤로 숨긴 것이다. 이렇게 한들 아이들이 진나라의 '꼼수'를 모를 리가 있느냐고 반문할지 모른다. 당연히 그들은 선생이나 선배들의 설명으로 어차피 그 이면을 다 알게 된다. 그러나 진실이라고 해서 교과서에 대놓고 명문화하는 것과 이면을 따로 떼어 말로 전하는 것은 전혀 다르다. 문자로 써서 가르치려는 내용이 교육적 효과를 보려면 말로 보충하는 이면을 남겨둠으로써 문자를 지탱하게 해야 한다. 자녀들을 바르게 키우려면 부모 중 한쪽의 간략한 훈계를 다른 한쪽의 잔소리가 지탱해줘야 하는 원리와 같다.

'멸괵滅虢'은 직접적으로는 괵나라의 멸망을 가리키지만 간접적으로 우나라의 멸망을 함께 지시하고 있는데, 이는 '멸滅' 자의 자형이 잘 말해준다. 즉 멸망이란 '멸滅' 자의 '물 수氵=水' 변처럼 밖으로부터의 위협(여기서는 진나라의 침략)에서 초래되기도 하지만 몸 안의 '불 화火'처럼 탐욕이라는 멸망의 요인을 품고 있기도 하다는 것이다.

그러므로 물과 불의 재앙에서 스스로를 보호하려면 그 사이에 완충 지대를 반드시 두어야 한다. 이것은 밖으로부터의 자극을 피하고 안으로부터의 과도한 발산을 막기 위해 옷을 입는 것과 같은 이치이다. 그래서 '의지할 의依' 자가 '옷 의衣'를 중심에 두는 것이다. 우나라에게 괵나라는 옷이나 마찬가지였는데 옷을 홀딱 벗어버렸으니 무엇으로 안팎의 재앙을 막을 수 있었겠는가?

깨질 줄 이미 아는 약속

모일 회會

踐土會盟천토회맹이라

천토踐土에 모여서 맹약을 맺었다

踐 밟을 '천' '발 족足'과 '적을 전戔'으로 이루어졌다. 발로 밟으면 밟힌 사물은 다치고 해져서 남아 있는 것이 별로 없게 된다. 따라서 '천踐' 자의 자형적 의미는 '발로 밟아서 남은 것이 적다'가 된다.

土 흙 '토' 이 글자는 땅이 식물을 땅 위로 토해내는 모양을 그린 글자이다.

會 모을 '회' 이 글자를 소전에서는 '會'로 쓰는데 이는 아랫부분의 시루에 찔 음식을 담고 윗부분의 뚜껑을 덮어놓은 모양이다. 따라서 '회會' 자의 자형적 의미는 '시루 위에 뚜껑을 덮다'가 된다. 뚜껑을 덮는다는 것은 시루와 뚜껑을 위아래로 합친다는 뜻이므로 이로부터 '합치다'·'모으다' 등의 의미가 파생되었다.

盟 맹세 '맹' '피 혈血'과 '밝을 명明'으로 이루어졌다. '명明' 자는 신명神明과 같은 뜻으로 신을 가리킨다. 옛날에 제후들 간에 맹약을 맺을 때에는 희생의 피를 그릇에 받아놓고 손가락으로 피를 찍어서 입술 주위에 바른 다음 신명에게 맹세의 내용을 고하였다. 그러므로 '맹盟' 자의 자형적 의미는 '그릇의 피를 입에 바른 후 신명에게 고하여

맹세하다'가 된다.

이 구절은『춘추』「희공僖公 28년」의 "우리 임금님께서 진나라·제나라·송나라·채나라·정나라·위나라·거나라 등의 임금들을 모아서 천토 땅에서 맹약을 맺으셨다"(公會晉侯·齊侯·宋公·蔡侯·鄭伯·衛子·莒子, 盟于踐土)를 다시 쓴 것이다.

회맹이란『주례周禮』「추관秋官」의 사맹司盟이 하는 일에서 밝혔듯이 제후들 간의 관계가 원만하지 않을 때 서로 만나서 협약을 하고 이를 잘 준수할 것을 신명에게 맹세하는 의전 행위를 말한다. 그러나 춘추 시기에 천자의 지배력이 약해지면서 회맹은 힘이 강한 패제후覇諸侯가 여타 제후들을 천자의 이름으로 불러모아 자신이 실세임을 확인시키는 방도로 전락하였다. 그래서 춘추오패들은 패제후가 되면 어김없이 회맹을 주최하였다.

진晉 문공文公 역시 기원전 632년에 제후들을 정나라 땅인 천토踐土에 불러모아 맹약을 맺었는데, 이때 문공은 이례적으로 당시 천자인 주周 양왕襄王을 회맹 장소에 모셔다가 제후들로 하여금 입조入朝하게 하였다. 이렇게 한 이유는 앞에서도 설명했듯이 패제후는 힘은 있으나 정통성이 결여되어 있기 때문에 이를 보완하기 위한 것이었다. 오늘 우리의 일상에서도 노부모를 차남이나 막내가 모시고 있으면 장남이라도 명절 때 동생네 집으로 인사하러 가야 하지 않는가?

이처럼 패제후가 주최하는 회맹이란 본질적으로 권력투쟁의 한 방식이다. 패제후가 아무리 힘이 강대한들 지위가 왕이 아닌 이상 형식적으로는 제후들 중의 한 군주에 지나지 않는다. 그래서 천토에서의 회맹은 진후晉侯가 자기네 땅에 불러모은 것이지만,『춘추』는 노나라

희공僖公이 불러모은 것으로 기록하였다. 왜냐하면 『춘추』는 노나라의 역사이므로 자기네 의지대로 기록할 수 있었기 때문이다. 이것은 권력투쟁에서 명분과 정통성이 얼마나 중요한 요소인가를 여실히 보여주는 예라 하겠다.

이렇듯 고대 중국의 맹약은 힘의 불평등 관계에서 강압적으로 이루어진 경우가 많다. 따라서 맹약 후에 힘의 관계에 변동이 생기면 약속은 즉각 폐기되고 다른 맹약이 등장한다. 피를 입술 주위에 바르는 것은 어떠한 경우에라도 말을 바꾸지 않겠다는 약속의 상징인데, 이는 말이란 상황이 바뀌면 함께 바뀔 수밖에 없다는 사실을 익히 알기 때문에 시행하는 의식이다. 이 의식도 사실 믿을 수는 없지만 그나마 여기에 의지해야 주종 관계가 확인되고 불안이 해소될 수 있으므로 깨질 것을 뻔히 알면서 이 헛된 의식을 반복하는 것이다.

법의 자리는 물처럼 낮은 곳

何遵約法하준약법하고
소하蕭何는 (한 고조의) 간소한 법을 준수하였고

법 법法

何 어찌 '하' '사람 인人'과 '옳을 가可'로 이루어졌는데, 여기서 '가可' 자는 '꾸짖을 가訶'와 같은 뜻으로 쓰였다. 그러므로 '하何' 자의 자형적 의미는 '다른 사람의 꾸짖음을 듣고 있다'가 된다. 꾸짖음을 듣는다는 것은 책임을 지고 감당한다는 뜻과 같으므로, 이로부터 '지다'·'감당하다'·'메다' 등의 의미가 나왔다. 나중에 '하何' 자가 '어떻게' 또는 '무엇'이라는 의문사로 차용되면서 본래의 의미는 '멜 하荷'로 이전되었다. 여기서는 한나라 개국 공신 중의 한 사람인 승상 소하蕭何(?~B.C. 193)를 가리킨다.

遵 좇을 '준' '천천히 걸을 착辶'과 '받들 존尊'으로 이루어졌으므로 자형적 의미는 '받들며 따라가다'가 된다.

約 요약할 '약' '실 사糸'와 '작은 국자 작勺'으로 이루어졌으므로 자형적 의미는 '줄로 묶어서 작게 만들다'가 된다.

法 법 '법' '물 수水'와 '갈 거去'로 이루어졌으므로 자형적 의미는 '물이 낮은 곳으로 흘러 평평함을 유지하듯이 법을 집행하다'가 된다. 그러나 원래의 '법' 자는 그림에서 보듯이 '거去' 자 대신에 '해태 채廌'

를 썼다. 해태(또는 해치)는 사악한 자나 정직하지 않은 자를 골라내서 들이받는다고 하는 상상의 동물이다. 그래서 옛날부터 척사斥邪와 공정한 법의 집행을 상징하기 위하여 성문과 궐문 앞에 해태의 조각상을 세워두었다. 여기에 근거하면 원래의 자형이 가리키는 의미는 '법이란 해태가 사악한 자를 골라내듯이 척사함으로써 물처럼 공평함을 실현하는 것이다'가 된다.

이 구절은 한 고조高祖가 진나라 원로들에게 약속한 약법삼장約法三章을 승상 소하蕭何가 끝까지 준수하고 시행함으로써 한나라 덕치德治의 기틀을 마련했다는 『사기』 「고조본기高祖本紀」의 내용을 다시쓴 것이다.

한 고조는 함곡관函谷關에 입성했을 때 백성들을 진정시키기 위해서 그곳 원로들에게 진나라의 가혹한 법을 없애고 약법삼장만을 시행하겠다고 약속하였다. 그 삼장이란 "사람을 죽인 자는 사형에 처하고, 사람을 다치게 한 자 및 도둑질을 한 자는 각기 그에 해당하는 형벌을 받는다"(殺人者死, 傷人及盜抵罪)는 극히 간명한 법이었다.

새로운 정권이 수립되면 정통성을 확보하기 위하여 언제나 개혁을 기치로 내세운다. 개혁의 대상은 겉으로는 앞 정권에서 각종 이득을 누려온 기득권자들이겠지만 기실은 저들이 만들어놓은 법과 규제 들일 것이다. 왜냐하면 그들은 자신들에게 유리한 규제를 통하여 수많은 이득을 누려왔기 때문이다. 이것을 이른바 적폐積弊라고 부르는데 가장 먼저 해야 할 개혁은 이런 불필요한 법과 규제를 철폐하는 일이다. 새 정권에게 가장 시급한 일이 백성을 먹이는 문제일 테니 경제를 활성화하려면 규제가 가급적 적은 것이 유리하기도 하다. 위의 약법삼장은 바로 이러한 환경에서 약속된 것이다.

그러나 미천한 신분의 유방이 정권을 잡고 천자의 자리에 등극하자 지방에서 하루가 멀다 하고 반란이 끊임없이 일어났다. 이러한 국면이라면 새 정권은 응당 법을 엄하게 강화할 필요가 있었을 테지만, 승상인 소하는 고조가 약속한 약법을 약간만 수정하여 시행함으로써 진나라의 가혹한 법치와 차별화된 덕치의 기틀을 마련하였다. 이 덕분에 한조는 향후 400년간의 긴 정권을 이어갈 수 있었다는 것이 이 구절이 담고 있는 의미이다. 그렇다면 한조는 어떤 자신감이 있었기에 법의 기능을 최소화하면서 덕치를 표방할 수 있었을까?

앞서 언급했듯이 한 고조도 새 정권의 정통성을 위하여 앞의 진나라와 차별화된 정책을 시행해야 했다. 그의 선택은 그간 백성들의 원성을 들어온 진나라의 법치주의와 가혹한 법 집행을 비판하면서 인의仁義의 실현을 목표로 삼는 정치 철학과 노선이었다. 그러나 국가를 다스리면서 법에 의존하지 않을 수는 없는 노릇이다. 그래서 고안해낸 방법이 법에 의존은 하되 그 집행을 가능한 한 밖으로 드러내지 않는 것이었다. 다시 말해 인의는 양陽의 정치로, 형벌은 음陰의 정치로 이원화함으로써 전자는 세상 밖으로 밝히 내세우는 한편, 후자는 은밀히 숨겨서 가급적 법의 존재를 감지하지 못하도록 한 것이다. 덕치의 모델을 한 왕조의 정치에서 찾는 통념은 이런 연유로 생겨난 것이다. 한조의 정권을 유지한 실질적인 힘은 음의 영역에서 은밀히 기능했던 법치였는데도 말이다. 이 때문에 법가 사상과 법치주의는 실질적으로 중국 정치에 큰 기여를 했으면서도 덕치의 명분에 밀려 폄훼와 금기의 대상이 되어왔다.

위의 자해에서 '법法'자의 자형이 가리키는 의미를 '물이 낮은 곳으로 흘러 평평함을 유지하듯이 법을 집행하다'라고 풀이하였다. 정의란 속성상 높은 곳보다는 낮은 곳에 있기 마련이다. 낮은 곳은 하소연할 곳과 방도가 없는 소외된 자들이 있는 곳이기 때문이다. 그러므로 법은 물처럼 낮은 곳으로 내려가서 공평함을 실현해야 하는 것이다.

그런데 흔히 '법法' 자의 자형적 의미를 "'물(水)'이 '가는'(去) 것처럼 자연스럽게 흐르는 것이 법이다"라고 왜곡하는 사람들이 있다. 상황에 따라 융통성 있게 해석하는 것이 법이라는 잘못된 의식을 자해의 왜곡을 통해 심으려는 의도에서다. 법을 탄력적으로 해석하는 행위가 바로 이른바 '고무줄 법'이니, 저자 바닥의 이른바 '유전무죄, 무전유죄'라는 자조는 여기서 비롯된 말이다. 법의 원래 취지는 정의를 형식화하려는 것이다. 따라서 고지식하게 획일적으로 적용해야 "법 앞에 만민이 평등하다"는 이념이 실현될 가능성이 크다고 말할 수 있다.

법치의 은닉

형벌 형刑

韓弊煩刑한폐번형**이라**

한비韓非는 번거로운 형법으로 피폐해졌다

韓 나라 '한' '줄기 간幹' 자의 생략형과 '가죽 위韋'로 이루어졌다. '위韋' 자는 나무 막대에 변형이 일어나지 않도록 그 둘레에 가죽을 둘러 감은 모양이고 '간幹' 자는 나무 기둥을 뜻하므로 '한韓'의 자형적 의미는 '우물에 빠지지 않도록 샘 둘레에 쳐놓은 우물 난간'이 된다. 여기서는 전국 말 법가 사상가인 한비韓非(B.C. 280~B.C. 233)를 가리킨다.

弊 해질 '폐' '해질 폐敝'와 '두 손으로 들 공廾'으로 이루어졌다. '폐敝' 자는 양쪽 가장자리가 다듬어지지 않은 갓 짜낸 옷감을 뜻하는데, 오래 사용해서 단이 너덜너덜해진 옷도 같은 모양이므로 '해진 옷'이란 의미로도 쓰인다. 따라서 '폐弊' 자의 자형적 의미는 '닳아 떨어진 옷을 두 손으로 들고 있는 모양'이 된다. 이로부터 '피폐하다'라는 파생 의미가 생겨난 것이다.

煩 번거로울 '번' '불 화火'와 '머리 혈頁'로 이루어졌으므로 자형적 의미는 '머리에 불같은 열이 나다'가 된다. 예나 지금이나 신열이 나면 손으로 머리를 짚어보기 때문에 머리에 열이 난다는 것은 곧 신열

593

을 의미한다. 신열은 대개 두통을 수반하므로 '번煩' 자에 '골치 아플 정도로 복잡하다'라는 파생 의미가 생겨났다.

刑 형벌 '형' '칼 도刀'와 '우물 정井'으로 이루어졌다. '정井' 자는 우물에 빠지지 않도록 설치해놓은 난간으로 일종의 틀을 의미하고, '도刀' 자는 홈을 파서 명확하게 금을 그어주는 칼을 뜻하므로 '형刑' 자의 자형적 의미는 '틀(井)을 대어 보고서 합치 여부를 판별하다'가 된다. 이로부터 '법'이라는 파생 의미가 생겨났다. 따라서 '형刑'·'형形'·'형型' 등은 문자적으로 볼 때 같은 어원에서 파생된 글자들임을 알 수 있다.

이 구절은 법가 사상가인 한비가 진나라 임금에게 부국강병을 위해서는 엄한 법을 강력하게 시행해야 한다고 주청하여 단기간에 중원 통일을 이룩하는 데에는 성공하였지만, 법이 너무 혹독한 나머지 본인조차 그 법 때문에 피폐해졌고 진나라도 멸망하게 되었다는 사실을 쓴 것이다.

한비는 이사李斯와 더불어 순자의 동문으로 수학하였다. 이사는 달변인 반면 한비는 말더듬이여서 논객이 되기보다는 저술 활동에 전념하였다고 하는데, 그 결과물이 바로 『한비자韓非子』라는 책이다. 이 책에서 그는 순자의 사상을 기초로 상앙商鞅의 '법法', 신도慎到의 '세勢', 신불해申不害의 '술術' 등 세 가지를 융합함으로써 법가의 사상적 틀을 완성하였다. '법'은 성악설도 아니고 성선설도 아닌 '이로움을 좋아하고 해로움을 싫어하는'(好利惡害) 인간의 본성에 근거한다. 여기에 바탕을 두어 법을 제정하고 상벌을 공정하게 시행하면 천하가 저절로 다스려진다는 이론이다.

법이란 일종의 상징이기 때문에 그 자체만으로는 실행력을 갖지 못한다. 이것이 시행되려면 군주의 권력과 위세가 있어야 한다. 이것이 바로 '세'이다. 이 세는 '이병二柄', 두 개의 도낏자루로 이루어지는데, 하나는 살육과 처벌을 엄격히 실행하는 것이고 다른 하나는 덕을 베푸는 일이다. 이 두 가지를 적절히 활용할 때 법은 실행력을 갖는다.

법이 권세를 갖고 강력히 시행된다 해서 나라가 잘 다스려지는 것은 아니다. 법이 미치지 못하거나 법만으로는 다스려지지 않는 부분이 있기 때문이다. 이것을 보완하기 위한 것이 군주가 법을 운용하는 능력과 수완인데, 이게 바로 '술'이다. 술이 법과 다른 것은 후자는 밖으로 밝히 드러나 보이는 데 비하여 전자는 숨겨져 잘 보이지 않는다는 점이다. 따라서 '술'이 보완돼야 법의 기능이 완성된다는 의미에서 한비를 법가의 종결자라고 보는 것이다.

이와 같이 한비의 법가 이론은 매우 논리적일 뿐만 아니라 상당한 설득력도 갖추고 있다. 그의 정치 사상은 궁극적으로 무위 정치에 근거한다. 이는 법치를 제대로 하면 군주의 인위적인 개입이 사실상 필요 없이 정치가 저절로 이루어진다고 보았기 때문이다. 즉 법이라는 '틀'(刑 또는 形)을 잘 정비해놓기만 하면 백성들은 이를 잘 지키고 따르면 되고, 관리들은 백성들이 제대로 준수하는가를 감독, 관리만 하면 되는 것이니, 군주는 가만히 앉아만 있어도 정치는 저절로 이루어진다는 의미에서 무위지치無爲之治인 것이다. 그렇지만 앞에서 설명했듯이 한조는 정통성 때문에 진나라를 비판해야 했고 그 직접적인 대상이 가혹한 법이었으므로 향후 법가의 사상과 이론은 금기시되었던 것이다.

한나라가 법치를 폄훼하고 덕치의 기틀을 마련했다고 평가하지만 실제를 따져 보면 중국처럼 형법이 발달한 나라도 역사상 찾아보기 힘들다. 우리가 중국의 역사 고사에서 익히 들은 바 있는 사형의 방법만을 보더라도 그 다양함에 놀라움을 금치 못할 정도이다. 사약을 먹이는 형벌은 매우 점잖은 방법에 속하고, 목을 베어 죽이는 참수형斬首刑, 뜨거운 물에 삶아 죽이는 팽형烹刑, 몸의 지체를 다섯 대의 수레에 각각 묶은 뒤 동시에 당겨 찢는 거열형車裂刑, 사형 집행 후 몸을 여섯 조각으로 토막을 내어 소금에 절여서 전국에 돌리는 육시형戮屍刑, 사형을 집행한 후 시신을 저자 바닥에 버리는 기시棄市, 친족은 물론 외족과 처족까지 싹쓸이로 죽이는 족형族刑, 심지어는 이미 죽은 자의 무덤을 파헤쳐 시신을 베는 부관참시剖棺斬屍와 역시 이미 죽은 지 오래된 자의 해골을 갈아서 바람에 날려버리는 쇄골표풍碎骨漂風 등이 있다. 이러한 비인도적인 형벌이 중국 역사에 면면히 이어져 내려왔지만 이것이 마치 진나라, 그것도 한비를 비롯한 법가 사상가들의 전유물인 양 비난해온 이면에는 그렇게 함으로써 법치를 은닉함과 동시에 지금의 정치가 덕치의 소치임을 인식시키기 위한 기획이 숨어 있는 것이다.

이 구절은 한비가 자신이 만든 번잡한 형법에 스스로가 걸려들어 피폐해졌다고 쓰고 있는데, 실제로 한비는 이론가였을 뿐 직접 형법을 제정해서 실행하는 직무를 맡아본 적이 없다. 단지 진왕의 총애를 시기한 이사와 요가姚賈에게 음해를 받아 옥에서 자살했을 뿐이었다. 가혹한 법을 철저히 시행한 사람은 오히려 이사였고, 마지막엔 그도 간신 조고趙高의 모함을 받아 요참腰斬, 즉 허리를 잘리는 형벌과 삼족까지 멸하는 형벌을 당했다.

자신이 만든 번거로운 형벌 때문에 '너덜너덜하게 닳아 해졌다'(弊)

라고 표현한 것은 아마 상앙이 거열형으로 처형된 사실을 가져와 짜 깁기를 한 듯하다. 한비를 비롯한 이사·상앙 등 법가의 대부분이 비참한 최후를 마친 것은 사실이지만 자신들이 만든 잔혹한 형벌 때문이 아니고 권력투쟁의 속성상 그렇게 된 것일 뿐이다. 『천자문』의 이구절이 말해주듯이 법의 기능을 철저히 폄하하도록 가르치는 전통은 중국이 법치주의로 발전할 수 있는 가능성을 싹부터 '피폐'하게 만들었다고 평가할 수 있다. 법이야말로 질서를 유지할 수 있는 유일한 현실적 방도였는데도 말이다.

이름의 사회학

칠 목牧

起翦頗牧기전파목은
백기와 왕전과 염파와 이목은

起 일어날 **'기'** '달릴 주走'와 '그칠 이民'로 이루어졌으므로 자형적 의미는 '가다가 멈춰 서다'가 된다. 멈춰 선 상태는 일어선 상태와도 같으므로 이로부터 '일어서다'라는 의미가 파생되었다. 여기서는 전국 시기 진秦나라 장수인 백기白起(?~B.C. 257)를 가리키는데, 그는 용병에 능하여 70여 개의 성을 공격해 모두 함락시키는 공과를 올렸다고 한다. 특히 조나라를 멸망시킬 때 40만 군졸을 죽이거나 항복받은 일은 매우 유명하다. 소왕昭王 때 무안군武安君에 봉해졌다. 나중에 응후應侯인 범수範雎와 사이가 벌어져 면직되었다가 사사賜死되었다.

翦 자를 **'전'** '깃 우羽'와 '앞 전前'으로 이루어졌으므로 자형적 의미는 '깎은 것처럼 가지런히 난 솜털'이 된다. 이로부터 '털을 깎다'라는 파생의가 생겨났다. '전前'의 원래 의미가 '깎다'[4]이므로 '전翦'은 이 글자의 후출자後出字가 되는 셈이다. 여기서는 전국 시대의 명장인 왕전王翦을 가리킨다. 왕전은 진나라 명장 왕분王賁의 아버지로 진시황을 도와 조나라와 연나라를 평정하였다. 왕전에게는 다음과 같은 유명한 고사가 있다. 진나라가 초나라를 공격할 계획을 세울 때 이신

李信은 불과 20만의 군사만 있으면 가능하다고 한 반면에 왕전은 60만 명을 달라고 하였다. 진시황은 왕전이 겁쟁이라고 비웃으면서 마침내 이신을 택하니 왕전은 병을 핑계로 사직하였다. 얼마 안 있어 이신이 패배하자 시황은 왕전을 찾아가 사과하고 다시 장수에 임명하였더니 과연 초나라를 평정하였다.

頗 자못 '파' '머리 혈頁'과 '가죽 피皮'로 이루어졌다. '피皮' 자에는 '그 위에 더하다'라는 의미가 담겨 있으므로 '파頗' 자의 자형적 의미는 '머리가 한쪽으로 더해져서 치우쳐 있다', 즉 '짱구'가 된다. 여기서는 전국 시대 조趙나라 명장인 염파廉頗를 가리킨다. 그는 혜문왕惠文王 때 상경上卿에 제수되었다. 후에 제나라와 위魏나라를 공격해 모두 승리함으로써 제후들 사이에 용병술과 용맹성으로 명성을 날렸다. 진나라와 조나라가 주도권 쟁탈을 위해 장평長平에서 전투를 벌였을 때 그는 성을 쌓고 3년을 버텼다. 나중에 조나라 임금이 진나라의 이간질에 넘어가 장수를 조괄趙括로 바꿨다가 크게 패하였다. 기원전 251년에 그는 연나라 군대를 대파한 공로로 상국相國에 임명되고 신평군信平君에 봉해졌다. 한번은 교만해져서 인상여藺相如에게 무례하게 굴었다가 그가 적들 앞에서 지도자들이 분열되는 모습을 보이지 않기 위해 인내하는 것을 보고는 감동을 받아 그의 집 앞에 가서 사죄하고 문경지교刎頸之交를 맺었다는 고사는 유명하다. 만년에는 권좌에서 밀려나 위나라로 망명했다가 다시 초나라로 피신하였다.

牧 칠 '목' '소 우牛'와 '두드릴 복攴'으로 이루어졌으므로 자형적 의미는 '회초리로 소를 때리다', 즉 '소를 키우다'가 된다. 여기서는 역시 전국 시대 조나라 장수인 이목李牧(?~B.C. 228)을 가리킨다. 이목은 흉노를 대파한 나머지, 흉노들이 십여 년간이나 감히 변방을 침범

599

하지 못했다고 한다. 그리고 진나라 군대를 대파한 공으로 무안군武
安君에 봉해졌다. 그 후에도 그는 여러 차례 전공을 세웠으므로 조나
라 임금은 그를 조나라의 백기白起라고 불렀고, 제2의 염파라고도 불
렀다. 진나라는 그를 두려워한 끝에 이간책을 써서 살해하였다.

　이 구절은 전국 시대의 명장으로 알려진 백기·왕전·염파·이목 등
네 사람의 이름으로 구성되었다. 물론 이 네 사람 외에도 훌륭한 장수
가 많았지만, 전국 시기의 최강자였던 진나라와 나머지 6국 중에 가
장 센 맞수였던 조나라를 대립시켜서 두 나라의 명장들을 둘씩 열거
한 것이다. 이렇게 대적시켜야 장기판을 보는 것처럼 드라마틱해지기
때문이리라.

　진나라는 먼 곳에 있는 나라와는 친하게 교류하고 가까운 나라는
공격하는 이른바 원교근공 전략을 썼으므로 이웃나라인 한韓부터 쳐
서 가장 먼저 함락시켰다(B.C. 230). 그리고 가장 힘든 상대인 조나라
를 치려고 호시탐탐 기회를 엿보던 차에 마침 조나라에 대지진과 재
난이 일어나자 공격을 개시하였다. 그러나 조나라에는 이목 장군이
건재해 있어 싸움이 쉽지 않았다. 결국 이간계를 써서 전쟁 중인 이목
을 사형에 처하게 하고는 조나라를 무너뜨렸다(B.C. 228).

　이 구절은 명장들을 열거하면서 성은 생략하고 이름만을 쓰고 있
다. 중국뿐 아니라 우리도 인물을 열거할 때 성을 생략하고 이름만 드
러내어 쓰는 수사 습관을 갖고 있다. 이것은 기본적으로 우리의 성명
체계에서 성의 수보다 이름의 수가 훨씬 많아 성보다는 이름으로 변
별하는 것이 효율적이기 때문이다.

　우리의 성명은 대체로 세 글자로 구성되는데, 각 글자는 다음과 같

은 세 가지 측면에서 '나'라는 개인을 표상한다. 첫째 글자는 말할 것도 없이 성姓을 나타내고, 다른 하나는 가문 내의 항렬을, 또 다른 한 글자는 '나'라는 개인을 각각 변별한다. 개인을 변별한다고는 하지만 사실은 형제간의 서열을 변별하는 것이기 때문에 실제로 이름이 '나'를 표상하는 것은 전체 가문이나 가족 내에서의 좌표에 지나지 않는다. 그러므로 우리의 전통적인 작명법은 개인의 개별성에 초점이 맞춰져 있는 것처럼 보이지만 가문의 시스템 안에 개인의 자리를 확정해준다는 관점에서 보면 오히려 체제 안에다 개인을 가두는 셈이 되는 것이다.

이렇게 이름이 개인을 변별하기 위해서는 글자를 달리해야 하므로 다양한 조합의 이름이 나오게 되고, 따라서 사회 전체적으로는 성의 수보다 이름의 수가 많아질 수밖에 없다. 바꿔 말하면 우리의 이름은 이미 사회적으로 변별되어야 한다는 긴장감을 내포하는 구조를 가졌다고 볼 수 있다. 그래서 이름이 같은 사람을 만나면 반갑다기보다는 뭔가 고유한 개인성을 빼앗겼다는 박탈감 같은 것이 느껴지고, 주위 사람들 역시 동명이인을 평범하게 보아 넘기지 않는다. 그래서 우리가 작명에서부터 이름을 남기는 일에 이르기까지 평생 이름에 집착하는지도 모르겠다.

서양은 우리와는 반대로 성의 수가 이름의 수보다 훨씬 많다. 이름이란 기본적으로 집안 내에서 개인을 변별하기 위한 수단에 지나지 않으므로 사회 전체로 보면 같은 이름이 많게 마련이다. 따라서 개인은 사회적으로 이름보다는 성으로 변별된다. 결과적으로 가문이 사회적으로 변별 기능을 수행하게 되는 셈이다.

내가 미국에서 교환 교수로 잠시 살았을 때의 이야기다. 당시 이웃에 어느 한국인 교수가 자녀 셋을 데리고 왔다. 이 교수가 아이들을 초등학교에 넣었더니 교장이 한국 이름은 부르기 힘드니까 미국 이름을 하나씩 지어주라고 숙제를 주었단다. 이 교수가 이름을 어떻게 짓나 하는 고심을 우리에게 토로하면서 의견을 구했다. 가장 부르기 쉬운 이름 중에서 하나씩 골라주라고 조언했지만 그는 이름을 어떻게 그리 쉽게 지을 수 있느냐면서 주저하다가 결국 집주인 할머니에게 갔다. 할머니가 이야기를 듣자마자 "내가 지어주지" 하더니 그 자리에서 "큰 애는 제시카, 둘째는 탐, 셋째는 프레드"라고 작명해주더란다. 이 교수는 이름을 이렇게 마구 짓는 것을 보고는 너무 놀라 잠시 어안이 벙벙했다. 이렇게 지은 이름이 마음에 들지는 않았지만 그렇다고 노인이 일부러 지어준 이름을 무시할 수도 없어서 그냥 사용했다고 한다. 서양인들은 이름을 이처럼 가족 내 변별 수단에 불과하게 여긴다는 사실을 잘 말해주는 예이다.

경기장에 가보면 운동 선수들이 자신의 이름을 등에 달고 나오는데, 국제 경기일 경우 성을 영문자로 표기하는 것이 관례인 모양이다. 이것은 앞서 말했듯 이름이 성보다 많은 서양의 인명 체계에 근거한 것이므로 서양에서는 이렇게 해도 선수들이 혼동되지 않는다. 반면에 우리의 경우는 같은 성이 많아 선수 변별이 쉽지 않다는 단점이 발생한다. 그래서인지 요즘은 성명을 모두 표기하고 나오는 듯한데, 이번에는 좁은 공간에 이름을 촘촘히 적다 보니 글자가 잘 안 보이는 문제점이 다시 생기고 있다.

앞서 설명했듯이 이름은 근본적으로 상징의 체계이자 구조다. 개인을 표상한다고 하지만 궁극적으로 가족 내 좌표로 변별하는 것에 불과하다. 따라서 이름은 개인의 극히 일부를 표상하는 속성을 가질 수밖에 없다. 현대는 이미 핵가족화된 지 오래여서 사람들은 이러한 좌표의 기능에서 의미를 찾지 못한다. 그래서 이름을 은유적으로 지어 그것이 자기 달성의 예언 기능을 작동하도록 기대한다. 무슨 가게 상호를 짓듯이 의미심장하고 예쁜 이름을 지으려는 요즘의 추세는 그 기대의 반영이다. 게다가 개명하기 쉽도록 법이 바뀐 뒤로 이름에 대한 의미 부여와 집착은 더 심해지는 것 같은 느낌이다.

싸움의 기술과 명장의 자격

쓸 용用

用軍最精용군최정**이라**
용병술이 가장 정교하였다

用 쓸 '용' '점 복卜'과 '가운데 중中'으로 이루어졌다. '중中'은 내부의 문서나 책을 뜻하는데, 여기서는 점술가들이 점을 칠 때 참조하는 역술서를 가리킨다. 따라서 '용用'의 자형적 의미는 '점친 결과가 역술서에 들어맞다', 다시 말해 '시행해볼 만하다', 또는 '쓸 만하다'가 된다. 이로부터 '쓰다'·'사용하다'라는 파생의가 생겨났다.

軍 군사 '군' '수레 거車'와 '고를 균勻'으로 이루어졌다. '균勻' 자는 '팔로 두루 싸서 품다'라는 뜻이므로 '군軍' 자의 자형적 의미는 '전차로 에워싸서 진을 치다'가 된다. 고대 중국의 전투는 전차전이 위주였다. 『주례』에 의하면 1만 2,500명을 군이라 하였다.

最 가장 '최' '무릅쓸 모冃'와 '취할 취取'로 이루어졌으므로 자형적 의미는 '무릅쓰고 취하다'가 된다. 그러니까 '최最' 자는 '집을 촬撮' 자의 원래 글자가 되는 셈이다. 옛날 군대에서 전공을 따져 상을 베풀 적에 공을 가장 많이 세운 자를 '최最'라 하였는데, 이는 전공을 많이 올린 자는 위험을 무릅쓰고 앞으로 나아가 적의 것을 많이 빼앗았기 때문이다. 그래서 '최最' 자에 '가장 많음'이라는 파생의가 생겨난 것

이다.

精 쓿은 쌀 '정' '쌀 미米'와 '푸를 청靑'으로 이루어졌다. '청靑' 자는 잡티가 섞이지 않은 새싹의 맑고 푸른 색깔이므로 '정精'의 자형적 의미는 '껍질을 다 벗겨내고 남은 흰 쌀알'이 된다.

이 구절은 백기·왕전·염파·이목 등 네 사람이 명장으로 이름을 남긴 것은 그들의 용병술이 뛰어났기 때문임을 밝히고 있다. 명장은 기본적으로 전쟁을 통해 태어난다. 그것도 넉넉한 환경이 아니라 어려운 조건에서 치러지는 전쟁을 승리로 이끄는 고난을 거쳐 나타난다. 대병력과 무제한적인 물량을 보급받아 엄청난 화력과 인해전술로 승리한 장수를 역사는 명장이라고 기록하지 않는다.

연전연승하는 명장이 되려면 당연히 싸움을 잘해야 한다. 싸움을 잘하는 장수라는 평을 들으려면 먼저 세 가지 조건을 갖춰야 한다. 첫째, 장수 자신이 무기를 다루는 기예와 기술이 출중해야 한다. 예나 지금이나 장수 스스로가 격투기는 물론 칼과 활, 또는 총과 대포 등 무기에 대하여 통달하지 못하면 휘하의 병사들이 그를 지휘관으로 존중하지 않는다. 둘째, 전략적 사유를 함과 아울러 그 전략대로 부대가 움직여질 수 있도록 사람과 조직을 다룰 줄 알아야 한다. 이 구절에서 말하는 용병술이 바로 이것이다.

그런데 이 용병술이란 무슨 비법이 따로 정해져 있는 게 아니다. 물론 옛날부터 병법이란 게 있고 오늘날에도 야전교범(FM. Field Manual)이 있긴 하지만 이대로 한다고 승리가 보장되지는 않는다. 적과 맞붙으면 일단 병법이나 교범대로 교전에 임한다. 그러면 싸움 감각이 뛰어난 장수는 적의 병세兵勢를 금방 느끼고 허점을 파악하여 그곳을 예기치 않은 방법으로 공략함으로써 승기를 잡는다. 이것을 『손자병법』에서는 "무릇 전투란 정공법으로써 맞붙고 기발한 방법으로써 이긴다"(凡戰者, 以正合, 以奇勝)고 정의했다. 여기서 '기발함'(奇)이란 '기기', 즉 기회(chance)의 포착을 뜻하는데 그러려면 가장 중요한 것이 덤비지 않고 기다려보는 마음가짐이다. 야구, 골프, 테니스 등 모든 구기 운동의 격언이 공을 끝까지 보라는 말 아니던가?

다급한 위기의 순간에 상대의 중대한 허점을 발견하기 위하여 될 수 있는 한 끝까지 기다리는 것은 담력을 가져야 가능하다. 그래서 승리의 세 번째 조건은 흔히 '멘탈'(mentality)이라고 부르는 배짱 두둑한 정신력이다. 담력이란 치킨 게임처럼 끝까지 숨길 수 없는 것이어서 막판에 이르면 저절로 드러나기 마련이다. 장수가 뱃심이 두둑해 정신적으로 흔들리지 않으면 병사들이 그를 전적으로 신뢰하고 따르게 된다.

명장을 곧잘 맹장猛將, 용장勇將, 지장智將, 덕장德將 등으로 분류한다. 맹장이란 글자 그대로 물불 안 가리고 사지로 뛰어드는 거칠고 사나운 장수로서 장판교長坂橋에서 단기필마로 조조의 대군을 홀로 대적한 장비張飛와 호랑이 다섯 마리를 맨손으로 때려잡은 흑선풍黑旋風 이규李逵 같은 사람이 이에 속할 것이다. 용장은 진정한 용기가 무엇인지 아는 장수인데, 한때 자신이 부족했음을 솔직히 인정하고 인상여와 문경지교刎頸之交를 맹세한 염파, 적벽대전에서 패주하는 조조를 옛정을 생각해서 놓아준 관우關羽, 주군인 유비의 어린 아기를 품에 안고 홀로 적진을 돌파한 조자룡趙子龍 등이 이에 속할 것이다. 지장은 지략이 뛰어난 장수로 우리나라의 이순신 장군이 대표적인 인물이라 할 수 있고, 거느리는 군사가 많으면 많을수록 용병을 잘한다는 이른바 다다익선多多益善의 주인공인 한신韓信도 여기 속한다고 볼 수 있다. 덕장은 앞의 장수들과는 달리 전술적인 기량은 출중하지 못해도 사람을 감복시키는 힘을 소유하고 있어서 유능한 장령들과 전사들이 그에게로 귀의해 충성을 다하게 하는 장수이다.

승리를 결정짓는 가장 중요한 조건은 군사들이 무엇을 위해 싸우는지 마음속 깊이 인식하는 일이다. 덕장은 자신은 비록 싸움의 기량이 뒤처진다 하더라도 군사들로 하여금 전쟁의 명분을 정확히 알게 할 뿐 아니라, 부하들의 생명을 중히 여김으로써 희생을 최소화하려 한다. 그러면 군사들은 오히려 목숨을 걸고 싸우려고 그의 명령이 떨어지기만을 기다린다. 『오자병법吳子兵法』에 "기필코 죽으리라고 마음먹으면 살 것이요, 요행히 살기를 바라면 죽을 것이다"라는 구절이 있다. 왜 싸워야 하는지를 알고 죽기로 싸우면 희생은 오히려 줄어드는 것이 자연스런 이치 아닌가? 이러한 덕장의 대표적인 '캐릭터'는 『삼국지연의』의 유비劉備와 『수호전』의 송강宋江일 것이다. 이 두 사람은 사실 요즘 세속의 기준으로 보면 무능한 장수였음에 틀림없다. 하지만 천하를 호령하는 장수들이 이들의 말 한마디에 목숨을 지푸라기처럼 버린 현상은 어떻게 설명할 것인가? 그런데 덕장이 역사 속에 실제로 존재했는지는 의문이다. 유비와 송강의 인자한 행위는 소설 속에서 묘사된 것이므로 실제로 그랬는지는 아무도 알 수 없기 때문이다. 그래서 나도 위에서 인물이라 하지 않고 캐릭터라고 썼다.

명장으로 기억되려면 일단 승리의 주역이 되어야 한다. 승리를 하려면 용장이든 지장이든 덕장이든 전략적으로 싸움에 접근해야 한다. 말이 좋아 전략이지 실은 술수이자 속임수다. 전비와 군사력이 풍부한 진나라도 단지 힘과 물량으로 육국을 통일한 것이 아니라 갖은 술수를 모두 동원함으로써 이룬 것이다.

합종을 깨뜨리려는 진나라 전략은 대체로 3단계로 이루어졌다. 첫 단계가 원교遠交로서, 약한 초나라와 위나라는 정권을 안정시켜주고 먼 데 있는 연나라와 제나라는 막후에서 정권을 조종하고 농락한다. 둘째 단계는 근공近攻으로 가까운 이웃나라인 한나라와 조나라를 직접 공격해 정권을 무너뜨린다. 마지막 단계는 이렇게 각 나라들을 분열시킨 후 각개 격파하는 것이다.

이러한 전략을 실행하는 방편으로 재물을 아끼지 않고 호족과 권신들에게 뇌물을 주어 친진파親秦派를 형성시킴으로써 그들을 철저히 이간시킨다. 그러면 그들은 진나라의 침략에 대한 모의를 할 때 사분오열되어 좀처럼 의견 통일을 이루지 못한다. 진나라의 침공을 앞두고 이목 장군을 사형에 처한 조나라의 처사야말로 진나라 전략의 대표적인 성공 사례다.

이처럼 역사에 남을 명장이 되려면 윤리성은 뒷전으로 밀려날 수밖에 없다. 명장의 조건이 승리에 있기 때문이다. 그래서 역사란 승자의 기록이라는 격언이 사람들의 입에 오르내리는 것이다.

중국의 정복 전쟁과 우리

베풀 선宣

宣威沙漠선위사막하고

위세를 사막으로 발양하고

宣 베풀 '선' '집 면宀'과 '구할 선亘'으로 이루어졌다. '선亘' 자는 '담 원垣' 자를 보아 알 수 있듯이 담으로 둘러싼 모양을 뜻한다. 그러므로 '선宣' 자의 자형적 의미는 '담으로 둘러싸인 큰 집'이 된다. 이로부터 '널리 베풀다'·'선양하다'와 같은 의미가 파생되었다.

威 으를 '위' '계집 녀女'와 '모두 없애버릴 술戌'로 이루어졌으므로 자형적 의미는 '모두 멸절시킬 만큼 두려운 여자'가 된다. 며느리에게 이처럼 두려운 여자는 시어머니이므로 '위威' 자의 원래 의미는 '시어머니'이다. 여기서 '두려워할 만한 위세'라는 파생의가 생겨난 것이다.

沙 모래 '사' '물 수水'와 '적을 소少'로 이루어졌으므로 자형적 의미는 '물이 적어지면 보이는 것', 즉 '모래'가 된다.

漠 아득할 '막' '물 수水'와 '어두울 막莫'으로 이루어졌다. '막莫' 자의 고문자 자형은 위아래의 풀섶 사이로 해가 지는 모양이므로, '해 저물 모暮' 자의 원래 글자임을 알 수 있다. 해가 저물어 어둑어둑해지면 사물이 잘 보이지 않으니 '막漠' 자의 자형적 의미는 '해가 저문 후에 어두워진 것처럼 아무것도 보이지 않는 망망한 바다'가 된다. 사

막이 바다처럼 망망하여 아무것도 보이지 않으므로 '모래 바다', 즉 '사막沙漠'으로 쓴 것이다. 고대 중국인들은 사막도 바다로 보았기에 중국을 둘러싼 세계를 사해四海라고 불렀다.

이 구절은 서한 시기에 곽거병霍去病·소무蘇武·장건張騫 같은 장수들이 서역을 정벌하고 흉노를 멀리 내쫓음으로써 그들의 위세를 사막에까지 떨친 일을 적은 것이다. 이 서역 평정으로 말미암아 동서 무역이 활발해졌고 중국의 판도 역시 서쪽으로 더욱 넓어지게 되었다. 그래서 중국 역사에서 이들의 공적은 매우 높이 평가되고 있으니, 『천자문』에 언급된 것 자체가 이를 입증한다. 앞 구절이 중국의 역사적 통일 전쟁에서의 명장을 언급했다면 이 구절은 국외 정복 전쟁의 명장에 관하여 이야기하고 있다.

그런데 이 구절을 우리의 옛날 학동들이 읽었을 때 어떤 효과가 발생했을까? 당연히 중국의 시선으로 이 사건을 보게 될 것이므로 중국 주변의 흉노와 오랑캐 축출은 우리 일처럼 통쾌했을 것이다. 그들의 시각에서 보면 우리 역시 오랑캐였기 때문에 심정적으로는 흉노를 동정해야 마땅하다. 그러나 중국의 문화 텍스트를 읽을 때 우리의 시선이 이미 그들의 시각으로 고정되어 있기 때문에 흉노를 동정하는 심정은 생겨나지 않는다. 이처럼 타자를 지배하려 할 때 나의 시선을 타자에게 심어주는 일이 매우 중요하고, 문화의 전파는 곧 시선을 대체하는 일이 되는 셈이다.

우리가 할리우드 영화를 즐길 때 그 카메라가 보는 시선을 벗어날 수 없고, 그러다 보면 어느덧 우리도 백인 우월주의에 젖은 인종 차별주의자가 되는 것이다. 우리가 왜 옛날에 본 적도 없는 흉노를 미워하듯이 흑인들을 멸시해야 하는가? 다른 나라의 문화 콘텐츠를 들여와 즐기는 일은 이처럼 단순한 상품 소비를 넘어 지배 이데올로기의 구축과 관련되므로 각별한 주의를 기울일 필요가 있다.

자해에서 말한 대로, 고대 중국에서는 서쪽의 사막을 바다로 여겼다. 16세기 이후 서양 각국이 해양으로 나아가 각축하면서 강대국으로 부상했듯이, 중국도 그 전에 사막이라는 바다로 나아가 무역로를 개척하면서 위세를 떨치게 된 것이다.

명예를 기리는 일의 뒷면

푸를 청青

馳譽丹靑치예단청**이라**
명예를 단청으로 멀리까지 떨쳤다

馳 달릴 '치' '말 마馬'와 '이를 야也'로 이루어졌다. '야也'자는 '대야 이匜'자의 생략형으로 고문자의 자형은 대야로 물을 따르는 모양으로 되어 있다. 물을 따르면 물이 수직으로 떨어지므로 '이匜'자는 '곧을 직直'과 같은 뜻이 된다. 따라서 '치馳'자의 자형적 의미는 '말이 직진으로 달리다'가 된다.

譽 기릴 '예' '말씀 언言'과 '편들 여與'로 이루어졌으므로 자형적 의미는 '말로써 칭찬하고 내세워주다'가 된다.

丹 붉을 '단' 원래 의미는 주사硃砂이다. 주사는 수은과 유황의 화합물로서 붉은 빛을 띠므로 옛날에는 이를 붉은 염료로 썼다. '단丹'자를 소전에서는 '丹'으로 쓰는데, 이 자형 속에 '날 일日'자가 있는 것은 아침 해가 떠오를 때의 붉은색을 상징하기 때문이다. 그래서 '아침 단旦'자와 발음이 같은 것이다.

靑 푸를 '청' '붉을 단丹'과 '날 생生'으로 이루어졌다. '생生'자는 풀이 자라는 모양이므로 '풀빛'을 뜻하고, '단丹'자는 광물질을 의미한다. 따라서 '청靑'자의 자형적 의미는 '풀빛을 띠는 광물질'이 된다.

이로부터 '청색'이라는 의미가 파생되었다.

이 구절은 한 선제宣帝 때 미앙궁未央宮 안에 있는 기린각麒麟閣에다가 곽광霍光을 비롯한 11명 공신들의 초상을 색이 바래지 않는 단청으로 그려서 그들의 명예가 영원히 기억되게 하였다는 『한서漢書』의 기록을 다시 쓴 것이다.

치예馳譽란 공을 세운 사람의 이름을 말이 곧장 달리듯이 빠른 속도로 멀리까지 전달하여 알리는 것을 뜻한다. 그래서 이를 치명馳名으로 쓰기도 한다. 입공자의 이름을 공간적으로 널리 알리는 것도 중요하지만 시간적으로 이름을 계승시켜 잊히지 않게 하는 것도 게을리할 수 없는 일이다. 그래서 한 선제 때 공신들의 초상을 기린각에 그려 이들의 명예를 길이 간직하려 했던 것이다. 이때 그림은 당연히 오랜 세월이 지나도 변치 않는 물감으로 그려야 한다. 그것이 바로 단청丹靑이다.

고대의 염색 방법에는 초염草染과 석염石染이 있었다. 초염은 식물에서 추출한 염료를 쓰기 때문에 시간이 지나면 빛이 바래지만, 석염은 광물질에서 추출한 염료를 쓰기 때문에 잘 퇴색하지 않는다. 붉은색을 주사에서, 푸른색을 코발트와 같은 광물질에서 각각 뽑는 것은 석염의 대표적인 예이다. 그래서 우리는 변치 않는 마음을 붉은색으로 상징해 단심丹心이라 쓰는 반면, 서양 사람들은 'true blue'라고 해서 푸른색으로 표상한다.

그러나 석염이라도 시간이 지나면 색깔은 퇴색하게 마련이지만, 명예로운 이름이란 시간이 갈수록 색깔이 더욱 진해져서 나중에는 아예 신화로 변하는 특성이 있다. 이것은 인물의 실존이 이름이라는 언어로 인하여 관념으로 환원되면서 언급되지 않은 잡색들이 모두 말소되었기 때문이다. 한번 관념이 된 명예로운 이름은 갈수록 기하학적으로 커져서 신화로 변질되는 것이다.

후손들이 길이 귀감을 삼으라는 취지로 공신들을 단청으로 그려놓았지만, 바로 이런 이유 때문에 본래 의도와는 달리 그들을 본받기가 더욱 힘들어진다. 사람들에게 칭송받는 고금의 인물들의 일대기를 상기해보라. 그 신화 같은 일화와 업적을 평범한 일반인들이 어떻게 감히 본받을 수 있겠는가? 엄두가 안 나서 그저 감탄만 하다가 내적인 모순에 시달림은 말할 것도 없고 사회적으로도 갈등만 일으킬 뿐이다. 모든 영광이 과거에 있고 모든 개혁의 기치를 과거의 재현에 두는 것은 이 때문이다.

6부

중국 중심주의의 지리학

'발로 뛰는 정치'는 바람직한가

고을 주州

九州禹跡구주우적이요

구주九州는 우임금의 자취이고

九 아홉 '구' 이 글자를 금문에서는 'ㄤ'로 적고 있는데, 구부러진 팔뚝을 펴서 물건을 취하는 모양이다. 이 원형에서 '구부려서 얽어 감다'라는 의미와 함께 '물건을 한데 모아 얽다'라는 의미가 파생되었다. 『논어』 「헌문憲問」편의 "환공이 제후들을 규합하다"(桓公九合諸侯)에서 '구합九合'을 '규합糾合'으로 읽는 것은 바로 이 때문이다. 물건을 모두 취하여 한데 얽는다는 의미에서 '끝까지 다하다'라는 뜻이 다시 파생되고, 이것이 수에 차용되었을 때는 마지막 끝수인 '아홉'이 된다.

州 고을 '주' 이 글자를 금문에서는 'ﾘ'로 적었다. 이는 '내 천川' 자 가운데에 둥근 섬이 있는 모양이므로, 자형적 의미는 '강물 가운데에 물에 둘러싸여 있는 땅', 즉 '모래톱'이나 '삼각주'가 된다. '둘러싸여 있는 땅'이라는 의미에서 '나라'라는 파생의가 생겨났다.

禹 벌레 '우' '벌레 충虫'과 '아홉 구九'로 이루어졌다. '구九' 자에는 앞에서 설명하였듯이 '구부러지다'라는 의미가 있으므로 자형적 의미는 '벌레가 구불구불 기어가는 모양'이 된다. 이로부터 '느릿느릿 가다'라는 의미가 파생되었다. 여기서는 유가 성인 중의 하나인 하夏나

619

라 우임금을 가리킨다.

跡 자취 '적' '발 족足'과 '겨드랑이 역亦'으로 이루어졌다. 『설문해자』에서는 '적迹'을 원래 글자로 적었다. '역亦' 자는 '요구할 책責'과 첩운 관계에 있으므로 '적跡' 자의 자형이 가리키는 의미는 '발자국으로 구할 수 있는 원래 사물', 즉 '흔적'이 된다.

이 구절부터 저 아래의 '암수묘명巖岫杳冥'까지는 천자가 다스리는 중국의 땅이 무한히 넓을 뿐 아니라 명승이 무수히 많다는 내용을 서술한다.

이 구절은 『서경』 「하서夏書」의 제1장인 「우공禹貢」에서 우임금이 구주九州를 개척하고 다스린 기록을 다시 쓴 것이다. 중국은 황제黃帝 때 처음으로 전 국토를 아홉 개의 주로 구분하여 다스리다가 순임금 때에 다시 열두 개로 나누었다. 그 후 우임금이 치수 사업을 완성하면서 다시 아홉 개 주로 환원하였는데, 이를 열거하면 기주冀州·연주·州·청주青州·서주徐州·양주揚州·형주荊州·예주豫州·양주梁州·옹주雍州 등이다. '구九' 자는 만수滿數이기 때문에 '구주'는 수사학적으로도 중국의 전 국토를 지칭한다.

「우공」의 첫 문장에서 "우임금이 땅을 나누셨으니, 산을 따라 올라가 나무를 베어젖히고는, 높은 산과 큰 강물로 경계를 정하셨다"(禹敷土, 隨山刊木, 奠高山大川)라고 했듯이, 우임금은 중국을 균형 있게 다스리고자 전 국토를 아홉 개의 주로 나눌 때 경계를 합리적으로 정하기 위해 높은 산에 올라가 지형을 관찰한 뒤 높은 산과 큰 강을 경계로 삼아 주의 영토를 결정했다고 한다. 이 외에도 그는 치수 사업을 직접 지휘하여 황하의 물길을 잡는 등 고대 중국의 '인프라'를 최초로 구축한 사람이다. 이 모든 역사役事를 직접 발로 뛰어 이룩했기 때문에 그는 늘 바쁠 수밖에 없었고 또 몸이 고될 수밖에 없었다. 1부에서도 잠깐 언급한 대로, 그가 백성들을 위하여 얼마나 분주히 돌아다녔던지 자기 집 문 앞을 지나면서도 들르지 않았다는 '과문불입過門不入'이라는 성어가 생길 정도였다. 이런 이유로 유가에서는 우임금을 성인으로 섬겼던 것이다.

반면에 우임금보다 앞의 임금이었던 요堯임금의 정치는 이와는 달리 원칙과 요체만을 다스렸기 때문에 움직이는 일이 별로 없었다. 그래서 『여씨춘추』「찰현察賢」편은 "요임금의 몸가짐은 옷을 한가로이 축 늘어뜨린 채로 있는 것이다"(堯之容若委衣裳)라고 기록하였다. 당시는 부족장들이 돌아가면서 수장을 맡는 부족연맹의 시기였으므로 이러한 원칙에 충실한 정치가 중요한 덕목이었을 것이다. 따라서 이 무위無爲의 정치 형태가 중국 정치의 주류로 정착할 수도 있었다.

우임금의 부지런함은 백성들의 복지를 향상시키긴 하였지만, 그들을 임금의 지도력에 의존적이게 만듦으로써 그는 신화가 되었고, 자신이 죽으면 아들인 계啓가 그 신화를 이어가기를 강력히 바랐다. 결국 우임금 대에서 선양禪讓 제도는 폐기되고 아들 계에서부터 세습이 시작되었다. 이처럼 신화를 재현하고자 하는 욕망은 어쩔 수 없이 발로 뛰는 유위有爲의 정치를 주류로 만들었고, 나중에는 작위作爲를 넘어 허위가 판을 치게 만든 계기가 되었다.

요임금의 정치는 원칙과 요체만을 다스리면 되니까 임금이 당堂 아래로 내려올 필요가 없으므로 '당상堂上의 정치'라고 말할 수 있는 반면, 우임금의 정치는 당하堂下로 내려와 대중과 함께 하므로 '대중 정치'라고 부를 수 있을 것이다. 물론 둘 다 바람직한 정치 형태이기는 하지만, 적어도 최고 지도자에게 대중 정치는 신중히 접근할 필요가 있다. 왜냐하면 대중 정치는 자칫 대중에 영합하여 원칙을 홀시할 수도 있기 때문이다. 개인의 욕망도 채울 수 없을진대, 대중의 욕망을 어떻게 만족시킬 수 있겠는가? 이를 만족시키겠다는 시도 자체가 이미 의도를 숨긴 유위인 것이다.

행정구역을 둘러싼 갈등

百郡秦幷백군진병이라
모든 군郡은 진나라가 아우른 것이다

일백 백百

百 일백 '백' '하나 일一'과 '흰 백白'으로 이루어졌다. '백白'자의 자형은 엄지손가락 모양인데 엄지는 굵직한 수, 즉 '100'을 상징하였다. 따라서 '백百'의 자형적 의미는 '100짜리 한 개'가 된다. 그러나 한어漢語의 수사학에서 '백百'은 흔히 '많음'이나 '전체'를 의미하므로 여기서는 '전체 모든 군郡'을 지칭하는 것으로 볼 수도 있다.[1]

郡 고을 '군' '고을 읍邑'과 '임금 군君'으로 이루어졌다. '군君'자에 '뭇사람을 다스리다'라는 의미가 담겨 있으므로 '군郡'의 자형적 의미는 '뭇 고을들을 모아서 다스리다'가 된다. 이로부터 행정구역 단위의 명칭으로 파생된 것이다.

秦 나라 '진' 이 글자를 소전에서는 '秦'로 적었는데 이는 볏단을 땅에 펴놓은 후 두 손으로 도리깨를 쥐고 타작하는 모양이다. 그러나 고대 문헌에서 '진秦'자가 이러한 자형적 의미로 쓰인 경우는 거의 찾아볼 수 없고, 국명·조대朝代명, 또는 지명으로만 쓰였다.

幷 아우를 '병' '따를 종从'과 '어깨 견幵'으로 이루어졌으므로 자형적 의미는 '어깨를 나란히 하고 함께 가다'가 된다.

623

진나라는 전국을 통일한 뒤 이전까지의 봉건 제도를 폐지하고 군현 제도郡縣制度를 실시하였다. 주나라의 봉건 제도가 권력을 집중시키지 못하고 오히려 분산시킴으로써 나라가 분열되는 폐단이 있어 이를 개혁하기 위한 것이었다. 그래서 주나라 때 사방 일천 리의 땅마다 일백 개의 현縣을 두고 그 밑에 군郡을 두었던 제도를 고쳐서 전국을 36개의 군으로 쪼개고 그 아래에 현을 두었다. 이렇게 해서 지방 구석구석까지 황제의 힘이 미치는 강력한 중앙 집권 체제를 구축했다.

　　이것을 『천자문』에서는 '병幷' 자로 표현하였다. 즉 어깨를 나란히 하고 함께 한 방향으로 가는 것처럼 모든 지방을 무차별적으로 아울러서 이를 모두 '군郡'으로 불렀던 것이다. 왜냐하면 주나라가 어지러워져 춘추 시기를 맞게 된 원인 중에는 명칭의 혼란도 빼놓을 수 없다고 여긴 때문이었다. 제후와 대부들이 참칭僭稱이나 이에 해당하는 행위를 얼마나 많이 해서 질서를 어지럽혔으면 공자가 이름을 바로 잡아야 한다는 이른바 정명正名을 주장하고 나섰겠는가?

　　명분과 실질 사이의 갈등을 타결하기 위해 제후국들을 아울러 일괄적으로 군郡이라는 행정구역 체제로 변환시켰지만, 실질이 하나의 명칭으로 인하여 무차별적으로 평정될 수는 없었다. 다시 말해 행정구역 명칭을 군으로 통일한다고 해서 귀족 계층이나 이들로부터 이득을 누려온 사람들이 하루아침에 평등 관념으로 돌아설 수는 없는 일이었다. 자연히 역逆 불평등이라는 개념이 생겨났을 터인즉, 실정을 무시한 진나라의 개혁은 근본적으로 불안정할 수밖에 없었다. 항우項羽가 세력을 결집할 수 있었던 것은 바로 이러한 사회적 배경 아래서였다. 그래서 진나라를 이은 한나라는 이 모순을 해결하려고 군국병행제도郡國竝行制度라는 타협적인 형태로 개선하였던 것이다. 즉

624

한 고조가 직접 통치하는 지역은 군으로 나누고, 공신들에게 나누어 준 땅과 항우의 세력 아래 있던 제후들의 땅은 기득권을 인정해 왕이 다스리는 국國으로 남겨두었다. 물론 나중에는 왕권을 모두 회수해서 군과 같은 수준으로 통합했지만.

지리적 중앙과 문화적 중앙의 간극

마루 종宗

嶽宗恒岱악종항대하고
오악五嶽은 항산恒山과 대산岱山을 마루로 삼고

嶽 묏부리 '악' '뫼 산山'과 '옥 옥獄'으로 이루어졌다. '옥獄' 자는 '죄인이 넘어 달아나지 못하도록 주위에 개를 두고 단단하게 지키다'라는 뜻이므로 '악嶽' 자의 자형적 의미는 '넘지 못할 만큼 높이 솟아 중국의 주위를 단단히 지키고 있는 큰 산'이 된다. 중국에서 악嶽이라고 부르는 큰 산은 다섯 개가 있어 오악五嶽이라고 부르는데, 동쪽의 대산岱山·남쪽의 형산衡山·서쪽의 화산華山·북쪽의 항산恒山·중앙의 숭산嵩山이 그것이다.

宗 마루 '종' '집 면宀'과 '보일 시示'로 이루어졌다. '시示' 자의 고문자 자형은 귀신을 모신 자리를 뜻하므로 '종宗'의 자형적 의미는 '귀신을 모신 사당'이 된다. 이로부터 '같은 귀신을 섬기는 일족들'·'가장 높은 곳에 자리 잡은 것'·'파벌' 등의 의미가 파생되었다.

恒 항상 '항' '마음 심心'과 '뻗칠 긍亘'으로 이루어졌다. '긍亘' 자의 자형은 달이 상현달과 하현달의 모양을 길이 반복하면서 그치지 않는 모양이므로 '항恒' 자의 자형적 의미는 '마음이 길이 변치 않다'가 된다. 여기서는 오악 중의 북악北岳인 '항산恒山'을 가리키고, 그 주봉

은 지금의 하북성河北省 곡양현曲陽縣 서북쪽에 있다.

岱 뫼 '대' '뫼 산山'과 '바꿀 대代'로 이루어진 글자로 독음이 '클 태泰'와 같으므로 서로 통하여 쓰기도 하며 '큰 산'을 의미한다. 여기서는 동악東嶽인 대산岱山을 가리키는데, 우리에게는 태산泰山이라는 이름으로 더 잘 알려져 있다.

중국 고대 문헌에서 중국의 지리를 이야기할 때는 대개 세 가지 체계를 혼용한다. 첫째가 『서경』「우공」편에서처럼 실제 산과 강으로 지역을 나누는 자연지리 계통이고, 둘째는 행정지리 계통이며, 셋째가 천문과 지리를 서로 대응시켜 만든 분야分野 계통이다. 여기서 말하는 오악 역시 고대 중국의 형이상학인 오행설五行說에 따라 설정된 지리설이다. 즉 관념 속의 사방과 중앙에 각각 실제 지형에서의 높은 산을 채워 넣음으로써 중국을 세계의 중심으로 만들어놓은 것이다.

오악五嶽이란 중국의 지리적 환경을 형성하는 형이상학적 개념이므로 여기에 서열이 있는 것은 당연한 일이지만, 특이한 것은 오악의 종주산이 중앙의 숭산이 아니라 북악과 동악이라는 점이다. 게다가 동악인 태산이 실제로 가장 높은 산이 아닌데도 종주산인 것을 보면 오악의 이데올로기는 중원을 중심에 놓고 있음을 짐작할 수 있다. 이는 아마도 중국의 지리적 중앙과 문화적 중앙인 중원이 일치하지 않는 모순을 해결하기 위한 방도로 보인다. 즉 중원 땅이 전 국토에 비해 외형적으로 작고 동북쪽에 치우쳐 있긴 하지만 중국의 기원이기 때문에 종주로 섬겨야 한다는 이데올로기를 말하는 것이리라.

'악嶽'은 글자 속의 '옥獄'이 암시하듯 함부로 넘을 수 없는 산이기에 그로부터 보호를 받는다는 느낌도 들지만 반면에 높은 산으로 둘러싸여 갇혀 있다는 관념도 생겨나게 마련이다. 중국인들이 그렇게 자랑스러워하는 중화 사상이 세계화가 되지 못하는 이유는 이 때문이 아닐까?

동아시아 지도를 거꾸로 놓고 보면 우리는 동악을 넘어 바닷가에 자리를 잡았기 때문에 넓은 세계로 진출하는 데에 어려움이 없었겠건만, 중화주의에 사로잡힌 나머지 우리가 동악의 바깥쪽으로 밀려나 있다고 여겼기 때문에 눈을 언제나 동악 너머의 안쪽 중원으로만 향했던 것은 아닐까?

땅과 마음의 터 닦기

홀 단珏

禪主云亭선주운정이라
선禪 제사는 운운산云云山과 정정산亭亭山을
종주로 삼는다

禪 터 닦을 '선' '보일 시示'와 '홀 단珏'으로 이루어졌다. '제단 단壇'
과 '제사터 선墠'의 독음을 참조하면 '선禪' 자의 자형적 의미는 '땅을
하나같이 평평하게 만들어 제단을 만든 뒤 땅에 지내는 제사'가 된다.

主 주인 '주' 이 글자를 소전에서는 '𡈼'로 썼는데, 아래는 등잔 모양
이고 위의 점은 등불 모양이므로 자형적 의미는 '등잔불'이 된다. 밤
에는 사람들이 등불을 중심으로 주위에 모여들기 때문에 이로부터
'주인'이란 의미가 파생되었다.

云 이를 '운' 이 글자는 '구름 운雲' 자의 원래 글자이고 자형은 구름
이 피어오르는 모양이다. 여기서는 운운산云云山을 가리키는데, 이는
양보산梁父山의 동쪽에 있다.

亭 정자 '정' '높을 고高'와 '못 정丁'으로 이루어졌다. '고高' 자는 성
문 위의 누각, 즉 성루의 모양을 그린 것이다. 한대에는 십 리마다 정
亭이라는 숙박 시설을 두어 여행자들이 머물러 쉴 수 있게 하였다. 그
러므로 '정亭' 자의 자형적 의미는 '못을 박아 고정시키듯 머물러 쉬는
시설'이 된다. 여기서는 정정산亭亭山을 가리키며, 이는 오늘날 산동

성 태안현泰安縣 남쪽에 있다.

고대 제왕들이 제위에 오를 때에는 반드시 태산에 가서 천지에 제사를 지냈다. 이를 봉선封禪이라고 불렀다. 봉封이란 태산에 흙을 쌓아 단을 만들고 하늘의 공덕에 보답하는 것이고, 선禪이란 태산 아래의 양보산梁父山에 땅을 평평하게 고른 뒤 제사를 지내 땅의 공덕에 보답하는 것을 말한다.

선 제사를 지내는 제사 터는 양보산의 중심에 정해야 하는데, 바로 그 양보산의 종주가 되는 산이 바로 운운산 또는 정정산인 것이다.[2] 운운산과 정정산이 양보산에서 가장 높은 주봉主峰이 아님은 앞에서 말한 바와 같다.

우리가 집을 지을 때 가장 중요한 공정이 두 가지 있으니, 터 닦기와 지붕 올리기이다. 지붕 올리기의 시작을 대들보 올리기, 즉 상량上樑이라고 하는데, 대들보는 지붕의 터에 해당하므로 두 가지 공정이 모두 터 닦기를 뜻한다고 볼 수 있다. 그래서 정권을 새로이 세운 중국의 모든 제왕들은 영속성을 기원하는 마음에서 하늘과 땅에 각각 봉제와 선제를 올렸던 것이다.

불교에서의 명상도 선禪이라고 한다. 이 역시 글자의 의미로 해석하자면 사유를 올바로 하기 위하여 먼저 사유의 터전인 마음을 평평하게 다스리는 행위이다. 마음을 고요히 다스리려면 자형이 지시하듯 마음이 단순하게 '홑'(單)의 상태가 돼야 한다. 그런데 우리의 사유는 어떤 대상이든 보기만 하면 그것을 어떤 방식으로 규정하려는 이른바 메타 인식을 피할 수 없다. 그래서 이른바 무념무상이 쉽지가 않다. 명상을 할 때 눈을 감는 것은 이 메타 인식을 피하려는 노력이다.

그렇게 하더라도 사유는 흩의 상태로 잘 유지되지 않는다. 왜냐하면 이러한 방식의 인식은 원래 자아의 균형을 유지하는 방어 기능도 함께 하기 때문이다. 이러한 갈등에 스스로 시달리다 보면 보통 사람들은 선 자체가 목적이 되는 모순에 빠지기도 한다.

북방의 상징적인 지명

문 문門

雁門紫塞안문자새요

안문雁門과 북쪽 변방의 요새들이 있고

雁 기러기 '안' '새 추隹'와 '사람 인人'과 '언덕 한厂'으로 이루어졌다. 여기서 '한厂'자는 기러기가 쐐기 모양으로 열 지어 가는 모양을 가리킨다. '안雁'자의 원래 글자는 '안鴈'인데, 이는 집에서 사람이 길들인 기러기를 뜻하는 것이니, '인人'자가 이를 지시한다. 이와 대조되는 야생 기러기는 '조鳥' 대신에 '추隹'를 써서 구별하였다.

門 문 '문' 이 글자는 양쪽으로 여닫을 수 있는 문의 모양이므로, 일반적으로 성문과 대문처럼 규격이 큰 문을 지시할 때 쓴다. 반면에 문짝 하나로만 여닫는 지게문은 '호戶'라고 한다.

紫 붉을 '자' '실 사糸'와 '이 차此'로 이루어졌다. '차此'의 독음은 '검을 자玆'와 쌍성·첩운 관계에 있으므로 '자紫'의 자형적 의미는 '검은 빛을 섞어 염색한 비단'이 된다. 붉은색에 검은색을 섞으면 자주색이 되므로 이로부터 '자주색'이라는 의미가 생겨났다.

塞 변방 '새' 이 글자의 자형은 나무를 격자로 엮고 흙으로 막아 장애물을 만든 모양이다. 이로부터 '막다'·'요새' 등의 의미가 생겨났다. 이에 비하여 목재로만 만든 보호 장애물은 '채寨'라고 부른다.

이하 네 구절은 중국의 지명을 열거하고 있는데, 이 구절은 남조南朝 송나라 시인인 포조鮑照가 지은 「무성부蕪城賦」의 "북으로는 변방의 요새와 안문까지 달려가네"(北走紫塞雁門)를 다시 쓴 것이다.

'안문雁門'은 관명關名으로서 오늘날의 대동부大同府 마읍현馬邑縣 동남쪽에 있으며 안성雁城으로도 불렀다. 전국 시대에는 조나라 땅이었으나 진나라 통일 이후에 여기에 군을 두었다. 오늘날 산서성山西省 북부 지역이 바로 이곳이다. 봄에 기러기들이 북쪽으로 돌아갈 때 이곳을 반드시 경유한다 하여 붙여진 이름이라고 전한다.

'자새紫塞'는 장성長城을 가리킨다. 장성은 서쪽의 임조臨洮(오늘날의 감숙성甘肅省 민현岷縣)에서 시작하여 동쪽의 요동遼東까지 길이가 일만 리에 달하는 대성벽이다. 진晉 최표崔豹의 『고금주古今注』「도읍都邑」편의 기록에 의하면 진나라가 만리장성을 쌓을 때 흙의 색깔이 모두 자줏빛이었고 한나라에서 요새를 축조할 때도 역시 그러하였다고 하여 북쪽의 변방 요새를 자새라고 불렀다 한다.

북쪽 변방의 오지

붉을 적赤

雞田赤城계전적성이라
계전雞田과 적성赤城이 있다

雞 닭 '계' '새 추隹'와 '종 해奚'로 이루어졌으므로, 자형적 의미는 '시간을 헤아려 알려주는 노복과 같은 새', 즉 '닭'이 된다.

田 밭 '전' 이 글자는 동서와 남북으로 밭이랑과 밭둑을 만든 경작지 모양이므로 자형적 의미는 '밭'이 된다. '전田' 자와 쌍성·첩운 관계인 '베풀 진陳' 자에서 알 수 있듯이 이 글자에는 '가지런히 정돈되어 있다'라는 의미가 담겼다.

赤 붉을 '적' '큰 대大'와 '불 화火'로 이루어졌으므로 자형적 의미는 '불이 활활 타다'가 된다. 이로부터 불의 색깔인 '붉은색'이라는 의미가 파생되었다.

城 재 '성' '흙 토土'와 '이룰 성成'으로 이루어졌다. '성成' 자는 '겹칠 중重'과 첩운 관계에 있으므로 '성城' 자의 자형적 의미는 '흙을 차곡차곡 겹쳐 쌓아서 축조한 벽'이 된다.

'계전雞田'은 역참驛站 이름으로 오늘날의 기주冀州에 있다. '적성赤城'은 옛날 치우蚩尤가 살던 곳이고 오늘날의 선부宣府에 있다.

앞의 출구에서 언급한 포조의 시구와 더불어 당나라 왕발王勃의 「채련부採蓮賦」에 나오는 "북쪽 변방으로 계전과 안성을 지킨다네"(北戍雞田雁城)라는 구절이 고전에 자주 등장하는 것으로 보아 이러한 고을들은 당시 중국의 서·북쪽 변방을 상징하는 대표적 지명이었을 것으로 짐작된다. 마치 우리가 산간 오지를 지칭할 때 함경도의 삼수三水와 갑산甲山을 들먹이는 것처럼.

중국의 두 끝

돌 석石

昆池碣石곤지갈석이요
곤명지昆明池에서 갈석산碣石山 사이에

昆 맏 '곤' '날 일日'과 '견줄 비比'로 이루어졌다. 태양을 날마다 견주어봤자 똑같을 뿐이다. 그리고 '곤昆'의 독음도 '위아래로 통할 곤丨'과 같으므로 여기에는 '같은 줄로 꿸 수 있을 만큼 같다'는 의미가 담겨 있다. 형제를 '곤제昆弟'라고 하는 것은 바로 이 뜻에서 비롯된 것이다. 이로부터 '맏'이라는 의미가 파생되었다.

池 못 '지' '물 수氵=水'와 '이를 야也'로 이루어졌다. '야也'는 앞서 '지地'의 자해에서 이미 설명했듯이, 신체의 가장 밑부분을 상징한다. 그리고 '지池'는 '둑 제堤'와 쌍성·첩운의 관계에 있다. 따라서 '지池'의 자형적 의미는 '땅의 가장 낮은 곳에 모인 물을 둑으로 주위를 둘러쳐서 가두어놓다'가 된다.

碣 돌 '갈' '돌 석石'과 '어찌 갈曷'로 이루어졌다. '갈曷' 자는 '호걸 걸傑'과 쌍성·첩운 관계에 있으므로 여기에는 '홀로 우뚝 솟다'라는 의미가 담겨 있다. 따라서 '갈碣' 자의 자형적 의미는 '홀로 우뚝 솟은 돌'또는 '비석'이 된다.

石 돌 '석' 이 글자는 언덕(厂) 아래에 돌(口)이 있는 모양으로 '풀 석

636

釋'와 쌍성·첩운 관계를 이룬다. 따라서 '석石' 자의 자형적 의미는 '큰 바위 언덕 아래에 잘게 부서져 널려 있는 자갈'이 된다.

'곤지昆池'는 전지滇池라고도 부르는데 오늘날 운남성雲南省에 있는 곤명지昆明池를 가리킨다. 한 무제 때 인도로 가는 무역로가 곤명의 오랑캐들에 의해 자주 막히자 이를 토벌하기 위하여 수군을 일으켰다고 한다. 이때 장안長安의 서남쪽 근교에 큰 못을 파서 수전水戰을 훈련시켰는데, 이 인공 호수가 곤명지를 그대로 본떠 만들어진 것이라 하여 역시 곤명호라고 불리었다.

'갈석碣石'은 오늘날의 하북성河北省 창려현昌黎縣 북쪽에 있는 산 이름이다. 『서경』「우공禹貢」편에서 우임금의 치수治水 행적을 기록할 때 "태행산太行山과 항산恒山을 거쳐 갈석산碣石山에 이르고 나서 바다에 다다랐다"라고 쓴 것이라든가, 『한서漢書』「무제기武帝紀」에 순행巡行의 여정을 태산에서 시작해 갈석에 이르는 길로 간다고 기록한 것 등으로 보아 당시에는 갈석산이 중원의 행정력이 직접적으로 미치는 한계 지점이었던 것으로 짐작된다.

따라서 곤명지는 서남의 극지가 되고 갈석산은 동북의 극지가 되는 셈인데, 이렇게 두 극지를 대비시킴으로써 광활한 중국의 판도와 아울러 중화라는 문명 세계의 영역을 획분하고 있다. 당나라 위응물韋應物의 「탄기가彈棋歌」에 "어찌 곤명과 갈석 정도이겠는가, 살 하나가 중원으로 날아들면 먼 하늘이 막힌다네"(豈如昆明與碣石, 一箭飛中隔遠天)라는 구절이 있는 것을 보더라도 곤명지와 갈석산은 중국의 끝에서 끝을 상징하는 관용어였을 가능성이 크다.

광활한 만큼 명승名勝도 많은 땅

들 야野

鉅野洞庭거야동정이라
거야 늪과 동정호가 있다

鉅 클 '거' '쇠 금金'과 '클 거巨'로 이루어졌으므로 자형적 의미는 '쇠붙이가 대단히 단단하다'가 된다. 한문에서는 '거巨'자와 서로 통하여 쓰기도 한다.

野 들 '야' '마을 리里'와 '줄 여予'로 이루어졌다. '리里'는 성 밖의 마을을 뜻하고, '여予'자에는 첩운 관계의 글자인 '느릴 서徐'를 통해서 알 수 있듯이 '여유 있음'이라는 의미가 담겼다. 따라서 '야野'자의 자형적 의미는 '성 밖의 마을에서 한가롭게 살다'가 된다.

洞 골 '동' '물 수水'와 '한가지 동同'으로 이루어졌으므로 자형적 의미는 '물이 한 길로 통해서 직류하다'가 된다. '한 길로 통해 있는 것'은 굴인데, 여기에는 언제나 물이 있으므로 이로부터 '동굴'이라는 의미가 파생되었다.

庭 뜰 '정' '집 엄广'과 '조정 정廷'으로 이루어졌으므로 자형적 의미는 '큰 집 안에 있는 넓은 장소', 즉 '궁중宮中'이 된다. 그러니까 국사를 논하는 장소인 조정은 '정廷'으로, 임금이 거처하는 장소는 '정庭'으로 각각 쓰는 것이다. 이것이 나중에는 '관아 청廳'자로 확장되었다.

638

'거야鉅野'는 고대의 유명한 큰 늪지로 오늘날의 산동성 거야현 북쪽에 있었다. 『사기』에 노나라 애공哀公이 대야大野라는 곳을 순수巡狩하였다는 기록이 보이는데, 그곳이 바로 거야이다.

'동정洞庭'은 호남성 북부와 양자강 남안에 위치한 동정호洞庭湖를 가리킨다. '팔백리동정八百里洞庭'이라는 말이 전해 내려올 만큼 동정호는 크고 넓은데, 실제로는 중국에서 두 번째로 큰 담수호이다. 호수 가운데에 섬이 많아 풍광이 아름답고, 호숫가에 악양루岳陽樓를 비롯한 명승고적이 많은 것으로도 유명하다.

이 구절은 중국은 땅이 광활하기 때문에 경내에 거야와 동정 같은 거대하고 경관 좋은 늪지와 호수가 많다는 사실을 서술하고 있다.

중국 분할론과 편견의 시나리오

솜 면綿

曠遠綿邈광원면막하고

(땅이) 광활하여 아스라이 멀고

曠 빌 '광' 曠 빌 '광' '날 일日'과 '넓을 광廣'으로 이루어졌다. '광廣' 자는 '사방의 벽이 없이 네 개의 기둥 위에 지붕만 올려놓은 넓고 텅 빈 집'이므로, '광曠' 자의 자형적 의미는 '텅 비어 있는 공간에 빛이 꽉 차다'가 된다. 이로부터 '텅 비어 있는 넓은 공간'이라는 의미가 생겨났다.

遠 멀 '원' '걸을 착辵'과 '옷 길 원袁'으로 이루어졌다. '원袁' 자와 쌍성·첩운 관계에 있는 '늘일 연延'에서 짐작할 수 있듯이, 이 글자에는 '길게 늘어지다'라는 의미가 담겨 있다. 따라서 '원遠'의 자형적 의미는 '긴 옷처럼 길고 먼 길을 걸어가다'가 된다. 이로부터 '멀다'라는 의미가 파생되었다.

綿 솜 '면' 이 글자는 나중에 만들어진 글자이고 원래 글자는 '면緜'인데 이는 '비단 백帛'과 '비끄러맬 계系'로 이루어졌다. 그러므로 자형적 의미는 '비단 짜는 명주실을 잇다'가 된다. 그래서 '이어 붙이다'라는 뜻을 나타낼 때, 첩운 관계에 있는 '이을 련聯' 자를 함께 붙여서 '연면聯緜', 또는 '연면連綿'이라고 쓰는 것이다.

邈 멀 '막' '걸을 착辵'과 '얼굴 모양 모貌'로 이루어졌다. '모貌' 자와 '얼굴 면面' 자는 쌍성 관계에 있는 글자들로 같은 사물을 가리킨다. 그리고 이 '면面' 자는 다시 앞의 '면綿'과 같은 음으로 의미를 공유한다. 따라서 '막邈' 자의 자형적 의미는 '실이 끝없이 이어져 가듯이 걸어가다'가 된다. 앞의 '연면聯緜'처럼 '면막綿邈'으로 붙여 쓰면 '아득히 멀다'는 의미가 된다.

이 구절은 다음의 대구對句와 더불어 앞의 지명들에서 암시하는 대로 중국은 땅이 광대할 뿐만 아니라 광대한 만큼 역내의 경관과 승지勝地 역시 크고 높고 유서 깊다는 의미를 은연중에 전하고 있다.

중국인들은 전통적으로 중국이 영토가 넓다는 사실에 남다른 자부심을 가져왔다. 그래서 중국 역사를 살펴보면 역대 정권이나 정부가 백성들의 복지를 위해 별로 해준 것이 없어 평소 불만이 많더라도, 혼란으로 국토가 분열되거나 외적의 침범을 받아 판도가 위축될 위기에 처했다고 판단되면, 이를 회복하거나 확장하자고 외치는 정부의 프로파간다에 이의 없이 금세 합의한다. 이는 중국의 땅은 어떠한 경우에도 광대한 상태를 유지해야만 한다는 강박 관념이 중국인들을 사로잡아왔기 때문일 것이다.

그러나 다른 한편으로 생각할 때 그들의 이러한 관념을 유지시키기 위해 주변의 작은 나라들과 소수민족들은 얼마나 많은 억압을 받아왔을까. '거대함을 위하여'라는 이데올로기는 단지 자그마하나마 자신의 정체성을 유지하고자 했던 주위의 소박한 욕망들을 그 아래로 무차별 흡수하지 않았겠는가.

그러나 크다는 것은 '광曠' 자의 자형적 의미가 말해주고 있듯이 공간이 넓어 텅 비어 있음과 통하게 마련이니, 텅 비어 있음은 곧 공허함의 다른 측면이다. 사람이 견디기 힘든 공포의 대상 중 하나가 공허함이다. 넓은 땅이나 집에 사는 사람일수록 이 공포를 이기지 못해 담장과 벽을 높이 쳐서 자신의 눈과 손이 닿을 수 있는 한계 영역을 보기를 원하는 법이다. 중국이 진나라 이후로 만리장성의 축조에 심혈을 기울여 온 배경에는 이러한 역설적인 공포감이 자리잡고 있었다.

어떤 경우에라도 그렇지만 큰 것을 유지하려면 관리비가 많이 들게 마련이다. 앞서 말한 바와 같이 큰 것을 가졌다는 자부심과 또 이를 유지해야 한다는 강박 관념은 중국인들로 하여금 과다한 비용의 지출과 희생을 감내하게 만들었다. 거대한 대륙의 영토에 표준시가 하나로 통일되어 있다는 사실이 대표적인 비효율이다. 그래서 극히 일부이기는 하지만 중국의 몇몇 진보적인 지식인들 사이에 분할의 효율성이 조심스럽게 제기되고 있다. 그러자 이를 간파한 서방 언론들은 가까운 장래에 중국이 분할될지 모른다는 섣부른 예측을 내놓아 중국의 분열을 부추기기도 한다. 그러나 이러한 예측은 어디까지나 합리주의에 익숙한 서구인들의 사유에 근거한 것으로, 중국인들이 큰 것을 유지하기 위해서는 어떤 희생도 치를 준비가 되어 있다는 문화적 전통은 고려하지 않은 편견의 시나리오에 불과할 뿐이다.

'중국은 크다'라는 이데올로기

바위 암巖

巖岫杳冥암수묘명이라
바위와 산봉우리는 (높이 솟고) (물은) 아득히 깊다

巖 바위 '암' '뫼 산山'과 '엄할 엄嚴'으로 이루어졌다. '엄嚴' 자는 높고 가파른 산에 만들어진 암혈을 뜻하므로[3] '암巖'의 자형적 의미는 '내려다보기가 두려울 정도로 높은 산마루'가 된다. 높은 산마루는 일반적으로 바위로 우뚝 솟아 있으므로 이로부터 '바위'란 의미가 생겨난 것이다.
岫 묏부리 '수' '뫼 산山'과 '말미암을 유由'로 이루어졌다. '유由' 자의 원래 자형은 술을 거르는 채나 광주리 모양이므로 '수岫'의 자형적 의미는 '광주리처럼 구멍이 숭숭 뚫린 산봉우리'가 된다. 우리나라의 산은 화강암 지질이므로 구멍이 숭숭 뚫린 모양을 보기 힘들지만 중국에는 석회암 지질이 많아 이런 모양의 산을 흔히 볼 수 있다. 이로부터 '암혈巖穴'·'산봉우리' 등의 의미가 파생되었다.
杳 아득할 '묘' '나무 목木'과 '날 일日'로 이루어졌으므로, 자형적 의미는 '해가 나무 밑으로 지다'가 된다. 해가 져서 나무 밑으로 완전히 가라앉으면 빛이 없어 컴컴해지므로 '어두워서 앞이 보이지 않다'라는 의미가 생겨난 것이다.
冥 어두울 '명' '날 일日'·'여섯 륙六'·'덮을 멱冖'으로 이루어졌다.

원래의 고문자 자형에서는 '륙六'자가 '들 입入'으로 되어 있었으므로 '명冥'자의 자형적 의미는 '해가 들어간 상태에서 위를 덮다'가 된다. 해가 들어가고 없는 상태에서 위를 덮으면 컴컴할 수밖에 없으므로 '어둡다'라는 의미가 생겨난 것이다.

앞의 출구가 중국 영토의 광활한 공간성을 묘사했다면, 대구인 이 구절은 그 안에 있는 산들이 오를 수 없을 정도로 높고 물이 깊이를 잴 수 없을 만큼 깊음을 표현하고 있다.

이런 묘사를 읽고 외우다 보면 중국의 거대함을 경외하고 흠모하게 되는 효과가 발생한다. 이러한 경외와 흠모는 거대함 앞에 스스로 왜소해지는 위축감 또는 공포감과 짝을 이룬다. 자연히 변방 사람들에게는 결핍이 발생하면서 광장 공포증이 생겨난다. 누가 퍼트렸는지는 모르겠으나 "조선에는 천 리를 흐르는 강이 없고 천 길을 넘는 산이 없다"는 말은 바로 거대한 중국에 대한 경외가 발생시킨 결핍감의 결과일 것이다.

우리는 이른바 동방예의지국東方禮儀之國이라는 말을 스스로 자랑스럽게 여겨왔지만, 이것도 사실은 중국이 우리에게 결핍을 심어주기 위해 만들어낸 책략적인 말일 뿐이다. 왜냐하면 '동방예의지국'이란 우리에게 아무리 훌륭한 문화가 있다 해도 그것은 동쪽 변방에 있는 나라가 중국을 모방했을 뿐이라는 궁극적인 한계를 지정받은 것이기 때문이다. 따라서 중국은 문화의 근본이 될뿐더러 옳고 그름의 기준을 제공한다는 이데올로기가 저절로 만들어진다. 그리고 이러한 관념의 형성은 바로 '중국은 크다'는 사실을 시적으로 묘사하는 곳에서부터 비롯된다.

7부 세상을 다스리는 기술

'본本' 자가 말해주는 농업의 속성

治本於農치본어농하니
다스림은 농사에 뿌리를 두는 것이니

뿌리 본本

治 다스릴 '치' '물 수水'와 '기뻐할 이台'로 이루어졌다. 이 글자는 원래 산동성 동래東萊 지방에 있는 강(지금은 소고하小沽河라고 부른다)의 고유명사였다. 오늘날에는 이 글자를 '다스리다'라는 의미로 쓰는데, 이는 '다스릴 리理'와 첩운 관계에 있는 글자라서 차용된 결과이다.

本 뿌리 '본' 이 글자는 '나무 목木' 자에서 뿌리 부분을 표시한 형태로 이루어졌다. '본本' 자는 '덮을 모冒'와 쌍성 관계에 있으므로 여기에는 '나무의 잎과 가지를 위에 이고 받쳐주는 뿌리'라는 의미가 담겨 있다. 이로부터 '뿌리'·'밑바닥'·'기초' 등의 의미가 파생되었다.

於 어조사 '어' 이 글자는 원래 '까마귀 오烏' 자의 고문자형이었는데, 나중에 어조사語助辭로 차용돼 쓰이게 되었다.

農 농사 '농' 이 글자를 소전에서는 '農'로 쓰는데, 이는 '절구 구臼'·'조개 신辰'·'정수리 신囟' 등으로 이루어진 것이다. 여기서 '구臼' 자는 원래 양손을 그린 모양이고 '신囟' 자는 '밭 전田' 자가 와전된 모양이므로 '농農'의 자형적 의미는 '양손으로 조개껍질을 들고 밭을 갈다'가 된다. 농사를 지으려면 먼저 잡초를 제거해야 하는데 이때 풀을

뽑는 도구로 조개껍질을 사용했기 때문이다. 농사란 매우 힘이 드는 일이므로 '농農' 자는 '밭에서 힘써 일하다'라는 의미를 가진 '사내 남 男' 자와 쌍성 관계를 갖는다.

이 구절부터는 광활한 땅에서 살아가는 방식에 대해 서술한다. 사 람이 생존하려면 맨 먼저 식량을 해결해야 하므로 농업에 관한 일부 터 이야기한다. 농업은 재화와 부를 생산하는 일이어서 생산성을 높 임과 아울러 공정하게 나누어야 하며, 공정함을 유지하려면 마음을 먼저 다스려야 한다는 것 등이 이 부분의 개략적인 내용을 이룬다.

농업은 고대 사회부터 위정자들이 매우 중시해온 산업이었기 때문 에 중국에서는 농사를 흔히 '대사大事' 또는 '민생의 근본'(民生之本)이 라는 말로 표현해왔다. 예부터 백성들은 먹는 것이 곧 하늘이라고 여 겼으므로 위정자들은 식량 해결을 위해 농업에 치중하지 않을 수 없 었다. 한 해 농사의 결과를 말해주는 풍년 또는 흉년은 정권의 운명에 절대적인 영향을 미쳤다.

그런데 농사는 식량 해결의 차원에서만 정치적인 의미가 있는 것 이 아니었다. 농사는 그 과정에서 다른 부수적인 효과를 발생시키는 데, 이것이 국가 통치에 매우 중요한 기능을 수행해왔다. 『여씨춘추』 「상농上農」편에 보면 다음과 같은 구절이 있다. "백성들이 농업에 종 사하면 순박해지고, 순박하면 부려 쓰기가 쉬워지며, 부려 쓰기가 쉬 우면 변방이 안정되고 군주의 위치가 높아진다"(民農則樸, 樸則易用, 易 用則邊境安, 主位尊). 이는 농가農家 담론 중의 일부로, 농사의 과정 자 체가 곧 백성을 순치馴致하고 권력을 강화하는 이데올로기적 기능을 수행한다는 점을 명백히 밝히고 있다. 그래서 농사가 다스림의 근본이 되는 것이다. '농農' 자의 자형이 말하는 바와 같이 조개껍질 같은 조악한 농기구로 험한 땅을 일궈야 했으니 그 힘든 고행 가운데서 어디 다른 생각이 떠오를 수나 있었겠는가?

또한 고대에는 생산력과 생산성에 한계가 있었기 때문에 식량의 생산은 토지의 넓이에 비례할 수밖에 없었다. 그러므로 농업을 기간 산업으로 유지하면 영토와 인구를 확장하는 일을 명분 삼아 백성들을 언제라도 동원할 수 있어서 정권에 대한 불만을 쉽사리 잠재울 수도 있었다. 위의 "부려 쓰기가 쉬우면 변방이 안정되고 군주의 위치가 높아진다"는 이를 두고 한 말이다.

반면에 상업이나 수공업을 기간 산업으로 정하면 굳이 넓은 땅을 필요로 하지 않으므로 정복 사업 정책에 백성을 동원할 적절한 명분을 세우기가 그리 쉽지 않다(물론 후대에 내려오면 교역로와 시장 확대를 위해 정복 사업을 펴긴 한다). 그러니까 농사는 이래저래 통치의 근본이 되는 것이다.

잘사는 나라든 못사는 나라든 농민은 경제적으로 일차적 희생양이 되는 경우가 많다. 국민의 식량 생산을 담당하는 그들에게 적절한 농산물 가격을 보장해주면 국민의 생활비가 상승하기 때문이다. 그러니까 정치 권력은 농산물 가격을 안정이라는 이름으로 억제하려 한다. 농민들은 식량 생산자라는 구조적 위치 때문에 희생의 자리를 벗어나기가 매우 어려운 것이다. 이러한 농민의 상황을 잘 말해주는 글자가 바로 '본本' 자이다. 즉 "나무의 잎과 가지를 위에 이고 받쳐주는 뿌리"라는 자형적 의미가 국민과 국가의 생존을 밑에서 받쳐주는 농민의 역할을 형상적으로 잘 묘사하고 있는 것이다. 그러면서도 자신은 땅속에 묻혀 빛을 보지도 못하는 뿌리 같은 존재가 그들이다. 이것이 바로 '치본어농治本於農'이 드러내지 않으면서 전하고자 하는 내용이리라.

심고 거두는 데 힘쓰는 일이란

아낄 색嗇

務玆稼穡무자가색**이라**
다스림은 농사에 뿌리를 두는 것이니

務 힘쓸 '무' '힘 력力'과 '강제할 무攵'로 이루어졌는데, '무務' 자는 '근면할 면勉'·'민첩할 민敏' 등과 쌍성 관계에 있다. 따라서 자형적 의미는 '강제로 맡겨진 일에 자발적으로 힘을 다하다'가 된다. 이로부터 '힘쓰다'라는 의미가 생겨났다.

玆 이 '자' 이 글자의 자형은 여러 마리의 어린 새끼들을 그린 모양으로 '새끼 칠 자孶' 자의 원래 글자이다. 나중에는 '이것 차此' 자와 같은 뜻으로 쓰이게 되었는데 여기서는 바로 이 의미이다.

稼 심을 '가' '벼 화禾'와 '집 가家'로 이루어졌다. 농작물을 심을 때는 씨를 먼저 모판에 심었다가 모가 어느 정도 자라면 밭에다 옮겨 심는다. 모판에서 밭으로 옮겨 심는 것이 마치 여자가 친정집에서 자라다 때가 되면 시집으로 가는 것과 같았으므로 '시집갈 가嫁'와 같은 발음의 글자인 '가家' 자를 쓴 것이다. 따라서 '가稼' 자의 자형적 의미는 '모를 앞으로 제가 자라야 할 밭에다 옮겨 심다'가 된다.

穡 거둘 '색' '벼 화禾'와 '아낄 색嗇'으로 이루어졌다. '색嗇'의 원래 글자는 '색嗇'이었는데, '색嗇'이 '아끼다'라는 의미로 차용되면서 자신

653

은 후출자인 '색穡'을 따로 만들어 쓰게 되었다. '색嗇' 자는 곳간(稟) 위에 보리(麥)가 있는 모양이기에 자형적 의미는 '곡식을 거두어 곳간에 넣다'가 된다. 이로부터 '거두어 넣기만 하고 내놓지 않다'라는 의미로 확대되면서 '인색하다'라는 파생의가 생겨난 것이다.

앞의 출구에서 설명한 대로 농사는 여러 가지 측면에서 통치의 근본이 되므로 이 일에 힘을 쏟도록 독려하는 것이 바로 정치를 안정시키는 길이라고 이 구절은 말하고자 한다.

농사는 작물을 심은 뒤 거두어 곳간에 들이기까지의 기간이 상당히 길다. 그래서 봄에 농사에 투자해놓으면 이를 회수할 가을 추수까지 다른 곳에 가지 못한다. 『여씨춘추』「상농」편의 "심고 거두는 일에 힘쓰면 한자리를 지키게 되고, 그러면 자기 것을 지키기 위해서 열심히 싸운다"는 구절은 바로 이를 두고 한 말이다. 그러니까 인구의 이탈을 막고 외적의 침략에 대한 방어에 백성을 자발적으로 참여시키는 방법으로서도 농사는 훌륭한 통치 수단이 되는 셈이다.

농사란 투자에서 회수까지 거의 1년이 소요되기 때문에 자본 회전이 매우 느린 산업이다. 게다가 '색穡' 자의 자형에 담긴 '인색하다'는 의미가 암시하는 것처럼 농사는 확대 재투자에 주저할 수밖에 없다는 특징을 갖는다. 그러니까 농업은 거대 자본으로 성장하기가 구조적으로 어려우므로 권력의 입장에서는 그만큼 위협받을 가능성이 적어지는 이점을 누릴 수가 있다.

실상이 이러하니 누가 기꺼운 마음으로 농사를 지으려 하겠는가? 「월령月令」에서 농번기에 농민이 도성에 남아 있거나 장사에 종사하는 일을 금지한다고 적은 것은 바로 이 때문이다. '무務' 자의 자형이

지시하듯이 농사란 본질적으로 반강제적인 일이 될 수밖에 없었던
것이다.

사람 마음이 한결같으랴

俶載南畝숙재남무**하니**

남쪽 밭에서 일을 시작하니

남녘 남南

俶 비로소 '숙' '사람 인人'과 '주울 숙叔'으로 이루어졌다. '숙叔' 자 는 '주울 습拾', '거두어들일 수收' 등과 쌍성 관계에 있는 글자이고, '흩어져 있는 것을 거두어 정리하다'라는 의미를 담고 있다. 따라서 '숙俶' 자의 자형적 의미는 '가지런히 정리된 사람', 즉 '선한 사람'이 된다. 이것이 어지럽게 흩어진 것을 정리하기 시작한다는 의미로 발 전하면서 '일을 시작하다'라는 의미가 파생되었다.

載 실을 '재' 이 글자는 수레 위에 화물을 싣고 또 이 화물을 지키기 위한 창을 높이 꽂은 모양에서 자형적 의미를 찾을 수 있다. 수레와 같은 도구에 위로부터 부하를 준다는 것은 곧 도구를 움직여 무엇인 가를 수행한다는 뜻과 같으므로 '재載' 자에 '일하다'라는 의미가 생겨 난 것이다.

南 남녘 '남' 이 글자를 소전에서는 '南'로 썼는데, 이는 초목이 남쪽 방향으로 가지와 잎이 무성한 모양이다. 이 글자는 또 '멜 임任' 자와 첩운 관계에 있다. 따라서 '남南'의 자형적 의미는 '나무가 남쪽 방향 으로 가지와 잎을 무성하게 메고 있다'가 된다. 이로부터 '남쪽'이라

656

는 파생의가 생겨난 것이다.

畝 이랑 '무' '밭 전田'·'열 십十'·'오랠 구久'로 이루어졌다. '십十' 자는 밭과 밭의 경계가 만나는 곳을 가리키고, '구久' 자는 사람이 가지 않고 서 있는 모양이므로, '무畝' 자의 자형적 의미는 '사람이 경계선에 서서 밭의 넓이를 재다'가 된다. 그래서 '무' 자는 밭의 면적을 재는 단위로 쓰였다. 『설문해자』에 의하면 여섯 자(尺)를 일 보步라 하였고, 백 보를 한 무畝라 하였다. '무畝' 자는 '길이 무袤'와 발음이 같으므로 여기에는 '넓다'는 의미가 담겨 있다. 그래서 '무畝' 자는 일반적으로 '넓은 밭'이라는 의미로 많이 쓰인다.

이 구절은 『시경』「대전大田」편의 "남쪽 밭에서 일을 시작하여 온갖 곡식 씨를 뿌리니"(俶載南畝, 播厥百穀)라는 구절을 다시 쓴 것이다.

중국 고대에는 이른바 정전법井田法이라는 제도로 토지를 분배하였다. 즉 천자는 중국의 전 국토를 우물 '정井' 자 모양으로 9등분하여 가운데를 제외한 나머지 여덟 쪽을 제후들에게 분봉하였다. 제후들은 다시 자신이 받은 봉지를 9등분하여 가운데를 제외한 나머지 여덟 쪽을 대부大夫들에게 나누어주었다. 이때 가운데의 땅을 공전公田이라 하고 분배해준 땅을 사전私田이라 불렀는데, 사전을 하사받은 제후와 대부 들은 천자와 제후를 위해 각각 공전을 공동으로 경작해주었다.

그러므로 이 구절에서 '남쪽 밭'(南畝)이라는 말은 곧 사전을 가리킨다. 또한 남쪽 밭은 볕이 많이 들어서 소출이 많은 밭이기도 하다. 그러니까 "남쪽 밭에서 일을 시작하다"라는 말은 농사일은 사전부터 시작한다는 뜻이 된다. 한대의 주석가인 정현鄭玄은 '숙俶' 자를 '성할

치熾'로 풀이하였으므로 사전의 농사일을 시작하는 것도 그냥 하는 것이 아니라 정성을 들여 열심히 함을 의미한다.

공동으로 경작하는 공전보다 수확의 사유私有가 보장되는 사전에 더욱 정성을 기울인다는 것은 아주 자연스러운 현상이다. 따라서 사전에 우선권을 주면 생산성도 높아지고 백성들의 농사를 먼저 하게 한다는 명분도 세울 수 있는 이점이 있다. 더구나 『시경』「북산北山」편에서 "온 하늘 아래에 어느 곳도 임금님의 땅이 아닌 곳이 없으니"(溥天之下, 莫非王土)라고 했으니, 기실 공전과 사전을 따질 것도 없지 않은가?

"남쪽 밭에서부터 일을 시작한다"는 말은 명분뿐 아니라 실리적인 면에서도 바람직한 것처럼 보이지만 궁극적으로 천자보다는 제후에 유리하고, 제후보다는 대부에 유리한 결과를 가져오게 하는 효과를 발휘한다. 왜냐하면 당시는 아직 세금 제도가 등장하지 않아서 노동력을 제공해 농사를 대신 지어주던 시대였기 때문이다. 그러면 돈독한 충성심만으로 농사에 임해야 주군의 소출이 더 늘어나는 법인데, 사람 마음이 어디 처음처럼 한결같을 수 있는가? 아전인수我田引水라는 속담이 상징하듯이 아무리 충성스러워도 내 논부터 물을 댈 수밖에 없는 게 사람의 마음이니, 정전법은 처음부터 땅을 분봉해주는 주군에게 불리한 제도였다. 결국 이를 보완하기 위해 나온 것이 소출에 대하여 일정 비율을 상납하는 이른바 '세稅'라는 제도였는데, 이로 인해 주군의 재정은 증대했지만 충성이라는 윤리적 책임감은 점점 줄어들었다. 이것이 주나라의 봉건 제도가 무너지는 근본적인 원인이었다.

658

예술가와 천덕꾸러기

我藝黍稷아예서직**하니라**
나는 메기장과 차기장을 심는다네

나 아我

我 나 '아' 이 글자의 원래 자형은 '창 과戈'에다 장식 술을 달아 늘어
뜨린 모양이므로, 자형적 의미는 '창의 장식 술이 아래로 늘어져 있
다'가 된다. 여기에서 나중에 '기울 아俄' 자가 생겨난 것이다. 오늘날
에는 주로 '나'라는 뜻으로 통용되고 있는데, 이는 '아我' 자의 발음이
'나 오吾'와 같았기 때문에 차용된 결과이다.

藝 심을 '예' 이 글자의 본래 글자는 '예埶'이고 갑골문에서는 '🌱'로
썼다. 이는 사람이 무릎을 꿇고 앉아 식물을 심는 모양이다. 따라서
'예埶' 자의 자형적 의미는 '손을 부지런히 움직여 식물을 심다'가 된
다. 나중에 이 글자의 자형에 '김맬 운芸' 자가 더해져서 오늘날 우리
가 쓰는 '예藝'가 되었다. 농부가 곡물을 심는 행위는 공부하는 사람
에게 예禮(예법)·악樂(음악)·어御(말 몰기)·사射(활쏘기)·서書(글쓰기)·
수數(셈하기)와 같은 기초 과목을 연습하는 일에 해당하므로 이를 육
예六藝라고 불렀다.

黍 기장 '서' '벼 화禾'와 '물 수水'로 이루어졌다. 여기서 '수水' 자는
술을 상징한다. 따라서 '서黍'의 자형적 의미는 '술을 빚는 데 쓰는 곡

식', 즉 '수수' 또는 '기장'이 된다. 그러나 '서직黍稷'으로 붙여 쓸 때는 '서黍'는 '메기장'을, '직稷'은 '차기장'을 각각 뜻한다.

稷 피 '직' 이 글자의 우측 방은 농부가 쟁기를 쥐고 천천히 나아가는 모양이다. 따라서 '직稷'의 자형적 의미는 '농부들이 주로 심고 재배하는 작물'이 된다. 중국의 남방은 주로 벼농사를 짓는 반면에 북방에서는 주로 조 농사를 지었으므로 '직稷' 자는 '조'를 가리키는 것이 보통이다. 여기서는 '서黍'와 병렬로 쓰였으므로 '차기장'을 가리킨다.

이 구절은 『시경』 「초자楚茨」편의 "더부룩한 찔레나무 가시를 뽑았다네. 예부터 이 일을 왜 하였을까? 내가 메기장과 차기장을 심게 하려 함이지"(楚楚者茨, 言抽其棘. 自昔何爲? 我藝黍稷)에서 가져다 쓴 것이다.

조상이 개척해놓은 밭에서 곡식을 추수하고 그에 대해 감사한 마음을 엄숙한 제사를 통해 나타내야 한다는 것이 「초자」편의 내용이다. 따라서 이 구절에서 메기장과 차기장을 심는다는 말은 제사의 의미를 담고 있다. 말하자면 제사 음식을 마련하는 마음가짐으로 농사를 짓는다는 뜻이다. 꿇어앉아서 정성껏 작물을 가꾸는 '예藝' 자의 갑골문 자형을 보면 이를 충분히 짐작할 수 있다. 그러니까 추수한 작물은 단순한 농산물이 아니라 생산자의 심혈이 이입된 예술품인 셈이다.

이런 관점에서 보자면 기업의 대량 생산 방식을 도입하여 생산할 뿐 아니라 주문자에게 밭떼기로 넘기는 유통 체제로 운영되는 오늘날의 농사는 단순한 상품 생산 이상의 것이 될 수 없을 것이다. 그러다 보니 오늘날의 농부는 자신도 이해할 수 없는 갈등에 사로잡히게 된다. 관념상으로는 자신이 지은 농산물이 조상들의 것과 조금도 다름없는 열정의 산물이자 작품인데, 현실에서는 산업의 결과물인 하나의 상품이 되고 그것도 정당한 가격으로 보상받지 못한다는 모순 때문에 괴로워하는 것이다. 게다가 과잉 생산으로 가격이라도 폭락하면 죄다 파쇄해서 묻어버릴 때의 마음은 또 어떻겠는가?

농부가 농부로서의 정체성을 갖게 되는 것은 '벼 화禾' 자가 들어간 작물들, 이를테면 벼稻·조稷·기장黍 등과 같은 곡물을 경작할 때이다. 왜냐하면 벼농사(도작稻作)를 비롯한 주곡 경작은 나라와 백성들의 운명을 결정짓는 역사성과 전통성을 지녀왔기 때문이다. 그런데 곡물 수입 개방으로 인하여 벼농사가 더 이상 수지타산이 맞지 않자 농민들은 어쩔 수 없이 환금성이 좋은 특수작물 경작으로 많이 전환하게 되었다. 곡물을 더 이상 생산하지 못하는 농부는 하루아침에 정체성을 상실하고 더 이상 사회에 기여하지 못하는 천덕꾸러기로 전락하는 모진 경험을 하고 있는 것이다. 이제 농민은 무엇을 통해서 자신들의 소외를 극복할 수 있을까?

한 알씩 꼼꼼히 센 곡식

새 신新

稅熟貢新세숙공신**하고**
익은 곡식에 세금을 매기고 햇것을 공물로 바치며

稅 거둘 '세' '벼 화禾'와 '바꿀 태兌'로 이루어졌다. '태兌' 자에는 '풀어 헤쳐놓고 하나씩 꼼꼼히 세다'라는 의미가 내포되어 있으므로 '세稅' 자의 자형적 의미는 '곡물을 널어 펼쳐놓고 하나씩 꼼꼼히 센 뒤에 세금을 매기다'가 된다.

熟 익을 '숙' '불 화火'와 '익을 숙孰'으로 이루어졌으므로 자형적 의미는 '불로 익히다'가 된다. '숙孰' 자가 원래 '익다'라는 의미를 품고 있었으나 이 글자가 '누구'라는 의문대명사로 차용된 다음부터 혼동을 피하기 위하여 '화火' 자를 부가하여 '숙熟'으로 쓰게 되었다.

貢 바칠 '공' '조개 패貝'와 '장인 공工'으로 이루어졌다. '공工'은 힘을 들여 만든 생산물을, '패貝'는 재물을 각각 뜻하므로 '공貢'의 자형적 의미는 '힘들여 일해 얻은 재물을 윗사람에게 바치다'가 된다. 여기서는 나라에 세금의 일환으로 바치는 공물을 뜻한다.

新 새 '신' '나무 목木'·'도끼 근斤'·'매울 신辛'으로 이루어졌다. '신辛' 자는 '자를 전剪'과 첩운 관계에 있으므로 여기에는 '매섭게 자르다'라는 의미가 들어 있다. 따라서 '신新'의 자형적 의미는 '도끼로 나

662

무를 잘라 땔감을 만들다'가 된다. 도끼로 나무를 가르면 신선한 새로운 면이 드러나므로 이로부터 '새롭다'라는 파생의가 생겨났다. '신新' 자가 '신선할 선鮮'과 쌍성·첩운 관계라는 사실이 이를 입증한다. '신新' 자가 '새롭다'는 의미로 많이 쓰이자 원래의 '장작'이라는 뜻은 '신薪' 자를 따로 만들어 쓰게 되었다.

이 구절은 추수한 뒤에 농가에 소득이 생기면 거기에 세금을 공정히 매기는 일과 종묘에 쓸 공물을 나라에 바치는 일을 묘사하고 있다.

정전제井田制를 처음 시행하던 주나라 초기의 조세 형태는 앞서 말한 대로 주위의 여덟 제후나 대부들이 가운데에 있는 천자 또는 제후의 땅을 공동 경작해주는 '조租'의 개념이었다. 봉지를 받은 제후와 대부 들의 노동력을 무상으로 제공받아 경작한다는 이른바 '역역지징力役之懲'이 바로 그것이다. 무상으로 노동력을 빌려온다 하여 '빌릴 적籍' 자를 써서 적세籍稅라고도 불렀다. 그러다가 '조'의 방식이 효율적이지 않다는 사실이 밝혀지자 춘추 말기에 노나라에서 처음으로 일정량의 곡물을 세금으로 바치는 방식을 시행하였는데, 이것이 『좌전』「선공15년」에 "(노나라에서) 처음으로 밭의 소출에다 세금을 매겼다"고 기록한 이른바 '초세무初稅畝' 사건이다.

이 제도의 내용은 '세稅' 자의 자형을 분석해보면 원래의 모습을 그대로 알 수 있다. 즉 자해에 설명된 바와 같이 '수확된 곡물을 널어 펼쳐놓고 한 알씩 꼼꼼히 센 뒤에' 1/10을 가져가는 방법이다. 이때 농민들이 농사를 짓는 동안 자연 재해나 병충해로 입은 손실은 공제하고 실질 수확에 대해서만 세금을 매겼는데, 위 구절의 '세숙稅熟', 즉 '익은 곡식에 대해서 세금을 매긴다'는 말은 이를 가리킨다. 노나라가 이렇게 해보니 자연히 세수가 많아져 재정이 튼튼해지니까 나중에는 모든 제후들이 이를 따라 하였다.

그런데 이러한 방식이 세수를 늘리는 데에는 효과가 있었으나 부작용도 있었다. 즉 노동력을 제공하지 않고 현물로 대체하자 주군에 대한 충성심과 의무감이 점차 결여되는 현상이 나타났던 것이다. 게다가 애공 12년에 내려가면 '익은 곡식'에 대해 세금을 매기는 '세숙'과는 달리 밭의 소출을 미리 예측해 추수 후에 그대로 거두어가는 일종의 인정 과세 방식인 이른바 전부田賦가 등장하게 된다. 물론 세율도 올라갔다. 그래서 『좌전』은 공자의 이름을 빌려 이러한 세제가 예에 어긋난다고 폄훼하였던 것이다.

'공貢'이란 고대 조세 중의 하나로 지방의 토산물을 임금에게 진상하는 것이었다. 이러한 진상품은 종묘 제사에 쓴다는 명분으로 거둬들이기 때문에 가장 신성한 것이 선택되게 마련이다. 신성한 것은 갓 나와서 때 묻지 않은 새것으로 상징해야 하기 때문이다. 그래서 '공신貢新', 즉 새것으로 공물을 바치는 것이다.

그러나 새것이란 '신新' 자의 자형이 보여주듯이 장작이 쪼개질 때마다 나타나는 장작의 한 면, 즉 존재자일 뿐이지 존재로서의 새것이 따로 있어서 나타나는 것이 아니다. 아무리 창작된 새것이라도 면모만 다를 뿐 존재 자체가 바뀐 것은 없다는 말이다. "이미 있던 것이 후에 다시 있겠고, 이미 한 일을 후에 다시 할지라. 해 아래 새것이 없나니"라는 『성경』「전도서」의 구절은 바로 이를 가리킨다. 따라서 『논어』의 구절대로 "옛것을 알면 새로운 것은 저절로 알게 되는"(溫故而知新) 법이다.

그러나 우리의 통념은 새것이란 옛 면모를 완전히 벗어던진 고립적인 존재라고 여기기 때문에 사물에 대한 통일적 인식에 단절이 종종 일어난다. 그래서 조금 전에 나온 것도 또 다른 새것이 나오면 헌것이 되어 폐기 처분되는 경향이 있다. 이러한 인식 위에서 훌륭한 전통은 올바로 세워질 수가 없을 것이다.

못하는 사람만 가르치면 모두가 잘하게 된다

勸賞黜陟권상출척**이라**
권면하고 상 주며 내치고 올려준다

상줄 상賞

勸 권할 '권' '힘 력力'과 '물새 관藋'으로 이루어졌다. '관藋' 자는 크고 힘센 물새를 뜻하므로 '권勸' 자의 자형적 의미는 '힘을 한껏 내라고 힘을 더 보태주다'가 된다. 이로부터 '권면하다'라는 의미가 파생되었다.

賞 상 줄 '상' '조개 패貝'와 '높일 상尙'으로 이루어졌다. 조개는 화폐를 상징하고 '상尙' 자는 북쪽 창문(冋) 위에 있는 굴뚝에서 연기가 수직으로 높이 올라가는 모양을 그린 것이다. 아울러 '상尙' 자는 '음식 보낼 향餉'과 쌍성·첩운 관계에 있다. 그러므로 '상賞' 자의 자형적 의미는 '공을 세운 사람에게 재물을 주어 공적을 높이다'가 된다.

黜 내칠 '출' '검을 흑黑'과 '날 출出'로 이루어졌다. 일반적으로 기물에 검은색이 나타나면 오래되었거나 아니면 더러워져 못쓰게 된 것으로 여기고 밖으로 내쳐버리게 된다. 따라서 '출黜' 자의 자형적 의미는 '오래되어 해지거나 변질된 것을 밖으로 내치다'가 된다.

陟 오를 '척' '언덕 부阜'와 '걸을 보步'로 이루어졌다. '척陟' 자는 '클 덕德'·'오를 등登' 등과 쌍성·첩운 관계에 있다. '척陟'과 '덕德'은 입

666

성자入聲字이지만 운미인 '-k'는 '등燈'의 운미인 '-ng'와 같은 발음 기관을 공유하는 후음喉音이므로 첩운 관계가 될 수 있다. 이들 세 글자의 음에는 '높고 큰 곳으로 오르다'라는 의미가 담겨 있으므로 '척陟' 자의 자형적 의미는 '높은 곳으로 걸어 올라가다'가 된다.

이 구절은 농사일을 추수까지 모두 마치고 나서 실적에 따라 상벌을 시행하여 다음 해 농사를 독려한다는 내용을 적고 있다.

이 구절의 '권상출척勸賞黜陟'은 상벌의 네 가지 방식을 말하는 것이 아니고 두 가지의 대립적인 방식을 두 측면에서 기술한 것이다. 즉 '권상勸賞'이란 실적이 좋은 이에게는 '상賞' 자의 자형이 말하듯이 재물(貝)로 보상해주고, 그렇지 못한 이에게는 '권勸' 자의 자형이 말하듯이 힘(力)을 더해주어 다음에는 꼭 성취하게 해준다는 뜻이다. 그리고 '출척黜陟' 역시 잘해내지 못한 사람에게는 '출黜' 자의 자형이 말하는 대로 그의 방식이 '진부하니'(黑) 더 이상 쓰지 말 것을 당부하고, 잘한 사람에게는 '척陟' 자의 자형이 말하는 대로 높이 들어주어서 다른 사람들이 이를 보고 배우게 함을 의미한다.

'척陟' 자의 이 같은 의미는 『논어』 「위정」 편의 다음 구절로도 입증할 수 있다. 즉 계강자季康子가 백성들로 하여금 열심히 노력하게 하려면 어떻게 해야 하느냐고 물었을 때, 공자는 "잘하는 사람을 들어 칭찬해주고 못하는 사람을 가르치면 열심히 노력하게 됩니다"(擧善而教不能則勸)라고 대답한다. 잘하는 사람의 장점을 구체적으로 칭찬해주면 다른 사람들이 저절로 보고 따라 하게 될 것이고, 정녕 못하는 사람만 집중적으로 가르치면 결국은 모든 사람이 열심히 노력하게 된다는 말이다.

'출黜' 자를 '내쫓다'로 해석하는 경우가 많은데, 옛날에는 인구가 한 명이라도 많은 것이 곧 세력이었기 때문에 불효한 자를 마을 밖으로 내쫓는 일 외에 일을 게을리했다고 내치는 일은 거의 없었다. 그러므로 '내쫓다'로 해석하는 것은 현실에 맞지 않다고 할 수 있다. 기실 '출黜'은 '척陟'과 대립되는 선도의 방법이기 때문에 어디까지나 제도 안에서 품는 것이지 결코 제도권 밖으로 따돌리는 형벌이 아니다. 그런데도 '출黜' 자 안에 있는 '출出' 자의 이미지 때문에 밖으로 내쫓는 극형으로 오해받은 것으로 보인다.

성선설은 성악설에 의존한다

孟軻敦素맹가돈소하고
맹자는 바탕을 도탑게 하였고

횔 소素

孟 맏 '맹' '아들 자子'와 '그릇 명皿'으로 이루어졌고, '명皿'과 '사나울 맹猛'은 쌍성·첩운 관계에 있다. 먹은 밥그릇 수가 많은 아들이 힘도 세고 건장하므로 이로부터 '맏아들'이라는 의미가 생겨났다. 그러므로 '맹孟'이 '맹猛'의 원래 글자임을 알 수 있다.

軻 굴대 삐걱거릴 '가' '수레 거車'와 '옳을 가可'로 이루어졌다. '가可' 자의 자형은 입의 기운이 구불구불 나오는 모양을 그린 것이다. 따라서 '가軻' 자는 수레바퀴의 바퀴통(hub)이 고장 나서 축과 통이 직접 닿은 채로 덜컹거리는 상태를 가리킨다. 이로부터 '평탄하지 않다'·'곡절이 많다' 등의 의미가 파생되었다. 여기서는 맹자의 이름을 가리키는데, 그의 삶이 가난해서 순탄치 않았다는 의미로 지어졌다는 설이 있다.

敦 도타울 '돈' '두드릴 복攵=攴'과 '익을 순享'으로 이루어졌다. '순享'은 '순수할 순純'과 같은 음이므로 '돈敦' 자의 자형적 의미는 '막대기로 두드려 순수하게 익도록 독려하다'가 된다. 순수하도록 익힌다는 것은 순도가 높아지도록 두드린다는 뜻과 같다. 두드린다는 말은

669

변화가 빨리 일어나도록 재촉한다는 의미와 다름없으므로, 이로부터 '도탑게 하다'라는 파생의가 생겨났다.

素 흴 '소' '실 사系'와 '아래로 드리울 수垂'로 이루어졌다. '아래로 드리워지다'라는 말은 '끝자락' 또는 '변방'과 통하므로 '수垂' 자에는 '처음 시작하다'라는 의미가 담겨 있다. 따라서 '소素' 자의 자형적 의미는 '처음 짜내어 아직 무늬를 넣지 않은 순수한 흰 비단'이 된다. 이로부터 '희다'·'텅 비다' 등의 파생의가 생겨났다.

　이 구절부터는 군자의 처신에 관한 내용을 서술한다.

　흔히 맹자로 존칭되는 맹가孟軻(B.C. 372~B.C. 289)는 추鄒나라 사람으로 자사子思에게 배웠기 때문에 나중에 사맹학파思孟學派의 태두로 불렸다. 그는 공자의 인仁을 발양광대하여 이른바 인정仁政이라는 실천적인 개념을 제창하였는데, 이는 성선설性善說이라는 철학적 관점에서 설립한 정치 사상이었다. 성선설은 사람은 본디 선한 본성을 갖고 태어났다고 믿는 데서 출발한다.

　『맹자』「양혜왕梁惠王」 장구를 보면 자신도 백성을 보살필 수 있는 역량이 있느냐고 묻는 제 선왕에게 맹자는 이런 요지로 대답한다. "임금님께서 희생에 쓸 소가 두려워 슬피 우는 모습을 우연히 목격하시고는 이를 차마 못 견디시고 양으로 대신하고 소를 살려주라고 하셨습니다. 이런 마음이면 천하를 다스리시기에 충분합니다." 이것이 이른바 측은지심惻隱之心으로서 공자가 설파한 인의 끄트머리에 해당한다. 따라서 이 끄트머리를 잘 길러 도탑게 해주면 인정의 실현이 가능하다는 것이 맹자의 주장이다.

　이 구절에서 '돈소敦素'의 '소' 자는, 자해에서 아직 무늬를 넣지 않은 갓 짜낸 흰 비단이라고 해설한 것처럼, 인간의 본바탕을 가리킨다. 그러므로 '돈소', 즉 "본바탕을 도탑게 한다"는 말은 인간의 선한 본성을 도탑게 길러준다는 뜻이 된다. 이렇게 백성이 어진 마음을 갖도록 해서 인정을 실현할 수 있다는 것이 맹자의 생각이었다.

여기서 한 가지 의문이 생긴다. 비단의 '흰 것'과 마음의 '선한 것'은 처음부터 존재할 수 있는 것일까? 무엇이 희다고 지각할 때는 어디엔가 얼룩의 흔적이 있었을 테고, 또 무엇이 선하다고 느꼈을 때 역시 어디엔가 선하지 않은 흔적이 간섭하고 있었을 것이다. 우리는 '선한 것'을 고립적인 존재로 여기지만 이를 가능케 해주는 얼룩의 흔적들이 언제나 이면에 숨어 있다. 따라서 선한 바탕을 길러 정말로 인정이 실현된다면 그 이면에는 우리가 지각하지 못하는 어떤 얼룩들이 은닉되어 있을 것이다.

숨어 있는 대표적인 얼룩이 바로 법이다. 중국에서 인정을 정치적 비전으로 내건 최초의 정권은 한漢 왕조였다. 그들은 인정의 근간으로 인의仁義를 내세웠지만 이것이 현실적으로 실현 가능성이 희박함을 춘추·전국 시대의 경험으로 이미 알고 있었다. 인의란 관념만으로 실현되는 게 아니라 실천이 있어야 하는데, 그들은 이것을 예禮를 통해 실현하려 하였다. 이러한 발상은 전 정권인 진나라의 법치가 가혹하긴 했지만 현실성이 있음을 간파했기 때문이다. 법과 예는 규범이라는 면에서 같은 속성을 공유하므로 예치는 법치를 충분히 대체할 수 있었다.

따라서 인정이라는 형이상학적인 정치 이념이 가능했던 것은 법이라는 실질적 폭력이 이면의 얼룩으로 기능했기 때문이다. 예치는 기실 순자의 이른바 성악설性惡說에 기초하였다. 따라서 맹자의 성선설의 이상은 역설적이게도 성악설에 의존해서 실현된 셈이다. 이것은 얼핏 모순처럼 보이지만 밖으로 드러내는 명분이란 이면의 부조리에 의해 지탱되는 것임은 어쩔 수 없는 현실 아니던가? 이를테면, 내부의 고자질과 배신이라는 이면의 부조리가 없다면 정의가 실현될 수 있겠는가?

상부 지시에 따랐다고 면죄될 수는 없다

곧을 직直

史魚秉直사어병직**이라**

사어史魚는 곧바름을 견지하였다

史 사기 '사' '오른손 우又'와 '가운데 중中'으로 이루어졌다. '중中'
자는 자형으로 보면 원래 '책 책冊' 자와 어원을 같이하는 글자이다. 그
래서 자형적 의미는 '오른손으로 책(장부)을 들고 있는 사람', 즉 하급
관리인 아전이다. 사관도 책에 기록하는 사람이므로 '사史'로 불렸다.

魚 물고기 '어' 고문자의 자형을 보면 물고기 모양을 그린 상형자이
다. 여기의 사어史魚는 위衛나라 대부로, 이름은 추鰌이고 직간을 잘
한 사람으로 유명하다.

秉 잡을 '병' '벼 화禾'와 '오른손 우又'로 이루어졌으므로 자형적 의
미는 '벼를 베기 위해 손으로 볏 줄기를 한 움큼 쥐다'가 된다.

直 곧을 '직' 이 글자의 원래 자형은 '눈 목目'과 '열 십十'으로 이루
어졌다. '십十'은 직선이 교차한 모양을 하고 있는데, 중국의 형이상
학에서는 완전히 갖추어진 숫자를 뜻한다. 따라서 '직直' 자의 자형적
의미는 '상황이 곧게 다 갖추어지고 있는지를 눈으로 감시하다'가 된다.
그래서 오늘날에도 '당직 근무를 서다'·'지키다'라고 말할 때 이 '직
直' 자를 쓰는 것이다. 나중에 숨겨진 부정을 감시한다는 의미로 발전

하면서 원래 자형에 '숨을 은ㄴ' 자를 더하여 오늘날의 '직直' 자가 되었다.

이 구절은 『논어』「위령공」편의 "곧구나, 사어는. 그는 나라에 도가 있어도 화살처럼 곧게 나아가고, 나라에 도가 없어도 화살처럼 곧게 나아간다"(直哉史魚! 邦有道, 如矢. 邦無道, 如矢)를 다시 쓴 것이다.

'직直'은 자해에서 설명한 대로 모든 것이 곧바르게 갖춰지고 있는지를 감시하는 일이므로 '병직秉直'이란 자신이 맡은 직책에서 일이 옳게 수행되고 있는지를 항상 감시하고 지키는 일을 뜻한다.

사어라는 사람은 시간尸諫 사건으로 유명하다. 『한시외전韓詩外傳』에 다음과 같은 구절이 있다.

위나라 대부 사어가 병이 들어 바야흐로 죽으려 할 때에 그의 아들에게 일러 말하기를 "내가 여러 차례 거백옥蘧伯玉이 현명하다고 말씀드렸으나 그를 관직에 나아가게 하지 못했고, 미자하彌子瑕는 어리석은데도 그를 물러나게 하지 못하였다. 신하로서 생전에 현자를 나아가게 하지 못하고 어리석은 자를 물러나게 하지 못했다면 죽어서도 본채의 당堂에서 상을 치러서는 안 되는 것이니, 나의 시신을 실室에 두는 것으로 족하다"라고 하였다. 위나라 임금이 (문상을 왔다가 당에 모시지 않은) 연유를 묻자 그의 아들이 아비의 말을 들려드렸더니, 임금이 갑자기 거백옥을 불러서 귀히 대접하고 미자하를 물러나게 하였다. 그러고는 시신을 본채의 당에 모시게 하고 예를 갖춘 후에 돌아갔다. 살아서는 몸으로 간하였고 죽어서는 시신으로 간하였으니 가히 곧다고 말할 수 있다.

이처럼 '직直'이란 자신의 자리에서 번番을 서며 감시하고 또 경고하는 행위이다. 그러므로 자칫하면 자신의 자리를, 심지어는 목숨까지도 잃을 수 있다. 그렇다고 자신의 자리에서 '직'의 임무를 다하지 않으면 언젠가는 그 책임과 결과를 구성원 전체가 함께 나눌 수밖에 없는 상황이 도래한다. 어떤 조직이 망하는 것은 따지고 보면 그 구성원 모두에게 책임이 있는데도 우리는 이런 경우 책임자 한 사람의 능력과 지도력 결여에 모든 책임을 전가시켜 해결하려는 경향이 있다. 어떤 부정한 사건이 드러나면 이를 최초에 지시한 사람을 찾아서 그에게 모든 책임을 지운다. 이른바 '몸통'이니 '깃털'이니 하는 말은 이런 문화적 배경에서 나온 것이다. 죄악에는 주연과 조연이 따로 있을 수 없다. 명령을 생명처럼 여기는 군인도 시민을 향해 발포하라는 부당한 명령에 대하여는 불복종해야 하는 것처럼, 조직에 몸담고 있는 사람은 단순히 상부의 명령과 지시라고 아무런 성찰 없이 수행해서는 안 된다. 저항하고 불복종하는 것이 감당이 안 된다면 그 자리에서 물러나는 것이 옳다. 지시가 부당한 줄 모르고 수행했다면 직무 유기이고, 알고도 했다면 공범이 되기 때문이다. 그래서 두 눈을 부릅뜨고 '직直'하는 일이 어려운 것이다.

그런데 우리가 '직'하고자 해도 '직'의 개념이 항상 똑같지 않기 때문에 현실에서 '직'하기가 그리 쉽지 않은 것도 사실이다. 『논어』 「자로」편에서 공자는 "아비는 아들을 위해서 숨겨주고 아들은 아비를 위해 숨겨주니, 곧음이 그 가운데에 있다"(父爲子隱, 子爲父隱, 直在其中矣)고 말한다. 즉 무차별적으로 부정을 감시하고 찾아내는 것이 '직'한 것이 아니라, 아버지와 아들 사이에서는 숨겨주는 것이 오히려 '직'하다는 것이다. 마치 '직直' 자의 자형 안에 '숨을 은ㄴ' 자가 내재하듯이.

고대 봉건 체제를 유지하는 가장 밑바탕의 질서는 효孝 윤리였다. 효의 사회적 기능은 복종이므로 준법을 관념적으로 정착시키기 위해서는 아버지와 아들 사이의 관계를 예외로 둘 필요가 있었다. 하나의 예외를 인정하면 그 예외는 자연스럽게 절대화되므로, 아버지에 대한 복종, 나아가 법과 질서에 대한 복종이 절대화되는 원리이다. 그래서 동아시아 지역에서 효를 중시해온 것이다.

옛날 폐쇄적인 농경 사회에서는 예외적인 상황을 판단하기가 그런대로 쉬워서 숨겨줌이 미덕일 수도 있었으나, 나비의 작은 날갯짓이 지구 반대편에까지 영향을 미친다는 현대 사회에서는 이러한 예외가 가족 안에서 끝나지 않고 사회와 국가 전체의 운명에 치명적인 것이 될 수도 있다. 그래서 '직'함의 수행이 더욱 어렵고 중요한 일이 되었다. 이를테면 우리나라의 경제에 크나큰 영향력을 행사하는 어느 재벌의 아버지와 아들이 서로 부정을 숨겨주면서 기업을 운영한다고 가정해보라. 나중에 그 부정으로 기업이 망하고, 그래서 그 기업에 속한 많은 사람들이 거리로 내몰렸을 때, 그래도 아비와 아들이 서로 숨겨주는 가운데에 곧음이 있다고 말할 수 있을까?

집에 가서 네 부모나 잘 섬겨라

庶幾中庸서기중용이면
중용에 가까우려면

가운데 중中

庶 여러 '서' '집 엄广'과 '빛 광光'으로 이루어졌다. '광光'은 화톳불로서 야간에 사람들이 모여 작업을 할 때 켜놓는 불이다. 따라서 '서庶' 자의 자형적 의미는 '야간에 지붕 아래서 여러 사람들이 모여 작업을 하다'가 된다. 이로부터 '많은'·'무리' 등의 파생의가 생겨났다.

幾 거의 '기' '어두울 유幽'와 '지킬 수戍'로 이루어졌으므로 자형적 의미는 '병사가 어두워 잘 보이지 않는 곳에서 작은 움직임도 놓치지 않으려고 주시하며 지키다'가 된다. 어두운 곳에서는 자그마한 조짐이라도 놓치면 그것이 나중에 큰 재앙으로 이어지므로, 이로부터 '작다'·'기미機微'·'장차 다가가다'·'위태로움' 등의 파생의가 생겨났다.

中 가운데 '중' 이 글자를 고문자에서는 '𦚢'으로 적었는데 이는 죽간竹簡을 엮어 책을 만든 모양이다. 고대에는 책이란 아무나 접근할 수 없는 대상이었고, 통치 계급 내에서 축적된 지식이나 정보를 기록하여 대장臺帳을 만든 후 비밀스러운 곳 안쪽에 깊숙이 감춰놓았다. 이른바 중비서中秘書라고 하는 관서官書는 여기에서 나온 말이다. 이로부터 '중中' 자에 '안쪽'·'가운데' 등의 의미가 생겨나게 되었다.

庸 범상할 '용' '쓸 용用'과 '다시 고칠 경庚'으로 이루어졌으므로 자형적 의미는 '두번째로(또는 보충적으로) 쓰는 물건이나 사물'이 된다. 옛날에는 성곽을 축조할 때 주성主城을 먼저 쌓고 그 바깥에 제2의 보조 성을 다시 쌓았다. 이것을 '용庸' 또는 '부용附墉'이라고 불렀다. 그러니까 담 '용墉' 자는 '용庸' 자의 후출자가 되는 셈이다. 이로부터 '중요하지 않고 주변적인'·'보통의'·'범상한' 등의 의미가 생겨났다.

'서기庶幾'란 많은 사람들 또는 전체의 대부분이 장차 어떤 정해진 방향으로 움직이거나 변화하려는 조짐을 뜻한다. 대체가 움직이려는 조짐은 거의 필연적인 것으로 받아들여지는 경향이 있기 때문에 이로부터 '가깝다'·'근사하다' 같은 의미가 생겨났다. 아울러 조짐이란 아무것도 없는 가운데서 희미하게 보이는 가능성을 뜻하기도 하므로 '희망하다'·'바라다' 등의 의미가 함께 들어 있기도 하다.

'중용中庸'이란 글자 그대로 양쪽 극이 아닌 가운데에 있는 것, 그리고 중심적인 역할이 아닌 주변적이고 보조적인 역할을 맡는 일을 미덕으로 여기는 자기 통제 의식을 뜻한다. 고대 중국인들은 그들의 경험에서 사물은 무한히 발전하는 것이 아니라 일정한 한계에 이르면 다시 처음으로 회귀하는 순환 운동을 반복한다는 이른바 '물극필반物極必反'의 변증법적 원리를 터득하였다. 중국인들은 이러한 순환 운동의 회로 속에서 어려운 고통을 감내해야 하는 시작의 극지점도 싫고 또 곧바로 쇠퇴의 길로 돌아서야 하는 절정의 극지점도 싫었기 때문에, 양극단에서 떨어진 중간 지점에 머물러 있기를 원했다. 그렇다 하더라도 순환 운동에서 완전히 자유로울 수는 없었으므로 극단으로의 운동을 연기시킬 방도를 강구하였는데 그것이 이른바 중용이었다. 즉 양극단의 어느 곳으로도 치우치거나 기울어지지 않으려고 노력하면 그만큼 순환 운동이 지연되게 마련이므로 양극단에서 겪을 불안을 어느 정도 해소할 수 있었던 것이다.

중용의 도리는 논리상으로 '물극필반'이라는 변증법에서 출발했지만 철학적으로는 상식을 중시하는 사상의 기초가 되었다. 그래서 중용은 중국을 비롯한 동아시아에서 보편성의 개념과 같은 의미로 인식되어왔다.

개인에게 의미를 부여하거나 욕망을 불러일으키는 일은 일상적이거나 상식적인 곳에서 일어나지 않고, 특이하고 비상식적인 데서 발생하는 게 사실이다. 상식적인 것은 진부하다 해서 오히려 사람들에게 기피되고, 뭔가 특이한 것만이 선호되기 마련이다. 이를테면 〈세상에 이런 일이〉라는 텔레비전 쇼에 나오는 일화들은 비상식적이기 때문에 사람들의 이목을 끌어 시청률을 높일 수 있다. 만일 이런 비상식적인 일들이 일상에서 다반사로 일어난다면 일상의 개념 자체가 바뀔 것이고 나아가 사회가 불안정해질 것이다. 별미가 맛있다고 그 별미로만 일상적인 집밥을 대체할 수는 없다. 별미가 특이한 것은 일상의 집밥이라는 진부함이 있어서 가능한 것이기 때문에 별미를 자주 먹어 물리면 집밥을 그리워하게 되어 있다. 이 일상적인 '집밥'이 곧 중용인 것이다.

물건을 많이 팔아야 하는 현대 자본주의 사회에서는 개인의 욕망을 극도로 자극해야 한다. 그러기 위해 개성과 특이성을 최고의 가치로 인식시켜야 하므로 상식을 중시하는 중용은 저 뒤로 밀릴 수밖에 없다. 정치도 대중의 지지를 얻기 위해 진부한 전통과 일상을 폐기하고 혁신하자는 미명 아래 변화를 힘주어 부르짖는다. 그러나 직접 눈으로 지켜본 바로는 혁신을 기치로 내걸고 정권을 잡아봤자 언제나 '그 밥에 그 나물'이라는 냉소적인 허무주의만 키웠을 뿐이었다. 그 바람에 전통적인 가치관만 혼란스러워져서 상식마저 잊고 사는 세상이 된 지 오래다. 그래서인지 중용을 이야기하면 즉시 속된 말로 '수구꼴통'으로 낙인찍힌다.

더 나은 삶을 위해 욕망을 갖거나 자극하는 것은 매우 중요하다. 그렇다고 해서 진부하게 느껴지는 상식과 일상이 전혀 가치가 없는 것은 아니다. 개인들에게 새로운 존재감을 부여해준다 해서 욕망에 너무 집착하다 보면 사회가 불안정해진다. 그러면 사회는 자연히 상식보다는 법에 의존하게 될 터이니, 법은 죄를 양산하는 결과를 빚는다. 이것이 옛사람들이 중용을 귀하게 여겼던 이유이다.

그래서 맹자는 다음과 같이 말하였다.

길은 가까운 데 있음에도 먼 데서 구하려 하고, 종사해야 할 일은 쉬운 것에 있음에도 어려운 것에서 구하려 한다. 사람마다 자기 부모를 가까이 하고 윗사람을 윗사람으로 잘 모시면 천하가 평화로워질 것이다(『맹자』「이루離婁 상上」, 道在爾而求諸遠, 事在易而 求諸難. 人人親其親長其長而天下平).

쉽게 말하면 거창하게 사랑을 논하거나 부르짖지 말고 집에 가서 네 부모나 잘 섬기라는 것이다. 이처럼 중용은 지극히 상식적인 것을 가장 가치 있는 덕으로 여긴다.

물이 제일 맛있음을 아는 것이 중용이다

아우를 겸兼

勞謙謹勅노겸근칙하라
부지런히 일하고 겸손하며, 삼가고 경계하라

勞 수고로울 '로' '힘 력力'과 '등불 형熒'으로 이루어졌다. '로勞' 자의 윗부분은 '덮을 멱冖' 자 위에 '불 화火' 자 두 개가 있는 모양인데, 이는 집 위로 불이 활활 타오르는 모양이다. 그리고 아래의 '력力' 자는 지붕 밑에서 사람들이 열심히 불을 끄는 모양이다. 따라서 자형적 의미는 '집에 불이 나서 사람들이 부지런히 소화 작업을 하다'가 된다. 이로부터 '부지런히 일하다'라는 의미가 생겨났다.

謙 겸손할 '겸' '말씀 언言'과 '아우를 겸兼'으로 이루어졌으므로 자형적 의미는 '말을 한데 묶어서 함부로 발설하지 않고 아끼다'가 된다. 즉 하고 싶은 말을 다 하지 않고 억제한다는 뜻과 같으므로, 이로부터 '겸손하다'라는 의미가 생겨났다.

謹 삼갈 '근' '말씀 언言'과 '진흙 근堇'으로 이루어졌다. 진흙은 끈적끈적하여 잘 흩어지지 않는 물질이므로, '근謹' 자의 자형적 의미는 '말을 산만하게 함부로 하지 않고 차분히 하다'가 된다. 이로부터 '삼가다'라는 의미가 생겨났다.

勅 경계할 '칙' '힘 력力'과 '묶을 속束'으로 이루어졌으므로 자형적

의미는 '해이해지지 않도록 스스로를 힘써 추스르다'가 된다. 이로부터 '삼가다'·'경계하다' 등의 의미가 파생되었다.

앞서 설명한 바와 같이 중용이란 극단으로 향하는 운동을 지연시키고자 하는 의지이다. 이 구절은 그 구체적인 방법을 제시하고 있는데, 그것이 바로 '노겸근칙勞謙謹勅'이다.

먼저 '로勞'는 성실함을 의미한다. 자형이 뜻하는 대로 불을 끌 때는 이것저것 따지지 않고 한시바삐 불을 진화한다는 목적에 집중해야 한다. 가장 중심이 되는 일에 정성을 다하는 것이 중용이라는 말이다. 이를테면, 금융 기술을 활용하여 힘 안 들이고 돈을 버는 것이 나쁜 일은 아니지만, 그보다 먼저 땀 흘려 노동해서 경제 생활을 영위하는 것부터 익히고 또한 이것을 가치로 정초해야 한다. 축구 경기에서 기발한 기술과 작전을 배우는 것도 좋지만 먼저 순발력과 지구력을 키우는 일이 무엇보다 중요함을 우리는 2002년 한일 월드컵에서 배웠다.

'겸謙'은 욕심을 억제하고 다잡는 것이다. 공자가 '과유불급過猶不及', 즉 지나침과 모자람은 같다고 가르쳤듯이, 모든 과오는 모자람이나 지나침에서 연유한다. 의욕과 욕심을 내다 보면 언제나 덤비거나 힘이 더 들어가기 마련이다. 그러면 처음에 단단히 준비되었던 평정 상태가 뒤틀리고 삐뚤어진다. 당연히 좋은 결과가 나올 리 없다. 노래를 잘하려면 무엇보다 감정을 자제해야 한다. 감정을 억제해야 분출하고자 하는 힘을 더 잘 느낄 수 있으므로 무엇을 표현해야 할지를 명확히 알 수 있다. 중용에 더 가까워졌다는 말이다. 넉넉하게 잘 리드해나가던 골퍼가 어느 순간 무너지는 것도 추격하는 상대 선수를 지나치게 의식한 나머지 중용을 잊었기 때문이다. 모든 스포츠의 핵심은 중심을 잡는 데 있기 때문에 중심이 흔들리면 퍼포먼스는 실패하게 된다. 운동 선수의 묘기는 손끝과 발끝에서 이루어지지만 그것을 가능하게 하는 모멘텀은 중심 잡기에 있다. 전자는 눈에 보이기 때문에 사람들이 열광한다. 그러나 후자는 그렇지 않기 때문에 별로 눈여겨보지 않는다. 이처럼 중용이란 없어서는 안 되는 핵심 중의 핵심이지만 눈에 띄지는 않는다. 그러므로 중용에 가까이 있으려면 욕심을 억제하고 겸손해야 하는 것이다.

'근謹'자도 자형 안에 있는 '근堇' 자가 지시하듯이 수많은 흙 입자들이 진득이 붙어서 진흙을 형성하는 것처럼 대부분의 보통 사람이 관습적으로 하는 행위들이 중용에 가깝다는 사실을 말하고 있다. 가벼운 잘못을 저지른 사람에게 흔히 근신勤愼이라는 징계를 준다. 근신이란 튀는 행동 하지 말고 차분하게 남들이 하는 대로, 다시 말해 규정대로 하도록 노력하라는 뜻이다. 물론 규범이나 남들의 행위가 진리는 아니다. 단지 그것이 옳다고 합의했거나 가장 나은 길이라고 검증되었기 때문에 따르는 것일 뿐이다. 그러니까 대중이 곧 중용에 가까운 셈이다. 사람이 많이 다니면 그것이 곧 길이 되는 것과 마찬가지 원리이다. 일반적으로 20대에 결혼하는 것은 당위여서가 아니라 인생 전체로 봤을 때 그게 가장 합리적이라고 검증되었기 때문이다. 따라서 중용은 진리라기보다는 관습이나 문화에 속한다고 볼 수 있다.

그렇다고 해서 중용이 진리와 거리가 멀다는 뜻은 아니다. 진리는 중용에도 존재하지만 바깥의 가장자리에도 있다. 진흙 덩어리에 붙어 있지 못하는 가장자리의 잉여 입자에서 오히려 진리는 더 잘 드러난다. 『신약』의 저 유명한 비유인 '잃어버린 한 마리의 양'에게 진리가 있기 때문에 목자는 나머지 양들을 놓아두고 그 한 마리를 찾으러 나섰던 것이 아닌가?

삶은 진리를 향해 나아가야 하겠지만 더불어 사는 삶이란 내 의지대로 되지는 않는 게 현실이다. 따라서 개인은 언제나 가운데 있는 무리와 가장자리에 있는 소외자 사이에서 고뇌하기 마련이다. 배우면 배울수록 이 간극은 더 심해진다. 그러나 시간이 한참 지나면서 자신도 모르게, 배운 사람의 말이나 못 배운 사람의 말이나 다 거기서 거기라는 사실을 인정하게 된다. 특이한 맛을 찾아다니는 식도락가들이 종국에는 밥과 김치가 제일 맛있다, 심지어 물이 제일 맛있다고 고백하는 것이 중용의 참 모습일 것이다.

'칙敕' 자 역시 자형이 지시하듯 밖으로 튀어서 발산하고 싶은 욕망을 단단히 묶어 억압하는 것이 중용임을 말해주고 있다. 삶에서의 중용이란 전도가 창창하게 잘나가는 시간이 아니라 일상이 반복되는 진부한 나날을 뜻한다. 그러니까 '칙' 자는 출세하려고 나대지 말고 평범한 생활에 충실하라는 말이다. 평담한 나날을 즐길 줄 알아야 삶의 참 의미를 깨달을 수 있다. 출세에 눈이 멀면 젊음이 무엇인지, 친구가 무엇인지, 결혼이 무엇인지, 가족이 무엇인지, 노동이 무엇인지 등에 대해서 잊고 살 수밖에 없다.

평범한 하루하루가 모여 값진 인생을 이룬다. 예컨대, 와이어나 케이블을 제작할 때는 하나의 통줄로 굵게 뽑아내는 게 아니라, 가느다란 철사들을 여러 겹씩 엮고 꼬아서 만든다. 그러면 굵은 하나의 통줄보다 훨씬 강도도 높아지고 유연해져서 비교도 안 될 만큼 쓸모가 커진다. 가느다란 철사가 모여 강한 케이블이 되는 것처럼 평담한 나날이 모이면 무엇보다 값진 인생이 되는 법이다.

사물이 내는 소리의 리듬과 결

소리 음音

聆音察理영음찰리**하고**
소리를 듣고 이치를 살피며

聆 들을 '령' '귀 이耳'와 '명령 령令'으로 이루어졌다. '령令'이란 윗사람의 말이 아래로 거침없이 통하여 빠짐없이 알려진다는 뜻이므로 여기에는 '명쾌하게 뚫려서 거침이 없다'는 의미가 들어 있다. 따라서 자형적 의미는 '귀로 똑똑하게 듣다'가 된다.

音 소리 '음' 이 글자를 소전에서는 '䪞'으로 적었는데 이는 '말씀 언言' 자 아랫부분의 '입 구口' 속에 '하나 일一' 자를 추가로 그어서 만든 모양이다. '음音'과 '언言'은 모두 사람의 입에서 나온 소리라는 의미는 같으나, 후자는 절주節奏라는 리듬 형식을 가졌다는 점에서 전자와 구별된다.

察 살필 '찰' '집 면宀'과 '제사 제祭'로 이루어졌다. '제祭' 자에는 '제사상 위에 고기를 올려놓다'라는 의미가 들어 있으므로 '찰察' 자의 자형적 의미는 '사물을 위에 얹어놓고 그 위를 덮다'가 된다. 위에서 아래를 덮는다는 것은 곧 아래의 사물들을 위에서 감찰한다는 의미와 같으므로 '살피다'라는 파생의가 생겨났다.

理 이치 '리' '구슬 옥玉'과 '마을 리里'로 이루어졌다. '리里' 자는 사

물을 이루고 있는 층이나 분해할 때 떨어져나가는 결을 가리킨다. 따라서 '리理'의 자형적 의미는 '옥의 결'이다.

어떤 리듬을 가진 소리를 왜곡 없이 듣는다면 그 소리를 내는 사물의 내적 상태를 분석하고 해명할 수 있다는 것이 이 구절의 내용이다. 그래서 홍성원은 그의 주해에서 공자가 자로의 거문고 타는 소리를 듣고는 "그 속에 북쪽 변방과 같은 살벌한 소리가 들린다"(其有北鄙殺伐之聲)고 평한 말을 인용하고 있다.

중국 고대 역사책에서 소리를 듣고 앞날의 일을 예견했다는 기록을 쉽게 찾아볼 수 있다. 이를테면, 진晉 문공文公을 장사 지낼 때 관 속에서 소의 울음소리가 들렸는데 이를 듣고는 곧 효전殽戰이 있을 것이라고 예언한 『좌전』「희공僖公 32년」의 고사라든가, 또 송나라 박사 社에서 새가 '희희譆譆'하고 절박하게 우짖는 소리를 듣고 송나라에 대화재가 있을 것을 예견하였다는 「양공襄公 30년」의 고사가 대표적인 예이다.

의미를 부여하고 또 해석하는 소통 행위의 매개체를 기호라 하고, 이러한 기호들을 체계적으로 조합해 의미를 생성하는 기호체를 메시지라고 한다. 기호에는 시각적 질료를 이용한 시각 기호와 청각적 질료를 이용한 청각 기호가 있는데, 이 중에서 가장 중요한 것이 음성을 매개 질료로 한 언어이다. 우리는 언어로 메시지를 만들어 소통을 시도한다. 메시지가 예술적으로 잘 만들어져서 사람들이 소통의 근거로 삼을 때 이를 특별히 텍스트, 즉 작품이라고 한다.

언어란 이처럼 소리를 질료로 한 매개체에 불과한데도 실제 소통 상황에서는 스스로 의미를 무한하게 생성해내는 가장 중요한 요소가 된다. 이를테면 동일한 텍스트의 문장이라도 읽는 사람의 목소리에 따라 매우 상이한 의미가 전달되는 것을 경험할 수 있다. 그러니까 의미란 소리의 속성에 의해 선험적으로 만들어지는 것이다. 자해에서 물리적인 소리(音)에 절주, 즉 리듬이 들어 있는 것이 언言, 즉 말이라고 했다. 여기서 리듬이란 변별력을 가진 기호에 해당할 터이므로, 언어란 소리를 매개 질료로 하는 의미 생성 시스템임을 '언' 자가 밝히는 셈이 된다.

그렇다면 절주는 어떻게 형성되는가? 절주를 아주 거칠게 정의하자면, 센 소리와 여린 소리가 일정하게 반복적으로 들리는 현상을 뜻한다. 이를테면 시계 소리, 망치 소리, 군인들이 힘차게 행진하는 소리 등은 실제로는 같은 크기의 소리로 반복 발생하지만, 우리 귀에는 '째깍째깍', '뚝딱뚝딱', '저벅저벅' 등과 같이 센 소리와 여린 소리의 교차된 소리로 들린다. 이때 센 소리를 다운비트down-beat, 여린 소리를 업비트up-beat라고 각각 부르는데, 이러한 박자는 동일한 실재의 소리를 우리의 주관적 관념이 한 번은 세게, 한 번은 여리게 받아들인 결과이므로 선험적인 소리라고 말할 수 있다.

우리가 흔히 의사 소통의 매개체(수단)로 알고 있는 언어는 상대방의 실제 의사를 반영하지 못하는 것이 현실이다. 왜냐하면 말소리는 이미 듣는 사람의 선험적인 절주가 개입해 해석되기 때문이다. 우리가 말을 주고받을 때 각자의 주된 관심이 상대방에 있지 않고 오로지 내 귀에 닿는 매개체에만 있을 수밖에 없지 않은가? 그러니까 절주가 아름다운 메시지가 텍스트로 남는 것이다. 시가 아름다운 것은 궁극적으로 절주 때문이고, 산문도 이것이 있어야 명문으로 평가받는다.

이러한 배경에서 보자면, "소리를 듣고 이치를 살피다"라는 『천자문』의 문장에서 말하는 '이치'(理)란 과학적인 진실이 아니라 감응을 가리킨다고 봐야 한다. '찰察' 자의 자형 중 '면宀'은 '아래로 모든 것을 덮다'를 의미하는데, 이는 예외 없이 모든 것에 적용되는 이치를 찾아야 함을 뜻한다. 이치는 '리理'의 자형이 말하는 것처럼 옥처럼 명징하게 결을 형성한다. 따라서 명징하게 진리를 깨달으려면 절주와 결에 의지하여 선험적으로 접근해야 한다. 절주와 결을 감각하고 거기에 복종한다면 그것이 곧 감응일 터이다. 물론 논리적으로 완벽하게 접근해도 진리에 다다를 수 있겠지만 모든 논리에는 역설(paradox)이 존재하기 때문에 이것은 근본적으로 불가능하다.

「로마서」의 "그러므로 믿음은 들음에서 나며 들음은 그리스도의 말씀으로 말미암았느니라"(10:16)라든가, "아침에 도를 듣는다면, 저녁에 죽어도 괜찮다"(朝聞道, 夕死可矣)는 공자의 말에서 짐작할 수 있듯이, 말씀을 귀로 듣고 가야할 길을 깨닫는 것이 곧 진리라고 우리는 내내 긍정해오지 않았던가?

색깔이 말하는 진실

빛 색色

鑑貌辨色감모변색**이라**
모양을 보고 기미를 분별한다

鑑 거울 '감' '쇠 금金'과 '볼 감監'으로 이루어졌다. '감監' 자를 소전에서는 '<ruby>監</ruby>'으로 쓴다. 이는 '그릇'(皿)에 맑은 물을 받아놓고 허리를 구부려 얼굴을 수면 위에 비춰보는 모양이다. 대야의 물은 거울이 없던 옛날에 거울의 대용 수단이었다. 그러다가 나중에 금속제 청동 거울이 나왔는데, '감鑑' 자의 자형은 바로 이 '청동 거울'을 반영한 것이다.

貌 모양 '모' 이 글자의 본래 자형은 '얼굴 모皃'였으나, 나중에 '해태 치豸'를 좌측 변에 더해서 '모貌' 자를 만든 것이다. '모皃' 자는 윗부분의 얼굴 모양과 아랫부분의 '어진사람 인儿'으로 이루어졌고 '얼굴 면面'과 쌍성 관계에 있다. 따라서 자형적 의미는 '겸손한 사람의 얼굴'이 된다. 나중에 '모皃' 자에 '치豸' 자가 더해진 것은 해치가 사람의 얼굴을 보고 죄인을 가려냈기 때문이다.

辨 분별할 '변' '칼 도刀'와 '송사할 변䇂'으로 이루어졌다. '변䇂' 자는 두 사람의 죄인(辛)이 서로 송사하여 다투는 모양이므로 '변辨' 자의 자형적 의미는 '두 죄인의 다툼 가운데에서 칼로 자르듯이 죄를 판결하다'가 된다. 이로부터 '변별하다'·'분별하다' 등의 의미가 파생

되었다.

色 빛 '색' '사람 인人'과 '병부 절卩'로 이루어졌다. '절卩' 자는 '붙을 접接'과 쌍성·첩운 관계에 있으므로 여기에는 '성교하다'라는 의미가 들어 있다. 따라서 '색色' 자의 자형적 의미는 '사람이 성교하다'가 된다. 여기에서 '남자가 성교하는 대상', 즉 '여색'이란 의미가 파생되었고, 또 '여색'에서 '얼굴'·'얼굴빛'·'빛깔' 등으로 확장되었다.

얼굴 모양을 잘 관찰해보면 속마음이 어떠한지를 알아차릴 수 있다는 것이 이 구절의 내용이다. 욕망과 좌절 또는 욕구 불만은 아무리 억누르고 감춘다 해도 어떤 모양으로든 밖으로 드러나게 되는데 이를 증상이라고 부른다. 이 증상이 가장 잘 나타나는 곳이 바로 얼굴이다. 그래서 사람들은 애써 담담한 표정을 지으려고 노력한다. 이렇게 표정을 관리하는 근본 이유는 자신의 숨은 의도를 숨기거나 상대방이 알아서는 안 되는 약점을 감추기 위해서다. 그래서 공격하려는 자는 상대가 경계를 늦추도록 하기 위하여 무관심한 표정을, 방어하는 자는 상대를 머뭇거리게 하도록 허세를 떠는 표정을 각각 만든다.

『논어』「위정」편에서 효에 관하여 묻자 공자가 "(부모 앞에서) 기색을 드러내지 않는 일이 어렵다"(色難)고 말했듯이 마음에 없는 표정을 짓는 일은 쉽지 않다. 속마음은 얼굴의 어디엔가 반드시 증상으로 나타나기 때문이다. 그래서 상대방의 진심을 알아내는 데는 바로 이 증상을 포착하는 것이 관건이 된다. 해치가 피고의 유죄를 판명할 수 있는 것도 바로 얼굴에 드러나는 증상을 포착하는 원리에 의거한 것이다. 성문 앞에 서 있는 해치의 무서운 표정을 바라보는 순간, 자기 동일적이지 않은 표정은 아무리 단단히 관리했더라도 무너지지 않을 수 없었을 것이다. '모貌' 자를 '해태 치豸'와 '얼굴 모皃'로 구성한 이유이다.

중국 고대인들은 색깔로 사물을 변별하였다. 이것은 오늘날에도 마찬가지다. 이를테면 탄노이Tannoy라는 영국의 유명 스피커 회사에서 생산된 유닛을 시기별로 구분해서 말할 때 모니터 블랙·실버·레드·골드 등으로 부르는데, 이는 실제로 유닛의 덮개 색깔을 각각 지칭한다. 이처럼 '색色' 자가 '사물'이란 뜻으로도 쓰이는 것은 보편적 현상이다. 그래서 색깔이 바랜 것을 '물物이 갔다'고 말하고, 불가佛家에서는 만물을 가리켜 '제색諸色'이라고도 하는 것이다.

겉으로 보이는 이미지가 사물 자체와 자기 동일적인 것은 아니더라도 내적인 속성은 거기에 어떤 방식으로든 드러나게 되어 있다. 낭중지추囊中之錐, 즉 주머니 속의 송곳이 삐져나오듯이 말이다. 아무리 정교하게 모방해도 가짜는 어디에서든 본색을 드러내게 마련이고, 아무리 표정을 꾸며도 속마음은 얼굴색의 작은 기미로 나타나게 마련이다. 이런 의미에서 사물의 색깔이 사물의 본질이라고 해도 지나친 말이 아니다. 따라서 상대방의 본심을 파악하기 위해서는 그의 얼굴을 세밀히 관찰하는 일이 무엇보다 중요하다. 『여씨춘추』「정유精諭」편에 나오는 제齊 환공桓公의 다음과 같은 고사는 이를 잘 말해준다.

제 환공이 위衛나라를 칠 것을 신하들과 모의한 뒤 내전으로 들어가자 부인인 위희衛姬가 이를 알아차리고 환공에게 자기 친정인 위나라를 공격하지 말아달라고 애원하였다. 다음날 환공이 조회에 나오니 이번에는 관중이 나와서 위나라에 대한 공격을 포기할 작정이냐고 물었다. 환공은 아무 말도 하지 않았건만 위희와 관중은 둘 다 환공의 안색을 보고 그 의지를 간파했던 것이다. 『여씨춘추』「군수君守」

편에 "지극히 미묘한 것에는 작위함이 있을 수 없다"(至精無爲)는 구절이 있는데, 바로 이를 두고 한 말이다.

'감鑑' 자의 자형적 의미에서 알 수 있듯이 이미지는 실체를 비추는 거울이다. 오늘날에는 다양한 영상 매체를 통하여 좋은 이미지는 잘 꾸미고 나쁜 이미지는 가려서 본질을 호도하려는 시도가 다반사로 이루어지고 있다. 그러나 역설적으로 이러한 이미지를 잘 관찰하면 오히려 숨겨진 본질을 아는 창窓의 기능을 하게 할 수도 있다. 왜냐하면 이미지는 본질적으로 실체의 일부임에 틀림이 없기 때문이다. 따라서 우리가 이미지를 본질을 들여다보는 창으로 이용하지 못하고 오히려 거기에 지배를 당한다면, 이는 "꼬리가 개를 흔드는"(The tail wags the dog) 도착 증세와 다르지 않을 것이다.

현실과 도리의 긴장 관계

꾀 유猷

貽厥嘉猷이궐가유하고
그분에게 아름다운 계책을 드리고

貽 줄 '이' '조개 패貝'와 '기뻐할 이台'로 이루어졌으므로 자형적 의미는 '재물을 주고받으며 기뻐하다'가 된다. 여기서 '주다'·'남겨주다' 등의 의미가 생겨났다.

厥 그 '궐' 이 글자의 본래 의미는 '돌 쇠뇌에 올려놓고 쏘는 탄환의 일종인 비석飛石'이지만 여기서는 허사로 '그분' 또는 '그 사람'을 가리킨다.

嘉 아름다울 '가' '기쁠 희喜'와 '더할 가加'로 이루어졌는데, 이는 '술과 밥 치饎' 자의 원래 자형이다. 따라서 '가嘉' 자의 자형적 의미는 '기름지고 맛있는 음식 위에 얹은 것은 아름답지 않은 것이 없다'가 된다. 여기서 '아름답다'·'훌륭하다' 등의 의미가 파생되었다.

猷 꾀 '유' 이 글자는 '망설일 유猶' 자와 서로 통하여 썼다. 이들은 '개 견犬'과 '오래될 추酋'로 이루어졌으므로 자형적 의미는 '오래 살아 노회해진 노인처럼 지혜로운 짐승의 일종', 즉 '잔나비'가 된다. 잔나비는 노회하여 함부로 움직이지 않고 앞뒤를 잘 재며 경계하기 때문에 '유猶' 자에 '망설이다'·'유예猶豫하다' 같은 의미가 생겨났고, 또

'노회하다'라는 의미에서는 '꾀'·'모략'·'법'·'도리' 등의 의미가 파생되었는데 이때는 글자를 '유猷'로 쓴다.

　이 구절과 다음 구절은 『서경』「군진君陳」편의 "그대에게 훌륭한 계획과 훌륭한 계책이 있거든 곧 들어가 안으로 그대 임금에게 아뢰고 그대는 밖에서 그것을 따르도록 하오"(爾有嘉謀嘉猷, 則入告爾后于內, 爾乃順之于外)를 다시 쓴 것으로 보인다. 여기에 채심蔡沈의 『집전集傳』은 "(해주는) 말이 사실에 딱 들어맞는 것을 일컬어 '모謀'라 하고, 말이 도리에 부합하는 것을 일컬어 '유猷'라 한다"(言切於事謂之謀, 言合於道謂之猷)고 주를 달았다. 따라서 '가유嘉猷'는 '도리에 합당한 훌륭한 정책'이라는 뜻이 된다. '유猷' 자의 좌측 방에 '추酋' 자가 있다는 것은 곧 도리에 합당한 훌륭한 정책은 오랜 경험에서 생성되어 나온다는 사실을 암시한다. 여기에 '가嘉' 자의 자형이 지시하는 의미를 더하면 '가유嘉猷'란 '기름진 안주처럼 누구에게나 군침을 돌게 하는 훌륭한 정책'이 되는 것이다.

　또 '궐厥' 자는 『서경』의 구절로 미루어 '임금'을 가리키는 것으로 보인다. 그러니까 이 구절의 내용은 "그대의 오랜 경험에서 얻어낸 훌륭한 정책이 있으면 대궐에 들어가 이를 임금님께 아뢰어라"가 된다.

　앞의 채심의 주를 근거로 우리가 짚어봐야 할 것이 있다. 즉 정책이 훌륭하기 위해서는 현실에 맞춰야 하는가, 아니면 원칙과 도리에 맞춰야 하는가 하는 선택을 먼저 해야 한다는 점이다. 이를테면, 이른바 거품으로 경제가 어려움에 처해 있어 이를 해결할 정책을 세워야 한다면 어떻게 하는 것이 옳을까? 원리와 도리에 따른다면 응당 국민들을 허리띠를 조이도록 설득해 거품을 빼야 할 것이다. 그러나 이 과정에서 국민의 원성을 사서 당장의 지지를 얻지 못하면 정권 연장이 불가능해질 수도 있다. 그래서 오늘날의 정권들은 대부분 당장의 고통이라는 현실을 감안해 오히려 돈을 더 풀어서 거품을 키우는 정책을 쓴다. 이 정책도 나름대로의 명분과 실리를 지녔다는 점에서 괜찮은 정책이라고 말할 수도 있다. 이처럼 '모謀'가 옳은가, '유猷'가 옳은가 하는 선택은 사실 간단한 문제가 아니다.

귀신을 두려워하는 마음으로

힘쓸 면勉

勉其祗植면기지식**하라**
그것을 공경히 심기에 힘쓰라

勉 힘쓸 '면' '힘 력力'과 '벗을 면免'으로 이루어졌다. '면免' 자는 '토끼 토兔' 자에서 발이 보이지 않는 자형이므로 토끼가 다급히 달아나는 모양을 그린 것이다. 따라서 '면勉' 자의 자형적 의미는 '토끼가 있는 힘을 다해 달아나다'가 된다.

其 그 '기' 이 글자의 원래 자형은 곡식을 까부르는 '키'의 모양을 그린 것이다. 그러나 실제 문장에서는 대사代詞인 '그' 또는 '그것' 등의 차용된 의미로 쓰인다. 그리고 원래 의미인 '키'는 '대 죽竹'을 더해 '기箕' 자를 만들어 쓰고 있다.

祗 공경 '지' '보일 시示'와 '근본 저氐'로 이루어졌다. 한자에서 '시示' 자는 보통 제사를 의미한다. '저氐' 자는 발의 모양을 그린 '그칠 지止'와 쌍성·첩운의 관계에 있으므로 '두려워서 움직이지 않다'라는 의미가 들어 있다. 따라서 '지祗' 자의 자형적 의미는 '제사 때 귀신에게 대하듯 두려워 움직이지 않다'가 된다.

植 심을 '식' '나무 목木'과 '곧을 직直'으로 이루어졌으므로 자형적 의미는 '나무를 곧바로 세우다'가 된다. 이로부터 '나무를 심다'라는

의미가 파생되었다.

이 구절은 앞의 출구에 이어 『서경』 「군진」편의 말을 다시 쓴 것이다. 즉 훌륭한 계획과 훌륭한 계책이 있거든 곧 궁궐에 들어가 임금에게 아뢰고, 다시 밖으로 나와 '그것이 잘 시행되도록 따르라'는 뜻이다.

나라의 정책이란 백성이나 국민들 모두에게 골고루 혜택이 돌아갈 수 있도록 계획되고 시행돼야 하지만 실제로 그렇게 되기란 대단히 어렵다. 어느 한 계층에 혜택이 가면 다른 계층은 그만큼 혜택이 줄어들거나 희생을 당하기 쉽다. 따라서 정책 입안자들은 계획을 세울 때 아무리 공정하려 해도 이익 집단의 로비와 비판에 흔들리지 않을 수 없을뿐더러, 무엇보다 먼저 입안자 자신의 사적인 입장이 정책에 반영되는 것을 피하기 어렵다. 명분상으로는 모든 사람에게 이익이 되는 좋은 정책이라고 선전하겠지만 사적인 이익이나 갈등의 토대 위에서 교묘히 짜 맞춰질 수밖에 없다는 말이다. 이처럼 혜택이 특정 집단에 편중되거나 모순이 봉합된 정책은 시행 과정에서 어려움이 발생할 것이 뻔하므로 성공하기 힘들다. 따라서 앞서 말한 '가유嘉猷'가 될 수 없다.

좋은 정책이란 문자 그대로 '곧게 세울 수 있는'(植) 것이어야 한다. 앞서 말했듯이 어떤 정책을 입안하려 하면 여러 이익 집단이나 관련 단체에서 각종 로비와 흔들기가 시도된다. 웬만큼 충직하거나 강심장이 아니라면 이러한 시도에 흔들리지 않기란 정말 쉽지가 않다. 아무리 강직한 사람이라도 조그만 꼬투리라도 잡아 흔들면 정책은 옆으로 기울어지게 마련이다. 공직자에 대한 불법적인 사찰이 부도덕하고 무서운 행위인 것은 바로 이 때문이다.

따라서 정책을 곧게 세우려면 입안자가 먼저 '귀신이 감시하고 있다는 두려운 마음'(祗)을 가져야 한다. 귀신을 의식한다는 것은 종교적인 차원의 마음가짐으로 정책에 임해야 한다는 말인데, 이것이 바로 공직자가 갖춰야 하는 충忠의 개념이다. 공직자들이 섬겨야 하는 국민(또는 시민)을 흔히 관념적으로만 인식하기 때문에 이에 대해 두려움을 느끼지 않는 게 현실이다. 그러나 제사와 종교적 의식에서 만나는 '귀신'을 의식한다면 함부로 흔들리지 않을 것이다. 이것이 바로 백성이 곧 하늘이라는 이른바 '인내천人乃天'사상이다.

공직자가 종교적인 경건함을 유지하면 저절로 생겨나는 것이 열성을 다하려는 의지이다. 위 구절에서 '면勉' 자를 쓴 것은 바로 때문이다. 즉 '토끼가 위험한 상황을 벗어나려고 내달리는' 절박함이 열성의 구체적인 내용이다. 따라서 어떠한 정책이든 베푸는 마음으로 해서는 안 되고, 받은 명령을 어떠한 희생을 치르고라도 반드시 완수한다는 절박한 마음으로 시행해야 바로 설 수 있는 것이다. 개혁은 이처럼 공직자의 희생 없이는 성공할 수 없다.

그 공은 궁극적으로 임금에게 돌아간다. 『천자문』에서는 생략되었지만 『서경』의 「군진」편은 이렇게 이어진다. "(그리고) 이 계책은 오직 우리 임금님의 덕입니다"(斯謀斯猷, 惟我后之德)라고 말하라고.

이웃의 평가를 어떻게 받아들일까

省躬譏誡성궁기계하고

자신의 몸에 책망받고 경고받을 만한 것이 있는지 살피고

살필 성省

省 살필 '성' '눈 목目'과 '적을 소少'로 이루어졌으므로 자형적 의미는 '눈이 가려져서 잘 보이지 않다'가 된다. 잘 보이지 않는 것은 보려고 애를 쓰게 되므로 여기서 '성찰하다'라는 의미가 나왔고, 눈이 가려지면 보이는 부분이 적으므로 이로부터 '생략하다'·'덜다' 등의 의미가 파생되었다.

躬 몸 '궁' '몸 신身'과 '활 궁弓'으로 이루어졌다. '신身'은 쌍성·첩운 관계의 글자인 '펼 신伸' 자에서 알 수 있듯 쭉 펴서 곧아지려는 몸의 속성을 나타내고, '궁弓' 자는 활처럼 굽힐 수 있는 몸의 또 다른 속성을 표상한다. 따라서 '궁躬' 자의 자형적 의미는 '곧게 펼 수도 있고 활처럼 구부릴 수도 있는 몸'이 된다.

譏 나무랄 '기' '말씀 언言'과 '거의 기幾'로 이루어졌다. 앞에서 '기幾' 자의 자형적 의미를 '병사가 어두워 잘 보이지 않는 곳에서 작은 움직임도 놓치지 않으려고 주시하며 지키다'라고 하였으므로, '기譏' 자의 자형적 의미는 '잘 드러나지 않는 은근한 말로 상대방의 잘못을 지적해주다'가 된다. 이로부터 '나무라다'·'풍자하다' 등의 의미가 파

생되었다.

誠 경계할 '계' '말씀 언言'과 '경계할 계戒'로 이루어졌다. '계戒'자는 '두 손'(廾)으로 '창'(戈)을 들고 있는 모양이므로 '계誡'자의 자형적 의미는 '초병이 위험한 곳에 들어가지 못하도록 막는 것처럼 입으로 타일러 알리다'가 된다.

앞서 말했듯이 정책이 아무리 좋아도 공직자에게 도덕적 흠결이 있으면 시행이 쉽지 않다. 따라서 공직자들은 무엇보다 먼저 자신의 몸을 잘 살펴 흠 잡힐 일을 하지 말아야 한다는 것이 이 구절의 내용이다.

자신의 흠을 알려면 당연히 자기 자신을 돌아봐야 한다. 그러나 자기 얼굴을 스스로 볼 수 없듯이 이를 스스로 찾아내기는 현실적으로 매우 힘들다. 따라서 자신을 비춰볼 거울이 있어야 하는데, 이 거울 역할을 하는 것이 바로 주위 사람들이 보여주는 반응이다. 그들은 나 자신의 말과 행위를 있는 그대로 반영해줄 것이기 때문이다. 하마평下馬評이라는 말이 있다. 옛날에 고관들이 하마비 앞에서 내려 등청하면 그 사이에 견마꾼들끼리 모여 주인들의 대화에서 엿들은 정·관가의 인사 이동 정보나 관리들에 대한 인물평을 주고받은 데서 나온 말이다. 이 하마평이야말로 대표적인 인품의 거울이라 하겠다.

'궁躬'자의 자해에서 풀이한 대로 몸이란 곧추 펼 수도 있고 굽힐 수도 있는 신축성 강한 유기체이다. 신축성이 강하다는 것은 간단히 규정하기 어려운 존재라는 뜻과 같으므로, 사람은 어떤 시점과 각도에서 보고 규정하느냐에 따라 갖가지 모습으로 나타날 수 있다. 그래서 같은 사람인데도 예쁘게 보면 칭찬할 것이 많고 밉게 보면 책망할 것이 많은 것이 몸이 갖고 있는 근본적인 속성이다.

그런데 경쟁 사회에서 '나'의 주위에는 나를 예쁘게 보아주려는 사람보다 밉게 보려는 사람이 훨씬 많은 것이 현실이니, 남이 나의 먼지를 털어 비난하려면 얼마든지 가능하다. 이처럼 나는 이웃이라는 거울에 의해 규정되는 것을 피할 수 없으므로 거울을 잘 보면서 스스로 조신해야 하는 것이다.

이웃의 비난은 대체로 직접적인 책망과 풍자, 또는 아첨이라는 두 가지 반응으로 돌아온다. 위 구절의 '계誡' 자가 직접적인 책망에 해당하는데, 이에 대해서는 겸손한 마음으로 받아들이면 되지만 대놓고 이렇게 해주는 사람은 주위에 별로 없다. 대개는 '기譏' 자가 가리키는 것처럼 보이지 않는 가운데 은근히 풍자하는 경우가 많다. '나'에게 권력이 있다면 아첨으로도 반응하는데, 이것은 사실상 풍자의 한 형태로 보는 것이 옳다. 그러므로 자신에 대한 성찰은 '성省' 자의 자형이 가리키는 대로 보이지 않는 미세한 것을 보려는 마음으로 해야 하는 것이다.

정점에 대한 욕망과 저항

빠를 극亟

> **寵增抗極**총증항극하라
>
> 영화로움이 더해져 최고조에 이르렀는지를 살펴라

寵 고일 '총' '집 면宀'과 '용 룡龍'으로 이루어졌다. 용은 존귀한 사람을 상징하는 동물이므로 '총寵'의 자형적 의미는 '존귀한 분이 머무르는 자리', 즉 '보좌寶座'가 된다. 이로부터 '영화로움'·'높은 분이 좋아하다' 등의 의미가 생겨났다.

增 더할 '증' '흙 토土'와 '거듭 증曾'으로 이루어졌으므로 자형적 의미는 '흙을 거듭 쌓아올리다'가 된다.

抗 겨룰 '항' '손 수手'와 '목 항亢'으로 이루어졌으므로 자형적 의미는 '손으로 목과 같은 주요 부분을 잡아 접근하지 못하게 하다'가 된다. 여기서 이 글자는 '항亢'과 같은 의미로 쓰였다.

極 다할 '극' '나무 목木'과 '빠를 극亟'으로 이루어졌다. '극亟' 자는 길쌈을 할 때 '입'(口)과 '손'(又)으로 민첩하게 실오라기들을 이어서 이것을 가지런히 정리하는 '기구'(工)에 올려놓은 모양이다. 그런데 이 모양이 대들보에 서까래가 얹혀 있는 모습과 같으므로 '극極' 자의 자형적 의미는 '집의 가장 높은 곳에 위치하는 대들보'가 된다. 여기서 '극단'이라는 의미가 생겨났다.

이 구절은 『서경』 「주관周官」의 "영화를 누리고 있을 때 위태로움을 생각하라"(居寵思危)를 다시 쓴 것이다. 그리고 출구의 동사 '성省'자는 이 구절까지 걸려서 '영화로움이 더해져 최고조에 이르렀는지'(寵增抗極)를 '살펴라'가 된다.

앞의 '서기중용庶幾中庸'에서 설명한 대로, 중국인들은 모든 사물은 무한히 발전하는 것이 아니라 일정한 한계에 이르면 다시 처음으로 회귀하는 순환 운동을 반복한다고 굳게 믿고 있었다. 그러니까 아무리 영화로운 자리라 하더라도 영원히 잘나가기만 하는 것이 아니라 언젠가는 쇠퇴의 길로 돌아설 수밖에 없는 것이 사물의 이치이다.

'항극抗極'은 '항극亢極'으로도 쓰는데, '항亢' 자는 목 이상의 머리를 가리키므로 '항극'은 가장 극에 다다른 지점이나 시기를 의미한다. 영화로움이 계속 더해져서 최극단에 이르면 다시 쇠퇴하여 반대로 위태로움을 맞게 될 터이니, 이를 생각한다면 영화가 극단에 이르지 않도록 조심하고 겸손해야 한다는 것이다. 『주역』 「건괘乾卦」의 "하늘에까지 오른 용에게는 후회함이 있다"(亢龍有悔)는 구절은 바로 이를 경계하는 말이다. 그렇다면 원래의 '항亢' 자를 쓰지 않고 굳이 파생자인 '항抗' 자를 쓴 것은 극점으로 발전하지 않도록 애써 저항하라는 메시지를 함께 담기 위해서인지도 모른다.

극점으로의 발전에 저항한다 해도 이는 어디까지나 연기延期일 뿐이지 발전 자체가 무화無化되는 것은 아니다. 그렇다면 연기 후에 맞게 되는 정점은 어떻게 받아들일 것인가? 그래서 나아갈 때와 더불어 물러날 때를 아는 것이 중요하다. 즉 '항극'에 가까워졌다고 판단되었을 때 과감히 물러나면 정점을 피할 수 있다는 말이다. 이것이 바로 용퇴, 즉 물러남의 아름다움이니, 이는 '항抗' 자의 자형처럼 정점으로 나아가고 싶은 욕망의 목을 눌러 접근을 스스로 거부할 인격 수양이라는 역량이 있어야 한다.

그러나 이러한 변증법적 논리가 역사 현실에서는 권력 찬탈을 합리화할 때 명분으로 악용되기도 한다. 중국에서 주나라가 은나라 정권을 무너뜨린 뒤 하극상이라는 비난을 받자 천명이 '항극'에 달한 은나라가 물러날 줄을 몰랐기 때문이라고 정당화한 것이 그 대표적인 예이다.

8부 소외를 견디는 지혜

오래 살면 욕을 많이 본다

앙상한 뼈 알歹

殆辱近恥태욕근치**하면**

욕보는 일에 다가가고 부끄러움을 당할 일에
가까워지려 하면

殆 위태할 '태' '앙상한 뼈 알歹'과 '나 이台'로 이루어졌다. '알歹' 자
는 '죽음'을 뜻하고, '이台' 자는 '입'(口)으로 '나'(厶)[1] 자신을 부른다
는 뜻이므로 '태殆' 자의 자형적 의미는 '나 자신이 죽음에 직면하다'
가 된다. 여기서 '위태롭다'는 의미와 더불어 '가까이 가다'·'접근하
다' 등의 의미가 파생되었다. 이 구절에서는 '가까이 가다'라는 의미
로 쓰였다.

辱 욕될 '욕' '마디 촌寸'과 '때 신辰'으로 이루어졌다. '촌寸' 자는 '오
른손 우又' 자에 엄지손가락이 달린 모양이므로 '우又' 자와 같은 뜻으
로 자주 썼다. '신辰' 자는 '조개 신蜃' 자의 원래 글자이다. 농기구가
발달하지 않은 옛날에 호미 대용으로 쓴 조개껍질은 사용하기가 불
편해 이것으로 김을 매면 자연히 옷과 몸에 흙이 묻어 쉽게 더러워졌
다. 따라서 '욕辱' 자의 자형적 의미는 '조개껍질을 손에 쥐고 김을 매
서 옷이 더러워졌다'가 된다. 명예에 손상을 입은 것도 이름을 더럽힌
것이므로 역시 '욕辱'으로 쓰게 되었다.

近 가까울 '근' '천천히 걸을 착辶'과 '도끼 근斤'으로 이루어졌다.

'근斤' 자는 '적을 근僅'과 같은 음이므로 '근近' 자의 자형적 의미는 '걸어서 몇 걸음 안 되는 거리'가 된다.

恥 부끄러울 '치' '마음 심心'과 '귀 이耳'로 이루어졌으므로 자형적 의미는 '마음의 귀로 들음'이 된다. 마음의 귀란 곧 양심을 가리키므로 이로부터 '부끄럽다'는 의미가 파생되었다. '치恥'와 '욕辱'은 유의어이긴 하지만 전자는 '수치심'을, 후자는 '굴욕'을 각각 지시한다는 점에서 약간의 차이가 있다.

이 구절은 『노자老子』 32장의 "도가 머무르는 곳을 아는 것은 위태롭지 않게 되는 방도가 된다"(知止所以不殆)와 46장의 "재앙 중에서 만족할 줄 모르는 것보다 더 큰 것은 없다"(禍莫大於不知足)를 모티브로 해서 쓴 것으로 보인다.

『노자』 32장의 "인위적으로 처음 만들면서 이름이 생겨난다"(始制有名)에서 설파한 바와 같이, 작위함과 더불어 말로 일컫는 일이 존재하게 된다. 여기서 작위함이 없는 도道는 원리에 따라 끊임없이 움직이는 데 반하여 말로 일컫는 명名, 즉 언어는 고정되어 있다. 그런데 인간은 움직이는 도에는 관심이 없고 오로지 고정된 언어에만 집착한다. 그러다 보니 일정 시간이 지난 뒤에는 도에 의하여 움직이는 실재와 언어에 의해 고정된 현실 사이에 괴리가 발생하게 되는데, 이것이 바로 굴욕으로 이어지고 부끄러움에 가까이 간 상태가 된다. 부귀와 영화라는 것이 겉으로는 영원할 듯 보이지만 도의 차원에서는 항극亢極의 뒤를 이어 쇠퇴가 바짝 따라오게 돼 있다. 그 추격의 절박함을 표현하기 위하여 『천자문』은 '태殆'와 '근近'을 동사로 썼다.

『장자』「천지天地」편에도 이런 구절이 있다. "아들이 많으면 걱정거리가 많아지고, 부유하면 귀찮은 일이 많이 생기며, 오래 살면 욕을 많이 보게 된다"(多男子則多懼, 富則多事, 壽則多辱). 우리 속담 중의 "가지 많은 나무 바람 잘 날 없다"는 말이 연상된다. 여기서 특히 오래 산다는 것은 시간의 순환을 자주 겪는다는 말과 다름없는데, 도의 움직임을 잊고 살다 보면 그만큼 욕도 많이 볼 수밖에 없을 것이다. 그러니까 고정된 이름이 만든 세계에 집착하지 말고 도의 존재를 잊지 말아야 하는 것이다. 『노자』 46장의 "재앙 중에서 만족할 줄 모르는 것보다 더 큰 것은 없다"는 말은 '만족할 줄 알려면'(知足) 이름이 주는 쾌락을 버리고 작위하지 않는 도의 움직임에 순응해야 한다는 뜻이다.

마음이 먼 오지에 가 있으면

수풀 림林

林皐幸卽임고행즉**하라**
숲과 언덕으로 기꺼이 나아가라

林 수풀 '림' '나무 목木' 자 두 개로 이루어졌는데, 여기서 두 개는 '많음'을 표상하므로 이 글자의 자형적 의미는 '나무가 빽빽이 들어찬 숲'이 된다.

皐 언덕 '고' 이 글자의 원래 자형은 '고皋'이고, 이것은 '흰 백白'과 '나아갈 토夲'로 이루어졌다. '백白'은 '코 비鼻' 자의 생략형이므로 '고皋' 자의 자형은 코에서 기운이 빠르게 나가는 모양이다. 따라서 이 글자의 자형적 의미는 '높은 데 올라가 죽은 사람의 영혼을 길게 부르다'가 된다. 이로부터 '높은 곳'·'언덕' 등의 파생의들이 생겨났다.

幸 다행 '행' 이 글자를 소전에서는 '夆'으로 썼다. 이는 '요사할 요夭'와 '거스를 역屰'으로 이루어졌다. '요夭'자는 재앙을 뜻하므로 '행幸' 자의 자형적 의미는 '재앙을 거슬러 피하다'가 된다. 이로부터 '행운'·'요행' 등의 의미가 파생되었다.

卽 나아갈 '즉' '알곡 급皀'과 '병부 절卩'로 이루어졌다. '급皀' 자의 원래 자형은 알곡으로 밥을 해놓은 모양을, '절卩'자는 사람이 무릎을 꿇고 밥상 앞에 앉아 있는 모양을 각각 뜻하므로 '즉卽' 자의 자형적

의미는 '사람이 밥상 앞에 다가가서 밥을 먹다'가 된다. 이로부터 '다가가다'·'나아가다' 등의 의미가 파생되었다.

이 구절은 『장자』 「지북유知北游」편의 "산림이여, 언덕이여, 나를 흔쾌히 즐기게 하도다!"(山林與, 皋壤與, 使我欣欣然而樂與!)를 다시 쓴 것이다.

세상의 골짜기와 시냇물이 강과 바다에 다다르면 넘치는 일이 없듯이, 천지만물도 도에 따라 변화하고 움직이면 거기에 희로애락이 따로 있을 수 없다. 그러나 이름이 만들어놓은 세계에 사는 인간들은 영원히 변치 않는 형이상학적 세계에 살고 싶어 한다. 여기서 쾌락과 슬픔이 나뉨과 아울러 번갈아 나타나게 된다. 모티브로 인용된 『장자』의 구절은 산림과 언덕이 주는 쾌락을 노래하고 있지만, 바로 이어서 "이 즐거움이 아직 끝나지도 않았는데, 다시 슬픔이 이를 이어가네"(樂未畢也, 哀又繼之)라고 애달파 한 것은 이 때문이다.

그러나 『천자문』의 이 구절은 『장자』 「지북유」의 도를 말하려는 게 아니라, 순환 과정에서 이미 극점에 도달했다면 이제 남은 것은 쇠퇴와 더불어 굴욕과 부끄러움의 단계일 테니까 욕심과 집착을 버리고 산림과 언덕으로 들어가 그간 잊고 있었던 무위자연의 도를 기억하라는 의미로 쓴 것이다. 이처럼 고전의 구절을 일부 따다가 자신의 문맥에 이용하는 수사법을 훈고학에서 단장취의斷章取義라고 불렀음은 앞에서 이야기한 대로다.

사람은 근본적으로 타자(이웃)에게 인정받고자 하는 욕망으로 살아간다. 내가 아무리 훌륭한 일을 수행했어도 아무도 알아주지 않는다면 의미가 없다. 따라서 산림과 언덕으로 들어갔을 때 인정받으려는 욕망의 충족은 근본적으로 불가능해진다. 무위자연의 원리에 따라 바위처럼 초월적으로 살아간다는 게 말이 쉽지 기실 가능한 일이 아니다.

어떻게든 내가 생명을 유지하려면 힘이 있어야 하고 이를 얻으려면 욕망이 먼저 있어야 한다. 욕망을 일으키려면 내 앞의 혼돈을 나누고 이름을 붙여 나의 세계를 만들어내야 한다. 앞서 말한 『노자』의 '시제유명始制有名', 즉 인위적으로 처음 만들면서 이름이 생겨난다는 말과 같은 이치다. 이는 물론 나 스스로 만든 허구적인 세계이지만 이 허구가 오히려 비전을 만들고 욕망을 불러일으킨다. 물론 그 세계가 허구인 이상 욕망은 언제나 허무함으로 끝을 맺게 돼 있다. 욕망은 언제나 그것이 헛것인 줄 알지만 그러면서도 요행을 바라고 반복적으로 나아간다. 이 구절의 '행즉幸卽'은 문맥상 '기꺼이 나아가다'로 해석하고 있으나 우리의 무의식은 '이번에는 아마 원하는 것을 잡을 수 있을 거야' 하는 마음으로 '나아간다'고 봐야 할 것이다.

아무리 산속으로 은둔하더라도 타자에게 인정받고자 하는 욕망은 결코 사라지지 않는다. 즉 나를 인정해줄 타자가 절실하고 이웃이 그리울 수밖에 없다. 정 이웃이 없으면 영화 〈캐스트 어웨이Cast Away〉(로버트 저메키스 감독, 2000년)에서처럼 배구공과 절친한 이웃이 되기도 한다. 도연명陶淵明 같은 전원시인들이 바로 자연을 타자로 받아들이고 그것과 대화한 사람들이다. 이 관념적 타자가 대타자(Other)이다. 도연명의 시「음주飮酒」일부를 잠시 읽어보자.

사람들이 모여 사는 속세에 오두막을 지었어도　　　結廬在人境
말과 수레들이 소란스럽게 달리는 소리 들리지 않네　　　而無車馬喧

다들 어떻게 그럴 수가 있냐고 묻는데　　　　　　　　　問君何能爾
마음이 먼 오지에 가 있으면 땅도 저절로 산간벽지가 된다네　心遠地自偏

　몸이 굳이 먼 구석 오지에 가지 않고 마음만 가 있어도 땅이 저절
로 산간벽지가 된다는 것은 관념적인 타자를 인정의 주체로 수용하
였기 때문이다. 그렇다면 이 작품은 대타자를 향한 인정의 갈구가 되
는 셈이다. 인간에게 이러한 대타자라는 탈출구가 있었기에 위태로운
지경에서도 견딜 수 있었고 아름다운 작품도 가능했으리라.

미세한 조짐에도 떠나는 현자들

볼 견見

兩疏見機양소견기하니

소광疏廣과 소수疏受 두 사람은 기미機微를 알아차렸으니

兩 둘 '량' 이 글자를 소전에서는 '兩'으로 썼는데 표주박을 반으로 쪼갠 모양이다. '량兩' 자는 '떠날 리離'와 쌍성 관계에 있으므로 자형적 의미는 '표주박을 갈라서 둘로 만들다'가 된다. 이로부터 '둘'이라는 의미가 생겨났다.

疏 성길 '소' '발 소疋'와 '출생할 돌㐬'로 이루어졌다. '돌' 자의 자형은 '아들 자子' 자를 거꾸로 그린 것인데, 이는 여자가 아기를 분만할 때 거꾸로 출산하는 모양이다. 따라서 '소疏' 자의 자형적 의미는 '아기가 자신을 감싸고 있는 자궁을 발로 차고 나오다'가 된다. 아기를 분만하고 나면 임신 중에 짓눌려 있던 하체의 기운이 위로 솟아올라 통하게 되므로 이로부터 '소통하다'라는 의미가 파생되었다.

見 볼 '견' '눈 목目'과 '어진 사람 인儿'으로 이루어졌다. '인儿' 자는 자형이 사람이 무릎을 겸손하게 꿇은 모양이고 '나타날 현顯'과 쌍성 관계에 있으므로 '앞에 나타나 무릎을 꿇다'라는 의미를 담고 있다. 그래서 '어진 사람'이라는 훈이 달린 것이다. 따라서 '견見'의 자형적 의미는 '눈앞에 나타나다'가 된다. 고전에서 '견見' 자를 '알현할 현現'

716

으로도 읽는 것은 이 때문이다.

機 틀 '기' '나무 목木'과 '거의 기幾'로 이루어졌다. '기幾' 자는 군인이 어두워 잘 보이지 않는 곳을 지키듯이, 가물가물한 실들이 엉키지 않도록 지킨다는 뜻도 함께 담고 있다. 따라서 '기機' 자의 자형적 의미는 '가물가물한 실들을 엉키지 않도록 해서 베를 짜는 나무틀', 즉 '베틀'이 된다. 그러나 '기機'와 '기幾'는 사실상 같은 글자나 다름없으므로 '기機' 자 역시 '작다'·'기미機微'·'기회' 등의 의미로도 쓰인다.[2]

여기서 '양소兩疏'는 한나라 선제宣帝 때의 박사인 소광疏廣과 그의 조카인 소수疏受를 가리킨다. 이들은 당시에 각각 태자를 가르치는 태부太傅와 소부少傅의 지위에 있었다. 이 구절은 소광과 소수는 태자의 스승이라는 높은 지위로 승승장구하고 있었지만 물러나야 할 때를 알아차리자 미련 없이 지위를 버리고 떠났다는 고사를 언급한 것이다.

여기서 '기機'는 조짐이 드러나기 시작한 시기를 뜻한다. 이를 간파하여 미리 예방하고 대비하면 이윽고 닥칠 재앙을 피할 수 있을 것이다. 하지만 이러한 조짐은 매우 미약하게 드러나기 때문에 뛰어난 예지의 소유자가 아니면 감지해내기가 어렵다. 격언 중에 "박수 칠 때 떠나라"는 말이 있다. 누구나 수긍하는 말이긴 한데 그 때를 판단하기가 쉽지 않은 게 사실이다. 우렁찬 박수 소리 가운데서 조짐의 소리를 듣는다는 게 어디 간단한 일인가? 양소, 즉 소광과 소수 두 사람은 권력의 성황 속에서도 미세한 소리를 들었기에 현인이라는 칭호를 받은 것이다.

소광과 소수 같은 사람이 떠난 자리는 결국 소인배들이 점거할 수밖에 없게 된다. 그래서 역사를 돌이켜보면 거의 언제나 권력은 탐욕스런 소인배들이 차지하고 세상을 다스려왔다. 그러다가 이들의 부패와 부조리가 극에 달하면 스스로 무너지면서 결과적으로 정의가 실현되는데, 이것이 바로 헤겔이 말하는 '이성의 간지'의 핵심 내용이다.

오랜 기간 여러 공익 법인에서 일해온 어느 사무국장의 경험담이 그 실례가 될 수 있다. 그의 오랜 경험에 의하면, 법인 이사장에 모든 사람들의 존경을 받는 인품의 소유자가 취임했을 경우, 일부 이해 관계가 있는 세력이 정치적으로 흔들어대면 이에 대항해서 바로잡으려 하기보다는 금세 사퇴를 해서 말썽을 피하려 한다는 것이다. 공연히 싸움에 휘말려 이름을 더럽히기 싫기 때문이다. 그래서 훌륭한 인품을 가진 분을 이사장에 모시기가 여간 어렵지 않고, 그런 사람이 윗자리에 없으니 법인에는 언제나 크고 작은 말썽이 끊이지 않는다고 한다. 그러니까 정의는 분규에 의해서 부정적으로 실현될 수밖에 없는 운명인 것이다.

현실이 이러하니 소광과 소수의 신화를 아이들에게 가르쳐야 할지 말아야 할지 근본적으로 고민이 된다.

도장 끈을 풀어버릴 그날

끈 組

解組誰逼해조수핍**이리오**
도장 끈을 풀면 누가 핍박하겠는가

解 풀 '해' '칼 도刀'와 '소 우牛'와 '뿔 각角'으로 이루어졌다. '각角' 자는 '분석할 핵覈'과 쌍성·첩운 관계에 있으므로, '해解' 자의 자형적 의미는 '칼로 소를 해체하다'가 된다. 이로부터 '풀다'라는 의미가 생겨났다.

組 끈 '조' '실 사糸'와 '또 차且'로 이루어졌다. '차且' 자는 돌을 차곡차곡 쌓아올린 돌무덤을 뜻하므로 '조組' 자의 자형적 의미는 '실을 꼼꼼히 연속적으로 꼬아 만든 끈'이 된다. 옛날에는 관리가 관인官印을 잘 간수하기 위해서 도장에 끈을 달아 자신의 관복에 매고 다녔는데, 여기서의 '조組'는 바로 이를 가리킨다.

誰 누구 '수' '말씀 언言'과 '새 추隹'로 이루어졌다. 일반적으로 사람의 이름을 물어보는 허사, 즉 의문 대사代詞로 쓰인다.

逼 핍박할 '핍' '쉬엄쉬엄 갈 착辵'과 '가득 찰 핍畐'으로 이루어졌다. '핍畐' 자는 '복福' 자에서 이미 설명했듯이, 술이 가득 담긴 술병의 모양이다. 따라서 '핍逼'의 자형적 의미는 '최고의 속도로 걷도록 재촉하다'가 된다.

권력의 자리에 있으면 갖은 뇌물과 함께 청탁이 들어온다. 이때 청탁하는 자들 간에 이해가 충돌하거나 경쟁이 치열하면 온갖 음해에 시달리게 된다. 이것을 이 구절에서는 '핍逼'이라고 썼다. 따라서 그 자리를 털고 나오면 자신을 핍박할 사람들이 사라진다. 이 구절은 이때의 자유로움과 즐거움을 말한 것이다.

출구에서 언급한 바와 같이 현재는 아무리 잘나간다 해도 언젠가는 쇠퇴와 반전을 겪게 마련이다. 현재의 오르막을 유지하려고 이 쇠퇴와 반전을 연기시킨다 해도 『장자』「천지天地」편의 말대로 오래 살면 결국은 치욕을 만날 수밖에 없다. 여기서 벗어나는 방법은 자리를 버리고 떠나는 게 유일한데, 이것이 쉽지 않다. 그동안 역설적으로 권력에 의지하려는 사람들에게 의지하면서 살아왔는데, 이들을 떠나서는 의지할 데가 없기 때문이다. 그래서 치욕에 다다를 것을 뻔히 알면서도 핍박을 인내하고 사는 것이다. 이렇게 사는 인생이 즐거울 리도 없을뿐더러 내적 갈등으로 인한 압박감이 종국엔 병을 일으켜 천수를 위협할 것이다.

만일 이들이 억압으로부터의 해방을 경험하고 이해한다면 아무리 높은 권력의 자리라도 내던질 수 있을 것이다. 이렇게 하려면 먼저 '도장 끈을 풀어야'(解組) 한다. 내가 그 자리에 있지도 않은데 누가 이거 달라 저거 달라 조르고 압박하겠는가? 미국의 거리를 거닐다 보면 "I'm retired! No phone, no boss, no meeting"(나는 은퇴했다! 이젠 전화도 없고, 상사도 없고, 회의도 없다)이라는 스티커를 자랑스럽게 뒤 범퍼에 붙이고 다니는 차량을 종종 볼 수 있다. 물론 이 농담은 말단의 자리에서 끊임없는 명령과 지시에 시달리는 스트레스를 희화한 것이지만 본래 자리라는 것은 위아래 없이 핍박을 받게 되어 있다. 내가 시

720

스템 속에 들어가 있는 한 누군가는 나를 노예처럼 움직이려는 사람이나 세력이 늘 있기 때문이다. 그러므로 자리에 있는 사람이라면 누구나 도장 끈을 풀어버리고 싶은 것은 동서고금을 막론하고 언제나 똑같다.

그런데 자신의 자리에서 핍박을 느낀다는 것은 양심 때문에 갈등하고 있다는 말과 다름없다. 『양서梁書』「사비전謝胐傳」에 "나라의 운명을 흥성케 하려고 도장 끈을 풀었으나, 실은 어두운 시기를 피한 것이다"(雖解組昌運, 實避昏時)라는 구절이 나오듯이, 문제는 도덕적인 사람은 시스템에서 사라지고 양심에 갈등을 느끼지 않는 사람만 남는다는 데 있다. 따라서 사회나 조직은 갈수록 자정 능력을 잃고 위기로 치닫는 모순을 낳는다.

『논어』「위령공」편에 "나라에 도리가 행해지면 관직에 나아가고, 나라에 도리가 행해지지 않으면 거두어 갈무리할 줄 안다"(邦有道則仕, 邦無道則可卷而懷之)는 구절이 있다. 공자는 도덕적인 사람이 공적인 권력의 자리에 나아가는 조건은 '유도有道', 즉 세상에 공정한 도리가 행해질 때라고 가르쳤다. 그렇다면 이러한 의문이 생긴다. 세상에 공정한 도리가 행해지는 '유도'의 때가 과연 있을 수 있는가? 현실적으로 세상은 '무도無道'일 수밖에 없는데, 그렇다면 도덕적인 사람들은 언제 자리에 나아가 백성을 위해 일하게 되는가?

『논어』의 이 구절은 이렇게 해석해야 한다. 양심적인 사람들이 불의와 타협하지 않고 자리를 내놓고 떠나면 이러한 사건들이 하나의 도덕적 관념을 형성해서 가치관을 이루게 된다. 그리고 이러한 가치관이 사회를 지배할 때 세상은 '유도'가 된다. 오늘날 사람들은 옛날의 청백리나 우국지사와 같은 도덕적인 사람이 없다고 한탄하지만,

우리의 불행은 그러한 위인이 없다는 데 있는 게 아니라 그들을 위인으로 인정해주지 않는 풍토에 있다. 도덕적 행위의 가치를 인정해준다면 그런 사람들은 언제라도 나오게 되어 있다.

한가로운 삶의 역설

한가할 한閒

索居閒處삭거한처**하니**
홀로 떨어져 살고 한가로이 거처하니

索 한가로울 '삭' 이 글자의 머리 부분은 '솟아날 발泰'과 같고 아랫 부분은 '실 사糸'로 이루어졌다. 따라서 자형적 의미는 '풀 중에 가지가 무성한 것은 꼬아서 새끼를 만들 수 있다'가 된다. 새끼란 흩어져 있는 풀줄기들을 한데 모아 꼰 것이므로 이로부터 '흩어지다'·'외롭다'·'한가롭다' 등의 의미가 파생되었다.

居 살 '거' '주검 시尸'와 '옛 고古'로 이루어졌다. 여기서 '시尸' 자는 쪼그려 앉은 모양이고, '고古' 자는 '안석 궤几'를 대체한 글자이므로 '거居' 자의 자형적 의미는 '안석에 기대어 쪼그려 앉다'가 된다. 안석을 받치고 앉아 있는 경우는 평상시의 편안한 삶의 모습이므로 이로부터 '살다'·'지내다' 등의 의미가 생겨났다.

閒 한가할 '한' '문 문門'과 '달 월月'로 이루어졌다. '월月' 자는 '모자랄 결缺'과 첩운 관계에 있으므로 '한閒' 자의 자형적 의미는 '문을 닫았을 때 생기는 문짝과 문짝 사이의 모자라는 공간, 즉 틈'이 된다. 여기서 '시간적인 틈'·'여유'·'한가로움' 등의 의미가 파생되었다.

處 거처할 '처' '범 무늬 호虍'와 '곳 처処'로 이루어졌다. '처処' 자는

'안석'(几)에 기대어 쪼그려 앉은 모양이고, '호庀' 자는 '웅크릴 거踞'
와 쌍성·첩운 관계이므로 '처處' 자의 자형적 의미는 '안석에 기대어
웅크려 앉다'가 된다. 여기서 '거처하다'라는 의미가 생겨났다.

이 구절은 관직을 그만두고 조용한 곳으로 물러나 유유자적悠悠自
適하게 사는 모습을 묘사한 것이다.

'삭거素居'란 무리에서 떨어져나와 외롭게 산다는 뜻에서 '한가로
이 살다'라는 의미로 파생된 말이다. '한처閒處' 역시 '시간적인 여유를
갖고 살다'라는 의미로 '삭거'와 사실상 같은 뜻이다. '삭거'와 '한처'를
이 구절은 매우 이상적인 삶으로 묘사하고 있지만 실제로도 이런 삶
이 과연 글자 그대로 '자적自適', 즉 스스로를 만족시킬 수 있을까?

이미 말했듯이 사람은 타자가 있어야 한다. 타자가 없으면 타자를
인위적으로 만들어낸다. '삭素' 자가 흩어진 짚을 모아 새끼를 꼰다는
의미를 표상하듯이 타자가 없는 외로운 삶은 주위에 흩어진 것들을
다시 모아 무언가를 엮어내려 한다. 이렇게 해서 그 전에 생각 못했던
의미가 만들어지고 또한 그것을 알리고 싶어 한다.

이것은 인간의 삶을 유지하게 하는 욕망 때문이고 이는 결핍에 근
거한다. '한閒' 자를 보면 안에 '월月' 자가 있는데 이 글자는 자해에서
설명한 대로 '결缺'과 첩운 관계에 있다. 따라서 사람이 한가한 가운
데에 있으면 잊고 있던 결핍이 드러나서 무언가를 욕망하도록 작동
하기 시작한다. 따라서 한가로움은 말처럼 그렇게 한가롭지 못하고
오히려 더 왕성하게 무언가를 기획하게 만든다. 빈둥거리며 놀기 좋
아하는 사람들에게서 창의적인 것이 나오는 이유이다. 역사를 되돌아
보더라도 지식은 주로 유한계급에게서 나오지 않던가? 우리 주위에

서도 은퇴를 선언하고 낙향한 사람들이 어느 정도 기간이 지나면 불쑥 무슨 환상 같은 이야기를 들고 다시 세상으로 나오는 경우를 종종 볼 수 있다.

도회에서 살던 사람이 낙향해서 한가로운 삶을 산다는 것은 말처럼 그렇게 간단한 일이 아니다. 망중한忙中閑이라는 말이 있다. 세상일로 번망한 가운데 잠시 즐기는 한가로움의 맛을 가리킨다. 이 맛은 달콤할 수 있지만 삶 자체가 아예 한가로운 것은 근본적으로 쓰디쓴 것이다.

침묵에서 온 깨달음에 침묵할 수 있을까

검을 흑黑

沈默寂寥침묵적료라
잠긴 듯 말이 없고 고요하구나

沈 잠길 '침' 이 글자의 원래 글자는 '침沉'이므로 '물 수水'와 '한가로울 용冘'으로 이루어졌다. '용冘' 자는 농한기에 농사꾼이 집안에 들어앉아 있는 모양이므로 자형적 의미는 '물에 잠겨 아무것도 보이지 않고 조용한 모양'이 된다.

默 잠잠할 '묵' '개 견犬'과 '검을 흑黑'으로 이루어졌다. '흑黑' 자는 굴뚝에 붙은 검댕이를 뜻하는데, 검댕이는 일단 묻기만 하면 모든 것을 검게 가리므로 '조용하게 만들다'라는 의미로 쓰이기도 한다. 그래서 '묵默'의 자형적 의미는 '개가 소리 없이 어디 있는지 알 수 없는 사람의 뒤를 추적하다'가 된다.

寂 고요할 '적' '집 면宀'과 '아재비 숙叔'으로 이루어졌다. '숙叔' 자는 앞의 자해에서 설명했듯 콩을 추수하는 모양이다. 따라서 '적寂' 자의 자형적 의미는 '콩을 추수해서 곳간에 갈무리하다'가 된다. 갈무리로 추수를 마치면 모든 게 조용해지므로 이로부터 '고요하다'라는 의미가 파생되었다.

寥 쓸쓸할 '료' '집 면宀'과 '새의 솜털 료翏'로 이루어졌다. '료翏' 자

는 새의 솜털 모양을 뜻하는데, 솜털은 가벼워서 넓은 하늘로 소리 없이 높이 날아가는 속성이 있다. '면宀' 자는 집이므로 비유적으로 '우주 공간'을 뜻하기도 한다. 따라서 '묘寥' 자의 자형적 의미는 '솜털이 소리 없이 넓은 하늘로 올라가다'가 된다. 이로부터 '고요하다'·'광활하다'는 의미가 파생되었다.

속세에서 살려면 타자와 함께 살지 않을 수 없다. 앞에서 타자는 나의 거울이라고 했지만, 그들이 나의 모습에 대하여 솔직한 반응을 보여주면 거부감이 일어나고, 자연히 서로 갈등이 생기게 된다. 나 역시 타자의 거울일 테니까 있는 그대로를 보여주면 그도 나를 싫어하고 기피할 것은 뻔한 일이다. 그래서 타자와 갈등을 일으키지 않으려면 마음에도 없는 말과 표정을 지어 보여줘야 하고, 남들도 나에게 그렇게 해주기를 바란다. 이렇게 안팎으로 분열된 존재로 살아가는 것 자체가 환멸과 피곤을 일으키는 일이다. 이렇게 살지 않으려면 다른 사람에게 내 생각 그대로를 말해줘야 하고, 다른 사람들이 나에 대하여 말하는 다듬어지지 않은 표현들을 들을 수 있어야 한다. 그러나 그 과정에서 깊어질 타인과의 갈등이 야기하는 압박감은 아마 감당키 어려울 정도가 될 것이다.

'침묵沈默'이란 바로 이런 말을 하지도 듣지도 않고 살 수 있는 삶을 의미한다. 홍성원은 여기에 "힘 있는 자를 졸졸 따라다니면서 그에게 아첨하는 일이 없음"(不與人追逐過從)이라고 주를 달았다. 우리가 사회 생활을 하는 한 말을 많이 해야 할 것 같지만, 마음에 없는 말을 안 해도 된다면 사는 데 그렇게 많은 말이 필요없다. 따라서 이러한 삶은 '적료(적요)寂寥', 즉 '아무런 소리도 없는 적막함'에 가까운 삶이다. 그러니까 '침묵'은 타인들과의 관계에서 자신을 억압해야 하는 압박감에서 해방된 상태를 가리키는 말이고, '적료(적요)'는 욕망에 휘둘리지 않고 자연과 함께하는 삶을 의미한다.

그러나 '침묵'이란 '묵默' 자 속의 '흑黑' 자가 가리키듯이 '모든 것을 한꺼번에 덮어서 없는 상태'로 만들기도 하지만, 다른 한편으로는 '견犬' 자가 지시하듯이 드러나지 않은 것을 찾아 좇음을 의미하기도 한다. 겉으로 힘 있는 자를 좇으며 아첨하는 일은 하지 않아도 될지 모르지만 대신 내적으로 또 다른 대상을 찾아 좇는 긴장감을 다시 떠안아야 한다는 것이다. 이를테면 한적한 산골에 가서 일주일만 살아보라. 첫날은 매우 감격스러울 테지만 사흘만 지나면 인터넷은 언감생심焉敢生心이고, 그저 텔레비전만이라도 보았으면 좋겠다는 생각이 절로 들 것이다. 타자가 없는 적막함을 이기고 사는 일이 어떻게 보면 더 어려울 수 있다는 방증이다.

사람이란 침묵으로 적막함을 한동안 유지하면 별의별 생각을 다 하게 되고 그러다 마침내 욕망의 대상을 찾게 된다. 이를 좇다 보면 어느 순간 '깨달음'에 이르게 되는데 이때 조용히 있기란 정말로 쉬운 일이 아니다. 이웃에게서 흥미 있는 말이나 비밀스런 말을 전해들었을 때 굳게 입 다물고 있기가 어려운 것과 마찬가지다. 어떤 비밀이라도 끝내는 폭로되는 근본적인 이유이다. 왜냐하면 욕망이란 사람을 생존하게 하는 가장 근본적인 동기이기 때문이다. 욕망이 작동한다는 것은 헛것을 향해 움직이고자 한다는 뜻과 다르지 않으므로 진정으로 '침묵적료'에 도달하는 일은 보통의 수양으로는 불가능할 것이다. 그것은 '아무것도 없음'(無)을 욕망하는 일일 테니까.

은거자를 기다리는 유혹

옛 고古

求古尋論구고심론하며
옛것을 구하고 (옛사람들이) 논설한 바를 찾으며

求 구할 '구' 이 글자를 고문자에서는 '*求*'로 적었는데 이는 모피 옷의 모양이므로 '갓옷 구裘' 자의 본래 글자임을 알 수 있다. '구求' 자는 '넘겨다볼 기覬'와 쌍성 관계에 있고 갓옷은 값비싼 옷의 상징이었으므로 자형이 가리키는 의미는 '분수에 넘치는 것을 넘보다'가 된다.

古 옛 '고' '열 십十'과 '입 구口'로 이루어졌다. '십十'은 '많은 수'를 상징하므로 '고古' 자의 자형적 의미는 '많은 사람의 입을 통해 전해져 내려온 이야기'가 된다. 아주 오랜 옛날에는 문자가 없어 지식을 구전으로 전수하였다. 그래서 '고古' 자가 '오래된 옛것'이라는 의미로 파생되었다. '고古' 자가 '오랠 구久' 및 '옛날 구舊' 등과 쌍성·첩운 관계에 있다는 사실이 이를 입증한다.

尋 찾을 '심' '장인 공工'·'입 구口'·'오른손 우又'·'마디 촌寸' 등으로 이루어졌다. 따라서 이 글자의 자형적 의미는 '어지러이 얽힌 실타래를 손(又)과 입(口)을 이용해 단서(寸)를 찾아 풀고 뽑아내서 정교하게(工) 정리하다'가 된다. 이로부터 '찾다'라는 의미가 생겨났다.

論 의논할 '론' '말씀 언言'과 '생각할 륜侖'으로 이루어졌다. '륜侖'

자는 '책을 모아 이치에 맞도록 편찬하다'라는 의미를 갖고 있으므로 '론論' 자의 자형적 의미는 '따져서 이치에 맞는 말'이 된다.

'구고심론求古尋論'은 '(술어+목적어)+(술어+목적어)' 구조로 되어 있고 술어인 '구求'와 '심尋'은 같은 의미이므로, '구심고론求尋古論'(옛사람들의 논설을 추구하다)과 호문互文 관계로 보는 것이 옳다. 따라서 이 구절은 『논어』 「술이」편의 "나는 나면서 안 사람이 아니라, 옛것을 좋아하여 쉬지 않고 이를 추구한 사람이다"(我非生而知之者, 好古, 敏以求之者也)를 다시 쓴 것이다.

사람이 은거를 하면 한가로이 지낼 수 있어서 좋긴 하지만 앞서 말한 대로 특별히 하는 것 없이 시간을 보내기란 여간 힘들지 않다. 농사나 노동을 해본 사람은 텃밭이라도 가꾸면서 시간을 때울 수 있지만 그렇지 않은 사람은 무료함을 감당하기 어렵다. 그래서 지식인이라면 서적을 뒤적이게 된다. 요즘은 지자체들이 벽지에까지도 곳곳에 도서관을 많이 지어놓아 책에 접근하는 일이 그리 어렵지 않다. 그런데 특이한 점은 예나 지금이나 은거 후에 잡는 책은 당대의 시사時事를 다룬 것보다 형이상학적이거나 관념적인 주제를 내용으로 하는 고전인 경우가 많다는 사실이다. 젊었을 때는 어차피 가진 게 없으니까 기득권의 토대인 전통적인 질서와 관습을 타파하고 새로운 질서를 세우는 일에 관심을 두었다. 그러다가 나이가 들면서 가진 게 생기고 쌓이면 자연히 이를 지키고 싶어 한다. 그러면서 보수적으로 되는 것인데, 보수화되든 말든 사람은 때가 이르면 물러날 수밖에 없다. 물러나는 사람에게는 아무리 대우를 잘해줘도 젊은 사람들과 새로운 체제로부터 밀려난다는 섭섭한 감정이 씻어지지 않는다. 이러한 감정을 씻고 스스로를 추스르려면 그가 의지할 대타자, 즉 이념과 질서가 있어야 할 터인즉, 이를 제공해주는 원천이 바로 고전에서 변함없이 설파해온 보편적 인륜에 관한 형이상학적 논설들이다.

그러나 고전이란 텍스트만 남아 있기 때문에 컨텍스트, 즉 상황에 따라 얼마든지 다양한 해석을 생산해낼 수 있다. 따라서 옛사람들의 논설을 찾는다는 것은 '심尋' 자의 자형에서 보듯 정교하게 논설을 만들어내는 것이지, 말 그대로 처음부터 마땅한 보편적 인륜이나 형이상학적 질서를 찾아 확인하는 것은 아니다. 다시 말해 버림받은 자의 입장에서 고전 텍스트가 주는 위로는 자신의 상황이 만들어낸 스스로의 해석이지 텍스트의 본래 뜻이 아니라는 것이다. 그런데도 이 해석에서 받은 감동이 고전 텍스트가 본래 의도한 내용이라는 확신이 들면 다시 세상으로 나가서 이를 알려야 한다는 사명감을 갖게 된다. 홍성원도 이 구절에다 "몸은 비록 물러나 있어도 세상의 교화에 보탬이 됨이 크도다"(身雖退而有補於世教大矣)라고 주를 달았다. 잘못된 길로 가는 세상을 바로잡는 일에 도움이 된다는데 다시 나오고 싶다는 유혹을 어느 누가 뿌리칠 수 있겠는가?

죽는 놈은 조조 군사

흩어질 산散

散慮逍遙산려소요라

근심을 내쳐버리고 유유히 거닐며 만족해한다

散 흩어질 '산' 이 글자를 소전에서는 '𣝔'으로 적는데 이는 '고기 육肉'과 '삼실 산㪚'으로 이루어진 글자이다. '산㪚'의 자형적 의미는 삼 껍질을 두드려 가느다란 실을 낸다는 뜻이므로 '산散' 자의 자형적 의미는 '고기를 가느다랗고 얇게 썰어서 한데 모아놓다'가 된다. 이로부터 '흩뜨리다'·'내치다'·'가루' 등의 의미가 파생되었다.

慮 생각 '려' '생각할 사思'와 '범의 문채 호虍'로 이루어졌다. '려慮' 자는 '어지러울 란亂'·'실 루縷' 등과 쌍성 관계에 있다. '란亂' 자는 실이 어지럽게 얽힌 것을 풀어 정리한다는 의미이고, '루縷' 자는 실을 정교하게 꼬아 아름다운 문채를 만든다는 의미이므로 '려慮' 자의 자형적 의미는 '범의 무늬처럼 아름답게 만들도록 도모하다'가 된다.

逍遙 '소요' 이 두 글자는 제각기 떨어져서는 의미를 갖지 못하고 반드시 함께 붙어 있어야 하는 단어이다. 한어의 보통 단어들은 '일사一詞·일음一音·일자一字', 즉 하나의 단어가 하나의 음과 하나의 글자를 갖는다는 원칙이 있는데, '소요'는 예외적으로 하나의 단어가 두 개의 음과 두 개의 글자를 갖는다. 이런 글자를 연면자聯綿字라고 부

른다. 의미는 '무언가를 바삐 쫓아다니지 않고 만족한 마음으로 한가로이 거니는 모양'이다.

출구에서 본 것처럼 옛사람들의 논설을 찾다 보면 어느 사이에 '려慮' 자의 자형적 의미대로 '세상을 어지럽히는 매듭을 풀어 범의 무늬처럼 아름다운 세상을 도모하고자 하는' 의욕에 사로잡힌다. 이것이 바로 『논어』「위령공」편에서 공자가 "사람에게 먼 훗날에 대한 생각이 없으면 반드시 조석 간에 해결해야 할 근심이 생긴다"(人無遠慮, 必有近憂)고 말할 때의 '원려遠慮'이다.

무료함을 해소하려고 책을 읽다가 '원려'에 사로잡혔다면 이는 은거의 본래 취지에 어긋난다. 이러한 의욕에서 완전히 벗어나야 비로소 앞에서 말한 '삭거한처素居閒處'가 되겠기 때문이다. 외롭게 떨어져서 한가로이 살려면 글자 그대로 먼저 '산려散慮'를 해야 한다. '산散' 자의 자형적 의미처럼 '도모하고자 하는 생각', 즉 의욕을 '잘게 썰어 작게 조각을 내야' 한다. 다시 말해 이른바 '원려'를 '근우近憂'로 만들어서 조석朝夕 간에 해결해야 하는 좀스러운 근심에 매달려야 한다는 것이다. 이를테면 아침을 겨우 해결하고 난 사람이 저녁 끼니를 걱정하는 것이 이른바 '근우'이니, 이런 걱정에 매달리는 사람이 장래의 비전에 대하여 생각할 겨를이 있겠는가? 그나마 이러한 걱정을 위해서도 분주히 뛰어다니지 않고 "얻으면 다행이고 못 얻으면 굶지" 하는 마음가짐으로 유유히 '소요逍遙'하는 것이 진정한 은거가 아닐까? 이렇게 보자면 '근우'가 '원려'보다 오히려 진정한 은거에 가깝다고 할 수 있을 것이다.

세상은 아침을 먹고 나면 저녁 끼니를 걱정해야 하는 사람들이 아니라 언제나 스스로가 '원려'한다고 자부하는 자들에 의해서 망가져 왔다. 그들은 '원려'한답시고 되지도 않을 환상을 만들어 사람들을 부추기기를 반복해왔지만 실은 언제나 자신들의 권력과 탐욕을 실현하려 했을 뿐이다. 속담에 "죽는 놈은 조조 군사요, 나팔 부는 놈은 사마중달이다"라는 말이 있다. 사마중달이 제갈량의 작전에 휘둘려 아무 때나 진군 나팔을 불어대는 통에 애꿎은 조조 군사들만 몰살당했다는 고사에서 나온 말이다. 많이 배운 사람들이 백성의 미래를 위한다는 어설픈 '원려'를 기획하고 실현하려 보면 그 바람에 희생당하는 것은 백성뿐이었음이 역사의 교훈 아니던가? 이에 비하여 조석의 끼니를 걱정하는 '근우'하는 자들은 기껏 잘못해봤자 밥 한 끼 때우려고 남의 물건이나 훔치는 일에서 끝날 터인즉, 누구의 허물이 더 크던가?

글자를 알면서 걱정이 시작된다

欣奏累遣흔주루견하고
기쁜 일은 아뢰어지고 걱정 끼칠 일은 내쳐지며

아뢸 주 奏

欣 기쁠 '흔' '하품 흠欠'과 '도끼 근斤'으로 이루어졌다. '흔欣' 자는 '기쁠 희喜' 자와 쌍성 관계에 있으므로 자형적 의미는 '웃으며 기뻐하다'가 된다.

奏 아뢸 '주' 이 글자를 금문에서는 '![금문]'로 적었는데 이는 희생 제물의 배와 가슴을 갈라 두 손으로 신에게 드리는 모양이다. 이로부터 '높은 분에게 말씀을 아뢰어올리다'라는 의미가 파생되었다.

累 묶을 '루' '실 사糸'와 '쌓을 뢰畾'로 이루어졌으므로 자형적 의미는 '차곡차곡 쌓아서 조리 있게 묶다'가 된다. 이로부터 '연루되다'·'누를 끼치다' 등의 의미가 파생되었다.

遣 보낼 '견' 이 글자는 '놓을 완綏'·'허물 건愆' 등과 첩운 관계에 있기에 자형적 의미는 '죄지은 자를 내치다', 또는 '돌보지 않고 내버려두다'가 된다.

나라의 미래와 백성의 안녕을 걱정하는 거대한 '원려'를 내쳐버리고 유유자적하면 기쁜 일만 저절로 드러나고 우환거리는 발견되지 않는다는 것이 이 구절의 내용이다.

홍성원은 여기에 "이해하고 맛을 볼 줄 아는 감정이 절로 나오고, 복잡하게 얽히는 일은 절로 물러간다"(欣賞之情自進, 而冗累之事自退矣)고 주를 달았는데, 정말로 이것이 가능할까?

'주奏'자는 자해에서 설명한 대로 '신에게 아뢰다'라는 뜻이다. 높은 사람에게 무엇인가 아뢸 때에는 추하고 어두운 것은 가리고 밝고 아름다운 것만 골라서 듣기 좋도록 각색하는 것이 보통이다. 음악으로 표현하는 일을 연주演奏라고 말하는 것이 그 예이다. 임금에게 아뢰는 일도 상주上奏라고 한다. 이처럼 언어란 사실을 있는 그대로 보여주는 게 아니라 말하는 이의 의도에 따라 얼마든지 갖가지 현실을 구성해낼 수 있다.

따라서 '흔주欣奏', 즉 '기쁜 일이 아뢰어지다'라는 말은 없던 기쁜 일이 갑자기 생겨난다는 뜻이 아니라 기쁜 일로 묘사해서 받아들인다는 뜻이 된다. 마찬가지로 '루견累遣', 즉 '복잡하게 얽힌 골칫거리가 내쳐지다'라는 말 역시 걱정할 일이 아예 없어진다는 뜻이 아니라 걱정거리가 걱정거리로 여겨지지 않는다는 뜻이다. 이것이 가능한 이유는 사건과 사물의 실재란 근본적으로 혼돈에 속한 것이기 때문이다. 혼돈이란 글자 그대로 정체가 없으므로 자연히 수많은 그림자들을 드리우고 있다. 따라서 보는 자가 어떻게 바라보느냐에 따라서 여러 가지 다른 허상들이 나타난다. 우리는 이러한 허상들을 현실로 믿고 살아간다.

그러니까 행복하려면 보고 싶은 것만 보고, 듣고 싶은 것만 듣고 살아도 된다. 많이 배우고 알 필요가 없다. 그 어디에도 진짜 현실은 없을 테니 말이다. 소동파蘇東坡는 시「석창서취묵당石蒼舒醉墨堂」을

"인생은 글자를 알면서 걱정거리가 시작되는 법이니 / 자기 이름이나 대충 쓸 줄 알면 그만 배워도 된다"(人生識字憂患始, 姓名粗記可以休)로 시작한다. 글자를 알면 자동적으로 그간에 없던 개념이 생긴다. 개념이란 원래 실체가 없기 때문에, 몰라도 사는 데는 전혀 지장이 없다. 하지만 개념이 머릿속에 일단 들어앉으면 몰랐던 욕망이 생기고 그에 따른 좌절도 경험하게 되는 것이다.

소동파가 풍자적으로 한 말을 그대로 믿고 정말로 글을 배우지 않고 살 수는 없는 일이다. 그렇다면 개념도 없이, 욕망도 없이 살려면 어떻게 해야 하는가? 이것은 앞서 말한 대로 걱정을 '작게 잘라 조각을 냄'(散)으로써 가능하다. 큰 쾌락을 좇는 사람은 웬만하게 큰 것으로는 만족을 얻기가 쉽지 않다. 반면에 저녁 끼니를 걱정하는 사람은 밥 한 끼 해결이 얼마나 큰 기쁨인지를 안다. 그래서 예술적 영감은 추위와 배고픔의 고통에서 오는 법이다.

물질적 풍요로움은 인간이 두려워하는 대부분의 걱정거리를 해결해준다. 이런 사람들에게 세상이란 참으로 살 만한 곳이어서 떠나기가 너무나 아쉬울 수밖에 없다. 따라서 그들에게 죽음은 어떠한 공포보다도 절박하게 느껴진다. 죽음의 공포가 삶을 장악하고 있으니 몸은 편안해도 마음은 긴장 상태를 벗어나지 못한다. 반면에 가진 것이 없어 끼니 걱정을 하는 사람들은 사는 것 자체가 괴로움의 연속이므로 죽음을 오히려 해방으로 여길 수도 있다. 죽음이 삶을 지배하지 못하니까 삶은 생기로 가득 차게 된다. 몸이 생기로 가득 찬다는 것은 몸에 장치된 모든 기능이 백 퍼센트 작동한다는 뜻이므로 영감이 잘 떠오를 수밖에 없는 것이다. 가난한 나라의 국민들이 행복지수가 높은 이유이기도 하다.

말이 말을 하도록 내버려두기

하직할 사謝

感謝歡招척사환초라
슬픔은 하직하고 환희는 손짓하여 부른다

感 슬플 '척' '마음 심心'과 '슬퍼할 척戚'으로 이루어졌다. '척戚' 자는 '오그라들 축蹙'과 쌍성·첩운 관계에 있다. 그래서 자형이 가리키는 의미는 '근심에 찌들다'가 된다.

謝 하직할 '사' '말씀 언言'과 '쏠 사射'로 이루어졌다. '사射' 자는 화살이 '나'('몸 신身' 자를 가리킨다)에게서 떠난다는 뜻일 뿐만 아니라, '사양할 사辭'와도 독음이 같다. 그래서 '사謝' 자의 자형적 의미는 '받지 않겠다고 말을 하고 떠나다'가 된다. 이로부터 '시들다'·'조락凋落하다' 등의 의미가 파생되었다.

歡 기쁠 '환' '하품 흠欠'과 '올빼미 관雚'으로 이루어졌다. '환歡' 자는 '외칠 호呼'와 쌍성 관계에 있으므로 자형적 의미는 '기뻐서 소리를 지르다'가 된다.

招 부를 '초' '손 수手'와 '부를 소김'로 이루어졌다. '소김' 자는 위를 향하여 소리쳐 부른다는 뜻이므로 '초招' 자의 자형적 의미는 '오라고 손짓하여 부르다'가 된다.

738

이 구절 역시 출구의 내용을 반복하고 있다. 기쁜 일은 아뢰어지고 걱정 끼칠 일은 내쳐지듯이, 슬픈 일은 나를 떠나고 기쁜 일은 나를 오라고 손짓한다는 말이다.

어떠한 사물도 스스로 의미를 갖고 있는 것은 없다. 그것을 보는 주체가 의미를 부여하고 믿을 뿐이다. 그러면 주체는 무엇을 근거로 해서 대상 사물에 일정한 의미를 부여하는가? 바로 언어다. 언어 시스템이 나에게 들어와 나를 장악하면 모든 의미는 점령군 격인 언어가 만들어낸다. 대상에 의미를 부여해 세계를 구성하는 것은 내가 아니라 언어이다. 실제가 이러하므로 나의 주인인 말이 슬픔더러 가라면 가는 것이고, 환희더러 오라면 오는 것이다.

영화 〈컵〉(The Cup)의 마지막 장면에 다음과 같은 대화가 나온다. 라마교 수도원의 큰스님이 젊은 학승들에게 "세상을 부드럽게 만들기 위해서 세상을 모두 가죽으로 덮어야 할까?"라고 묻자, 그동안 줄곧 졸기만 하던 학생이 얼떨결에 잠에서 깨어 대답한다. "아닙니다. 내가 가죽신을 신으면 됩니다." 그러자 큰스님이 훌륭한 대답이라고 칭찬한다. 이런 말을 우리는 재담이라고 부르는데, 라캉은 이것을 의식의 틈을 비집고 나온 무의식의 증상이라고 설명한다.

재담은 흔히 화자의 기지와 재주로 발설하는 것으로 알고 있지만, 라캉에 의하면 무의식, 즉 '나'를 점령한 언어가 작동한 결과라는 것이다. 만날 스승의 말을 그대로 받아적어 버릇한 학승은 언어를 경직된 상태로 수용하기 때문에 말이 그의 내부에서 자유롭게 작동하지 못한다. 반면에 허구한 날 공이나 차러 다니는 '날라리' 학생은 공부에 관심이 없으므로 언어가 자신에게 들어와 완전한 주인이 되도록 허락한다. 그러므로 언어는 자유롭게 작동하여 그의 혀를 통해 재치 있는 말을 발설하였을 터이니 이것이 바로 재담이다. 내가 슬픔의 신발을 신으면 세상은 슬퍼지는 것이고 환희의 신발을 신으면 세상은 즐거워지는 것인즉, 어떤 신발을 신느냐는 '나'의 의지가 아니라 언어 자체의 선택일 뿐이다.

　따라서 앞의 스승과 학승의 대화에서 짐작할 수 있듯이 진리를 힘들여 찾으려 해봤자 그 답은 영영 구할 수 없다. 설사 깨달았다 하더라도 그것을 말하는 순간에 늘 빗나가는 것이 진리다. 저 앞에서 잠시 인용했던 도연명의 「음주」 시 마지막의 "이 가운데에 참된 의미가 있구나 해서 / 설명해보려 했더니 이미 말을 잊었네"(此中有眞意, 欲辨已忘言)라는 구절이 이를 잘 말해준다. 따라서 공부 시간에 줄곧 조는 학승처럼 진리에 대한 욕망을 버리고 마음을 비우고 있으면 '나'의 주인인 말이 저절로 알아서 재담을 발설해준다. 그러니까 제 정신을 가지고 무엇인가를 열심히 주장하고 외치는 자의 말은 많은 경우 거짓말이거나 환상이라고 보아도 무방하리라.

교환가치 바깥에 있는 꽃

渠荷的歷거하적력하고
개천의 연꽃은 빛이 선명하고

과녁 적的

渠 개천 '거' '물 수水'와 '곱자 구巨'로 이루어졌다. '구巨'는 곱자, 즉 목수들이 항상 휴대하고 다니는 'ㄱ' 자 모양의 자를 뜻하는데 여기서는 '규격'을 상징한다. 또한 '거渠' 자는 '거할 거居'와 독음이 같으므로 '거渠' 자의 자형적 의미는 '물이 규격대로 파놓은 물길에 머물다'가 된다. 즉 '하河'는 자연적인 하천을, '거渠'는 인공적인 수로를 각각 의미한다.

荷 연꽃 '하' '풀 초艸'와 '어찌 하何'로 이루어졌다. 연꽃의 잎은 하도 커서 사람들이 보고 '어쩌면 이렇게 클 수가!'(何)하고 놀란다. 따라서 '하荷' 자의 자형적 의미는 '보는 사람마다 어쩌면! 하고 놀라는 풀'이 된다.

的 과녁 '적' '날 일日'과 '국자 작勺'으로 이루어졌다. '작勺' 자는 '흰 백白'과 첩운 관계에 있으므로 '밝다'는 의미가 담겼다. 따라서 '적的' 자의 자형적 의미는 '태양 빛의 밝음'이 된다. 과녁은 일반적으로 사수가 잘 볼 수 있도록 뚜렷하게 만들기 때문에 이로부터 '과녁'이라는 의미가 파생되었다.

歷 지날 '력' '발 지止'와 '다스릴 력厤'으로 이루어졌다. '력厤' 자는 '떨어질 리離'와 쌍성 관계이므로 여기에는 '질서 있게 일정한 거리가 유지되도록 다스리다'라는 의미가 담겨 있다. 따라서 '력歷' 자의 자형적 의미는 '일정한 거리를 두고 질서 있게 걷다'가 된다. 한 치의 오차도 없이 진행되는 천체의 운행을 '력曆'이라고 부르는 것은 바로 이런 의미에 기초한 것이다. '적력的歷'이란 '빛이 잡티 없이 선명한 모양'을 뜻한다.

이 구절 이하부터 아래의 '낙엽표요落葉飄颻'까지는 은거한 후 인식을 바꾸자 예전에는 예사롭게 보였던 사계四季의 풍경이 그때마다 새로운 의미로 다가오는 현상을 묘사한 것이다.

우리는 정서 함양을 위해 집 뜰이나 방 안에 화초를 키운다. 화초를 가꾸다 보면 같이 화초를 키우는 이웃과 자연히 비교하게 된다. 비교는 차이를 인식시킬 터인즉 여기서 발동하는 것이 경쟁심이다. 그래서 이웃보다 더 예쁘고 진귀한 꽃을 찾아나서게 되는데, 사실 아름답지 않은 꽃이 어디 있겠는가? 따라서 키우기 어려운 희귀한 화초가 경쟁 아이템으로 선택되는 것이다. 재배가 힘든 화초는 비쌀 수밖에 없으니 결국 여기서도 돈이 승패를 가른다. 시중에 수천만 원짜리 난이 나도는 것은 이 구조 때문이다. 화초 가꾸기가 오로지 자신만을 위한 취미 같지만 이렇게 따져보면 순전히 타자에게 보이기 위한 장식일 수도 있다. 낙향하기 전에 도회에서 영화를 누리고 살던 삶이 어쩌면 이런 것이었을 수도 있다는 말이다.

진귀한 화초가 교환가치로는 고가품일지 모르나 사용가치로 보자면 여느 화초보다 그만큼 월등하다고 볼 수는 없다. 마찬가지로 도회에서 누렸던 권력과 영화는 자신의 능력이 뛰어난 데서 기인한 것이 아니라 체제와 조직이 갖는 힘 덕분이었다. 남의 소유물을 자신의 것으로 착각했던 것이다. 이제 거기서 벗어나 한적한 곳에서 자신의 본래 가치로 돌아오니 그간 욕심에 가려져 있던 사물들이 낯선 모습으로 안계眼界에 들어온다. 그래서 옛날에는 동네 개천에 지천으로 깔려 있어서 별로 눈길을 끌지 않던 연꽃이 갑자기 선명한 빛으로 내 눈에 잡히는 것이다.

정원과 묵정밭

園莽抽條원망추조라
울안의 잡초는 죽죽 뻗어 우거졌다

가지 조條

園 동산 '원' '둘러쌀 위口'와 '긴 옷 원褱'으로 이루어졌다. '원褱' 자는 '울타리 번藩'과 첩운 관계이므로 '원園' 자의 자형적 의미는 '울타리로 둘러싸인 밭'이 된다.

莽 풀 '망' '개 견犬'과 '뭇풀 망茻'으로 이루어졌다. '망茻' 자는 잡풀이 엉켜 자라는 모양이므로 '망莽' 자의 자형적 의미는 '개가 잡풀 속에서 짐승을 쫓다'가 된다. 개가 잡풀 속을 헤집고 다니면 풀이 엉망이 되니 이로부터 '거칠다'는 의미가 파생되었다.

抽 뽑을 '추' '손 수手'와 '말미암을 유由'로 이루어졌다. 우측 방인 '유由' 자는 원래 '머물 류留'였는데 나중에 예서체隸書體에 와서 현재 모양으로 바뀐 것이다. 따라서 '추抽' 자의 자형적 의미는 '가만히 멈춰 있는 것을 손으로 끌어내다'가 된다. 그러나 원래의 '유由' 자로 해석해도 의미는 마찬가지가 된다. 왜냐하면 이 책 맨 앞의 '집 주宙' 자에서 잠깐 설명했듯이 '유由'의 자형적 의미가 '채(술주자 채籭)로 거르고 남은 것'이기 때문이다. 거르고 남은 것은 '줄거리'이므로 '추抽' 자의 의미를 '손으로 줄기를 뽑아내다'라고 해석해도 된다. 이처럼 자형

이 달라도 의미가 서로 통할 수 있는 것은 한자의 의미가 자음字音을 매개로 해서 파생하기 때문이다.

條 가지 '조' '나무 목木'과 '물 잔잔히 흐를 유攸'로 이루어졌으므로 자형적 의미는 '가지런히 뻗은 작은 나뭇가지들'이 된다.

출구에서는 연꽃으로, 대구에서는 울안의 잡초로 각각 여름의 풍경을 서술하고 있다.

지난날의 영화를 내려놓고 소요를 즐기며 유유자적하면 그에 따라 인식도 바뀐다. 마을 도랑에 지천으로 핀 연꽃이 눈에 들어오기 시작하는 것처럼, 텃밭 주변에 마구 자라나는 이름 없는 잡풀에도 눈길이 간다. 중심만을 보려던 인식에서 벗어나니 주변이 보이기 시작한 것이다. 정원이나 텃밭을 가꿔본 사람이라면 잡초의 종류가 얼마나 많은지를 실감한다. 우리는 보통 전혀 이롭지 않고 성가시기만 한 뭇 풀들을 뭉뚱그려 잡초라는 말로 추상화한다. 그러면 나름대로의 생명과 개성을 갖고 있는 식물들은 '잡초'라는 단어 아래로 사라져버린다. 이전에는 뭇사람들의 선망의 존재였던 내가 권력의 체제에서 벗어나자 그냥 대중으로 불리는 것과 같은 이치다. 내가 대중으로 일반화되니 그제야 그냥 잡초가 아닌 존재로서의 갖가지 풀이 개체로, 그것도 줄기가 곧게 죽죽 뻗은 아름다운 모습으로 보이는 것이다. 사군자四君子의 하나로 추앙받는 대나무에게만 곧게 뻗은 아름다움이 있는 것은 아니었다. '나뭇가지들이 실 뽑히듯 쭉쭉 뻗어 있다'는 '추조抽條'는 바로 이러한 인식을 그대로 드러낸다.

정원을 가꾸는 사람은 여름철에 얼마간 잡초를 안 뽑아주면 뜰이 거의 묵정밭이 되는 경험을 한다. 사람들은 이 광경을 보고 지저분하

745

다고 여기지만 실은 자연스러운 현상일 뿐이다. 흔히 건물을 리모델링하는 것보다 전부 부수고 새로 짓는 게 오히려 낫다고 말하듯이 정원을 새롭게 가꾸려면 묵정밭이 되게 놔두는 것도 방법이다.

우리의 정신 세계에서 예술이 바로 이런 기능을 한다. 우리는 무언가를 기획할 때 이성적인 방식으로 도모하지만 과학적 접근은 언제나 한계에 부닥칠 수밖에 없다. 이러한 한계를 뛰어넘어 새로운 세계를 열어주는 것이 예술이다. 예술은 우리를 처음의 묵정밭, 즉 카오스(혼돈)로 돌아가게 해준다. 그때 울안의 잡초에서 죽죽 뻗은 아름다움을 발견하는 일이 가능해진다.

서리 맞은 잎새가 더 붉네

枇杷晚翠비파만취하고
비파나무는 늦게까지 푸른색을 띠고

푸를 취翠

枇杷 '비파' 이 두 글자도 앞의 '산려소요散慮逍遙'에서 나온 '소요'처럼 하나의 단어가 두 개의 음과 두 개의 글자를 갖는 연면자聯綿字다. 이 식물은 장미과에 속하는 유실수로 늘 푸른 나무이므로 겨울에 꽃이 피고 여름에 열매가 익는다.

晚 늦을 '만' '날 일日'과 '면할 면免'으로 이루어졌다. '면免' 자는 '해질 모暮' 자와 쌍성 관계일 뿐만 아니라 '어두울 명冥'과는 쌍성·첩운 관계에 있기 때문에 '만晚' 자의 자형적 의미는 '해가 져서 어두워질 때'가 된다. 이로부터 '늦은'·'저녁' 등의 의미가 파생되었다.

翠 푸를 '취' '깃 우羽'와 '졸개 졸卒'로 이루어졌다. '취翠' 자는 '풀 초草'·'푸를 창蒼'·'채소 채菜' 등과 쌍성 관계를 이루기 때문에 이 글자는 '푸르다'는 뜻을 담고 있다. 따라서 '취翠'의 자형적 의미는 '푸른색의 깃털을 가진 새', 즉 '물총새'가 된다. 이로부터 '푸른색' 또는 '푸른색의 보석' 등의 의미가 파생되었다.

'만晚' 자가 하루 중 해가 진 뒤의 어둑어둑한 때를 가리키는 것처

747

럼 인생에서는 전성기를 지나 내리막 쇠퇴기에 들어선 때를 의미한다. '만년晚年'이라는 단어가 이를 가리킨다.

앞의 '감모변색鑑貌辨色' 구절에서 잠시 설명했듯이 우리는 사물의 상태를 빛으로 구분한다. 한창때는 '물物이 잔뜩 올랐다'고 하고, 전성기를 지나면 '물이 갔다'고 표현한다. 여기서 물, 즉 빛은 생기의 강도를 뜻할 뿐 그 자체의 속성을 가리키는 것은 아니다. 청년기의 인간이 생기는 절정에 이르렀을지라도 그것이 인간의 속성을 그대로 나타내는 것은 아니라는 말이다. 인간의 진정한 속성은 생기가 시들고 지혜가 무르익었을 때 드러나지 않던가?

장미꽃의 진한 빛깔은 시들어가면서 드러나고 단풍의 진한 색은 낙엽으로 떨어지기 직전에 뿜어 나온다. 이 사실을 잘 표현한 것이 두목杜牧의 시 「산행山行」의 마지막 구절이다.

수레를 세운 것은 단풍 진 숲이 시들어가는 게 아까워서라 停車坐愛楓林晚
서리 맞은 잎새지만 춘삼월 봄꽃보다 더 붉네 霜葉紅於二月花

한창때의 단풍이 아니라 시들어가는 단풍잎이 봄에 피는 꽃보다 더 붉었다는 것이다. 생기가 빠지고 나면 본래의 속성이 가림 없이 솔직히 드러나기 때문이리라. 나뭇잎을 다 떨어뜨린 나목이 나무의 속살 아니던가? 회광반조回光反照라는 말이 있다. 재가 타들어가다가 끝에 이르면 불빛이 갑자기 밝아지면서 꺼지는 현상을 가리키는 말이다. 모든 사물은 마지막에 이르러서야 제 속성이 다 드러나는 법이다. 그믐달이 크기는 작아도 새벽을 밝히는 빛은 보름달 못지않다.

사람도 전성기를 지나 쇠퇴기에 접어들었을 때 진정한 인간적 가치가 드러나기 시작한다. 『논어』 「태백」편에서 "증자가 (임종에) 말하기를 '새가 바야흐로 죽음을 맞이할 때는 그 울음소리가 슬프고, 사람이 죽음에 임해서는 그의 말이 참되다"(曾子言曰: 鳥之將死, 其鳴也哀. 人之將死, 其言也善)라고 했다는 구절이 이를 잘 말해준다. 새는 죽음이 두렵고 고통스러우므로 애처롭게 울지만 인간은 죽음에 가까울수록 앞에서 언급한 바 있는 관념적 타자, 즉 대타자와 하나가 됨을 인식한다. 종교를 믿는 사람은 신에게 안기고 어떤 신념을 신봉해온 사람은 자신이 신념의 일부가 되는 쾌락을 느끼게 되는데, 이렇게 영적 의미를 스스로 부여받을 수 있는 것은 인간이기에 가능하다. 영적인 속성이 드러나는 그 시기에 하는 말이 참되지 않을 수가 없는 것이다. 만일 죽음 앞에서 이런 속성이 드러나지 않고 두렵기만 하다면 그것은 새의 죽음과 다를 바 없으리라.

비파나무는 상록수이기는 해도 추운 계절에 들어서면서 더욱 그 빛을 발한다. 속세의 영화를 내려놓고 전원으로 돌아와 남들이 인정해주지 않는 가운데서도 푸른빛을 지킬 수 있다면 이는 바로 영적인 속성이 점점 무르익어가고 있다는 증거가 될 것이다.

잠자는 나를 깨우는 오동나무

이를 조무

梧桐早凋오동조조라
오동나무는 일찍 시든다

梧 오동나무 '오' '나무 목木'과 '나 오吾'로 이루어졌다. 고대 봉건 시기에는 신분에 따라 관을 네 겹에서 두 겹까지 짰다. 이 중에서 몸에 가장 가까운 쪽의 관, 즉 내관을 '널 츤櫬' 또는 '오梧'라고 불렀다. 내관은 오동나무로 만들었으므로 '오吾' 자를 우측 방의 글자로 구성한 것이다. 따라서 '오梧' 자의 자형적 의미는 '몸에 가장 가까운 쪽의 내관을 만드는 나무', 즉 '오동나무'가 된다.

桐 오동나무 '동' '나무 목木'과 '같을 동同'으로 이루어졌다. '동同' 자는 기물을 한데 모아놓고 위를 하나의 천으로 덮은 모양이다. 가운데가 구멍이 뚫린 긴 대롱도 이처럼 하나로 통해 있으므로 같은 뜻이 된다. 따라서 '동桐' 자의 자형적 의미는 '가운데가 뚫려서 하나로 통해 있는 나무', 즉 '오동나무'가 된다. 이 나무는 낙엽수로서 목질이 가볍고 질기기 때문에 가구와 악기의 재료로 많이 쓰인다. 전설에 의하면 봉황이 깃들이어 사는 나무로 알려져 있다.

早 이를 '조' 이 글자를 소전에서는 '鼻'로 쓰는데 이는 '날 일日'과 '첫째 갑甲'으로 이루어진 글자이다. '갑甲' 자는 식물의 싹이 껍질을

뚫고 처음 나온 모양이므로 '조旦' 자의 자형적 의미는 '어둠의 장막을 뚫고 빛이 처음 비추는 때'가 된다. 이로부터 '이르다'·'아침' 등의 의미가 파생되었다.

凋 시들 '조' '얼음 빙 冫'과 '두루 주周'로 이루어졌다. '주周' 자는 '밭에 곡식이 빈틈없이 빽빽이 들어차듯이 말이 치밀하다'는 뜻인데, 빽빽이 들어찬 것이 얼면 완전히 얼어죽는 것이 아니라 낙엽이 떨어질 정도로만 시들어버리기 때문에 '조凋' 자의 자형적 의미는 '초목이 서리를 맞아 얼다'가 된다.

이 구절도 앞의 출구와 더불어 늦가을의 정경을 묘사한다. 이전에 권력과 영화를 누리고 살 때의 세계는 단의적單意的인 의미체계로 이루어졌다고 해도 과언이 아니었다. 권력과 부의 가치가 지배하는 세상에서 다른 가치나 의미가 용납될 수 없음은 당연한 일이 아닌가? 절개는 오로지 대나무와 소나무만이 상징할 수 있는 줄 알았지만, 낙향해서 살아보니 비파나무도 사시사철 푸른데 충절의 은유에서 소외되어온 사실을 깨닫게 되었다.

사철 푸른 나무만 아름다운 것은 아니며, 서리만 내리면 금방 시들어버리는 오동나무에서 특별한 의미를 찾아내기도 한다. 오동나무는 아무 땅에서나 잘 자라고 성장이 빠를 뿐 아니라 잎사귀도 넓고 헤픈 모양이라서 귀한 대접을 받지 못하는 나무다. 그런데 중국의 고대 문학 작품에서 오동나무는 각성의 상징으로 자주 등장한다. 주자朱子의 「권학시勸學詩」가 그 대표적인 예이다.

소년은 쉬이 늙고 학문은 이룩하기 어려우니　　　少年易老學難成

일분일초의 시간이라도 가벼이 여겨서는 안 되네　　　一寸光陰不可輕

못가의 봄풀 같은 꿈에서 아직 깨어나지도 않았는데　　未覺池塘春草夢

섬돌 앞 오동 잎새는 벌써 가을 소리를 내는구려　　　階前梧葉已秋聲

원元나라 때 문호인 백박白樸의 잡극「당명황추야오동우唐明皇秋夜梧桐雨」라는 작품에서도 오동나무는 같은 기능을 한다. 현종은 난리를 끝내고 목숨을 부지하기 위해서 부득이 사랑하는 양귀비를 죽이고 장안으로 돌아왔다. 귀비를 잃고 상심에 빠진 현종은 귀비의 초상을 걸어놓고 매일 그리워하고 있었다. 그러던 중 어느 가을밤 꿈속에서 귀비를 만나 한창 즐거워하고 있었는데 오동나무에 떨어지는 빗소리에 그만 잠이 깼다는 것이 이 극의 내용이다. 커다란 잎에 떨어지는 빗방울 소리가 얼마나 요란한지는 들어본 사람은 알리라. 이처럼 오동나무는 흔한 나무이지만 자연의 변화에 민감하게 반응하므로 문학 작품에서 깨우고 경보(alarm)를 울리는 자의 상징으로 자주 등장했던 것이다.

고목이 쓰러져야 숲이 건강하다

맡길 위委

陳根委翳진근위예하고
고목은 땅에다 몸을 맡겨 널브러져 있고

陳 묵을 '진' '언덕 부阜'와 '나무 목木'과 '펼 신申'으로 이루어졌는데, 그 의미는 '사방이 산으로 둘러싸인 분지盆地 안에 펼쳐 있는 평원'이다. 주대周代의 진陳나라는 오늘날 하남성의 동부와 안휘성安徽省 서부에 걸친 광대한 평원에 위치했기 때문에 '진陳'으로 명명된 것이다. 진나라는 순임금의 후예인 규만嬀滿이 주나라 무왕에게서 봉지로 받은 땅이었으므로 옛날에는 역사가 오래된 나라로 알려져 있었다. 그래서 이로부터 '오래되다'·'진부하다'·'썩다' 등의 의미가 파생되었다.

根 뿌리 '근' '나무 목木'과 '머무를 간艮'으로 이루어졌다. '간艮' 자는 '뿌리 본本'과 쌍성·첩운 관계에 있으므로 '근根' 자의 자형적 의미는 '나무의 뿌리'가 된다.

委 맡길 '위' '계집 녀女'와 '벼 화禾'로 이루어졌다. 벼는 이삭이 익으면 바람에 따라 부드럽게 흐느적거린다. 따라서 '위委' 자의 자형적 의미는 '여자의 몸이 바람에 흔들리는 익은 벼처럼 부드럽게 흐느적거리다'가 된다. 이로부터 '(바람에) 맡기다'·'굽다'·'쌓다' 등의 의미가 파

생되었다. 여기서의 '위萎' 자는 '시들 위萎' 자와 같은 뜻으로 쓰였다.

翳 가릴 '예' '깃 우羽'와 '비명 소리 예殹'로 이루어졌다. '예翳' 자는 '옷 의衣'와 쌍성·첩운 관계에 있으므로 이 글자에는 '가리다'라는 의미가 담겨 있다. 따라서 '예翳' 자의 자형적 의미는 '깃털로 만든 덮개 또는 가리개', 즉 '일산日傘'이 된다. 이로부터 '가리다'라는 의미가 파생되었다.

이 구절은 다음의 대구와 함께 겨울의 정취를 묘사하고 있다.

'진근陳根'은 '묵은 뿌리'라는 뜻이지만 여기서는 말라죽은 고목枯木을 가리킨다. 그리고 '위예萎翳'는 고전에서 흔히 '말라 시들다'라는 관용적 의미로 쓰이지만, 여기서는 글자 그대로 말라 시든 채 자신을 자연에 '내맡김'(萎)으로써 땅을 '덮다'(翳), 다시 말해 땅에 널브러져 누워 있다는 뜻으로 새기는 것이 적절하다. 이런 광경 역시 전원에 내려와 살면서 보게 되는 일상 중의 하나이기 때문이다. 세속의 영화를 떠나 전원에 내려온 사람이라면 자연히 노장老莊적 시각을 갖게 될 것인즉, 고목이 누워 있는 광경은 각별히 그의 눈에 잘 띄었을 것이다.

어떤 조직에서든 원로나 고참자가 자리를 잘 안 내놓으려는 이유는 젊은 후임자나 신참이 미덥지 못하다는 것이다. 그러나 젊은이들이 실제로 그 자리를 맡으면 오히려 더 잘하면 잘했지 결코 못하지가 않음을 자주 발견한다. 이러한 사실은 숲에서도 그대로 실현된다. 숲이 건강하려면 고목이 시들어 쓰러져야 한다. 고목이 너무 오래 서 있으면 그 밑의 나무들이 잘 자라지 못한다는 것은 이미 상식이다. 내가 보호해주지 않으면 안 된다고 버티고 있으면 어린 나무들이 충분히 자라지도 못할뿐더러 다 자라지 못한 상태에서 겉늙어버린다. 우리 사회에 애늙은이가 많은 것은 이 때문이다.

그 어디보다 젊은이가 많아야 할 진보 정당에 청년은 눈에 안 띄고 노인들만 보이기도 한다. 이 현상에는 여러 이유가 있겠지만 노장층이 청년들을 못 미더워하는 탓도 있을 것이다. 보수 정당의 노장들과 마주 앉았을 때 청년들의 정치적 수완이 못 미치기는 할 터이다. 정치적 협상과 소통이 보수적 프레임 안에서 실행될 것이기 때문이다. 이를 극복하려면 청년들을 대거 맨 앞줄에 내세워 눈에 보이는 방식을 달리 해야 한다. 그래야 보수적 정치와 차별화할 수 있고 새로운 정치적 의제(agenda)를 만들어낼 수 있다. 보수적 관점에서 보면 불안하겠지만 그래도 20~30대 청년들을 과감히 앞장서게 해야 한다. 이렇게 하지 않으면 그들은 평생 노인네들의 울타리를 벗어나지 못한다.

노인은 경험이 많아 지혜롭다고 하지만 실제 정치를 언제 지혜로 했던가? 지혜로 포장한 것이 지나고 보면 대부분 꼼수였음을 우리는 알고 있다. 청년은 선거 기간의 프로파간다에만 이용될 뿐 실제 참여에서는 기회를 허락받지 못하는 게 현실이다. 우리나라 주요 정당 청년위원장들의 나이가 몇 살인지를 검색해보면 현실을 금세 알 수 있다. 우리 정치사에서 1960년대에 이미 '40대 기수론'이 나왔는데, 2020년이 코앞인데도 30대로 내려가기는커녕 50대도 주류에 들어가기가 힘들지 않은가?

시스템 사회를 보완하는 장치

떨어질 락落

落葉飄颻낙엽표요라
낙엽은 바람에 이리저리 휘날린다

落 떨어질 '락' '풀 초艸'와 '물 이름 락洛'으로 이루어졌다. '락落' 자는 '비 떨어질 령霝'과 쌍성 관계여서 의미를 서로 주고받을 수 있으므로 '떨어지다'라는 의미로 쓰이게 된 것이다.

葉 잎 '엽' '풀 초艸'와 '넓빤지 엽枼'으로 이루어졌으므로 자형적 의미는 '초목의 넓은 잎사귀'가 된다.

飄 회오리 '표' '바람 풍風'과 '불똥 튈 표票'로 이루어졌다. 지금의 한자는 '표票'로 되어 있지만 원래 글자는 '가벼울 표㮡'의 뜻으로 썼었다. 따라서 '표飄' 자의 자형적 의미는 '갑자기 하늘로 날아오르는 회오리바람'이 된다.

颻 질풍 '요' '바람 풍風'과 '질그릇 요䍃'로 이루어졌다. '표요飄颻'는 낙엽이나 깃발 등이 바람에 휘날리고 나부끼는 모양을 형용하는 말이다.

　이 구절은 낙엽이 찬 바람에 이리저리 휘날리는 초겨울의 정경을 묘사하고 있다.

낙엽은 바람에 날림으로써 다른 곳으로 옮겨져 다른 식물의 거름이 된다. 대신에 자신은 역시 바람에 날려온 다른 낙엽에서 양분을 얻는다. 이렇게 서로 자신에게 부족한 성분을 남에게서 얻을 수 있는 것이다. 이것이 '표요飄繇'가 아름다운 이유이다. 폐쇄된 자신의 울안에서 근친교배로 재생산하는 유기체는 생명을 건강하게 유지할 수 없다.

요즘 우리 사회는 시스템에 의거해 움직이는 방향으로 변화하고 있다. 사회가 시스템에 의해 완벽하게 돌아간다면 개인의 능력이나 행위가 크게 중시되지 않는다. 따라서 개인이 근친교배로 배타적이 되든 '표요'에 의해 균형을 유지하든 사회 생활에는 별다른 영향을 미치지 않을 것이다. 그러나 시스템 자체가 어느 한쪽으로 쏠린 구조를 갖고 있다면 이로써 이득을 보는 계층은 근친교배에 의한 배타성을 강화하려 할 것이다. 그러면 자연히 특정 계층과 특정 지역 사람들이 귀족처럼 대우받는 신분 사회로 발전하게 된다. 시스템의 기능은 완벽하게 작동할 수 있어도 시스템 자체는 완벽할 수가 없다. 그래서 시스템을 보완하는 장치가 필요한데 이것이 바로 계층 사이를 섞고 이동시키는 '표요'인 것이다.

앞의 '연꽃'(渠荷)에서 시작해 '잡초'(園莽)·'비파나무'·'오동나무'·'오래된 고목'(陳根)·'낙엽'에 이르기까지, 주변의 잡다한 사물들이 새삼스럽게 의미를 부여받으면 지금까지 인식해왔던 세계는 물러가고 새로운 의미를 가진 세상이 갑자기 열리게 된다. 만일 그에게 글이나 그림, 또는 음악 등으로 표현할 수 있는 능력이 있다면 처음 경험하는 이런 세상을 묘사해 사람들에게 알리고 싶은 충동이 일어날 것이다. 마치 마르크스가 역사의 흐름을 되돌아보았더니 그 동력이 소외된 인민들에게 있었음을 발견하고 이 힘을 과학적으로 조직하면 평등한 세계를 실현할 수 있을 것이라고 구상했듯이 말이다. 앞에서 내가 은거하겠다고 낙향한 사람들이 일정 시간이 지나면 무슨 환상 같은 이야기를 들고 다시 세상에 나오고 싶은 강한 유혹을 느낀다고 쓴 것은 이런 맥락을 가리킨 것이다.

그렇다 하더라도 은거가 세파에 찌든 사람들에게 한번 선택해보고픈 이상적인 삶의 방식인 것만은 사실이다. 요즘에는 이른바 '4도 3촌'(일주일에 4일은 도시에서 일하고 주말 3일은 전원의 집에 가서 쉬는 생활)이 도시인의 '로망'이라는 속설도 있다. 그러나 라캉의 이른바 향락(enjoyment)의 모순을 여기에 적용하면 다음과 같이 분석할 수 있을 것이다. '나는 세상일에 너무 시달렸기 때문에 어디 조용한 산골이나 전원으로 돌아가서 모든 것을 잊고 살기를 원한다. 그러나 이렇게 사는 것이 실제로는 불가능함을 잘 안다. 나는 그러한 은거의 삶이 정말로 실현될까 두렵다.' 즉 그러한 은거의 삶이 의식적으로는 동경의 대상이지만 무의식적으로는 정말로 실현되는 것을 오히려 두려워한다는 말이다.

세파에 찌든 삶이 힘들어 보여도 실은 그 삶이 진실로 사는 재미를 느끼게 하는 것이다. 한적한 삶을 버리고 도시로, 그것도 사람 살 데가 못 된다고 너나 없이 불평하는 서울로 꾸역꾸역 모여드는 현상은 나라의 경제력이 서울에 집중되어 있기 때문만은 아닐 것이다.

홀로 나도는 거대한 물고기

홀로 독獨

遊鯤獨運유곤독운하여
자유로이 노니는 곤어鯤魚는 홀로 나돌다가

遊 노닐 '유' '쉬엄쉬엄 갈 착辵'과 '깃발 나부낄 유㫃'로 이루어졌으므로 자형적 의미는 '깃발이 바람에 나부끼는 것처럼 정처 없이 길을 걷다'가 된다. 이로부터 '노닐다'라는 의미가 파생되었다.

鯤 큰고기 '곤' '고기 어魚'와 '맏형 곤昆'으로 이루어졌으므로 자형적 의미는 '물고기의 맨 처음', 즉 치어稚魚가 된다. 그러나 『장자』에서는 역설적이게도 이를 '전설상의 큰 물고기'라는 개념으로 사용하였다.

獨 홀로 '독' '개 견犬'과 '나비 애벌레 촉蜀'으로 이루어졌다. '촉蜀'자는 '홀로 특特'·'싸울 투鬪' 등과 쌍성·첩운 관계에 있으므로 여기에는 '다른 개체와 동류가 되지 못하고 싸우다'라는 의미가 담겨 있다. 따라서 '독獨'자의 자형적 의미는 '개가 다른 짝과 하나가 되지 못하고 서로 홀로 서겠다고 싸우다'가 된다. 이에 비하여 양羊은 동류들과 잘 어울리므로 '무리 군群'으로 표상한다.

運 옮길 '운' '쉬엄쉬엄 갈 착辵'과 '군사 군軍'으로 이루어졌다. '군軍'자의 자형적 의미는 '전차로 에워싸다'이고, '운運'자는 '구름 운雲'

과 음이 같기 때문에 여기에는 '구름이 비가 되고 비가 다시 구름이 되는 것처럼 순환·회전하다'라는 의미가 담겨 있다. 따라서 '운運'의 자형적 의미는 '에워싸인 하나의 장場 안에서 순환·회전하다'가 된다. 이로부터 '운행하다'라는 의미가 파생되었다.

이 구절은 『장자』「소요유逍遙游」의 "북쪽 바다에 물고기가 있으니, 그 이름을 곤이라 한다"(北冥有魚, 其名爲鯤)를 모티브로 하여 다시 쓴 것이다.

『장자』「소요유」에 의하면 곤鯤은 크기가 몇천 리나 되는지도 알 수 없는 상상의 큰 물고기인데, 이것이 나중에 붕鵬이라고 하는 큰 새로 변하여 남쪽 바다로 날아간다고 한다. 그러나 '곤鯤' 자의 자형적 의미는 앞에서 설명했듯이 '치어'를 뜻한다. 장자가 일반적인 의미와는 정반대로 '큰 물고기' 개념으로 쓴 것은 작은 치어에 보통 사람들이 보지 못하는 잠재된 힘이 숨어 있음을 상징하기 위한 것이리라. 아무리 큰 물고기도 송사리에서 시작하고, 아무리 큰 새라도 병아리 과정을 거치는 게 아닌가? 따라서 장자의 '곤'은 대단한 재주를 지니고 있으나 그것이 너무 큰 나머지 사람들이 알아보지 못하는 이른바 회재불우懷才不遇를 비유하는 사물로 흔히 회자되고 있다. 재주와 능력을 소유했는데도 때를 만나지 못한 인재는 중심의 권력에서 소외돼 있으므로 변방인 '북쪽 바다'에서 어디에도 얽매이지 않은 채 이리저리 '돌아다니다가'(游) 나중에는 붕이라는 큰 새가 되어 저 멀리 남쪽 바다로 날아간다.

'곤'은 너무 커서 아무도 짝을 할 만한 물고기가 없으므로 하는 수 없이 '홀로 빙빙 돌며'(獨運) 배회하는데, 이 때문에 '곤'은 형이상학적으로 절대적인 의미를 갖는다. 회재불우의 선비는 그가 소유한 지식은 물론 인품도 절대적이다. 왜냐하면 그와 짝을 이룰 사람이 없어 검증이 불가능하기 때문이다. 백성들은 이러한 인재가 정치를 해서 사회가 공명정대해지기를 염원해왔다. 오늘날 민주 사회의 시민이라면 스스로 정치에 참여해 모순을 개혁해야 하건만 그러기보다 불세출의 영웅이 나타나 단번에 세상을 바꿔주기를 바라는 풍조는 이렇게 관념화된 인재 형상에서 비롯된 것이다.

　검증 불가의 절대적 지식은 역설적으로 세속에서 쓸 수가 없다. 검증이 불가능한 지식이기 때문이기도 하지만 애초에 지식이란 생각처럼 그렇게 절대적일 수 없기 때문이다. 진리는 끊임없는 부정의 부정을 겪어 오류가 극복되는 과정 속에서 접근되는 것이지 처음부터 절대적인 지식은 존재하기 어려운 것이다. 이 구절에서는 '독獨' 자의 자형이 이를 간접적으로 지시한다. 즉 자해에서 밝혔듯이 이 글자에는 이미 절대적인 '홀로'가 아니라 함께 들러붙어 싸워야 하는 상대가 있다는 사실이 숨겨져 있다. 단지 그와 타협해서 하나가 되지 않고 홀로 고답적으로 존재할 뿐이다. 고답적인 사람이 존재하는 방식은 은거밖에 없다. 왜냐하면 누구도 필적이 안 되기 때문이다. 그런데 정말로 은거를 한다면 그것은 아무런 의미 없는 '무無'와 다를 바 없다. 어떻게든 '홀로' 자재自在하는 것이 의미를 갖도록 만들려면 세속의 대척점에 피안을 상정해야 하는데, 그것이 바로 '독운獨運'이다. 즉 '홀로 운행하는 하나의 장'이 아니라 저쪽과 대비되는 가장 이상적인 관념의 장이라는 말이다. 세속의 이분법적 사고를 벗어나려 하지만 끝내 털어내지 못하는 역설을 이 구절은 말하고 있다.

불우한 인재의 희망

비 우雨

凌摩絳霄릉마강소라
하늘의 한계 밖을 넘어서 그 위를 미끄러지듯이 날아간다

凌 능가할 '릉' '얼음 빙冫'과 '넘을 릉夌'으로 이루어졌다. 그러나 이 글자의 본래 글자는 '릉夌'이다. '릉夌' 자는 '높은 땅 륙坴'와 '밟을 렵躐' 등과 쌍성 관계에 있으므로 자형적 의미는 '높은 곳에서 발을 성큼 디뎌 건너가다'가 된다. 이로부터 '능가하다'·'범하다'·'능멸하다' 등의 의미가 파생되었다.

摩 문지를 '마' '손 수手'와 '삼 마麻'로 이루어졌다. '마麻' 자는 집 아래에서 삼 껍질을 벗기고 손으로 비벼 꼬아 실을 만드는 모양이므로 '마摩'의 자형적 의미는 '손으로 갈고 비벼서 예쁘게 다듬다'이다. 여기서 '연마하다'라는 의미가 파생되었는데, 나중에는 '갈 마磨' 자가 만들어져서 더 보편적으로 쓰이게 되었다.

絳 붉을 '강' '실 사糸'와 '복종할 강夅'으로 이루어졌다. 여기서는 '붉은색의 비단'을 뜻한다. 붉은색 중에서도 특히 일출 때의 붉은빛을 일컫는다. 이로부터 '진붉은 적색'이라는 의미가 파생되었다.

霄 하늘 '소' '비 우雨'와 '흩어질 소肖'로 이루어졌으므로 자형적 의미는 '비가 산산이 흩어져 있는 것', 즉 '구름 기운'이 된다. 하늘은 광

범위하게 펼쳐져 있는 사물이므로 종종 그 안에 존재하는 사물로써 환유적으로 표현되는데, '구름 기운'도 그중 하나이다. 따라서 '소霄' 자에 '하늘'이라는 의미가 생겨난 것이다.

이 구절은 『회남자淮南子』「인간훈人間訓」의 "뜬구름을 아래로 깔고, 푸른 하늘을 등에 지고, 하늘 꼭대기 위를 가슴으로 밀고 날아간다"(凌乎浮雲, 背負青天, 膺摩赤霄)를 다시 쓴 것이다.

'강소絳霄'는 하늘에서도 가장 높은 곳을 가리킨다. 여기서 특이한 점은 실제로 하늘의 색은 푸른색으로 보이는데 붉을 '강絳' 자를 '하늘 소霄' 자 앞에 썼다는 사실이다. 고대인들은 천체를 관측할 때 북극을 기준으로 삼았으므로 북쪽을 향한 상태에서 위를 올려다보았다. 그러면 머리의 윗부분은 자연히 하늘의 남쪽이 된다. 그래서 오행五行 중 남방의 색인 붉은색으로 하늘의 색을 표상하였다.

'능마凌摩'란 하늘의 지붕을 밖으로 '넘어서서'(凌) 그 지붕 위를 가슴으로 '미끄럼을 타듯이'(摩) 날아가는 모습을 형용한 말이다. 즉 앞에서 말한 '곤鯤'이라는 큰 물고기가 때가 되면 커다란 붕새가 되어 하늘 높이 날아 남쪽 바다를 향해 간다는 『장자』의 전설을 가리킨다.

이 구절은 회재불우의 선비가 지금은 변방인 북쪽 바다에서 홀로 배회하고 있지만 때가 되면 붕새가 되어 남쪽 바다로 날아갈 것이라는 포부를 담고 있다. 여기서 우리가 눈여겨볼 대목은 궁극적으로 날아가려는 목적지가 남쪽 바다라는 사실이다. 남쪽 바다 또는 남쪽 나라는 굳이 회재불우의 인재가 아니라도 우리 모두 궁극적으로 돌아가고자 하는 고향 같은 곳이다. 고향을 그리워하는 노래의 대부분이 남쪽을 향하고 있음이 이를 증명한다. 그런데 왜 마음의 고향은 하필 남쪽일까? 동아시아 문명의 근거지는 대체로 북방에 자리잡았기 때문에 남쪽에 대한 경험이 흔치 않으므로 우리에게 남쪽은 관념상의 장소로 간직되어 있다. 게다가 남쪽은 따뜻하기 때문에 돌아가서 편히 쉴 포근한 쉼터의 이미지를 갖기에 용이하다. 이에 비하여 북쪽은 추위를 참고 야만을 이겨야 하는 현실을 상징한다.

이러한 현실을 극복하고 먼 남쪽 바다로 가려면 물고기 상태로는 안 되고 새가 되어서 날아가야 한다. 물고기에서 새가 되려면 자신의 출중한 재주를 누군가 발견하고 또 등용해줘야 한다. 즉 재주가 권력을 만나 꿈을 실현했을 때 남쪽 나라로 가는 것이 의미가 있다는 말이다. 아무리 출중한 재주를 지녔어도 고향에서는 몰라주는 법인데, 아무리 고향이 좋더라도 금의환향하지 않은 사람을 반겨줄 리가 없지 않은가? 따라서 곤鯤에서 붕鵬으로의 신화는 회재불우의 선비들에게는 위로이자 희망이었던 것이다.

서점에 서서 책 읽기

저자 시市

耽讀翫市탐독완시하니
글 읽기를 너무 좋아해서 저자에 물리도록 놀러갔으니

耽 즐길 '탐' '귀 이耳'와 '한가로울 용冘'으로 이루어졌다. '용冘' 자는 '집 면宀' 아래에 사람이 웅크리고 앉은 '어진 사람 인儿'으로 구성되었으므로, 농번기인데도 농사꾼이 집 안에 들어앉아 있는 모양을 나타낸다. 따라서 '탐耽' 자의 자형적 의미는 '귀가 커서 아래로 축 늘어지다'가 된다. 그런데 이 글자가 '즐기다'(樂)라는 의미로 쓰이게 된 것은 '잠길 침湛'과 쌍성·첩운 관계에 있어서 '즐거움에 빠지다'라는 의미로 차용되었기 때문이다. 그래서 '침湛' 자도 '즐기다'라는 의미로 쓰일 때는 '탐'으로 읽는다.

讀 읽을 '독' '말씀 언言'과 '팔 육賣'으로 이루어졌다. '육賣'이란 행상인들이 저자를 돌아다니며 물건을 사라고 외치는 행위를 뜻하므로 '독讀' 자의 자형적 의미는 '말을 소리쳐 외치다'가 된다. '독讀' 자에 '읽다'라는 의미가 생겨난 것은 발음이 '주문 주籒'·'뽑을 추抽'와 쌍성·첩운 관계에 있어서 '책을 읽고 거기에서 내용과 이치를 뽑아내다'라는 의미로 차용된 결과이다. '주籒'는 주나라 시대의 서체 중 하나이지만 여기서는 글이나 책을 상징하는 글자로 쓰였다. 그래서 책

765

은 내용과 이치를 따져가며 읽어야 하므로 '독서讀書'라고 하는 반면에, 시는 절주節奏에 따라 소리 내어 읽음으로써 감정을 느껴야 하므로 송시誦詩라고 일컫는 것이다.

翫 갖고 놀 '완' '익힐 습習'과 '으뜸 원元'으로 이루어졌다. '원元' 자는 '물릴 염厭'과 쌍성·첩운 관계에 있으므로 '완翫' 자의 자형적 의미는 '하도 자주 해서 물릴 만큼 익숙해지다'가 된다. 여기서는 '(책을 구경하러) 뻔질나게 다니다'라는 의미로 쓰였다.

市 저자 '시' 이 글자를 금문에서는 '𣅔'로 썼는데 이는 '평평할 평平'과 '머무를 지止'로 이루어진 글자이다. 따라서 자형적 의미는 '한데 머무르면서 너와 나 상호 간의 물건을 공평하게 가격을 매기는 곳', 즉 '시장'이 된다.

곤에서 붕으로의 신화를 이야기했다. 그러나 치어가 붕새가 되려면 가만히 기다리고만 있어서는 안 되고 붕새가 되기 위한 준비를 해야 한다. 즉 부단한 노력으로 공부를 해야 한다. 그래서 이 구절은 한漢나라의 왕충王充이라는 학자가 글 읽기를 매우 좋아하였지만 집안이 가난하여 책 살 돈이 없었으므로 저자에 있는 책방에 수시로 가서 진열된 책을 선 채로 읽었다는 고사를 인용함으로써 공부를 독려하고 있다.

왕충의 고사처럼 공부란 기본적으로 열정으로 하는 것인 만큼 열악한 환경을 탓할 것이 못 된다. 호기심과 의문이 머릿속에 꽉 차 있다면 관념만으로도 얼마든지 파헤쳐 나갈 수 있다. 물론 경험적인 차원에서 검증하는 것이 중요하긴 하지만 세상 이치가 모두 검증된 것만 골라서 따르고 사는가? 합리론적인 차원에서 어떤 이치를 발견해냈다면 누군가 나중에 그것을 입증해 줄 것이다. 펜과 종이로만 계산해낸 아인슈타인의 상대성 이론을 에딩턴(A. Eddington)이 실험으로 검증해 주었듯이 말이다. 두 사람의 공통점은 진리에 대한 열정이었다.

이러한 열정은 주위 사람들이 방해하거나 환경이 열악할수록 오히려 더욱 가열차진다. 오늘날 학자들은 연구의 미흡함을 문헌이나 실험 기자재 부족 탓으로 돌리는 경향이 있다. 그래서 대학마다 도서관과 실험실을 확충하고 실험 기자재를 사들이는 데 예산을 쏟아 붓지만 그래도 이렇다 할 독창적인 학술적 성과가 드문 것이 현실이다. 왕충 같은 열정의 결핍이라고밖에는 설명되지 않는다. 독창적이려면 여름벌레가 여름에만 매여 있지 않고 과감하게 겨울을 상상하듯 해야 하는데 이것은 앎에 대한 열정이 있어야만 가능하다.

그런데 '탐독완시耽讀翫市'라는 이 구절의 내용처럼 서점에서 선 채로 진열된 책을 읽는 행위가 마치 공부에 대한 열정, 또는 책 읽기를 좋아하는 성품을 표상하는 하나의 기호가 된 듯하다. 주말마다 서점에 나가 책을 구경하며 읽는 것이 취미인 사람도 생겨났다. 서점들이 이런 사람들의 기호에 맞춘 판매 전략을 놓칠 리 없다. 요즘처럼 책을 읽지 않는 풍토에서는 그나마 공짜 손님이라도 많이 와야 잠재 구매력이 높아질 것 아닌가? 견물생심見物生心, 즉 물건을 보면 사고 싶은 마음이 생기는 법이니, '탐독완시'는 마케팅의 훌륭한 본보기가 될 수 있다. 그러나 진열대에서 사람들이 책을 읽도록 하려면 우선 매장을 넓혀야 하고, 관리할 직원도 더 고용해야 한다. 그리고 무엇보다 이 사람 저 사람이 진열된 책을 읽고 매만지다 보면 책이 구겨지고 더러워져 상품 가치가 없어질 터이므로 손실이 생긴다. 결국 서적의 유통 비용이 늘어나서 이것이 책값에 전가되고 가격 인상을 불러

오게 될 것은 뻔한 이치이다.

왕충은 후한 시기에 당시로서는 매우 진보적인 사상을 가지고 저술 활동을 했던 경학자經學者였다. 그의 대표적 저술인 『논형論衡』을 읽어보면 그가 얼마나 기존 체제에 비판적인 진보 사상가였는지를 잘 알 수 있다. 그래서 옛날부터 중국의 많은 지식인들은 그의 글을 탐독하고 그의 사상을 흠모하였다. 이것을 기득권 계층과 주류 세력이 달갑게 여길 리 없었을 터인즉, 왕충의 글은 당연히 억압받을 수밖에 없었다. 그러나 그들은 그의 글을 직접적으로 억압하지 않고, 그가 가난한데도 '탐독완시'하는 열정으로 대학자가 되었다는 점을 전경前景에 내세워 이 점만을 본받게 함으로써 그의 글과 사상을 상대적으로 은폐하는 방법을 썼다. 목적 의식 없이 책 읽는 일에만 온 관심을 쏟으면 현실은 자연히 잊히는 게 아닌가? 따라서 이 구절을 읽고 외울 때 학동들의 무의식에 왕충은 '가난하여 책방에서 선 채로 책을 읽고도 대학자가 된 천재'라고 각인되는 것으로 족한 것이다.

그러니까 서점에서 진열된 책으로 독서하는 행위를 책을 좋아하는 고결한 성품의 기호로 여기지 말아야겠다. 사실인지 전설인지 모르겠지만 이 구절 다음에 나오는 대구를 보면 왕충은 기억력이 비상한 천재였던 것 같다. 천재이기 때문에 한 번 훑어보고도 다 머릿속에 저장할 능력이 있으므로 책방 주인에게 그렇게 폐를 끼치지는 않았을 것 같은데, 평범한 머리로 '탐독완시耽讀翫市'를 해서 책값 인상을 부추기지 않는 게 어떨까? 저자의 노고를 생각해서라도 한 권 사서 집에 가서 보자. 아무리 물가가 올랐어도 아직까지는 상대적으로 싼 게 책값이 아니던가?

인간의 기억과 인공 지능

눈 목目

寓目囊箱우목낭상이라

눈길을 붙이기만 하면 그대로 주머니와 상자에
넣는 것이 된다

寓 붙일 '우' '집 면宀'과 '긴꼬리원숭이 우禺'로 이루어졌으므로 자
형적 의미는 '원숭이가 나무에 붙어서 살다'가 된다. 이로부터 '칭탁
하여 살다'·'기대어 살다' 등의 의미가 파생되었다.

目 눈 '목' 이 글자는 눈의 모양을 그린 글자이다. 안에 '두 이二' 자
가 있는 것은 눈 안에 동자, 즉 조리개가 안팎으로 두 개로 보이기 때
문이다. '목目' 자는 '덮을 모冃'와 쌍성 관계에 있다. 따라서 자형이 가
리키는 의미는 '안에 동자가 있고 위에서 아래로 덮는 신체 기관', 즉
'눈'이 된다.

囊 주머니 '낭' '자루 고橐'와 '옮길 양㦮'으로 이루어졌으므로 자형
적 의미는 '물건을 옮기기 위해 담는 자루'가 된다.

箱 상자 '상' '대 죽竹'과 '도울 상相'으로 이루어졌다. '상箱' 자는 원
래 수레 위에 사람이 타거나 물건을 싣도록 설치한 컨테이너 같은 것
을 가리키는 글자였다. 그러다가 이것이 나중에 '상자'라는 의미로 차
용된 것이다.

'우목寓目'이란 직역하면 '눈길을 기탁하다'라는 뜻으로, '훑어보다'라는 말과 같다. 왕충은 박식하고 기억력이 뛰어나다는 이른바 '박문강기博聞强記'로 이름난 사람이다. 그래서 그는 훑어보기만 해도 책 속의 내용이 상자 안에 주워 담기듯이 그대로 저장되었다는 것이다. 물론 전설로서 과장된 면이 없지 않겠지만, 아무튼 이 구절 때문에 중국을 비롯한 동아시아의 지식인들은 전통적으로 잘 외우고 기억하는 능력을 천재나 수재의 필수 조건으로 쳤고, 또 이를 향상시키기 위해 갖은 애를 썼다.

그러나 컴퓨터가 대중화되면서 강기强記의 능력을 자랑하는 것은 다소 '썰렁한' 일이 되어버렸다. 현대 생활의 복잡하고 수많은 데이터를 저장하고 검색하는 일에서 아무리 왕충이라도 컴퓨터를 따라잡을 수 있을까? 지난 2016년, 세계 최고봉에 있는 우리나라의 바둑 기사가 역시 세계 최대의 정보통신기술(IT) 회사가 제작한 알파고Alpha-Go라는 인공 지능 기반의 바둑 프로그램과 대국해 1승 4패의 결과가 나온 적이 있었다. 인공 지능이라는 기계는 완전히 경험론의 토대 위에서 판단한다. 인간이 합리론(관념론)과 경험론의 영역을 오가며 사유한다고는 하지만 학술이나 예술을 제외하고는 상당 부분 경험론에 근거해 사고하고 판단하는 게 사실이다. 따라서 알파고와 바둑 기사의 대국은 주로 경험론 영역에서의 다툼이라고 볼 수 있다. 여기서 경험론이란 다른 게 아니라 역사적으로 남은 바둑 대국의 기록, 즉 기보棋譜를 의미한다. 따라서 기보를 누가 더 많이 기억하고 검색할 수 있느냐는 능력에 따라 승패가 결정될 수밖에 없다. 쉽게 말해 알파고가 백만 명의 기보를 저장하고 있다면 상대 기사는 백만 명의 훈수꾼을 상대로 싸운 것이니 처음부터 문자 그대로 중과부적衆寡不敵인 셈이었다. 따라서 경험론의 차원에서만 보자면 인간은 컴퓨터라는 기계의 적수가 되지 못한다.

데이터란 '주머니나 상자'(囊箱)에 넣어 옮길 수 있는 성질의 것이기 때문에 머릿속에 갈무리돼 있는 것만으로는 아무런 의미가 없다. 이것이 의미가 있으려면 필요한 때 재빨리 검색돼야 하고, 부가가치가 생기도록 잘 조직돼야 하며, 필요한 장소로 제때에 팔려서 옮겨져야 한다. 이러한 데이터의 재편 작업을 우리는 해석이라고 부른다. 데이터란 사물의 본질이 아니라 컨텍스트에 따라 모습을 달리하는 요소이기 때문에 해석을 통할 때 비로소 의미와 가치를 갖는다. 따라서 형이상학적 사고에 너무 집착하면 데이터에서 다양한 해석을 기대하기 힘들다. 그러므로 '우목낭상'과 같은 '강기'의 능력은 오늘날에는 전적으로 총명함의 상징이 되지 못한다.

그렇다고 해서 인간의 기억이 현대 사회에서 별로 쓸모가 없다는 말은 아니다. 인간의 기억이 기계의 그것과 다른 점은 문맥을 여전히 함께 갖고 있다는 사실이다. 문맥을 잃어버린 기록이 어떤 혼란을 일으키는지 우리는 일상에서 흔히 경험한다. 문맥을 간직한 기억들은 바깥에 있는 기계 속이 아닌 사람의 뇌리에 축적됨으로써 궁극적으로 그의 모든 판단과 결정의 기초가 된다. 이 기억이 확장될 때 개인의 철학적 신념과 역사 의식으로 발전한다. 그래서 중요한 기억은 외부가 아니라 내 머릿속에다 해야 하는 것이다.

인간의 기억이 갖는 장점이 또 하나 있는데 그것은 잊힌다는 사실이다. 슬프거나 부끄러운 일은 가급적 빨리 잊는 것이 좋다. 그래야 다시 시작하거나 살아갈 수 있다. 분한 일과 원망스러운 일도 빨리 잊어야 한다. 그래야 관용을 베풀고 사람을 다시 볼 수 있기 때문이다. 물론 그렇다고 남에게 받은 은덕에 대한 감사를 잊어서는 안 될 일이다.

말의 무서움

쉬울 이易

易轖攸畏이유유외**이니**

(말을) 쉽고 가볍게 하는 것은 두려워해야 할 바이니

易 바꿀 '역'·쉬울 '이' 이 글자는 도마뱀의 형상에다가 '터럭 삼彡' 자를 더한 모양의 글자이다. '삼彡'은 도마뱀의 피부색이 변하면서 빛이 나는 모양을 상징한다. 따라서 '역易' 자의 자형적 의미는 '시시각각으로 색깔이 변하는 도마뱀'이 된다. 이로부터 '변하다'라는 의미가 파생되었다. '점占'이란 미래의 변하는 상황을 예측하는 일이므로 이역시 '역'이라 부른다. '역'이란 산주算籌를 갖고서 치는 서점筮占의 형태인데, 이는 은나라 때 전문 점술가들에 의해 수행되던 귀점龜占보다 간단하고 쉬웠으므로 '역' 자는 '쉬울 이易' 자로도 쓰이게 되었다.

輶 가벼울 '유' '수레 거車'와 '오래될 추酋'로 이루어졌다. '유輶' 자는 '아득히 멀 유攸'·'멀 요遙' 등과 쌍성·첩운 관계에 있으므로 자형적 의미는 '오랫동안 운행하여 멀리 갈 수 있는 수레'이다. 멀리 갈 수 있는 수레는 가벼워야 하므로 '가벼운 수레'(輕車)라는 의미가 생겨났고, 이로부터 다시 '가볍다'는 의미가 파생되었다.

攸 바 '유' 이 글자의 원래 자형은 '사람 인人'·'물 수水'·'두드릴 복攵' 등으로 이루어졌으므로 자형적 의미는 '사람이 물에서 물을 치며

유영해 나아가다'가 된다. 헤엄을 치려면 물을 쳐내야 하므로 '복夊'
자를 쓴 것이다. 여기서는 '장소'·'바'(所)라는 의미로 쓰였다.

畏 두려울 '외' 이 글자를 소전에서는 '畏'로 적었는데 이는 '귀신 귀
鬼' 자와 같은 글자이다. 귀신은 사람들이 두려워하는 바이므로 이로
부터 '무서워하다'라는 의미가 파생된 것이다.

앞에서 치어가 붕새가 되려면 가만히 기다리고만 있어서는 안 되
고 붕새가 되기 위한 준비를 해야 한다고 했다. 그 준비 중의 하나가
공부를 하는 것이고, 다른 하나가 말을 아끼는 일이다. 아직 어리고
관직에 나아가지 않았다 해서 책임 없이 말을 함부로 하고 다니다가
훗날 이 말 때문에 엉뚱한 데서 발목을 잡히는 경우가 종종 있기 때
문이다. 오늘날에도 국회 청문회 같은 데서 흔히 보는 광경이 아니던
가? 책임 없이 하고 다닌 말이므로 자신은 그 말을 이미 잊었을지 모
르지만 그 말을 들은 주위 사람들은 생생하게 기억하고 있다.

무엇을 '쉽게'(易) 말했다는 것은 그것이 머지않아 '변할'(易) 수도
있을 것이라는 사실을 간과하였기 때문이다. 또한 무엇을 '가볍게'(輶)
말했다는 것은 '경수레'(輶)처럼 빨리 전달되기만을 기대한 것이므로,
제대로 실었어야 할 중요한 내용은 싣지 않고 빈 수레만을 보낸 탓에
빚어진 결과라고도 말할 수 있을 것이다. 말할 당시에는 실재와 부합
하는 말이라 생각해서 쉽고 가볍게 꺼내놓는다. 그러나 말이라는 것
은 근본적으로 누군가의 말을 반복하는 것이기 때문에 언제나 실재
중에서 놓치는 부분이 있기 마련이다. 아무리 말을 정교하게 하더라
도 실재를 정확히 재현할 수 없는 이유이다. 따라서 말의 실수를 줄이
려면 가능한 한 말을 아끼는 수밖에 없다.

그런데 말이란 사람이라는 주체가 말을 하는 것이 아니라 말 자체가 사람의 입을 빌려 말을 하는 것이니 애당초 말이 발설되는 것은 막을 도리가 없다. 그래도 권력의 입장에서는 자신들의 말을 제외한 다른 담론들을 어떻게든 막아야 했을 것이다. 가장 간단하고도 효과적인 방법이 말을 귀신과 같은 두려움의 대상으로 만드는 것이었으니 '외畏' 자가 바로 이를 상징한다. 귀신이 두려운 것은 그것이 자신의 미래를 좌우할 수 있다는 믿음과 아울러 그 결정적인 시기가 언제 닥칠지 모른다는 막연한 불안감 때문이다. 말 역시 그 후과가 언제 어떤 모양으로 자신의 운명을 좌우할지 모르기 때문에 귀신처럼 두려운 것이다. 그래서 말을 조심하라는 훈계를 늘 듣는 것이고, 또한 스스로도 조심하는 것이다.

담장에도 귀가 붙어 있다

붙일 속屬

屬耳垣牆속이원장**이라**
귀를 담장에 붙여놓았기 때문이다

屬 붙일 '속' '꼬리 미尾'와 '나비 애벌레 촉蜀'으로 이루어졌다. '속屬' 자는 '이을 속續'과 자음이 같을 뿐 아니라 '가족 족族'과도 첩운 관계에 있으므로 자형적 의미는 '동물이 교미를 해서 종족을 이어가 다'가 된다. 이로부터 '잇다'·'붙이다' 등의 의미가 파생되었다.

耳 귀 '이' 이 글자를 금문에서는 '𦥑'로, 소전에서는 '𦣝'로 각각 적 었는데 이는 귀의 모양을 그린 것이다. '이耳' 자는 '두 이貳'와 같은 음으로 읽히므로 자형적 의미는 '정확하게 듣는 데 필요한 좌우 두 개의 서로 보조적인 귀'가 된다.

垣 담 '원' '흙 토土'와 '빙빙 돌 선瓦'으로 이루어졌다. '선瓦' 자의 원 래 자형은 일정한 경내를 빙빙 도는 모양으로 그려져 있고 자음도 '돌 선旋'과 같으므로 '원垣' 자의 자형적 의미는 '흙으로 일정한 지역 을 빙 둘러 담을 치다'가 된다.

牆 담 '장' '인색할 색嗇'과 '조각 장爿'으로 이루어졌다. 원래 '색嗇' 자의 고문자 자형은 '인색할 색嗇' 자와는 달리 '곳간 품稟' 자 위에 가 시나무를 그린 모양으로 되어 있으므로, '색嗇' 자의 자형적 의미는

'나락을 쌓아두고 사람이 접근하지 못하도록 가시나무로 울타리를 두르다'가 된다. 나중에는 울타리를 판자로 만들었기 때문에 '나무 목木' 자를 반으로 쪼갠 모양의 '장爿' 자를 써서 '장牆' 자를 만든 것이다. '막을 장障'과 자음이 같으므로 '장牆' 자에는 '접근을 막다'라는 의미가 담겼음을 알 수 있다.

이 구절은 『시경』 「소반小弁」편의 "군자는 말을 가벼이 여기지 않나니, 담에도 귀가 붙어 있기 때문이네"(君子無易由言, 耳屬于垣)를 다시 쓴 것이다.

앞에서 말했듯이 말의 주체는 말 자체이다. 담장에도 귀가 연결돼 있다는 것은 이를 비유적으로 묘사한 말이다. 언어는 집단적 소유물이자 나보다 먼저 존재해왔기에 우리는 말을 통하지 않고서는 아무것도 볼 수도 없고 표현할 수도 없다. 나는 나 이전의 누군가 한 말을 통해서만 나의 말을 할 수밖에 없다는 모순에 갇혀 있다.

권력은 자신들의 말만 유포되게 하기 위해 사람들의 입을 통제하려 한다. 입을 통제하는 방법 중에 가장 확실한 것은 백성을 일일이 감시하는 일이지만 이것은 세상의 어떤 절대 권력에게도 불가능하다. 그래서 일일이 감시하는 기능이 있으면서도 비용은 안 들고 효과적인 방법을 고안했는데, 바로 백성들 각자가 스스로를 감시하는 것이다. 즉 권력의 귀가 사방에 깔려 있는 것처럼 서로 말을 조심하도록 권유하는 일이다. 사람들은 흔히 비밀스런 이야기를 나눌 때에는 남이 듣지 못하도록 담장으로 막혀 있는 구석에 가서 낮은 목소리로 소곤거리는 경향이 있다. 그러나 아무도 없는 구석에서 나지막이 한 말인데도 끝내는 세상이 다 알게 된다는 사실을 우리는 경험으로 안다.

담장에도 귀가 붙어 있다고 믿을 수밖에 없다. 사정이 이러한데 두려움 없이 말을 할 사람은 없다. 담장에 귀가 붙어 있다는 말도 안 되는 비유가 먹혀서 자발적인 입 통제가 가능한 것은 실은 우리 스스로가 감시자이기 때문이다. 인간에게는 누구나 초자아가 있어서 자아가 잘못 나가지 않도록 통제하는 기능을 하는데, 이를 감시 장치로 활용하는 것이다.

하고 싶은 말을 참고 사는 것처럼 힘들고 압박감을 받는 일도 없다. 따라서 이런 힘든 일을 참고 수행하는 사람에게는 그만한 보상을 해줘야 하는데, 그것이 바로 '군자君子'라는 칭호로써 그 인격 수양의 성취를 인정해주는 것이다. 스스로 자신의 입에 대한 감시와 통제를 즐거운 마음으로 수행하는 것이야말로 세상의 어떠한 언론 통제보다 효과적이지 않은가?

그러나 오늘날과 같은 개방 사회에서는 자발적인 언론 통제가 꼭 미덕이 되는 것만은 아니리라. 언어란 재현의 한계 때문에 발화할 때 이미 오류를 저지르고 있다고 해도 과언이 아니다. 따라서 이를 가려내기 위해서라도 말에 대해 서로 내놓고 따지는 이른바 크로스체크를 할 필요가 있다. 이러함에도 '군자'답지 못하다는 비난 때문에 입을 다물고만 있으면 권력은 더욱 언어를 장악할 터인즉 우리는 영원히 그들의 지배에서 벗어나지 못하게 된다. 뿐만 아니라 담장에도 귀가 붙어 있다는 비유는 '원장垣牆'의 문자가 지시하는 대로 이웃과 담을 쌓게 하고, 이웃이 접근하지 못하도록 주위에 가시나무를 둘러치게 한다. 이웃들 사이의 이 같은 격리는 사회적 소통을 방해해 연대를 불가능하게 한다. 이는 다름 아닌 권력이 본래 원하는 바이다.

미디어의 시대인 현대는 역사상 그 어느 때보다 언어가 무성한 시기이다. 저 많은 미디어들이 기능하고 움직이려면 컨텐츠가 그만큼 많아야 하는데, 그 컨텐츠를 돈이 별로 안 드는 말 이외의 무엇으로 다 채울 수 있단 말인가? 자연히 말이 무성해질 수밖에 없을 테고, 말이 무성해지면 말실수도 많아지며 그에 따라 분쟁도 잦아지는 법이다. "말로써 말 많으니 말을 말까 하노라"라는 옛 시조의 시구가 이렇게 피부에 와 닿은 적이 없다. 그렇다고 말을 안 할 수는 없으니 지뢰밭을 피하는 방식으로 이야기를 하게 된다. 아무도 시비를 걸 수 없는 주제로 이야기하는 경향이 그것이다. "오늘 날씨가 참 맑네요"라든가 "요즘 건강해 보이시네요" 같은 친교적인 화제로 이야기하는데 시비를 걸 사람은 없지 않은가? 이것이 방송에서 건강 프로그램이 인기를 얻고 일기예보가 메인 프로가 된 배경이 아닌가 싶다. 사람들이 마음 놓고 이야기할 수 있는 주제를 제공한다는 점에서 보자면 갖가지 튀는 일상과 일화를 생산해내는 연예인들은 사회의 안정적인 유지에 적잖게 공헌하고 있는 것이다.

군자와 식도락

갖출 具

具膳飡飯구선손반하고
반찬을 갖춰서 밥을 물 말아먹고

具 갖출 '구' '세발솥 정鼎'과 '함께 공共'으로 이루어졌다. '정鼎' 자는 제사 그릇을 상징하고 '공共' 자는 두 손으로 받들어 드리는 모양이므로 '구具' 자의 자형적 의미는 '두 손으로 제사에 쓸 그릇들을 빠짐없이 준비하여 바치다'가 된다. 여기서 '두루 갖추다'라는 의미가 파생되었다.

膳 반찬 '선' '고기 육肉'과 '잘할 선善'으로 이루어졌으므로 자형적 의미는 '고기로 반찬을 풍성하게 잘 만들다'가 된다. 이로부터 '반찬' 이라는 의미가 파생되었다.

飡 밥 '손' '저녁 석夕'과 '먹을 식食'으로 이루어졌으므로 자형적 의미는 '저녁밥'이다. 이에 비해 아침밥은 '옹饔'이라고 한다. 여기서의 '손飡' 자는 문맥상 '밥 말 손飧' 자의 이체자異體字로 보아서 '밥을 물에 말다'로 해석하는 것이 옳을 것으로 보인다.

飯 밥 '반' '먹을 식食'과 '돌이킬 반反'으로 이루어졌다. '반反' 자는 손바닥을 뒤집는다는 뜻이므로 '반飯' 자의 자형적 의미는 '손바닥을 뒤집듯이 반복해서 먹는 행위'가 된다. 이로부터 '밥'이라는 의미가 파

생되었다.

　이 구절 이하는 선비가 출사를 준비하면서 수양하는 일상을 묘사하는데, 그중에서도 이 구절은 식사에 대하여 어떠한 태도를 가져야 하는지를 적고 있다.
　밥이 무엇인지는 위의 '반飯' 자가 잘 정의하고 있다. '식食'을 반복해서 먹는 일인데, '식食'이란 이 책의 자해에서 이미 밝혔듯이 '창고에 갈무리해놓은 알곡'이다. 그러니까 밥이란 곡식을 매일 먹는 일을 뜻한다. 곡식을 매일 반복적으로 먹어야 하는 이유는 말할 것도 없이 건강을 유지하며 일하기 위해서이지만, 밥도 매일 똑같은 방식으로 먹다 보면 물리게 된다. 그래서 물리지 않도록 밥과 반찬을 조리해 식사가 즐거워지게 만든다. 이것이 쾌락 쪽으로 진화하면 식사가 단순한 영양 공급의 차원을 넘어 식도락으로 발전한다. 먹는 게 생존이 아닌 호사의 수단이 되는 것이다.
　출사를 앞두고 군자의 인격을 수양해야 하는 선비가 먹는 호사에 탐닉할 수는 없다. 호사는 비용도 비용이지만 무엇보다 시간을 낭비함으로써 정신을 느슨하게 만들기 때문이다. 그렇다고 실속 위주의 식사만을 추구할 수도 없다. 번잡스런 밥상을 지양하다 보면 반찬이 소홀해져 영양의 불균형이 초래될 수 있기 때문이다. 따라서 아무리 검소한 식사를 지향한다 해도 반찬은 반드시 갖추어서 밥을 먹어야 한다는 것이 이 구절이 뜻하는 바다.
　'손飧' 자는 자해에서 설명했듯이 '세湌' 자의 차자借字이므로 '손반飧飯'은 '밥을 물에 말아먹다'라는 뜻이다. 우리가 밥을 말아먹는 경우는 시간이 촉박하여 식사를 간략히 할 때이므로, '손반飧飯'이란 곧 식사를 소박하게 함을 비유적으로 말한 것이 된다. 즉 식사 시간까지 아껴서 이를 도를 구하는 일에 쓴다는 말이다. 중국에서는 '손飧' 자를 '먹을 찬餐'으로 바꾸어 "반찬을 갖춰 밥을 먹다"라는 의미로 통용하고 있는데, 이렇게 해석하면 의미가 너무 평이해서 『천자문』 전체의 맥락에 맞지 않을 뿐 아니라 뒤에 오는 대구의 의미와도 어울리지 않는다.

건강을 위해서 반찬은 갖추되 식사에는 시간을 많이 허비하지 않는다는 것은 어떻게 보면 서로 모순되는 말이다. 그러나 이 모순의 조화가 바로 군자의 인격을 형성하는 방도가 된다는 것이다.

이렇게 해석해야 다음의 대구와도 형식이 맞물려서 뜻이 통하게 된다. 이 구절과 다음 구절은 결국 『논어』의 "군자는 먹을 때 배부름을 구하지 않는다"(君子食無求飽)는 말의 정신을 되살리고 있는 셈이다.

고난의 행군과 케이팝

입 구口

適口充腸적구충장**이라**
입에 맞춰서 창자를 채운다

適 맞을 '적' 이 글자의 원래 자형은 '쉬엄쉬엄 갈 착辵'과 '뿔 시啻'로 이루어졌으므로 자형적 의미는 '마땅히 가야 할 곳이나 자리로 가다'가 된다. 이로부터 '가다'·'적당한' 등의 의미가 생겨났다.

口 입 '구' 입의 모양을 그린 글자이다. '구口'자는 '구멍 공孔'자와 쌍성 관계에 있으므로 자형적 의미는 '입을 비롯한 모든 구멍'이다.

充 채울 '충' 이 글자를 소전에서는 '𠑻'으로 썼는데, 사람이 갓을 쓰고 있는 모양이다. 이 자형에서 아랫부분인 '어진 사람 인儿'자는 무릎을 구부린 모양이므로 어린아이를 뜻한다. 따라서 '충充'자의 자형적 의미는 '어린아이가 성장하여 어른이 되다'가 된다. 여기서 '속이 꽉 차다'라는 의미가 파생되었다.

腸 창자 '장' '고기 육肉'과 '빛 양昜'으로 이루어졌다. '양昜'자는 '길 장長'자와 첩운 관계에 있으므로 여기에는 '빛이 길게 방사되다'라는 의미가 담겨 있다. 따라서 '장腸'자의 자형적 의미는 '뱃속의 긴 부분', 즉 '내장'이 된다.

이 구절은 앞의 출구와 함께 대장 형식을 구성한다. 즉 출구와 대구가 동일하게 '(동사¹+목적어¹)+(동사²+목적어²)'라는 구조로 형식적 짝을 이루고 있다. 출구에서 군자에게 식사의 개념을 도락道樂이 아닌 건강 유지의 수단으로 서술했듯이 대구에서도 식사를 '창자 채우기'라는 실사구시적인 말로 정의하였다. 그러나 건강 유지를 위한 창자 채우기라고 해서 먹을 수 있는 것이라면 아무것으로나 채워도 된다는 뜻은 아니다. 너무 맵거나 짜거나 해서 입에 자극적인 것은 군자의 자세를 흩뜨리거나 식도락으로 유혹할 수도 있기 때문에 '입에 적절히 맞춰야 한다'(適口)는 것이다. 이 구절은 그 앞의 것과 대장 형식을 구성한다고 말했는데, 이러한 짝은 출구의 '반찬을 갖추되 식사는 소박하게 한다'는 의미에 조응하여 대구의 '입에는 적절히 맞춰 먹되 도락이 아니라 장을 채운다는 개념으로 먹는다'는 의지를 더욱 잘 드러나게 해준다. 이것이 대장 형식의 맛이다.

식사에 대한 이러한 개념은 이미 지적했듯이 공자의 말에 기초한 유가 사상의 일면을 반영한다. 즉 이 구절을 통해 우리는 유가 사상의 근저에 데리다가 비판한 서양의 로고스-음성 중심주의와 같은 것이 존재했음을 알 수 있다. 식사의 의미를 생명 유지라는 본래의 기능에 한정하고 맛의 추구를 주변으로 밀어냄으로써 공부와 수양이라는 형이상학적 대상을 중심에 놓는 것이 그렇다. 후대에 와서 이 대상은 도道라는 말로 추상화되었는데 이를 위해 어떠한 감각적인 것도 희생시킬 수 있다는 '도 중심주의'가 밑바탕에 깔린 게 아닐까 하는 의혹을 상정할 수 있을 것이다.

우리도 한때는 세계적인 도자기 제조 기술을 보유하고 있었지만 후대에 제대로 전승되지 못했다. 여기에는 여러 가지 그럴 만한 배경이 있었겠지만 무엇보다 중요한 이유는 고급스런 도자기의 대중적 사용이 미약했던 데서 찾을 수 있을 것이다. 사치한 명품 도자기로 식사를 하려면 그만큼 음식도 호사스러워야 하는데, 물에나 말아먹고 창자나 채우려는 음식을 담는 데 굳이 그 비싼 도자기를 쓸 필요가 있었겠는가? 우리 스스로가 까탈스럽게 물건을 강구하지 않고서는 명품을 만들어낼 수가 없는 법이다.

음식도 그렇다. 음식이란 어차피 뱃속에 들어가면 다 섞여서 소화될 터이므로 굳이 밥과 반찬을 따로따로 먹으며 시간을 허비할 필요가 없다. 그래서 아예 밥그릇 단계에서부터 섞어버리는 게 편리할 수도 있다는 생각에서 비빔밥도 나오고 국밥도 나온 것 아닐까? 이런 식의 식사 환경이라면 청자나 백자가 무슨 필요가 있을까? 뚝배기면 충분하였을 것이다.

우리의 전통 문화는 사대부 문화가 주류를 형성해왔기 때문에 유교의 합리주의적 속성이 근간을 이루는 것처럼 보인다. 그러나 그것은 어디까지나 외부에서 들어온 텍스트에 의해 외형이 영향을 받은 것일 뿐 본질적인 속성은 매우 감성적임을 벗어난 적이 없었다. 각종 도락을 비롯한 예술적 감각을 즐길 줄 아는 민족이라는 말이다. 옛날에 아무리 못살았어도 뜰 앞에 채송화와 봉숭아만으로도 화단은 꾸미고 살았고, 쓰러져가는 초가집이라도 들어가 보면 빈 사이다병에 흔한 들꽃이라도 꽂아놓고 살았다. 1990년대 북한의 이른바 '고난의 행군' 시절에 외국인이 촬영해 온 동영상을 보면, 혹심한 기아에 허덕이면서도 휴일을 맞은 남루한 차림의 주민들이 계곡에 모여 노래하고 즐기는 모습이 어렵지 않게 보인다. 이 모습은 우리에게 결코 낯선 장면이 아닌 것이 1950~60년대 초만 해도 남한에서 흔히 볼 수 있는 풍경이었기 때문이다. 그러니까 오늘날 세계적인 선풍을 일으키고 있는 케이팝K-POP은 절대로 우연히 이루어진 게 아니다. 이러한 본질적인 속성이 조선조 이후 유가 사상, 그것도 성리학이 들어오면서도 중심주의의 문화 권력에 의해 억압당해왔던 것뿐이다.

배를 주려도 배가 불러도 인생은 '고苦'

재상 재宰

飽飫烹宰포어팽재하고
배가 부르면 고기 요리도 물리고

飽 배부를 '포' '먹을 식食'과 '쌀 포包'로 이루어졌다. '포包' 자는 '보호할 보保' 자와 쌍성·첩운 관계에 있는데, 여기에는 '빈 데 없이 둘러싸여 있다'라는 의미가 담겼다. 따라서 '포飽' 자의 자형적 의미는 '(배가) 꽉 차서 물리도록 먹다'가 된다.

飫 배부를 '어' '먹을 식食'과 '무성할 요夭'로 이루어졌으므로 자형적 의미는 '물리도록 먹다'가 된다. 옛날에는 공적인 연회 장소에서 포식하면 안 되지만 사적인 잔치에서는 마음 편히 많이 먹어도 되었는데, 이렇게 실컷 먹는 것을 '어飫'라고 했다. 여기서는 '많이 먹어서 물리다'라는 뜻으로 쓰였다.

烹 삶을 '팽' 『설문해자』에 수록돼 있지 않은 이 글자는 '불 화灬=火'와 '제사 드릴 형亨'으로 이루어졌다. '형亨' 자는 제물이 담긴 제사 그릇 모양이므로, '팽烹' 자의 자형적 의미는 '청동 제기에 제물을 넣고 불로 삶다'가 된다.

宰 재상 '재' '집 면宀'과 '매울 신辛'으로 이루어졌다. '신辛' 자는 죄인들의 이마에 문신을 넣는 묵침墨針의 모양으로, '죄인' 또는 '노예'

를 뜻한다. 따라서 '재宰' 자의 자형적 의미는 '집 안에서 일하는 노예'가 된다. 집 안에서 일하는 노예들이 주로 맡는 직무는 음식을 만들어 주인에게 바치는 일이므로 '재宰' 자에 '요리하다'·'도살하다' 등의 의미가 생겨난 것이다. 집 안에서 일하는 노예는 집 밖에서 일하는 노예보다 총명하기 때문에 뽑힌 자들이어서 주인 옆에서 주인의 일을 도와주거나 대신 해주게 된다. 이로부터 '재상'이라는 의미가 파생되었고, 또한 이들이 주인의 일을 대신 할 때에는 그 일을 재량껏 처리할 수 있는 권한을 위임받았으므로 '주관하다'라는 의미도 생겨나게 된 것이다.

'팽재烹宰'란 직역하면 '짐승을 잡아 요리하다'라는 뜻이지만 여기서는 고기로 만든 요리를 가리킨다. 요즘은 수입 자유화로 쇠고기를 비롯한 각종 고기가 흔해서 고기로 만든 요리가 그리 대단한 것도 아니지만, 옛날에는 고기가 들어간 요리야말로 진미의 상징이었다. 그런데 이렇게 귀한 진미 요리도 배가 부를 때는 물려서 맛도 보려 하지 않는 것이 사람의 입이라는 사실을 이 구절은 말하고 있다.

고전에서 태평성대를 상징할 때 함포고복含哺鼓腹, 즉 '음식물을 입에 넣고 배를 두드리다'란 말을 자주 쓴다. 이 성어는 『장자』「마제馬蹄」편의 "저 혁서씨가 다스리던 시절에는 백성들은 살아가면서도 자신들이 무슨 일을 하는지도 몰랐고 가면서도 어디로 가는지도 몰랐지만, 음식물을 입에 넣으면서 즐겼고 부른 배를 북 삼아 두드리면서 놀았으니 백성이 할 수 있는 것은 이것뿐이었다"(夫赫胥氏之時, 民居不知所為, 行不知所之, 含哺而熙, 鼓腹而遊, 民能以此矣)는 구절에 근거한 말이다. 하루 세 끼 챙겨 먹는 일도 힘들던 시대에 함포고복은 그 자체로 하나의 이상이 될 수 있었을 것이다. 그래서 노자도 "(백성들의) 마음은 비우게 하고 배는 채워주는 것"(虛其心, 實其腹)을 성인의 정치라고 했다.

성인이 정치를 잘해 백성들의 배를 채워주면 배를 두드리며 놀아야 하고 그러면서 마음이 비워져야 하는데, 실제는 그렇지 못하다는 데에 역설이 있다. 고기가 지겨우면 먹지 않고 만족해하면 될 텐데 사람이란 거기에 머무르지 않고 다른 쾌락을 찾아 나서게 돼 있다. 이 때문에 일탈이 일어나고 온갖 말썽과 고난이 수반되는 것이다. 이른바 "밥 잘 먹고 사는 게 원수 같아서 그런 짓을 하느냐?"는 비난을 받아 마땅한 사건들의 본질은 쾌락을 좇는 욕망에서 비롯된 우연적 결과가 아니라 스스로 '사서 하는 고생'이다. 얼마 전 우리 사회에 큰 충격과 반성을 안겨준 이른바 '#미투me too' 사건을 보더라도 악한 행동 거의 모두가 속된 말로 '잘나가는 사람들'에 의해 저질러졌다는 공통점이 있다. 높은 곳에서 떨어지는 짜릿한 쾌락을 즐기려면 놀이공원의 자이로드롭처럼 위험한 공간을 인위적으로 만들어야 하듯이 인간과 인간 사이에 위험한 관계를 설정해야 한다. 이게 '사서 하는 고생'이 아니고 무엇인가?

불교에서는 인생을 '쓸 고苦' 자 하나로 정의한다. 앞의 예에서 보듯 배를 주려도 고통이고 배가 불러도 고통이기 때문이다. 방금 인용한 대로 노자는 백성들이 마음을 비우도록 해주는 것이 성인의 정치라 했다. 그러기 위해서 그들의 배를 채워줘야 하는 것인데 배가 부르면 다른 생각을 품을 수밖에 없으니, 성인 정치의 두 가지 기본 요소가 서로 모순에 빠진다. 불교의 가르침대로 배가 고파도 고생, 불러도 고생이라면 차라리 배를 주리는 고생이 그나마 덜 고통스러울 것이라는 짐작이다. 왜냐하면 배고픔이 더 원초적인 고통에 속하므로 마음은 비울 수 있기 때문이다. 지디피GDP가 낮은 나라가 오히려 행복 지수가 높은 가장 근본적인 이유이다.

상업주의 신화와 실존의 우울

먹을 식食

飢厭糟糠기염조강**이라**
배가 고프면 술지게미와 겨도 물리도록 먹는다

飢 주릴 '기' '먹을 식食'과 '안석 궤几'로 이루어졌고 '주리다'라는
의미로 쓰인다. 이와 흔히 통용되는 글자로 '흉년 들 기饑' 자가 있다.
'기幾' 자의 자형적 의미가 '아무것도 보이지 않는 어두운 곳을 지키
다'이므로 '기饑' 자의 자형적 의미는 '먹을 것이 아무것도 없다'가 된
다. 따라서 '기飢' 자는 '기饑' 자의 차자借字인 것으로 짐작된다.
厭 싫을 '염' '언덕 한厂'과 '누를 염猒'으로 이루어졌으므로 자형적
의미는 '언덕이 눌려 무너져버리다'가 된다. 이로써 '염厭' 자가 '누를
압壓' 자의 원래 글자임을 알 수 있다. 그래서 '염厭' 자를 '엽'으로 읽
기도 한다. '염猒' 자의 자형 안에 있는 '날 일日' 자는 원래 '달 감甘' 자
였던 것이 변형된 것으로 '달다'에는 '느끼해서 물리다'라는 의미도
담겨 있다. 그래서 '물리다'·'싫증나서 버리다' 등의 의미가 생겨난
것이다.
糟 술지게미 '조' '쌀 미米'와 '무리 조曹'로 이루어졌다. '조曹' 자는
재판할 때의 원고와 피고, 두 무리를 가리킨다. 따라서 '조糟' 자의 자
형적 의미는 '쌀로 술을 빚고 난 다음에 나오는 술과 지게미의 두 무

리 중에서 지게미의 무리'가 된다.

糠 겨 '강' 이 글자는 '편안할 강康' 자의 후출자이므로 이 책의 '강康' 자에 대한 자해를 읽어보면 그 자형적 의미를 알 수 있다.[3]

『사기』「백이열전伯夷列傳」의 "공자는 안회顔回 한 사람만을 배우기를 좋아하는 자라고 천거하였지만, 안회는 늘 궁핍하여 술지게미와 겨조차도 배불리 먹지 못하였다"(仲尼獨薦顔淵爲好學, 然回也屢空, 糟糠不厭)를 다시 쓴 것이다.

'조강糟糠'이란 술지게미와 곡식의 껍질인 겨를 가리키는데, 이는 주로 가축의 사료로 사용했지만 가난한 사람들이 먹을 것이 없을 때 배고픔을 달래려고 먹기도 하였다.[4] 그래서 '조강'은 극도로 빈한한 삶을 상징하는 단어가 되기도 하였다. 신혼 때부터 함께 고생하며 해로偕老한 아내를 '조강지처糟糠之妻'로 일컫는 것은 여기에서 연유한 것이다.

"배부를 때는 고기 요리도 물리고, 배고플 때는 술지게미와 겨도 배부르도록 먹는다"는 말은 사람에게 절대적인 미각은 있을 수 없음을 말해준다. 즉 몸이 처해 있는 영양의 결핍 상태에 따라 음식을 섭취하고자 하는 욕구가 다를 터이니, 그에 따라서 맛은 결정될 뿐이다. 어디 음식뿐이랴? 세상일의 원리가 넘치면 하기 지겹고 모자라면 뭐든 달게 하지 않는가?

이 원리에서 예외적인 게 하나 있는데 그것이 바로 배움을 통해 깨우치고자 하는 욕망이다. 위에 인용한 공자의 제자 안회를 보자. 그는 술지게미와 겨조차 배불리 먹지 못하는 상황에서도 배움에 온 힘을 쏟아 공자에게 극찬을 받았다.「술이」편에 보면 섭공葉公이 자로에게 공자에 관해 물었는데 그가 제대로 대답하지 못했던 모양이다. 자로의 이 고백을 들은 공자가 "이렇게만 말하지 그랬느냐?"라며 가르쳐 준 답이 이것이었다.

그분의 사람됨은 깨달음의 감동이 일어나면 먹는 일도 잊고, 그 즐거움으로 인하여 근심도 잊으며, 그래서 늙음이 바야흐로 오고 있다는 사실도 모르고 사는 분일 따름입니다(其爲人也, 發憤忘食, 樂以忘憂, 不知老之將至云爾).

원문의 '발분發憤'이란 무언가에 대해 알고자 하는 의욕이 일어나고 그것을 탐구하는 과정에서 하나하나 깨달아가는 감동이 연달아 일어나는 현상을 가리킨다. 이러한 감동에 사로잡힌 사람은 밥 먹는 일은 물론 자신이 늙어가는 일도 잊게 될 터이니 먹는 게 무에 그리 중요한 일이 되겠는가? 먹는 데 들이는 시간이 오히려 아까울 것이다. 앞서 말한바 유교적인 '도 중심주의'의 근원을 찾아볼 수 있는 대목이다.

이에 비해 오늘날의 음식에 대한 관념은 백정에게도 도가 있다는 노장의 도를 떠올리게 하는 측면이 있다. 이때의 도는 안회가 추구했던 형이상학적인 도가 아니라 어디에나 편재하는 도道를 가리킨다. 이를테면 포도주만 보더라도 그 종류는 말할 것도 없고 마시는 잔과 마시는 방법 등 그 도락의 세절細節과 다양성이 우리를 당혹하게 만든다. 심지어는 간단히 타서 후딱 마시는 것으로만 알았던 커피에 언제부터 그리도 복잡한 도가 존재했던가? 상업주의는 물건을 많이 팔기 위해 신화를 만들어내야 하는데 이를 위한 제의祭儀가 바로 포도주와 커피 같은 갖가지 상품의 종류와 그 먹는 방법들이다. 즉 제의라는 기호로 미세한 차이를 변별해냄으로써 도를 표방한 것이 요즘의 명품 기호 식품이라는 이야기다.

이처럼 오늘날은 도가 편재하는 시대가 되었다. 유위有爲가 무위無爲이고 무위가 유위이기도 한 존재론적인 사유가 대세인 시대가 도래하였다. 그러므로 이제는 아무리 배가 불러도 색다른 음식이 나오면 이미 먹은 음식을 토해내고서라도 먹어야 하고, 곧 굶어죽더라도 술지게미와 겨 같은 음식은 결코 먹어서는 안 된다. 왜냐하면 인간은 특이한 감각에 의해 생명이 유지되는 것인데, 술지게미나 겨와 같은 무감성적인 음식은 오히려 존재의 감각에 흠집을 내어 삶의 가치를 무너뜨리기 때문이다. 오늘날 풍요로움 속에서도 우울증을 앓는 사람들이 많고 자살자가 속출하는 것은 이것이 아니면 설명할 수가 없다.

누가 내 모친이며 동생들이냐

친할 친親

親戚故舊친척고구**는**
친척들과 어릴 적부터 사귀어온 벗들을 (대접할 때에는)

親 친할 '친' 이 글자의 좌측 방을 구성하는 글자는 '신'으로 읽는데, 이는 '날 생生'과 쌍성·첩운 관계에 있으므로 여기에는 '같은 가족으로 태어난 사람들'이라는 뜻이 담겨 있다. 그리고 우측 변에 '볼 견見' 자가 있으므로 '친親' 자의 자형적 의미는 '동성同姓으로서 매일 서로 보고 지내는 사람'이 된다. 가장 가까운 '친親'을 육친六親이라고도 하는데, 이는 부자·형제·부부를 가리킨다.

戚 겨레 '척' '도끼 월戉'과 '콩 숙叔'으로 이루어졌으며 그 의미는 '작은 도끼'이다. 도끼 앞에서는 절박하게 위협을 느끼므로 여기에 '가까이 닥치다'라는 의미가 생겨나게 되었다. 따라서 '척戚' 자는 곧 '가까이 닥칠 축蹙'의 원래 글자가 되는 셈이다. 그리고 이 글자는 '친할 친親'과 쌍성 관계에 있으므로 '척戚' 자는 '친親'처럼 '가까이 보며 지내는 가족'이라는 의미로 쓰이고 있다.

故 연고 '고' '두드릴 복攵=攴'과 '옛 고古'로 이루어졌다. '고古' 자에는 '오래되다'라는 뜻이 담겨 있는데, 무엇이든 오래되면 변하기 마련이다. 여기에 '복攵' 자를 덧붙인 것은 두드려서 변화를 재촉한다는 뜻

을 표상하기 위함이다. 따라서 '고故' 자의 자형적 의미는 '변화를 낳는 것', 즉 '원인'·'연고' 또는 '고의故意'가 된다. 변화가 있다는 것은 곧 일(事)이 생긴 것이므로 여기서 '사고事故'라는 의미가 파생되었다. 따라서 '사事'와 '고故'는 의미가 같다. 우리가 문안을 할 때 '무사無事한가?' 또는 '무고無故한가?'라고 묻는 것이 그 예이다. '고故' 자를 '옛날'이라는 뜻으로 쓰는 것은 '옛 고古' 자와 읽는 음이 같아서 차용한 결과이다.

舊 옛 '구' '올빼미 환雚'과 '절구 구臼'로 이루어졌다. '환雚'의 원래 자형은 머리에 뿔이 난 올빼미류의 새 모양이고, '구臼' 자는 이 새의 울음소리를 나타낸 의성어이다. 따라서 '구舊' 자의 자형적 의미는 '구구 소리를 내며 우는 올빼미'가 된다. 이 글자를 오늘날 '새로운'의 반대말인 '오래된'이라는 의미로 쓰는 것은 '오랠 구久' 자와 읽는 음이 같기 때문에 차용하여 쓴 결과이다.

이 구절부터 아래의 '시건유방侍巾帷房'까지는 군자가 일상적으로 만나는 사람들, 즉 가족·친구·노인, 어린이·처와 첩 등과의 관계를 어떻게 유지해야 하는가에 대하여 이야기하고 있다.

'친척과 오래 사귀어온 벗'(親戚故舊)이 중요한 것은 그들이 세상에서 그래도 믿을 수 있는 사람들이기 때문이다. 이들과의 사회적 경험은 당연히 세상에 나갔을 때 타자들과의 인간 관계에서 중요한 초석이 된다. 친척과 오랜 벗이 사회에서 만나는 타자들과 다른 점은 믿음(신뢰)에 있다. 이러한 믿음이 어떻게 형성되는가는 이들과의 관계를 통해서 직접 경험할 수 있다. 『중용』에 다음과 같은 구절이 있다.

인仁이란 사람을 아껴준다는 뜻이다. 부모를 가까이 하는 일이 가장 중요하다(仁者人也, 親親爲大).

위 원문에서 '사람 인人' 자는 '사람을 아끼고 사랑하다'라는 뜻이다. 그 행위 중에서 가장 으뜸이 되는 대상이 바로 부모이다. 그 다음이 형제이고 다시 그 다음이 벗의 순서로 점차 내려가다가 마지막에 '모든 대중을 아끼는'(汎愛衆) 단계에 이르게 된다. 이렇게 아끼고 사랑하는 행위에도 차등을 두는 것이 예의 본질이자 인이다. 이렇게 차등을 두는 것은 중용을 설명할 때 이야기했듯이 가까운 데 있는 사람들부터 먼저 실천을 하라는 뜻이다. 가장 가까운 부모에게도 제대로 못하면서 인류를 사랑한다고 말할 수 있겠는가? 부모를 잘 모시고 나서 그 방법으로 다른 사람들을 대하면 되는 것이다.

그렇다면 부모에게 효도하고 형제와 우애롭게 지내는 행위는 무엇 때문에 가능한가? 다름 아닌 믿음이 열쇠이다. 가족을 믿을 수 있는 것은 '친親' 자와 '척戚' 자의 자형이 가리키듯이 공간적으로 가까이 있기 때문이다. '이웃사촌'도 공간적으로 가까이 있기 때문에 상호 신뢰가 발생하는 것이 아니던가? 이를 뒤집어 말하면 혈연이라고 해서 무조건 신뢰의 바탕이 되는 것은 아니라는 이야기다. 오늘날 믿을 수 있는 가족의 범주를 '자가 승용차 한 대에 탈 수 있는 가족 구성원'이라고 희화적으로 정의하는 것도 공간적 인접성에 근거한 말이다.

그런데 실제로 세상에 나가보면 타자들이 그렇게 함부로 신뢰를 줄 만하지 못한 것이 현실이다. 그러면 어떻게 해야 하는가? 바로 이 지점에서 의義가 필요하다. 부모와 형제에게는 의라는 잣대를 들이댈 수 없지만 타자와는 이것으로써 관계를 바로 세워야 한다. 이것이 가족과 타자의 차이다. 믿음에 기초한 관계라는 측면에서 친구는 가족과 타자 사이의 경계에 처해 있음을 알 수 있다.

'믿을 수 있는 벗'은 가족과는 달리 시간성에 근거한다. 즉 시간이 오래 지나더라도 옛날의 우정을 변치 않고 간직한 사람이면 인접한 공간 내에 있는 구성원의 범주에 들어간다. 그러나 실상을 따져보면 '고故'자의 자형에서도 알 수 있듯이 시간이 오래 지나도록 진정으로 변하지 않는 것은 없다. 그런데도 변치 않는 친구를 추구하는 것은 자신은 변치 않음을 전제로 하는 말인 듯한데, 나 자신도 이 변화의 세상에서 예외일 수는 없다. 따라서 변치 않는 친구란 바로 변하기는 변하되 내 식대로 변한 벗을 가리킨다. 그러니 믿을 수 있는 '친척과 오래 사귀어온 벗'이란 기실 매우 자기 중심적인 범주 속에서 정의되고 있는 셈이다. 예수의 모친과 동생들이 예수를 만나러 왔다고 누가 알리자 예수가 "누가 내 모친이며 동생들이냐"라고 하고는 제자들을 가리키며 "나의 모친과 동생들을 보라. 누구든지 하늘에 계신 내 아버지의 뜻대로 하는 자가 내 형제요 자매요 모친이니라"(「마태복음」 12:50)라고 하였다는 말은 이러한 자기 중심적인 한계를 훌쩍 뛰어넘고 있음을 보여준다.

구별 짓기의 왜곡

젊을 소少

老少異糧로소이량**이라**
나이에 따라 음식을 달리한다

老 늙을 '로' 이 글자를 갑골문에서는 '𦣻'로 적었는데, 이는 긴 머리에 등이 굽은 노인이 지팡이를 짚고 있는 모양이다. '로老' 자는 '굽을 루僂'와 같은 음으로 읽히므로 자형적 의미는 '등이 굽은 노인'이 된다.

少 젊을 '소' 이 글자는 '작을 소小' 자와 마찬가지로 고문자 자형에서는 이슬비가 내리는 모양으로 그려져 있다. 단지 '소小'가 점 세 개로 그려진 반면 '소少'는 네 개로 되어 있는 점만이 다를 뿐이었고, 둘 다 '가늘 세細'와 쌍성·첩운 관계에 있다. 따라서 자형적 의미는 둘 다 '미세하다'가 된다. 그러나 나중에 '소小' 자는 '작다'로, '소少' 자는 '적다'로 의미가 나뉘어 쓰이게 되었다.

異 다를 '이' 이 글자를 소전에서는 '異'로 적었다. 사람이 두 손으로 머리에 귀신 모양의 가면을 뒤집어쓴 모양이다. '이異' 자의 머리에 있는 '밭 전田' 자는 원래 '귀신 귀鬼' 자의 머리와 같은 모양이었다. 따라서 '이異' 자의 자형적 의미는 '귀신 가면을 뒤집어쓰고 전혀 다른 사람이 되다'가 된다. 이로부터 '다르다'·'기이하다' 등의 의미가 파생되었다.

糧 양식 '량' '쌀 미米'와 '잴 량量'으로 이루어졌다. '량量' 자는 됫박으로 낟알을 담아 잰다는 뜻이고 '낟알 립粒'과 쌍성 관계에 있다. 따라서 '량糧' 자의 자형적 의미는 '곡식의 낟알'이 된다. 그러다가 나중에 집에서 먹는 식량은 '식食'으로, 여행할 때 먹으려고 건조시킨 식량은 '량糧'으로 각각 나누어 쓰게 되었다.

이 구절은 노인과 젊은이에게 각기 그들에게 적합한 음식을 대접하는 것이 예임을 말하고 있다. 젊은이들은 소화 능력이 왕성하여 아무 음식이나 다 잘 먹을 수 있는 반면에 노인들은 그렇지 못하므로 노인들에게 음식을 제공할 때에는 각별한 배려가 필요하다는 뜻이다.

『맹자』「진심盡心 상上」의 구절처럼 "나이 오십에 이르면 비단옷이 아니면 따뜻하게 느껴지지 않고, 칠십에 이르면 고기가 아니면 배불리 먹을 수가 없는 법"이다(五十非帛不煖, 七十非肉不飽). 그만큼 노인들은 젊은이들에 비해 적응력이 약해진다. 그래서 그들을 대접할 때에는 젊은이들과 다른 배려를 하는 것이다. 이것이 예에서 말하는 차등, 즉 구별 짓기의 본래 목적이다. 이로써 예란 질서를 세우기 위해 무조건 위아래를 구분한 것이 아니었음을 알 수 있다. 다시 말해 예의 출발은 실사구시實事求是적인 합리성에서 시작하였다는 것이다. 그러나 구별 짓기만 있으면 자칫 사회적 관계가 경직될 위험이 있다. 그래서 구별된 계층이 이질화되지 않도록 갈등을 해소하면서 화해시키는 방도가 음악이었다. 『예기』「악기樂記」의 "음악은 같게 하기 위한 것이고, 예는 구별하기 위한 것이다"(樂者爲同, 禮者爲異)라는 구절이 바로 이를 가리킨다.

그러나 시간이 지남에 따라 모든 형식이 그렇듯이 예가 기능하려

했던 애초의 의미는 사라지고 형식이라는 뼈대만 남아서 단순한 구별 짓기의 수단으로 전락하게 된다. 구별 짓기란 본질적으로 질서를 세우는 기초 과정에 속하므로 권력은 자신들의 기득권을 지키는 이데올로기의 수단으로 매우 유용하게 활용할 수 있었다. 오늘날 민주주의 체제에서도 정권 교체가 힘든 가장 큰 이유가 바로 이 왜곡된 구별 짓기 때문이다. 즉 특별한 계층으로 차별화된 기득권층이 권력을 갖는 게 자연스럽다고 사람들이 믿는 것이다. 정권뿐 아니라 모든 조직에서도 이 현상은 하나같다. 대기업에서 극히 미미한 지분을 가졌는데도 총수 일가가 대대로 전횡할 수 있는 풍토를 어떻게 설명할 것인가?

자해에서 풀이한 대로, 같은 양식이라도 '량糧' 자는 '식食' 자와 그 뉘앙스가 다르다. '식食'이 집에서 늘 먹는 음식을 가리키는 반면 '량糧'은 집을 떠나 여행할 때 먹는 음식이다. 집에 기거할 때 노인에게 '식사를 달리 제공하는'(異食)하는 일은 비교적 용이한 반면, 집을 떠난 여행길에서 '건량을 노인에게 맞도록 달리 제공하는'(異糧) 일은 그리 쉽지 않다. 여기서 '이량異糧'을 쓴 것은 압운押韻을 위해서이기도 하지만, 아무리 어려운 경우라도 이 일을 소홀히 하지 말라는 각별한 당부를 담아놓은 것이리라.

9부 일상의 이데올로기

길쌈으로 길들이다

모 방方

妾御績紡첩어적방하고
부인과 첩들은 길쌈을 하고

妾 첩 '첩' '죄 건辛'과 '계집 녀女'로 이루어졌으므로 자형적 의미는 '죄를 지어 노비가 된 미천한 여자'가 된다. 고대에는 여자가 죄를 지은 경우는 말할 것도 없고, 딸을 빚 저당으로 잡혔다가 빚을 갚지 못하면 채권자에게 노비로 넘겨주기도 하였는데, 이러한 여자들을 일컬어 '첩妾'이라고 하였다(남자 노비는 '신臣'이라고 불렀다). 그러다가 나중에 정실부인의 뒤로 맞아들인 소실을 가리키는 글자로 가차되었다. 왜냐하면 '첩妾' 자가 '붙일 접接'과 읽는 음이 같아 그 의미는 '미천한 신분으로서 요행히도 주인의 총애를 접하다'가 되기 때문이다.

御 모실 '어' '조금씩 걸을 척彳'과 '멍에 풀 사卸'로 이루어졌다. '사卸' 자의 자형적 의미가 수레를 끌던 소나 말이 걸음을 '멈추고'(止) 멍에를 푼 뒤 '무릎을 꿇고'(卪) 쉰다는 것이므로 '어御' 자의 자형적 의미는 '소나 말을 그만 쉬게 하고 천천히 걸음을 옮기도록 잘게 채찍질하다'가 된다. 이로부터 '말을 부리다'·'마차를 몰다'·'모시다' 등의 의미가 파생되었다.

績 길쌈 '적' '실 사糸'와 '구할 책責'으로 이루어졌다. '적績' 자는 실

을 잣는 공정 중의 하나로, 삼 껍질에서 뽑은 짧은 섬유들을 서로 이어서 긴 실을 만들어내고 이를 물레로 잣는 과정을 가리킨다. 여기서 '적績' 자에 '작은 것을 모아서 큰 것을 쌓다'라는 의미가 생겨났다.

紡 길쌈 '방' '실 사糸'와 '모 방方'으로 이루어졌다. '방方'의 자형은 배 두 척을 서로 묶은 모양이므로 '방紡'의 자형적 의미는 '실을 이어가다'가 된다. 즉 삼 껍질에서 뽑은 짧은 섬유를 이어서 긴 실을 만드는 과정을 가리킨다. 그러나 나중에는 '방方' 자를 '네모'의 뜻으로 해석하여 '방紡' 자를 '실을 격자 모양으로 짜서 천을 만들다'라는 의미로 쓰게 되었다.

'첩어妾御'란 본래 제후의 후궁들이 일상의 스케줄에 맞춰 임금의 잠자리를 봐드리는 행위를 가리키는 말이지만, 여기서는 임금을 모시는 여인들을 지시하는 말로 쓰였다. 이들 여인 중에는 당연히 정실부인이 포함된다. 왜냐하면 정실부인이라 하더라도 남편 앞에서는 스스로를 '소첩小妾'이라고 낮춰 불렀기 때문이다.

『예기』「월령月令」은 계춘季春이 되면 후비后妃들이 동쪽으로 나가서 몸소 뽕잎 따는 일을 했다고 기록하고 있는데,[1] 경서의 이러한 기록은 길쌈을 여성들이 수행해야 하는 노동이자 성스러운 임무로 인식하게 만들었다. 『여씨춘추』「애류愛類」의 "계집이 성년이 되었는데도 길쌈을 하지 않으면 천하에 추위에 시달리는 일이 생길 것이다"(女有當年而不績者, 則天下或受其寒矣)라는 구절은 노동의 당위성과 임무의 숭고함을 그대로 웅변한다.

그러나 무언가를 숭고하게 떠받드는 행위의 이면에서 우리는 언제나 숨은 이데올로기를 발견할 수 있다. 여기서는 힘든 길쌈 노동을 여성에게 전담시키려는 의도일 것이다. 대마 껍질에서 섬유를 뽑아 방적하는 일이 얼마나 고된 일인가는 그 공정을 한 번이라도 직접 목도하지 않고서는 짐작할 수가 없다. 길쌈을 여성의 몫으로 고착시켰을 때 얻어지는 젠더gender 정치 차원의 이점은 크게 두 가지가 있다. 첫째는 앞서 말한 대로 남성들이 힘든 임무를 여성들에게 자연스럽게 맡길 수 있다는 사실이고, 둘째는 이런 고된 일을 통해서 여성들을 거세시킬 수 있다는 사실이다. 길쌈이 힘든 것은 그 자체가 고된 작업이기도 하지만 머리를 쓸 필요가 없는 단순 노동이어서 지루함을 이기기가 매우 힘들기 때문이다. 그래서 이 일에 수십 년 동안 종사하다 보면 아무 생각이 없어지게 되는데, 이것이 바로 복종을 잘하도록 길들이는 방법이다. 길든 여성을 더욱 쉽게 부려먹을 수 있음은 말할 필요도 없으리라.

이 구절은 왕과 제후의 처첩들이 해야 할 일을 적은 경서의 원문에 기초하고 있지만, 문맥을 떠나 네 글자로 단순화된 뒤에는 여성들의 보편적인 일로 고착되는 경향을 보인다. 즉 옷을 만들고 입혀 몸을 따뜻하게 해주는 것은 물론이고 잠자리를 돌보고 마음까지 따뜻하게 감싸주는 일이 남성에 대한 여성들의 고유한 임무로 지정되는 것이다. 이것은 아버지로 인한 거세 공포 탓에 오이디푸스 시기에 잃어버린 엄마를 찾으려는 남성들의 욕망이 관습으로 나타난 결과가 아닐까? 그래서 권력은 관습에서 온다고 말하는 것이다.

남자의 향유와 여자의 희생

모실 시侍

侍巾帷房시건유방이라

장막을 친 안방에서 수건을 들고 시중든다

侍 모실 '시' '사람 인人'과 '모실 시寺'로 이루어졌다. '시寺'자는 원래 종교적 제의의 일환으로 거세시킨 사제司祭를 가리키는 글자였다(사제는 중성이어야 하기 때문이다). 이러한 종교적 관습이 나중에 국가 기구 조직에 반영된 것이 바로 내시內侍 제도이다. '시寺'자는 '세울 수樹'와 쌍성·첩운 관계에 있으므로 '시侍'자의 자형적 의미는 '존장의 옆에 항상 서서 받들어 모시는 사람'이 된다.

巾 수건 '건' '덮을 멱冂'과 '위아래로 통할 곤丨'으로 이루어졌다. 옛날에는 여성들이 허리띠나 옷깃에 손수건 같은 것을 패용하고 다녔는데, 이 글자에서 '멱冂'자는 수건을, '곤丨'자는 몸에 맨 모양을 각각 가리킨다. 따라서 '건巾'자의 자형적 의미는 '허리에 패용하고 다니는 수건'이 된다.

帷 장막 '유' '수건 건巾'과 '새 추隹'로 이루어졌으며, '둘러쌀 위圍'와 같은 음으로 읽힌다. 『설문해자』는 '추隹'를 새 중에서도 꼬리가 짧은 새를 부르는 말이라고 정의하였다. 꼬리가 긴 새는 '조鳥'라고 한다. 따라서 '유帷'자의 자형적 의미는 '위아래 길이가 짧은 장막으로

둘러싸다' 또는 '위아래 길이가 짧은, 둘러싸는 장막'이 된다.

房 방 '방' '지게문 호戶'와 '모 방方'으로 이루어졌으며, '옆 방旁' 자와 같은 음으로 읽힌다. '방方'자는 출구의 자해에서 설명하였듯이 배 두 척을 이어놓은 모양이다. 따라서 '방房'의 자형적 의미는 '집 가운데의 당堂 양쪽 측면으로 이어서 만든 실내 공간'이 된다. 고대 건축에서 건물 안의 공간 배치는 중앙에 당堂을 놓고 이를 중심으로 양쪽 측면에 방房을 두는 식이었다. 그리고 방 안에 다시 실室을 만들어 사적인 공간을 확보하였다. 따라서 손님은 방까지는 안내될 수 있어도 실에 들어가는 것은 허락되지 않는다. 당과 방은 지게문을 통해 드나들므로 '호戶' 자를 자형 속에 쓴 것이다.

'시건侍巾'은 원래는 '시건즐侍巾櫛'인데, 글자 수를 맞추기 위해서 줄인 말이다. '시건즐'이란 '수건과 머리빗을 들고 시중을 들다'라는 뜻으로 후비后妃나 처첩들이 임금이나 지아비의 음식을 비롯한 일상 기거에 시중드는 일을 가리킨다. 그래서 처첩들이 자신을 낮추어 부르는 말로 쓰이기도 한다.

이 구절은 『예기』「내칙內則」에 보이는 '부부간의 예'(夫婦之禮)의 내용을 요약하여 쓰고 있다.

옛날에 처첩들은 일정한 법도와 스케줄에 따라서 지아비의 잠자리를 봐드렸는데, 이것이 바로 '유방帷房'의 예禮이다. 이러한 예는 본처의 경우는 70세가 되어야 면제가 되고, 첩은 50세를 넘기기 전까지는 반드시 5일에 한 번은 모셔야 한다.[2] 이때 처첩들은 몸을 단정히 하고 공경하는 마음으로 지아비를 영접해야 함은 말할 것도 없다. 이러한 침실 시중을 정현鄭玄은 "이것은 (지아비가) 밤에 푹 쉬도록 권면하는 시중이다"(此御侍夜勸息也)라고 부연 설명했는데, 이는 엄마가 아기가 잘 자도록 도닥거리고 자장가를 불러주는 일과 사실상 같은 성격의 일이다.

라캉의 욕망 이론에 의하면 아기와 엄마 사이에 젖을 주고받는 관계는 이중의 요구로 이루어진다. 즉 아기의 젖을 달라는 요구와 엄마의 젖을 먹이게 해달라는 요구가 이중으로 겹쳐져 있다는 것이다. 이러한 보이지 않는 이중의 요구가 사회성을 갖게 되면 아기의 요구는 천부적인 권리로, 엄마의 요구는 윤리적 의무로 발전한다. 왜냐하면 전자는 젖을 얻어 향유하는 형상을, 후자는 젖을 먹어달라고 애원하는 희생의 형상을 각각 갖고 있기 때문이다. 여아는 성장하면서 향유에서 희생으로 형상을 바꾸지만, 남아는 성장 후에도 계속 향유의 형상으로 남아 있다. '시건유방侍巾帷房'으로 대변되는 침실 시중이 이 구조를 그대로 보여준다. 그래서 남자의 향유는 권리로, 여자의 희생은 의무로 각각 고착된 것이다.

희생자들의 보복

수효 원員

紈扇圓潔환선원결하고
흰 깁 부채는 둥글고 깨끗하며

紈 흰 깁 '환' '실 사糸'와 '둥글 환丸'으로 이루어졌다. '환紈'은 '빛날 황晃'과 쌍성·첩운 관계에 있으므로 자형적 의미는 '가는 명주실로 촘촘히 짜서 광채와 윤기가 나는 비단'이 된다.

扇 부채 '선' '지게문 호戶'와 '날개 시翅'로 이루어졌다. 대문의 두 문짝이 새의 두 날개와 모양이 같으므로 자형 속에 '시翅' 자의 일부가 들어간 것이다. 따라서 '선扇' 자의 자형적 의미는 '새의 양 날개와 같은 대문의 문짝'이 된다. 문짝이 돌쩌귀를 축으로 왕복 운동을 반복하는 것이 부채를 부치는 동작과 비슷하므로 이로부터 '부채'라는 의미가 파생되었다.

圓 둥글 '원' '에워쌀 위□'와 '둥글 원員'으로 이루어졌으므로 자형적 의미는 '둥글게 에워싸다'가 된다. 여기서 '둥글다'는 의미가 생겨났다.

潔 깨끗할 '결' '물 수水'와 '깨끗이 할 결絜'로 이루어졌다. '결絜' 자는 '계제사 계禊'와 쌍성 관계에 있는데, 계제사란 요사妖邪를 떨어버리기 위해서 물가에서 행하는 제사이다. 따라서 '결潔' 자의 자형적 의

미는 '더러운 것을 물로 깨끗이 떨쳐버리다'가 된다.

이 구절부터는 낙향 후의 한적한 일상 생활을 구체적으로 묘사하고 있다.

'환선紈扇'이란 흰 비단으로 만든 둥근 부채이다. 부채는 바람을 일으키기 위한 기능성 도구인데도 굳이 고급 비단으로 만든 것을 보면 도구 이상의 의미를 나타내는 기호로 여겼음에 틀림없다. 내용을 특별하게 보이기 위한 치장 같은 것 말이다. '환紈' 자에 '광채가 나다'라는 의미가 담겨 있으므로 흰 비단 부채는 소유자의 인품을 눈부시도록 고결한 것으로 변화시켜줄 수 있을 것이다.

자해에서 설명했듯이 부채는 '선扇', 즉 대문의 문짝으로 표상되고 있으므로 부채에는 바람을 일으키는 일 외에 문짝처럼 안과 밖을 경계 지어 안을 가릴 뿐만 아니라 밖에서 안으로 들어오는 것을 막는 기능을 한다. 당하堂下에 내려올 일이 별로 없는 귀족이나 부유한 사람들이 늘 부채를 쥐고 다니는 습관이 있었던 것은 바로 이러한 기능 때문이었을 것이다. 다시 말해 아랫사람과의 대화 중에 간간이 부채를 폈다 접었다 함으로써 문짝 기능을 수행시킨다는 것이다. 이렇게 해야 위아래의 경계가 생겨서 귀천이 구별된다. 부채는 이렇듯 보이지 않는 가운데 구별 짓기를 수행하기 때문에 부채 너머의 무한성을 생성해내기 위해 더더욱 흰 깁과 같은 고급 재질로 만들어야 했을 것이다.

우리는 앞의 '장막을 친 안방에서 수건을 들고 시중들다'(侍巾帷房)라는 구절에서 남성의 품위 있는 생활 뒤에는 여성의 고된 노동이 숨겨져 있음을 알았다. 마찬가지로 흰 깁으로 만든 둥글고 깨끗한 부채의 뒤에는 이를 둥글고 깨끗한 모양으로 재단하기 위해 잘리고 버려진 쓰레기가 있음도 알아야 한다. 따라서 누군가가 원만하고 고결한 인품으로 존경받고 있다면 그의 뒤에는 필시 그를 대신해 원망을 듣고 또 궂은일을 도맡아 하는 희생자가 그림자처럼 붙어 있을 것이다. 그가 그의 부인이든, 부하든, 몸종이든 말이다.

인위적으로 아름다운 것이나 편리한 것을 만들면 부수적으로 필요 없는 쓰레기도 함께 생긴다. 쓰레기는 아름다움과 편리함에 대한 대가이다. 인공의 대상이 된 존재는 그것이 무엇이든 그냥 존재로 있으려는 의지에 강제를 부여한 것이고, 또한 이러한 소외로 인해 나온 부산물이 쓰레기이므로, 이 소외를 해소해주지 않으면 언제든 보복의 형태로 되돌아온다. 얼마 전에 일어난 비닐 쓰레기 대란이 대표적인 예이다. 소외의 결과인 쓰레기에 재활용의 길을 열어주지 않고 국외에 버려왔는데 이 길이 갑자기 막히자 우리가 깨끗이 만들어놓은 공간을 마구 침범해버린 것이다. 따라서 전체에서 어느 일부를 소외시키고 만든 아름다움은 진정한 아름다움이 아니다.

오늘날 우리 사회의 각계에 세계적인 스타라는 사람들이 많이 등장해 이른바 국위를 선양한다고 환호를 받는다. 그러나 그 스타들을 만들어내기 위해 경쟁에서 탈락한 수많은 사람들을 우리는 기억하지 않는다. 우리가 선진국의 반열에 들었다고 스스로 자랑스러워하지만 그 과정에서 피폐해진 노동자와 농민의 삶은 화려한 조명 바깥에 감춰져 있다. 이러한 소외를 해소하지 않으면 우리가 그렇게 자랑스러워하는 성공 사례들이 어느 순간에 굴욕적인 부끄러움으로 변할지 알 수 없다.

촛불의 쓰임새

에울 위韋

銀燭煒煌은촉위황이라
은빛 촛불은 반짝반짝 빛난다

銀 은 '은' '쇠 금金'과 '머무를 간艮'으로 이루어졌다. '간艮' 자는 기실 '잇몸 은齦' 자를 뜻하는 글자로 여기에는 '잇몸이 희다'라는 의미가 담겨 있다. 따라서 '은銀' 자의 자형적 의미는 '흰색의 금속'이 된다.

燭 촛불 '촉' '불 화火'와 '나비 애벌레 촉蜀'으로 이루어졌다. '촉蜀' 자는 '비칠 조照'와 같은 음으로 읽히므로 '촉燭' 자의 자형적 의미는 '어두운 데서 밝게 비추기 위한 횃불'이 된다. 옛날에는 마당을 환하게 비추기 위해 땅에 세워놓는 횃불은 '료燎'라 하고, 손에 쥐는 횃불은 '촉燭'이라 불렀다. 그러다가 나중에 밀랍蜜蠟으로 '촉燭'을 만들어 쓰게 되었는데, 이것이 바로 오늘날 양초의 효시다.

煒 빛날 '위' '불 화火'와 '에울 위韋'로 이루어졌다. '위煒' 자는 '빛날 휘暉'와 쌍성·첩운 관계에 있으므로 자형적 의미는 '불이 빙 둘러 에워싸서 환하다'가 된다.

煌 빛날 '황' '불 화火'와 '클 황皇'으로 이루어졌다. '황煌' 자는 '빛날 황晃'과 같은 음으로 읽히므로 자형적 의미는 '불빛이 크게 빛나다'가 된다.

814

이 구절은 밤이 되면 촛불로 집 안을 환히 밝히는 광경을 묘사하고 있다. 여기서 '은촉銀燭'이란 은촛대가 아니고 '은빛처럼 희게 비치는 촛불'이라는 뜻이다. '위황煒煌'은 '휘황輝煌'으로도 쓴다.

옛날에는 해가 지면 집으로 돌아가 저녁밥을 먹고 등잔불을 잠간 켰다가 일찍 잠자리에 들어가는 것이 일상이었다. 여유 있는 집은 촛불을 켜놓고 책을 읽는다든가 대화를 하는 등 약간의 야간 활동을 했다. 물론 부유한 집은 촛불을 집 안 군데군데에 여러 개 켜서 환히 밝혀놓기도 하였다. 이런 집은 손님들이 주로 저녁에 방문하기 때문이었으리라.

이처럼 옛날에는 어두운 저녁에 집 안을 환히 밝혀놓는 것은 일종의 사치였다. 그런데 전기가 저 깊은 산골짜기까지 보급된 오늘날에 오히려 촛불로 방 안을 어둡게 해놓고 저녁을 보내는 사람들도 있다. 물론 특별한 행사를 돋보이게 하기 위해서이다. 심지어 대규모 시위에서도 이제는 돌맹이 대신 촛불을 든다. 촛불에 어떤 기능이 있어서일까?

니체는 인간의 이성과 감성을 그리스 신화에 나오는 아폴론과 디오니소스로 표상하였다. 아폴론은 태양의 신이므로 명백히 보이는 비전과 질서의 근간을 이루는 합리성을, 디오니소스는 술의 신이므로 어두운 밤에 자유분방하게 즐기는 인간의 감성을 각각 상징한다. 권력은 언제나 합리성을 빙자하여 초월적인 비전을 보여주고 매료시킴으로써 사람들이 자신을 따르도록 기획한다. 반면에 디오니소스는 초월적인 비전을 모두 어둠으로 덮어버리고 오로지 현재가 생성하는 감성적인 것만을 즐길 뿐이다.

생일 잔치를 비롯한 각종 잔치에서 등을 끄고 촛불을 켜는 것은 다음과 같은 두 가지 주요 이유가 있을 수 있다. 하나는 합리성과 규범 때문에 굴복해야 했던 자아와 자존의 상실감, 그리고 초월적인 것 앞에서 한없이 작아지는 열등감 같은 것을 덮어버리자는 것이고, 다른 하나는 낮 동안에 일어난 경쟁으로 인해 갈라졌던 너와 내가 하나가 되자는 것이다. 이것이 시위에서도 촛불이 등장한 근본적인 이유일 것이다.

잠자는 자에게 복 있으라

저녁 석夕

晝眠夕寐주면석매**는**
낮에 졸고 저녁에 폭 잠드는 것은

晝 낮 '주' '날 일日'과 '쪼갤 획畵'으로 이루어졌다. '획畵' 자에는 '경계를 나누다'라는 뜻이 담겨 있을 뿐 아니라 '주晝' 자는 '붉을 주朱'와 같은 음으로 읽히므로, '주晝' 자의 자형적 의미는 '낮의 반을 쪼개는 경계인 중천에 해가 높이 떠서 매우 밝은 상태'임을 나타낸다. 그래서 '일출부터 일몰까지의 낮 시간'을 가리키는 말로 확장되었다.

眠 졸 '면' '눈 목目'과 '백성 민民'으로 이루어졌다. '민民' 자는 원래 '노예'를 뜻하는 글자로 '어두울 명瞑'과 쌍성·첩운 관계에 있다. 따라서 '면眠' 자의 자형적 의미는 '눈이 캄캄하게 어두운 상태', 곧 '잠자다'가 된다.

夕 저녁 '석' 이 글자는 고문자의 '달 월月'과 실상 같은 글자이고 고대에는 서로 통용되기도 하였다. '석夕' 자는 '서녘 서西'·'흴 석晳' 등과 쌍성·첩운 관계에 있는데, 이는 해가 서쪽으로 질 때 초승달도 서쪽에 보일 뿐 아니라 색깔도 햇빛에 반사되어 희게 보이기 때문이다. 그래서 자형도 '월月' 자에서 한 획을 생략한 모양을 하고 있다. 따라서 '석夕'의 자형적 의미는 '해가 서쪽으로 질 때 보이는 흰색의 초승

'달'이 된다. 이로부터 '저녁'이란 말이 파생되었다.

寐 잘 '매' '집 면宀'과 '병들어 드러누울 녁疒'과 '아닐 미未'로 이루어졌다. '미未' 자의 자형적 의미는 '나무가 무성하게 자라다'로서 사실상 '무성할 무茂'와 같은 글자다. 그리고 '매寐' 자는 '어두울 명瞑'·'잘 면眠' 등과 쌍성 관계에 있다. 따라서 이 글자의 자형이 가리키는 의미는 '집 안에 드러누워 깊이 잠들다'가 된다.

낮이 반쪽으로 갈라지는 시간에 졸고 밤이 바야흐로 시작될 즈음에 잔다는 말은 매우 단순한 서술처럼 보이지만, 마음을 비우고 한적함을 즐기는 은인隱人의 일상을 이처럼 적나라하게 묘사한 말도 드물 것이다. 왜냐하면 밤낮을 가리지 않고 잠을 잘 수 있다는 것은 거의 모든 욕망은 물론 근심까지도 떨쳐버렸을 때 가능하기 때문이다. 꿈을 이루겠다는 의지에 불타고, 언젠가는 꿈이 이루어질 것이라는 환상과 기대에 사로잡혀 있는 사람이라면, 언젠가의 그날을 위해서 오늘을 유보하고 하루하루를 인내하며 살아갈 것이기 때문에 잠을 잘 여가도 없을 뿐 아니라, 미래에 대한 불안과 압박감으로 잠도 오지 않을 것이다. 그런 야심가가 아닌 사람이라도 스스로 꾼 꿈과 환상을 쫓아가고 실망하기를 반복하는 것이 삶의 속성이다. 인생이 본디 이러할진대 꿈을 포기하고 잠을 선택한다는 것은 생명을 가진 유기체로서는 사실 쉬운 일이 아니다.

백거이白居易의 「수기안좌睡起晏坐」라는 시에 다음과 같은 구절이 있다.

　　뒤뜰 정자에서 낮잠을 실컷 자고서　　　　　　　　後亭晝眠足,

일어나 앉으니 봄 풍광이 저물어가네　　　　　起坐春景暮

　이 시구는 낮잠이 얼마나 사람의 시선을 신선하게 환기시켜주는 가를 잘 보여준다. 시인이 낮잠을 자지 않고 그 시간에 무언가를 열심히 추구했더라면 과연 이런 시 세계를 볼 수 있었겠으며 나아가 이러한 경구驚句를 지어낼 수 있었을까? 그런데도 공자는 재아宰我가 낮잠 자는 것을 보고 "썩은 나무는 (거기에) 조각할 수 없고, 더러운 흙으로 만든 담은 흙손으로 꾸밀 수 없다"3)고 야단을 쳤다. 공자의 말 중에서 '조각하다'와 '꾸미다'라는 말은 다름 아닌 아폴론적 세계의 가치관을 그대로 반영한다. 따라서 '썩은 나무'와 '더러운 흙 담장'에 비유되는 재아의 낮잠은 '조각하고 꾸미기'를 거부하는 디오니소스적인 사건이 되는 셈이다.

　학교나 직장에서 졸거나 낮잠을 자는 사람들이 끼치는 해악은 따지고 보면 그리 크지 않거나 역설적으로 유익하다고도 말할 수 있다. 졸고 나면 오히려 정신이 맑아져서 위의 시구에서 시인이 경험한 것처럼 신선한 안목을 가질 수 있다. 창의적인 생각은 신선한 안목에서 비롯되는 것이 아닌가?

　반면에 졸음과 싸우면서 부지런히 자신의 꿈을 이루고야 말겠다는 이른바 '독종'들이 오히려 돌이킬 수 없는 해악을 끼치는 경우가 적지 않다. 이들은 자신의 환상을 실현하기 위해 온 정력을 바쳐 투쟁하는 사람들이기 때문에 육체가 언제나 한계 영역을 넘나든다고 할 수 있다. 따라서 이런 사람의 정신이 백 퍼센트 건강하다고 장담할 수 없고 인간성 또한 각박해질 수밖에 없다. 자신을 부지런히 실현하는 사람에게 가장 큰 약점은 공감 능력이 결여돼 있다는 사실이다. 그들은 능력이 근본적으로 모자라서 못하는 사람들을 이해하려 하지 않고 그저 게으르다고만 판단하는 버릇이 있다.

이런 사람이 정치를 하면 그의 꿈을 실현하느라 국민들은 영문도 모른 채 이리저리 휘둘릴 것이고, 조국의 산하는 개발이라는 명분 아래 모두 망가질 것이다. 어느 부지런한 군인이 자신의 꿈을 이루겠다고 새벽에 일어나 정권을 탈취해 정치 지도자가 되더니 "새벽종이 울렸네, 새 아침이 밝았네" 하며 잠자는 사람들을 새벽같이 깨우고 닦달해서 얻은 결과가 무엇인지, 그리고 강산을 아름다운 정원처럼 가꾸고 나아가 관광 수입도 올리겠다는 환상을 들고 나와 금수강산을 구석구석 파헤친 결과가 어떤 것인지를 우리는 현대사에서 직접 경험하였다. 그러니까 밤에 실컷 자고도 낮에 또 조는 것을 부정적으로 보지 말아야겠다. "건강한 육체에 건전한 정신이 깃든다"고 하지 않았던가? 최근에 '슬로 라이프slow life'라는 이름으로 게으름과 '멍 때리기'를 벤치마킹하는 모양이던데, 악착같지 않은 삶의 방식을 통해 삶의 질이 높아질 수 있음을 사람들이 뒤늦게 알았기 때문이리라.

이제 '맨땅에 헤딩'은 안 통한다

코끼리 상象

藍筍象牀남순상상이라

대나무 침상과 상아로 장식한 긴 의자(때문)이다

籃 바구니 '람' 홍성원은 '쪽 람藍' 자를 '바구니 람籃' 자로 고쳐야 한다고 주장했는데 이 말이 옳다. 이 글자는 '대 죽竹'과 '볼 감監'으로 이루어졌다. 바구니는 대나무 껍질을 엮어 만들었기 때문에 틈새가 많다. 그래서 안팎이 서로 통해 속이 들여다보이므로 자형에 '감監' 자를 쓴 것이다. 따라서 '람籃' 자의 자형적 의미는 '틈새로 밖이 보이도록 엮은 대바구니'가 된다.

筍 댓순 '순' '대나무 죽竹'과 '열흘 순旬'으로 이루어졌다. '순旬' 자는 '경탄할 순眴'과 같은 음으로 읽히는데, 이것은 대나무 순이 싹이 트면서부터 며칠 안에 곧게 뻗어 올라가는 모양이 놀라울 정도로 빠르다는 의미를 나타낸다. 따라서 '순筍' 자의 자형적 의미는 '싹이 놀랍게 빨리 뻗어 자라는 대나무'가 된다. 그래서 '순筍' 자를 '대나무'라는 의미로도 쓴다.

象 코끼리 '상' 이 글자의 원래 자형은 코끼리의 형상을 그린 모양이다. '상象' 자는 '장대할 장壯'과 첩운 관계에 있으므로 자형적 의미는 '장대한 코끼리'가 된다. 이 글자는 '상상하다'라는 의미로도 쓰이

는데, 이것을 『한비자』「해로解老」편에서는 "사람들은 살아 있는 코끼리를 볼 기회가 거의 없다. 그래서 죽은 코끼리의 뼈를 줍기라도 하면 자신의 의도에 따라 그것의 살아 있는 모습을 생각해낸다. 그러므로 뭇사람들이 어떤 의도를 갖고 생각하는 방도를 모두 '상象'이라고 일컫는 것이다"(人希見生象也, 而得死象之骨, 案其圖以想其生也. 故諸人之所以意想者, 皆謂之象也)라고 설명하였다.

牀 평상 '상' '나무 목木'과 '조각 장爿'으로 이루어졌다. '장爿' 자의 원래 자형을 보면 침대를 세로로 세워놓은 모양이다. 그러므로 '상牀' 자의 자형적 의미는 '나무로 만든 침대'가 된다.

'남순籃筍'은 대나무로 만든 침상이나 '가마'(轎)를, '상상象牀'은 상아로 장식한 긴 의자를 각각 가리키는데, 이들은 모두 편안히 잠을 자는 데 쓰이는 도구들이다. 대나무는 열 전도율이 높으므로 주로 여름용 침대로 사용하고, 반대로 상아는 열 전도율이 낮으므로 주로 겨울용으로 쓴다. 명나라 양정楊珽의 『용고기龍膏記』「사맹邪萌」편에 "낮 동안에는 오직 반찬을 갖춰 밥 먹는 일만 할 줄 알고, 밤 동안에는 단지 대나무 침상과 상아로 장식한 긴 의자만을 알 뿐이다"(日間只會具膳餐飯, 夜間但知籃筍象牀)라는 구절이 보이므로, 앞서 말한 대로 홍성원의 설이 옳다.

밤에 푹 자고도 낮에 조는 것은 침상이 좋기 때문이라는 것이 이 구절의 의미이다. 잠뿐만 아니라 무슨 일이든 도구가 좋으면 일의 효과가 현저하게 달라지는 것은 예나 지금이나 똑같다. 그러나 도구가 그리 발달하지 못했던 옛날에는 도구의 개비改備에 따른 투자 대비 효용이 크게 드러나지 않았기 때문에 일의 성패를 가름하는 요소에서 도구적 요인이 사람(주체)의 의지라는 요인을 능가하지 못했다. 그래서 성적이 좋지 않은 아이가 이런저런 이유를 대며 합리화할 때 흔히 "그러면 연필이 나빠서 공부를 못했다는 말이냐? 근본적으로 공부를 하겠다는 의지가 없어서 그런 거야"라는 말로 핀잔을 준다. 그러나 지금은 역설적이게도 연필이 좋아야 공부도 잘되고 성적도 올라가는 세상이다. 요즘은 경쟁이 하도 치열해서 의지를 갖고 싶지 않아도 모든 사람들이 의지가 충만해 있다. 이런 조건 아래에서라면 도구와 같은 환경적 요소가 받쳐주지 않으면 남보다 나은 결과를 기대하기 어렵다. 이른바 '맨땅에 헤딩'이라는 자조적인 말이 유행하게 된 것은 바로 이런 사회적 배경에 기인한다. 결국 승패는 누가 더 좋은 도구를 가졌느냐에서 판가름 나는 것이 오늘날의 현실이다. 또 선진국이란 궁극적으로 효율 높은 도구를 만들어 팔아서 돈을 버는 나라들이다.

속세에서 물러나 전원에 한적하게 머무는 사람은 평소 별로 하는 일 없이 빈둥거리므로 잠을 달게 자지 않는 편이다. 이런 사람도 침상이 좋으면 밤낮으로 편히 자고 조는 법인데, 하물며 치열한 경쟁 속에 사는 사람에게 도구가 얼마나 중요한지는 굳이 묻지 않고도 알 수 있으리라.

조직과 잔치

술 주酒

絃歌酒讌현가주연할새
거문고를 타고 노래를 부르며 술로 잔치를 벌일 때

絃 줄 '**현**' '실 사糸'와 '가물 현玄'으로 이루어졌다. '현玄'자는 '그윽하고 아득하다'(幽遠)는[4] 뜻이므로 '현絃'자의 자형적 의미는 '줄을 타 그윽한 소리를 내는 현악기'가 된다.

歌 노래 '**가**' '하품 흠欠'과 '형 가哥'로 이루어졌다. '가哥'자는 입을 크게 벌리고 '아아!' 하고 장탄식을 한다는 뜻인데 나중에는 '노래하다'라는 의미로 쓰이게 되었다. '흠欠'자도 입을 벌린다는 뜻이므로 '가歌'의 자형적 의미는 '입을 크게 벌리고 장탄식을 하다'가 된다. 여기서 '노래'라는 의미가 파생되었다.

酒 술 '**주**' '물 수水'와 '익을 유酉'로 이루어졌다. '유酉'자의 원래 자형은 술병 모양이고, 글자의 독음은 '익을 숙熟'자와 첩운 관계에 있다. 따라서 '주酒'자의 자형적 의미는 '술병 속에서 익은 액체', 즉 '술'이 된다.

讌 잔치 '**연**' '말씀 언言'과 '제비 연燕'으로 이루어졌다. '연燕'자는 '잔치 연宴'과 같은 음으로 읽히는 데다가 제비는 무리를 지어 이동하므로 '모여서 술 마시고 즐기는 잔치'라는 의미로 서로 통하여 사용한

다. 고대 중국인들은 사슴·기러기·양·제비와 같이 무리를 지어 사는 동물들을 숭상했기 때문에 임금과 신하들이, 또는 현자들이 모여 술 마시고 즐기는 잔치에 자주 비유하였다.[5] 따라서 '연讌' 자의 자형적 의미는 '여러 사람이 모여 술 마시고 이야기하며 즐기는 연회'가 된다.

연회宴會란 '연讌' 자의 자형이 말해주는 것처럼 제비들이 빨랫줄에 나란히 모여 앉아 재잘거리듯이 사람들이 둘러앉아 왁자지껄 떠들며 노는 잔치를 가리킨다. 왁자지껄 떠든다는 것은 개인들이 집단 속에 있으면서도 집단의 질서를 따르지 않아도 된다는 것, 다시 말해 집단을 벗어나지 않고도 개인이 보장됨을 의미한다. 사람은 무한히 개인적 자유를 누리고 싶어 하지만 집단에서 따돌림이나 추방을 당할지도 모른다는 공포 때문에 스스로를 억압해야 하는 모순을 안고 있는 동물이다. 이런 의미에서 왁자지껄 떠드는 파티는 욕망과 억압의 모순을 누그러뜨리거나 해소할 기회인 것이다.

여기서 개인들은 집단의 보호 속에서 개인의 자유를 누린다는 행복감에 젖는다. 그들은 서로 간의 억압을 해제하고 잠시 원초적 관계로 돌아간다. 그래서 내 마음도 보여주고 상대방의 솔직한 마음도 알기를 원한다. 이렇게 너와 내가 '함께함으로써' '하나가 된다.' 이렇게 하나가 되는 상태를 촉진하기 위해 동원되는 것이 술과 가무이고, 이러한 잔치를 일컬어 주연酒讌이라고 부른다.

옛날부터 예악禮樂이라고 하여 예와 음악을 동반자로 보았다는 것은 앞에서 거듭 말한 대로다. 사회적 질서를 세우기 위해 어쩔 수 없이 위아래를 구분해야 하지만 동시에 이를 메워주지 않으면 구분이 경직되어 사회나 조직의 성원들이 통합되지 않는데 이 메워주는 역할이 잔치와 음악의 몫이었다. 조직에서 가끔씩 모두 모여 마시고 노래하고 떠들고 나면 그 동안에 생겼던 오해와 갈등이 다소나마 해소됨으로써 구성원들의 통합에 도움이 되었던 것이다.

요즘 기업들은 사무 자동화를 통해 조직이 시스템을 통해 움직이도록 만들어놓았다. 시스템은 의무와 권리를 명확하게 구분하기 때문에 규범에 따라 일하면 될 뿐 누구를 닦달하거나 누구에게 아쉬운 소리를 할 필요가 없다. 모든 게 계약과 규정에 의해서 돌아갈 따름이다.

게다가 개인의 사적 생활을 보장받고자 하는 근자의 사회적 경향으로 인해 구성원들이 공적인 모임 외에는 회식 자리 같은 데에 잘 참여하지 않으려 한다. 회식이 자발적인 참여에 의한 잔치가 되기보다 조직의 위계 질서를 그대로 옮겨와서는 윗사람들의 삐뚤어진 품성을 고스란히 재생산하는 고역의 현장이 되기 일쑤이기 때문이다. 그러한 고역은 낮에 겪은 것만으로도 충분한데 말이다. 따라서 회식 없는 기업체를 선호하는 회사원들의 취향은 지극히 타당하다고 볼 수 있다.

이전까지만 해도 회식 자리에는 자연스럽게 술과 노래가 이어짐으로써 구성원들이 업무 과정에서 생긴 앙금을 어느 정도 해소할 수 있었는데, 이제 이러한 기회와 장치가 점차 사라져가고 있다. 따라서 오해와 갈등은 더욱 쌓여만 가고 위아래의 구분은 한층 더 경직될 터이니, 남는 것은 계약과 규범이 정해놓은 권리와 의무의 강화, 즉 이른바 '갑질'뿐이다. 요즘의 '갑질' 풍토는 여기에도 탯줄을 대고 있을 것이다.

술을 마시고도 안 마신 것처럼

뿔 각角

接杯擧觴접배거상이라
나무잔을 공손히 쥐고 작은 뿔잔을
두 손으로 들어올려 권한다

接 접할 '접' '손 수手'와 '시비侍婢 첩妾'으로 이루어졌다. '첩妾' 자는 '잡을 집執'과 쌍성·첩운 관계에 있으므로 첩이란 여자 몸종으로 항시 주인의 곁에서 잡다한 일을 맡아보는 사람이 된다. 따라서 '접接' 자의 자형적 의미는 '손으로 잡다'가 된다. 이로부터 '손과 손을 마주 잡다'·'서로 마주 대다' 등의 의미가 파생되었다.

杯 잔 '배' '나무 목木'과 '아닐 부不'로 이루어졌다. '부不' 자의 자형은 '새가 하늘(一)로 날아올라가 내려오지 않다'라는 의미를 갖고 있다. 옛날에는 술잔에 날개 장식을 달았는데, 이는 새가 날아다니듯이 쉬지 말고 술잔을 돌리라는 의미였다. 또한 '배杯' 자는 '등 배北=背' 자와 같은 음으로 읽히는데, 이는 술잔은 같이 놓여 있으면 안 되고 항상 서로 등지고 떠나야 한다는 뜻을 나타낸다. 즉 서로의 술잔이 쉬지 않고 각자의 입 쪽으로 날아 움직여야 한다는 것이다. 따라서 '배杯' 자의 자형적 의미는 '새처럼 날아 움직이는, 나무로 만든 술잔'이 된다.

擧 들 '거' '손 수手'와 '더불 여與'로 이루어졌다. '여與' 자의 원래 자

형은 두 사람이 배를 주고받는 모양이므로 여기에는 두 개의 손이 관여돼 있다. 따라서 '거擧' 자의 자형적 의미는 '두 손으로 들어올리다'가 된다.

觴 잔 '상' 향음주鄕飮酒의 예禮에 쓰이는 술잔으로, 뿔(角)로 제작되었다.

이 구절은 연회에서 서로 주거니 받거니 하며 술을 권하는 모습을 묘사하고 있다. '접接' 자는 '읍할 읍揖'과 같은 음으로 읽히므로 '접배接杯'에는 두 손으로 공손히 잔을 들어 술을 권한다는 의미가 들어 있다. '거상擧觴'은 술잔을 두 손으로 눈높이까지 들어 공경을 표시하면서 술을 권하는 행위를 말한다.

직장이나 단체에서 효율을 높이기 위하여 하나의 조직을 여러 단위로 나누어 운영하지만 나뉜 단위들이 서로 소통이 되지 않으면 오히려 효율이 낮아지는 부작용이 생길 수 있다. 그래서 조직의 전체적인 통합을 유지하려고 주기적으로 연회나 회식을 하게 되는데, 이러한 모임은 거의 필수적으로 술을 매개로 한다. 술은 연회의 목적인 소통에 기여해서 그간에 일어난 분리를 다시 메워주는 기능이 있지만 술이 과해질 경우 위아래가 뭉개져서 무질서의 상태로 돌아갈 위험성도 함께 갖고 있다. 『장자』 「인간세人間世」편의 다음 구절이 이를 잘 말해준다.

예절에 따라 술을 마시는 사람들이라 해도 시작은 질서 있게 하지만 언제나 난장판으로 끝나고 더 심하게 이르면 별 야릇한 쾌락이 많아진다(以禮飮酒者, 始乎治, 常卒乎亂, 泰至則多奇樂).

이쯤 되면 연회가 소통은커녕 오히려 분열과 반목의 장이 된다. 그래서 이른바 주도酒道, 즉 술 마실 때의 예절이라는 게 생겨났고, 여기서 추구하는 궁극적인 도의 경지는 '술을 마시고도 안 마신 것처럼' 자세를 유지하는 것이다.

주도 가운데 우리가 흔히 오해하고 있는 것 하나가 있다. 즉 술을 권하는 의식의 하나로 건배乾杯라는 것을 하는데, 건배란 글자 그대로 '잔'(杯)을 '말려서'(乾) 비우는 행위다. 그런데도 건배를 제의하거나 동의해서 술잔을 들어놓고는 다 마시지 않고 잔을 놓는 경우가 종종 있다. 이전 같으면 이것은 매우 잘못된 예절이다. '건乾' 자가 한자이기 때문에 '말려 비우다'라는 의미가 핍진하게 와 닿지 않고 오히려 음성적 차원에서 '건강할 건健' 자에 가깝게 인식되기 때문이리라. 특히 중국인에게 건배하자고 해놓고 다 마시지 않으면 실례가 된다. 그들은 자기들 말이니까 '건乾'을 '비우다'로 정확히 인식하기 때문이다. 비울 자신이 없으면 함부로 건배를 제안하거나 동의하지 말아야 한다.

춤추는 중국인들

발 족足

矯手頓足교수돈족하니
손을 굽혔다 펴고 발을 구르며 (춤을 추니)

矯 바로잡을 '교' '화살 시矢'와 '높을 교喬'로 이루어졌다. '교喬' 자는 나무처럼 곧고 높지만 끝이 유연하게 구부러져 있는 물건을 의미하므로 '교矯' 자의 자형적 의미는 '굽은 살대를 곧게 펴는 틀'이 된다. 이로부터 '바로잡다', '교정' 등의 의미가 파생되었다.

手 손 '수' 이 글자의 원래 자형은 다섯 개의 손가락이 달린 손 모양으로 되어 있다. '취할 취取'와 첩운 관계에 있으므로 자형적 의미는 '물건을 잡아 취하는 손'이 된다.

頓 두드릴 '돈' '머리 혈頁'과 '어려울 준屯'으로 이루어졌다. '준屯' 자의 원래 자형은 어린 싹이 흙을 뚫고 힘겹게 나오는 모양이고, '돈頓' 자는 '부딪칠 저牴'와 쌍성 관계이다. 따라서 '돈頓' 자의 자형적 의미는 '엎드려서 머리를 땅바닥에 부딪치고 조아리다'가 된다. 이를 돈수頓首라고도 하는데, 이는 평상시의 예법은 아니고 사죄하거나 용서를 구할 때 행하는 예이다.

足 발 '족' 이 글자를 갑골문에서는 '𝄞'으로 적었는데, 무릎 이하의 정강이와 발을 그린 모양이다. '족足' 자는 '곧을 직直'과 쌍성·첩운

관계에 있다. 이는 무릎 이하의 정강이가 구부러지지 않고 곧음을 의미한다. 그래서 '바를 정正' 자의 고문자 자형이 '족足' 자와 비슷한 것이다. '족足' 자의 자형적 의미는 '무릎 이하의 곧은 발'이 된다.

이 구절은 연회에서 흥에 겨운 나머지 모두들 일어나 덩실덩실 춤을 추는 모양을 묘사하고 있다.

'교矯' 자에는 자해에서 밝혔듯이 '굽은 것을 곧바르게 펴다'라는 의미가 있으므로 '교수矯手'란 춤을 출 때 팔을 접었다 폈다 하는 동작을 가리킨다. '돈족頓足'이란 머리를 땅에 연거푸 부딪치며 조아리듯이 발을 구르는 춤 동작을 말한다.

『예기』「월령」에는 맹춘孟春의 달에는 학동들에게 춤을 익히게 한다는 기록이 있다. 이는 봄에는 양기가 왕성하기 때문에 겨우내 잔뜩 움츠렸던 몸을 펴 움직이게 함으로써 음기를 불러오게 하는 일종의 운동 개념이었다. 이처럼 춤은 중국인들에게 전통적으로 매우 친근하면서도 일상적인 오락이었다. 오늘날 우리에게는 부정적인 인상으로 박힌 사교 댄스가 중국 사회에서는 '교제무交際舞'라는 이름으로 보편적 오락이 된 것은 이러한 전통적 관습에 기인한다.

알맹이를 비워야 삶이 편안하다

또 차且

悅豫且康열예차강이라
기쁘고 즐거우며 또한 편안하다

悅 기쁠 **'열'** '마음 심心'과 '통할 태兌'로 이루어졌다. '태兌' 자의 고문자 자형은 입에서 기운이 분산돼 나가는 모양으로 그려져 있고, 글자의 음이 '열'로도 읽힌다. 따라서 '열悅' 자의 자형적 의미는 '마음에서 기운이 분산되어 나가 확 통하다'가 된다. 이로부터 '기쁘다'라는 의미가 파생되었다.

豫 즐길 **'예'** '코끼리 상象'과 '줄 여予'로 이루어졌다. '여予' 자는 '줄 여與'와 같은 의미의 글자로 '넉넉하다'·'허락하다' 등의 의미를 담고 있다. 따라서 '예豫'의 자형적 의미는 '코끼리처럼 크다'가 된다. 여기서 '넉넉하다'·'기뻐하다'·'미리' 등의 의미가 파생되었다.

且 또 **'차'** '책상 궤几'와 '하나 일一'로 이루어졌다. '일一' 자는 땅을 뜻하므로 '차且' 자의 자형적 의미는 '책상을 땅 위에 놓다'가 된다. '궤' 자 안의 횡선 두 개는 책상이 흔들리지 않도록 책상 다리 사이를 연결한 버팀목을 그린 모양이다. 웃어른에게 물건을 올릴 적에는 밑에다 상을 받치고 그 위에 놓아야 하므로, 이로부터 '밑에 받치다(또는 깔다)'라는 의미가 파생되었다. 우리가 이를 '또한'이라고 번역하는 것

832

은 '앞에 말한 내용을 밑에 깔고, 더 나아가'라는 의미를 축약해서 쓴 것이라고 할 수 있다. '더 나아가'라는 말은 다시 '장차'라는 의미로 확대되어 쓰이기도 한다.

康 편안할 '강' 이 글자를 소전에서는 '庚'으로 적었는데 이는 '절구 공이 오午'·'함께 공共'·'쌀 미米'로 이루어진 자형이다. 그리고 이 글자의 음은 '빌 공空', '껍질 각殼' 자 등과 쌍성·첩운 관계에 있다. 따라서 자형적 의미는 '두 손으로 절구 공이를 쥐고 벼를 찧을 때 나오는 껍질', 즉 '겨'가 된다. 속이 비어 아무것도 없는 것은 곧 걱정할 것이 없다는 뜻과 같으므로 이로부터 '강康' 자에 '편안하다'라는 의미가 생겨난 것이다. 나중에 '강康' 자가 '편안하다'라는 의미로만 쓰이면서 본래의 '겨'라는 뜻을 담은 단어로는 '강穅' 자를 따로 만들어 쓰게 되었다.[6]

이 구절은 춤을 추고 노래를 부르면 기쁘고 즐거울 뿐 아니라 나아가 편안해지기까지 하는 현상을 서술하고 있다. 흔히 '차且' 자는 '또한'으로 많이 옮기지만 자형적 의미대로 '장차'(且)로 풀이하는 것이 옳다. 즉 '차且' 자를 중심으로 앞뒤에 있는 상태나 동작이 동시에 발생하는 것이 아니라, 엄격히 말하면, 전후의 시간적 차이를 두고 인과적으로 일어남을 의미한다. 즉 앞의 '기쁘고 즐거운' 상태를 바탕으로 '편안한' 상태가 야기된다는 것이다.

'기쁘고 즐거움'(悅豫)이란 이들 글자의 자형이 뜻하는 것처럼 '억눌린 심정을 말로 마음껏 뱉어내고' 또 남에게 '넉넉히 주고 베풀 때' 생기는 것이다. 그리하여 내 속에, 또는 내 손안에 가진 것이 없을 때, 다시 말해 '껍질'(康)만 남아 있을 때 비로소 편안해진다는 사실을 이 구절은 시각적으로 설명해주고 있다.

오늘날 신자유주의 사상 위에서 발달한 자본주의는 무한 경쟁과 승자 독식을 가장 중요한 윤리 강령으로 삼는다. 무한 경쟁과 승자 독식의 사회에서는 평범한 중간층의 삶이 거의 불가능하므로 승자 아니면 낙오자, 둘 중 하나로만 살아야 한다. 승자가 되더라도 낙오자의 비참함을 보았기 때문에 자신에게 이러한 운명이 도래하지 않도록 철저히 준비를 할 수밖에 없으니 그 방법은 끊임없이 재물을 모아 축재하는 것이다. 그는 재물이 몰락의 운명을 막아줄 비장의 방책, 곧 알맹이라고 생각할지 모르지만 사실 그것은 두려워서 스스로를 안에 두고 둘러친 보호막, 즉 껍질일 뿐이다. 축재를 해봤자 보호막의 껍데기는 화려해지고 두터워질지언정 미래에 대한 불안을 해소하는 데는 큰 도움을 주지 못한다. 그런데도 돈을 자꾸 쌓다 보면 남들에게 자신의 재물이 다 보이게 된다. 껍질(가죽)이 화려한 동물일수록 사냥의 목표가 되는 법이다. 오늘날 금융 전문가라는 사람들은 누구에게 돈이 얼마나 흘러들어가고 묻혀 있는지 훤히 안다. 사냥꾼의 목표가 되면 빠져나가지 못한다. 재물을 쌓아놓은 자는 근본적으로 불안한 사람이므로 공포 마케팅을 활용하면 결국 돈을 안 내놓을 수 없다. 그래도 안 내놓으면 정부는 없는 돈으로 치고 그만큼 화폐를 새로 발행할 수도 있다. 인플레 탓에 쌓아놓은 돈이 속수무책으로 날아갈 수도 있다는 말이다. 그러므로 삶의 유지에 필요한 최소한의 껍질만 남기고 속을 다 비우는 게 삶의 질을 높이는 근본적인 방법이라는 것이 '강康'의 자형이 말하는 지혜이다.

이름 불린 사람들의 책임

嫡後嗣續적후사속하여
적자의 자손으로 후사를 이어가니

嫡 정실 '적' 이 글자의 원래 자형은 '계집 녀女'와 '뿔 시啻'로 이루어졌다. '시啻'자는 '바로잡을 시諟'와 같은 음으로 읽히는데, 이 글자는 다시 '살필 체諦'와 첩운 관계에 있다. 따라서 '적嫡'의 자형적 의미는 '여인이 조심조심 살피듯이 근신하다'가 된다. 이로부터 '질서를 바로잡을 때 단 하나의 기준이 되는 정숙한 여자', 즉 '정실正室부인'이라는 의미가 파생되었다.

後 뒤 '후' '조금 걸을 척彳'·'작을 요幺'·'뒤처져 올 치夂' 등 세 부분으로 이루어졌다. '요幺'자의 고문자 자형은 실오라기를 그린 모양으로 '종 해奚'자와 첩운 관계에 있다. 즉 여기에는 옛날에 노예들이 도망가지 못하도록 발에 줄을 묶어둔 사실이 반영되어 있다. 따라서 '후後'의 자형적 의미는 '노예들이 잘 걷지 못하도록 발에 줄을 묶어두어서 뒤쳐져 걷다'가 된다. 이로부터 '뒤'라는 의미가 파생되었다.

嗣 이을 '사' '책 책冊'·'에워쌀 위口'·'맡을 사司' 등 세 부분으로 이루어졌다. 여기서 '책'이란 권력의 정통성을 입증해주기 위해 상위 권력이 발행한 인증서를 뜻하고, '위'자는 '나라'를 의미한다. 따라서

'사嗣'자의 자형적 의미는 '황제가 하사한 제후의 부명符命을 맡은 사람'이 된다. 이로부터 '정통성을 계승한 적장자嫡長子', 또는 '계승하다' 등의 의미가 파생되었다.

續 이을 '속' '실 사糸'와 '바꿀 속贖'으로 이루어졌다. 이 글자는 '이을 속屬'과 같은 음으로 읽힌다. '속贖'자의 '바꾸다'라는 뜻은 '반복해서 교대하다'라는 의미도 함께 갖고 있다. 따라서 '속續'의 자형적 의미는 '실오라기를 반복해서 이어가다'가 된다.

『국어國語』「진어晉語」편에는 "조상의 대를 이어감이 마치 곡식의 불어남과 같다"(嗣續其祖, 如穀之滋)라는 구절이 있다. 이 구절은 이처럼 조상으로부터 내려온 후사가 적장자로 이어지게 해야 자손이 번성할 뿐 아니라 질서가 바로잡힌다고 말하고 있다.

농업을 기반으로 하는 고대 사회에서는 자손을 되도록 많이 낳는 것이 바람직하긴 했지만 무작정 많은 것이 능사는 아니었다. 자손이 많더라도 질서가 잡혀 있지 않으면 재산이 보존될 수 없기 때문이다. 그래서 권력의 정통성, 즉 '인증서를 맡을 사람'을 하나로 정하는데, 그 핵심적인 자격이 바로 정실의 아들이어야 한다는 것이다. 적자는 뭇 아들, 즉 서자庶子들의 중심이어야 하므로 '적嫡'자의 자형대로 늘 조심하면서 규범 노릇을 해야 한다. 그래서 적자는 보수적일 수밖에 없다. 반면에 뭇 아들인 서자들은 한 지붕 아래 화톳불 주위에 모여 일하는 일꾼들을 형상화한 '서庶'자의 자형이 말해주듯이[7] 적장자의 주위에서 그를 규범으로 '바라보고'(庶) 살면 되는 것이다.

서자도 엄연한 아들이건만 이들을 차별하여 오로지 적자, 특히 적장자에게 재산을 거의 몰아주다시피 한 것은 재산을 집중하기 위해서였다. 재산이 분산되면 힘으로 기능할 수 없기 때문이다. 이럴 경우 서자는 물론 적자라도 장자가 아닌 형제들에게 불만이 쌓여 가족의 통합이 느슨해질 염려가 있다. 한편 적장자에게는 저러한 권리와 더불어 특별한 의무가 부여되는데, 아버지를 대신해 형제들을 책임지는 것이다. 위에 설명한 '적嫡'자와 '서庶'자의 자형이 이를 잘 상징한다.

예전에 넉넉하지 못하던 시절, 형제 중에서 맏이나 총명한 아들 하나를 골라 서울로 유학 보내고 이 아이가 출세를 하면 나머지 형제를 책임지게 하는 '선택과 집중'의 관습은 바로 여기에서 비롯된 것이다. 지난 몇십 년 동안 우리 경제도 대기업들을 먼저 키워주고 나서 그들이 나머지 중소 기업들과 민생을 책임지게 하는 형태로 운영되어왔는데, 이 역시 같은 관습에서 나온 구조를 갖고 있다. '적후사속嫡後嗣續'의 확장판인 셈이다.

알튀세(L. Althusser)는 "한 사회의 상징적 동일성은 당시의 이데올로기가 호명呼名(interpellation)하는 방식에 의해서 결정된다"고 했다. '적후사속'의 이데올로기는 당시의 개인을 적장자라는 이름으로 선택된 자, 즉 재산에 대한 권리와 함께 가족의 안위를 책임진 자, 그리고 그렇게 선택되지 않은 자의 두 부류로 호명하였다. 적장자가 의무를 다하고 다른 형제들은 맏형에게 복종할 때 그 가족은 화목하다는 평가를 들었다. 형제들의 복종은 맏형의 의무 수행 여부에 달려 있을 것이므로 가족의 화목은 다른 성을 가진 맏며느리의 역할에 크게 의존하는 면도 있다. 왜냐하면 같은 성을 가진 형제는 그래도 상호 이해할 여지가 있지만 타성인 며느리는 시동생들의 희생을 이해하는 데에 한계가 있기 때문이다.

적장자로 호명된 자가 책임을 다하지 않을 때 그(맏형)에 대한 불신과 불화가 깊어진다. 이 경우 왜 자신이 권리에서 배제되었는가에 대한 강한 회의가 등장하고 평등에 대한 열망이 커지기 마련이다. 우리 사회의 발전 과정에서 소외되어온 민중은 당연히 최소한의 평등을 요구한다. 이에 대하여 흔히 보수층은 저들이 무차별적인 평등을 주장한다고 비난한다. 이런 갈등은 우리의 이데올로기가 '선택' 쪽으로 호명한 자들이 자신들이 책임져야 할 민중의 삶을 방기했기 때문이다. 민중이 희생해 기업을 키워줬으니 이제 그들이 민중을 책임져야 할 것 아닌가? 이를 통한 화목이 이루어지지 않을 때 민중은 스스로의 희생과 사회의 존립 근거에 대해 근본적인 회의를 품게 된다. 집안 화목에 맏며느리가 중요한 역할을 하듯이 나라의 화목은 정부의 적극적인 의지에 달려 있을 수밖에 없다.

왜 부모가 떠난 뒤에야 효자가 되는가

제사 제祭

祭祀蒸嘗제사증상이라

(철따라) 증제蒸祭와 상제嘗祭 등의 제사를 지낸다

祭 제사 '제' 이 글자를 소전에서는 '祭'로 적었는데 이는 '보일 시示' 자와 '손'(오른손 우又)으로 '고깃덩어리'(고기 육肉)를 들고 있는 글자를 합친 모양이다. '시示' 자가 변偏으로 쓰일 경우 주로 제사와 관련된 의미를 표상하므로 '제祭' 자의 자형적 의미는 '손으로 고깃덩어리를 들고 천신과 조상에 제사 지내다'가 된다.

祀 제사 '사' '보일 시示'와 '뱀 사巳'로 이루어졌다. '사巳'의 고문자 자형을 보면 어린아이의 모양을 그린 것인데, 어린아이란 계속해서 성장하게 되므로 이 글자에는 '끊임없이 오래도록'이라는 의미가 담겨 있다. 따라서 '사祀' 자의 자형적 의미는 '아들이 아비의 제사를 끊이지 않고 지내다'가 된다. 아들이 아비의 제사를 끊이지 않고 지내는 것이 '사祀'라면, 아들이 아비를 계속해서 닮아가는 것은 '사似', 아들이 아비를 계승해 내려가는 것은 '사嗣'라고 한다. 이로써 '사祀' 자 계열의 글자 음에 '끊임없이 오래도록'이란 의미가 담겼음을 알 수 있다.

蒸 찔 '증' '풀 초艹'와 '찔 증烝'으로 이루어졌다. 길쌈을 할 때는 맨먼저 대마 줄기를 베어다가 솥에 넣고 찐 다음 삼 껍질을 벗겨내는데,

이때 껍질을 벗겨내고 남은 속 줄기를 '증蒸'이라고 부른다. 이 줄기는 가운데에 구멍이 나 있으므로 잘 말려서 촛불 대용으로 쓰거나 불씨를 옮기는 데 쓴다. 그리고 겨울 제사 '증蒸' 자와 같은 음으로 읽히므로 똑같은 글자로 보아 바꿔 쓰기도 한다.

嘗 맛볼 '상' '맛 지旨'와 '높일 상尙'으로 이루어졌다. '상尙' 자는 굴뚝에서 연기가 높이 올라가는 모양이므로[8] '상嘗' 자의 자형적 의미는 '맛의 높이를 평가하다'가 된다. 경서에서는 '상尙' 자와 상호 교환 사용이 가능해 '일찍이'라는 의미로도 쓰이지만, 여기서는 가을 제사의 이름으로 쓰였다.

　　이 구절은 제사에 관한 내용으로, 『시경』 「천보天保」편의 "사시사철 철따라 제사를 선공과 선왕 들게 드리니"(禴祠烝嘗, 于公先王)를 다시 쓴 듯하다.

　　'증蒸'과 '상嘗'은 각각 겨울 제사와 가을 제사의 이름을 가리키는 글자이지만 여기서는 춘하추동 사계절에 각기 지내는 이른바 사제四祭를 모두 상징한다. 사제란 그 계절에 처음 익은 곡물로 조상에게 제사 지내는 것으로서 봄의 사祠, 여름의 약禴(禂으로도 씀), 가을의 상嘗, 겨울의 증烝(蒸으로도 씀)이다. 봄에는 익은 작물이 없으므로 제물 대신 가죽과 비단을 놓고 '말'(말씀 사詞)로만 제사를 지낸다고 해서 '사詞' 자와 음이 같은 사祠라 부른 것이고, 여름에는 '보리'(보리 맥麥)를 바치므로 '맥麥' 자와 음이 비슷한 약禴이라 칭한 것이며, 가을에는 기장과 조를 처음 '맛보므로' 상嘗이라 하고, 겨울에는 모든 작물을 추수해 제물로 바칠 것이 '많으므로' '중衆' 자와 음이 비슷한 증烝을 쓴 것이다.[9]

이처럼 제사의 명칭이 제물과 관련해서 정해지는 경우가 많은데, 이는 곧 모든 제사에는 제물을 반드시 바쳐야 함을 의미한다. 바칠 제물이 없으면 가죽과 비단 같은 물건을, 그것도 없으면 냉수라도 바쳐야 하는 것이다. 이러한 제의는 사회적 관계에서 얻은 경험을 신에게 그대로 적용한 결과일 것이다. 사회적 관계에서 무엇인가를 청탁하는 사람은 청탁을 들어줄 사람에게 선물을 증여함으로써 청탁한 내용이 반드시 실현되도록 한다. 따라서 청탁을 받은 사람에게 선물은 청탁받은 대로 행위하게 하는 부담이자 압박이다. 그래서 부르디외는 선물을 상징 폭력이라고 정의하지 않았던가? 그렇다면 제물은 신에 대한 폭력일 수도 있지 않은가?

  '제祭' 자는 '죽일 살殺'과 서로 바꿔 쓸 수 있는 글자이다. 그러니까 '제祭'는 자형이 의미하는 대로 그 속에 이미 '살육'의 의미를 안고 있는 것이다. 제사는 제물을 희생으로 죽이기도 하지만 동시에 그 아비를 죽이는 제의이기도 하다. 제사를 통해 아버지의 귀환은 실패하고 언제까지나 상징으로 남게 된다. 상징으로서의 아버지는 산 자들의 질서를 유지시키는 법이 된다. 다시 말해서 '제祭' 자는 그 자체로 이미 살부殺父 신화를 이야기하고 있는 것이다. 부모 생전에는 효도를 안 했어도 돌아가시고 나서 제사를 잘 모시려 하는 현상은 아버지의 상징성 때문이다. 살아 있는 아버지는 인간적인 냄새를 피우기 때문에 실제로 존경의 대상이 될 수 없다. 그러나 돌아가시고 나면 인간성은 사라지고 아버지의 상징적 기능만 남으므로 자녀들과 가족에게 법과 질서로서의 역할을 완벽하게 수행한다. 따라서 아버지는 죽어야만 아버지로서의 기능과 의미를 제대로 획득하게 된다. 이것이 살부 신화의 본래 의미이다. 그렇다고 해서 세상의 모든 아버지가 일부러 죽을 수는 없지 않은가? 그러므로 살아 있는 아버지들은 될 수 있는 한 죽은 아버지처럼 말을 적게 하고 근신함으로써 인간적인 냄새를 풍기지 말고 위엄을 지켜야 하는 것이다. 이렇게 세운 질서를 흔들림 없이 지속하게 하려면 아버지의 상징적 기능을 복기시키는 제의를 주기적으로 반복해야 하는데 이것을 '사祀' 자의 자형은 그대로 말해주고 있다.

공경과 아첨의 경계선

다시 재再

稽顙再拜계상재배하고
이마를 땅에 대어 두 번 절하고

稽 조아릴 '계' '벼 화禾'·'다를 우尤'·'맛 지旨' 등 세 부분으로 이루어졌다. 이 글자는 '화禾'의 후출자後出字이고 실상은 같은 글자이다. 이때 '화禾' 자의 의미는 '화목할 화和'와 같다. 따라서 '계稽' 자는 '조화의 상태에 도달하다'·'조화가 되도록 헤아리다' 등의 의미를 갖게 된다.

顙 이마 '상' '머리 혈頁'과 '뽕나무 상桑'으로 이루어졌다. 양웅揚雄의 『방언方言』에 "중국에서는 '액額'이라 부르고, 동제에서는 '상顙'이라고 한다"(中夏謂之額, 東齊謂之顙)는 구절이 있는 것으로 보아 '상顙' 자는 '이마 액額' 자의 방언 글자로 만들어진 전주轉注 글자인 것으로 보인다.

再 다시 '재' '하나 일一'과 일부 필획이 생략된 '구冓' 자로 이루어졌다. '구冓' 자는 원래 소쿠리 같은 죽기竹器를 위아래로 포개놓은 모양인데 똑같은 것을 중복해서 그리는 것을 생략하기 위해 나중에 위의 죽기 모양을 '일一' 자로 대체하여 오늘날의 '재再' 자가 된 것이다. 따라서 자형적 의미는 '죽기를 위아래로 포개어놓다'가 된다. 이로부터

'다시'·'중복해서' 등의 의미가 파생되었다.

拜 절 '배' '손 手'와 '빠를 홀丰'로 이루어졌다. 고대 중국인들은 바닥에 앉을 때는 무릎을 꿇고 엉덩이를 발뒤꿈치에 대고 앉는 것이 관습이었다. 그러다가 상대방에게 경의를 표할 때에는 엉덩이를 발꿈치에서 떼고 무릎을 땅에 댄 채로 허리와 허벅지를 펴서 바로 선 자세를 취하였는데, 이것을 '궤跪'라 하였다. 이러한 '궤'의 자세에서 두 손을 땅에 대고 머리를 앞으로 수그리는 것이 바로 '배拜'이다. 이때 배를 행하는 사람의 전체적인 모습은 한글 자모의 기역 자 모양으로 꺾이는데, 이것은 마치 전통 악기인 편경編磬의 경석磬石과도 같은 모양이 되므로 이런 방식으로 행하는 절을 '경절磬折'이라고도 부르는 것이다. 또한 이러한 절은 앉은 자세에서 신속하게 행할 수 있으므로 원래 '배拜' 자의 우측 방에 '홀丰' 자를 쓴 것이다.

이 구절은 『의례儀禮』「근례覲禮」에 나오는 "두 번 절하여 머리를 땅에 조아리다(再拜稽首)"를 다시 쓴 것이다.

'계상稽顙'이란 머리를 땅에 이르게 한다는 뜻으로 '계수稽首'라는 말과 같다. '계稽'에는 자해에서 설명한 대로 '화和'의 뜻이 담겨 있으므로, 절을 할 때 머리를 땅에 닿게 하지 않고 땅과 적당한 거리를 유지하게 해야 하는 것이다. 『순자』「대략大略」편의 "평형을 유지하는 것을 '배拜'라 한다"(平衡曰拜)는 구절은 바로 이를 가리킨다. 그러나 공자가 "예를 다하여 임금을 섬기면 사람들은 이를 아첨이라고 여긴다"(事君盡禮, 人以爲諂也)고 설파했듯이, 예와 아첨은 경계가 모호해서 예는 자칫 아첨으로 흐르기 십상이다. 예는 늘 과도하게 연출되는 경향이 있다. 그냥 공손히 머리를 숙여도 될 것을 허리를 직각으로 굽혀 무슨 조직폭력배처럼 인사를 한다든가, 대학에서 '총장실'이라고만 문패에 써도 될 것을 굳이 '총장님실'이라고 쓰는 것 등이 그 예이다. '계상'이 과도한 쪽으로 연출되면 머리를 땅에 대거나 두드리는 '개두磕頭' 또는 '구두叩頭'가 되는 것이다.

예란 어디까지나 상징이므로 형식적으로 절제된 모습으로 아름답게 표현되는 것이 바람직하다. 그래야 거친 자연 상태나 아첨의 상태가 여과되고 상징적 질서가 지배하는 문화 모드mode가 된다. "지나친 공경은 예가 아니다"(過恭非禮)라는 말은 바로 이를 가리켜 한 말이다.

재배再拜란 '배拜'를 두 번 반복하는 것으로 상대방에 대한 극도의 공경을 표시하는 행위이다. 이 역시 세 번 이상 하지 않고 두 번만 하는 것은 절제의 표현이자 상징적 행위이다. 만일 '백배사죄百拜謝罪' 한다고 해서 정말로 백 번 절하여 용서를 빈다면 그 사람은 정상인이 아니라 편집증 환자일 것이다. 붉은 장미꽃이 사랑하는 마음을 상징한다면 그 마음의 강렬함을 표현하기 위해서는, 한자 조자造字의 원리대로라면, 두세 송이를 사랑하는 여인에게 바치는 것으로 족할 것이다. 그런데도 요즈음 젊은이들 가운데에는 일천 송이 이상을 바치는 이가 종종 있다고 한다. 물론 '그대는 나의 천사'라는 말을 다시 상징화해서 1,004송이를 보내야 한다는 화훼 상인들의 마케팅 전략에 걸려든 결과이긴 하지만 아무튼 예禮에서 거리가 가까운 것 같지는 않아 보인다.

문화란 상징체계로 이루어져 있으므로 '계상'이 머리를 땅에서 적당한 거리를 둠으로써 아름답게 보이게 하듯이 상징적인 행위를 절제된 형식으로 아름답게 표현하는 것이 중요하다.

두려워 움츠린 마음에게

묶을 속束

悚懼恐惶송구공황이라
두렵고 떨려서 몸 둘 바를 몰라 한다

悚 두려울 '송' '마음 심心'과 '묶을 속束'으로 이루어졌으므로 자형적 의미는 '마음을 단단히 묶어 실수하지 않도록 조심하다'가 된다. 이로부터 '두려워하다'라는 의미가 파생되었다. 따라서 '죄송罪悚'이라는 말은 '죄지은 것처럼 두려워하다'라는 의미가 된다.

懼 두려울 '구' '마음 심心'과 '놀랄 구瞿'로 이루어졌다. '구瞿' 자는 원래 새매가 공중에서 눈을 크게 뜨고 먹이를 찾는 모양이지만 놀란 사람의 휘둥그레진 눈을 비유하기도 한다. 따라서 '구瞿' 자의 자형적 의미는 '깜짝 놀란 마음'이 된다.

恐 두려울 '공' '마음 심心'과 '두 손으로 끌어안을 공巩'으로 이루어졌으므로 자형적 의미는 '무서워서 두 손을 쥐고 움츠리다'가 된다.

惶 두려울 '황' '마음 심心'과 '클 황皇'으로 이루어졌다. '황皇' 자는 무당의 큰 모자를 걸어놓는 모자 걸개 모양이다. 무당의 모자는 사람들에게 위압감을 주기 위해서 크게 만드는데, 큰 만큼 공간이 넓어져 일종의 광장 공포를 일으키기도 하지만 또 그만큼 속이 빈 허위적인 공간도 커지게 마련이다. 따라서 '황惶' 자의 자형적 의미는 '황당해서

846

어찌할 바를 모르고 떨게 만들다'가 된다.

제사를 지낼 때는 부정을 타지 않도록 목욕재계沐浴齋戒한 후 관복을 갖추어 입고 바른 자세로 제의에 임한다. 이것을 공자는 "제사를 드릴 때에는 (부모가) 와 계신 것처럼 한다"(祭如在)고 가르쳤다. 이렇게 제의가 엄숙히 수행되면 제사에 참여한 사람들은 일종의 위압감과 두려움을 느껴 스스로를 억제하고 몸을 사리게 된다. 제사는 물론 직접적으로는 조상을 숭배함으로써 그들에게 권위를 부여하는 행사이지만 궁극적으로는 이를 통해 산 자들의 위계 질서를 바로잡고 공고히 하기 위한 의식이다. 따라서 산 자들이 '두렵고 떨려서 몸 둘 바를 모르게'(悚懼恐惶)하는 일이 이러한 제의가 의도하는 바인 셈이다.

'황惶' 자의 자해에서처럼 우리가 어떤 불확실한 것에 두려움을 느낄 때 그 두려움의 대상은 갈수록 커져 보이는 반면, 두려움을 느끼는 주체는 '송悚' 자와 '공恐' 자의 자해가 시사하듯 자꾸 움츠러들기만 한다. 그러나 실상 두려움이란 주체가 움츠러들수록 상대적으로 커 보이는 무당의 신비로운 모자 밑의 빈 공간에서 느끼는 것과 같은 환영이다. 그러므로 제사의 대상, 이를테면 부모를 공경하는 마음을 갖게 하려고 실행되는 제의에서 그 제의가 일으키는 두려움에 사로잡힐 필요는 없는 것이다.

신에 대한 예배도 마찬가지다. 예배라는 제의에 대하여 공경을 넘어 두려움을 갖는다면 그 두려움은 제의를 주재하는 제사장, 곧 성직자의 권력을 위한 자원으로 변질된다. 전지전능하고 자애로운 신은 불쌍한 양들과 중생들에게 희망과 용기를 주고자 할 뿐, 그가 무엇이 모자라고 두려워서 굳이 상징적인 행위를 통해 겁을 주려 하겠는가? 종교의 궁극적인 목적은 예배를 통해 '자유함'을 얻는 것이니 오히려 두려움을 갖는다면 그 종교는 잘못 기능하고 있음에 틀림없을 것이다.

'통화는 간단히' 스티커의 실종

중요할 要

牋牒簡要전첩간요**하고**
편지와 서찰은 요점이 분명하도록 말을 골라 써야 하고

牋 편지 '전' '조각 편片'과 '쌓일 전㣲'으로 이루어졌다. '전㣲' 자는 '울짱 채柴' 자의 변형 글자로 그 의미는 '작은 나무 조각들을 한데 묶다'이다. 따라서 '전牋' 자의 자형적 의미는 '쪼갠 나무 조각들을 촘촘히 엮어서 그 위에 글을 쓸 수 있도록 만든 종이 대용의 문방구'가 된다. 종이가 없었던 고대에는 여기에 편지를 썼는데 나중에 종이가 발명되면서 대체되었으므로 이 글자에 '종이'·'편지' 등의 의미가 생겨난 것이다.

牒 편지 '첩' '조각 편片'과 '목간木簡 엽枼'으로 이루어졌으므로 자형적 의미는 '나무를 쪼개어 그 조각 면에 쓴 짧은 서찰'이 된다.

簡 대쪽 '간' '대나무 죽竹'과 '사이 간間'으로 이루어졌다. '간間' 자는 대문의 두 문짝 사이의 틈을 뜻하는데, 여기서는 문짝과 문짝을 닫아 붙이듯이 목간을 촘촘히 엮어 만든 서찰을 비유하고 있다. 따라서 '간簡'의 자형적 의미는 '대나무 목간을 붙여 만든 짧은 서찰'이 된다. 이러한 서찰에는 내용을 간단히 적을 수밖에 없고 또 간단히 적으려면 꼭 필요한 것만을 골라내야 하므로 이로부터 '간단하다'·'가려내다'

등의 의미가 파생되었다.

要 중요할 '요' '허리 요腰' 자의 본래 글자이고 금문에서는 '𦥯'로 적었다. 이는 사람이 두 손을 허리에 대고 있는 모양이다. '요要' 자는 '작을 요幺'와 같은 음으로 읽히고 또한 '묶을 약約'과 쌍성 관계에 있는데, 이는 허리가 신체 가운데 작으면서도 가장 중요한 곳일 뿐만 아니라 힘을 내기 위해서는 꼭 작게 묶어줘야 하는 부분이라는 의미를 담고 있다.

홍성원은 "윗사람에게 올리는 서찰을 '전牋'이라 하고, 같은 연배끼리 주고받는 것을 '첩牒'이라 한다"(啓上曰牋, 平等曰牒)고 주를 달아 두 글자를 구별했다. 전자는 비교적 긴 서찰지書札紙이고 후자는 짧은 것으로, 전자로는 격식을 차려 내용을 쓸 여유가 있으므로 이러한 구별은 일리가 있다고 본다.

그러나 앞서도 언급했듯 플라톤은 문자를 약이면서 독인 약물, 파르마콘pharmakon에 비유하였다. 문자는 기억을 도와준다는 면에서는 약이지만, 말(음성)과 달리 주체가 부재한 죽은 언어이고 나중에 다른 의미로 읽힌다는 면에서는 독이 된다는 것이다. 글의 이러한 속성을 롤랑 바르트Roland Barthes는 다시 '저자의 죽음'으로 정의하였다. 글이란 저자의 손을 떠나는 순간 저자의 원래 의도를 무시해버리고 다른 의미를 발설하기 때문이다. 그러므로 어떤 서찰지로 편지를 쓰든 요점이 분명하지 않으면 쓸데없는 오해를 야기할 가능성이 크다. '간요簡要'는 바로 핵심이 되는 말만 골라서 아주 간결하게 써야 서찰로 하는 의사 소통이 성공할 수 있음을 시사한다.

"편지는 간요簡要해야 한다"는 말은 물질이 풍요롭지 못했던 시대의 글쓰기를 그대로 반영하기도 한다. 편지지로 사용하는 전첩牋牒은 자해에서 설명한 것처럼 제조가 힘들기 때문에 구하기 쉽지 않고 가격도 비쌌다. 따라서 여기에 글을 쓸 때는 잘못 써서 버리지 않도록 사전에 충분히 고심한 뒤에 비로소 붓을 대게 된다. 서찰의 글이 말 그대로 '간요'할 수밖에 없다. 우리가 중국의 고전을 읽을 때 텍스트에서 강한 수사적 밀도가 느껴지는 것은 바로 이 때문이다.

반면에 물질이 풍요로운 오늘날에는 글쓰기에서도 소비의 미덕을 발견할 수 있다. 종이와 붓 걱정이 없으므로 되는 말이든 되지 않는 말이든 무조건 많이 써놓고 나중에 잘된 것을 고르거나 수정해서 작품을 완성하는 것이다. 마치 필름 걱정 없이 무조건 많이 찍어놓고 좋은 것을 골라 편집하는 영화 제작이나 사진 제작처럼 말이다. 거액을 투자한 영화가 완성도가 높은 것은 이 때문이리라.

아무튼 요체가 되는 것을 골라 간결하게 만든다는 점에서 예나 지금이나 간요해야 하기는 마찬가지인데, 단지 물질적 조건 때문에 글을 쓰기 전에 고른다는 점과 일단 쓰고 나서 고른다는 점이 다를 뿐이다.

앞서 말한 바와 같이 편지를 '간요'하게 하는 것은 사전에 쓸데없는 오해를 방지하기 위해서였다. 통신 수단이 열악한 탓에 이미 한 말을 다른 언어로 다시 정의하거나 풀이할 기회를 얻기가 힘들었기 때문이다. 이에 비하여 오늘날은 미디어가 발달해서 말의 맥락을 언제든지 바로잡거나 조정할 수 있다고 믿기 때문에 말이나 글은 간요해야 한다는 명제에 별로 의미를 두는 것 같지 않다. 그러나 말을 많이 한다고 해서 오해가 줄어들지는 않는다. 의사 소통(communication)이란 말 그대로 두 사람 간의 의사가 완전히 하나가 되는 것이 아니라 실제로는 오해의 연속이다. 결국 사람들 간에 오해가 많으면 많을수록 미디어를 장악한 통신 회사만 신나게 마련이다. 예전 공중전화 옆에 흔히 붙어 있던 "통화는 간단히"라는 스티커가 슬그머니 자취를 감춘 것은 바로 이러한 배경에서 나온 현상일 것이다.

안부 묻다가 볼일 다 보던 옛날

顧答審祥고답심상이라
두루 둘러보고 답장하는 일은 세심하고 자상해야 한다

대답할 답荅

顧 돌아볼 '고' '머리 혈頁'과 '새 이름 호雇'로 이루어졌다. '호雇' 자는 '새매 노려볼 구瞿'와 쌍성·첩운 관계에 있으므로 '고顧' 자의 자형적 의미는 '머리를 돌려 돌아보다'가 된다. '구瞿' 자의 자형이 '새매가 먹이를 찾으려고 두 눈을 두리번거리다'를 지시하므로 '고顧' 자도 단지 뒤를 돌아보는 것이 아니라 앞뒤 좌우를 두루 살피는 것을 의미한다.

荅 대답할 '답' '대 죽竹'과 '만날 합合'으로 이루어졌다. 따라서 자형적 의미는 '대나무로 울타리를 덧대다'가 된다. 이로부터 '맞장구치다'라는 의미가 파생되었다.

審 살필 '심' '집 면宀'과 '장 번番'으로 이루어졌다. '번番' 자는 다시 '변별할 변釆'과 '밭 전田'으로 이루어졌는데, 여기서 '전田' 자는 짐승의 발자국 모양이므로 '번番' 자의 자형적 의미는 '짐승의 발자국이 깊이 찍혀서 무슨 동물인지 확실히 변별할 수 있다'가 된다. '번番' 자가 '인쇄할 판版'과 쌍성·첩운 관계에 있는 이유이다. 발자국이 '깊이'(深) 찍히면 발자국의 모양이 상세히 드러나고, 그러면 어떤 짐승인지가 정확히 변별된다. 따라서 '심審' 자가 '깊을 심深'과 같은 음으로 읽

힐 뿐 아니라 '상세하다'·'살펴 알다' 등의 의미를 갖게 된 것이다.

詳 자세할 '상' '말씀 언言'과 '양 양羊'으로 이루어졌다. 양은 힘이 미약한 동물이므로 '상詳'의 자형적 의미는 '미약한 말'이 되는데, 미약한 말이란 깊이 살피고 따져봐야 의미를 알게 되므로 이로부터 '상세히' 또는 '상세히 살피다' 등의 의미가 파생되었다.

홍성원이 여기에 "서로 안부를 묻는 일을 '고顧'라 하고, 이에 회답하는 일을 '답答'이라 한다"(通候曰顧, 報覆曰答)고 주를 달았고, 자해에 의하면 '심審' 자와 '상詳' 자는 기실 같은 의미의 글자들이다. 그러므로 이 구절을 원래 의미에 맞춰 다시 쓰면 '고심답상顧審答詳'이 된다. 즉 일일이 안부를 묻는 일은 하나도 빠뜨리지 말아야 하고, 또 이에 답할 때에도 그 안부를 자상하게 일러줘야 한다는 말이다.

오늘날 우리도 이메일이나 메신저를 보낼 때 안부를 묻는다. 그러나 바쁘니까 상대방의 안부나 챙기지 가족이나 친지의 안부까지 묻는 경우는 별로 없다. 게다가 너무 자상하게 묻다 보면 자칫 상대방의 사생활에 참견한다는 오해를 불러일으킬 수도 있어서 대개는 요식적인 안부 묻기에 그치기 마련이다.

그러나 옛날에는 가족들의 안부 묻기는 만남이나 편지에서 매우 중요한 예의범절이었다. 옛날에는 사적인 것과 공적인 것의 개념과 구분이 명확하지 않았기도 했지만, 무엇보다 상대방의 사적인 것을 얼마만큼 소상히 아느냐, 또는 얼마나 알고 싶어 하느냐에 따라 가족이나 이웃 간에 친소親疎의 정도가 결정되었기 때문이다. 사람들이 대화에서 흔히 하는 "나는 그 집 숟가락이 몇 개인지도 다 안다"는 말은 이를 가리킨다.

대답이나 답신도 마찬가지였다. 요즘은 누가 주위의 누구를 지칭해 안부를 물으면 으레 요식적인 것으로 알고 건성으로 좋은 말로 대답해준다. 그러나 옛날에는 자신이 아는 한 소상하게 근황을 알려줄 뿐 아니라 친절한 해설에 조언까지 붙여서 전해주었다. 자해에서 설명한 대로 '답畓'이란 맞장구를 쳐서 상대방의 말이 강화되도록 덧대주는 것이기 때문이다. 노래를 할 때 추임새를 넣어주거나 백코러스 back chorus로 받쳐주는 것과 마찬가지다.

그러므로 용건은 '간요'하게 서술하더라도 안부는 소상히 묻고 또 답하는 것이 옛날 편지 글의 주된 형식이었다. 그러다 보면 주객이 전도되어 안부만 묻고 대답하다가 주요 용건이 희석되는 희극적인 경우도 종종 있었다.

목욕재계로 깨끗해질까

목욕할 욕浴

骸垢想浴해구상욕하고
신체에 때가 끼면 목욕을 하고 싶고

骸 뼈 '해' '뼈 골骨'과 '돼지 해亥'로 이루어졌다. '해亥' 자는 '핵실할 핵覈', 또는 '씨 핵核'과 쌍성 관계에 있으므로 여기에는 '근간'·'뼈대' 등의 의미가 담겨 있다. 따라서 '해骸' 자의 자형적 의미는 '신체의 근 간이 되는 뼈대'이다. 이로부터 '신체'·'해골' 등의 의미가 파생되었다.
垢 때 '구' '흙 토土'와 '뒤 후后'로 이루어졌다. '후后' 자는 원래 '뒤 후後' 자와 어원이 같으므로 '구垢' 자의 자형적 의미는 '물 같은 것이 흘러가거나 지나가고 나서 뒤에 남은 흙'이 된다. 이로부터 '때'라는 의미가 파생되었다.
想 생각할 '상' '마음 심心'과 '볼 상相'으로 이루어졌다. '상相' 자의 자형은 소경이 나무 지팡이로 더듬어 사물의 모습을 상상해낸다는 뜻이므로 '상想' 자의 자형적 의미는 '마음으로 상상해서 생각하다'가 된다. 상상이란 자신의 욕망이 투영되어 형성되기 마련이므로 이로부 터 '하고 싶다'·'희구하다' 등의 의미가 파생되었다.
浴 목욕할 '욕' '물 수水'와 '골 곡谷'으로 이루어졌지만, 갑골문에서 는 '𤅰'으로 적었는데 이는 사람이 큰 그릇 속에서 물을 몸에 끼얹는

모양이다. '곡谷' 자는 '다할 궁竆'과 쌍성·첩운 관계에 있으므로 냇물의 최초 단계인 '골짜기의 샘물'이 자형적 의미가 된다. 따라서 '욕浴' 자에는 '어떤 일을 하더라도 반드시 목욕재계하고 시작하다'라는 의미가 담겨 있다.

한漢나라 왕충王充의 『논형論衡』「기일譏日」편에 "발 대야에 발을 씻어 발의 때를 제거하고, 따라주는 물을 받아 손을 씻어 손의 때를 제거하고, 목욕으로 몸을 씻어 몸의 때를 제거한다"(洗去足垢, 盥去手垢, 浴去身垢)는 구절이 보인다.

'욕浴' 자가 '기를 양養'과 쌍성·첩운 관계라는 사실에서 알 수 있듯이 목욕이란 양생의 한 방법이지만 막상 하려면 귀찮아진다. 그러나 이 구절에서 서술하듯 단순한 몸이 아닌 '해骸', 즉 '몸의 핵심'에 때가 끼었다고 느끼면 누구나 그것이 육신적인 것이든 정신적인 것이든 정결케 하기를 원한다. 그래서 옛날부터 몸과 마음을 근신해야 할 필요가 있을 때는 이른바 목욕재계沐浴齋戒를 했다. 목욕은 마음의 때를 닦아내는 일종의 상징적 행위였던 셈이다. 목욕을 열심히 한다고 마음이 깨끗해지지는 않지만, 관념이란 물질적인 형식에 의존하는 것이 사실이기도 하므로 마음을 정결케 하고 싶으면 어쩔 수 없이 목욕부터 하게 되는 것이다.

『대대례기大戴禮記』「하소정夏小正」에 "검은 새(까마귀)가 목욕하듯 날다"(黑鳥浴)라는 구절이 있다. 까마귀가 상승과 하강을 반복하며 날아가는 모양을 묘사한 말이다. '욕浴' 자의 갑골문 자형에서 보듯이 목욕은 물을 위에서부터 반복해 끼얹는 형태로 진행되는데 이 모양이 까마귀의 비상 형태와 같다는 것이다. 즉 자신의 몸을 정결케 하기 위해 물을 뿌려대는 일을 반복하지만 '구垢' 자의 자형이 말해주듯이 물이 흘러간 자리에는 다른 때가 다시 끼게 마련이다. 그래서 강박 신경증 환자들은 다시 낀 때를 또 닦아내려고 씻는 일을 끊임없이 반복한다. 그러나 그렇게 해서 깨끗해질 것이라는 믿음은 '상想' 자의 자형처럼 어디까지나 스스로 생각해낸 환상일 뿐이다. 인간의 때를 인간 스스로가 깨끗이 닦아 지울 수 있을까? 검은색이라는 얼룩에 의지해야 흰색이 인식 가능한 법인데 때를 지우고 나면 무엇으로 흰 것을 존재하게 할 수 있단 말인가? 깨끗함이란 혼자 독립적으로 존재하는 실체가 아닌 것이다.

중용은 왜 어려운가

근원 원原

執熱願涼집열원량이라
뜨거운 것을 쥐고 있으면 서늘한 것을 원한다

執 잡을 '집' 이 글자의 갑골문 자형을 보면 '執'으로 되어 있다. 여기서 좌측의 '幸'은 두 손을 묶는 수갑 같은 것이고(이것이 나중에 '행幸'으로 바뀌었음), 우측의 '丸'은 사람이 수갑을 차고 꿇어앉아 있는 모양이다(이것이 나중에 '환丸'으로 바뀌었음). 따라서 자형적 의미는 '두 손에 수갑을 차고 꿇어앉아 있는 포로'가 된다. 이로부터 '잡다'·'잡히다' 등의 의미가 파생되었다.

熱 더울 '열' '불 화火'와 '심을 예埶'로 이루어졌다. '예埶' 자의 갑골문 자형은 '埶'인데, 이는 사람이 무릎을 꿇고 앉아 조심스레 나무를 심는 모양이다. 나무를 심고 가꾸는 사람은 마음이 따뜻하고 어질므로 이로부터 '따뜻하다'라는 의미가 파생되었다. '예埶' 자는 '따뜻할 온溫' 자와 쌍성·첩운 관계에 있고, '온溫' 자 역시 '어질 인仁'과 쌍성·첩운 관계라는 사실이 이를 입증한다. 따라서 '열熱' 자의 자형적 의미는 '불로 따뜻함을 더하다', 즉 '뜨겁다'가 된다.

願 원할 '원' '머리 혈頁'과 '근원 원原'으로 이루어졌다. '원原' 자는 '으뜸 원元'과 같은 뜻이므로 '원願' 자의 자형적 의미는 '큰 머리'가

된다. 그러나 '원願' 자가 '원할 은慭'과 같은 음으로 읽혔으므로 서로 바꾸어 쓰다가 '원하다'라는 의미로 굳어졌다.

涼 서늘할 '량' '물 수水'와 '클 경京'으로 이루어졌다. '량涼'은 원래 천자에게 바치는 여섯 가지 음료, 즉 육음六飮 중의 하나로 술에 물을 타서 맛을 부드럽게 만든 음료이다. 강렬한 맛을 순하게 만든다는 의미에서 '시원하다'·'서늘하다' 등의 의미가 파생되었다.

　이 구절은 앞의 출구와 대장 형식을 이루어 "때가 껴서 더러우면 깨끗이 씻으려 하고, 뜨거운 데 처해 있으면 찬 것을 찾는다"는 의미를 대비를 통해 강조한다. 뜨거움이란 우리의 일상적인 삶의 조건에서 벗어난 상태이므로 뜨거운 사물을 잡으면 일상으로 되돌리기 위해 서늘한 것을 찾게 된다는 지극히 당연한 현상을 서술하고 있다. 이것을 우리는 흔히 '인지상정人之常情', 즉 사람들이 일상적으로 가진 감정이라고 부른다.

　그런데 인간은 일상적인 것을 추구하는 것 같으면서도 실제로는 거기서 참을 수 없는 지루함을 느낀다. 그래서 자극적인 것을 찾는데, 일상적인 것에 비하면 뜨거운 것은 분명히 고통이지만 사람들은 오히려 이를 쾌락으로 여긴다. 뜨거운 사우나를 즐겨 찾는 사실을 상기하면 즉시 이해가 될 것이다. 그러나 아무리 자극적인 것이라도 그 상태로 오래 머무르면 어느새 적응되어 또 다른 일상이 되므로 더 이상 쾌락으로 느껴지지 않는다. 이 적응을 방지하려고 사람들은 사우나 안에서 냉탕과 열탕을 넘나듦으로써 양극단의 고통을 반복적으로 감내한다. 우리의 세상 일이 다 이와 같다고 말해도 과언이 아니다. 이를테면 얌전히 학교 다니고 조용히 회사 다니고 성실하게 가

정 생활을 하면 될 텐데, 꼭 갖가지 일탈을 저질러 골치 아픈 상황을 자초한다. 일탈은 궁극적으로 쾌락을 위해 저지르는 것이므로, 누구라도 안정된 상태가 오래 지속되면 역설적으로 골치 아픈 사건을 만듦으로써 지겨움을 해소하려 한다. 열탕·냉탕을 넘나드는 원리와 완전히 같다.

『논어』「옹야雍也」편에 "중용이 (보통 사람들의) 덕이 될 수 있음이 지극히 쉽도다! 그런데도 백성에게 이런 덕이 없어진 지가 오래되었구나"(中庸之爲德也, 其至矣乎! 民鮮久矣)라는 공자의 말이 있다. 양극단을 오가지 않고 평이하게 사는 게 쉬운 것 같은데도 사실은 어렵다는 사실을 토로한 말이다. 중용이 어려운 것은 다름 아닌 인간의 본성 안에 쾌락을 향한 욕망이 자리잡고 있기 때문이다.

우리 주위의 성직자나 종교에 심취한 사람들이 오히려 죄를 더 많이 짓는 것처럼 보이는 경우가 있다. 경전에서는 이를 흔히 악마가 유혹하기 때문이라고 설명하는데, 악마의 본질은 기실 쾌락이다. 따라서 위의 원리대로라면 열탕 쪽에 있는 쾌락이 더 자극적이기 위해서는 냉탕 쪽으로 가야 한다. "죄가 더한 곳에 은혜가 더욱 넘쳤나니"라는 「로마서」(5:20)의 구절은 근본적으로 여기에 근거한다. 따라서 성실하게 종교 생활을 하는 게 중용처럼 쉽지가 않은 것이다. 근자에 종교는 이제 문화로 수용해야 한다는 움직임이 있는데, 여기서 문화라는 개념이 곧 중용에 해당한다.

위의 논리로 보자면 '집열執熱'은 '집執' 자의 원래 자형이 '묶여 있는' 포로 모양이므로 뜨거운 것을 잡았다기보다는 오히려 '뜨거운 것에 잡혀 있다', 즉 '집어열執於熱'로 볼 수 있을 것이다. 뜨거운 것이 고통이기 때문에 순간적으로 '부드러워진 상태', 즉 '서늘한'(涼) 상태를 '바라보기'(願)는 하지만 정말로 그 '열熱'에서 벗어나기를 원치 않는다. '바라다'(願)와 유사하게 쓰는 말로 '바랄 희希' 자가 있다. 이 글자는 사실상 '드물 희稀'와 같은 글자로 '바라다'라는 행위 자체가 실현 가능성이 거의 없음을 이미 전제로 한다는 것을 말해준다.

권력의 정상이나 중심에 있는 사람은 누리는 것도 많지만 그에 못지않게 책임과 고충도 많다. 그래서 골치가 아플 때는 모든 것을 내던지고 낙향해 마음 편히 살기를 간절히 원하지만, 어디까지나 '바라는' 것일 뿐이고 이를 실행에 옮기는 일은 거의 없다. 단지 그런 '서늘한'(涼) 것을 바람으로써 지금 '뜨거운'(熱) 것의 고통과 쾌락을 더욱 배가하려 할 뿐이다. 마치 생선회를 계속 새로운(refreshing) 맛으로 즐기기 위해 간간이 생강을 곁들여 먹는 것과 비슷하다. 그러니까 어느 시인이 전원 생활의 아름다움을 읊은 시를 썼다고 해서 전원으로 돌아갈 의지가 강한 사람이라고 판단해서는 안 될 것이다.

이상한 가축, 나귀와 노새

말 마馬

驢騾犢特려라독특이
나귀와 노새와 송아지와 소 등이

驢 나귀 '려' '말 마馬'와 '검을 로盧'로 이루어졌으므로 자형적 의미
는 '털빛이 검은색을 띠는 말', 즉 '나귀'가 된다. 실제로 나귀는 전체
적으로 검은색을 강하게 띤다.

騾 노새 '라' '말 마馬'와 '묶을 루累'로 이루어졌다. '라騾' 자는 수탕
나귀와 암말 사이에서 난 노새를 가리킨다. 이 가축은 덩치는 작아도
힘과 지구력이 좋아 운송에 유용하게 쓰였다. 그러나 이종 간의 잡종
이어서 생식 능력이 없다는 속성 때문에 '묶을 루累' 자를 오른쪽 방
에 쓴 것으로 보인다.

犢 송아지 '독' '소 우牛'와 일부가 생략된 '도랑 독瀆'으로 이루어졌
다. 호랑이나 곰의 새끼를 '구狗', 망아지를 '구駒'라고 각각 부른다. 이
때 '구狗' 자와 '구駒' 자의 우측 방인 '구句'는 짐승 새끼의 울음소리
를 뜻하는 의성어이다. 따라서 '독犢' 자의 방인 '독瀆'도 송아지 울음
소리인 의성어가 된다. '독瀆' 자를 '구멍'이라는 뜻으로 쓸 때는 '두竇'
자와 같은 음으로 읽는다는 사실이 이를 입증한다.

特 소 '특' '소 우牛'와 '내시 시寺'로 이루어졌으므로 자형적 의미는

'아직 거세하지 않은 숫소'가 된다. 아직 거세하지 않은 수말을 '등騰'이라고 하는데, '특特'과 '등騰'이 쌍성·첩운 관계에 있다는 사실이 두 글자의 관계를 입증한다.

이 구절은 집안을 다스리기 위한 부의 생산에 축산이 빠질 수 없음을 말하고 있다. 『예기』「곡례」에 "평민들의 재산을 물으면 가축의 수를 세어서 대답한다"(問庶人之富, 數畜以對)는 구절이 있듯이, 옛날에는 가축이 귀한 재산이었기 때문에 이를 번식시키고 사육하는 일이 매우 중요한 산업 중의 하나였다.

고대 중국에서는 '나귀'(驢)와 '노새'(騾)를 흉노족들이나 기르는 이상한 가축으로 여겼다. 그래서 이러한 글자들은 중국 경전에는 보이지 않고 진나라 이후에야 비로소 나타난다고 단옥재段玉裁는 『설문해자』에 주를 달았다. 이 때문에 중국에서는 이들 짐승을 하찮게 여겨왔으니, 『염철론鹽鐵論』의 "노새와 나귀의 쓸모는 소와 말의 효능에 차지 못한다"(羸驢之用, 不中牛馬之功)는 구절이 그 단적인 예이다. 중국에서 쓸모없는 무리들을 일컬어 '려라驢騾'라고 부르는 것은 바로 이러한 배경에서 나온 말이다.

칼과 창을 쳐서 보습과 낫으로

치울 양襄

駭躍超驤해약초양이라
놀라 뛰쳐나가고 껑충껑충 뛰어달린다

駭 놀랄 '해' '말 마馬'와 '돼지 해亥'로 이루어졌다. '해亥'자는 '씨 핵核'과 서로 통하는데, 씨는 생명체가 시작하는 첫 단계이다. '해亥'자는 12지支에서 마지막에 배치돼 있는데 이는 씨가 처음 껍질을 까고 나오는 모양인 '갑甲'자의 바로 전 단계이기 때문이다. '해亥'자가 '경계할 계戒'와 쌍성·첩운 관계에 있다는 사실은 씨앗이 나오려 할 때에는 조심스럽게 주위를 경계해서 조그만 변화에도 즉각 반응해야 함을 나타낸다. 따라서 '해駭'자의 자형적 의미는 '말이 놀라 일어나 경계하다'가 된다. 이로부터 '놀라다'라는 의미가 파생되었다.

躍 뛸 '약' '발 족足'과 '꿩 적翟'으로 이루어졌다. 꿩은 날기보다는 뛰기를 잘하는 새이므로 '약躍'의 자형적 의미는 '꿩처럼 신속하게 발로 뛰다'가 된다.

超 넘을 '초' '달릴 주走'와 '부를 소召'로 이루어졌다. '소召'는 윗사람이 아랫사람을 부르는 일을 뜻하고, '초超'는 '뛸 도跳'와 첩운 관계에 있으므로 자형이 나타내는 의미는 '윗사람의 부름에 달려가다'가 된다. 윗사람이 부르면 빨리 응해야 하니 이로부터 '뛰어오르다'·'도

약하다' 등의 의미가 파생되었다.

驤 달릴 '양' '말 마馬'와 '치울 양襄'으로 이루어졌다. '양襄'이란 일종의 파종 방법으로서 겉흙을 걷어내고 속의 부드러운 흙에다 씨를 심고 다시 덮는 것을 가리킨다.[10] 여기서 흙을 다시 덮는 것을 '반토反土'라고 한다. 말은 걷거나 달리면 머리를 위아래로 들었다 내렸다를 반복한다. '양襄' 자는 이러한 반복 행위를 나타내므로 '양驤' 자의 자형적 의미는 '말이 머리를 위아래로 반복하여 흔들면서 빨리 달리다'가 된다.

 전원에서 가장 일상적인 풍경은 마소와 당나귀와 노새 등이 한가로이 풀을 뜯는 모습일 것이다. 이러한 풍경은 누구에게나 목가적인 정서를 불러일으키므로 흔히 평화의 상징으로 묘사된다. 나라에 전란이 일어나거나 부역할 역사役事가 생겨 거의 모든 백성이 동원되는 국면이라면 전투와 노역에 없어서는 안 될 위의 가축들이 한가로이 마을에 남아 있을 리 없기 때문이다.

 『구약』「이사야서」(2:4)에는 "그가 열방 사이에 판단하시며 많은 백성을 판결하시리니 무리가 그들의 칼을 쳐서 보습을 만들고 그들의 창을 쳐서 낫을 만들 것이며 이 나라와 저 나라가 다시는 칼을 들고 서로 치지 아니하며 다시는 전쟁을 연습하지 아니하리라"라는 구절이 있다. 즉 칼과 창을 쳐서 보습과 낫과 같은 농기구를 만드는 일은 다시는 전쟁이 없을 것이기에 가능한 것처럼, 말과 소 같은 힘쓰는 가축들이 들판을 이리저리 뛰어다니며 한가로이 풀을 뜯는 모습도 평화의 시기가 왔기에 가능한 풍경이다.

일벌백계의 효과

도적 적賊

誅斬賊盜주참적도하고

강도와 도둑 들을 죽이고 베며

誅 벨 '주' '말씀 언言'과 '붉을 주朱'로 이루어졌다. '주朱'자의 고문자 자형을 보면 '나무 목木'자 가운데에 '하나 일一'자를 더한 모양으로 이는 곧 '나무의 속'(髓)을 가리킨다. 소나무와 잣나무 류의 속은 대개 붉은색을 띠고 있으므로 이로부터 '붉다'라는 의미가 파생된 것이다. 또한 '주朱'자는 '기둥 주柱'·'줄기 간幹'·'뿌리 근根' 등과 쌍성 관계를 이루므로 '나무를 베어내고 남은 그루터기'라는 의미도 담고 있다. 나중에 나온 '주株'자는 바로 이런 의미로 쓰이는 글자이다. '주株'자가 나무 줄기를 베어내고 남은 그루터기라면, '주誅'자는 말(言)의 줄기를 베어내고 남은 부분, 즉 '말로 해서 안 되는 부분'이 됨을 짐작할 수 있는데, 그것은 곧 못 견디게 닦달하는 방법이나 아예 죽이는 방법 등일 것이다. 그래서 '주誅'자에 '닦달하여 요구하다'·'베어 죽이다' 등의 의미가 생겨난 것이다.

斬 벨 '참' '도끼 근斤'과 일부가 생략된 '처마 헌軒'으로 이루어졌다. '헌軒'자는 대청마루나 수레의 뒷좌석처럼 양옆과 뒤 등 삼면이 막히고 전면이 개방된 형태의 사물을 의미한다. 이는 목이 잘려 목 부분이

개방된 신체의 모양과도 유사하다. 따라서 '참斬' 자의 자형적 의미는 '도끼로 목을 베어 신체의 목 부분이 개방되게 하다'가 된다.

賊 도적 '적' '창 과戈'와 '법칙 칙則'으로 이루어졌다. '칙則' 자는 솥 (세발솥 정鼎)에다 칼로 흠집을 파서 금과옥조를 새긴다는 의미이므로 '적賊' 자의 자형적 의미는 '창으로 찔러 상처를 내다'가 된다. 이로부터 '무기로 을러서 재물을 빼앗는 도적'이라는 의미가 파생되었다.

盜 도적 '도' '침 흘릴 연㳄'('연涎'의 속자임)과 '그릇 명皿'으로 이루어졌다. 아주 오랜 옛날의 도둑은 남의 음식을 훔치는 것에서 시작했으므로 '도盜' 자의 자형적 의미는 '남의 음식을 보고 침을 흘리며 탐을 내다'가 된다.

이 구절은 태평성대에는 질서와 안정을 위협하는 도둑과 강도가 생기지 않도록 미리 예방해야 하는데, 그 방법으로 남의 물건을 훔치거나 생명을 다치게 하는 자들을 베고 죽이는 일벌백계一罰百戒가 가장 효과적임을 은연중에 암시하고 있다.

말의 힘은 논리에서 나오므로 논리가 말의 생명인 것 같지만, 따져보면 '주誅' 자의 자형이 말해주듯이 말의 '근저'(朱)에는 말을 듣지 않으면 '베어버린다'(誅)는 위협이 논리를 받쳐준다는 것을 알 수 있다. 그러므로 실제의 설득이나 협상은 힘을 바탕으로 한다고 해도 과언이 아니다. 이데올로기가 비합리적이지만 사람들에게 쉽게 먹히는 것은 이데올로기를 담은 담론이 궁극적으로 권력이라는 기반 위에 서 있기 때문이다. "정승 집 개가 죽으면 문상객이 발 디딜 틈도 없이 찾아오지만 정승이 죽으면 이웃집 개도 안 온다"는 속담의 뜻을 시중의 장삼이사도 다 알지 않는가? 권력은 그럴듯한 명분을 내걸어 설득이

나 회유를 하지만 담화의 행간에는 언제나 '주참誅斬'과 같은 폭력의 암시가 언뜻언뜻 비친다. 이를테면 정부가 사회 정의를 강조하면 그것은 검찰의 힘을, 경제 정의를 역설하면 국세청의 힘을 각각 동원할 것임을 시사하는 말이라고 보면 된다.

옛날에는 윗사람이 아랫사람을 훈계하거나 재판관이 죄인을 심문할 때 윗사람의 뒤쪽에 병풍을 치는 등 삼면을 막고 전면만을 개방한 공간에서 진행하였다. 동헌 마루에서 원님이 아랫것들을 훈계하는 모습을 상상해보라. 이러한 형태의 공간은 자연스레 폐쇄 공포증을 야기하기도 하지만, 무엇보다 의사 소통의 공간을 윗사람이 독점하게 되어 여기서 나오는 윗사람의 언어는 단의單意적이고 명쾌한 이미지를 갖는다. 반면 아래쪽 개방된 공간에 놓인 아랫사람이나 피의자의 말은 뭇 담론 중의 하나일 뿐이고 왜소하면서도 분명하지 않다는 인상을 준다. 따라서 이러한 공간 속의 의사 교환에서는 언제나 윗사람의 언설은 옳고 아랫사람의 말은 '참斬' 자의 자형처럼 무참히 베어질 수밖에 없는 것이다.

'칙則' 자의 자형에서 알 수 있듯이 법과 질서란 함부로 고치면 안되는 것이므로 세발솥의 겉면에 새겨 그 상처로 오래도록 기억한다. 어린아이도 아버지에 의해 엄마와 떨어지는 상처를 받으면서 법을 경험하고 마음에 새긴다. 따라서 법이란 상처와 그 기억을 기반으로 세워지는 것이다. 이 때문에 법은 누구도 움직일 수 없는 권위를 갖는다. 법의 이러한 권위를 위력으로 함부로 어기고 허물어버리려는 자가 바로 '적賊'인바, 이 중에서도 특히 나라의 헌법을 유린했다면 가장 큰 도적, 즉 역적逆賊이 되는 것이다.

기강紀綱이라는 말이 있다. 그물의 위쪽 코를 꿰어놓은 줄, 즉 벼리를 가리키는 말인데, 이 벼리만 쥐고 조종을 하면 아무리 넓은 그물이라도 접었다 펴기를 마음대로 할 수 있다. 사람은 상상력이 뛰어난 동물이라 아무리 규범을 잘 만들어놓아도 어떤 일탈을 할지 예측할 수 없다. 그렇다고 모든 사람을 하나하나 감시할 수도 없지 않은가? 옛말에 "열 포졸이 도둑 하나 못 잡는다"는 격언이 있을 정도다. 그래서 나온 대안이 바로 일벌백계로 기강을 잡는 방법이다. 한 명의 도적을 본보기로 인상 깊게 처벌하면 나머지 사람들이 모두 조심하게 된다는 이치인데, 이것이 효과를 보려면 작은 도적보다는 큰 도적을 제대로 처벌하는 것이 무엇보다 중요하다. 도적 중에서 가장 큰 도적이라면 국헌을 문란케 한 도적이 아닌가? 이들을 '주참誅斬'하는 일벌一罰이 이루어지지 않고 기강이 바로 서는 백계百戒의 효과를 기대할 수 없음은 역사가 말해준다.

대중의 탈주와 국가

없을 망亡

捕獲叛亡포획반망이라
배반하고 도망간 자를 사로잡아 들인다

捕 잡을 '포' '손 수手'와 '클 보甫'로 이루어졌다. '보甫' 자는 '채마밭 포圃'의 원래 글자로 고문자 자형은 밭에 울타리를 친 모양으로 되어 있다. 따라서 '포捕' 자의 자형적 의미는 '에워싸서 손으로 잡다'이다.

獲 짐승 잡을 '획' '거둘 확穫' 자의 자형이 가리키는 의미가 '곡식을 베어 거두어들이다'이므로 '벼 화禾' 변 자리에 '개 견犭=犬'을 바꿔 넣으면 '획獲' 자의 자형적 의미는 '짐승을 사냥하여 잡아들이다'가 됨을 알 수 있다.

叛 배반할 '반' '반 반半'과 '뒤집을 반反'으로 이루어졌다. '반半' 자는 '나눌 분分'과 쌍성·첩운 관계에 있고 '반反' 자는 '손바닥을 뒤집다'라는 뜻이므로, '반叛'의 자형적 의미는 '나뉘어서 등을 돌리다'가 된다. 여기서 '배반하다'라는 의미가 파생되었다.

亡 없을 '망' 이 글자를 금문에서는 '从'으로 썼는데, 이는 사람이 다른 사물에 은폐되어 보이지 않는 모양이다. 여기서 '없다'·'없어지다'·'도망가다' 등의 의미가 파생되었다.

이 구절 역시 평온하게 유지되는 질서를 망가뜨리는 자들을 안보적 차원에서 단속하는 조치에 관해 서술하고 있다.

『여씨춘추』「존사尊師」편에 "가법家法을 말하면서 스승을 일컫지 않는 것을 일컬어 배반이라고 부른다"(說義不稱師, 謂之叛)는 구절이 있다. 여기서 '스승을 일컫지 않다'는 것은 스승에게 배웠으면서도 그의 학문을 '부정하고 그로부터 떨어져 나와'(叛) 독자적인 가법을 세우겠다는 의지를 표현한 말이다. 그러므로 '스승을 일컫지 않는' 사람에게 계승이라는 개념은 결여되어 있기 마련이다. 국가와 사회의 질서를 어지럽히는 자들 중에 가장 위험한 것이 이처럼 법과 관습의 계승을 인정하지 않고 그 밖으로 튀어나가려는 자들일 것이다. 그래서 이들을 '포획捕獲'함으로써 체제 밖으로의 일탈을 통제한다는 것이다.

그런데 요즘은 계승을 무시하는 반전통적인 사유와 행위를 창조적인 것으로 찬양하는 경우가 종종 있다. 그것도 혁신의 이름으로 그렇게 한다. 이전에 없던 새로운 감각과 감동을 생성하고 표현해야 하는 예술 활동에서 전통적인 방식에 의존하는 것은 사실상 불가능하다. 그러나 전위적(avant-garde)인 분야에서 이것이 유효하다고 해서 사회 전반에 검증 없이 적용하는 것은 지나치다는 비판을 피할 수 없다. 앞서 '노겸근칙勞謙謹勅' 절에서 이야기했지만, 진리는 전위라는 가장자리에 존재할 수 있지만 대중이라는 중용의 부분을 무시할 수도 없기 때문이다. 중용의 계승이 부정된 전위는 궁극적으로 혼돈으로의 복귀와 다를 바 없다. 이를테면 어느 예술가가 작품에서 실현한 특별한 자유를 모든 대중이 함께 실천한다고 상상해보라. 「고린도전서」(8:9)에 "그런즉 너희의 자유가 믿음이 약한 자들에게 걸려 넘어지게 하는 것이 되지 않도록 조심하라"는 구절이 있다. 여기서 '믿음이 약한 자들'은 바로 중용의 위치에 있는 대중일 텐데 자유를 깨달은 사람들의 자유로운 행위가 자칫 이들에게 시험이 될 수 있으니 조심하라는 경고이다.

혁신을 명분으로 한 전통과 관습에 대한 비판과 부정은 대체로 두 가지 의도에서 일어난다. 하나는 전통과 관습이 이미 기득권이 되어 공정한 사회로 나아가는 데 장애가 될 경우이다. 다른 하나는 생산성과 효율을 높이기 위해서 기존의 저효율 체제나 관습을 폐기할 필요가 있을 경우이다. 이것은 효율 향상이라는 과학적 명분을 내세우기 때문에 거부하기가 쉽지 않다. 따라서 권력을 강화하려는 정치적 의도에서 흔히 쓰인다.

전자는 불공정에 대한 공감 때문에 대중적 지지를 받을 수 있지만 기득권자들의 저항도 만만치 않아 이를 압도하기가 쉽지 않다. 이런 경우 기득권자들은 개혁과 혁신을 권력투쟁으로 변질시킴으로써 자신들의 기득권을 반드시 지켜야 할 전통적 가치로 만든다. 그래서 혁신이 실제로 쉽지 않은 것이다. 후자는 효율과 생산성을 매개로 조직 구성원들을 이런저런 새로운 방식으로 닦달함으로써 그들을 체제에 충실한 기능적 요소로 만든다. 그러면 자동적으로 체제의 우두머리에게 권력이 생기는데, 군대와 기업 등 대부분의 조직에서 활용하는 혁신이 이에 속한다.

'도망'(亡)은 고대부터 정치가들에게 골칫거리였던 것 같다. 갑골 복사卜辭에 '상인喪人' 또는 '상중喪衆'이라는 말이 종종 보이는데, 이는 노예들이 탈출한 사건을 기록한 것이다. 『상서尚書』의 "남자 노예와 여자 노예들이 달아나다"(臣妾逃逋)와 『좌전』의 "남자 노예와 여자 노예들이 대부분 달아나다"(臣妾多逃) 등도 역시 노예들의 탈출 기록이다.

여기서 신첩臣妾을 노예라고 번역했지만, 거듭 말한 대로 당시의 노예들이란 평민보다 하위에 있는 신분이 아니라 이들이 곧 평민이었다. 비교적 지위가 상승된 평민의 개념이 아직 생겨나기 이전이었고, 이들 '신첩'들이 생산과 전쟁에 동원되는 주요 인력이었으므로 노예라고 불렀던 것이다. 따라서 이들이 제자리를 비우고 자취를 감추는 것은 국가로서는 크나큰 손실이었다. 『좌전』「소공昭公 8년」의 "주나라 문왕의 법에 이르기를 '도망간 자가 있으면 전국적인 수색을 편다'라고 하였다"(周文王之法曰: 有亡, 荒閲)는 구절은 당시에 제도권 밖으로 달아나려는 자들을 얼마나 엄격하게 단속했는지를 짐작케 한다.

여포와 웅의료의 놀라운 재주

布射僚丸포사료환하고

여포呂布는 활을 잘 쏘았고,
웅의료熊宜僚는 공놀이를 잘하였으며

布 베 '포' '수건 건巾'과 '아비 부父'로 이루어졌다. '부父'와 '포布'는 '넓을 부溥'자와 쌍성·첩운 관계이므로 '포布'자의 자형적 의미는 '삼 실로 넓은 폭으로 짠 베'가 된다. 여기서는 동한東漢 말의 여포呂布를 가리킨다.

射 쏠 '사' 이 글자는 '마디 촌寸'과 '몸 신身'으로 이루어져 있지만, 소전小篆 이전의 고문자에서는 '矤'로 적고 있으므로 '신身'자는 활 에 화살을 재어 당긴 모양이 와전된 것임을 알 수 있다. '촌寸'자 역시 '오른손 우又'자가 변형된 모양이므로 '사射'자의 자형적 의미는 '손 으로 활을 당겨 쏘다'가 된다.

僚 예쁜 모양 '료' '사람 인亻=人'과 '시柴제사 할 료尞'로 이루어졌 다. 시제사는 장작을 태워 하늘에 제사 지내는 것이므로 몸을 삼가야 한다. 따라서 '료僚'자의 자형적 의미는 '몸을 삼가는 모양'이 된다. 여기서는 춘추 시기 초나라 사람인 웅의료熊宜僚를 가리킨다.

丸 알 '환' 이 글자를 소전에서는 '仄'으로 적었는데 이는 '기울 측 仄'자를 좌우로 뒤집어놓은 모양이다. '환丸'자는 '돌아올 환還'과 같

은 음으로 읽힌다. 공처럼 둥근 사물은 기울어지면 다시 돌아서 제자리로 온다는 뜻이다. 따라서 '환丸'의 자형적 의미는 '기울어지면 다시 돌아서 제자리로 오는 둥근 알'이 된다.

이 구절 이하의 세 문장 여섯 구절은 기물을 다루는 기예技藝에 대해 적고 있는데, 이는 집안을 잘 다스리려면 일상의 도구를 잘 사용할 줄 아는 것이 필요함을 강조하기 위한 것이다.

'포布' 자가 가리키는 동한 말 사람 여포(?~198)는 힘이 세고 활을 잘 쏘았으므로 사람들은 그를 비장飛將이라고 불렀다. 그러나 그는 용맹스럽기는 하지만 지모가 부족하고 거취去就가 경박한 사람으로 알려져 있다. 여포의 신기에 가까운 활 솜씨는 『삼국지연의』의 다음 고사로 유명하다. 원술袁術의 군대가 유비를 포위하자 유비가 여포에게 구원을 청하였다. 중간에서 난처해진 여포가 두 사람을 불러놓고 중재안을 내놓았는데, 자신이 활을 쏘아 백 보 밖에 세워둔 자기 창의 창날 가지를 맞춘다면 양측이 모두 군대를 철수하라는 것이었다. 과연 그의 화살은 창날의 작은 가지를 맞추었고 두 사람은 놀라서 즉시 군대를 철수하였다.

'료僚' 자가 가리키는 춘추 시기 초나라 사람 웅의료는 혼자서 500명을 감당할 수 있을 만큼 용감한 무사였다고 전해진다. 그리고 그는 공놀이에 특별한 재주가 있어서 그가 공을 던지며 놀 때는 언제나 여덟 개의 공은 공중에 있고 한 개가 손안에 있었다고 한다. 웅의료에 관한 이야기는 『장자』 「서무귀徐无鬼」편에 잠깐 나온다.

당시에 초나라 백공승白公勝이 정변을 일으켜 영윤令尹인 자서子西를 죽이려 했다. 이때 자기子綦가 웅의료를 추천하자 백공은 사람을 보내 의료를 불러오게 하였다. 그러나 웅의료는 사자를 거들떠보지도 않고 공을 위아래로 던지는 놀이만 계속하고 있었다. 사자가 칼을 몸에 들이대도 여전히 공놀이에만 열중하였다. 백공도 그를 어찌할 수 없어 하는 수 없이 살해 계획을 포기하였다. 그래서 웅의료의 공놀이 덕분에 두 가문 사이의 싸움은 해소될 수 있었다.

나중에 초나라와 송나라가 전쟁을 할 때에도 의료는 적군 앞에서 현란한 공놀이를 연출하였다. 송나라 군대가 싸움을 멈추고 공놀이 구경에 넋을 잃은 사이에 초나라 군대가 공격해 크게 패퇴시켰다고 한다.

속된 것을 무시한 사람들

엄숙할 숙肅

嵇琴阮嘯혜금완소라

혜강嵇康은 거문고를 잘 탔고
완적阮籍은 휘파람을 잘 불었다

琴 비파 '금' 이 글자는 앞에서 설명한 연면자連綿字이다.[11] 즉 혼자 서는 의미가 없고 반드시 '비파 파瑟' 자와 함께 결합해야 '비파'라는 의미를 갖는다.

嘯 휘파람 '소' '입 구口'와 '엄숙할 숙肅'으로 이루어졌다. '숙肅' 자를 갑골문에서는 '𦘠'으로 적었다. 이는 손으로 붓을 쥐고 죽간竹簡 위에 글씨를 쓰는 모양이다. 죽간은 매우 미끄러워 글씨 쓰기가 어렵기 때문에 조심조심 정성껏 쓰지 않으면 안 되었다. 이로부터 '숙肅' 자에 '엄숙하다'·'근신하다'·'공경하다' 등의 의미가 생겨나게 되었다.[12] 엄숙하고 근신하는 태도는 곧 긴장하는 일이므로 '숙肅' 자가 '오그라들 축縮'·'오므릴 축蹙' 등과 첩운 관계에 있는 것이다. 따라서 '소嘯' 자의 자형적 의미는 '입을 오므리고 긴장시켜 소리를 내다', 곧 '휘파람을 불다'가 된다.

이 구절의 '산 이름 혜嵇' 자는 위魏 말 서진西晉 초의 혜강嵇康 (224~263)을 가리킨다. 혜강은 흔히 완적阮籍의 이름과 함께 일컬어진다. 이는 당시 이들의 성격과 행동이 자유분방한 것으로 정평이 나 있었기 때문이다. 혜강은 예교禮教를 반대하고 노장 철학을 제창한 사람이었다. 그는 박식하고 다재다능한 작가로 시와 산문에 특히 능하여서 당시의 문단에서 홀로 일가를 이루었다.

시와 산문 외에도 그는 음악에 조예가 깊었고, 특별히 거문고 연주는 일품이었다고 한다. 임종하기 바로 전에 〈광릉산廣陵散〉을 연주했다는 일화는 유명하다.

'성씨 완阮' 자는 삼국 시기 위魏나라 문학가인 완적阮籍(210~163)을 가리킨다. 완적은 혜강과 함께 죽림칠현竹林七賢 중의 한 사람이었다. 그는 관청의 술을 관리하는 하급 관리인 보병步兵 교위校尉가 되면 술을 마음껏 마실 수 있다는 말을 듣고 스스로 그 보직을 찾아 맡았으므로, 세상 사람들은 그를 일컬어 완보병阮步兵이라 부르기도 하였다. 그도 혜강처럼 예교를 경시하여 오로지 예만을 강구하는 속된 선비들을 언제나 백안시했다고 전해진다. 그러다가 나중에는 "다른 사람의 장단점에 대해서 일절 입 밖에 내지 않았다"고 한다.

그는 오언시五言詩를 잘 지었는데, 그의 시는 간결하면서도 함축적으로 잘 다듬어져 있는 것이 특징이다. 그의 문집은 일찍이 없어졌고 후인들이 편찬한 『완사종집阮嗣宗集』 1권이 전해져 내려온다.

기록에 따르면 완적은 휘파람을 잘 불었고 그 휘파람 소리는 악기와 잘 어울렸다고 한다. 오늘날의 하남성 위씨현尉氏縣 동남쪽에 소대嘯臺, 또는 완공소대阮公嘯臺라는 곳이 있다. 완적은 옛날 명현들을 추모할 때면 언제나 술병을 들고 이곳에 와서 휘파람을 불었다고 전한다.

붓과 종이의 발명

붓 필筆

恬筆倫紙염필륜지하고
몽념蒙恬은 붓을 만들었고
채륜蔡倫은 종이를 만들었으며

恬 편안할 '념' '마음 심忄=心'과 일부가 생략된 '달 첨甛'으로 이루어졌다. 따라서 자형적 의미는 '마음이 달달하다', 즉 '편안하다'가 된다. 여기서는 진秦나라 몽념蒙恬을 가리킨다.

筆 붓 '필' '대나무 죽竹'과 '붓 률聿'로 이루어졌다. '율聿'의 고문자 자형인 '🖌'은 곧 대나무 가락의 한쪽을 으깨어 만든 붓을 손으로 쥔 모양을 나타낸다. 따라서 '필筆' 자의 자형적 의미는 '대나무를 으깨서 만든 원시적인 붓'이 된다.

倫 순서 '륜' '사람 인亻'과 '조리 륜侖'으로 이루어졌다. '륜侖' 자의 자형은 대나무 대롱을 한데 묶어 만든 악기인 생황의 모양을 그린 것이다. 생황이 화음을 잘 내려면 길고 짧은 대롱들을 순서대로 잘 엮어야 한다. 따라서 '륜倫' 자의 자형적 의미는 '사람들이 지켜야 하는 질서', 즉 '윤리'가 된다. 여기서는 후한後漢의 채륜蔡倫을 가리킨다.

紙 종이 '지' '실 사糸'와 '씨 씨氏'로 이루어졌다. '씨氏' 자는 원래 숟가락의 모양을 그린 것인데, '숫돌 지砥' 자를 통해 알 수 있듯이 이 글자에는 '평평하다'는 의미가 담겨 있다. 따라서 '지紙' 자의 자형적 의

미는 '실을 물에 풀어 녹여서 평평하게 만든 종이'가 된다.

　'념恬' 자가 가리키는 몽념(?~B.C. 210)은 진나라의 명장으로 처음에는 옥리獄吏라는 하위직 관리로 시작하였다. 진나라가 육국六國을 멸망시킨(B.C. 221) 후에는 내사內史가 되어 군사 30만을 거느리고 북으로 흉노를 내쫓고 황하 이남의 영주靈州와 승주勝州 땅을 회수하였다. 그리고 서쪽의 임조臨洮에서 동쪽의 요동遼東에 이르는 장성을 축조했으며, 다시 황하를 건너 양산陽山 땅을 점거하였다. 이처럼 몽념이 십여 년간 변방을 돌아다니며 다스린 결과, 흉노족들은 그의 이름만 들어도 벌벌 떨었다고 한다. 진시황이 죽은 뒤 호해胡亥를 이세二世로 세운 조고趙高가 거짓 조서를 꾸며 몽념을 죽이려 하자 그는 자살하고 말았다.

　오늘날까지 쓰는 모필毛筆의 원조인 토호죽관兎毫竹管, 즉 토끼털을 대나무 대롱에 붙여서 쓰는 붓은 몽념이 처음 만들었다고 전해진다. 모필이 나오기 전까지는 '필筆' 자의 자해에서 설명했듯 대나무 가락의 한쪽을 으깨 부드러운 섬유질만 남게 한 다음, 그 섬유질 다발에 먹을 묻혀 글씨를 썼다. 이 원시적인 붓으로 글자를 쓰면 먹이 종이에 고루 먹지 않아, 붓을 처음 댄 곳과 줄을 긋고 난 다음에 붓을 뗀 곳의 먹의 양이 크게 차이가 날 수밖에 없었다. 그래서 글자의 획劃이 마치 올챙이 같으므로 이러한 글자를 일컬어 과두蝌蚪 문자라고 불렀다. 따라서 모필의 발명이 중국 문자 문화의 발전에 얼마나 크게 기여했는지를 짐작할 수 있다.

　'륜倫' 자가 가리키는 후한의 채륜(?~121)은 환관이기는 했지만 학문과 재주가 출중해 화제和帝 때에는 중상시中常侍가 되었다. 안제安

帝 원초元初 연간에는 용정후龍亭侯에 봉해졌는데, 그가 원흥元興 원년(105)에 최초로 종이 제작법을 창시하자 그의 공적을 높이 기리기 위하여 그 종이를 채후지蔡侯紙라고 불렀다.

채륜이 제지법을 발명하였다는 기록은 『후한서』에 보이지만, '종이 지紙' 자가 『설문해자』에 실려 있는 점을 보면 그 이전에 이미 종이가 제작되었던 것으로 짐작된다.[13] 이러한 기록으로 미루어 『설문해자』의 '지紙' 자는 아마 일부 계층에게 제공하기 위하여 비단과 같은 고급 재료를 써서 만든 특수한 종이를 가리키고, 채후지는 『후한서』의 기록처럼 나무껍질, 대마, 해진 베, 어망 등을 재료로 만든 좀 더 대중화된 종이가 아닌가 한다.

개량하고 정교화하는 기술

5
구기 작勺

釣巧任釣균교임조라

마균馬鈞은 기술이 뛰어났고
임공자任公子는 거대한 낚시를 만들었다

釣 삼십 근 '균' '쇠 금金'과 '고를 균勻'으로 이루어졌다. 울퉁불퉁한 면에 무거운 쇠를 올려놓으면 평평하게 되므로 '균釣'자의 자형적 의미는 '평평하게 만드는 무거운 쇳덩어리'가 된다. 이로부터 30근짜리의 무게 단위'·'무겁다'·'고르다' 등의 의미가 파생되었다. 이 글자는 나중에 '고를 균均'으로 대체되어 쓰였다.

巧 공교할 '교' '장인 공工'과 '상고할 고丂'로 이루어졌다. '고丂'자는 '생각할 고考'와 같고, '고考'는 다시 '늙을 로老'와 의미가 같은 글자이다. 따라서 '교巧'의 자형적 의미는 '오랜 기간 숙련된 기술'이 된다. 모든 일은 그 분야에서 오랫동안 기술을 익혀야 숙련되고 노련해진다는 뜻이다. 여기서 노련해진다는 말은 매우 세부적인 데까지 빈틈없이 따지고 배려할 줄 아는 솜씨를 가리킨다. 그래서 대동戴侗이라는 학자는 "미세한 것을 잘 살피고 이용하여 자신의 기술을 세부적으로 다 발휘하게 하는 것을 일컬어 '교巧'라고 한다"(審曲利用, 曲盡其技之謂巧)고 정의하였다.

任 맡길 '임' '사람 인人'과 '짊어질 임壬'으로 이루어졌다. '임壬'자는

'맡을 담擔'·'믿을 신信' 등과 첩운 관계에 있으므로 '임任' 자의 자형적 의미는 '사람을 믿고 맡기다'가 된다.

釣 낚시 '조' '쇠 금金'과 '구기 작勺'으로 이루어졌다. '작勺'은 술이나 국물을 뜨는 데 쓰는 국자 같은 기구인데, 그 전체적인 모양이 낚시 바늘처럼 생겼을 뿐만 아니라 기능도 액체 속에서 무엇인가를 건져올리는 데 쓰인다. 따라서 '조釣' 자의 자형적 의미는 '물고기를 건져올리는 데 쓰이는 갈고리 모양의 금속', 즉 '낚시 바늘'이 된다.

'균釣' 자는 삼국 시대 위魏나라의 마균馬鈞을 가리킨다. 마균은 집이 가난해서 공부를 하지는 못했지만 관찰력이 뛰어나 비단 직조기를 한 번 보고는 그 구조가 복잡해 힘도 들고 시간도 많이 걸린다는 사실을 알아냈다. 그러고는 이를 개조해 능률이 4~5배나 높은 직조기를 만들어내서 이름을 날렸다고 한다. 낙양洛陽에 살 때는 사람들이 밭에 물을 대느라 힘들어하는 것을 보고는 재래식 물 푸는 기구를 개조하여 용골수차龍骨水車라는 기계를 발명하였다. 또한 제갈량이 만든 윤차輪車를 좀 더 개량하기도 하였고, 윤전輪轉 원리를 이용하여 공성攻城 무기인 포석거抛石車를 제작했는데, 이 무기는 공격용 돌덩이를 수백 보나 던질 수 있었다고 한다.

황제黃帝가 탁록涿鹿 들에서 치우蚩尤와 싸울 적에 치우가 안개를 일으켜 황제의 군사들을 혼미하게 만들자 황제가 지남거指南車를 만들어 방향을 정확히 알려줌으로써 마침내 치우를 사로잡았다는 신화가 있다. 이 지남거도 실은 후대의 마균이 처음 발명한 것이라고 한다.

따라서 마균의 '기술이 뛰어나다'(巧)는 말은 곧 남들이 이미 만들어놓은 것을 관찰함으로써 그것을 세부적으로 정교하게 완성했다는 의미가 된다. 무엇이든지 처음 창조된 것은 '창創' 자의 자형적 의미처럼 만들 때 이리저리 '칼로 베이고 긁힌 상처나 흠집'이 많아서 투박할 수밖에 없다. 이러한 창상創傷과 흠집을 고치고 다듬는 것이 바로 '교巧'인 것이다. '창創'과 '교巧'의 본질이 이처럼 다르므로 창작에 힘쓰는 사람과 이를 다시 정교하게 만드는 사람의 일과 재능은 엄격히 구분하여 평가돼야 한다.

'임任' 자는 전국戰國 시대에 살았던 임공자任公子를 가리킨다. 『장자』의 기록에 의하면 임공자는 무게가 일백 균鈞(1균은 30근)이나 나가는 갈고리를 만들어 동해 바다에 낚시를 드리우고는 거대한 물고기를 낚았다고 한다.

감동만큼 좋은 명분은 없다

이로울 리利

釋紛利俗석분리속**하니**
사방으로 얽힌 것을 풀어주고 세속 사람들을
이롭게 하였으니

釋 풀 ‘석’ ‘변별할 변釆’과 ‘엿볼 역睪’으로 이루어졌다. ‘변釆’ 자는 새나 짐승의 발자국이 명확히 찍혀서 무슨 짐승의 발자국인지 명쾌하게 변별할 수 있다는 의미이고, ‘역睪’ 자는 눈을 부릅뜨고 죄인들을 일일이 감시한다는 의미를 품은 글자이다. 죄인들을 감시하려면 죄인들을 일정 간격으로 떼어놓아야 하므로 ‘역睪’과 ‘가를 석柝’이 첩운 관계에 있는 것이다. 따라서 ‘석釋’ 자의 자형적 의미는 ‘명쾌하게 변별될 수 있도록 갈라서 풀어놓다’가 된다.

紛 어지러울 ‘분’ ‘실 사糸’와 ‘나눌 분分’으로 이루어졌으므로 자형적 의미는 ‘흩어져 있는 것을 실로 묶다’가 된다. 말의 꼬리는 길고 숱이 많아 꼬리를 흔들 때마다 터럭이 흩날리기도 하고, 특히 산길을 갈 때는 자칫 말 꼬리가 가시나무에 걸리고 얽히기도 하여 주행에 매우 불편하였다. 그래서 주머니 같은 꼬리 집을 만들어 말 꼬리에 씌워 다녔는데, 이것을 ‘분紛’이라고 불렀다. 이로부터 이리저리 흩날리지 않도록 얽어서 고정시켜놓은 것을 일컬어 ‘분紛’이라는 글자로 쓰게 된 것이다. ‘분紛’ 자는 기실 ‘어지럽다’와 ‘정리되다’라는 정반대 상황의

사이, 즉 경계에 있다. 따라서 이러한 글자들은 정반대의 의미를 모두 가질 수 있어 '어지러울 분紛'으로도 쓰는 것인데, 이것도 가차의 일종이다.

利 이로울 '리' '벼 화禾'와 '칼 도刀'로 이루어졌으므로, 자형적 의미는 '낫으로 벼를 베다'가 된다. 이로부터 '곡식'·'수확물'·'이롭다'·'날카롭다' 등의 의미가 파생되었다.

俗 풍속 '속' '사람 인人'과 '골 곡谷'으로 이루어졌다. '곡谷'은 골짜기로, 물이 계속 따라 흐르는 물길이기도 하다. '속俗' 자는 '이어질 속續'과 같은 음으로 읽고 '하고자 할 욕欲'과 첩운 관계에 있다. 따라서 '속俗' 자의 자형적 의미는 '사람들이 자신들의 정서대로 하고자 하는 바를 이어가는 관습의 길'이 된다. 그래서 풍속과 관습은 세월이 흘러도 그 길을 잘 바꾸지 않고, 또한 각 사회마다 독특한 정서를 갖게 되는 것이다.

이 구절은 앞에 열거한 여덟 사람의 출중한 기술이나 재주가 나름대로 분쟁을 해결하고 세속 사람들을 이롭게 하는 데 기여했음을 서술한다.

'얽힌 것을 풀어주다'(釋紛)라는 말은 여포가 활쏘기 재주로 원술과 유비 사이의 분쟁을 해결한 사건과 웅의료가 공놀이로 백공승과 자서 사이의 갈등을 완화시켜준 사건을 가리키고, '세속 사람들을 이롭게 해주다'(利俗)라는 말은 몽념·채륜·마균·임공자 등이 아이디어와 기술로 도구를 발명하고 개량하여 세속 사람들의 생활을 편리하고 윤택하게 해준 업적을 지시한다. 그런데 여기서 의아한 점이 있다. 전자의 인물들이 '석분釋紛'하고 후자의 인물들이 '이속利俗'한 것은 이해하겠는데, 혜강이 거문고를 잘 타고 완적이 휘파람을 잘 분 일이 왜 '석분'이나 '이속'에 속하는지 잘 납득이 되지 않는다는 것이다.

결론부터 말하자면 악기를 잘 다루는 일이나 휘파람을 부는 일이 연주인 이상 이는 앞의 활쏘기나 공놀이와 본질적으로 같은 재주와 놀이에 속한다. 이러한 재주와 놀이는 즐거움을 야기하는 연출 행위, 즉 퍼포먼스로서 보는 사람에게 감동을 생성해낸다. 감동이란 새로운 주체의 경험을 뜻하므로 '전에 없던 나'가 태어나는 순간이라고 말할 수 있다. 연극이나 영화, 또는 연주회나 전시회를 보고자 하는 것은 바로 이러한 경험에 대한 욕망 때문이다. 새로운 주체는 새로운 세계에서 나온 것이기에 현실적인 갈등이나 모순에 대하여 새로운 시각을 가짐으로써 해결의 지혜도 구할 수 있는 것이다. 이것이 예술의 의의이기도 하다.

사실 '복잡하게 얽히는 것'(紛)도 골칫거리지만 '푸는 것'(釋)은 더 골칫거리다. 그래서 사람들은 이를 고통으로 여기고 가능한 한 이런 일에 개입되기를 꺼린다. 그러나 '얽히고' '푸는' 과정 자체가 삶의 즐거움이라는 사실은 자각하지 못한다. 놀이의 즐거움이란 다름 아닌 갈등을 설정해놓고 푸는 과정이 아니던가? 우리 일상에서도 뭔가 '풀 일'이 없어 한가하면 골칫거리를 일부러 만들어서라도 이를 푸느라 골치를 앓는다. 집안이나 조직에서의 말썽과 일탈은 대개 안정되었을 때 터진다. 이런 측면에서 보면 인생과 놀이는 본질적으로 동일하다. 왜냐하면 골칫거리를 푸는 과정에서 쾌락이 발생할 뿐 아니라 이를 통해 자신이 살아 있음을 증명받을 수 있기 때문이다.

원술의 장수인 기령紀靈도 푸는 즐거움을 얻기 위해 유비를 치러 오긴 했지만 치러야 할 대가도 컸을 터이므로 아마 엄청난 부담감을 느꼈을 것이다. 따라서 내심 적당한 핑계만 있다면 이 싸움을 회피하고 싶은 모순된 마음도 갖고 있지 않았을까? 이러던 차에 여포가 신기에 가까운 퍼포먼스를 완성하였으니 그때의 감동은 뒤로 물러남의 명분으로 곧바로 전환될 수 있었을 것이다.

　백공승의 경우도 마찬가지이다. 정말로 자서를 죽이려 했다면 그가 갖고 노는 공만 빼앗았더라면 간단히 해결되었을 것이다. 그러나 공놀이의 어려운 퍼포먼스가 생성한 감동과 쾌락이 이 사람이 없어지면 함께 없어질 세계와 다름없다고 판단되는 순간, 이를 명분으로 한발 뒤로 물러선다. 이것은 '분紛' 자의 자형이 말하는 바처럼 분쟁이란 현상적으로는 비록 얽힌 상태에 있긴 하지만 글자 자체에 '나눌 분分' 자가 잠재하듯이 그 안에 이미 다시 풀릴 가능성이 존재함을 의미한다. 우는 사람이 울음을 그치려고 울듯이 분쟁하는 사람도 얽힘을 풀려고 분쟁하는 것이다.

　오로지 예만을 강구하는 속된 선비들, 이른바 '예속지사禮俗之士'와 다투어야 했던 혜강과 완적도 마찬가지로 이해할 수 있다. 두 사람은 저들을 끊임없이 비판해왔지만 달라지는 것은 없었다. 이제 그만 죽림竹林으로 물러나고 싶은데 명분이 필요했다. 이때 거문고와 휘파람 같은 재주와 놀이가 주는 쾌락은 스스로 물러나기에 좋은 구실로 작용할 수 있었을 것이다.

재주에도 적용된 차별

아루를 병並

並皆佳妙병개가묘라
모두가 하나같이 아름답고 기가 막힌 것들이었다

並 아우를 '병' 이 글자의 본래 자형은 '설 립立' 자 두 개로 이루어진 '병竝'으로 되어 있다. '병竝' 자는 '옆 방傍', '붙일 부附' 등과 쌍성 관계에 있으므로 자형적 의미는 '가까이 서 있는 두 사람을 함께 붙여놓다'가 된다. 이로부터 '아우르다'·'가지런히 하다' 등의 의미가 파생되었다.

皆 모두 '개' '견줄 비比'와 '사뢸 백白'으로 이루어졌다. '비比' 자는 두 사람이 나란히 엎드려 있는 모양이므로 '개皆' 자의 자형적 의미는 '두 사람이 나란히 엎드려 같은 말로 사뢰다'가 된다. 이로부터 '같다'·'모두' 등의 의미가 생겨나게 되었다.

佳 아름다울 '가' '사람 인人'과 '홀 규圭'로 이루어졌다. '규圭' 자가 '큰 거리 가街' 자를 구성하기도 하고, 또한 '높을 고高'와 쌍성 관계에 있으므로 '가佳'의 자형적 의미는 '키가 크고 몸집이 큰 사람'임을 알 수 있다. 『회남자淮南子』「설림說林」편에 "가인佳人은 몸집이 남다르고, 미인은 얼굴이 남다르다"(佳人不同體, 美人不同面)라는 구절이 있는데, 이로써 '가佳' 자는 몸이 건장하고 키가 훤칠하게 커서 아름다운

890

사람을 지칭함을 알 수 있다.

妙 젊을 '묘' '계집 녀女'와 '적을 소少'로 이루어졌다. '묘妙' 자는 '공교할 교巧'와 '한쪽 눈 감을 묘眇' 등과 첩운 관계에 있다. 여기서 '묘眇' 자는 자세히 관찰하기 위해 한쪽 눈을 지그시 감는 모양이다. 따라서 '묘妙' 자의 자형적 의미는 '가녀린 어린 소녀'가 된다. 한창 젊은 나이를 '묘령妙齡'이라고 쓰는 것은 이 때문이다.

이 구절은 앞에 열거한 재주와 기술이 효능에서뿐만 아니라 미적인 측면에서도 하나같이 아름답고 정교하다는 사실을 부연해서 설명하고 있다.

'가佳'와 '묘妙'는 모두 '아름다움'을 뜻하는데, 전자는 글자의 자형대로 늠름한 남성적 미를, 후자는 아리땁고 젊은 여성적 미를 각각 지시한다. 좀 더 구체적으로 말하자면 여포와 웅의료처럼 정치적 분쟁을 해결한 재주는 남성적으로 아름답고, 몽념·채륜 등처럼 도구를 발명하거나 개량한 기술은 여성적으로 아름답다는 것이다. 다시 말해 이 구절은 재주에도 차별을 두어 거시적인 차원에서 사용되는 재주는 남성적인 것으로 숭상하고, 미시적인 차원에서의 자잘한 기술은 여성적인 것으로 낮추도록 관념을 형성하는 데 어느 정도 영향을 끼쳤다고 추측할 수 있다.

미인의 상징, 모장과 서시

터럭 모毛

毛施淑姿모시숙자하여

모장毛嬙과 서시西施는 정숙하고 반듯한 용모에

毛 터럭 '모' 사람이나 짐승의 털 모양을 그린 글자이다. '모毛' 자는 '작고 많을 마麻'와 '거칠게 무릅쓰고 나갈 모冒' 등과 쌍성 관계에 있다. 따라서 자형적 의미는 '피부에 거칠게 나 있는 작고 많은 털'이 된다. 여기서는 고대 중국의 미녀인 모장毛嬙을 가리킨다. 모장은 월나라 임금의 후궁이었다고 전해진다. 초楚나라 송옥宋玉의 「신녀부神女賦」에 나오는, "모장이 소매로 얼굴을 가리면 (누구도 그 모습을) 흉내 내기에 부족하고, 서시가 얼굴을 숨기면 (그 자태는) 비교하려 해도 비교할 사물이 없다"(毛嬙鄣袂, 不足程式; 西施掩面, 比之無色)는 구절에서 알 수 있듯이 그녀는 서시와 더불어 중국의 전설적인 미녀로 병칭된다.

施 베풀 '시' 이 글자는 원래 '깃발이 펄럭이는 모양'인데, '놓을 사舍'·'베풀 설設' 등과 쌍성 관계에 있으므로 '베풀다'라는 의미로 가차되었다. 여기서는 춘추 시기 월나라 미녀인 서시西施를 가리킨다. 월왕 구천句踐은 오나라에 패하자 오왕 부차夫差가 여색을 좋아한다는 것을 알고는 서시를 바쳤다. 오왕이 과연 그녀에게 깊이 미혹되어 정사를 돌보지 않을 때 월나라가 오나라를 쳐서 멸망시켰다고 한다.

淑 맑을 '숙' '물 수水'와 '아재비 숙叔'으로 이루어졌다. '숙淑' 자의 원래 글자는 '맑을 숙潚' 자였으므로, '숙叔' 자는 단지 글자의 음이 같아서 빌려온 표음부 글자임을 알 수 있다. '숙潚' 자의 오른쪽 방인 '삼갈 숙肅' 자는 죽간 위에 붓으로 글자를 쓰는 모양이다. 죽간은 미끄러워 글씨를 쓸 때 신중해야 하므로 '숙肅' 자에 '삼가다'라는 의미가 생겨난 것이다. 따라서 '숙潚'의 자형적 의미는 '신중히 해야 할 물', 즉 '맑고 깊은 물'이 된다. 이로부터 '맑은'·'착한' 등의 의미가 생겨났다.

姿 자태 '자' '계집 녀女'와 '진영 차次'로 이루어졌다. '차次'는 군인들이 야영을 하기 위해 세우는 임시 막사다. 이를 잘 지으려면 지주를 바로 세우고 천막을 팽팽하게 쳐서 모양이 규정대로 나오도록 만들어야 한다. 여성의 아름다움도 이처럼 몸의 자세를 바르게 하고 옷을 단정히 입어 연출할 수 있다. 따라서 '자姿' 자의 자형적 의미는 '군영을 세운 듯이 몸이 반듯하고 옷이 단정한 여인의 자태'가 된다.

이 구절은 앞 구절이 '아름다움'(佳妙)으로 말을 맺자 이를 받아 아름다움의 대명사인 모장과 서시를 언급하고 있다. 여기서 미인에 관한 내용을 언급하는 것은 군자에게 여색은 수양을 저해하는 요소이기는 하지만 그렇다고 마냥 멀리할 수도 없기 때문에 진정한 미색이란 어떤 것인지에 대하여 언급함으로써 경계를 삼으려 한 의도로 보인다.

인간은 사회적으로 성장하기 위해 이상을 가져야 하는데, 자아의 이상은 이상적 자아(ideal ego)와 자아 이상(ego ideal)으로 분열된다. 전통적으로 중국 여성에게 이상적 자아는 모장과 서시였다. 중국의 수많은 문인들과 문헌들이 미인으로 항상 모장과 서시를 들먹였을 뿐 아니라, 당장 『천자문』의 이 구절이 직접 보여주듯이 모든 어린 이들이 글을 읽게 되면서 맨 처음 접하는 미인의 이름이 이들인 것을 보더라도 여성들이 모장과 서시를 얼마나 동경하고 본받으려 했을지를 쉽게 짐작할 수 있다.

자아 이상은 일반적으로 명령과 금지에서 생긴다. 그러면 '정숙하고 반듯한 용모'(淑姿)는 당연히 여성들의 자아 이상이 된다. 물론 '모시숙자毛施淑姿'라는 구절이 명령형이나 금지형의 말은 아니지만, 모장과 서시를 함께 부르는 구조는 이미 신화가 되었고, 이는 곧 실질적으로 '여자란 모름지기 모장과 서시와 같아야 한다'는 당위성을 암시하고 있기 때문에 자아 이상으로 기능하기에 충분했을 것이다. 뿐만 아니라 아이 때 각인된 그들의 이름이 남성의 욕망의 대상이 된다면 이것이 다시 여성의 자아 이상에 영향을 미치는 것은 어쩔 수 없는 일이리라.

그래서 여성들은 '정숙하고 반듯한 용모'를 가지려고 무진 애를 써왔지만 도대체 구체적으로 어떻게 해야 모장과 서시처럼 보일 수 있단 말인가? 중국을 비롯한 동아시아 여성들의 고민은 바로 여기에 있었다.

얼굴을 찡그려도 아름답게 보이려면

장인 공工

工嚬姸笑공빈연소라
공교스레 찡그리고 예쁘게 웃었다

工 장인 '공' 이 글자의 고문자 자형은 진흙을 벽에 바른 뒤 평평하게 문지르고 고르는 흙손의 모양으로 되어 있다. 그래서 '평평하게 문지르다'라는 뜻의 '식拭' 자에 '공工' 자가 들어가 있고, 또 문지르고 고르는 일은 꾸미기 위한 것이므로 '식拭' 자의 음이 '꾸밀 식飾'과 같은 것이다. '공工' 자가 '교묘할 교巧'와 쌍성 관계에 있는 것도 역시 '꾸미다'라는 의미를 공유하기 때문이다.

嚬 찡그릴 '빈' 이 글자는 본래 글자가 '빈顰'이고 이것은 '빈頻' 자에서 파생된 글자이다. '빈頻' 자의 원래 자형은 '빈瀕'인데 '물가 빈濱'과 같은 음으로 읽힌다. 따라서 '빈瀕' 자의 자형적 의미는 '물을 건너지 못하고 물가에 서서 근심하다'이다. 이러한 어원을 참조하면 '빈嚬' 자의 의미는 '얼굴을 찡그리고 근심하다'가 된다.

姸 고울 '연' '계집 녀女'와 '평평할 견幵'으로 이루어졌다. '견幵' 자는 '어깨 견肩'과 같은 음으로 읽히는 글자이고 양어깨의 평평함을 그린 모양이다. 비슷한 의미의 '갈 연硏' 자가 '돌을 갈아 평평하게 만들다'라는 자형적 의미를 갖는다는 사실과 비교해보면 '연姸' 자의 자형적

의미는 '세련되게 꾸미고 가꾼 여인의 자태'가 된다. 이로부터 '예쁘다'·'곱다' 등의 의미가 파생되었다.

笑 웃을 '소' 이 글자는 원래 자형이 '엉겅퀴 요芺' 자였는데 이것이 나중에 잘못 쓰인 채로 유통되면서 지금의 글자로 고착되었다는 설이 있으나 확실치는 않다.

이 구절은 모장과 서시는 그들의 타고난 미모와 자태도 아름다웠지만, 어쩌다가 근심스레 짓는 찡그린 표정이나 방긋 웃는 모습도 일품이었다는 전설을 적고 있다. 앞에서 말한 '정숙하고 반듯한 용모'(淑姿)란 따지고 보면 아름답게 보이도록 의식적이거나 인위적으로 꾸민 아름다움이라고 볼 수 있다. 이에 비해 찡그리거나 웃는 모습은 무의식적으로, 또는 어떤 의도 없이 지어지는 것이 대부분이다. 그래서 인위적으로 가꾼 미인은 이 자연스런 순간에 꾸밈의 가면 밑에 숨겨져 있는 본질이 살짝 드러나기도 한다. 그러나 모장과 서시는 워낙 타고난 미인들이라서 웃으면 웃는 대로, 찡그리면 찡그리는 대로 그 아름다움의 본질이 드러난다는 것이다.

"주체는 타자의 욕망을 욕망한다"는 사실을 받아들인다면, 여성은 남성의 욕망을 욕망한다고 볼 수 있다. 여성은 아름답게 보이기 위해 화장을 하는데, 이는 근본적으로 남성의 욕망을 욕망하는 행위와 다르지 않다. 이런 조건에서 화장은 액세서리가 아니라 삶의 근본을 이루는 주요 요소 중의 하나가 된다.

이를테면 이 구절에서 '공교스레 찡그렸다'(工嚬)는 말은 근심스럽거나 짜증나는 일이 있어서 찌푸린 표정을 지었는데 이러한 표정마저도 '공교하다', 또는 '교묘하다'고 표현할 만큼 자연미가 있었다는 뜻으로 해석된다. 여기서 문제는 화장이 삶의 일부인 모장과 서시와 같은 여인이 과연 찌푸리는 그 일순간에도 표정 관리나 표정 연출을 등한히 하였겠느냐는 점이다. 찌푸린 표정을 '공교한 일품'(工), 즉 우연한 아름다움으로 묘사하고 있지만, '공工' 자에 장인이 인위적으로 공을 들여 예쁘고 자연스럽게 흙손질을 한다는 의미가 들어 있음을 상기한다면 우리는 그 우연성에 의문을 던질 수 있을 것이다. 즉 화장이라는 꾸밈의 생활화를 통해 어떤 경우에라도 자연스런 아름다움, '우연한 아름다움'을 보일 수 있는 능력의 소유자여야만 나라의 운명을 뒤흔드는 이른바 경국지색傾國之色이 될 수 있다는 말이다.

'예쁘게 웃다'(姸笑)라는 구절의 '연姸' 자 역시 이를 입증한다. 자해에서 말했듯이 '연姸' 자의 자형적 의미에는 '세련되게 꾸미고 가꾸다'라는 뜻이 이미 내재돼 있다. 다시 말해서 아름다움이란 관찰되는 대상이 관찰자를 유혹하기 위하여 스스로 꾸미든가, 아니면 관찰자가 관찰 대상을 환상적으로 보든가, 아무튼 본모습이 아닌 꾸밈을 전제로 한다.

어쨌든 '공빈工嚬'과 '연소姸笑'가 남성들이 바라는 여성의 자아 이상이 되자 중국 역대로 많은 여성들은 타고난 미모에 관계없이 모장·서시의 공교한 눈살 찌푸리기와 곱게 웃기를 재현하기 위해 엄청난 노력을 기울여왔다. 『장자』「천운天運」편의 "서시가 가슴이 아파서 이마를 찌푸리고 있자 그것이 예쁘다고 여긴 그 마을의 추녀가 자기도 이를 흉내 내어 가슴에 손을 얹고 눈썹을 찌푸렸다. 그랬더니 이를 목격한 마을의 부자는 문을 잠그고 아예 밖에 나가지도 않았고, 가난한 자들은 처자를 데리고 마을을 떠나버렸다"는 빈정거림의 고사에서 이런 단면을 엿볼 수 있다.

10부 몸은 타서 없어져도

희망은 미래의 힘을 미리 당겨쓰는 수단

화살 시矢

年矢每催년시매최**하여도**
해는 살처럼 매양 닥쳐와도

年 해 '년' 이 글자를 소전에서는 '秊'으로 썼는데, 이는 '벼 화禾'와 '사람 인人'으로 이루어진 것이다. '인人' 자는 '애 밸 임妊'·'여물 임稔' 등과 첩운 관계에 있으므로 '속이 차다'라는 의미도 갖는다. 따라서 '년年' 자의 자형적 의미는 '곡식이 속이 차서 익다'가 된다. 곡식이 속이 차서 익는 것은 일 년에 한 번 있는 현상이므로, 이로부터 '한 해'라는 의미가 파생되었다.

矢 화살 '시' 이 글자는 화살촉·살대·깃 등을 그대로 형상화한 글자이다. 화살은 곧으므로 이로부터 '곧다'·'바르다' 등의 의미가 파생되었다.

每 매양 '매' '풀 철屮'과 '어미 모母'로 이루어졌다. '철屮' 자는 초목의 싹을 뜻하고 '모母' 자는 풍성함을 상징한다. 따라서 '매每' 자의 자형적 의미는 '초목의 싹이 풍성히 돋다'가 된다. 그래서 물이 많은 곳을 '해海'(바다)라고 한다. 오늘날 이 글자가 '낱개'라는 의미로 쓰이는 것은 '낱 매枚' 자와 음이 같아서 서로 바꿔 써온 결과이다.

催 재촉할 '최' '사람 인人'과 '높을 최崔'로 이루어졌으므로 자형적

의미는 '높이 나아가도록 사람을 재촉하고 닦달하다'가 된다.

이 구절은 뒤의 대구와 더불어 세월의 무상함을 묘사하고 있다. 즉 앞의 '모시숙자毛施淑姿, 공빈연소工嚬姸笑'에서 전설적인 미인들의 아름다움을 노래했는데, 이러한 아름다움도 세월의 재촉 앞에서는 허무할 뿐이라는 말이다. 유한한 존재에 대하여 말하는 것은 다름 아닌 무한한 가치의 존재를 지시하기 위한 방도인 것이다.

'년年'자는 '여물 임稔'과 첩운 관계에 있기 때문에 곡식이 여무는 계절, 즉 가을을 기다린다는 의미를 담고 있다. 고대에는 1년을 춘추春秋, 즉 봄과 가을의 두 계절로 나누었는데 이것은 일 년이 더운 계절 반, 추운 계절 반으로 나뉘었다고 봤기 때문이다. 역사 기록을 '춘추'라고 부른 것은 이 때문이다. 따라서 '추秋'는 일 년이 마감되는 시기, 즉 기다림의 종점인 셈이었다.

올 때를 기다리는 지점을 정해주는 것이 왜 중요한가 하면 그것이 지금의 희망이 되기 때문이다. 옛날 사람들은 돈을 내야 하는 모든 일은 언제나 가을걷이할 때를 기약하였다. 자식들 시집장가 보내는 일은 말할 것도 없고, 필요한 가구 사들이는 일도, 등록금 내는 일도, 빚 갚는 일도 모두 추수를 한 뒤에 해결해주겠다고 약속을 하거나 다독거렸다. 그러니까 가을이라는 목표점을 지정해두면 오로지 그때가 오기를 기다리면서 지금의 고난을 이겨내고 더욱 힘을 낼 수 있다. 이렇게 보면 희망이란 미래 어느 지점의 힘을 지금으로 당겨 와서 쓰는 셈이 된다. 그러면 지금의 힘이 배가되어 기적 같은 일이 일어나게도 되는 것이다. 이 가상적인 힘이 발생할 수 있는 것은 미래의 지점이 특정되었기 때문이다. 여기서는 일 년의 종점인 가을, 즉 곡식이 여무는 때이다. 그래서 '년年'과 '임稔'은 중첩되어 있다고 말하는 것이다.

그러나 일 년의 종점에 도달했을 때 실제는 전에 희망해온 바와 같지 않은 경우가 대부분이다. 그리고 이때 깨닫는 것이 일 년이 너무 빨리, 즉 '살(矢)'같이 지나갔다는 사실이다. 왜냐하면 지난 한 해 동안 희망은 고통뿐 아니라 시간의 존재도 잊고 살게 해주었기 때문이다. 그래서 허탈해질 수밖에 없지만 그래도 그들이 다시 힘을 내 살아갈 수 있었던 것은 또 다른 일 년이 앞에 설정돼 있기 때문이다. 그러므로 인생이란 본질적으로 똑같은 삶의 패턴을 반복하는 신화와 다를 바 없는 것이다.

어두운 것들의 가치

펑 적翟

羲暉朗曜희휘랑요라
태양은 번뜩이며 빛난다

羲 복희씨 '희' '감탄 어조사 혜兮'와 일부가 생략된 '옳을 의義'로 이루어졌다. 따라서 자형이 나타내는 의미는 '어떤 일이 의로움에서 벗어났을 때 저절로 나오는 한숨 소리'가 된다. 여기서는 중국 신화에서 인류의 시조라 일컬어지는 복희씨伏羲氏를 가리킨다.『초사楚辭』에서는 태양을 태우고 다니는 수레의 마부 이름으로 등장하고,『산해경』에서는 태양의 어머니(즉 제준帝俊의 처)로 설명한다. 그래서 후대에는 '희羲' 자가 '희요羲曜'·'희휘羲暉' 등의 별칭으로 쓰이면서 태양을 지칭하게 되었다.

暉 빛 '휘' '날 일日'과 '진 칠 군軍'으로 이루어졌다. '군軍' 자가 '전차로 에워싸 진을 치다'라는 뜻이므로 '휘暉' 자의 자형적 의미는 '해와 달의 주위를 둥글게 에워싼 빛무리'가 된다.

朗 밝을 '랑' '달 월月'과 '어질 량良'으로 이루어졌다. '량良' 자에는 '높다'는 의미가 담겨 있는데, 이는 '큰 키 나무 랑桹' 자와 '문 높을 랑閬' 자를 통해 알 수 있다. 따라서 '랑朗'의 자형적 의미는 '달이 높이 떠서 밝게 비추다'가 된다. 태양이 밝게 비추는 것은 '소昭'라고 한다.

曜 빛날 '요' '날 일日'과 '꿩 적翟'으로 이루어졌다. '적翟' 자는 꿩의 화려한 깃털을 가리키므로[1] '요曜' 자의 자형적 의미는 '태양이 화사하게 빛나다'가 된다. 이는 '빛날 약爚' 자가 화려한 화음 악기인 '약龠' 자를 우측 방에 둔 것과 같은 이치이다. '요曜' 자는 좌측 변을 바꿔서 '요耀' · '요爍' 등의 글자로 쓰기도 하는데 사실상 모두 같은 글자이다.

이 구절도 앞의 출구를 이어 외양적인 아름다움을 경계하고 영원한 가치의 존재를 지시한다. 즉 모장과 서시가 아무리 아름답더라도 영원히 빛을 발하는 태양에 비하면 아무런 가치도 없다는 암시이다.

우리의 전통적인 심미관은 밝은 것이 아름답다는 관념에 기초한다. 전통적으로 지도자의 배움에 길잡이가 돼왔던 『대학大學』의 첫 문장은 "지도자가 배워야 할 도리는 착하고 밝은 덕을 밝히 드러내는 일에 있다"(大學之道, 在明明德)로 시작한다. 어떻게 하면 사람에게 있는 착하고 밝은 심성을 밖으로 선명하게 드러내줄 수 있을까를 배우는 일이 지도자의 가장 중요한 임무라는 말이다. 따라서 정치는 모든 게 투명해야 하고, 또 이렇게 하는 과정이 아름다움을 구현하는 정치가 되는 것이다.

그런데 투명하게 밝으려면 과정이 합리적인지가 드러나야 하는데 우리의 관념에서 '합리적인 것'은 결과가 인증해준다. 결과만 밝을 수 있다면 과정은 투명하지 않아도 된다는 말이다. 밝고 아름다운 결과를 만들어내기 위해 과정상의 어두운 면은 되도록 감추려 하는 것이 우리의 일상적 정서다. 집안에서도 "애들은 몰라도 돼", "여자들은 알 필요 없어"라는 말을 흔히 들을 수 있을 뿐 아니라 직장이나 마을 회의에서 알고 싶어 꼬치꼬치 따져물으면 "사람이 까탈스럽다", "사회성이 없다"는 등의 뒷말을 듣는다. 과정은 나라나 조직의 주요 인물, 즉 엘리트들만 알아야 하고 나머지 사람들은 '밝은' 결과만 알면 된다.

우리에게 '밝은 것'이란 밝은 결과를 위해 과정상에서 희생된 '어두운 것들'에 의해서 지탱되는 것이라고 말할 수 있다. 재벌들의 자랑스러운 고속 성장은 비정규직 노동자들의 저임금과 하청업체 사장들의 눈물이라는 어두움이 지탱하는 것이고, 금메달리스트들의 화려한 국위 선양은 빛도 못 본 채 저변만 받쳐주다 사라져간 무명 선수들의 땀과 눈물로 유지되는 것이다. 태양은 아무리 빛이 강렬해도 밤에까지 영향을 미치려 하지 않을 뿐 아니라, 밤의 어두움에 힘입어 자신의 빛을 지탱하지 않는다.

과학은 신화에서 시작한다

璇璣懸斡선기현알하고

선기옥형璇璣玉衡은 매달린 채로 돌고

말 두斗

璇 아름다운 옥 '선' '구슬 옥玉'과 '돌 선旋'으로 이루어졌으므로 자형적 의미는 '동글동글한 예쁜 옥'이 된다. 별 이름을 의미할 때는 북두칠성의 두 번째 별을 가리킨다.

璣 구슬 '기' '구슬 옥玉'과 '거의 기幾'로 이루어졌다. '거의'란 완전하지 않다는 뜻이므로 자형적 의미는 '둥글지 않은 구슬'이 된다. 별 이름을 의미할 때는 북두칠성의 세 번째 별을 지시한다.

懸 매달 '현' 이 글자는 원래 글자가 '현縣'인데, 이는 '머리 수首'를 거꾸로 놓은 자형에 '묶을 계系'를 붙여 만든 글자이다. 따라서 '현縣' 자의 자형적 의미는 '머리를 나무에 거꾸로 매달다', 즉 '효수梟首'다. 이로부터 지방 행정 단위를 나타내는 '현縣' 자로 가차된 것인데, 이때의 의미는 '중앙 정부에 직접 매달려 있는 행정 단위'가 된다. '현縣' 자가 지방 행정 단위를 뜻하는 글자로 정착하면서 본래 의미는 '현懸' 자를 따로 만들어 담았다.

斡 돌 '알' '말 두斗'와 '아침노을 간倝'으로 이루어졌다. '알斡' 자는 '퍼낼 알揠' 자와 같은 음으로 읽히므로 물 푸는 도구인 표주박의 자

루를 뜻하기도 한다. 자루 달린 용기인 '두斗' 자도 이를 간접적으로 입증한다. 자루를 잡고 움직여 물 따위를 휘젓거나 퍼낼 수 있으므로 이로부터 '돌리다'·'주관하다'(이 경우는 '간'으로 읽음) 등의 의미가 파생되었다.

이 구절은 천체의 모형인 선기옥형璇璣玉衡이 축에 매달려 회전하는 모양을 서술하고 있는데, 이는 천체 우주가 순환·운행하는 현상을 비유적으로 묘사한 것이다.

'선기璇璣'란 원래 북두칠성의 첫째 별부터 넷째 별까지, 즉 국자 모양에서 자루 부분에 해당하는 네 개의 별을 지칭하는 말이지만, 여기서는 천문을 관측하기 위해 고안한 천체 모형을 가리킨다. '선기'는 옥으로 장식했기 때문에 선기옥형璇璣玉衡이라고도 불러왔다. 그러다가 후한 때 장형張衡이 이를 더 개량해 만든 것이 바로 혼천의渾天儀이다.

고대 천문학은 동서양을 막론하고 매우 일찍부터 발달하였다. 고대인들은 신화적인 인식을 갖고 천체를 바라봤으므로 밤에 나타나는 달과 별들은 일종의 하늘의 무늬, 즉 천문天文으로 보였을 것이다. 천문에는 두 가지 속성이 드러난다. 첫째, 모든 별은 일정한 자리를 변함없이 유지하며 순환·운행한다. 둘째, 변함없는 순환과 운행이라 해도 가끔씩 미세한 변화가 감지되기도 한다. 물론 후자의 현상은 관찰자의 입장에서 발생하는 오차가 원인이기는 하다.

변치 않는다는 첫째 속성은 하나의 집단적인 관념을 지속적으로 유지시키기 위한 이데올로기적인 수단으로 활용된다. 국가나 사회의 틀을 유지하는 윤리와 질서 의식은 사람이 만든 것이므로 언제든지 변할 수 있다. 이것이 언제든 변할 수 있다는 생각에 젖어 있다면 사람은 불안해서 살 수가 없을 것이다. 그래서 우리는 변치 않는 형이상학을 추구하게 되는데, 이것을 불변의 원리로 고착시키려면 변치 않는 어떤 사물에 묶어놓아야 한다. 세상에서 변치 않는 유일한 사물이 바로 천문의 세계, 즉 코스모스cosmos이다. 『논어』「위정」편에 다음과 같은 구절이 있다.

정치를 하되 덕으로써 하는 것은 북극성에 비유할 수 있다. (북극성이) 자기 자리를 지키고 있으면 뭇별들이 (주위에서) 함께 받들게 되듯이 말이다(爲政以德譬如北辰, 居其所而衆星共之).

지구는 지축이 북극성을 향한 채 자전하므로 밤하늘을 올려다보면 모든 별들이 북극성을 중심으로 도는 것처럼 보인다. 따라서 이러한 현상에 덕으로 하는 정치를 비유하면 그 윤리성이 변할 수 없는 천리天理처럼 각인된다. 임금·아버지·지아비를 해에, 그리고 신하·아들·지어미를 달에 각각 비유하는 일도 마찬가지 효과를 발휘한다. 이렇게 하면 관념적 질서가 하늘이 부여한 천리가 되어 누구도 감히 이를 무너뜨리려는 생각을 할 수 없다.

두 번째 속성은 불변하는 천체의 운행이 관찰자의 오차에 의해 미세한 변화가 발생하는 경우인데, 이러한 변화는 안정된 체제에 불안을 가져올 수 있다. 안정된 체제란 사람들이 안심하고 살 수 있어 좋긴 하지만 너무 오래 지속하다 보면 지도자와 구성원들이 나태해지거나 내부의 균형을 잃게 된다. 사회 내 선각자들이 소리 높이 외쳐 경고를 해도 안 들을 경우, 천체의 미세한 변화를 미래에 닥칠 불길한 조짐으로 해석해서 알려주면 큰 효과를 볼 수 있다. 이것이 바로 점성

술의 본질이다. 고대 중국의 재이설災異說과 참위설讖緯說은 모두 여기서 비롯되었다.

물론 점성술은 신화에 속한다. 고대인들은 과학적 사유보다는 신화적 사유가 훨씬 우세하였기 때문이다. 그러나 본질에 가까이 가고자 하는 인간의 열망은 신화를 서서히 과학의 모습으로 바꾸었다. 그래서 모든 과학은 신화에서 시작하는 것이다. 이를테면. 천문학(astronomy)은 점성술(astrology)에서 나왔고, 화학(chemistry)은 연금술(alchemy)에서 나왔다. 천체 관측에 평생을 보낸 티코 브라헤Tycho Brahe의 별 위치에 관한 방대한 도표가 뉴턴 물리학에 지대한 영향을 미친 '케플러 3법칙'의 기초가 되었다는 사실은 너무나 유명하다.

그런데 중국 고대 천문학은 서양 이상으로 발달했고 장형 같은 천재적인 천문학자가 있었는데도 왜 물리학과 같은 근대 과학으로 발전하지 않았을까? 여러 가지 이유가 있겠지만 무엇보다 중요한 원인은 합리성에 대한 관념의 차이 때문이었을 것으로 짐작된다. 앞서도 언급한 바 있듯이 중국인들은 합리적인 것을 과정보다는 결과에서 찾는다. 즉 결과가 합리적이라면 그에 이르는 과정이 비합리적이어도 수용할 수 있다는 말이다. 이처럼 결과의 합리성을 무엇보다 중요하게 여겼으므로 이에 이르는 과정을 정밀하게 분석하는 일에 대해서는 자연히 홀시할 수밖에 없었을 것이다.

장형의 천문학은 그의 천재성, 즉 뛰어난 직관력에 의존한 것인데, 이것이 다름 아닌 결과의 합리성이다. 이 위대한 성과를 우연에 머물게 하지 않고 더욱 발양광대하게 하려면 그에 이르는 과정이 증명됐어야 했다. 그러나 결과가 너무도 당연했기에 굳이 애써 과정을 증명할 필요를 느끼지 못했던 것이 아쉬울 뿐이다.

순환과 반복 속에서 행복하던 세계

晦魄環照회백환조라
야월夜月은 돌아가면서 비춘다

귀신 귀鬼

晦 그믐 '회' '날 일日'과 '우거질 매每'로 이루어졌다. 모든 사물은 끝에 가면 결실이 풍성해진다. 그렇다면 해(日)가 풍성해지는 것은 낮이 다하고 해가 질 때이다. 따라서 '회晦' 자의 자형적 의미는 '해가 풍성해질 때가 되다', 즉 '해가 지다'가 된다. 해가 질 녘에는 해의 잔광 때문에 달도 가려져서 빛을 발하지 못하므로, 이로부터 '달의 빛이 다하다'라는 의미가 파생되었고, 다시 달이 완전히 이지러진 '그믐'을 지칭하게 되었다.

魄 어두울 '백' '귀신 귀鬼'와 '흰 백白'으로 이루어졌고, '백白' 자의 자형적 의미는 '빛이 들어와 비추는 공간'이다. 사람이 처음 태어날 때는 혼과 더불어 몸을 갖고 나오는데, 이 둘 중에 빛이 비추는 공간에서 볼 수 있는 것은 형체를 가진 몸이다. 따라서 '백魄' 자의 자형적 의미는 '빛의 공간에서 볼 수 있는 사람의 부분'이 된다. 형체만 보이고 빛이 없는 달을 일컬어 '백魄'이라고 한다. 그믐 이후 2~3일째 되는 날에 처음 나타나는 초승달을 흔히 '패霸'라고 부르는데, 이 '패霸' 자는 기실 '백魄'과 같은 글자이다('백伯' 자를 '우두머리'라는 의미로 쓸 때

911

는 '패'로 읽은 것이 이를 입증한다. 춘추오패春秋五覇를 '춘추오패春秋五伯'로도 쓰는 것이 그 예다). 따라서 '백魄' 자는 '처음 나타난 초승달'로 해석해야 한다.

環 고리 '환' '구슬 옥玉'과 '눈 동그랗게 뜨고 볼 경睘'으로 이루어졌으므로 자형적 의미는 '동그란 모양의 옥'이 된다. 이 옥은 팔찌 모양으로 생겼는데 고리의 두께(肉)와 가운데의 구멍이 같은 크기로 만들어졌다. '환環' 자는 처음과 끝이 없는 둥근 고리를 뜻할 뿐만 아니라 '돌아갈 환還'과 같은 음으로 읽히므로 나중에는 '순환하다'라는 의미로 쓰이게 되었다.

照 비칠 '조' '불 화火'와 '밝을 소昭'로 이루어졌으므로 자형적 의미는 '빛으로 밝게 비추다'가 된다. 그렇지만 옛날에는 '조照'와 '소昭'는 음과 의미가 완전히 동일한 글자였다.

이 구절은 앞의 출구에 이어서 초승달부터 그믐달까지 달이 차고 이지러짐을 반복하면서 비춰주는 현상을 서술하고 있다.

'회백晦魄'은 직접적으로는 완전히 사라지기 직전의 그믐달과 갓 나타나기 시작한 초승달을 각각 가리키지만, 실은 처음과 마지막으로 27~28개에 달하는 달의 전체 모양을 지시하는 환유법의 단어이다. 원래 순환이란 처음과 끝을 나눌 수 없는 구조이긴 하지만, 달이 차고 이지러짐을 반복하는 중에 그믐달부터 초승달 사이에 잠시 달이 보이지 않는 휴지기가 있는데 이 틈을 매듭으로 본 것이다.

반복은 미래를 예측 가능하게 하여 우리에게 안정감을 가져다준다. 프로이트는 끔찍한 일을 경험하고 난 다음에 악몽을 반복해서 꾸는 까닭은 그러한 일을 갑자기 당해 놀라지 말고 미리 마음의 준비를 하도록 경계함으로써 안정감을 확보하기 위한 것(비록 행차 뒤의 나팔이긴 하지만)이라고 설명한 바 있다. 아무리 받아들이기 힘든 것이라도 계속 반복되면 이내 적응되어 결국에는 자연스러워지지 않는가?

또한 반복 순환은 시간을 일종의 공간적인 관념으로 환원시켜주기 때문에 시간에 대한 강박 관념이 일으키는 죽음의 공포가 완화된다. 시간이 직진한다는 관념에서는 시간이란 한번 가면 다시는 돌아오지 않는다는 강박 관념이 형성될 수밖에 없다. 반면 순환하는 시간 속에서는 "A는 −A와 같을 수 없다"는 모순율의 원칙도 "A는 −A와 같을 수도 있다"고 얼마든지 받아들여진다. 왜냐하면 '어두움'(晦)과 '밝음'(魄)이 직선상에 앞뒤로 이어지는 것이 아니라 평면상에 서로 맞물려 있어서 이를 따로 구분할 수도, 뗄 수도 없기 때문이다. 이런 의미에서 고대 신화는 죽음을 극복하기 위한 방도였다고도 볼 수 있다.

신화적 사유에 시간이 개입하면서 과학적 사유가 된다. 그 결과 "시간은 금"이라는 은유가 말하듯 시간은 한번 가면 다시는 오지 않는 가장 귀한 가치가 되었다. 신화적 사유가 지배하던 시기에는 그토록 흔하던 시간이 말이다. 모든 가치에는 대가가 따르는 법, 그 흔하던 시간을 금으로 환산해 받으면서 인간은 자신의 삶으로부터 소외되기 시작하였다. 직진성의 시간 관념은 자연스럽게 무언가 새로운 것을 향해 나아가야 한다는 신념을 갖게 만들지만, 지나고 보면 세상에 새로운 것이란 아무것도 없음을 깨닫게 되기 때문이다. 이러한 소외는 허무함을 낳고 허무함은 다시 죽음을 두려워하게 만든다.

자해에서 설명한 바와 같이 '회晦'와 '백魄' 사이에 달이 잠시 보이지 않는다고 달의 운행이 끊어진 것은 아니다. 따라서 이 부분을 억지로 끊어 직선으로 만든다고 해서 내일 색다른 달이 뜨는 것은 아니다.

결국 오늘날 우리가 누리는 행복이란 순환의 고리 속에서 영원할 수 있었던 시간을 억지로 끊어 돈으로 바꿔 쓴 것에 지나지 않는다고 말할 수 있다.

진정한 양생의 길

指薪修祐지신수우하니
손가락으로 장작을 지피는 것처럼
선행으로 복을 구해야 할지니

복 우祐

指 손가락 '지' '손 수手'와 '맛 지旨'로 이루어졌다. '지旨'는 '가지 지
支'와 같은 음으로 읽히므로 '지指'의 자형적 의미는 '손이 가지 쳐 갈
라진 것', 즉 '손가락'이 된다.

薪 장작 '신' '풀 초艸'와 '새 신新'으로 이루어졌다. '신薪' 자는 '신新'
자의 후출자로 둘 다 '도끼로 팬 장작'을 가리킨다.[2] 즉 '신薪'이란 잘
라서 써야 하는 땔감을 말하는데, 이에 비해 자디잔 섶을 한데 묶어
땔감으로 쓰는 것은 '시柴'라고 한다.

修 닦을 '수' '터럭 삼彡'과 '달릴 유攸'로 이루어졌다. '삼彡' 자에는
'(붓으로) 수식하다'라는 의미가 담겨 있고, '유攸' 자의 자형적 의미는
'작은 막대기를 들고 몸의 먼지를 털다'이므로, '수修'의 자형적 의미
는 '막대기로 몸의 먼지를 털고 단정하게 꾸미다'가 된다. 여기서는
'행선적덕行善積德', 즉 선행을 하고 덕을 쌓는 일을 말한다.

祐 복 '우' '보일 시示'와 '오른쪽 우右'로 이루어졌다. '시示' 자는 한
자에서 흔히 '신'을 의미하는 자형으로 많이 쓰이고, '우右' 자는 오른
쪽에서 돕는 사람이라는 의미의 '우佑'와 같은 글자이므로, '우祐' 자

의 자형적 의미는 '신이 돕다', 즉 '복'이다.

이 구절은 『장자』 「양생주養生主」편의 "손가락이 장작 지피는 일을 다하더라도 불은 전달되어서 꺼질 줄을 모른다"(指窮於爲薪, 火傳也, 不知其盡也)를 다시 쓴 것이다.[3]

『장자』의 이 구절에서 '신薪'은 육체를, '화火'는 정신을 각각 비유하는 것으로 해석하여, 몸은 결국 타서 없어지지만 정신은 남아서 후세에 전달되어 영원히 멸절되지 않는다는 의미로 풀이하는 것이 보통이다. 여기서는 『장자』의 이 구절을 '수우修祐'라는 말과 결합해 다시 썼으므로 다음과 같이 다른 의미로 해석할 수 있다.

'수우修祐'란 평소에 선행과 은덕을 쌓은 일이 나중에 후손에게 하늘의 복으로 내려지는 것을 가리킨다.[4] 인간의 삶은 장작이 타듯이 육체를 태워가는 일로 비유할 수 있다. 장작이 타고 나면 재만 남듯이 우리의 육체도 다 살고 나면 흙으로 돌아가고 아무것도 남지 않는다. 그러나 우리가 살면서 육체를 잘 태워 그 빛과 열로 남을 밝게 비춰주거나 따뜻하게 덥혀준다면 그것이 곧 선행과 은덕을 쌓는 일, 즉 '수修'를 이행하는 일이 된다. 이렇게 '수修'를 행하면 그에 대한 보답은 당장 받는 것이 아니라, 장작이 타고 나면 불씨가 남아서 다른 장작으로 옮겨 다시 크게 번지듯이, 나중에 후손에게 이어져 영원히 복을 받게 된다는 것이다.

따라서 '지指'자 속에 '지支'의 의미가 들어 있음에 근거하여 '지신指薪'을 "장작을 손가락처럼 여러 '갈래'(支)로 빠개서 잘 타게 만들다"라고 해석할 수 있다. 이처럼 육체를 기르는 것이 아니라 정신을 잘 길러서 영원히 이어가는 것이 진정한 양생養生임을 밝히고자 함이 이 구절의 의도로 보인다.

구덩이에 빠지지만 않아도 복이다

길할 길吉

永綏吉邵영수길소라
길이 편안해지고 상서로움이 높아지리라

永 길 '영' 이 글자를 소전에서는 '𣱧'으로 썼다. 강물의 본류가 지류로 갈라져 올라가는 모양을 그린 것이다. '영永' 자는 '길 장長'과 첩운 관계에 있으므로 자형적 의미는 '강물이 길게 뻗어 올라가다가 지류로 갈라지다'가 된다. 이로부터 '길다'라는 의미가 파생되었다. '영永' 자의 자형과 반대로 물길이 우측으로 갈라지면 '𠂢'이 되는데, 이것이 바로 '갈래 파派' 자의 우측 방인 '파𠂢' 자가 된다.

綏 편안할 '수' '실 사糸'와 '편안할 타妥'로 이루어졌다. 옛날에는 수레를 탈 때 지금처럼 앉지 않고 선 채로 타고 다녔다. 그래서 수레가 흔들릴 때 넘어지지 않도록 수레 앞에 손잡이를 설치했다. 이것을 '수綏'라고 불렀다. 손잡이를 잡으면 안전하므로 '수綏' 자에 '편안하다'라는 의미가 생겨난 것이다.

吉 길할 '길' '선비 사士'와 '입 구口'로 이루어졌다. 이 글자의 의미는 '흉할 흉凶' 자를 바탕으로 자형을 풀어야 쉽게 이해할 수 있다. 즉 '흉凶' 자의 자형은 구덩이(凵)를 파고 그 위에다 나뭇가지를 얼기설기 엮어 구덩이를 위장한 함정 모양이다. 그래서 '흉凶' 자가 '함정 갱阬'

918

과 첩운 관계에 있는 것이다. 이러한 함정은 주로 맹수들을 잡기 위한 것이었으므로 사람이 여기에 빠지지 않도록 함정 위에는 언제나 조심하라는 경고 표지를 해두었다. 이것이 바로 구덩이(口) 위에 표지(土)를 한 '길吉' 자다.

邵 높을 '소' 이 글자는 주나라 초기에 문왕의 서자인 석奭이 채읍采邑으로 받은 고을 이름이다. 그래서 그를 소공召公, 또는 소백召伯이라고 부르는 것인데, 이때 '소召' 자는 '소邵'와 같은 글자이다. 나중에는 '소邵' 자를 '아름다울 소劭' 자와 서로 바꾸어 쓰면서 '높다'·'아름답다' 등의 의미가 생겨나게 되었다.

이 구절은 선조들이 행한 선행과 은덕으로 말미암아 자손들이 영원히 복을 받고 상서로운 일들이 갈수록 많아질 것이라는 교훈을 말하고 있다.

여기서 그들이 추구하는 복이란 무슨 거창한 '대박' 같은 것이 아니라, '수綏' 자가 말하듯 '넘어지지 않고', 또 '길吉' 자가 가리키는 바와 같이 '함정에 빠지지 않는' 소극적인 바람이다. 중국이라는 거대한 땅덩어리는 이상하게도 의지가 좀 있다 하는 사람들에게 야망을 불러일으키는 마력을 갖고 있다. 『삼국지연의』로 대표되는 중원 통일의 야망은 말할 것도 없고, 변방의 소수민족들에게도 중원 진출은 언제나 억제할 수 없는 꿈이었다. 영웅주의에 빠진 자들이 야망을 실현하고자 할 때 "죽어나는 것은 조조 군사"라고, 늘 동원되어 고통을 당하는 것은 애먼 백성들뿐이었다. 이러한 역사적 경험 속에서 백성이 체득한 것은 그저 넘어지지 않고 함정에 빠지지 않는 것만으로도 큰 복임을 알아야 한다는 깨달음이다.

이와는 대조적으로 문화라는 이름으로 다양하게 욕망을 자극하고 유혹하는 환경에 익숙한 현대인들에게 위와 같은 소박한 바람은 더 이상 복도 아니고 참을 수 없는 일상적 권태일 뿐이다. 그래서 그들은 갖가지 인위적인 위험에 도전하여 욕동을 충족시키곤 하는데, 이러한 인위적인 모험은 사실성이 결여돼 있어서 짜릿한 흥분을 맛보기에 부족하므로 그들은 자칫하면 정말로 한순간에 나락으로 떨어질지도 모를 위험한 일을 실제로 저지르기도 한다. 아마 이런 광경을 고대 중국인들이 본다면 "걱정 없이 밥 먹고 사는 게 원수 같으냐?"고 물을 것이다.

프로이트가 설파했듯이 사람은 근본적으로 죽음으로 돌아가고자 하는 욕망, 즉 타나토스thanatos에서 벗어날 수 없는가 보다. 그렇다면 '영원히'라는 말은 결국 '죽음으로의 길'을 의미한다. '영永' 자의 자형적 의미를 보더라도, 본류가 흐르다가 지류로 갈라진다는 것은 물을 따라 아래로 흘러감을 뜻하는 것이 아니라 원류로 거슬러 올라감을 의미하는데, 그 원천은 곧 우리가 태어난 곳으로 흙이자 죽음인 것이다. 거기가 가장 복된 곳이라는 메시지를 이 글자는 전하고 있다.

혼돈과 자유의 구분

법 구矩

矩步引領구보인령하고
자로 잰 듯이 절도 있게 걷고 옷깃을 단정히 여미며

矩 법 '구' '클 거巨'의 후출자로, 목수들이 늘 들고 다니는 곱자(曲尺)의 모양을 그린 것이다. '구矩' 자의 고문자 자형을 보면 좌측 변이 '화살 시矢' 자가 아닌 '사람 인人'이다. 따라서 '구矩'의 자형적 의미는 '목수가 손으로 곱자를 쥐고 있다'가 된다. '자'(尺)라는 것은 도량형의 표준을 상징하므로 이로부터 '법'·'법도'·'법도에 맞게 하다' 등의 의미가 파생되었다.

步 걸음 '보' 이 글자를 소전에서는 'ᵇ'로 썼는데, 이는 '그칠 지止' 자를 위아래로 포개놓은 모양이다. '지止' 자는 원래 발의 모양이고, 위아래로 포개놓은 것은 좌우 발을 교차하여 걸어가는 모양을 그린 것이다. 따라서 자형적 의미는 '좌우 발을 앞뒤로 교차시켜 걸어가다'가 된다.

引 이끌 '인' '활 궁弓'과 '위아래로 통할 곤丨'으로 이루어졌다. '곤 丨' 자를 『설문해자』에서는 "끌어서 위로 올릴 때는 '신囟' 자처럼 읽는다"(引而上行, 讀若囟)고 풀이하였으므로, '인引' 자의 자형적 의미는 '활시위를 끌어당기다'가 된다.

領 옷깃 '령' '머리 혈頁'과 '명령할 령令'으로 이루어졌다. '령令' 자는 높은 곳에 우뚝 서서 아랫사람에게 명령하는 모양이고 이 글자는 '줄기 경莖'과 첩운 관계에 있다. 또한 '령領' 자는 '등뼈 려呂' 자와 쌍성 관계에 있다. 따라서 '령領' 자의 자형적 의미는 '곧은 등뼈 중에서 머리에 가까운 가장 꼭대기 부분'이 된다. 등뼈 중에서 꼭대기 부분은 곧 목 부분이 되므로 이로부터 '목'(목 경頸)이라는 의미와 목을 싸는 부분인 '옷깃'이라는 의미가 각각 파생되었다.

이 구절은 선조들의 선행과 음덕으로 자손들이 복을 누리고 사는 것이므로 그것을 생각해서 조정에서 정사를 돌볼 때에는 각별히 걸음걸이와 옷차림을 바르게 하여 경건한 자세로 임해야 함을 역설하고 있다. '구보矩步'란 자로 잰 듯이 법도에 딱 들어맞는 걸음걸이의 자태를 형용하는 말이고, '인령引領'은 '혈령絜領'과 같은 말로 옷깃을 단정하게 여미는 일을 가리킨다.

조상이 스스로를 태워서 만들어주신 복의 불씨를 영원히 꺼지지 않도록 하려면 욕심을 다스려야 한다. 그러기 위해서는 욕심에 흔들리지 않는 강력한 자아(Ego)를 형성해야 한다. 그 방도가 바로 '걸음걸이를 법도에 맞게 해서 바로 걷는' 일이고, '옷깃을 바르게 여미는' 일이다. 즉 강력한 자아를 형성하려면 정신적으로 긴장해야 한다. 이 정신적 긴장은 관념적으로 마음먹는다고 해서 이루어지는 것이 아니라 육체를 긴장시켜야 비로소 가능한 활동이다. 육체를 긴장시킬 때도 몸 전체를 한꺼번에 긴장시키는 일은 실제로 불가능하다. 따라서 긴장의 요체가 되는 부분을 먼저 팽팽히 당겨야 한다. 그곳이 바로 발과 목이다. 군인 정신이 충일한 군인을 만들기 위해 매일 빼놓지

922

않고 하는 기본 훈련이 목에 최대한의 힘을 주는 차려 자세와 보조에 맞춰 걷는 보행 연습이라는 사실이 이를 입증한다. 요컨대 걸음걸이를 규칙적인 보조로 유지하는 일과 옷깃을 팽팽하게 여미는 일은 정신적 긴장의 형상화이자 자아를 구성하는 구체적인 행동이 된다. 따라서 우리의 사고와 행위는 발과 목에서 시작한다고 해도 과언이 아니리라.

이렇게 자아(에고)를 강력하게 키워야 외부의 유혹에 흔들리지 않고 자발적으로 도덕과 윤리를 지킬 수 있게 된다. 그런데 일반적으로 도덕과 윤리란 주체의 자유를 억압하는 외부적인 기제라고 여긴 나머지 강한 자아의 소유자를 고루한 고집불통 정도로 치부하는 경우가 종종 있다. 도덕과 윤리란 궁극적으로 인위적인 것인데 여기에 매달리는 사람이라면 융통성도 없고 전혀 자유롭지 못하다고 여기는 것이다.

한국인들은 죽음으로 충절을 지킨 사육신死六臣과 목숨을 바쳐 나라의 독립을 되찾으려 했던 안중근安重根과 유관순柳寬順을 흠모한다. 이들이야말로 고집불통이라고 불릴 수 있을 정도의 강력한 자아의 소유자들이다. 이들이 죽음을 불사할 수 있었던 것은 역설적으로 스스로가 자유로웠기 때문이다. 그렇다면 자유란 무엇인가? 자유란 가장 근본적인 억압, 즉 죽음으로부터의 해방이다. 『성경』이 "진리가 너희를 자유케 하리라"(「요한복음」 8:32)라고 가르쳤듯이 진리란 깨달았을 때 영원을 사는 것이 무엇인지를 알게 한다. 영원을 사는 사람이 죽음을 두려워할까? 주체는 계율·율법·윤리·도덕 등 상징 질서에 진심으로 충실할 때 진리에 사로잡힌다. 죽음으로 신념을 지키고자 하는 순교적 행위는 평소 종교적 제의나 교리를 지키려는 긴장된 태도에 바탕을 두고 있는 것이 아니던가? 따라서 윤리와 도덕이 장해물로 느껴지는 자유는 관념일 뿐이지 죽음으로부터의 해방에 바탕을 둔 진정한 자유가 아니다.

누구든지 자세를 흩트리면 관념적 혼돈을 경험한다. 지금까지와는 전혀 다른 세계, 또는 아름다움을 꿈꾸는 예술가들에게 혼돈의 경험은 일종의 생명과도 같은 것이다. 혼돈을 지향하는 예술가에게 강력한 에고를 뛰어넘어야 함은 과정이자 전제이다. 강력한 에고란 규범이 강화된 상징적 세계에 다름 아니기 때문이다. 그래서 그들은 현실과 예술 사이에서 괴로워하는 것이다. 혼돈과 자유를 구분해야 하는 이유이다.

언저리만 두드리는 대화의 기술

사당 묘廟

俯仰廊廟부앙랑묘라

조정의 일을 심사숙고하여 처리해야 한다

俯 구부릴 '부' '사람 인亻＝人'과 '곳집 부府'로 이루어졌으나, 원래 글자는 '머리 숙일 부頫'였다. 이 글자는 '머리 혈頁'과 일부가 생략된 '달아날 도逃'로 이루어져 있으므로 자형이 가리키는 의미는 '머리를 숙이고 몰래 달아나다'가 된다.

仰 우러를 '앙' '사람 인亻'과 '오를 앙卬'으로 이루어졌다. '앙卬' 자의 고문자 자형은 왼쪽은 사람이 서 있는 모양이고, 오른쪽은 사람이 꿇어앉아 위를 바라보는 모양으로 되어 있다. 따라서 '앙卬' 자 자체가 '우러르다'라는 의미를 갖고 있었는데, 이 글자가 나중에 '나 앙卬' 자로 가차되면서 본래의 의미를 담은 글자는 '앙仰'으로 바뀌었다.

'부앙俯仰'의 원래 의미는 "머리를 숙여 내려다보고 머리를 들어 올려다보다"인데, 무언가를 골똘히 생각하는 사람은 자신도 모르게 자주 머리를 숙였다 들었다 하는 행동을 반복하는 경향이 있으므로 '심사숙고하다', 또는 '적절히 주선周旋하여 처리하다'라는 의미로 쓰이기도 한다. 여기서는 바로 후자의 의미로 쓰였다. 생각을 골똘히 할때 '부앙'만 하는 것이 아니라 왔다갔다 배회徘徊하는 것을 '부앙배회

925

俯仰徘徊'라고 한다. 이 '배회'라는 단어가 다음 구절의 같은 위치에 쓰인 것으로 보아 '부앙'을 '심사숙고하여 처리하다'로 풀이할 수 있다.

廊 행랑 '랑' '집 엄广'과 '사나이 랑郎'으로 이루어졌다. '랑郎'은 황제를 옆에서 호위하고 모시는 벼슬이고 대전大殿 주위에 머물면서 대기해야 하므로 이들이 사는 집을 '랑廊'이라고 불렀다가 나중에는 대전 주위의 부속 건물들은 물론 건물과 건물 사이를 잇는 복도까지 모두 의미하게 되었다.

廟 사당 '묘' '집 엄广'과 '조정 조朝'로 이루어졌다. 이 글자는 '모습 모皃' 자와 쌍성·첩운 관계에 있다. 이는 태묘太廟란 선왕들의 모습을 그린 초상을 모셔놓은 곳이라는 의미를 담고 있다. 따라서 '묘廟' 자의 자형적 의미는 '선왕들의 초상을 모셔놓은 집'이 된다. 중국 고대의 궁궐은 대전과 태묘, 그리고 주위의 여러 부속 건물로 이루어졌으므로 '랑묘/낭묘廊廟'란 곧 조정을 상징한다.

이 구절은 앞의 출구에 이어 경건한 자세로 조정의 일을 신중히 처리해야 함을 말하고 있다.

'부앙俯仰'이란 자해에서 설명한 바와 같이 '심사숙고하고 적절한 절차를 강구하여 일을 처리함'을 의미한다. 정치가들의 심사숙고는 좌우로 치우침 없이 공정하게 처리함을 생명으로 한다. '부앙'이라는 글자는 이를 상징적으로 잘 보여준다. 즉 '부俯' 자의 우측 방인 '부府'는 '거둬들여 모아놓고 지키는 곳'을 뜻하므로 보수적 자세를, '앙仰' 자는 '바라는 바를 이루고자 하는 욕망'을 뜻하므로 진보적 자세를 각각 상징한다. 이처럼 나라의 일을 결정할 때에는 보수와 진보의 시각을 모두 겸비하는 것이 바람직하다는 사실을 이 구절은 잘 보여준다.

'낭묘廊廟'의 직접적인 의미는 자해에서 설명한 대로 대전 주위의 부속 건물들을 뜻하지만 간접적으로는 조정을 가리킨다. 이것은 관련 깊은 사물로 대상을 지시하는 환유다. 이러한 수사법은 중국 언어에서 매우 보편적으로 쓰이고 있다. 제왕을 지칭할 때 '폐하陛下', 또는 '전하殿下'라고 부르는데, 이는 제왕이 앉아 있는 계단 아래서 경호를 하거나 시중을 드는 자들을 불러 간접적으로 제왕을 지시하는 것으로 역시 같은 수사법에 속한다.

언어란 문화를 찍어내는 일종의 거푸집이므로 이 환유적인 수법은 그들의 문화에도 그대로 나타난다. 즉 말하고자 하는 핵심을 피한 채 주위의 부속 건물 등으로 넌지시 지시하는 것이 그들의 문화다. 따라서 중국인들과의 대화에서 핵심이 명쾌하게 드러나는 경우는 그리 흔치 않다. 서로 언저리만을 두드림으로써 핵심을 넌지시 지시하거나 또는 그런 식으로 상대방의 의도를 파악한다. 그러니까 그들과 대화할 때 핵심을 먼저 이야기하려 하거나 또는 명쾌히 하자고 나서면 자신이 얼마나 몸이 달아 있는지를 스스로 알려주는 꼴이 된다. 만일 역으로 그들이 핵심이 될 만한 이야기를 먼저 꺼냈다면 그것은 그들이 여간 안달이 나지 않은 상태임을 짐작할 수 있는 단서가 된다.

형식이 전부다

왕성할 장壯

束帶矜莊속대긍장하고
예복을 입고 의연한 자세를 갖추고서

束 묶을 '속' '에워쌀 위口'와 '나무 목木'으로 이루어졌고 '묶을 박縛'
자와 첩운 관계에 있다. 그러므로 자형적 의미는 '장작을 싸서 묶다'
가 된다.

帶 띠 '대' 이 글자를 소전에서는 '帶'로 쓰는데, 이는 허리띠를 묶고
여기에 수건을 걸어 찬 모양이다. '대帶' 자가 '찰 패佩'와 첩운 관계에
있다는 사실이 이를 입증한다. 여기에서 '허리띠'라는 의미가 파생된
것이다.

矜 자랑할 '긍' '창날 모矛'와 '이제 금今'으로 이루어졌다. '금今' 자
에는 첩운 관계에 있는 '그늘 음陰' 자에서 알 수 있는 것처럼 '덮어 그
늘지게 하다'라는 의미가 담겨 있다. '모矛' 자가 '덮을 모冒' 자와 같은
음으로 읽히는 사실이 말해주듯이 창이란 창 자루 끝에다가 창날을
덮는 형식으로 만든 것이다. 따라서 '긍矜' 자의 자형적 의미는 '창날
을 덮는 창 자루'가 된다. 창 자루는 높고 곧으므로 이로부터 '꼿꼿하
다'·'자랑하다'·'장엄하다' 등의 의미가 파생되었다.

莊 씩씩할 '장' '풀 초艸'와 '왕성할 장壯'으로 이루어졌으므로 자형

928

적 의미는 '풀이 무성한 모양'이 된다. 이로부터 '꾸며서 성장盛裝하다'·'무게가 있어 존귀하게 보이다' 등의 의미가 파생되었다.

　속대束帶란 '허리띠를 묶다'라는 뜻이지만 은유적으로 '의관을 갖춰 바르게 꾸며 입다'라는 의미로 쓰는 것이 보통이다. 더 나아가 '단아하고 위엄 있는 모양'이라는 의미로도 쓰인다. 여기서 의연한 모습을 나타내는 '긍장矜莊'이란 말은 바로 '속대'를 한 결과를 묘사한 것이다.

　그러니까 위엄의 권위는 먼저 '형식을 꾸미는 일'에서 비롯됨을 알 수 있다. '긍矜' 자의 자형이 암시하듯 덮어야 할 것은 잘 덮어서 가리고, '장莊' 자에서 보듯 풍성하게 보여야 할 것은 풍성하게 보임으로써, 눈에 보이는 형식적인 면을 완전하게 갖춰야 하는 것이다. 형식의 안에는 사실 아무것도 없지만 위엄이 만들어진다. 따라서 위엄이니 권위니 하는 의미들이 궁극적으로 환영임을 알 수 있다.

　언어학적으로 보더라도 의미란 그 자체가 독립적으로 존재한다거나 실체를 대표하는 것이 아니라 언어 기호라는 형식에 의해 순간적으로 생성되는 것이다. 실체가 형식을 통해서 모습을 드러내는 것이 아니라 형식의 구사가 의미를 실체인 양 만들어 보인다는 말이다. 따라서 어떠한 경우라도 '속대束帶'와 같이 형식을 온전히 강구하는 행위는 권위를 실체처럼 보이기 위해 반드시 필요한 과정인 것이다.

　구조주의 사상에 충실한 사람들이나 실용성을 강구하는 사람들은 사물의 기능만 중시할 뿐 겉을 꾸미는 형식적인 면은 무시하는 경향이 있다. 이를테면, 옷의 기능은 몸을 보호하기 위한 것인즉 그것이 비단이든 면이든 누더기든 입을 수만 있다면 상관이 없다고 주장한다. 비단을 입었을 때 생성되는 위엄이라는 게 어차피 환영일 뿐이지 않느냐는 허무주의가 바탕에 깔려 있다.

어떤 사물이나 대상을 탐구할 때 우리는 흔히 도대체 저 사물의 본질이 무엇일까라는 철학적 물음을 가장 앞에 놓는다. 그러나 아무리 본질을 파고든다 해도 궁극적으로는 겉으로 드러나는 감각적인 형식들이 사실상 본질이라고 해도 과언이 아니다. 철학적으로 탐구해서 논술한다고 해도 결국은 형식을 다른 형식으로 바꾸는 작업과 다를 바 없다는 말이다.

흔히 영적인 것은 형식의 밖에 있다고 믿지만, 데리다가 "텍스트 밖에는 아무것도 없다"고 설파했듯이 영적인 느낌이란 작품(텍스트)이 만들어낸 것이지 거기에 담겨 있는 것이 아니다. 열반(nirvana)이 '법法'에서 생성되는 것과 마찬가지 이치다. "신은 디테일에 있다"라는 격언이 있다. 사람들이 잘 주의하지 못하는 곳에서의 섬세한 형식의 구사가 영적인 감각을 생성시킨다는 뜻이다.

『맹자』「고자告子」상편에 다음과 같은 글이 있다.

여기 어떤 사람의 약손가락이 있는데, 이게 구부러져서는 펴지지가 않았다. 아프거나 고통스러워서 일에 지장을 받는 것은 아니지만, 저 변방 진나라와 초나라까지 가는 길이라도 멀다고 여기지 않는 것은 손가락이 다른 사람들과 같지 않기 때문이다. 손가락이 다른 사람들과 같지 않다는 것은 그것이 밉다는 것을 안다는 말이다. 반면에 마음이 다른 사람들과 같지 않을 경우는 그것이 미움을 알지 못한다. 이를 일컬어 분별할 줄 모른다고 말한다(今有無名之指, 屈而不信, 非疾痛害事也, 如有能信之者, 則不遠秦楚之路, 爲指之不若人也. 指不若人, 則知惡之 ; 心

不若人, 則不知惡, 此之謂不知類也).

손가락의 장애는 눈에 보이기 때문에 천 리도 멀다 않고 찾아가 고치려 하지만, 마음은 보이지 않기 때문에 장애가 있는지조차 모른다, 인식이 되질 않으니 창피한 줄도 모른다는 것이다. 따라서 인식을 시키려면 감각할 수 있는 형식으로 드러내주지 않으면 안 된다. 그러나 관념이란 형식으로 실현하는 순간 언제나 의도했던 실체를 빗나간다. 선한 인성이 형이상학에 머물 수밖에 없고 허무주의로 귀결될 수밖에 없는 이유이다. 그러므로 감각할 수 있는 형식이 있는 것이지 본질이 먼저 존재하는 것이 아니다.

삐딱한 시선의 쓸모

조짐 보일 조兆

徘徊瞻眺배회첨조라

배회하면서 여기저기를 바라보며 생각한다

徘 노닐 '배' '조금씩 걸을 척彳'과 '아닐 비非'로 이루어졌다. '비非'
자는 새의 두 날개가 서로 등진 모양이다. 따라서 자형적 의미는 '행위
를 반복하다'가 된다.

徊 노닐 '회' '조금씩 걸을 척彳'과 '돌 회回'로 이루어졌으므로 '조금
씩 움직이면서 빙빙 돌다'가 된다.

'배회徘徊'란 떠나지도 못하고 머물러 있지도 못해 이리저리 오가
는 모양을 묘사하는 말이다. 앞의 '부앙랑묘俯仰廊廟' 구절에서 설명
한 바와 같이 생각을 골똘히 할 때는 머리를 숙였다 들었다 하는 '부
앙'과 더불어 '배회'를 하게 되므로, 여기서의 '배회' 역시 심사숙고하
는 모양을 뜻한다.

瞻 볼 '첨' '눈 목目'과 '수다스러울 첨詹'으로 이루어졌다. '첨詹' 자의
윗부분인 '위厃' 자는 사람이 절벽 위에 서 있는 모양이므로 '첨瞻' 자
는 '위에서 아래로 굽어보다'라는 의미를 갖고 있다. 그러나 절벽 위
에 있는 사람을 다른 사람들은 아래에서 위로 올려다 보게 된다. 따라
서 이 글자는 '우러러보다'라는 의미로도 쓰인다.

眺 바라볼 '조' '눈 목目'과 '조짐 보일 조兆'로 이루어졌다. '조兆' 자는 점을 치기 위하여 갑골을 불에 지질 때 표면에 드러나는 균열의 모양인데 이 균열이란 불규칙하게 갈라지는 금을 가리킨다. 따라서 '조眺' 자의 자형적 의미는 '불규칙한 시선으로, 또는 삐딱한 시선으로 바라보다'가 된다. 『설문해자』에서는 이를 '시선이 바르지 않다'(目不正也)라고 정의하였다.

홍성원은 이 구절을 "이들이 배회하는 가운데 백성들이 우러러본다"는 의미로 해석하였으나 이는 적절치 않은 듯하다. 현대 중국어에서 '배회첨조徘徊瞻眺'[5)]를 "배회하며 여기저기 바라보다"라는 의미로 쓰고 있는 것으로 보아 "이리저리 배회하고 여기저기 바라보면서 골똘히 생각하다"로 풀이하는 것이 옳을 것 같다. 이는 또한 바로 앞 문장에서 설명한 '부앙俯仰' 또는 '부앙배회俯仰徘徊'와 같은 구조로 맞아떨어지기도 한다.

무언가를 골똘히 생각한다는 것은 사물의 본래 모습을 정확히 보는 데서 출발한다. 남이 보는 시각대로, 또는 남이 보여주는 대로 본다면 실제는 감춰지고 환상이나 거짓이 보이게 마련이다. 따라서 본모습을 보기 위해서는 삐딱한 시선으로 봐야 한다. 시선이 삐딱하다는 것은 평소 우리가 보도록 길들여진 시각을 벗어나 그동안 주변으로 치부되어오던 부분으로 초점을 옮김을 의미한다. 똑바로 보면 반들반들하게 보이는 표면도 옆으로 뉘어서 삐딱하게 보면 숨겨진 흠집들이 보이지 않는가?

초점이 맞춰진 부분은 어떤 형태로든 관찰자의 욕망에 의해 왜곡돼 보이기 때문에 실제라고 보기 힘들고 오히려 초점의 바깥 부분이 실제에 가깝다. 그렇기 때문에 본래 모습을 보려면 초점을 자꾸 옮김으로써 그때마다 주변에 언뜻언뜻 보이는 부분들을 파악해야 하는 것이다. 컴컴한 밤중에 불확실한 어떤 사물에 초점을 맞추고 집착하면 그것은 점차 무서운 괴물로 변하지만, 그 주변에 이리저리 시선을 주면 나중에는 그 사물이 실체를 드러내는 것은 바로 이 때문이다. 그래서 우리가 무언가를 골똘히 생각할 때 나도 모르게 이리저리 배회하면서 여기저기에 시선을 던지는 것 아닐까? 점을 쳐서 조짐을 보는 것 역시 '조眺' 자의 자형이 말하는 것처럼 이 삐딱한 시선으로 언뜻언뜻 보이는 미약한 실재의 추이를 관찰하는 일일 것이다.

배움에는 양쪽 귀가 필요하다

들을 문聞

孤陋寡聞고루과문하면
학식이 천박하고 견문이 좁으면

孤 외로울 '고' '아들 자子'와 '오이 과瓜'로 이루어졌다. '고孤' 자는 '뼈 골骨'에서 파생되었다. 즉 살을 다 발라내고 뼈만 앙상하게 남아서 의지할 곳이 없다는 뜻이다. 이 두 글자가 '모자랄 과寡'와 쌍성·첩운 관계에 있다는 사실이 이를 입증한다. 이로부터 '아비 없이 홀로 남은 고아'라는 의미로 쓰이게 되었다.

陋 더러울 '루' '언덕 부阜'와 '샛길로 달아날 루匿'로 이루어졌으므로, 자형적 의미는 '좁은 산길'이 된다. 이로부터 '좁다'·'추하다'·'거칠다' 등의 의미가 파생되었다. '루匿'가 원래 글자였으나 나중에 '루陋' 자가 보편적으로 쓰이면서 '루匿' 자는 쓰이지 않게 되었다.

寡 모자랄 '과' 이 글자를 소전에서는 '寡'로 적었는데 이는 '집 면宀'과 '살 바른 뼈 과寡'로 이루어진 것이다. '과寡' 자는 '뼈 골骨' 자에서 아래의 살(肉)을 발라낸 모양으로, '있어야 할 것이 없음'을 의미한다. 『의례儀禮』 「상복전喪服傳」에 "지아비와 처는 한 몸이다"(夫妻一體也)라고 밝혔듯이 옛날부터 부부는 뼈와 살처럼 떨어져서는 안 될 일체로 여겨왔다. 따라서 두 사람이 서로 분리되면 이를 '과寡'라고 불

935

렀던 것이다. '홀아비'를 따로 '환鰥'이라고도 부르는데, 이는 원래 물고기 이름이었으나 발음이 '과寡' 자에서 전환된 것이므로 '홀아비'란 뜻으로 대체되었다. 따라서 '과寡' 자의 자형적 의미는 '짝을 잃은 지아비나 지어미가 집에 홀로 있다'가 된다.

聞 들을 '문' '귀 이耳'와 '문 문門'으로 이루어졌다. '문門' 자는 '나눌 분分'·'분별할 변釆' 등과 첩운 관계에 있으므로 여기에는 '변별하다'라는 의미가 담겼음을 알 수 있다. 따라서 '문聞' 자의 자형적 의미는 '귀로 듣고 변별해내다'가 된다.

이 구절은 『예기』 「학기學記」의 "홀로 배우기만 하고 벗이 없으면, 학식이 얕고 좁으며 견문이 모자라게 된다"(獨學而無友, 則孤陋而寡聞)를 다시 쓴 것이다.

'고루孤陋'란 친구 없이 독학獨學을 했기 때문에 관견管見이 좁아진 학자를 가리킬 때 쓰는 말이다. 우리는 흔히 '독학' 하면 주경야독晝耕夜讀을 떠올리면서 인간 승리의 이미지로 받아들이지만, 학문적으로 볼 때 독학은 상호 검증 절차가 결여돼 있어서 자신의 학문이 얼마만큼이나 보편성을 확보하고 있는지를 확인할 길이 없다. 그래서 이런 사람을 '고루하다'고 일컫는 것이다. 이런 사람들은 자신이 가는 길이 대도大道인 줄 알기 때문에 정작 큰길을 보면 광장 공포증 같은 것을 느낀다. 그래서 자신이 가는 좁은 길에 더욱 집착하는 경향이 있다.

'과문寡聞'이란 마땅히 배웠어야 할 부분을 배우지 못하고 결여한 자를 가리킨다. '과寡' 자의 원래 자형이 지시하듯이 뼈가 중요하긴 하지만 그 자체로는 의미가 없고 근육과 살이 함께 붙어 있어야 제 기능을 하게 된다. 배움이란 이처럼 양면으로의 접근을 강구해야 존재한다. 이렇게 하지 않고 한 측면만을 추구하면 균형을 유지하지 못하고, 따라서 실제에서 멀어지게 되는 것이다. 이것은 우리가 듣고 분별하기 위해서는 두 귀로 들어야 하는 것과 같은 이치이다. 한쪽 귀로만 듣는 것이 바로 '과문'인 것이다.

어리석은 자를 함부로 꾸짖지 말라

허수아비 우禺

愚蒙等誚우몽등초라
어리석고 사리에 어두운 자와 동등하게 꾸짖는다

愚 어리석을 '우' '마음 심心'과 '허수아비 우禺'로 이루어졌다. '우禺' 자의 머리 부분은 '도깨비 리离'·'귀신 귀鬼'·'전갈 만萬' 등의 머리 부분과 같은 모양을 하고 있으므로 그 의미가 '무서운 괴물 모양의 허수아비'임을 알 수 있다. 따라서 '우愚'의 자형적 의미는 '마음이 허수아비와 같다', 즉 '어리석음'이 된다.

蒙 어릴 '몽' '풀 초艸'와 '덮을 몽冡'으로 이루어졌으므로 자형적 의미는 '다른 사물에 붙어서 기생하는 풀'이 된다. 참나무겨우살이가 이렇게 다른 사물을 덮으면서 자라는 식물이므로 '몽蒙' 자는 구체적으로 이 풀을 가리킨다. 풀이 위를 덮으면 어두워지므로, 이로부터 '우매하다'는 의미가 파생되었다.

等 같을 '등' '대 죽竹'과 '관아 사寺'로 이루어졌다. '죽竹' 자는 옛날에 종이가 발명되기 이전에 그 대용으로 쓰던 죽간을 뜻하고, '사寺' 자는 자형의 의미대로 손으로 들쭉날쭉한 것을 가지런하게 정리한다는 뜻이므로 '등等'의 자형적 의미는 '죽간을 가지런히 정리하다'가 된다. 가지런히 정리하면 순서대로 등급을 매기게 되므로 이로부터

'등급'·'같다' 등의 의미가 파생된 것이다.

誚 꾸짖을 '초' '꾸짖을 초誚'의 이체자이다. '초誚' 자는 '말씀 언言'
과 '그을 초焦'로 이루어졌다. 여기서 '초焦' 자는 연면자聯綿字인데,
'난쟁이'라는 뜻의 '초요焦僥'와 '높은 산'이라는 뜻의 '초요焦嶢'에서
알 수 있듯이, '키가 작다' 또는 '키가 크다'라는 의미를 다중적으로
갖고 있다. 남을 꾸짖을 때에는 언성을 높였다 낮췄다를 반복하므로
'초誚' 자의 자형적 의미는 '언성을 높였다 낮췄다 하면서 꾸짖다'가
된다. 이렇게 본다면 '닮을 초肖'로 구성된 '초誚' 자의 자형적 의미는
'아비를 닮으라고 꾸중을 하다'가 될 것이다.

이 구절은 앞에 나온 "학식이 천박하고 견문이 좁은 자"(孤陋寡聞)
에 대해서는 "어리석고 몽매한 자"(愚蒙)와 같은 수준으로 꾸짖어서
깨우치게 해야 함을 역설하고 있다.

『논어』「양화陽貨」편에 "옛날의 어리석은 자는 그저 곧게만 갔다"(古
之愚也直)라는 구절이 있는데, 이 '곧게만 가는 것'(直)이 이른바 하나
만 알고 둘은 모르는 '고루함'과 같은 범주에 속하는 어리석음이다.
어떤 일이든 그것을 구성하는 복잡한 요소들이 다중적으로 상호 연
관된 상태로 전개되는 것인데도 이를 간과한 채 현상의 어느 일면만
을 보고 단순하게 원칙을 밀어붙이는 자가 이러한 어리석음의 전형
이다. 그래서 공자도 "우리네 사람 가운데 정직함을 실천하는 사람이
있는데, 그는 자신의 아비가 양을 훔친 사실을 증거하였습니다"라고
자랑하는 섭공葉公을 보고 "우리네 정직한 사람은 그와 다릅니다. 아
비는 자식을 위해 숨겨주고 자식은 아비를 위해 숨겨줍니다"[6]라고
말했던 것이다. 즉 상황에 따라 유연하게 대처하는 자가 지혜로운 자

라는 말이다. "군자는 정해진 그릇이 아니다"(君子不器)라는 말도 이런 맥락에서 이해할 수 있으리라.

그러나 실상 따지고 보면 '학식이 천박하고 견문이 좁은 자'(孤陋寡聞)와 '우매한 자'는 다르다. 왜냐하면 '고루과문'한 자는 자아 도취에 빠져있으므로 그 속셈이 다 읽히지만, 우매한 자는 정말로 우매한 것인지 아니면 우매한 척하는 것인지 알 길이 없기 때문이다. 고루과문한 자는 자신만의 상상 속에 있는 반면에, 우매한 자는 그것이 상징적 행위일 수도 있다는 것이다. 그래서 속담에 "보기엔 꺼벙한 녀석이 당수가 8단"이라는 말도 있지 않던가?

상대방의 수를 읽는 일에는 총명한 자가 언제나 우위에 있다고 말할 수 없다. 우매한 자는 '몽蒙' 자의 자형이 보여주듯 겉이 온통 풀로 덮여 있으므로 오히려 속을 알 수 없다. 그러므로 우매한 자는 경계의 대상이지 질책의 대상은 아닌 것이다. 왜냐하면 어리석다고 함부로 질책하는 일이 실은 거꾸로 질책받는 자의 수에 말린 바보 같은 행위가 될 수도 있기 때문이다.

따라서 '우몽등초愚蒙等誚'라는 이 구절은 "어리석고 몽매한 자들에게는 야단칠 일을 (미루고) 기다려라"라는 의미로 해석하는 것이 더 현실적이고 교훈적이지 않을까?

결코 '허'하지 않은 허사

놈 자者

謂語助者위어조자**는**
어조사語助辭라고 일컫는 것은

謂 이를 '위' '말씀 언言'과 '밥통 위胃'로 이루어졌다. '위胃' 자는 '에워쌀 위□'와 같은 음으로 읽히는데 이는 먹은 음식물을 밥통이 싸서 저장한다는 의미를 담고 있다. 또한 위장은 체내 장기 중에서 가장 무겁고 중요한 장기이므로 오장육부五臟六腑의 원활한 움직임과 순환이 모두 이곳에서 출발하여 이곳으로 귀결된다. 따라서 '위謂' 자의 자형적 의미는 '원래 자리로 되돌려 보내는 말', 즉 '보고하는 말'·'응답하는 말'이 된다. '위謂' 자가 '돌아올 회回' 자와 첩운 관계라는 사실이 이를 입증한다. 이로부터 '일컫다'라는 의미가 파생되었다.

語 말씀 '어' '말씀 언言'과 '나 오吾'로 이루어졌는데, 금문에서는 '오吾' 자를 다섯 '오五' 자를 위아래로 겹쳐 '𠳬'로 쓰기도 하였다. '오吾' 자는 '고기 어魚'와 같은 음으로 읽히므로 여기에는 물고기 떼가 열지어 헤엄을 치듯이 '질서정연하게 일관되다'라는 의미가 담겨 있다. 고문자에서 '오五' 자는 'ㄨ'로 쓰는데 이는 어떤 채의 손잡이 부분에 가죽 끈 같은 것을 질서정연하게 꽁꽁 묶은 모양을 묘사할 때 흔히 쓰는 글자이다.[7] 금문에서 우측 방인 '오吾' 자 부분을 '오五' 자를

941

위아래로 겹쳐놓은 자형으로 쓴 것도 '질서정연하게 일관되다'라는 의미를 나타내기 위한 것이다. 따라서 '어語' 자의 자형적 의미는 '말을 질서 있고 일관되게 늘어놓아 뜻을 논리적으로 서술하다'가 된다. 『설문해자』에서 '어語' 자를 '논할 론論' 자로 풀이한 것도 바로 이 뜻에 기초한 것이다.

助 도울 '조' '힘 력力'과 '또 차且'로 이루어졌다. '차且' 자는 '앞의 것을 밑에 깔고 더 나아가'라는 의미를 담고 있으므로[8) '조助' 자의 자형적 의미는 '원래의 힘에다가 다른 힘을 더하다'가 된다. 이로부터 '돕다'라는 의미가 파생되었다.

者 놈 '자' 이 글자를 금문에서는 '🌱'로 적었다. 이는 아랫부분의 삼태기 또는 키(키 기其)에 윗부분의 땔감을 거두어 담는 모양이다. 여기서 '여러 개를 많이 거두어 담다'·'담아서 쌓다' 등의 의미가 파생되었는데, 그래서 생겨난 글자들이 바로 '여러 제諸'·'쌓을 저儲' 등이다. 그러므로 '자者' 자는 '제諸'·'저儲'의 본래 글자임을 알 수 있다. 그러나 나중에는 대사代詞·조사助詞·접속사 등의 허사虛辭 기능을 주로 수행하는 글자가 되었다.

여기서 '어조語助'는 어조사語助辭를 가리킨다. 어조사란 한문에서 문장의 말미나 중간의 휴지 부분에 위치하여 진술·의문·명령·청유·감탄 등의 각종 어기語氣를 표시하는 글자나 단어를 말한다. 이러한 어조사는 문장을 구성하는 단어들 중에서 실제적 의미가 아닌 문법적 의미만을 나타내주기 때문에 흔히 허사虛辭라고도 불린다.

세계에는 많은 언어가 존재하지만 그 속성에 따라 크게 분류한다면 선성線性 언어와 점성點性 언어로 나눌 수 있다. 영어 등 인구어印

歐語 계통에 속하는 언어가 전자의 대표적 언어이고 중국어가 후자의 대표적인 언어이다. 선성 언어는 말이 실처럼 연결돼야 통하므로 언어를 구성하는 단어 중 어느 하나라도 빠뜨리거나 소홀히 해서는 안 된다. 단어마다 남성·여성의 구분이 있고 시제 형식과 격格 변화가 엄격한 것은 이 때문이다. 그러므로 이러한 언어의 문장에서는 단어를 실사實詞와 허사로 구분하는 것은 의미가 없다.

반면에 중국어와 같은 점성 언어에서는 의미가 징검다리처럼 배치된 실사들과 그 어순에 의해 결정되므로 실사가 중시되고 허사는 부차적인 기능만 수행할 뿐이다. 그래서 이러한 단어들은 문장 내에서 조역을 맡는 일에 국한될 수밖에 없다. 『천자문』에서 이러한 단어들을 텍스트의 맨 뒤에 배치시킨 사실 자체가 중국어에서 허사의 위상이 어떠한지를 잘 말해주는 증거가 된다.

라캉의 말처럼 "우리의 무의식은 언어처럼 구조화되어 있다"면, 중심과 주변을 철저히 나누려는 우리와 중국의 문화적 특성은 한문의 사용에서 비롯된 것이 아닌가 의심된다.[9]

그러나 한문의 미묘한 의미는 어조사에 대한 정확한 해석에서 드러난다. 이른바 한문을 잘 읽는 사람이란 바로 어조사와 같은 허사의 용법을 잘 이해하는 사람이다. 중국에서 이를 처음으로 터득한 이가 바로 청나라 사람 유기劉淇이니, 그는 『조자변략助字辨略』이라는 책을 저술해 중국어와 한문에서 허사의 기능이 결코 그 이름처럼 '허虛'하지 않음을 역설하였다. 그러니까 허사란 어디까지나 문법 범주 (grammatical category)를 나타내는 말일 뿐, 한문의 실제를 반영한 말이 결코 아님을 알 수 있다.

네 개의 허사

이를 야也

焉哉乎也언재호야라
언焉 자·재哉 자·호乎 자·야也 자 등이다

焉 어조사 '언' 이 글자는 원래 새의 모양을 그린 글자로 노란 깃털을 가진 새의 이름이다. 그래서 '까마귀 오烏' 자가 흑색의 대명사이듯 '언焉'자는 황색의 대명사처럼 쓰였다. 그러다가 나중에 어조사로 차용되어 쓰이게 되었는데, 주로 대사代詞·조사助詞·전치사·접속사 등의 용법으로 많이 쓰인다.

哉 어조사 '재' 이 글자는 어기語氣 조사로 많이 쓰이는데, 주로 문장의 말미에서 감탄·반문·의문·추측 등의 어기를 표시한다.

乎 어조사 '호' 이 글자는 의문·감탄·휴지 등을 나타내는 어기 조사와 '어於' 자와 같은 전치사 기능을 주로 수행한다.

也 이를 '야' 이 글자의 고문자 자형을 보면 여자의 생식기 형상을 그린 모양이었는데[10] 이것이 나중에 허사로 차용되어 문장의 말미에서 진술 및 휴지 어기를 표시하는 어기 조사로 쓰이게 되었다.

944

『천자문』 해제

제해성(계명대 중어중문학과 교수)

1.

　중국 전통 어문 교육의 중점 사항 중의 하나는 한자 학습 교육이다. 이를 위해서 중국은 전통적으로 '삼백천三百千', 즉『삼자경三字經』·『백가성百家姓』·『천자문千字文』등의 책을 주요 교재로 삼아왔다. 이 중에서도 남조南朝의 양梁나라 주흥사周興嗣(470?~521)가 편찬한 것으로 전해지는『천자문』이 내용이나 체제 면에서 가장 훌륭한 것으로 알려져 있다. 이 책은 남북조南北朝 시대부터 청말淸末까지 1,400여 년 동안 통용돼왔으니 현존하는 한자 학습 교재로서는 가장 오래되고 영향력이 큰 교재가 되는 셈이다.

　이 책은 일천 개의 한자를 중복됨이 없이 네 글자를 한 구句로 하고, 다시 두 구가 한 문장이 되게 하는 체제로 이루어졌는데, 이때 각 문장은 각운脚韻이 서로 어울리도록 압운押韻하였다. 따라서 그 내용도 수미일관되게 연결돼 있으니, 대체로 우주와 자연 현상, 역사, 제도, 정치, 인륜, 인성, 충효, 생활, 가정, 수신, 교화, 역사 인물, 지리, 농사 제도, 가축, 지혜, 처세, 학문, 예악, 송덕, 제사 등에 관한 지식을 두루 포함하고 있다. "허물을 알면 반드시 고쳐야 하고, 사람으로서 알아야 할 것이 있으면 배운 후에 잊지 말아야 한다. 남의 단점을 함부로 말하지 말고, 자신의 장점을 지나치게 믿지 말라. 믿음은 움직일 수 없는 진리이고 남과의 약속은 지켜야 하며, 사람의 기량은 깊고 깊어서 헤아리기 어렵다(知過必改, 得能莫忘. 罔談彼短, 靡恃己長. 信使可覆, 器慾難量)", "한 자가 되는 구슬이라 해서 보배라고 할 수 없으며, 잠깐의 시간이 더욱 귀중하다(盡璧非寶, 寸陰是競)"와 같은 문구는 지금까지도 인구에 회자되고 있는 명구名句이다. "개천의 연꽃도 아름다우니 향기를 잡아볼 만하고, 동산의 무성한 풀은 땅속 양분으로 가지를 뻗고 자란다. 비파나무는 늦은 겨울에도 그 빛이 푸르지만, 오동잎은 빨리 시든다. 가을이 오면 고목의 뿌리는 시들어 마르고, 낙엽은 펄펄 날리며 떨어진다(渠荷的歷, 園莽抽條. 枇杷晩翠, 梧桐早凋. 陳根委翳, 落葉飄飖)"와 같은 자연 경물景物을 묘사한 문구는 아름답고 산뜻하기 그지없다.

　이 책에 수록돼 있는 일천 자와 그 구절들은 모두 고전에서 가려 뽑은 것이지만 문장이 평이하게 구성된 것은 학동들의 습자習字와 작문 교육을 위해 쉽게 편집하였기 때문이다. 따라서 편집 당시 잘 쓰이지 않거나 복잡한 글자 또는 이해하기 어려운 문장 등은 가급적 피했을 것으로 추측된다. 청대의 저인확褚人穫은 이 책을 평하여 "무지개처럼 고운 치마를 나지막한 나무에서 펄럭이고, 어지럽게 널려진 실에서 긴 실마리를 뽑아내는 듯하다(如舞霓裳於寸木, 抽長緒於亂絲)"라고 하였고, 명대에 시문으로 이름을 날리며 20여 년 동안 문단을 지배한 왕세정王世貞도 이 책을 절묘한 문장이 담긴 책이라고 칭송하였다. 특히 당나라 이작李綽은 그의 『상서고실尙書故實』에서 작자의 공력과 재주를 칭찬하여 주흥사가 이 책을 "하루 저녁 만에 엮어 진상하려다 보니 머리카락이 죄다 희어졌다(一夕編綴進上, 鬢髮皆白)"라고 적었는데, 이것은 물론 과장이기는 하지만 그렇다고 전혀 근거 없는 말은 아니라고 판단된다.

『천자문』의 저자와 편찬 경위에 대해서는 학설이 분분하다. 양梁 무제武帝가 신하 주흥사를 시켜서 만들었다고 전하기도 하지만, 대개는 그 전부터 전해 내려오던 것을 다시 편집한 것으로 보는 것이 일반적이다. '천지현황天地玄黃'에서 시작하여 '언재호야焉哉乎也'로 끝나는 『천자문』을 주흥사가 편찬했다고 보는 견해는 『양서梁書』의 기록에 따른 것이지만, 아직 명확한 결론을 내리기는 어렵다.

주흥사의 자字는 사찬思纂이고 양 무제 때 원외산기시랑員外散騎侍郎과 급사중給事中을 지냈으며 문장으로 이름을 날렸다. 『상서고실尙書故實』과 조선 숙종 때 편찬한 『어제천자문御製千字文』의 서문에 의하면, 양 무제가 은철석殷鐵石에게 명하여 여러 왕들에게 가르칠 문장의 문자들을 위魏 종요鍾繇(151~230)와 동진東晉 왕희지王羲之(307~365)의 서예 작품 중에서 일일이 탁본해 오게 하였다. 그래서 해당 글자인 일천 자를 한 장에 한 자씩 중복되지 않게 탁본하였는데, 나중에 무제가 보니 쪽지마다 한 글자씩 찍혀 있어서 순서도 없고 번잡하였다. 그래서 문학 시종인 주흥사에게 압운을 해서 의미가 있는 문구로 엮게 하였더니, 그가 하룻밤 만에 일천 자로 된 『천자문』을 편집해냈다는 것이다. 일천 자를 사언四言의 고체시古體詩로 하루 만에 엮으면서 얼마나 노심초사하였던지 이를 마무리하자 머리가 죄다 희어졌다고 하여 후에 '백수문白首文'이라는 별칭까지 얻게 되었다. 무제는 이를 본 다음 주홍사의 문재文才를 극찬하고 많은 상을 내렸는데, 이는 그가 한정된 일천 자만을 사용했는데도, 한 자도 부족하거나 남지 않으면서도 이처럼 기세가 웅혼雄渾하고 함의가 무궁하며, 문사의 조탁이 아름답고 운율이 조화된 글을 지어내는 것은 정말 신이 아니면 해내기 어려운 일이라고 판단했기 때문이다. 여기에서 우리는 『천자문』이 원래는 압운되지 않은 문장이었는데 주홍사가 운문으로 편집했다는 사실을 짐작할 수 있다. 이후부터 『천자문』은 주홍사의 『천자문』을 지칭하게 되었다.

일설에는 삼국 시대 위魏의 태부太傅인 종요鍾繇가 처음으로 『천자문』을 지었다고 전해지지만 확실한 근거가 없다. 그 전설은 이러하다. 종요가 조조曹操의 아들인 조비曹丕에게 간언하다가 미움을 받아 옥에 갇혔다. 이때 많은 신하들이 원로대신을 옥에 가두는 것은 너무 심한 처사라고 상소하자, 조비는 하룻밤 안으로 한 글자를 두 번 쓰지 않고 천자로써 사언 시구를 짓는다면 옥에서 풀어주겠다고 하였다. 종요는 조비의 마음을 다시 한 번 돌려볼 수 있는 기회라 여기고 인간의 도리를 글로 나타내어 하룻밤 사이에 『천자문』을 완성하였는데, 얼마나 심혈을 기울여 글을 썼던지 날이 새자 종요의 머리카락은 백발로 변했다고 한다. 아침에 이 글을 받아본 조비도 감동하여 당일 그를 풀어주었다고 한다. 그 뒤 글자가 마멸되어 판독이 어렵게 되자 진 말晉末에 왕희지王羲之가 칙명에 따라 새로 엮었으나 문의文意와 음운이 혼란하였다. 그 후 양 무제가 주홍사에게 명하여 운韻을 바로잡아 다시 만들게 한 것이 오늘날 전해지는 『천자문』이라는 것이다.

양대梁代에는 『천자문』을 지은 사람이 유독 많았는데, 『남사南史』 「심약전沈約傳」에 보면 양 무제를 비롯하여 한 차례 '천자문 열풍'이 불었다는 기록이 전해진다. 주흥사의 『천자문』이 나온 뒤로 각종 속편과 개편이 더욱 많이 나왔다. "乾坤怙冒, 山澤氤氳. 雷轟電掣, 雪淨冰瑩"으로 시작하는 『속천자문續千字文』은 문구가 심오해서 이해하기 어려운 면이 있다. 그리고 "循蜚邃謐, 澹泊希夷"로 시작하는 『재독천자문再讀千字文』은 문구가 난삽한 편이다. 황조전黃祖顚의 『별본천자문別本千字文』은 비교적 읽기도 쉽고 내용도 평이한데, 특히 첫머리에 나오는 "天覆地載, 日曦月臨. 鳥飛魚躍, 海岱高深"과 같은 몇몇 구절은 명구로 꼽히기도 한다. 『서고천문敍古千文』은 역사 지식을 전문적으로 강술講述한 책으로 많은 종류의 『천자문』 중에 색다른 체제를 이루고 있다. 이 책은 남송南宋 호인胡寅이 편찬한 것으로 상고 시대부터 송대까지의 역사를 강술하고 있는데, 문구가 고체이고 내용도 심오해서 황호黃灝가 붙인 주를 참조해야 이해할 수 있다.

『천자문』은 이름이 너무나 잘 알려져 있어서 서예 대가들도 다투어 작품으로 만들었다. 『상서고실』에 "왕희지의 후손인 지영선사智永禪師가 800권을 임사臨寫하여 세상에 널리 퍼뜨렸으므로, 강남의 모든 절들이 한 권씩 구비하고 있다"(右軍孫智永禪師, 自臨八百本散與人間, 江南諸寺各留一本)라는 기록이 있다. 지영선사가 쓴 『천자문』 외에도 지금까지 전해지는 것으로는 당대의 회소懷素와 구양순歐陽詢, 송 휘종徽宗 조길趙佶, 원대의 조맹부趙孟頫, 명대의 문징명文徵明, 청대의 유석암劉石菴 등 역대 서예 대가들의 서체본書體本이 있다. 이러한 『천자문』은 당대 이후 급격히 보급되어 많은 서예가들에 의하여 임사되었는데, 그중에서도 습자 교본으로 가장 유명한 것은 지영선사가 진서眞書(해서楷書의 다른 말)와 초서草書의 두 서체로 쓴 『진초천자문眞草千字文』본으로 1109년에 새긴 석각石刻이 남아 있다. 또 돈황敦

煌에서 발견된 문서에도 사본寫本이 많이 나왔다. 이외에도 중국에는 내용이 다른 유사 천자문들이 많이 있으나 주흥사의 『천자문』이 가장 널리 읽혀왔고 또 가장 많은 사랑을 받아왔다.

　『천자문』이 보편화된 후 역대 중국의 각급 초등 교육 기관은 이 책을 정식 한자 학습 교본으로 사용해왔다. 그래서 『천자문』은 사회적 교양이 되었으니, 서적이나 문서의 편집에서 순서를 매길 때를 비롯하여 고사장의 시험지 묶음에 차례를 매기는 순서, 그리고 심지어는 상인들의 장부 정리에 이르기까지 "天·地·玄·黃……"을 서수로 삼았다. 이러한 『천자문』은 소수민족 언어로도 번역되어 몽한蒙漢 대조본과 만한滿漢 대조본이 나왔으며, 한국과 일본 등 외국에까지 전해졌다. 일본의 서적상은 호증胡曾의 『영사시永史詩』와 이한李瀚의 『몽구蒙求』를 『천자문』과 함께 판각하여 『명본배자증광부음석문삼주明本排字增廣附音釋文三注』를 출간하기도 하였다.

2.

　『천자문』이 언제 어떤 경로로 우리 나라에 들어왔는지는 확실치 않다. 우리 나라의 기록에는 전해지지 않지만 『일본서기日本書紀』(卷10, 應神天皇)에 의하면 258년에 백제의 왕인王仁 박사가 일본에 전적을 전했다는 기록이 보이고, 『고사기古事記』에는 『논어論語』 10권과 『천자문』 1권을 일본에 전했다는 기록이 있는 것으로 보아 이보다 훨씬 전에 우리나라에 들어와 널리 퍼졌을 것으로 추측된다. 지금까지 국내에서 발견된 가장 오래된 『천자문』은 고려 말기의 것으로 추정되는데, 이는 원나라 때 지영선사가 임사한 주흥사『천자문』을 탁본한 것이다. 이 지영선사의『천자문』과 송설체松雪體로 유명한 조맹부趙孟頫(1254~1322)의『진초천자眞草千字』가 우리나라에 가장 많이 보급되었던 것으로 추측된다. 그러나 이 시기의『천자문』은 동몽童蒙 학습용이 아니라 성인용 서예 학습이나 한자 학습을 위한 것이었다.『고려사高麗史』(卷125, 列傳 38)에도 고려 충목왕忠穆王(1344~1348 재위)이『천자문』을 배웠다는 기록이 있는데, 이는 우리나라에서 지금까지 전해지는『천자문』에 관한 가장 오래된 기록이다. 이 기록에 의하면 당시『천자문』을 익힐 때 음과 훈을 자세히 익혀야 한다는 의견이 대두된 점으로 보아 당시 이미『천자문』에 대한 깊이 있는 연구가 되었음을 짐작할 수 있다. 조선 시대에 와서 위로는 왕실에서부터 아래로 민간에 이르기까지 이『천자문』이 초학자용 한자 입문서로 사용되었다는 기록이 여러 곳에 보인다.『천자문』의 간행과 관련된 기록으로 가장 오래된 것은『조선왕조실록朝鮮王朝實錄』세조 원년(1456) 때『진초천자문眞草千字文』을 간행하여 성균관에 보냈다는 기사를 꼽을 수 있다.

　현재 우리가 알고 있는 우리나라의『천자문』은 시대에 따라 변천해왔는데 그 종류도 다양한 편이다. 조선 전기까지는 원문 위주의『천자문』이 주로 사용되었으나, 후대에 와서는 원문에 주해가 달린 판본을 많이 활용하였다. 원문의 글은 편의상 대자大字를 쓰고 주해 부분은 소자小字를 써서 구분하였다. 대자만으로 되어 있던『천자문』이 1446년 훈민정음訓民正音이 반포된 이후에는 대자와 소자를 혼합한 형식을 취하는 경우가 많아졌다. 그리고 우리나라만의 독특한 체제를 갖춘 교재용『천자문』도 많이 출간되었는데, 원문의 음과 훈을 가르치기 위해서 주해를 소자로 넣은 형식을 비롯해서 대자에 사성四聲을 표기한 교재 등이 그것이다.

우리나라에 전해지는 『천자문』은 크게 세 가지 유형으로 나누어진다. 첫째, 대자를 중심으로 한 한자 서예 교본용으로 『지영천자문智永千字文』, 『진초서천자秦草書千字』, 『진초천자秦草千字』, 『초서천자草書千字』, 『진초천자眞草千字』, 『삼가천자三家千字』, 『오체천자五體千字』, 『석봉천자石峯千字』, 『팔자천자八字千字』, 『십자천자十字千字』, 『진천자眞千字』, 『흑천자黑千字』 등이 있다. 둘째는 소자를 보충해서 엮은 한자 학습용으로서 『천자문千字文』, 『천자千字』, 『백수문白首文』, 『대천자大千字』, 『소천자小千字』, 『사자천자四字千字』, 『오자천자五字千字』, 『팔자천자八字千字』, 『십자천자十字千字』, 『석봉천자문石峯千字文』, 『언해천자諺解千字』 등이 있다. 셋째는 내용을 익히기 위해 자세한 해설을 담은 주해서로서 『명본전상주석천자문明本全詳註釋千字文』, 『주해천자문註解千字文』 등이 있다.

중국과 마찬가지로 우리나라에서도 유명 학자나 서예가 들이 『천자문』을 직접 임사하여 후세에 본보기로 남겨놓았는데, 이는 출간에 비용이 많이 들어 필사를 할 수밖에 없었던 당시 상황 때문이긴 하지만, 아무튼 이로 인하여 『천자문』은 그 종류가 매우 많아지게 되었다. 우리나라에서 가장 널리 쓰인 『천자문』은 조선 선조 16년(1583)에 초간初刊한 한호韓濩의 『석봉천자문』이다. 이 책은 한국 서예사에서도 그 가치가 상당히 높지만, 각 한자 밑에 달려 있는 한글 석음釋音(즉 訓音)은 중세 국어의 마지막 모습을 보여주는 자료로도 중요한 가치를 인정받고 있다. 『석봉천자문』은 종류도 다양하여 여러 서체로 쓴 『삼가천자문三家千字文』 외에도, 초서草書로 쓴 것, 한글 소자가 있는 것 등이 있고, 심지어 돌에 새긴 것도 있다. 활자체에 가까운 석봉의 글씨는 교과서로서의 『천자문』 글씨에 가장 적합하였다. 이후 조선 영조 28년(1752) 홍성원洪聖源이 편찬한 『주해천자문註解千字文』은 『석봉천자문』이 한자 하나하나에 석음 하나만 단 것에 비해, 둘 또는 세 개의 석음을 달고 간단한 주석과 함께 전체 문장에 통해通解를 덧붙임으로써 종합적이며 다각적인 용도를 지니게 된 점이 특색이다. 이밖에도 1800년대 이후 방각본倣刻本이 많이 나왔다.

주흥사의 『천자문』이 천지, 자연으로부터 역사와 인물, 교육과 수양 방법 등을 포괄하여 다양한 내용을 담은 대표적인 초학자용 입문서임은 부정할 수 없는 사실이다. 그러나 이는 모두 중국의 인물과 지명을 중심으로 이루어졌기에 우리나라에서도 이를 보완하기 위하여 조선 말기부터 남경근南景根의 『속천자續千字』, 작자 미상의 『영사천자문詠史千字文』, 이상규李祥奎의 『역대천자문歷代千字文』 등이 저술되었으나 이들 또한 중국의 역사와 인물을 벗어나지 못하였다. 우리나라의 한자 교육에서 『천자문』에 대한 시각이 달라진 것은 조선 말 다산茶山 정약용丁若鏞의 주체적 자각을 시작으로 해서 일제 식민지 기간에 걸쳐 활발하게 진행되었는데, 그 결과로 1888년 윤희구의 『천자동사千字東史』, 일제 시대 작자 미상의 『조선역사천자문朝鮮歷史千字文』, 1948년 김균의 『대동천자문大東千字文』 등이 나오게 되었다. 이 중에서 특히 『대동천자문』은 우리나라의 다양한 역사와 인물·풍속·속담만을 주제로 삼고 있고, 유학의 교육관에 기초하여 투철한 의리 정신을 담고 있는 것이 특징이다.

3.

『천자문』은 네 자 두 구를 한 문장으로 모두 125개의 문장으로 구성되어 있다. 원래는 산문으로 지어졌으나, 후에 다시 운을 넣어 사언고시四言古詩의 형식으로 편찬한 것이 지금의 『천자문』이다. 아마도 양 무제는 문장의 강송講誦이나 전달을 염두에 두고 주흥사에게 다시 운문으로 편찬하게 하였을 것이다. 『천자문』은 네 자씩 모두 250구로 이루어져 있지만 자세히 보면 여덟 자가 하나의 문장으로 의미 단락을 이루고 있다. 전체 문장의 구조가 네 자씩 서로 대를 맞추어가며 철저한 대장對仗으로 이루어져 있고, 압운을 하는 운문의 형식으로 구성되었기에 교육용으로 쓰일 수 있었다. 『천자문』은 자연 현상, 역사, 제도, 정치, 인륜, 인성, 충효, 생활, 가정, 수신, 교화, 역사 인물, 지리, 농사 제도, 가축, 지혜, 처세, 학문, 예악, 송덕, 제사 등 담고 있는 내용이 다양하다. 단순한 서술 형식으로 기술한 부분도 있고, 기존 문헌의 내용을 토대로 인용한 부분도 있으며, 역사 인물과 사건을 중심으로 엮은 부분도 있다.

중국에서는 이 책이 1,400여 년 동안 줄곧 읽혀져 왔는데, 송대에 와서는 이부상서吏部尚書 왕응린王應麟이 『천자문』을 모방하여 『삼자경三字經』을 썼고, 이와 때를 같이하여 어떤 학자가 『천자문』을 모방하여 가장 상용되는 400여 개의 성姓을 이용하여 『백가성百家姓』을 편집하였다. 이 세 책을 합쳐서 이른바 '삼백천三百千'이라고 불렀는데, 이는 700여 년 동안 중국 학동들의 교과서로서 대대로 읽혀오다가 1912년 중화민국이 성립되고 학제가 개편되고서야 소학 교과 과정에서 사라지게 되었다. 그러나 서점에서는 여전히 인기 서적으로 팔려서 많은 사람들에게 애독되고 있다.

『천자문』이 이토록 오랫동안 폭넓게 읽힌 것은 다음과 같은 특징을 지녔기 때문이다. 첫째는 비록 글자 수는 일천 자밖에 되지 않지만 모두 상용 한자이기 때문에 간명簡明한 문자 학습에 매우 효과적이다. 둘째는 사언구四言句로 되어 있어서 운율이 자연스러워 읽기 쉽고 기억하기 쉽다. 셋째는 일천 자 안에 역사, 천문, 기상, 지리, 인물 등에 관한 이야기, 그리고 윤리 도덕, 처세 방법 등에 관한 지혜들이 담겨 있어 독자가 짧은 기간 내에 쉽게 많은 기본 지식을 얻을 수 있다.

『천자문』의 내용은 동아시아 고전의 주요 테마인 문·사·철을 모두 담고 있다. 오랜 세월 동안 우리나라의 전통적인 한자 교재로 활용되어왔던 『동몽선습童蒙先習』과 『격몽요결擊蒙要訣』이 인간이 지녀야 할 기본 덕목인 오륜五倫을 중심으로 철학적 내용을 집약했고, 『훈몽자회訓蒙字會』가 초학자에게 한자를 가르치고 익히는 것에만 초점을 맞추었다면, 『천자문』은 문장 구성이 시적일 뿐만 아니라 내용이 역사·천문·지리에서부터 인성에 관한 거의 모든 분야를 망라하고 있기에 학동들의 한자 학습용 교재 차원을 넘어서서 그들에게 다양한 교양 지식을 익히게 할 수 있는 장점을 갖고 있다. 뿐만 아니라 『천자문』은 수사 면에서 볼 때 단순 서술 형식에서부터 전고典故 활용에 이르기까지 다양한 기법을 구사하고 있으므로 초학자들에게 표현하는 훈련을 쉽게 시킬 수 있다는 점에서도 훌륭한 장점을 갖고 있다. 전체적으로 학동들이 읽기에는 내용이 다소 어렵다는 비판이 있긴 하지만, 이러한 장점으로 인해서 오랜 기간 동안 기초 학습 교재와 입문서로 활용될 수 있었다.

이와 같이 『천자문』이 오랫동안 초학자 교육에서 부동의 자리를 지킬 수 있었던 것은 기본적으로 『천자문』 자체가 우수하기도 했지만, 이 책이 완벽한 나머지 이에 맞설 만한 텍스트가 개발되지 못한 점도 하나의 원인이었다. 앞서 말한 바와 같이 『천자문』은 언어와 문자를 배우는 과정으로서의 몽학蒙學 교재, 수신修身을 위한 덕성 교육 과정으로서의 윤리 교재, 중국 역사이긴 하지만 역사 교육 교재의 성격을 모두 갖고 있는 종합 학습서이다. 지도자로 양성하기 위한 사대부 교육의 기초 과정으로 이를 능가할 수 있는 수준의 교재를 다시 만든다는 것은 거의 불가능에 가까웠을 것이다. 그래서 『천자문』은 우리나라에 도입된 이후 고려와 조선 시대에 이르기까지 줄곧 부동의 위치를 점할 수 있었던 것이다.

그렇다고 해서 『천자문』에 결점이나 비판할 점이 전혀 없는 것은 아니다. 앞서 잠깐 언급한 바와 같이 『천자문』의 문장은 내용이나 수사면에서 결코 쉽지가 않다. 그래서 최세진崔世珍은 『훈몽자회訓蒙字會』를 편찬하면서 『천자문』에 실린 고사故事는 내용은 좋으나 너무 어려워서 학동들이 고사의 깊은 의미를 알려 하기보다는 단순히 글자만 익히려 하므로 초학자용 입문서로 적합하지 않다고 지적하였다. 또한 정약용은 실천적인 교육을 주장하면서 『천자문』을 대체할 교재로 『아학편兒學編』을 펴내기도 하였다. 그러면서 그는 『천자문』이 『이아爾雅』나 『급취急就』처럼 내용이나 문자별로 분류가 되지 않아서 학동들의 공부에 적절치 않은 일시적 희작戱作이라고 호되게 비판하였다(『여유당전서與猶堂全書』 권1의 「천문평千文評」 참조).

『천자문』에 결점이 전혀 없는 것은 아니지만, 그 우수성은 그러한 비판을 받아들인다 하더라도 그다지 영향을 받지 않을 만큼 빛난다. 오늘날 근대 이후의 교육에서는 『천자문』을 가르치거나 배우지 않아 교육 과정에서는 밀려나 있지만, 이 책이 이미 우리 문화의 틀을 이루고 있다는 점에서는 우리는 여전히 그 영향 아래 있다고 볼 수 있다. 따라서 오늘 『천자문』을 다시 읽는다는 것은 고전을 찾아보며 우리가 쓰고 있는 한자의 쓰임과 오묘함을 느껴보는 일이면서 동시에 나를 구성하는 어느 부분을 찾아보고 되돌아보는 일이 될 것이다.

주석

1부

1) 여기서 한자의 성성聲과 운韻에 대하여 간략히 소개하기로 한다. 한자의 독음은 세 부분으로 이루어져 있는데, 운두韻頭, 운복韻腹, 운미韻尾가 그것이다(이를테면, 'dong'이라는 독음에서 'd'는 운두, 'o'는 운복, '-ng'는 운미가 된다). 여기서 운두가 성에 해당하고, 운복과 운미를 합친 것이 운에 해당한다. 그리고 비교되는 두 글자의 성이 같은 경우(이를테면 '동東'과 '덕德')를 쌍성雙聲, 운이 같은 경우(이를테면 '동東'과 '홍紅')를 첩운疊韻이라고 각각 부른다. 한문 해석 또는 훈고학訓詁學에서 쌍성과 첩운이 왜 중요한가 하면, 고대 중국인들은 한자의 독음이 같으면 의미도 서로 가깝다고 믿었기 때문이다. 이를 훈고학에서는 음동의근音同義近의 법칙이라고 부른다. 여기서 음이 가깝다는 말은 독음 자체가 완전히 같은 경우뿐만 아니라 쌍성, 첩운까지 포함하는 것이다.

2) 한자의 자형이 지시하는 기본적인 의미란 곧 어원語源(etymology), 또는 자원字源을 말한다(이제부터는 '자형적 의미'또는 '어원'으로 줄여 말할 것임). 한자의 자형과 획에는 상형象形과 상사象事의 흔적이 남아 있으므로, 이를 추적하면 그 글자의 어원에까지 거슬러 올라갈 수 있다. 여기서 주의할 것은, 오늘날의 해서楷書 자형은 고대 문자와 달리 자형과 획이 상당히 간소화되었으므로 이로써 직접 어원을 추적하면 오류가 발생할 수 있다는 점이다. 오늘날 중국에서 사용하는 간체자簡體字의 경우 이 오류가 더욱 심할 것은 말할 나위가 없다.

3) 소전小篆은 한자의 고대 서체 중 하나인데, 진나라 이전의 대전大篆을 간화簡化해서 만들었다고 전해진다. 이 서체는 진나라 때 문자 통일 정책의 일환으로 당시까지 통

959

용되던 여러 가지 고문자 서체를 규범화하고 간화하여 정착시킨 것이다. 소전이 비록 간화한 서체이기는 하지만 필획에 본래의 의미가 많이 남아 있어서 자원字源을 추적 하는 데 유용하게 활용된다. 동한東漢 허신許愼의 『설문해자說文解字』도 이 진나라 소 전을 기초 자료로 삼아 글자의 어원을 해석하였다.

4) 이 책의 '현縣'자 부분(907쪽)을 참조하기 바람.

5) 대장對仗이란 시詩·사詞와 같은 운문 중의 대우對偶를 가리킨다. 이는 고대 중국 의 장대가 병사들을 둘씩 짝지어 구성한 데서 유래한 말이다. 중국의 운문은 두 구절을 한 쌍으로 하는 대우를 기본틀로 이루어지며, 선행 구절을 출구出句, 후행 구절을 대 구對句라고 부른다. 이것이 의장대의 제대梯隊 형식과 비슷하기 때문에 전체적으로 대장이라고 부르는 것이다. 그러므로 이 대장 형식을 이해하면 한문의 정확한 해석에 매우 유리하다.

6) 은殷나라 때 주로 사용하던 고대 한자 서체 중의 하나. 당시 사람들은 거북의 껍질이 나 짐승의 뼈로써 점을 치고는 그 내용을 당시의 서체로 그 갑골에 새겼는데 이것이 바로 갑골문이다. 갑골문이 쓰인 시기는 대략 3,000년 전쯤이며 이것이 처음 발견된 것은 1899년의 일이다. 한자의 형태로는 가장 오래된 서체이므로 자원을 추적하는 데에 매우 유용한 자료가 된다.

7) 28수宿의 명칭은 다음과 같다.

　동방東方 7수: 각角·항亢·저氐·방房·심心·미尾·기箕

　북방北方 7수: 두斗·우牛·여女·허虛·위危·실室·벽壁

　서방西方 7수: 규奎·누婁·위胃·묘昴·필畢·자觜·참參

　남방南方 7수: 정井·귀鬼·류柳·성星·장張·익翼·진軫

8) 십이지十二支라고 불리는 자子·축丑·인寅·묘卯·진辰·사巳·오午·미未·신申·유酉·술 戌·해亥 등이 바로 이것이다.

9) 금문金文이란 고대 청동기 위에 주조되거나 새겨진 한자의 서체로, 종정문鐘鼎文이라 고도 부른다. 시기적으로는 대략 은殷·주周·진秦·한漢에 걸쳐 있다. 금문은 진흙으로 만든 틀 위에 글씨를 써서 부어 빼는 것이기 때문에 글자의 모양이 원만하고 풍성한 것이 특색이다.

10) 이 책의 '자煮'자 부분(942쪽)을 참조 바람.

11) 한자 중에서 형성자形聲字는 표의부表意部와 표음부表音部로 이루어졌는데, 전자를 편偏, 또는 변이라 하고, 후자를 방旁이라 각각 부른다. 방은 중심적인 것이므로 한자

의 우측이나 아래쪽에, 편은 주변적인 것이므로 좌측이나 위쪽에 각각 위치하는 것이 보통이다.

12) 이 책의 '길흉' 자 자해(918쪽)를 참조 바람.

13) 『포박자抱朴子』에 보임.

14) 『술이기述異記』에 보임.

15) 이 책의 '공工' 자 부분에서는 '공工' 자를 '흙손'의 모양으로 풀이했는데, 일부 학자들은 목수들이 자주 사용하는 '자'(尺)의 모양으로 보기도 하고, 또 나무를 평평하게 깎아내는 '손도끼' 모양으로 보기도 한다. 아무튼 세 가지 모두 '평평하게 만드는 도구'라는 점에서는 같다고 볼 수 있다.

16) 이에 관해서는 김근, 『한자의 역설』(삼인, 2010), 121~152쪽을 참조 바람.

17) 좌측 변의 '달 월月' 자는 본래 '배 주舟' 자였다.

18) 고대에는 15세 이하의 미성년자들은 머리에 관도 쓰지 못하고 허리띠도 두르지 않는 것이 관례였다. 이러한 그들의 모습이 마치 관대冠帶가 허락되지 않는 노예의 모습과 유사하므로 노예를 지칭하는 '동童' 자가 아이를 가리키는 말로 가차된 것이다.

19) 이 글자는 『설문해자』에 수록되지 않아 자형적 의미를 정확히 알 수 없다.

20) 이 책의 '가假' 자 자해를 참조 바람.

21) 대타자란 영어의 'the Other', 프랑스어의 'l'Autre'를 번역한 말로서 '큰 타자' 또는 '대문자 타자'라고도 부른다. 이는 라캉이 헤겔로부터 빌려온 말로서 개념이 매우 복잡한 용어이다. 거칠게 말하자면, 대타자란 주체를 초월해 존재하면서 주체의 욕망을 빚어내고 욕망에 답을 제시하는 사회적·상징적 질서를 의인화擬人化한 이름이다. 대타자는 말(언어)이 구성되는 장소로서 우리 의식의 통제를 벗어나 있다. 그러니까 말이란 자아 속에서, 또는 주체 속에서 기원하는 것이 아니라 대타자 속에서 기원한다고 라캉은 주장한다. 그러므로 이러한 언어를 사용하는 우리는 대타자에 의해서 통제받을 수밖에 없다. 라캉의 저 유명한 "무의식은 대타자의 담론이다"라는 명제는 바로 여기에 근거한 말이다.

2부

1) '스스로 자自' 자는 '코 비鼻'의 원래 글자였는데, 나중에 자신을 가리킬 때 코를 지시

하는 관습에 따라 '자신'의 의미로 차용되었다.

2) 이 책의 '담淡' 자에 대한 자해를 참조 바람.

3) 여기의 '미생고'는 앞의 '미생'과 같은 사람이다.

4) 『춘추공양전春秋公羊傳』에는 "'이而'란 무엇인가? '어렵다'는 뜻이다. '내乃'란 무엇인가? '어렵다'는 뜻이다"(而者何, 難也. 乃者何, 難也)라는 구절이 있다.

5) 예에 관해서는 김근, 『예란 무엇인가』(서강대학교 출판부, 2012)를 참조 바람.

6) 이 책의 '과過' 자 자해를 참조 바람.

7) 전국 시기에 조趙 혜문왕惠文王이 초나라의 화씨벽和氏璧을 입수하자, 진秦 소왕昭王이 사신을 보내 진나라의 15개 성과 바꾸자고 제안하였다. 이때 인상여藺相如가 사신으로 가기를 자청하여 말하기를 "약속대로 15개 성을 받으면 구슬을 놓고 오겠지만, 그렇지 않으면 구슬이 고스란히 조나라로 돌아오게 하겠습니다"라고 하였다. 상여가 구슬을 진나라 임금에게 바치고 상황을 살폈더니 성을 줄 기색이 전혀 보이질 않았다. 그러자 상여가 기지를 발휘하여 구슬을 다시 되찾고는 시종을 시켜 조나라로 다시 돌려보냈다. 이 고사는 『사기史記』「염파인상여열전廉頗藺相如列傳」에 실려 있다.

8) 『상서尙書』「탕서湯誓」편의 구절.

9) 이 책의 '감敢' 자 자해를 참조 바람.

10) '업業'의 운은 '-p'로 끝나고 '엄嚴'의 운은 '-m'으로 끝나는데, '-p'와 '-m'은 둘 다 쌍순음雙脣音이므로 상호 파생 관계에 있음을 알 수 있다.

11) 『공양전公羊傳』「정공定公 4년」.

3부

1) 한자 서체 중의 하나로서 오늘날 우리가 사용하는 한자체이다. 정서正書, 또는 진서眞書라고도 부르는 이 서체는 예서隷書를 방정方正한 모양으로 고친 것으로 동한東漢부터 쓰이기 시작해 오늘에 이르고 있다.

2) 이 책의 '좌조문도坐朝問道' 해설(129쪽) 참조.

3) 이 구절에서 '추기樞機'란 '돌쩌귀'(樞)와 '노아弩牙', 즉 쇠뇌에서 시위를 거는 곳을 가리킨다. 가톨릭 교회의 추기경樞機卿을 영어로는 cardinal, 라틴어로는 cardinalis라고 부르는데 이 단어들도 '돌쩌귀'라는 어원을 갖고 있다.

4) 호문互文이란 같은 글자의 중복 쓰기를 피하기 위해 유의어類義語를 가져와 교차 사
   용하는 한문 수사법 중의 하나로서, 이를 도식화하면 'ABA′B″'(여기서 A는 주어 부
   분이고 B는 술어 부분임)의 의미를 'AA′BB″'의 형식으로 쓰는 것을 말한다. 이를테
   면 『천자문』 첫 구절에 나오는 '우주홍황宇宙洪荒'의 원래 어순은 '우홍주황宇洪宙荒'
   인데, 여기서 '우宇'와 '주宙', 그리고 '홍洪'과 '황荒'은 각각 유의어 관계로서 동일한
   글자의 반복을 피하고 있다. '언사안정言辭安定'역시 마찬가지 구조이다.

5) 이 책의 '동冬' 자 자해를 참조 바람.

6) 『禮記』 「檀弓」: 事親......服勤至死, 致喪三年; 事君......服勤至死, 方喪三年; 事師
   ......服勤至死, 心喪三年.

7) 『師說』: 是故無貴無賤無長無少, 道之所存, 師之所存也.

8) 『師說』: 生乎吾後, 其聞道也, 亦先乎吾, 吾從而師之.

9) 오늘날 '자者' 자가 허사로 쓰이는 경우는 '이 저這' 자와 발음이 같기 때문에 차용된
   것이다. 이 책의 '자者' 자 자해를 참조 바람.

4부

1) 올리비에 르불, 『언어와 이데올로기』, 홍재성·권오룡 옮김(역사비평사, 1994) 31쪽
   참조.

2) 이 책의 '황黃' 자 자해를 참조 바람.

3) 삼분三墳이 어떤 책인가에 관해서는 확실하게 고증할 길이 없다. 송나라 때 장상영張
   商英이 당주唐州 북양北陽의 민가에서 얻었다고 하는 『산분山墳』·『기분氣墳』·『형분形
   墳』 등 3편이 전해지고는 있으나, 허황되고 괴탄스런 기록이 많은 걸로 보아 모두 위
   서僞書인 것으로 판단된다.

4) 오전五典이란 『서경書經』 중 「요전堯典」·「순전舜典」·「대우모大禹謨」·「고요모皐陶
   謨」·「익직益稷」 등 5편을 가리킨다.

5) '서書' 자 아래의 '일日' 자는 '자者' 자의 생략형이다.

5부

1) 이에 관해서 자세히 알려면 김근, 『예란 무엇인가』(서강대학교 출판부, 2012) 61~67
쪽을 참조 바람.
2) 이 책의 '명名' 자 자해를 참조 바람.
3) 이 책의 '시時' 자 자해를 참조 바람.
4) '앞 전前' 자는 '칼 도刀'와 '나아갈 전歬'으로 이루어졌다. '전歬' 자는 '발'(止) 아래 '신
발'(舟)을 신고 있는 모양으로 '앞으로 나아갈 준비를 가지런히 마치다'라는 의미를
담고 있다. 따라서 '전前' 자의 자형적 의미는 '가지런해지도록 칼로 깎다'가 된다.

6부

1) 당시의 '백군百郡'이란 실제로는 103개 군이었는데, 이를 열거하면 다음과 같다.
경조京兆, 좌풍익左馮翊, 우부풍右扶風, 홍농弘農, 하동河東, 하내河內, 하남河南, 영천潁
川, 여남汝南, 패沛, 양梁, 노魯, 위魏, 거록巨鹿, 상산常山, 청하淸河, 조趙, 광평廣平, 진
정眞定, 중산中山, 신도信都, 하간河間, 동東, 진류陳留, 산양山陽, 제음濟陰, 태산泰山, 성
양城陽, 회음淮陰, 동평東平, 낭야瑯琊, 동해東海, 임회臨淮, 초楚, 사수泗水, 광릉廣陵, 육
안六安, 평원平原, 천승千乘, 제남濟南, 제齊, 북해北海, 동래東萊, 치주淄州, 교동膠東, 고
밀高密, 남양南陽, 남南, 강하江夏, 계양桂陽, 무릉武陵, 영릉零陵, 장사長沙, 여강廬江, 구
강九江, 회계會稽, 단양丹陽, 예장豫章, 한중漢中, 광한廣漢, 촉蜀, 건위犍爲, 월휴越嶲, 익
주益州, 장가牂牁, 파巴, 무도武都, 농서隴西, 금성金城, 천수天水, 무위武威, 장액張掖, 주
천酒泉, 돈황敦煌, 안정安定, 북지北地, 태원太原, 상당上黨, 상上, 서하西河, 오원五原, 운
중雲中, 정양定襄, 안문雁門, 삭방朔方, 탁涿, 발해渤海, 대代, 상곡上谷, 어양漁陽, 우북평
右北平, 요서遼西, 요동遼東, 현도玄菟, 낙랑樂浪, 광양廣陽, 남해南海, 울림鬱林, 창오蒼梧,
교지交趾, 합포合浦, 구진九眞, 일남日南.
2) 『관자管子』「봉선封禪」편은 운운산에서, 『사기』「봉선서封禪書」는 정정산에서 선 제사
를 지냈다고 각각 기록하였다. 그래서 선 제사의 제사 터를 운정云亭으로 합쳐 부르기
도 한다.
3) 이 책의 '엄嚴' 자 자해를 참조 바람.

964

8부

1) '사厶'는 '사私' 자의 옛 글자이다.

2) 이 책의 '기幾' 자 자해를 참조 바람.

3) 이 책 833쪽 참조.

4) 『한서漢書』「식화지食貨志」에 "가난한 사람들은 술지게미와 겨를 먹었다"(貧者食糟糠) 는 구절이 있다.

9부

1) 『月令』: 后妃齋戒, 親東鄕躬桑.

2) 『禮記』「內則」: 故妾雖老, 年未滿五十, 必與五日之御.

3) 『論語』「公冶長」: 朽木不可雕也, 糞土之墻不可圬也.

4) 이 책의 '현玄' 자 자해를 참조 바람.

5) 이에 관해서는 '시찬고양詩讚羔羊' 구절의 해설(230쪽)을 참조 바람.

6) 요즘은 '강糠'으로 쓰고 있다.

7) '서庶' 자의 자해를 참조.

8) '상常' 자의 자해를 참조.

9) 동중서董仲舒의 『춘추번로春秋繁露』「사제四祭」편을 참조 바람.

10) 육종달陸宗達, 『설문해자통론說文解字通論』, 김근 역(계명대학교출판부, 1994 수정본), 264~266쪽 참조.

11) 연면자에 관해서는 앞의 '산려소요散慮逍遙' 구절을 참조 바람.

12) '숙淑' 자의 자해를 참조 바람.

13) 육종달, 같은 책 273~276쪽 참조.

10부

1) 깃털을 중시했으므로 『설문해자』에서도 '적翟' 자를 '추부隹部'에 넣지 않고 '우부羽

部'에 분류했다.

2) 이 책 '세숙공신稅熟貢新' 구절의 '신新' 자 자해를 참조 바람.

3) 『장자』의 이 구절은 주석자마다 해석이 각기 다른 것으로 유명하다. 여기서는 곽상郭象의 주에 의거해서 해석하였다.

4) 이 책의 '복연선경福緣善慶' 구절에 붙인 해설을 참조 바람.

5) 빙심冰心의 『再寄小讀者』(13)를 참조 바람.

6) 『論語』「子路」: 葉公語孔子曰: 吾黨有直躬者, 其父攘羊, 而子證之. 孔子曰: 吾黨之直者異於是. 父爲子隱, 子爲父隱, 直在其中矣.

7) 『시경』「소융小戎」편의 "수레채와 멍에를 다섯 오五 자 모양으로 감았네"(五楘梁輈)라는 구절이 그 대표적인 예이다.

8) '차且' 자의 자해를 참조 바람.

9) 언어를 사용하는 한, 중심/주변의 차별적 인식은 인류의 보편적 특성이 되겠지만, 여기서의 문화적 특성이란 어디까지나 정도의 차이에 근거한 속성을 의미한다.

10) '지地' 자의 자해를 참조 바람.

찾아보기

973

978